聚焦"双一流"建设
推动研究生教育高质量发展

北京交通大学研究生教育研究与改革论文集（2018）

（下册）

主　编　余祖俊

副主编　李国岫

北京交通大学出版社

·北京·

目录（下册）

研究生课程建设

1

研究生教学模式改革

研究生课程建设

加强研究生课程建设　提高研究生培养质量

刘　畅

（北京交通大学研究生院，北京 100044）

摘　要： 随着我国研究生招生规模的扩大，如何保证研究生的培养质量已成为社会性的问题。做好研究生培养是一个系统性工程，研究生课程建设作为研究生教育的重要基石，起着至关重要的作用，本文从我国研究生课程建设中存在的问题出发，分析了出现这些问题的原因及相应的对策。

关键词： 研究生培养　培养体系　课程建设　教学质量

研究生培养过程是一个多环节的系统工程，其中课程建设直接关系到研究生创新能力的培养，是研究生教育的关键环节。

一、目前研究生课程存在的问题及原因

（一）研究生课程设置存在脱节性

随着研究生招生规模的扩大以及研究生就业形势的严峻，很多对自己专业不满意的本科生毕业后选择跨学校跨专业考研，这导致现在研究生生源复杂化和多样化，但是在研究生课程设置的时候并没有全盘考虑这类问题。跨学科研究生专业知识不扎实，逻辑思维需要进行转换[1]，以培养专业基础能力为目的的课程往往使学生感到难以消化，以至于在知识结构的构建中出现了脱节，但是又不能将研究生课程退化为"补本"课程。此外在研究生课程和本科课程存在重复或脱节，两个培养层次的课程各行其道，没有接口和过渡。这就要求授课教师根据研究生生源以及学生本科阶段知识储备情况对课程设置进行系统性的调整。此外研究生课程设置的脱节性还表现在与社会对人才需求的脱节，研究生课程在设置过程中缺乏跟踪社会和服务社会的意识，最直接的表现就是毕业生"就业难"以及用人单位对毕业生需要"过渡教育"。

（二）研究生课程设置存在随意性

研究生课程的设置在研究生培养过程中起到的是基础性作用，是十分重要的环节，但是在我国很多高校的实际情况是，不按研究生培养目标来制定相应的研究生课程，而是根据本校师资情况来决定。此外还存在课程相似度高，浪费教学资源的情况。不同高校的相同或相似专业由于师资情况差异较大，课程设置存在较大差异性，导致不同高校在对同类人才的培养上没有共性[2]。

（三）研究生课程内容存在滞后性

研究生培养的目标之一是拓宽其知识外延，故课程内容需要有一定的前瞻性，要对行业（专业）的发展动态具有敏锐的嗅觉，根据最新的科研成果对课程内容进行及时调整。但是目前我国高校研究生课程内容比较滞后，很多授课教师连续多年都讲授同一门课程，没有将课程内容和一些最新成果进行结合，导致课程的前瞻性、国际性和先进性明显不足，这十分不利于培养研究生

的研究创新能力。研究生课程教材作为教学内容的载体内容更新慢，基础理论内容偏多，前沿理论和方法不足，虽然授课教师会将最新的专著、论文等成果作为课程内容的补充，但对其重视度并不够。

（四）研究生课程教学存在单一性

研究生课程的教学方法和手段在提高研究生的质量方面有着十分重要的作用，但是研究生课程在教学方法和手段方面均存在一定的单一性，主要是由于高校在进行职称评定和晋升方面存在一定的轻教学、重科研的倾向，导致一部分教师在课程教学中投入的精力不够。此外，长期以来，研究生课程教学方式与本科生相似，单一的灌输式方式占主导地位，课堂教学大多数都是照本宣科，没有对研究生的创新能力培养起到启发作用。

（五）研究生课程考核存在单调性

研究生课程考核方式多为论文考核或采取和本科相同的考试方式，对于将论文作为唯一考核方式的课程，一些学生认为论文写作大部分是依靠自主查文献和资料，对课程的了解程度并不重要，于是忽视课堂听课[3]，这不利于学生对专业知识的系统掌握。此外，提交论文这种考核方式并不利于学生能力水平提高，学生的基础理论知识薄弱，且在课堂上的学习还不系统，很难保证论文的质量，且课堂学生数量大，授课教师无法做到一对一的针对性指导论文，使得以论文为主的考核方式失去了意义。

（六）研究生课程授课教师态度存在消极性

研究生课程的授课教师对研究生课程的重视程度不够，而且很多授课教师除了上课还有很多科研项目，有时需要出差、开会等，因此研究生课程的上课时间和地点经常调整，这很不利于研究生课程的建设，调课次数多了不利于学生学习知识的连贯性和系统性，同时也不利于对研究生课程的管理。此外还存在部分授课教师态度消极，对研究生课程教学的投入不够，备课不充分，不按课程表和课程进度授课，放宽考核要求，导致研究生的基本功不扎实，知识衔接不够。

二、影响研究生课程教学的成因分析

（一）对研究生课程重视程度不够

长期以来，我国内地的研究生教育强调研究，在一定程度上忽视了研究生的课程建设[4]。对研究生教育本质上的认识不足和文化价值取向上的功利性是导致我国研究生课程建设地位不高的根本原因。又由于我国的研究生教育发展时间短，在培养研究生的过程中经验欠缺，容易出现重形式而轻实质的现象。另外我国社会过分强调学历，而忽视了"学力"，只注重学历的获得，而忽略了教学内容，这样的"学历主义"带来的后果就是，学生只注重文凭而忽视了对专业知识的追求，这十分不利于研究生的培养。

（二）研究生教育规模和导师数量不匹配

近年来，国家鼓励发展研究生教育，在招生方面，研究生教育规模不断扩大，但是导师队伍的建设水平却相对滞后，对研究生的教育带来了新的挑战[2]。每年研究生的招生规模都在递增，研究生数量持续走高，但是师资力量却没有跟上。在高校中某些热门专业，一个导师指导（或间接指导）十几二十个研究生的现象很常见，这就导致师生比过大，导师根本没有足够的精力对自己的研究生进行有效的指导，继而出现研究生论文质量不高，课程学习效率低下等现象。

（三）高校对研究生的管理模式不够科学

从我国目前研究生教育的培养模式来看，本科生教育和研究生教育的功能定位出现了部分的混淆，弱化了研究生教育的专业性。而从管理模式来看，高校普遍存在重科研而轻教学的误区。首先，从导师的角度来看，现在高校越来越以科研为重，在教师评定职称的时候科研成果占很大的比重，这种"科研为重"的价值取向使得越来越多的高校教师将工作重心转移到了科研上，这直接影响了研究生课程的建设质量。其次，从学生的角度来看，现在高校对研究生不论是毕业要求还是奖助体系都大大提高了科研以及论文的比重，同时各高校纷纷出台各种政策，鼓励或要求在读研究生积极发表论文，有的学校将论文的发表数量及质量作为毕业条件的硬性指标。这种"论文为重"的价值取向导致学生轻视课程的学习，在学生群体中淡化了课程的意义。

三、加强硕士研究生课程建设的几点思考

基于研究生课程在整个研究生教育教学中的重要性，加强研究生课程建设势在必行，在实际建设过程中，一定要紧密结合研究生课程的实际情况，把握解决问题的关键。

（一）明确课程目标，培养学生能力

研究生教育不仅要培育学术型、研究型的人才，还要培养应用型、复合型的人才，所以在确定课程建设的目标时，首先要充分考虑社会发展对人才的需要。随着现代社会的发展，对研究生能力的需求已经不仅仅是文化素养的要求，同时还有思想品德方面的要求，以及创新精神的培养。因此，研究生课程的培养目标首先应着眼于研究生具有扎实的专业理论知识，以先进手段获得最新信息的能力，清晰表述自己观点和思辨的能力，以及自主发现、独立分析和解决问题的能力。其次，在制定研究生课程目标的时候也要考虑到不同学位层次的系统性和关联性，研究生课程包括硕士和博士两个培养阶段，课程目标与本科课程目标相互联系，同时又存在差异、相互区别。本科阶段课程教育是研究生课程教育的基础，研究生课程需要在本科课程的基础上不断拓宽基础理论知识的宽度同时加深专业知识的深度，要着重培养研究生科学研究工作的综合能力。再次，研究生课程目标要注重研究生综合能力的培养，即对研究生的知识培养，包括基本理论知识、方法实践知识以及拓宽型知识；研究生的能力培养，不仅包括获取知识、分析问题和解决问题的能力，还包括创新能力以及组织与交往的能力等；研究生的素质培养，不仅包括科学文化素质、心理素质、身体素质，还包括政治思想素质以及道德情操素质。知识、能力、素质三者既相互独立又相互联系，共同构成了研究生综合素质这一有机整体。

（二）构建课程体系，完善知识储备

以培养目标和学位授予标准来构建课程体系，要摒弃"按人设课"，实现"按需设课"，使得不同的课程在夯实学生基础知识、拓宽专业知识领域的基础上，又要对其创新精神进行一定的培养。在培养创新精神的过程中，要以合理的知识结构为前提培养其创新思维，进一步培养创新型人才。在教学内容上要避免与本科类似课程内容的低水平重复，同时要积极采用国外原版教材，积极加入最新的科技前沿以及研究成果。不断充实教学内容，开拓学生思路，提高学生学习和研究的专业高度。通过这些手段最终达到让学生对专业知识能够很好地吸收，同时对本领域的一些重大的学术会议、重要期刊以及代表性的人物有一个系统的了解，且让学生对本领域的前沿知识以及研究热点加以了解，激发其创新意识。

（三）改进教学方法，引导主动思维

研究生阶段的课程教学目标要从传统意义的获取知识转变为对学生能力的培养，将研究生培

养成创新型人才。教学方法和手段在知识传播的过程中具有关键的作用，拥有完善的教学体系并不意味着学生能够系统地接受知识。在教学方式上要避免出现填鸭式教学，要着重培养研究生的创新能力。而要实现创新型人才的培养就要求课程教学要从传统的单纯通过课程学习获取知识转变为培养创新能力，也就是通过课程学习培养研究生的批判性、创造性思维能力，以及提出问题、分析问题、解决问题、评价问题的能力。这就要求研究生课程不仅要在教学内容上做相应的安排，同时需要对教学方法进行改革。通过改变传统的教学方式，来培养学生参加专题讨论、团队工作等，让学生真正地参与到课堂的学习中，增加研究生的主体性、合作性、民主性以及反思性，以此来推进研究生的自主学习。不仅让研究生掌握现有知识，更要让学生懂得知识获得的渠道，努力自主地去发现新知识，激发研究生自己去探索新知识，以增强创新精神，提高创新能力。

四、结语

研究生课程建设是一个系统的、长期的动态过程，为培养合格的研究生，提高研究生培养质量，课程建设不仅要符合学校的定位，围绕人才培养的类型和层次定位，同时在课程建设的过程中既要积极对接社会经济发展的需求，又要对接学术科研发展的新形势，是一项任重而道远的事业。

要对研究生课程进行建设及优化，不仅需要学校各级领导、教师、管理人员的高度重视及积极参与，同时也需要提高广大研究生导师、学生本人及授课教师的参与意识、质量意识，要从根本上提高授课教师的主动性，同时提高研究生的课堂参与性，只有将这些形成研究生课程的常态，才能不断提升研究生课程质量水平。

参考文献

[1] 刘峻杉. 教育学领域跨学科研究生培养的特征、挑战和对策 [J]. 学位与研究生教育，2012（6）：18-23.

[2] 赵婉清. 关于我国研究生课程建设的几点思考 [J]. 黑龙江高教研究，2004（8）：134-135.

[3] 张晓报. 研究生课程考核的论文形式利弊谈 [J]. 考试研究，2013（4）：39-43.

[4] 方丽. 研究生课程建设与教师专业发展之我见 [J]. 研究生教育研究，2016（2）：64-67.

新时代背景下的"近代数字信号处理"研究生课程改革*

陈后金　李艳凤　黄琳琳　胡　健　薛　健

（北京交通大学电子信息工程学院，北京 100044）

摘　要：面向时代发展，提出了"知而有识、学而善用"的教学理念，优化了课程教学体系和教学内容。以"为什么、是什么、做什么"为主线，开展了"问题驱动"的案例教学和"问题引领"的探究性教学。建设了丰富的课程教学资源，开播了数字信号处理MOOC课程。建设了国家级视频公开课、教育部英语授课品牌课程，出版了国家级规划教材。课程建设成果获得了北京市教学成果奖，发挥了积极的示范与辐射作用。

关键词：课程改革　教学理念　教学体系　教学方法　教学资源　近代数字信号处理

一、背景

我们正处于信息化和智能化高速发展的时代，而信息化和智能化的基础是"数字化"。"近代数字信号处理"课程阐述信号数字化表示和数字化处理的原理与技术，是电子信息类学科专业重要的基础课程。当今的通信、自动化、信号处理、计算机都是以数字化方式表示信息和处理信息，电子信息类研究生需要掌握近代数字信号处理的理论、方法和技术，以更好地学习后续课程和开展课题研究，在信息化和智能化时代具有更大的作为。

随着信息技术的发展，社会对电子信息类人才的需求也发生了改变，社会需要具有深厚理论基础、多学科综合能力以及创新能力的优秀人才。传统的数字信号处理课程教学存在诸多不足：在教学理念上，未能积极引导学生由"知"内化为"识"，进而付诸"行"，造成学生只知道一些书本上的定义和性质，难以形成自己的学识和能力。在教学内容上，未能及时将教研和科研成果转化为教学内容和教学素材，教学内容相对滞后。在教学方法上，难以激发学生的探究兴趣，未能充分锻炼学生理论联系实际解决复杂工程问题的能力。在教学资源上，面向工程实际的教学案例和在线开放课程较少，难以满足学生个性化学习需求。因此，需要深化"近代数字信号处理课程"改革，提高研究生课程的教学质量。

本次课程改革以教学理念更新为先导，以国家级重点学科（信号与信息处理）为依托，以课程体系内容改革为核心，以创新人才培养为目标，提出了"知而有识、学而善用"的教学理念，优化了课程教学体系和教学内容，建设了国家级英语授课品牌课程、国家级视频公开课以及国家级规划教材；以"为什么、是什么、做什么"为主线，开展了"问题驱动"的案例教学和"问题引领"的探究性教学；研发了面向工程实际应用的教学案例，开播了数字信号处理MOOC课程。

---

* 本论文得到北京交通大学研究生院教改项目资助，编号134488522，275074529。

二、面向时代发展，提出了课程教学理念

　　高等学校的根本任务是培养和造就适应时代发展的优秀人才，课程教学是人才培养的重要环节[1-2]，教学理念对教学过程和结果具有深刻影响。传统的大学教育大多停留于让学生"知"，而没有引导学生由"知"内化为"识"，进而付诸"行"，造成学生只知道一些书本上的定义、性质和习题演算。人们获取知识的主要目的是创造知识和应用知识，创造知识需要"有识"，应用知识需要"善用"。若学生仅满足于记忆这些书本内容，则难以获得真知灼见，创新创造更无从谈起，造成国家教育资源的浪费和人才培养的落后。因此，学生应该在汲取现有知识基础上深思熟虑，心领神会，学以致用，从而形成自己的学识和能力，努力成为"知而有识、学而善用"的创新创业人才[3]。

三、丰富教学内涵，优化了课程教学体系

　　"近代数字信号处理"是电子信息类相关专业的重要课程，既包含理论性知识又具有技术性内容，积极吸收教研与科研成果，优化了课程教学体系，丰富了课程教学内涵。例如，更正了现有国内外同类教材中普遍存在的关于"抽样定理"的表述和结论[4]，重构了信号抽样模型（见图1），以全新的角度诠释了信号时域抽样定理的本质内容。剖析了FFT算法的内在关系[5]，揭示了FFT算法蕴含的对称之美（见图2），开阔了学生学习其他信号处理算法的视野。

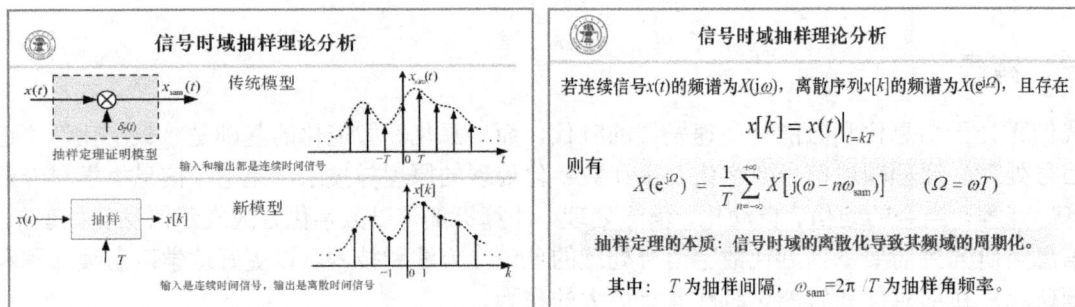

图1　更正了抽样定理的模型及其表述

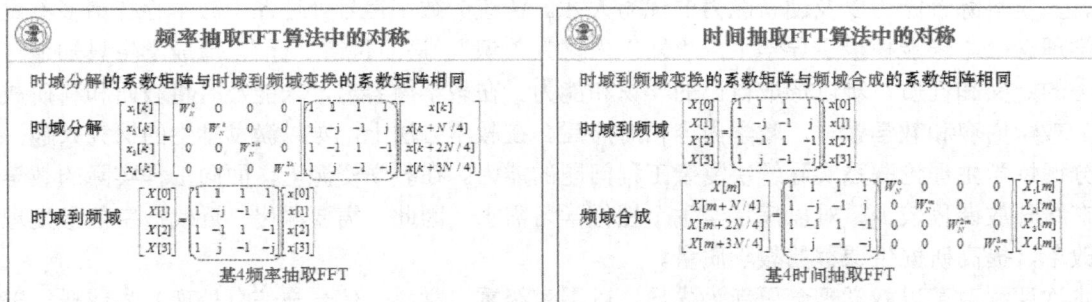

图2　揭示了FFT算法的对称性

　　面向信息技术的发展，结合科研实践，更新了教学内容，如新增了多速率信号处理、多通道滤波器组、信号时频分析等内容。以夯实理论基础、强化工程应用为目标，形成了原理、方法、技术一体化的教学体系，建设了教育部来华留学英语授课品牌课程——"数字信号处理"。物化课程教学体系和教学内容，编著出版了原理和方法为主的教材《数字信号处理》和技术为主的教材《DSP技术及其应用》，两部教材均入选国家级规划教材，其中《数字信号处理》教材被评为国家

级精品教材；出版了《信号分析与处理实验》，该教材被评为北京市高等教育精品教材。应邀翻译了国外原版教材《数字信号处理及 MATLAB 仿真》，被评为最佳翻译教材。新的课程教学体系和内容体现了"厚理博术"教学内涵，有利于培养学生"知而有识、学而善用"。

四、激发探究兴趣，改革了课程教学方法

根据新的教学理念，大学教育应从注重书本内容的传授，逐步转变为以教学内容为载体，启发引导学生在学习中汲取知识的精华，在探究中领悟知识的真谛，在创新中感受知识的魅力。教师要以自己的学识讲解相关知识的来龙去脉，讲解为什么要引入此知识，其本质内容是什么，如何去应用，以及存在哪些工程局限等。本课程实施了以"为什么、是什么、做什么"为主线的教学方法。在引入新的理论和方法时，通过"为什么"，阐述此知识模块与其他知识模块之间的内在关系，明晰知识模块脉络；通过"是什么"，突出该知识模块的本质内容，促使学生将"知"内化为"识"；通过"做什么"，加深学生对知识原理的理解，促使学生由"识"付诸"行"。

通过问题的引入、问题的分析、问题的解决，开展了"问题驱动"的案例教学。基于课程重点，针对工程应用，设计了教学案例。如"DFT 在轨道交通控制信号识别中的应用"案例，分析了机车信号识别实时性与有效性之间的约束，引导学生理论联系实际，思考与掌握 DFT 参数的工程含义；"IIR 滤波器在脉搏信号分析中的应用"案例，分析了采集到的脉搏信号中各类噪声的特点以及来源，引导学生思考与掌握如何合理选择滤波器的类型及设计指标。为了培养学生探究精神和应用知识解决工程问题的能力，开展了"问题引领"的探究性教学。教师启发学生综合应用课程的原理、方法和技术开展探究性学习与实践，如"歌曲检索器的设计与实现""钢琴校音器的设计与实现"。

案例教学和探究性教学激发了学生的探究兴趣，学生由被动接受知识转变为主动和互动获取知识，由侧重理解问题转换为侧重发现问题，由注重知识学习转变为注重知识应用，增强了学生的工程素质和创新意识，锻炼了学生理论联系实际解决工程问题的能力。

五、转化科教成果，建设了课程教学资源

团队教师积极开展教学研究，将科研与教研成果转化为教学资源，建设了面向工程实际应用、涵盖课程核心知识点的教学案例。这些案例包括：全通系统和最小相位系统的应用案例；信号的时域抽样与重建的应用案例；回声产生及消除的应用案例；利用 DFT 分析信号频谱的应用案例；音乐电子记谱的应用案例；IIR 滤波器在脉搏信号分析中的应用案例；FIR 滤波器的应用案例；多速率信号处理的应用案例；基于小波域信号去噪与压缩的应用案例；电话拨号音产生与识别的应用案例；听音识曲系统的应用案例；FFT 在 OFDM 通信中的应用案例；DFT 在轨道交通控制信号识别中的应用案例。目前案例已在课程教学中全部应用，取得了积极效果，提高了课程质量。

围绕"近代数字信号处理"课程改革，建设了国家级视频公开课"走近数字技术""数字信号处理"MOOC 课程（中国大学 MOOC 网，http://www.icourse163.org）（见图 3）。"走近数字技术"主要内容包含数字化原理及数字化在声音与图像中的应用。课程深入浅出、形象生动，可作为"近代数字信号处理"的先修课程。"数字信号处理"MOOC 课程包括信号抽样、信号频谱分析、数字滤波器设计、多速率信号处理、小波时频分析等。课程内容紧跟学科发展，教学内涵明晰，教学案例丰富，推进了课内–课外、线上–线下教学，满足了学生个性化学习需求，辐射了教学资源。

图 3　国家级视频公开课，中国大学 MOOC 课程

六、结语

该研究生课程改革成果丰硕，发挥了示范与传播作用。编著出版的国家级规划教材《数字信号处理》已发行 70 000 多册。国家级视频公开课"走近数字技术"自上线以来浏览量 3 800 多人次。"数字信号处理" MOOC 课程已在中国大学 MOOC 网开播，受到了欢迎，累计学习者已超过 2 万人。面向工程实践的教学案例已全面应用，增强了学生理论联系实际解决工程问题的能力。

参考文献

[1] 刘艳珠，徐香兰. 结合课程教学培养研究生创新研究能力的探索与实践 [J]. 教育教学论坛，2018（33）：170－171.

[2] 金燕，杨马英. 从学生需求出发提升工科硕士研究生课堂教学质量 [J]. 教育教学论坛，2018（37）：145－148.

[3] 陈后金. 转变教育观念 造就知而有识学而善用的优秀人才 [J]. 中国大学教学，2013（10）：10－11+15.

[4] 薛健，陈后金，胡健，等. 信号时域抽样的教学探索与研究 [J]. 电气电子教学学报，2009，31（6）：99－101.

[5] 李艳凤，陈后金，胡健. 浅析 FFT 算法中对称关系 [J]. 电气电子教学学报，2017，39（5）：78－80+84.

大数据背景下"多元统计分析"课程教学改革探索

赵晓军

（北京交通大学经济管理学院，北京 100044）

摘　要："多元统计分析"是一门经典的统计学主干课程，基于对高维数据的统计分析，达到揭示数据内在规律特征的目的，是经管统计类研究生的必修课程。近些年来，大数据的迅速发展对"多元统计分析"课程教学产生了重大影响，既为课程教学改革提供了新的思路，也对课程开设提出了更高要求。在这一背景下，对"多元统计分析"的课程教学进行深入理论研究，探索传统统计学科如何适应大数据时代的需求，对于研究性课程的完善和提高具有重要的理论和实践意义。

关键词：多元统计分析　大数据　教学改革　统计案例　研究生课程

一、引言

数据，已经渗透到当今社会每一个行业和业务职能领域，成为重要的生产要素。人们对于海量数据的挖掘和运用，预示着新一轮生产率增长和消费者剩余的到来。大数据在统计学、生物学、环境生态学、军事、经济、金融、管理、通信等行业领域存在已有时日，却因为近年来互联网和信息行业的发展而引起人们广泛关注。IBM 提出大数据具有 5V 特征：Volume（大量）、Velocity（高速）、Variety（多样）、Value（低价值密度）和 Veracity（真实性）。其中，大量、多样等特征揭示数据来源从单一转向多样，数据的维度从低维延展到高维，数据的组织结构也发生了根本变化；然而，低价值密度也暗示了数据尽管体量大却面临冗余噪声多而真实信息少的窘境。

哈佛大学社会学教授加里·金说："这是一场革命，庞大的数据资源使得各个领域开始了量化进程，无论学术界、商界还是政府，所有领域都将开始这种进程。"伴随信息生产速度、信息传输技术、信息存储技术的迅猛发展，海量数据应运而生，大数据随之涌现。真实性和精细化等需求使得人们在刻画研究对象时着力于从不同的方面和角度系统展开，将必然导致数据具有高维度和多元化特征。那么，如何从海量的多元数据中剔除冗余噪声，识别关键信息，为科学研究、社会经济生活，以及行业发展提供更多的便利与价值？这是数据分析学科亟待探讨的问题之一。

统计学是一个专门用来处理、分析数据的学科，它通过搜集、整理、分析和展示数据，揭示数据的内在规律特征。按照开设学科的不同，统计学可概括划分为数理统计（侧重于理工科学生）、应用统计（侧重于经管类学生）和生物医学统计（侧重于生物医学专业学生）。本科阶段的统计学课程主要讲述描述统计、正态分布总体假设下的未知参数估计和假设检验，以及一元线性回归分析、时间序列模型等，对高维数据的内容涉及较少。"多元统计分析"是本科阶段统计课程内容的延伸和深化，研究对象主要是多元随机变量，成为统计类研究生的必修课程。

"多元统计分析"课程的主要讲授内容包括：多元随机变量描述统计、多元正态分布及其抽样分布、多元正态总体的均值向量和协方差矩阵的假设检验、多元方差分析、多元线性回归分析、聚类分析、判别分析、主成分分析与因子分析、多维尺度分析等。多元统计方法可以揭示多维数据之间相互联系和影响的复杂关系，探索数据背后隐藏的规律，是对数据进行深层次的数据挖掘与分析的非常有效的数据处理工具，对于培养研究生数据分析能力和科研思维，充分挖掘和利用科研数据中蕴含的有价值信息，保证其日后从事科研相关工作具有重要意义。作为一门基础性的统计课程，多元统计分析在经济、社会、管理、工程计算、机器学习，以及人工智能等领域发挥着越来越重要的作用，是定量化探索数据规律特征的重要工具。

"多元统计分析"课程理论方法陈旧，实例呆板老套，实践教学和理论教学脱节，难以适应当下的现实需求，成为阻碍"多元统计分析"课程随时代发展进步的关键因素。研究生课程的前沿性和创新性等特点要求"多元统计分析"的授课要打破传统的知识框架束缚，抓住大数据这一契机，基于新角度、新思路为课程完善创造更多空间。大数据时代为推进"多元统计分析"课程教学改革，提高教学效果创造了十分难得的机遇[1]。朱辉主张在大数据时代构建多元统计分析课程"理论教学+大数据案例+线上研讨+实践拓展"的教学模式，以推动课程的教学改革[2]，具有一定的借鉴意义。具体地，大数据的发展为统计类课程教学提供了大量新颖的理论方法和丰富的数据来源，这些理论方法和实践案例应当纳入研究生阶段的"多元统计分析"课程中来，为该课程教学提供新的思路[3]。

二、"多元统计分析"教学现状与问题

在"多元统计分析"课程讲授过程中，发现存在着诸多问题，具体从教学内容、教学方法和学生的学习效果反馈等方面展开[4-7]。

（一）教学内容的现状与问题

首先，"多元统计分析"课程主要讲授多元数据分析的理论和方法，但是市面教材内容普遍过于陈旧，新理论方法更新速度慢，知识框架与学科前沿关联度差，无法适应信息化社会和大数据时代的要求。其他学科领域，如机器学习、人工智能等最近涌现的许多方法植根、借鉴了多元统计分析的许多思想，但是多元统计分析的教材却没有迅速适应这种变化，未能系统地参考、借鉴其他学科的先进工具。

其次，教材实例与实践结合不够紧密，与实际经济社会问题联系脱节。"多元统计分析"作为一门数量分析的方法类课程，应当致力于解决现实经济社会问题。然而，由于教材特点及课堂讲授学时限制，讲授内容通常侧重于方法模型的建立、模型的基本假设、未知参数估计及假设检验等方面，与实际社会经济问题难以形成顺畅衔接。学生在相对固定思维模式下，较少思考现实问题，难于掌握具体的经济社会问题应该如何设计多元统计方法模型来实现。

（二）教学方法的现状与问题

本科教学与研究生教学最大的区别在于，本科教学更注重知识点讲授，而研究生教学更应该注重启发性和拓展性，培养学生的科研能力、创新能力。多元统计分析的大部分知识点都有很强的应用背景，若采用传授型教学模式，不能充分发挥学生的主观能动性，导致学生的学习效率低下，对于问题的理解停留在理论阶段，而使得多元数据处理技术不能"落地"。在教学过程中，许多教师仍采用"先理论，后实例"的授课方法，即首先系统完整地讲授统计分析方法的理论，然后利用实际案例说明统计分析方法的应用。实践教学和理论教学仍在一定程度上有所脱节，未做到真正融合，容易给学生造成"理论知识多余"的错误印象。对方法所传递的统计思维阐述不够，对方法所涉及的统计思想没进行归纳总结并使之升华，使得学生学习过于规范化和程序化，不利于学生创新能力的培养。

（三）学生学习的现状与问题

学生普遍反映"多元统计分析"课程理论方法过于烦琐，难度较大。本课程存在大量概念抽象而难以理解，公式繁多而不易记忆，基本理论的数学推导复杂而深奥，高阶矩阵和线性代数的计算庞大而烦琐，形成了"教师难教，学生难学"的不利局面。在先修的基础课程方面，"多元统计分析"课程集合了概率论、线性代数、矩阵、公式推导等数学知识，经管类学生普遍数学基础较弱，面对复杂的数学公式容易产生畏惧心理，以致丧失对该课程的学习兴趣。因此，必须要根据学生的专业情况和学科特点安排教学内容。此外，学生过度依赖菜单操作式的统计工具，如SPSS等软件，难以适应大数据时代研究性学习和科研的需求。在数据展示方面，目前的课程对于图表的重视力度明显不够，学生缺乏对数据的直观感受；对于理论方法的原理吃不透，理解不够深刻。

三、"多元统计分析"教学问题的对策建议

这里针对"多元统计分析"在教学内容、教学方法和学生学习方面的现状与问题，从以下几个方面提出教学改革建议[8-13]。

（一）在教学内容上摆脱教材既有知识框架的束缚，融合最前沿的理论方法

举例来说，多元统计分析降维的方法讲授较多，如主成分分析、因子分子、多维标度分析等，但是对于最新涌现的许多升维的方法却极少涉及。应当学习其他领域的最新理论方法，鼓励学科交叉，引入最新的一些统计学习方法，如支持向量机、深度学习、强化学习等，让学生能够接触最新的前沿知识，开拓学生的视野。另外，针对教材实例与现实脱节、与实践结合不够紧密的问题，采用典型案例分析，加强锻炼学生从实践中提炼问题的能力。有调查研究表明，对教学改革的建议中，认为应该增加实际案例讲解的占60.87%，增加统计软件使用讲解的占35.87%，增加多媒体互动环节教学的占33.69%，增加实验教学（上机实践）的占43.48%。通过典型案例分析训练学生思考问题、提出问题、分析问题、解决问题的实际动手能力；加强其对现实问题的思考与讨论分析。应该以实际问题，尤其是前沿问题为切入点，与学生的专业背景结合起来设计案例。此外，海量的数据信息为进一步充实本课程教学内容，改进课程教学方式提供了无限可能。大量的数据资料为课堂教学提供了丰富而生动的教学案例和素材，提高了教学内容的可学性，进而激发学生的学习兴趣，提高教学效果。

（二）除了在讲授内容上要求与时俱进，在讲授方法上也要有所变化，倡导问题导向型授课

研究生课程与本科课程在"教"与"学"上存在根本差异，本科课程侧重于知识点讲授，而研究生课程则要求教师在授课过程中，尝试将实践教学向理论教学渗透的教学方法，促进理论教学和实践教学的深度融合[14]，并采用更加灵活多样的考核方式。让研究生学习重点从学习是什么（what），转变为思考存在什么问题，通过何种方法予以解决（how）。在授课过程中，注重原理讲授，如多元统计分析方法的提出是为了解决什么问题，作了哪些假设，其思想是什么，避免对公式推导过程的过度重视，适当简化数学推导过程。注意使用类比教学方法。如讲解多维随机变量的协方差矩阵、相关系数矩阵和多元正态分布的时候，可先回顾一维随机变量和一元统计的相关知识。

（三）为方便学生理解，重视原理讲授、数据图表展示和编程语言学习

在讲授原理时，重视图表展示数据的手段，如图1所示，直观地展示极坐标下的泡泡图、二维直方图、像素图、高维箱线图、高维曲面图，这能够激发学生的数据直觉和理解力。其次，在

大数据时代，要求研究生至少掌握一门编程语言，如 R 语言、Python、Matlab 等，力求让学生懂得学以致用、有所创新，以适应研究型教学的需求。大数据处理、分析及呈现技术的不断涌现，多媒体技术的逐渐成熟，数据可视化技术的不断进步，为多样化教学实践提供了丰富的技术手段。诸如生动的动画、多维的图形、准确的形象等内容为本课程教学实践提供了重要的技术支持，这样既可以提高课堂活跃程度，抓住学生的注意力，也可以指导学生用比较和发展的眼光学习和理解教学内容。大数据时代的新技术在本课程教学中应用和推广，使得传统课堂教学得以无限延伸。慕课、微课和网络教学平台等工具不但丰富了学生的第二和第三课堂，可以很好地引导学生对知识的自主学习和主动探索，培养学生的创造能力[15]。普通高校都有研究生科研立项、创新创业等项目，授课教师可以指导学生拟定初步的论文题目，并结合在"多元统计分析"课程中所学到的分析方法，解决问题。同时，也可以和毕业论文、毕业设计相结合，减轻学生毕业时的论文压力。

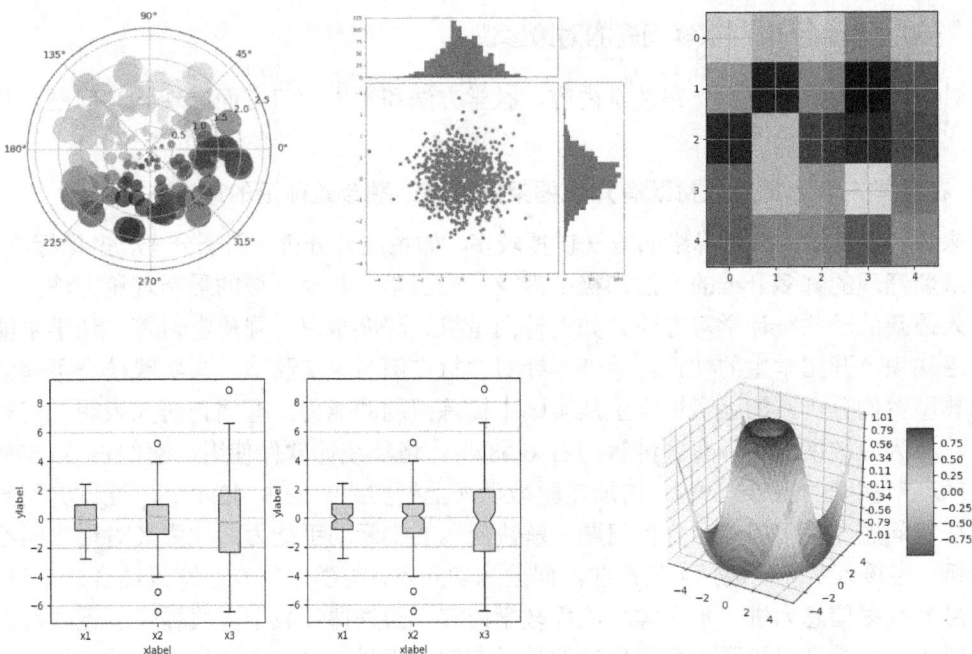

图 1　极坐标下的泡泡图、二维直方图、像素图、高维箱线图、高维曲面图

四、总结

随着大数据时代对人才需求的不断提高，传统教学内容和方法弊端愈发严重。只有利用好大数据时代提供的理论支撑和数据资源，不断调整教学思路，改进教学内容和教学方法，解决学生学习中的困难，通过理论教学和实践教学的深入融合，才能实现教学质量的提升，满足新时代对数据人才的需求。经管类研究生的"多元统计分析"课程应当立足于学以致用视角[16]，致力于培养应用型、创新型和自主学习型的复合型人才。

参考文献

[1] 朱建平，李秋雅. 大数据对大学教学的影响 [J]. 中国大学教学，2014（9）41–44.

[2] 朱辉. 大数据时代多元统计分析课程教学模式构建 [J]. 统计与管理，2016（12）：11–15.

[3] 刘惠篮，马俊杰. 大数据背景下"多元统计分析"课程教学改革的新思路 [J]. 读与写（教育教学刊），2018，15（4）：31.

［4］严彦文. 多元统计分析课程教学改革和探索［J］. 数学学习与研究，2016（19）：2-2.

［5］马兰，张祖峰，武以敏，等. 多元统计分析教学方法的改革［J］. 阴山学刊（自然科学版），2017，31（4）：135-136.

［6］韩明. 多元统计分析教学研究与实践［J］. 数学学习与研究，2014（21）：12-13.

［7］傅丽芳，邓华玲，张战国. 多元统计分析精品课程建设与实践教学模式研究［J］. 大学教育，2014（6）：117-118.

［8］芭芭拉，格罗斯，戴维斯. 一个好老师必备的教学工具［M］. 韩金龙，田婧，译. 2版. 广州：华南理工大学出版社，2014.

［9］张国帅，韩爱华."应用多元统计分析"课程教学范式改革研究［J］. 才智，2013（30）：181-182.

［10］谭立云，李强丽."应用多元统计"课程教学改革与实践［J］. 科学技术创新，2013（29）：62.

［11］顾光同."多元统计分析"实践教学的改革研究［J］. 成功（教育），2013（2）：154-155.

［12］来鹏. 浅谈"多元统计分析"课程教学改革［J］. 中国科教创新导刊，2013（1）：72-72.

［13］覃光莲，朱强. 多元统计分析课程教学方法的探讨与实践［J］. 数学教学研究，2012，31（11）：53-55.

［14］李婷婷，郝媛媛，刘洋. 多元统计分析课程中实践教学向理论教学的渗透［J］. 西南师范大学学报（自然科学版），2017，42（12）：162-165.

［15］朱辉."多元统计分析"课程网络教学平台的构建与应用研究［J］. 统计与咨询，2012（5）：43-45.

［16］朱辉."应用多元统计分析"课程教学改革实践探索：立足于"学以致用"视角［J］. 统计与咨询，2012（3）：38-39.

面向工科研究生的"最优化理论、方法及应用"课程教学改革浅析

殷辰堃 [1]　　侯忠生 [1,2]

（1. 北京交通大学电子信息工程学院，北京 100044）

（2. 青岛大学自动化学院，青岛 260071）

摘　要： 针对北京交通大学电子信息工程学院相关专业在开展"最优化理论、方法及应用"研究生课程教学过程中出现的问题，结合课程兼具理论性和应用性的特点，提出了一系列教学内容和手段上的改革建议，以激发研究生的学习兴趣，培养学生的创新精神，增强研究生灵活运用所学理论知识和解决实际优化问题的能力，充分了解最优化理论方法在大数据和人工智能等工程领域所起的基础性作用。

关键词： 最优化理论　方法及应用　研究生　教学改革

一、"最优化理论、方法及应用"研究生课程简介及特点

最优化是一门有着广泛应用背景的学科，目的于通过建立优化数学模型、构造寻优算法，从多种可行方案中挑选出最优解，为科学决策提供依据[1-2]。随着社会进步和科学技术的飞速发展，最优化问题不断涌现，优化的理念正深入社会各个方面，大规模复杂优化问题的求解技术也日趋成熟，最优化方法在社会各个领域中发挥着越来越重要的作用，如工程技术、工业生产、经济管理、人工智能、互联网、数学及军事等[3]。同时，最优化也是紧密结合数学、计算机科学等的基础学科，涉及数学分析、高等代数、数值分析以及计算机编程语言等多方面的知识，有较强的理论深度和难度，是现代数学在计算机和工程应用中的一种重要基础工具。[4]

北京交通大学电子信息工程学院面向控制科学与工程专业、交通信息及控制专业、控制工程专业硕士研究生开设了"最优化理论、方法及应用"课程，目的在于向工科研究生传授工程中最优化的基本理念，使其掌握最优化的基本概念、主要理论和经典算法，具备一定的算法分析和相应的计算机编程能力，了解最优化方法在自动化、交通、人工智能等工程实际中的应用。作为一门具有较强基础性和较广适用性的研究生专业课，"最优化理论、方法及应用"课程基于一定的数学理论和算法分析设计基础，面向工程实际中的各种优化问题，根据优化模型的类型（线性、非线性）、问题特点（无约束优化、有约束优化）来组织授课内容，主要包括线性规划的单纯形法和人工变量法，非线性优化的一维搜索、无约束极值问题的梯度算法（最速下降、牛顿法、共轭梯度法、变尺度法等）、带约束极值问题的 KT 条件、惩罚函数法和可行方向法等。本课程可培养研究生缜密的逻辑思维能力、从工程实际中提炼科学问题的能力以及综合运用最优化方法解决实际工程问题的能力，并为其学习后续课程、开展科学研究、解决实际工程问题、撰写硕士学位论文打下扎实的基础。

二、"最优化理论、方法及应用"研究生课程实践教学中出现的问题

（一）课程内容抽象，学生缺乏学习兴趣

"最优化理论、方法及应用"课程的理论性很强，侧重于讲授经典优化算法的设计和分析，涉及较多的基础数学理论，课程内容抽象，每类优化问题都有一套基于抽象数学理论的最优解存在性分析方法，每种特定的优化算法使用的数学工具也不尽相同。如果学生没有较好的数学基础，很难把握这些优化算法的内涵。

在面对包括高等数学、线性代数、数值分析、凸分析、计算机算法设计等在内的诸多基础知识时，工科研究生还存在一定程度的学习障碍，不善于进行公式推导和定理证明，很多学生对枯燥的理论缺乏兴趣，学习效果一般只停留在基本算法的主要流程及其简单应用。学生一般仅靠着死记硬背的方式应付考试，无法真正达到本课程的教学目的。多种因素造成的学生学习兴趣低下是"最优化理论、方法及应用"课程教学中面临的一个主要困境。

（二）教学模式和手段单一

由于"最优化理论、方法及应用"课程涉及的内容较多而课时相对有限，一直以来主要采用传统单一的讲授式教学模式，缺少互动式的或以学生为主导的教学环节。目前采用的这种老师基于课件在讲台上讲、学生在下面听讲的教学模式显得单调枯燥，很难调动青年学生的兴趣和学习积极性，很难让学生对抽象的算法有直观深入的理解[5]。这种接受式的教学模式和单一的教学手段也无法适应新形势下研究生教学的新理念，即以科学研究为导向、以学生为中心的教学。同时我们也注意到，由于选课学生众多（每次都超百人），且未实行小班教学，这也为推行多样化的研究式教学模式带来一定的障碍。

（三）理论方法与实践应用的教学结合有待深化

选修"最优化理论、方法及应用"课程的工科生都有一定的数学理论基础，但研究生更侧重于了解和学习理论方法在工程实践中的可应用性。而目前本课程内容多以理论分析和算法流程描述为主，面向实际工程应用和编程开发的案例相对不足，对各个算法的工程背景以及实际应用讲解得较少，也缺少对国外最新研究和应用方向的介绍。整体而言，当前课程教学存在理论方法与实践应用结合不足的问题，导致学生不能很好地运用所学的算法解决实际中的相关工程问题，一方面不善于从工程实际中抽象出合理的优化模型，另一方面在应用算法求解和分析性能时也会遇到一定的困难[6]。

（四）学生基础和专业背景不同

"最优化理论、方法及应用"课程直接面向电子信息类的一年级研究生开设，选课学生主要为自动化相关专业的工科研究生，也包括部分通信和电子相关专业研究生，选修学生的基础各不相同，专业背景也有较大区别。通过对几届选课研究生的摸底调查发现，学生的教学起点各异，除部分自动化专业学生外，大部分学生在本科阶段都没有修读过优化相关的基础课程（如运筹学），基本都未建立起多解问题的统筹优化思想，在教学中很难跟上老师的思路。此外，学生来自多个工科专业，面临的专业背景知识千差万别，这使得教师在授课过程中只能针对共性的知识进行普及性的传授，无法兼顾所有同学，很难把握教学难度，也很难从多专业的角度把握面向工程应用的教学内容。

三、"最优化理论、方法及应用"研究生课程教学改革建议及探索

本课程组教师针对在"最优化理论、方法及应用"教学中发现的问题，近一两年对课程进行了以实践为导向的教学改革探索——既要体现本课程理论性强的特点，也强调理论与工程应用相结合的教学理念。教学改革的目标是建设形成满足不同层次不同专业学生需求的最优化课程知识体系，从增加工程案例、算法编程分析和学科前沿介绍等方面优化现有教学资源，研究探索符合工科研究生特点的多种教学手段。在传统讲授的基础上，加强学生的研究能力和创新意识的培养，提倡学生面向科学研究的主动学习，教学的内容密切关注工程应用背景和学科前沿，在教学模式上逐步引入老师引导下的学生研讨等新手段。为此我们提出如下一些改革建议，并进行了积极的实践探索。

（一）合理安排理论教学内容、深入挖掘相关教学资源

首先，由于"最优化理论、方法及应用"课程具有较强的数学属性，在面向研究生教学时还应强调一定的理论基础，所以在进行本课程的讲授过程中仍须建立在课程知识系统性和逻辑性的基础上，贯彻最优化的数学理念，以算法及其工程应用为核心，强调对基本数学概念和主要原理的深入理解，以及多种数学工具在算法设计中的灵活运用。有鉴于此，需要在有限的课堂教学时间内，精选精讲理论内容，适当压缩理论学习的学时，在讲解完整的课程知识框架下，注重对算法流程和设计思想的整体把握，避免烦琐或过于理论化的数学推导。

其次，最优化涉及的理论和方法众多，且应用背景广泛，应根据课程反馈和评价适当调整教学内容和结构、深入挖掘优质教学资源。在了解选课学生的知识基础和对本课程的多专业需求后，平衡课程讲授中的基础理论知识、经典算法设计和分析、工程中的应用等内容，结合多专业背景注入多个工程应用案例。

最后，随着社会进步和技术发展，很多新出现的工程应用领域都需要利用最优化的思想和方法提供解决实际问题的思路和技术，这也促进了最优化技术的新发展。因此在讲授最优化基本理论与方法的同时，应紧密结合学科前沿，给学生适当补充本学科研究和应用的最新进展等内容，也可引导学生了解学科发展面临的挑战和机遇。此外，还可以介绍最优化与自动化、最优控制、人工智能等其他相关工程类学科的关系，将教师自身的相关科研成果融入特定专题的讲座中，这些新颖的教学内容将从多角度开阔研究生的学术视野，激发学生对本课程的学习兴趣。

（二）树立理论与工程应用相结合的教学理念，建立面向新工科的研究型教学模式

不同于数学专业主要讲授最优化的基础理论和各种分析方法，也不同于计算机专业侧重最优化算法设计及其计算机编程实现，在面向控制、交通信息及控制等工科专业学生讲授最优化时须兼顾理论和算法分析，更应侧重于从工程实际背景中提炼科学的最优化问题，在工程实际要求和约束条件下，以实际应用效果为导向讲授最优化技术。通过多次学生调研发现，研究生都希望能结合各自专业的工程实际问题来理解优化理论和算法，从专业实践角度有针对性地进行学习和应用。

在教学中，需要紧密结合技术热点和工程实际问题对最优化的理论知识进行深入浅出的讲授，强化工程实际背景，突出应用性。首先可从高效节能的角度阐述最优化方法在社会发展和工程技术领域中所处的重要地位，其次通过对新兴热门领域的介绍说明最优化方法是人工智能、大数据、深度学习等当今技术领域热点问题的理论基础，最后重要的是要在课程的教学体系中从自动化、交通、通信等多学科的角度引入工程实际中的优化问题，以工程应用案例的形式说明理论或各类优化算法的适用性、优缺点和应用前景。上述几方面教学理念的改革从理论与实践相结合

的角度使学生充分认识到本课程在未来学习和科研工作中所起的重要作用,既培养学生用最优化的原理与方法思考,又能使其增强应用最优化理论和方法处理实际工程问题的能力。

理论与工程应用相结合的教学既是培养新工科学生的必然要求,也是研究型教学模式的一个重要实现方式。只有将传统的接受式教育模式转变为研究型教学模式,才能让研究生有效地得到科研训练,使其适应现代科技对创新型人才的需求。在研究型教学模式下,教学的理念和目标应该是引导学生深入理解课程的作用和社会价值,提高其自主学习和思考能力,培养其分析问题解决问题的能力、学术研究能力以及创新思维,为学生在未来的研究或工作中发挥创造力和创新打下良好的基础[7]。在整个教学过程中,应注意通过学术研讨、学科前沿介绍等多种形式,在了解主要技术的同时,引导学生关注研究的工程实际背景、科学问题的提炼、解决方案的实施,以及进行结论的分析和质疑等更深度的思考。

(三)探索灵活多样的教学手段　践行研究生课程教学改革

在面向研究生的课程教学过程中,教师应当引导学生去深化科学研究的理念,而不是通过讲解去统一思想,因此有必要改变以讲授为主的传统教学手段,探索综合运用灵活多样的教学手段以达到更好的教学目的。除了增加课上练习,鼓励课下进行复杂优化算法的编程练习等手段外,还可以从以下几方面进行"最优化理论、方法及应用"研究生课程的教学改革和实践。

1. 案例式教学

"最优化理论、方法与应用"中的数学模型都来源于实际问题,这在各个专业问题中都有不同的体现。在教学过程中,可针对电子信息类学生的专业特点,引入多个涉及最优化的实际工程案例(如控制中最优轨迹的计算、道路交通中优化信号配时、反向传播神经网络中最优权重的更新计算等),以问题驱动的案例式教学为手段,将算法设计方案等技术细节的介绍浸入工程案例的分析中,通过实际问题激发学生的学习热情,培养学生灵活运用所学知识解决实际问题的能力。

2. 专题式研讨

为了充分调动学生的学习积极性和主动性,可选定若干与最优化相关的工程应用研讨专题,通过课下分组阅读文献材料,课上总结讨论的方式开展专题式研讨,践行研究性教学模式,在此基础上还可以同步改革教学评价体系。专题研讨过程中鼓励学生不要拘泥于传授的算法与思想,应努力尝试新方法、开拓新思路,提高创造性思维能力。专题研讨内容包括无约束最优化问题的直接方法;反向传播神经网络的算法原理和优化技术及其在深度学习和人工智能领域的应用;无人车数据采集、决策、规划、控制的多层结构及其中的优化问题;AlphaGo 使用的深度增强学习算法、求解思路及涉及的优化问题等。

3. 互动式教学

立足于电子信息类研究生具有较好编程基础的专业特点,以 MATLAB 等仿真软件为载体,开展"最优化理论、方法与应用"的互动式教学实践,在讲授抽象算法的同时,以与学生互动的方式说明算法的编程实现思路,增加算法编程分析环节,以此加强学生对抽象算法的实际认知,同时还能提高学生的编程能力。比如针对几种典型的非线性问题最优化算法,应用编程软件介绍算法实现流程和性能分析,或让学生动手编写并讲解最速下降法、共轭梯度法等程序,通过改变步长、参数、下降方向等方式来观察仿真结果。

四、结语

工科研究生教育的培养目标是能够在本门学科内掌握坚实的基础理论和系统的专门知识,同时具有从事科学研究或在工程实际中担负专门技术工作的能力。在"最优化理论、方法及应用"

研究生课程的教学过程中，基于此目标，本文结合课程自身的特点分析了现有教学中存在的问题，在此基础上提出调整教学内容、改进教学模式和改革教学手段的几点建议，在提升课程教学质量的同时，培养研究生的自主学习能力和创新思维，提高工科研究生分析问题解决问题的科研能力以及理论与工程应用相结合的综合素质。

参考文献

[1] 徐成贤，陈志平，李乃成. 近代优化方法［M］. 北京：科学出版社，2002.

[2] 袁亚湘，孙文瑜. 最优化理论与方法［M］. 北京：科学出版社，1997.

[3] 吕红杰，郭晓丽. 研究生"最优化方法"课程教学改革中的几点思考［J］. 科教导刊（上旬刊），2016（2）：44－45.

[4] 王文静，王福胜. 高师院校"最优化理论与方法"课程教学改革：以太原师范学院为例［J］. 教学理论与实践，2013，33（15）：54－56.

[5] 于水情. "最优化方法"探究式教学改革［J］. 中国校外教育，2015（z1）：179.

[6] 刘相国. 浅谈"最优化方法"教学方法的改革［J］. 巢湖学院学报，2011，13（6）：151－152.

[7] 姚莉，刘伟. 研究生课程教学改革的几点思考［J］. 高等教育研究学报，2010，33（4）：36－39.

算法设计与分析课程 "赛课结合" 教学改革初探

李清勇　张英俊　王公仆

（北京交通大学计算机与信息技术学院，北京 100044）

摘　要："算法设计与分析"是计算机科学与技术学科研究生的学位课，旨在培养学生扎实的计算思维、算法设计与算法分析能力，强化学生算法应用的编程实践能力。课程选课人数多、教学挑战性大。本文结合课程教学的实际情况，针对传统教学过程中存在的问题与挑战，从课程的教学内容、教学方法和考核方式三方面提出改革措施。

关键词：计算思维　算法设计　复杂度分析　程序自动评测

一、引言

"算法设计与分析"是现代计算机学科领域的一门核心主干课程，它不仅是计算机科学技术专业本科教学所开设的必修专业基础课程，也是计算机科学与技术、软件工程专业以及工程硕士研究生的一门学位基础课[1]。计算机与信息技术学院 2018 级总共 260 名硕士研究生选修该课程，另外有 10 多位其他学院的研究生旁听。

本门课程旨在使学生掌握算法设计的主要方法，培养正确分析算法的计算复杂性的能力，为独立设计算法和分析算法复杂性奠定坚实的理论基础，为学生将来从事计算机系统结构、系统软件和应用软件的研究与开发提供一个扎实的计算机算法知识基础。

"算法设计与分析"课程是一门兼具理论性和实践性的课程，学生在学习过程中会有一定的困难。本文以"算法设计与分析"课程为主要研究对象，针对传统教学过程中存在的问题，从课程的教学内容、教学方式及学生考核方式方面分析问题，提出改革措施[2]。

二、课程教学过程中存在的问题及原因分析

"算法设计与分析"是一门面向设计且处于计算机学科核心地位的课程。"软件 = 算法 + 数据结构"，算法是软件的灵魂。在信息时代，算法思维是分析复杂工程问题的重要思维方式，计算机则是求解问题的重要工具。高效程序的设计不仅需要编程技巧，更需要合理的数据组织和清晰高效的算法，知识涵盖范围较广。学生除了掌握好理论知识外，更需要通过实验环节加深理解，将实际应用与算法理论进行有效结合，培养学生解决实际问题的能力。

在现有课程教学中，"算法设计与分析"课程本身的高度抽象及课程讲授过程的复杂性为教师教学带来了一定的挑战，面临一些问题。

（一）课程教学内容的抽象程度高、理解难度大

课程教学大纲中需要学生掌握的常见算法设计策略，很多知识点对学生的分析能力和理解能力提出了高要求，要求学生具有一定的数学分析能力和应用能力。

（二）课程教学实践性强、动手能力要求高

学生往往对于算法的基本思想能够掌握，但是对于算法基本思想的理解停留在表层，不够深入、透彻。学生往往难以将算法模型描述转换成可执行的程序语言，也很难把经典算法模型应用于实际问题场景。

（三）作业批阅的交互性效果差

"算法设计与分析"的实践类型作业一般是算法编程，教师手工批阅不仅效率低，而且反馈不及时，不利于学生理解算法原理和提高动手能力。

（四）学生缺乏学习的主动性和积极性

大部分学生习惯于学会老师讲授的内容，学生之间缺乏横向比较和竞争，学习主动性比较差。

三、教学改革措施

（一）教学内容

算法课程的教学内容较多，涉及范围广泛，抽象度较高，使得学生很难系统地掌握算法策略的应用技能。针对这些问题，根据学生的现实情况，课程授课内容选择以通用算法思维和经典算法为主，兼顾人工智能等前沿技术，大致分为三个部分。

1. 概述部分

概述部分通过有趣的实例引出问题求解的步骤，通过相同问题用不同算法解决的差异体会算法的魅力，从而对算法的概念、重要性、性能评价标准有初步的认识。结合人工智能、大数据等前沿技术，介绍核心算法的关键性作用，激发学生对算法课程的兴趣。

2. 设计部分

设计部分讲授通用的算法思维和经典的算法模型，如枚举法、分治法、贪心法、动态规划、搜索技术等，强调算法设计的原理及其在不同实际场景中的应用。特别注意对于同一问题使用不同算法求解，以及不同问题使用同一算法求解。

3. 分析部分

分析部分首先系统学习算法复杂度分析的基本理论和方法，使学生掌握相应的数学工具和理论模型。其次，引导学生理解相同问题使用不同算法的求解，并学会分析不同算法效率方面的差异。

（二）教学方法

将网络学习与课堂学习相结合，线上比赛和线下练习相结合，构建以学生为主体，赛课结合的教学模式。

1. 网络学习和课堂学习相结合

课程组针对课程的教学要求，录制了 62 个微视频，学生可以根据自己的学习进度和需要自主预习或者复习。另外，课程组也比较分析了网络精品共享课程资源，推荐学生学习斯坦福大学的 Algorithm Design and Analysis 课程，普林斯顿大学的 Algorithm 课程，以及北京大学开设的"算法设计与分析"课程。在课堂教学和自主学习前，教师提前为学生指定需要预先学习的章节内容、教学视频，提出学习目标，介绍本章主要教学内容、列出问题，使学生有目的地进行学习，完成学习的初步学习阶段。课堂讲授阶段，教师与学生进行深度交流。教师模拟当前互联网公司的面试场景，在课堂随堂设置面试题，并且引导学生进行回答和讨论。教师针对学生课堂讨论的情况，

整理、总结学生自主学习过程中出现的共性问题及典型问题，及时进行引导和纠正。

2. 线上比赛和线下练习相结合

针对课程作业批阅交互性差、学生学习积极性不强等问题，课程组自主研发了"北京交通大学计算思维与算法实训平台（http://algo.bjtu.edu.cn）"，该平台具备完善的课程管理功能。支持课堂的在线作业，包括班级管理、作业管理、成绩管理、事件通知等。考试结束后，能够利用代码相似性检测功能，对提交代码进行相似性比对。独立的 OJ 系统，支持 ACM 比赛与训练，自带300 道训练题库（见图1）。

图 1　北京交通大学计算思维与算法实训平台

课程实践环节包括线上比赛和线下实践两个环节。课程作业都布置在平台上，学生在规定的时间内完成。为了激发学生的学习积极性，增加学习的乐趣，课程增加了在线比赛的环节。学生通过这个环节，不仅可以检验自己的学习效果，锻炼在压力状态下的实践能力，而且可以与同学进行横向比较，激发竞争欲望（见图2）。

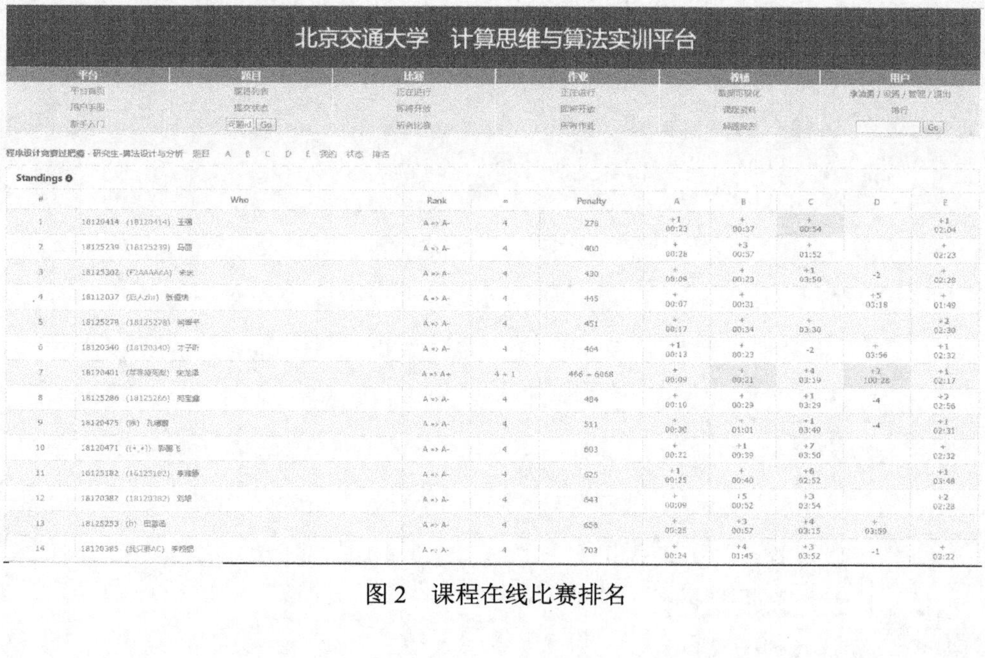

图 2　课程在线比赛排名

（三）考核方式

好的考核方式能够调动学生学习的积极性，激发学生的学习兴趣。为全面考核学生学习的过程，本课程综合考查学生课堂模拟面试的表现、在线作业的完成情况、在线比赛的排名和期末考试成绩。平时考核可以因地制宜地考查学生的学习进度和效果，尤其是在线比赛的排名可以激发学生的荣誉感和上进心，期末考试则综合测验学生的总体学习效果。

四、结语

"算法设计与分析"作为计算机学科领域的一门核心主干课程，课程本身抽象性高，难度较大，不仅注重理论分析，还注重实践操作，对学生提出了更高的要求。本文针对现有课堂教学中存在的问题，提出改革措施，主要包括对教学内容的选取、采用赛课结合的教学方式、重新设计考核标准三方面，旨在提高学生自主学习的积极性，达到理论与实践相结合的教学目标。

参考文献

[1] 陈翔. 面向不同层次学生的算法设计与分析课程教学改革探索 [J]. 计算机教育，2014（18）：19-22.

[2] 李清勇. 算法设计与问题求解 [M]. 北京：电子工业出版社，2013.

信息化时代背景下电磁场理论课程教学改革初探

孙继星　　刘瑞芳　　焦超群　　曹君慈

（北京交通大学电气工程学院，北京 100044）

摘　要：电磁场理论课程是电气工程专业研究生基础课程，借助当前信息化、网络化、大数据环境，根据课程教学特点及特色培养、兴趣培养、系统培养的目标导向，提出适当精简有限差分法、坡印廷矢量等内容，缩减有限元理论课时，增加有限元软件耦合场应用及多仿真软件应用实例内容，在保证学生掌握电磁场理论的同时，提高学生学习自主性、广泛性与针对性，提高电磁场理论课程的教学质量。教改结果表明，学生的兴趣及学习效果均有明显提升。

关键词：电磁场理论　有限元软件　教学多样化

电磁场理论课程主要基于高等数学及数学分析的基本理论，利用数值计算方法求解场分布，分析电气现象发生发展的基本规律。电磁场理论课程主要培养学生建立场的时域及频域的概念，使学生了解电磁场数值计算在电气工程中的应用和发展现状，掌握有限差分法和有限元法的原理和求解过程，学会利用有限元数值计算软件，分析电气工程相关问题，为从事电气工程的相关研究计算打下基础[1-2]。在教学过程中，教师反映课程难教，学生反映课程难学，成为当前本门课程教学过程存在的主要问题[1,4-5]。存在该问题的原因主要有以下三个方面：一是学生对高等数学及数学分析等先修课程基础知识掌握、应用程度不够；二是学生尚缺乏对工程实际需求及科学问题的深入思考，缺乏工程实例的导引，难以建立场的概念；三是缺乏工程实践，缺乏实际的电磁场计算机仿真分析的环节。针对上述问题，本文根据电磁场理论教学过程中存在的现实问题，从培养学生兴趣，使学生系统完整地掌握本门课程内容出发，调整本门课程的教学内容、教学方式，提升电磁场理论课程的教学效果。

一、信息化时代背景下的教与学

（一）学习思想观念的转变

电磁场理论作为一门电气工程专业研究生专业基础课程，涉及的内容广泛，应用覆盖到电气工程的各个领域，如电力线路、电力绝缘的设计，电力发电、电机、电路设计等相关内容。在当前大信息、网络化时代背景下网络信息高速发展，国际、国内前沿科技与工程案例可以迅速检索，同时学生获取信息的途径多样化，包括手机、电脑在内的检索工具普遍快速发展，学生可以通过互联网进行搜索与查询，了解学习内容的应用范围与应用方式。同时互联网上也有相关课程的网络慕课和直播，扩展了学生学习的方式，补充了课上知识点学习盲区。针对教材与教材之间存在的知识点讲解的差异，学生可以到图书馆查阅相关教材，广泛了解，融会贯通[2,6-9]。而在此过程中，不可避免的，一方面需要学生有学习的针对性和条理性，另一方面需要学生有较强的自制能力，避免其他信息的干扰。

（二）教学思想观念的转变

当前学习方式的多渠道现状给任课教师提出了更高的要求[7]。任课教师在保证基本教学业务熟练的基础上，需要在保证自身教学内容有序进行的同时，组织好学生通过多渠道学习，以提高学习效率。在培养学生主动学习习惯的同时，避免学生产生混乱学习。混乱学习主要有两个方面：一是学生在学习的时候受到其他信息的干扰，导致学习效率不高；另一方面，在学习中遇到问题时长时间的思考无法找到相关答案也会影响学习的效果。教师辅导学生有针对性的学习也是其工作的一个方面，教师需要关注学生思考的问题。同时即使不能实时解答学生的问题，也需要为学生提供寻求问题答案的方法。

二、教学内容调整

根据当前学习渠道多及学习的时效性需求，学院对教学内容进行了部分调整，如图 1 所示。电磁场基础理论部分，讲授麦克斯韦方程组，位函数（标量位和矢量位）及其微分方程，边界条件，电磁能量与坡印廷定理，使学生掌握电磁场方程组积分、微分形式，求解方法，利用电磁场理论处理工程问题。电磁场数值计算方法，主要讲解有限差分法、时域有限差分法和有限元法的原理和求解过程。具体包括有限差分法基本原理；时域有限差分法原理及其关键技术；一维有限差分法及其在多导体传输线中的应用；二维时域有限差分法及其在波导中的应用；三维时域有限差分法及其在电磁屏蔽中的应用；有限元法基础；条件变分问题的推导；单元剖分与插值函数；二维泊松方程的变分表述；变分问题离散化；有限元方程组的求解；有限元的前处理与后处理技术。使学生了解有限差分法基本原理，掌握有限元法和时域有限差分法的原理，掌握有限元法和时域有限差分法的求解过程。有限元数值计算软件，主要介绍 ANSYS Maxwell 电磁场有限元软件，举例介绍静电场、恒定磁场和时变电磁场中的工程问题。使学生至少掌握一种电磁场仿真软件的使用方法，并应用该软件来分析基本的电磁场问题。

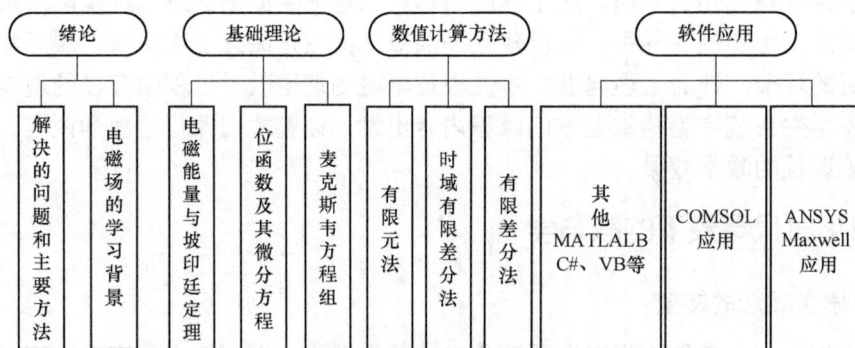

图 1　教学主体内容

为了使学生循序渐进地掌握应用电磁场理论及其应用，在有限元数值计算的软件应用方面对教学内容进行了调整，在原有软件的基础上增加了 COMSOL 应用，有限元法软件的耦合场应用，使学生了解软件应用和计算流程。在此基础上，引导学生利用掌握的软件（不限于 MATLALB、C#及 VB 等）根据所学知识点编制电磁场数值计算、求解程序，达到应用水平。

基于上述学习内容，学习课时调整为电磁场基础理论 8 学时，时域有限差分法 8 学时；有限元法理论 4 学时；ANSYS Maxwell 软件应用 6 学时；COMSOL 软件应用 4 学时；上机 2 学时，总计 32 学时。同时引导学生多渠道有针对性地学习，熟练掌握本门课程。

三、教学方式调整

（一）多案例教学，科学现象与工程问题需求先行

在电磁场理论课程教学过程中，数学方法作为电磁场表示方法和求解方法，是学生应掌握的基本工具。授课教师需结合工程实际、科研课题中的电磁场问题及工程问题中蕴含的电磁场问题，以启迪与引导开始，结合学生所理解的工程现象、自然现象讲解，激发学生学习的兴趣，进而调动学生对本课程学习的积极性和主动性，使学生在学习电磁场理论及应用过程中主动地发现问题、提出问题，并形成自己解决相关问题的思路和见解。

（二）课堂教学与课下调研相结合，激发学生的主动性

电磁场理论所涉及的公式方程、数学推导、理论内容纷繁复杂，然而每一个公式的出现都是数学与电磁场领域学者经过长时间的思考和推演的结果，背后都有一个曲折的故事，在课堂教授过程中，适当增加公式推演过程的背景内容，一方面可以增加课堂的趣味性，加深学生对知识点的理解深度；另一方面可以开拓学生的视野，使学生更深入地理解和思考所学内容而非死记硬背。同时在此过程中可以放缓教学速度，避免学生跟不上老师教学速度的现象出现。

同时授课教师可以将科研工作中解决实际工程问题时得到的电磁场数值计算内容引入本课程，给学生讲授项目的背景及电磁场求解的结果并分析结论，增强学生学习的目的性和兴趣性。

（三）基础教学与分组讨论相结合，明确学生学习的目的性

基础课程教学过程难免有枯燥乏味的环节，针对不同的知识点，不同的学生领悟的程度也会有较大的差异。针对该问题，建议学生分组调研，文中分组案例如表1所示。

表1　分组讨论参考案例

基础理论分组调研	电磁现象试验
输电线路高压静电场	静电计试验
电机电磁场	直流电机试验
发电原理	手摇发电实验
短波通信	

针对课程中的基本理论，反观生活中存在的自然现象与工程问题，调研分析该问题背后的电磁场现象，思考电磁场现象中蕴含的科学问题。除了调研，安排学生完成简单的电磁场现象试验，包括静电感应、电磁互生现象。教研组设计或引导学生分组设计相关实验，一方面使学生对所学知识进行深入理解和应用，提高了学生的动手能力，另一方面复现了电磁场领域先驱探索科学本质的过程，增强了学生的科研精神和探索精神。

四、考核方式调整

当前倡导复合型人才、创新型人才的培养，针对该目标，有必要制定适应现阶段的电磁场理论考核体系，加强本门课程对学生学习的指引性作用，同时使学生保持对电磁场问题探索的兴趣，体现对学生综合能力的培养。以往主要采取出勤率、期末考试成绩及上机成绩的考核方式，造成学生靠死记硬背公式，从网上抄写程序来应付考核的现象频频出现，课程结束后学生对授课内容印象不深。鉴于以上问题，结合学生的实际学习情况，学院提出了学、思、用、练相结合的考核方式。其中学即对本门课程基础知识的掌握程度，主要体现在期末考试成绩中；思即对工程现象、

自然现象的思考，用电磁场理论解释自然现象、工程现象的能力，同时具备凝练自然现象、工程现象中科学问题的能力；用主要是指学生的调研能力及试验设计过程的动手操作能力，复现学者发现电磁场分布规律，用数学手段总结电磁问题的能力；练即实时利用编程、仿真的手段求解电磁场问题的能力，根据所学的知识求解描述电磁场现象的能力。根据分组讨论及学生自身的学习状况及研究分析报告撰写及实验总结情况，提出课程考核评价标准，如表2所示。

表2 课程考核评价标准

序号	主要考核项目	考核能容及标准	成绩权值
1	案例调查	对所学知识及其应用背景的理解程度	0.1
2	课后作业	对电磁场基础理论知识点的掌握程度	0.1
3	课题分析	电磁场理论知识的运用程度，分析能力和理解能力，此环节注重学生的分析过程而非结果，主要考核学生对知识体系的把握	0.25
4	实验分析	主要考查学生对知识点的掌握和运用	0.15
5	卷面考试	考查学生对知识点的思考、理解和计算能力	0.4

五、教学反馈

针对教学效果，课程组经过长时间的跟踪、调研和调查，根据调查问卷结果分析，就学生对本门课程的兴趣、知识点掌握的程度、上机操作能力及其对电磁场中工程问题和科学问题解决方案的理解能力方面，教改前后学生对该课程反馈结果如图2所示。图中知识点掌握的程度可参考

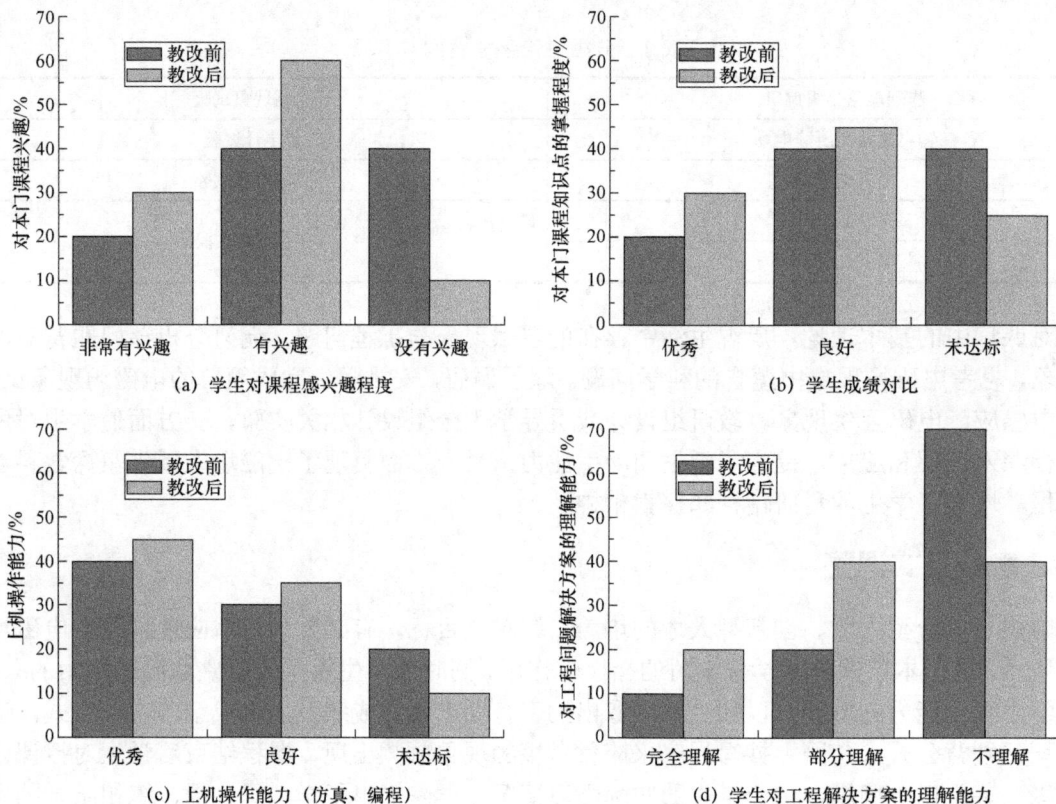

(a) 学生对课程感兴趣程度

(b) 学生成绩对比

(c) 上机操作能力（仿真、编程）

(d) 学生对工程解决方案的理解能力

图2 教改前后学生对该课程的反馈

结课考试成绩进行统计，上机成绩综合学生使用软件仿真及编程能力，对工程问题解决方案的理解能力根据学生的调研报告成绩得出。

　　统计结果表明，通过此次教学改革，学生的电磁场理论课程的学习兴趣有了进一步的提升，对电磁场中的工程问题及科学问题解决方案的理解能力有了提升。

六、结语

　　在原有课程体系的基础上，根据当前状况对教学方式进行适当调整，一方面可以融教于学，提高教师的授课能力，另一方面可以提升学生对课程的掌握深度与广度，增强学生对理论基础和专门知识的理解和吸收能力。本文从教与学的思想观念、教学内容与教学方式的调整、考核方式等四个方面提出了电磁场理论课程的改革方案，以求提升学生的兴趣，提高学生系统掌握本门课程专业知识的能力。文中所提电磁场理论的改革不仅针对本门课程，同时也是针对当前信息化现状提出的。本课程在新时代背景下仍需不断改革以求与时俱进。

参考文献

［1］ 汪东欣，潘雅缤. 基于有限元法的工程电磁场形象化教学研究与探讨［J］. 大庆师范学院学报，2013（6）：135－138.

［2］ 尹尚军，钱国英. 面向综合素质培养的生物化学综合设计型实验教学改革的探索与实践［J］. 中国大学教学，2011（2）：66－68.

［3］ 胡新根，何道法，李新华，等. 研究型物理化学实验教学模式的探索与实践［J］. 实验室研究与探索，2009，28（10）：133－135.

［4］ 朱安福. "电磁场与电磁波"课程教学实践与探讨［J］. 中国电力教育，2013（26）：45＋72.

［5］ 李丽华. 论三本院校电磁场与微波技术课程教学［J］. 投资与合作（学术版），2010（9）：64－65.

［6］ 李隐璞，沈智慧. 整合资源，完善功能，构建多层次实验教学体系［J］. 实验室研究与探索，2009，28（10）：92－95.

［7］ 栋梁，王其军，舒运德，等. 如何让本科生在实验教学中体会和学习创新［J］. 实验室科学，2009（1）：71－73.

［8］ 柴秀智. 网络教学资源与高职英语听说任务整合模式研究［J］. 教育教学论坛，2011（27）：68＋191.

［9］ 黄晓春. 理解中国的信息革命：驱动社会转型的结构性力量［J］. 科学学研究，2010，28（2）：183－188.

浅谈"现代热物理测试技术"研究生课程教改的初步探索

陈　琪

（北京交通大学机械与电子控制工程学院，北京 100044）

摘　要："现代热物理测试技术"是北京交通大学机械与电子控制工程学院动力与能源工程系硕士研究生的专业课程，它是该专业为研究生开设的唯一一门包括测试诊断、数据处理及实验设计的实践性课程。通过分析该课程的发展过程以及存在的不足，根据本学科发展的特点对教材、教学内容、教学方法和手段进行优化和调整。实践表明，通过对该课程的优化和调整，不仅可以调动学生的学习积极性，还可以提高其分析问题、解决问题的能力，从而提高教学质量。

关键词：现代热物理测试技术　实践性课程　课程优化和调整

一、前言

2010 年以来各类高校和研究所计划招录硕士研究生的数量大幅度增加。在能源与动力工程类研究生培养的过程中，热物理测试技术作为专业课程的教学是研究生培养工作的重要以及必要组成部分，其教学理念直接影响高校研究生教育的质量和水平[1-2]。

"现代热物理测试技术"是研究生认识和了解热物理的发展过程、实现各类科学实验、完成各种数学模型和数值计算结果验证的重要手段，包括热物理量的测试、实验设计及数据处理三个教学环节，其中，热物理量的测试技术是核心教学部分。本课程详细介绍现代热物理测试技术的各个方面，包括静、动态测量的基础，各种新的传感器，温度场的现代测试技术，速度测试技术，压力测试技术，烟气分析技术，CCD 测试技术，气相色谱，液相色谱，质谱，热重测试技术等[3-4]。同时，本课程讲授科学试验的设计和实施，试验数据的处理方法，以及数据处理软件的应用等内容，旨在使学生获得进行试验设计和数据处理分析所必需的基本知识、技能和方法，并能利用试验数据得出科学的结论。"现代热物理测试技术"是一门理论性和实践性都很强的课程，综合了工程热力学、传热学、流体力学、诊断技术、数学、物理学等方面的内容。"现代热物理测试技术"知识点多、内容多，涉及不同热物理量的测试原理、测试技术、实验设计理论、数据分析原理，要想教好和学好这门课程，对教师和学生来说都是一个难度不小的挑战[5-6]。

二、课程的历史沿革及存在的不足

"现代热物理测试技术"课程是在原北京交通大学动力机械、工程热物理及热能工程专业硕士点设立的课程"测试技术与数据处理"的基础上，通过内容调整并增加了"燃烧诊断"部分形成的。课程的知识点为学科的多个研究方向提供了测试技术及数据处理的理论及实践支持[3-5]。

追溯其历史沿革，本课程是已有 20 多年历史的老课程，通过教学实践，已构建了完整的课程教学体系，取得了一定的成效，但仍有一些问题需要进一步的改进和完善。如本课程因课时太短，学生课后自学量大，因而学生课后学习指导需要加强；虽然课程已经开展多媒体教学，但未建设成网络课程。开展网络课堂，可使不同程度、层次的学生各取所需、自由选择学习内容，有利于因材施教、因人施教，有利于进行个性化的自主学习，提高学习效率和学习效果。本课程实践性强，但目前仅有 6 学时的实验室动手环节，实践教学环节有待开展并且提高。"现代热物理测试技术"课程是以测试技术、实验设计、数据分析紧密结合为特征的课程，加强实践教学不仅可以验证课堂所学的知识，加深对课本知识的进一步理解，促进教学效果的提高，更重要的是可以培养学生对实际问题的分析能力、解决问题的能力以及进行科学研究的能力[7-8]。

三、教学改革的主要措施及方案

北京交通大学动力与能源工程系的主要特色研究方向包括：新能源动力系统与控制、内燃机燃烧与排放控制、热力系统热物理理论及应用、洁净燃烧理论与技术。上述四个主要研究方向是目前国内外动力工程及工程热物理学科重要的前沿研究方向，经过多年的培育和发展，已形成鲜明的研究特色与优势，并取得了突出的研究成果。"现代热物理测试技术"课程合理设置教学内容，为进入这些研究方向的研究生奠定理论基础，同时又根据学科研究方向的变动，与时俱进地调整教学内容，增加了各研究方向所需理论及测试环节。

（一）具体授课内容的改革方案

在教学内容设置方面，通过与学生的反馈交流以及反复研讨，精心设计符合北京交通大学研究生实际的教学内容，使课程教学适应和符合培养工程创新型人才的需要。在教学实践方面，不断完善和更新教学案例，加强实践教学改革（特别是课程论文、课程实习、实验室教学等环节），注重培养学生在科研中应用本课程中相关知识与方法的能力。在教学载体方面，资源上网共享，实现课程在时间和空间上的无障碍教学。"现代热物理测试技术"实践性教学环节由学生主导的案例教学、课堂讨论、实验教学、课程论文四部分组成[9-11]。

1. 学生主导的案例教学

为了引导学生广泛理解和掌握多种测试技术的实际应用，基本上每节课都安排学生结合自己即将开始的科研工作，主导案例讲解。通过研究问题的提出和解决，了解具体的科学研究中出现的问题，以及基于本课程教学内容的解决方案。例如，从事等离子体化学能量体系研究的同学，会主导讲解利用本课程学习到的实验设计方法搭建试验台，利用本课程学习到的激光测量技术开展等离子体化学体系中基团浓度、点火延迟时间、关键的稳定组分浓度的测量工作。

2. 课堂讨论

采用课堂教学和学生自主讨论相结合的方法，既解决了本课程课时少的问题，又扩大了学生测试技术的知识面和分析问题解决问题的能力。课堂讨论内容主要针对学生在测试技术方面欠缺的内容以及学科研究方向所需的相关知识，能使学生学以致用。例如，教师会提前一次课提出问题：红外成像技术可否用火焰温度场测量？如果可以，需要克服哪些技术问题？学生在课后进行分析，并运用所学知识在本次课堂提出自己的观点。

3. 实验教学

实验教学是在实验室开展的辅助性教学环节。设计思想和目的是完成课堂讲授内容的实践环节，帮助学生理解、消化、评价课堂所学的内容。具体做法是在授课教师或者本系其他教授负责的实验室内进行专门的实验教学，主要包括实验系统的搭建、大型实验设备的使用操作等，课时为 6 学时。实践证明，经过 6 学时及以上的实验室教学，学生能基本掌握主要大型设备的测试原理和操作过程，能初步合理地确定某个典型物理量的测试方案。

4. 课程论文

改革课程考核方式，增强课程教学效果。课程的考试采用课程论文的方式。课程论文要求结合本课程所学内容，对未来实验研究工作做整体方案规划，包括实验方案设计、实验设计选择、数据处理及测试技术的合理选择。课程论文的考核主要是增强学生的科研写作能力，以及对本课程不同环节的掌握程度。

（二）智慧教室教学方式的使用

全程使用智慧教室，采用翻转课堂教学模式。智慧教室是老师学生之间和学生与学生之间互动的场所，包括答疑解惑、知识的运用等，从而达到更好的教学效果。

课堂教学环节是学生接受系统教育最重要的一环，做好教学互动，是掌握好教学质量，提高教学水平的关键。传统的教学过程中，签到环节、疑问确认环节、提问互动环节、课堂小测试环节存在诸多问题。签到过程中，使用纸张签到，效率低且存在代签现象，不便于教师统计真实数据；提问互动环节和课堂小测试环节中，教师给出简单选择题后，学生举手或者口头回答，不能获得准确的统计数据，教师只能根据大体情况来判断是否进行下一步教学。没有准确的数据，更不能考虑后期的数据挖掘和数据统计工作。传统的教学方式已经不适应现代化教学的需要，基于物联网技术，集智慧教学、人员考勤、资产管理、环境智慧调节、视频监控及远程控制于一身的新型现代化智慧教室系统正在逐步地推广运用。智慧教室作为一种新型的教学方式和现代化的教学手段，给教育行业带来了新的机遇。2018 年春季学期开设"现代热物理测试技术"课程，采用智慧教室教学方式，用启发式教学代替全堂灌输式教学，用讨论取代提问，让学生在快乐中主动学习。在课堂上由教师提出问题，必要时加以适当引导，启发学生去思考。智慧教室还特别适合学生分组讨论，学生可以展开争论，最后教师进行归纳总结，使学生带着问题走进课堂，带着收获走出课堂。

（三）将研究成果引入课堂

教学与科研之间相辅相成的关系决定了科研不能脱离教学，要以教学为基础和导向，同时科研成果要能及时而有效地反馈到教学环节。

根据洪堡的思想，课程教学中如能充分吸收已有的科研成果，既能促进课程质量的提高，又能有效地实现科研成果向教学的转化。将最新科研成果引入课堂教学向学生讲授，并介绍新知识、科学前沿和科学研究方法；同时，将学术论文等科研成果作为参考资料让学生课后阅读，为课程建设提供相关教学材料。这不仅丰富了课程内容，还有利于提高学生兴趣，增强教学效果。在本课程中，教师会要求学生有针对性地检索和综述某个特定领域测试技术的发展现状，如激光测试技术在短寿命激发态的粒子浓度、电场强度、气体温度等领域的发展及应用，并结合自己的科研经验及结果，激发学生对尖端科学技术的兴趣。

（四）邀请世界知名大学教授进行课程相关内容讲座，开阔学生视野

学院多次邀请美国普林斯顿大学 Yiguang Ju 和 Bruce E. Koel 教授，美国佐治亚理工大学 Wenting Sun 教授为动力与能源工程系研究生做与测试技术相关的学术报告。

四、教学改革的初步成效

通过多年的教学实践和教学改革，优化了"现代热物理测试技术"教学内容，根据各专业及研究方向的需要，使得教学内容更加合理，并且编写了特色讲义，将教学和科研结合在一起，使

得教学和科研相互促进，相互提高。具有强而有力的教学、教学指导、督导、教改的师资队伍，保证了优质教学和教学水平持续不断地提高。采用智慧教室教学方式以及先进的翻转课堂教学理念，开展启发式、讨论式互动教学，使得学生具有高涨的学习兴趣。用启发代替全堂灌输，用讨论取代提问，让学生在快乐中主动学习。将科研成果引入课堂教学，丰富课堂内容，增加了学生学习的乐趣和热情。邀请世界知名大学教授进行课程相关内容讲座，开阔学生视野，鼓励学生从事尖端科学研究。

参考文献

[1] 李新利，任凤章，路妍. 浅谈"材料物理"研究生课程的教改初步探索 [J]. 山东化工，2016，45：144-145.

[2] 李华，王宏波，王谦，等. 研究生课程"计量经济学"在我校教改的实施方案研究 [J]. 科技创新导报，2015，12（6）：32+35.

[3] 李学艳，黄维民，甘佳俊. 环境类研究生高等仪器分析课程教改探析：开展引导式教学与企业研究生工作站等实践环节 [J]. 教育教学论坛，2018（35）：144-145.

[4] 郑湘晋，王莉. 关于专业学位研究生教育改革的若干思考 [J]. 学位与研究生教育，2012（4）：15-19.

[5] 鲍长利，贾琼，陈博. 仪器分析实验教学改革的探讨 [J]. 实验室研究与探索，2009，28（10）：123-125.

[6] 黄素逸. 动力工程现代测试技术 [M]. 武汉：华中科技大学出版社，2001.

[7] 汪亮. 燃烧实验诊断学 [M]. 北京：国防工业出版社，2005.

[8] 黄素逸，周怀春. 现代热物理测试技术 [M]. 北京：清华大学出版社，2008.

[9] 罗次申. 动力机械测试技术 [M]. 上海：上海交通大学出版社，2001.

[10] 费业泰. 误差理论与数据处理 [M]. 北京：机械工业出版社，2005.

[11] 栾军主. 现代试验设计优化方法 [M]. 上海：上海交通大学出版社，2002.

"高等流体力学"课程的改革探索

宁 智 吕 明

(北京交通大学机械与电子控制工程学院,北京 100044)

摘 要:"高等流体力学"是动力工程及工程热物理等专业硕士研究生的专业基础课程。针对目前"高等流体力学"课程教学中存在的问题,本文参考国内相关课程的改革成果,对"高等流体力学"课程的课程目标、课程内容、教学过程、教学方法和手段以及考试内容进行了改革探索;对课程改革内容进行了阐述并对课程改革成果进行了介绍。

关键词:高等流体力学 教学 课程改革

一、课程建设背景

流体力学是一门重要的基础课程,它涉及热能、动力、机械、化工、航空航天、运输、自动化等学科领域。流体力学问题不仅存在于通常的宏观自然现象及机械运动中,而且随着微机械技术的发展,其中流动规律的研究和探索对流体力学提出了更广泛深入的要求。

"高等流体力学"课程属于动力工程及工程热物理专业、载运工具运用工程专业等硕士研究生的专业基础课程。通过课程学习,使学生掌握流体力学的基本原理和基本理论,掌握流体流动的分析与计算方法。该课程结束后,学生能够根据所掌握的流体力学的基本理论与方法,对科学研究和工程中的流体流动问题进行研究与分析,为以后从事本领域的研究工作打下良好基础。高等流体力学以牛顿力学为基础,理论缜密严谨,使学生不仅学到丰富的专业基础知识,更启迪他们拓宽思维方式,以力学的视角观察探求自然规律。

目前,"高等流体力学"课程主要偏重于基础理论的教学。在以往国内动力工程及工程热物理学科"高等流体力学"课程的教学中,主要偏重于理论教学,与其他专业基础课程和专业课程的联系不够紧密,学生所学知识的针对性、完整性、连续性和实用性不是很强,难以满足解决实际工程问题的需要。针对存在的这一普遍问题,本文提出了"高等流体力学"课程的改革目标。"高等流体力学"课程的改革探索对动力工程及工程热物理学科专业课程体系的建设具有重要的促进作用。

二、课程改革内容

参考国内相关课程的改革成果[1~3],"高等流体力学"课程的改革主要包括课程目标的改革、课程内容的改革、教学过程的改革、教学方法和手段的改革以及考试内容的改革等。

在"高等流体力学"课程目标的改革中,确定并实施的课程目标为,培养高水平学术与工程相结合的高层次人才,以适应现代社会对复合型人才的需求;注重理论教学与工程实际的结合,强调培养学生"理论"与"工程"相结合的意识;解决教学目标和学习目标的统一问题。

在对"高等流体力学"课程内容改革时,将课程内容由"理论模式"向"理论与工程相结合模式"过渡。一方面要注重课程自身的知识体系及其在整个知识链中的作用,注重本课程与其前导和后继课程间的紧密联系；另一方面，还需要将工程问题融合到理论教学之中，使其成为理论教学的有机组成部分，并贯穿理论教学的始终。在教学内容的组织上，特别注意动力工程及工程热物理学科的特点，以保证学生所学知识的针对性、完整性、连续性和实用性。

在对"高等流体力学"课程教学过程改革时，在理论教学过程中，注重知识点讲解的深入浅出，避免过多复杂公式的推导，加强理论实质和结果的实际应用；强调启发式教学，突出学生在教学过程中的作用；增加培养学生分析问题能力的习题。实现教学过程的讲、演、练相结合。

在"高等流体力学"课程教学方法上，采用"模块化"教学和"问题化"教学相结合的方法。首先将课程结构"模块化"；根据一些模块的特点，采用教师课前布置问题，学生课下准备、课上讲解，教师最后总结分析的"问题教学法"，从而最大限度地发挥了学生在课程教学过程中的参与意识和作用。在教学手段上，充分利用了多媒体教学的特点，通过视频、动画等教学手段对教学内容进行补充，以加深学生对深奥的理论问题的理解。

在"高等流体力学"课程考试内容上，摒弃了以往过于强调理论推导的考试内容，强调学生重要知识点的掌握；通过一些定性的工程实际问题，考查学生分析问题的能力以及将理论知识应用于工程实际的能力。

三、课程改革的初步成果

（一）课程建设指导思想及实践

"高等流体力学"是一门经典力学课程；但伴随着科技迅猛发展，应用领域也越来越广泛，其深度随着计算机及实验技术发展不断向纵深拓展。虽然"高等流体力学"属于专业基础课程，但也需要不断更新和精炼内容，反映学科的新理论、新技术和新方法。

学科发展的依托是基础理论；数学是阐明理论的主要工具。但在"高等流体力学"的教学过程中，并不刻意追求数学公式的演绎，而是把其中的物理内涵、自然规律即物理概念及其来龙去脉讲清楚。

目前，流体力学学科已经走出学院式研究的发展模式，并逐步深入到科学和技术发展的各个领域。结合工程实践讲述高等流体力学的基本原理，从而使学生感到原理并不抽象，而是存在于自然界和生产生活的方方面面；将教师从事的科研课题引入"高等流体力学"的理论教学中，从而使课堂教学的内容更加丰富。

实验是探求流体力学基本原理的重要手段。通过重现流体流动现象，对启迪同学积极观察流体世界，主动思考流动机理十分有益。采用多媒体实验教学形式是一种有益的尝试，可以在目前实验条件比较匮乏的情况下使学生能够直观地观察到一些重要的流动现象。

（二）教学内容基础性、前沿性、创新性

"高等流体力学"课程是人才培养的重要基础课程；它在物理力学、理论力学基础上对质量守恒、动量守恒、能量守恒定理进行更高层次的概括和总结，以适合连续分布、连续变形的流体力学运动机理。在教学内容上，既注重以往力学课程的延续性，又强调其与固体运动不同的特征。

授课教师长期工作在教学与科研第一线，承担多项与流体流动相关的研究课题。将教师的最新科研工作成果融入"高等流体力学"课堂的教学内容中，体现出该课程的前沿性，同时激励学生从现实生活中提炼总结与流体力学基本原理密切联系的流动现象，撰写研究性论文。

（三）教学方式与方法

通过课堂的理论教学，解析流体力学的基本原理和基本概念及其在工程中的应用。多媒体实验教学使学生对流体力学基本原理有了更加具体的感性认识；通过对各种流动现象的观察，学生对该课程应用的广泛性、数学物理模型的创建思路等有了更深层次的认识。

课程作业是督促学生进行复习、消化理论教学内容并思考总结转化为自身知识本领的重要环节，对训练培养学生独立分析问题和解决问题的能力十分必要；但教学要求并不止于此，授课教师大力提倡并引导学生就科技活动中与流体力学相关的问题进行调研、分析并提出解决问题的办法。

常规教学是教学的主体；而大量的网络教学资源为学生自主学习提供了很好的平台，使学生课前预习、课后复习以及问题的思考更加灵活、生动、便捷。

目前，"高等流体力学"课程的实验条件还不完全具备。采用多媒体实验教学形式是一种有益的尝试；可以在目前实验条件比较匮乏的情况下，使学生通过多媒体更加直观地观察到许多复杂的流动现象，从而加深对流动原理的理解。

（四）课程特色

1. 对"高等流体力学"的课程体系重新整合

对"高等流体力学"的课程体系重新整合，以运动学为先导，突出流体运动与刚体运动及材料变形的区别，引入变形速率和流体切应力、压应力之间的基本联系；以动力学为核心，强调力学基本原理的质量体原型（拉格朗日型）和流体力学中大量采用的空间、时间分布函数形式（欧拉型）的联系，使学生紧扣自然规律的本质，加深对流体力学基本原理的理解。在课程体系中，既强调基本的数学演绎的严密性，又从几何和工程应用中去领悟基本方程；既为学生打好坚实的理论基础，又提高了学生的学习兴趣，使学生对力学规律的认识又上了一个新台阶。

2. 课程内容的应用性与工程实例相结合

充分利用"高等流体力学"课程内容的广泛应用性，结合典型工程实践成果阐述流体运动的规律。例如，用动量定理分析涡轮机叶栅的运动，从而引出叶片受力的茹科夫斯基定理，并将其推广至孤立叶片讲述升力原理及流体机械中流体与固体之间的相互作用和机械能的相互转换。

3. 课堂教学、多媒体实验教学、网络教学多种模式相结合

在"高等流体力学"课程的教学中，运用先进的多媒体流动显示技术展现低速绕流等多种流动形态；包括近似层流的机翼、圆柱绕流流线谱，伴随边界层分离产生的圆柱及方形物体尾流中的卡门涡街的结构及特性，射流附壁效应及控制机理等。对流体力学发展中有重要影响的经典实验做重点的阐述和多媒体演示，强调它们的历史创新作用，激发学生追求真理、探索流动奥妙的研究积极性。

4. 充分利用网络教学资源

目前，网络上有大量的流体力学及其相关课程的教学资源。提倡、鼓励学生在进行"高等流体力学"课程学习时，充分利用网络教学资源，使学生有一个自主学习的平台。

四、总结

针对目前"高等流体力学"课程教学中存在的问题，在参考国内相关课程改革成果的基础上，对"高等流体力学"课程的课程目标、课程内容、教学过程、教学方法和手段以及考试内容进行了的改革探索。通过改革和探索，在课程建设指导思想及实践，教学内容基础性、前沿性、创新性，教学方式与方法以及课程特色等方面取得了初步的成果。

参考文献

[1] 徐文娟，赵存友，侯清泉."工程流体力学"精品课程创新人才培养模式设计与实践 [J]. 高教论坛，2009 (2)：50－52.

[2] 张轶，丛燕青，孙培德. 环境工程专业"工程流体力学"精品课程建设的探索研究 [J]. 中国校外教育，2010 (2)：86＋88.

[3] 黄蔚雯，朱飙. 建设流体力学泵与风机精品课程的实践与认识 [J]. 安徽电气工程职业技术学院学报，2006 (1)：108－111.

"数字通信理论"国际化与实用性教学改革探索

艾　渤[1]　章嘉懿[2]　何睿斯[1]　钟章队[1]

（1. 轨道交通控制与安全国家重点实验室；
2. 北京交通大学电子信息工程学院，北京 100044）

摘　要：为了更好地提高"数字通信理论"课程的教学效果，课程组教师将国内外通信技术最新成果引入教学，不断更新课程内容，使学生了解最新的科技前沿技术，开阔学生的眼界和知识，并从实用性角度解释当前社会热点问题背后的深层次技术问题，将分组作业、分组讨论、分组展示等互动式教学方式应用于课程教学实践中，取得了良好的效果。

关键词：数字通信理论　国际化　实用性　课程建设

近年来，随着人类社会信息化进程的快速发展，现代信息技术已成为人们工作和生活中不可或缺的重要组成部分。在众多信息技术中，数字通信以其小型便捷、宽带传输、高保密性等优势成为当今信息领域中发展最快、应用最广的科学技术之一。作为数字通信技术的专业基础课程，"数字通信理论"课程既以"通信原理"等先修课程为基础，又为"移动通信"等后续课程提供重要支撑，其重要性不言而喻[1]。

然而，由于"数字通信理论"内容抽象、复杂、繁多等特点，教师感觉不易较好地实施教学，而学生也反映难以掌握[2]。特别是在当今国际化背景下，如何针对"数字通信理论"课程实践性强的特点，培养满足社会发展需要的创新型人才，具有重要的理论意义。

一、国际化课程分析与建设

（一）国内外课程比较

欧美国家的通信类研究生培养中课程建设与国内的多所高校研究生培养中课程建设有着较为明显的不同，其主要表现在课程编排管理、专业课程要求、专业课程授课方式、课程考核等方面。结合国内外的研究生课程设计差异，也可以看出东西方研究生培养文化上的差异，其具体表现如下。

1. 课程编排及管理

在北美地区的通信类研究生课程编排设计中，课程编号设置是一个显著的特色。一般课程编号设置为三到四位数，第一位数表示研究生年级，第二位数表示研究生专业，第三位数和第四位数表示该课程在当前分类下的编号。例如，课程 521，表示 5 年级、专业 2 的研究生应该选修的课程科目 1。学校一般允许学生跨专业选修自己感兴趣的科目，而相近的通信类专业则在编号上也相近，例如 52X 课程与 53X 课程虽然属于不同专业，但是一般属于一个大类学科，适合跨专业学习，而 52X 和 59X 则专业相差较远，一般不适合进行跨专业选修。通过这种编号方式，学生可以快速且清晰地判断出当前适合自己选修的课程，而指导老师也可以很容易地通过学生选修课程的编号来把握学生通信类专业知识的学习进度。

2. 专业课程要求

欧美国家的大部分高校在招收通信类研究生时，并不直接限制报考学生的本科学位专业，而是通过学生预修课程来判断是否适合报考通信类专业。因此，非通信类专业学生修完要求的通信类预修课程后即可报考通信类专业研究生。

3. 专业课程授课方式

欧美国家的通信类专业课程授课方式与国内授课方式有着较为明显的不同。国内的专业课程授课一般课时密度大，内容充足，课后作业量较少，要求学生在课程上尽可能地吸收老师讲授的内容。而欧美国家的通信类专业课程一般上课氛围轻松，多数课程以学生提问为主导，但是课后作业量较大且形式多样，需要学生在课后花费大量的时间来进行自学和实践，并产生自己的问题，为下一节课做准备。

4. 课程考核

欧美国家的通信类专业课程结课要求一般较高，甚至会导致一定的挂科率。与平时上课较为轻松的氛围不同，如果学生没有达到课程结课要求，则会要求其补考或重修，且通信类专业课程重修费用较为昂贵。这种结课的压力也会让学生在课后更为主动地去进行通信类专业课程学习，而不会随着轻松的上课氛围而放松自己。

（二）课程内容改革

"数字通信理论"是当代国内外大学电子工程系、计算机系和统计系等为通信类研究生开设的一门专业基础课程。其中的内容涉及信息论、统计学、信号与通信系统、通信原理等多门理论，是一门重要的研究生专业课程。围绕"数字通信理论"开展国际化课程建设的意义如下。

1. 与国外的数字通信课程设置接轨

"数字通信理论"课程所采用的原始教材是美国东北大学 John G. Proakis 教授所著的 *Digital Communications*。该书是在国外获得广泛应用的一本教科书。但在美国斯坦福大学、美国佐治亚理工、美国南加州大学等北美高校则使用的是不同的教材。有必要综合这些大学所使用的不同教材的内容，博采众长，吸取各类教材中的精华作为本课程的教学内容。

2. 注重实用性

无论是美国东北大学 John G. Proakis 教授所著的 *Digital Communications*[3]，还是美国南加州大学 Andreas F. Molisch 教授所著的教材 *Wireless Communications*[4]，美国斯坦福大学 Andrea Goldsmith 教授所著的教材 *Wireless Communications*[5]，或是美国佐治亚理工 Gordon Stüber 教授所著的教材 *Principles of Mobile Communication*[6]，都是从通信原理角度或者是信息论角度讲述数字通信，在此基础上也配备有相应的 MATLAB 算法仿真程序。但是，这些教材都缺乏数字通信的实用性案例。

通过通信类课程的教学改革，需要不断优化课程内容，注重前沿引领和方法传授，探索与国际接轨并适合国内通信类研究生的课程教学方法，促进学生、教师之间的良性互动，将通信类科研实践及案例融入数字通信理论的教学中，强化学生学有所用的意识，让学生将所学的理论知识付诸实践，加强对通信类研究生课程学习的支持服务，提升学生阅读英文文献、从事相关科学研究以及学以致用的能力。

二、实用性教学改革

国内外"数字通信理论"课程都是从数字通信原理角度或者是信息论角度讲述数字通信理论，在此基础上配备相应的 MATLAB 算法仿真程序。但是，这些课程都缺乏数字通信的实用性案例。

为了加强实用性效果，要求任课教师都是一线的科研人员，具有丰富的理论基础和实践经验，也发表过大量高水平的科研论文，同时要求其工程实践能力强，承担和参与国家重大项目，更要求任课教师能够站在讲台上讲得出来，让学生听得懂，理解深。

课题组教师在讲授过程中，积极将"双一流"学科下数字通信前沿基础课题引入课堂，系统全面地介绍数字通信基础科学领域的新发展和新态势，注意启发学生，提高学生对数字通信相关领域的探索热情。特别强调"双一流"学科下的数字通信技术前沿基础科学研究进展对教学的促进作用，积极鼓励将前沿基础科学研究的成果转化为课堂教学内容，开阔学生的学术眼光和视野。

同时，改革课程考核方式，让学生通过自己选择前沿通信科学问题，通过查阅资料、撰写论文和小组展示的方式完成课程实践性考察，提高研究生综合运用数字通信专业理论知识去分析和解决复杂实际问题的能力，鼓励学生进行探究式学习，培养学生对所学数字通信知识活学活用的能力，全面提升学生学术创新能力。改革后的《数字通信理论》教材主要章节内容如图 1 所示。

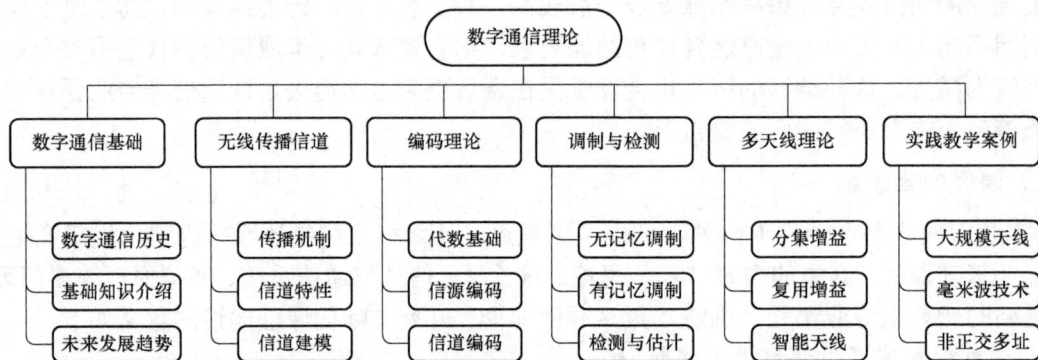

图 1　改革后的《数字通信理论》教材主要章节内容

（一）理论结合实践

现代社会热点事件通过微博、微信等传播速度很快，易引发学生关注。本课程从专业技术角度解读近期新闻热点事件，使学生明白和理解学习知识的重要性和有效性，提升学生学习兴趣和自主性，达到了良好的教学效果。例如，在讲解数字信号调制和检测部分内容时，通过中兴通讯遭美国禁运芯片事件，揭示我国在基站数字处理芯片方面的自给率低的现状，引发学生强烈的责任感和紧迫感，发奋学习。在讲解编码理论部分，通过联想给华为投票事件，介绍 5G 中最新的 LDPC 码和 Polar 码，鼓励学生自主探索不同编码方案在长短信道编码的优点和不足。通过在课堂上加入最新新闻热点事件和相应技术案例的介绍，可以有效调动学生对该门课程的学习热情，提高课堂互动的效果，加深学生对知识的理解深度。

（二）互动讨论学习

问题启发式教学充分体现了以学生为中心的教学过程，教师是教学过程的主导，教师的主要任务是引导学生发现问题，思考问题，帮助学生及时解决知识中的疑难点，培养学生分析问题和解决问题的能力。课堂上充分发挥学生的创新想法，深入挖掘课程的内涵，提出开放式问题，组织学生进行小组讨论，并随机选取某位同学进行小组展示，提高了学生参与讨论的积极性，也避免了少数同学的"搭车"想法，让每一位同学都能主动参与讨论，发表对学习的见解。为了突出团队合作精神，在课后布置有一定难度的分组作业，需要学生动手查阅相关学术论文，从中整理出答案。通过分组作业的形式，既可以锻炼学生查找文献和综合文献的能力，又能锻炼团队合作能力，为学生今后走向工作岗位和继续深造提供锻炼的机会。通过课堂互动，授课教师还可以及时了解学生学习过程中的难点和急切盼望得到的新内容，针对该部分内容重点讲解，以便及时补充最新通信理论与技术。

三、总结与反思

习近平总书记在 2018 年 9 月 10 日的全国教育工作大会上说："教师是人类灵魂的工程师，是人类文明的传承者，承载着传播知识、传播思想、传播真理，塑造灵魂、塑造生命、塑造新人的时代重任。"以数字通信为基础的新一代无线通信技术是我国信息化建设的核心，是信息化和工业化融合的关键，是世界各国高科技竞争的主战场之一，也是实施"中国制造 2025"行动纲领的重要技术保证。"数字通信理论"课程组通过借鉴国外知名高校的先进理念和方法，结合学院实际情况开展课程的国际化和实用性建设相关工作，在培养数字通信领域高水平创新型人才过程中不断与时俱进，为国家培养更多具有国际化视野和实用型能力的信息领域领军人才。

参考文献

[1] 樊昌信. 通信原理［M］. 北京：国防工业出版社，2006.

[2] 王鑫，李檀，王秀红，等."数字通信理论"课程教学方法研究与探索［J］. 科技视界，2015（9）：48+50.

[3] PROAKIS J G. Digital communications［M］. New York：McGraw-Hill，1995.

[4] MOLISCH A F. Wireless communications［M］. New York：John Wiley & Sons，2012.

[5] GOLDSMITH A. Wireless communications［M］. Cambridge：Cambridge University Press，2005.

[6] STÜBER G. Principles of mobile communication［M］. Norwell mass：Kluwer Academic Publisher，1996.

以"机器学习公理化"为特色培养研究生创新能力的"机器学习"课程教学改革与探索

黄惠芳　景丽萍　于　剑　田丽霞　万怀宇　王　晶　吴　丹　杨　凤

（北京交通大学计算机与信息技术学院，北京 100044）

摘　要： 本文介绍了"机器学习"课程从归类公理为核心的课程内容体系构建、课程教学资源库建设和课程实验体系构建三个方面进行教学改革探索和实践，极大地提高了"机器学习"课程的教学水平。该课程的教学运用全新的教学思路和理念，有助于研究生在统一的归类公理框架下更好地掌握各种机器学习方法，提高研究生的创新能力，为研究生在今后的学习和工作中根据实际问题设计合适的机器学习方法奠定坚实的基础。

关键词： 机器学习　教学改革　公理　创新能力　研究性教学

一、引言

（一）"机器学习"课程的重要作用

人工智能已上升到我国国家战略。2017 年 7 月，国务院印发《新一代人工智能发展规划》，提出新一代人工智能发展分三步走的战略目标，到 2030 年使中国人工智能理论、技术与应用总体达到世界领先水平，成为世界主要人工智能创新中心。这是中国首个面向 2030 年的人工智能发展规划。

我校为顺应国家科技发展和人才培养的需要，落实学校"双一流"建设方案，推动"智慧交通"世界一流学科领域建设，于 2017 年 12 月正式决定成立人工智能研究院。研究院挂靠计算机与信息技术学院管理，以交通数据分析与挖掘北京市重点实验室为核心团队，联合校内优势资源，积极推动人工智能基础理论、机器学习、计算机视觉、自然语言处理、智能医疗、机器人、智能优化、智能交通等方面的研究。研究院由《机器学习：从公理到算法》著者、中国人工智能学会理事、交通数据分析与挖掘北京市重点实验室主任于剑教授担任北京交通大学人工智能研究院常务副院长。

随着国家和学校人工智能战略和行动计划的推进、机器学习技术的快速发展，"机器学习"这门课程越来越受到学生的关注[1]。为了培养机器学习领域的高质量人才，"机器学习"课程已被确定为研究生的核心课程之一。我校计算机学科研究生招生规模也在增长，2017 年"机器学习"选课人数将近 300 人。"机器学习"作为人工智能领域的核心课程之一，在大数据挖掘、自然语言处理、图像处理、计算机视觉等方面发挥着重要作用。"机器学习"课程有着自身的特点，它涉及多门学科，如统计学、概率论、矩阵论、最优化、算法理论等[2]。面对选课人数众多、涉及多学科交叉而又应用性很强的非常重要的一门课程，在教学过程中如何提高教学效率、激发学生积极性、培养学生的实践动手能力和创新能力就成为教学重点，也是当前教学过程中亟待解决的问题[3-8]。

（二）存在问题及影响

目前，"机器学习"课程在教学过程中普遍存在以下问题

1. 课程内容缺乏统一的理论支撑，学生很难理解各种机器学习方法之间的逻辑关系，学好该课程存在很大难度

传统"机器学习"课程教学中存在的理论体系过于庞杂、算法的理论支撑过于凌乱。机器学习中重要的学习算法，几乎一个算法一套理论，彼此之间的逻辑关系很不明确。一门课程讲这么多截然不同的理论，学生很容易感觉混乱。甚至使学生感觉机器学习就是一些算法的堆积，只要理解了算法的思想、会编写算法，就能利用机器学习解决问题。殊不知，离开了理论指导的算法很难在实际中获得成功。因此，需要以统一的理论来构建课程内容体系，将各种机器学习方法建立起清晰的逻辑关系，便于学生学习。为此，选择《机器学习：从公理到算法》这本书为教材构建课程内容体系。

2. 没有完备的内容丰富的课程教学资源库，学生不能及时进行课后巩固和深入理解课程内容

基于归类公理的课程体系是对传统"机器学习"教学内容和方式的一次较大变革，然而之前没有电子课件供学生课后复习。电子课件比教材更灵活，可以根据需要增添教学素材帮助学生理解相关内容，这对提高教学效果起到很重要的作用。理解有关机器学习方法需要具备一些基础知识，但是教材并没有这方面的内容，通过电子课件补充了这方面的内容；为了使学生理解比较抽象的概念，还补充了大量直观的案例；为了开阔学生视野、培养学生创新能力，教学过程不能完全局限于既定的教学内容，还需要紧跟领域发展潮流展示一些较新的研究成果，使学生了解该领域的前沿动态。此外，还需要围绕教材《机器学习：从公理到算法》补充和完善习题及答案。

3. 没有完善的课程实验内容体系，导致"学"与"用"的分离

"机器学习"的教学极容易产生两种极端：一种是教师在教学过程中过分强调理论知识，导致学生虽然掌握了比较扎实的理论，对算法的原理理解较深，但过分追求模型的复杂和花哨，而没有结合行业背景，利用机器学习知识分析和解决问题的能力；另一种是教师过分强调实验运用，导致学生对于机器学习算法的编程实现或者使用一些平台工具很熟练，但只是简单的模仿和重现，对算法原理掌握不扎实，因此无法做到算法的优化和改进。这就需要紧密结合当前各行业对机器学习的切实需求，精心策划实验目标、准备具有一定复杂度和规模的数据集，才能更好地培养学生解决实际问题的能力。

二、教学改革的探索与实践

针对目前"机器学习"课程教学中存在的问题，课程组主要从课程内容体系构建、课程教学资源库建设和课程实验体系构建三个方面来探索和实践。

（一）以归类公理为核心的课程内容体系构建

"机器学习"课程教学最具特色之处是以于剑老师多年的研究成果——机器学习的归类理论为核心构建课程内容体系，作为贯穿于"机器学习"课程整个教学过程的理论主线。以统一的公理框架来引出各种机器学习算法，能有效解决传统机器学习教学中存在的理论体系过于庞杂、算法的理论支撑过于凌乱的问题，这将使研究生更容易掌握机器学习的支撑理论，使研究生能够在同一理论体系下更好地理解各种算法的本质特点，并以此理论为指导掌握各种机器学习方法，提高创新能力，力求让研究生在今后的学习和工作中，能够根据实际问题，从公理化体系出发，设计合适的机器学习方法。为此，以《机器学习：从公理到算法》这本书为教材构建课程内容体系，包括三部分：归类理论、单类问题和多类问题，按照归类表示从简单到复杂的顺序，逐步讲授各

种机器学习方法。归类理论部分主要讲授机器学习概述、类表示公理、归类公理、归类方法设计准则，此部分内容理解起来是有难度的，先让研究生有个初步的理解即可，在后续的内容中都要用到该理论导出机器学习算法，研究生会随着学习的深入逐步掌握归类理论。单类问题部分主要讲授密度估计、回归、数据降维、聚类理论和聚类算法。多类问题部分主要讲授分类理论、神经网络、K近邻、线性分类、对数线性分类、贝叶斯决策和决策树。在讲授每种机器学习方法时，都从归类理论出发导出机器学习方法，使研究生更加深刻地理解各种机器学习方法的本质特点，循序渐进地了解公理化体系的优势，学会以理论为工具研究机器学习方法，理解提出新算法的多种途径。因此，本课程的教学基于全新的教学思路和理念，将在很大程度上提高研究生的创新能力。

（二）以培养学生创新能力为目标的课程教学资源库建设

在构建具有我校特色的"机器学习"课程内容体系的基础上，对课程的教学方案、电子课件、案例、例题、习题及答案等配套教学资源进行建设和完善。

（1）以于剑教授主编的《机器学习：从公理到算法》为教材，首先明确课程教学的主要章节、教学模式（课堂讲授、课后练习以及实践大作业），形成教学大纲和教学日历。

（2）电子课件是教学资源库建设的核心内容，电子课件的建设力求通过理论引导、案例直观讲解、模型算法推导、参数影响及研究拓展来展开教学。课件内容依次包括：机器学习公理中对应本章方法的类表示；对应本章方法的简单案例，讲解该方法的直观用途；从归类公理引入该章方法对应的模型，并给出算法的推导过程；结合典型案例，讲解模型对应参数对该方法的影响；基准核心算法的前沿研究扩展。

（3）案例对于研究生理解比较抽象的理论和算法有很大帮助。案例一是来自日常生活中比较直观的例子，二是来自研究文献，三是来自老师自己的研究课题，力求浅显易懂、图文并茂。

（4）机器学习是当前的一个热门研究领域，全球有大量学者每天都在开展研究工作，不断有新的成果发表，如何及时掌握领域前沿动态、紧跟领域发展潮流，是对人工智能领域人才提出的更高要求。前沿研究扩展来自当前比较新的研究成果，培养学生不断扩展领域前沿知识的能力。

（5）习题包括简答题、证明题和计算题，选择具有代表性的难度适中的题目构建习题集，并给出详细的解答，让学生巩固所学的内容。

课程教学资源库的建设是一项费时费力的工作，需要投入大量时间和精力。为此，课程组老师根据内容进行了分工，在去年开课之前初步完成了具有我校特色的教学资源库的建设。

（三）以研究性学习为主要方式的课程实验体系构建

"机器学习"是一门实践性很强的课程，只掌握了机器学习方法的思想，而没有针对实际数据进行演练，并不能真正懂得如何利用机器学习技术去解决实际问题。为了增强研究生解决实际问题的能力，本项目围绕数据降维、聚类、分类和回归等具体的机器学习任务和相应的机器学习算法，设计实验目标，准备具有一定复杂度和规模的数据集，来构建以研究性学习为主要方式的实验体系。每个实验题目包括以下内容。

（1）给出明确的实验目标。结合应用背景和相应的处理数据，阐述设计题目的目标。

（2）在实验要求中给出利用何种机器学习算法来完成、实验数据来源、具体的实验步骤、评估方法及需要提交的验证结果。特别是机器学习算法需要在理解算法思想的基础上自己编写，而不是直接调用已有的算法，这对学生来说是很具有挑战性的。

（3）实验数据的说明。包括数据的格式、读取的方式、多少个对象、每个对象多少样本等。

（4）要求学生提交实验报告。实验报告包括实验目的、实验步骤、实验结果及分析，同时包含伪代码或流程图和含注释的源代码等。

（5）课后分小组来完成实验。每个小组还要派一名代表在课堂上做报告来展示本组的实验内容。演讲是对实验项目的总结，不仅要求学生会做实验，还要逻辑清晰地讲出实验步骤、实验结果等，这为即将开始科研工作的研究生提供了熟悉科研工作的机会。

四、课程执行情况

2017 年 4 月"机器学习"课程组正式成立，八位老师形成了一个理论研究与应用研究并重、年轻又有活力的课程组。其中，于剑和景丽萍老师分别有讲授"机器学习"课程 10 年和 5 年的经验。课程组老师用了三个月的时间进行相关教材资料的研习和备课。2017 年暑假期间，课程组共召开了四次集中研讨会。前两次的主要目标是确定课程方案，讨论并制定了课程内容体系、教学的模式（课堂讲授、课后练习以及团队大作业）、建设课程教学资源任务的分配等，最后形成了本课程的教学大纲以及教学日历。后两次在 8 月份召开，主要任务是讨论并梳理所有的课程教学资源。通过两次研讨，八位授课教师逐步明确了每章的重点难点，梳理了教案的逻辑思路，解决了部分存在的问题，进一步完善了课程教学资源的内容和课程实验教学体系。课程组老师为课程建设付出了很多时间和精力，且每位老师的任务明确，最终在开课之前，高质量地完成了课程教学资源库和实验体系的建设。

为了适应新形势下对机器学习领域人才的需求，"机器学习"核心课面向全日制研究生、非全日制研究生以及留学生等不同类型的学生开设，分成 5 个教学班级并行授课。其中，面向全日制研究生开设 3 个班、面向全日制留学生开设 1 个全英文授课班、面向非全日制研究生周末开设 1 个班。据统计 2017 年 9 月本院共有 329 位研究生选择了"机器学习"课程，占研一新生的 71%，可见"机器学习"这门课程的教学任务是非常繁重的。

由于课程组中的六位老师是第一次讲授这门课程，为了更好地领悟课程内容，六位老师参加旁听于剑老师的课堂，学习其讲课思路、对知识点的讲解以及其幽默风趣的教学风格，力求能将所学融入自己的教学之中，以提高教学效果。同时，课后及时将前期建设的课程教学资源上传到研究生课程平台，供学生课后复习巩固；并给学生布置了三次大作业，使学生能够将机器学习技术应用于解决实际问题，并让学生分组汇报了其中一项大作业的内容。为使学生能够注重平时学习的过程，提高学生的能力，课程考核由课堂表现、大作业、PPT 报告和期末考试成绩 4 个环节构成。课程成绩计算方法如下：总评成绩（100 分）= 课堂表现（15 分）+ 大作业（30 分）+ PPT报告（20 分）+ 期末考试成绩（35 分）。

从学生评价来看，"机器学习"课程的教学改革是成功的。学生们感觉"机器学习"课程内容有逻辑性，丰富的课程教学资源使课程内容不再枯燥难学，精心设计的实验内容提高了学生的动手能力和创新能力，学习这门课程收获非常大。从学生后续开始研究工作看，学生的科研能力有所提升，直接对接老师的科研课题，"机器学习"课程的教学效果比较显著。

五、结语

随着国家人工智能战略的推进，社会迫切需要机器学习领域的人才，"机器学习"这门课程越来越重要。创新能力培养是研究生教育的核心。为了达到此目标，"机器学习"课程教学改革从课程内容体系构建、课程教学资源库建设和课程实验体系构建三个方面来探索和实践。以归类公理为核心的课程内容体系使研究生更容易掌握机器学习的支撑理论，理解各种算法的本质特点，并以此理论为指导掌握各种机器学习方法。内容丰富的课程教学资源库有助于学生理解比较抽象的概念、了解领域前沿动态，培养学生创新能力。课程实验体系能让学生将学到的机器学习技术与实际应用结合起来，提高解决实际问题的能力。本课程的课程内容体系、教学资源库和实验体系是一个长期的建设过程，以后还会在教学实践中，紧跟当前技术发展趋势和最新的科研成果及时调整，不断培养机器学习领域的高质量人才。

参考文献

[1] 陈琳. 高校"机器学习"课程教学改革探索 [J]. 教育现代化，2018，5（6）：99-100.

[2] 刘丛，彭敦陆，邬春学. 基于案例的"机器学习"课程教学方法研讨 [J]. 软件导刊，2018，17（5）：223-226.

[3] 刘学军，陈松灿，谭晓阳，等. 研究生"机器学习"课程双语教学方法探索. 科教导刊. 2015，7：64-65.

[4] 闵锋，鲁统伟. "机器学习"课程教学探索与实践 [J]. 教育教学论坛，2014（53）：158-159.

[5] 曲衍鹏，邓安生，王春立，等. 面向"机器学习"课程的教学改革实践 [J]. 计算机教育. 2014（19）：88-91.

[6] 袁鼎荣. 浅谈"机器学习"的课程教学方法 [J]. 广西经济管理干部学院学报，2010，22（4）：99-101.

[7] 徐慧，李丽琴，罗军飞. 学科建设与研究生教育的共生互动 [J]. 高等教育研究学报，2005（2）：2-3.

[8] 孙萍茹，米增强，安连锁. 创新教育与创新人才培养研究 [J]. 河北大学学报（哲学社会科学版），2000（2）：53-57.

大跨度桥梁结构理论教学的改革与创新

雷俊卿　季文玉　郭薇薇　韩　冰　夏　禾

（北京交通大学土木建筑工程学院，北京 100044）

摘　要：首先进行国内外大跨度桥梁的教学调研，编制教学大纲和教学计划；利用启发式、研讨式、理论联系工程实践的教学方法，不断改革和创新；在桥梁结构的稳定、疲劳、抗风抗震、减振免灾等领域，针对不同桥梁类型开展教学探索。申请到学校出版基金，自主编写了《大跨度桥梁结构理论与应用》教材，填补了该领域教材的空白。成功将团队参与的高铁桥梁、大跨度桥梁等科研成果引进教材、引进课堂。该课程教学工作已培养 500 多名博硕士研究生，教学效果优良。

关键词：大跨度桥梁　结构理论　工程实践　科研成果进教材　教学改革与创新　启发式　研讨式教学。

一、国内外的教学调研与比较分析

我们团队的"大跨度桥梁结构理论"研究生课程教学，已经进行了十余年的改革创新与发展。从最初的教学探索前进开始，团队的老师们进行了国内外大跨度桥梁的教学调研，如针对同济大学[1]、湖南大学"高等桥梁结构理论"，解放军理工大学[2]"大跨径桥梁设计与施工"，美国 Columbia University 的 Structure Analysis，加州大学的 Bridge Design，瑞典 KTH 皇家理工大学的 Advanced Bridge Design 等相关课程等，对比分析了教学学时和内容。具体调研的内容如下。

（一）同济大学"高等桥梁结构理论"研究生课程调研

同济大学"高等桥梁结构理论"研究生课程的调研成果如下。

1. 主要内容

桥梁空间分析理论：长悬臂行车道板、薄壁箱梁的扭转畸变和剪力滞、曲线桥、斜桥等；混凝土桥梁计算理论的混凝土徐变、收缩及温度效应以及强度、裂缝及刚度理论；钢桥和结合梁桥的疲劳等计算理论；大跨度桥梁的计算理论；斜拉桥和悬索桥、稳定与非线形等理论。

2. 采用自编教材

同济大学"高等桥梁结构理论"研究生课程，由项海帆教授等主编《高等桥梁结构理论》教材，共讲授课程为 54 学时，3 学分。

3. 双语课程

部分优秀研究生可选英文授课，老师英文备课并讲授。

（二）解放军理工大学"大跨径桥梁设计与施工"研究生课程调研

解放军理工大学"大跨径桥梁设计与施工"研究生课程的调研成果如下。

1. 主要内容

大跨度混凝土梁桥的基本构造和设计，大跨度混凝土梁桥的设计分析理论与施工方法；大跨度拱桥的基本构造和设计，大跨度拱桥的设计分析理论与施工方法；斜拉桥的结构设计特点与施工方法；悬索桥的结构设计特点与施工方法；桥梁结构抗震设计。

2. 采用自编教材

由金广谦教授等主编《大跨径桥梁设计与施工》教材；采用自编教材授课，共讲授课程为 32 学时，2 学分。最后成绩：平时作业占 30%，期末考试成绩占 70%。

（三）美国 Columbia University Structure Analysis 研究生课程调研

美国 Columbia University "Structure Analysis" 研究生课程调研成果如下。

1. 主要内容

Study of the strength，behavior，and design of bridge structure and other structures，with primary emphasis on beam and other systems；emphasis on the strength of bridge and building on the available methods of design. They will focus on fundamental civil engineering concepts and practical and so on.

2. 无教材

由 Rene Testa 教授每次发给学生讲义，结合美国公路桥梁规范 AASHTO 和纽约州交通厅的桥梁技术规范等；共讲授课程为 45 学时，3 学分；两次考试：期中考试 2 小时；期末考试 2 小时。

（四）美国加州大学 UC San Diego（UCSD）Bridge Design 研究生课程调研

美国加州大学 UC San Diego（UCSD）"Bridge Design" 研究生课程调研成果如下。

1. 主要内容

The course will introduce the design of bridge structure. Various aspects of bridge design will be covered including：structure types and materials，the type selection process，and design of structure components from superstructure to piers，abutments and foundation. It will focus on fundamental engineering concepts and practical design approaches and will require to apply what they learn through a design project.

2. 无教材

由 Anthony Sanchez 主讲老师每次发给学生讲义，结合美国公路桥梁规范 AASHTO 和加州交通厅的桥梁技术规范等；共讲授课程为 45 学时，3 学分；两次考试：期中考试 2 小时；期末考试 2 小时。

（五）瑞典 KTH 皇家理工大学（KTH Royal Institute of Technology）Advanced Bridge Design 研究生课程调研

瑞典 KTH 皇家理工大学（KTH Royal Institute of Technology）"Advanced Bridge Design" 研究生课程调研成果如下。

1. 课程内容

This course deals with the application of the finite element method for design and analysis of bridges. Dynamic loads，fatigue as well as life-cycle-costs are considered. The analysis of a footbridge is studied in more detail as a project task.

2. 课程目标

The aim of this course is to give advanced knowledge on analysis and design of bridges. After this course，the student will be able to：understand the concept and application of FEM for bridge analyses；use a commercial FE program to model and analyse bridges in 3D；consider fatigue in design according to the Eurocode（EC3）；analyse orthotropic steel decks with regards to buckling；analyse wind forces on bridges；analyse human-induced vibrations on pedestrian bridges；calculate life-cycle-costs of bridges；learn about recent research and development in composite bridges.

3. 教学大纲

The finite element method for bridge analyses；FEM modelling；fatigue analysis；orthotropic steel decks；composite bridges；life-cycle-cost analysis；bridge construction methods.

4. 无教材

每次课前给学生发放讲义。授课（Lectures）33 学时，专题介绍（Seminar）3 学时，研讨学习（Workshops）30 学时，总共 66 学时，7.5 学分。期末举行一次考试，时长 2 小时。

综上调研成果，我们团队对比分析国内外有代表性大学的教材、教学内容、教学学时学分等。在参照国内外著名大学课程大纲的基础上，结合我院专业和课程设置特点，精选教学内容，确定教学为 48 学时、3 个学分，经大家逐条细致讨论编制了教学大纲和教学计划。利用启发式、研讨式、理论联系桥梁工程实践的教学方法，进而不断地改革和完善教学方法；为了实现教学的目的和目标，决定自编教材，进行教学改革与创新。

二、"大跨度桥梁结构理论"课程教学大纲与自编教材

（一）课程教学背景与编制教学大纲

"大跨度桥梁结构理论"研究生课程，是为本科生开设的课程"桥梁工程"[3]、"混凝土桥设计"、"钢桥设计"的延续与提升，以夯实桥梁结构基本理论为主要教学目标；结合大跨桥梁结构基本理论，进一步介绍了大跨度桥梁结构非线性分析的基本方法，让学生了解基本的大跨度桥梁结构非线性分析方法以及常用的非线性计算分析软件；要求任课老师针对自己的桥梁专业特点，可选择自己最擅长的方向进行大跨度桥梁的授课，并且强调将老师们的科研成果带进课堂[4]，引进教材。既体现了专业研究方向，同时也便于实现与后续诸多课程的有效衔接。

结合我院专业和未来课程设置特点，精选教学内容，经团队老师逐条细致讨论编制了教学大纲和教学计划；利用启发式教学方法、理论联系桥梁工程实践的教学方法，不断改革和完善教学方法；在桥梁结构的稳定、疲劳、抗风抗震、减振免灾的理论指导下，针对不同的桥梁类型，分类开展教学研究。如：连续梁桥、拱桥、斜拉桥、悬索桥等，分章节进行了结构构造特点、受力性能、静动力计算分析、桥梁设计施工技术、桥梁结构模型试验与实桥典型桥梁案例等的教学。强调将桥梁的创新成果优先用于研究生的教学内容。

（二）创新自编研究生课程教材

在准备填补研究生课程大跨度桥梁教材的过程中，申请到了学校资助的出版基金，创新自主编写了《大跨度桥梁结构理论与应用》[5]教材（第 1 版），于 2007 年 3 月由清华大学、北京交通大学出版社联合出版发行。《大跨度桥梁结构理论与应用》教材（第 2 版）于 2015 年 3 月由清华大学、北京交通大学出版社联合出版发行。全书内容共 10 章，具体目录如下：

章节序号	教学内容
第 1 章	绪论
第 2 章	大跨度钢桥疲劳计算理论和方法
第 3 章	大跨度桥梁的稳定理论
第 4 章	正交异性钢桥面板的计算分析
第 5 章	大跨度梁类桥计算理论与应用

第 6 章　　　　结合梁桥计算理论与应用

第 7 章　　　　大跨度拱桥的计算理论与应用

第 8 章　　　　斜拉桥计算理论与应用

第 9 章　　　　悬索桥计算理论与应用

第 10 章　　　大跨度桥梁的振动理论与应用

三、改革与创新研究生课程教学

北京交通大学的桥梁隧道学科是国家重点学科。"桥梁工程"课程 2006 年被评为北京市精品课程、2009 年被评为国家级精品课程，2016 年获批国家级精品资源共享课。大跨度桥梁结构理论研究生教材教学成果的主要创新点如下。

（一）编著出版了《大跨度桥梁结构理论与应用》教材

编著出版了《大跨度桥梁结构理论与应用》教材，作为本科生的专业拓展课程、研究生的专业课程用书，同学们反响较好；也为从事大跨度桥梁研究、设计、施工、养护维修、管理的技术人员提供了参考。"大跨度桥梁结构理论"的研究生课程，深受学生们喜爱，已经被土木建筑工程学院列为研究生必修课程。

（二）教学理念先进、理论联系桥梁工程实践

教学理念先进，将大跨度桥梁的最新发展理论与工程实践纳入教材和教工作中。课堂交流互动、专题讲解大大增加了学生学习的主动性和能动性。

改革开放 40 年来，随着国民经济及交通事业的飞速发展，国内外大跨度桥梁结构发展很快，跨江跨海的大跨度桥梁工程日益增多，港珠澳大桥已经建成通车，正在建设的沪通长江大桥以 1 092 米的主跨，建成后将成为世界上最大跨度的公铁两用斜拉桥。琼州海峡、渤海湾、台湾海峡、广饶的中西部的铁路、公路交通建设等，都在进行着长大桥梁的前期规划与设计研究。桥梁建设向"更长、更高、更轻、更新、更耐久"的趋势发展，桥梁的跨度日益增大，体形越来越复杂，新材料的应用日益增多，结构体系越来越新颖，施工技术和装备越来越先进。工程建设的需求极大地促进了大跨度桥梁结构理论的发展，使得桥梁工程已经成为国家的品牌工程，在国家"一带一路"建设中发挥着重要的作用。

大跨度桥梁结构理论与应用的发展趋势是：逐渐地从简单结构向大型复杂结构发展；从传统的结构类型向新型结构和组合结构发展；从线性计算分析向非线性计算分析发展；从静力计算分析为主向静动力全过程计算分析发展；从确定性理论向不确定性理论发展；从简化分析的平面结构向精细化的空间结构分析发展；新的智能结构理论、灾变理论、基于性能的设计理论、全寿命耐久性理论、绿色环保可持续发展理论，在桥梁结构设计理论、计算分析、施工技术、养护维修等方面正在孕育着新的突破。

（三）科研成果进课堂和进教材

科研成果进课堂、进教材[6-10]。我们的大跨度桥梁科研教学团队，近年来除承担了多项国家级和省部级的基础理论科研课题外，还积极参加国民经济主战场的国家高速铁路桥梁、高速公路桥梁、城镇化的市政桥梁的科研工作，我们团队的老师和研究生们深入桥梁设计、施工、检测评定、健康监测、养护维修工程现场，参加或主持了一系列的长大跨度桥梁的试验研究与理论计算分析。

主要参与科研和建设的大跨度桥梁工程有：沪通长江大桥公铁两用斜拉桥主跨 1 092 m、南

京长江二桥斜拉桥、武汉天兴洲长江大桥公铁两用斜拉桥、浙江舟山金塘大桥斜拉桥、浙江嘉绍六塔斜拉桥——多塔长大斜拉桥关键技术研究；南京大胜关长江大桥钢桁拱桥、重庆朝天门大桥公轨两用钢桁拱桥、哈大高铁长春新开河钢箱叠合拱桥、青海公伯峡水电站钢管拱桥；虎门大桥悬索桥养护检查维修指南、虎门二桥（主跨 1 688 m 悬索桥）设计指导准则编制研究、南京长江隧道工程独柱塔自锚式悬索桥关键结构研究、提升桥梁耐久性的施工改进技术和质量控制方法的研究；钢桥设计施工成套技术研究子课题——钢桥防腐涂装和钢材可靠度指标研究；养护设备、防水材料、复合材料等产品系列标准研究；交通行业标准《公路钢结构桥梁设计规范》修订编制研究工作；武广客运专线大跨度预应力混凝土桥梁技术研究、沿海客运专线桥梁结构设计与耐久性技术的研究。

以上科研创新成果，都及时地融入我们的《大跨度桥梁结构理论与应用》教材和课堂教学之中，极大地激发了学生们的学习热情，提升了教学质量，获得了优良的教学效果。

四、结论

综上所述，我们在"大跨度桥梁结构理论"课程教学实践中，进行了国内外大跨度桥梁的教学调研，编制教学大纲和教学计划；利用启发式、研讨式、理论联系工程实践的教学方法，不断改革和创新；在桥梁结构的稳定、疲劳、抗风抗震、减振免灾等领域，针对不同桥梁类型开展教学探索。申请到学校出版基金，创新自主编写了《大跨度桥梁结构理论与应用》教材，填补了教材的空白。成功将团队参与的高铁桥梁、大跨度桥梁等科研成果引进教材、引进课堂。该课程教学工作已培养 500 多名博硕士研究生，不断总结，不断完善提高，收到了优良的教学效果。为中国桥梁从大国走向桥梁强国做出了应有的贡献。

参考文献

[1] 项海帆. 高等桥梁结构理论 [M]. 北京：人民交通出版社，2001.

[2] 高磊，江克斌，邵飞，等. 基于 SPOC 平台的钢结构课程教学改革 [J]，高等教育研究学报，2016，39（1）：101－105.

[3] 夏禾，季文玉，韩冰，等. 桥梁工程（下册）[M]. 北京：高等教育出版社，2011.

[4] 赵人达，雷俊卿，刘保东，等. 大跨度铁路桥梁 [M]. 北京：中国铁道出版社，2012.

[5] 雷俊卿，夏禾. 大跨度桥梁结构理论与应用 [M]. 北京：清华大学出版社，2007.

[6] 雷俊卿，郑明珠，徐恭义，等. 悬索桥设计 [M]. 北京：人民交通出版社，2002.

[7] 雷俊卿. 桥梁悬臂施工与设计 [M]. 北京：人民交通出版社，2000.

[8] 雷俊卿，张坤. 新型钢箱组合结构拱桥 [M]. 北京：中国铁道出版社，2015.

[9] 夏禾，张楠，郭薇薇. 车桥耦合振动工程 [M]. 北京：科学出版社，2014.

[10] 季文玉，卢文良，韩冰，等. 铁路桥梁施工 [M]. 北京：中国铁道出版社，2012.

研究生"网络传播"课程教学改革与建设研究

文卫华

（北京交通大学语言与传播学院，北京 100044）

摘 要："网络传播"是高等院校新闻传播专业为研究生开设的一门重要课程，但目前还少有针对研究生"网络传播"课程教学改革与建设的研究。本文结合实际的教学改革项目，分析了该课程教学面临的主要问题，提出了课程教学的设计思路与组织特点，介绍了内容设置和实施情况。从实际效果来看，本次教改取得了颇为丰硕的成果。与此同时，文章还对与课程设计和教学相关的四个问题展开了进一步的思考。

关键词：网络传播 研究生 内容设置 对分课堂

一、"网络传播"课程教学研究现状与面临的主要问题

"网络传播"是高等院校新闻学专业、传播学专业为研究生开设的一门重要课程。具体到北京交通大学语言与传播学院传播学系的培养方案而言，无论是在研究生阶段，还是在本科阶段，"网络传播"都被设置为专业核心课。

近年来，有一些学者围绕如何开展"网络传播"课程教学进行了探索、研究。通过梳理既有文献发现，相关研究主要可分为两大类。一类是有关新媒体专业建设的调查和研究，如中国人民大学新闻学院新闻传播教育课题小组基于 18 所国内新闻传播院系所进行的"媒介融合时代的中国新闻传播教育"调研[1]；陈昌凤、张小琴对清华大学新闻传播"顶点"式实践教学的介绍与分析[2]；桂万保关于新媒体专业教育理念和课程设置的研究，提出新媒体专业教育应培养开放共享精神，树立前瞻性理念，重建本专业课程体系[3]；以及李晓静、韩羽昕对于南加大、斯坦福、哥伦比亚大学、加州大学伯克利分校和伦敦政治经济学院等五所欧美高校的新媒体硕士课程进行的分析与反思[4]。上述研究均是从较为宏观的专业建设层面对于国内外新媒体专业的教育理念与课程设置展开的调查、研究。另一类则是专门针对"网络传播"课程的设计与研究。如黄秋尘关于"网络传播概论"专题式教学的研究[5]；耿晓利有关"网络传播概论"实践式教学模式的研究[6]；郑青华关于"网络传播"课程教学方法的创新探索，认为与传统的"讲授式"教学模式相比，翻转课堂、手机互动、项目驱动等新的教学模式能够带来教学效果的提升[7]；赵红艳、于冶涛关于如何在"新媒体传播"课程中运用翻转课堂教学手段及其效果的分析[8]。这些研究都是针对本科层次的"网络传播"课程教学，根据本科阶段的教学目标、特点，创新教学手段，重视网络传播的实务与实践。尽管同为"网络传播"课程，但对于本科生和研究生（学术型硕士）的学习要求、教学重点并不相同。目前还少有针对研究生"网络传播"课程教学改革和建设的研究。

自 2012 年传播学系设立硕士点以来，本人一直承担研究生"网络传播"课程的教学工作，同时自 2010 年入职北京交通大学以来，本人还承担了本科生的"网络传播"课程教学。基于多年来学生学习的情况、积累的教学经验以及参考其他学者对于"网络传播"课程教学的相关研究，

本人认为，当前研究生"网络传播"课程教学面临以下三个方面的难点和问题。一是新媒体、新技术的迅速发展，各种新现象、新问题、新手段、新思维层出不穷，增加了课程的难度。二是教材的滞后性。目前国内普遍采用的是彭兰教授主编的教材《网络传播概论》，该书于2001年第一次出版，2017年进行了第四次修订。尽管作者在教材的写作与修订时关注内容的前瞻性，但由于教材本身出版周期的限制，还是很难做到内容包含最新发展动态、学术热点；三是"网络传播"课程本身所具有的多学科交叉性，增加了讲授和学习的难度。在互联网技术日新月异、互联网事件层出不穷的今天，如何通过32个课时的学习，使研究生紧跟技术的发展，把握学界的研究热点，业界的发展动态，从纷繁复杂的技术创新和现象事件中发现规律和本质，培养敏锐的洞察能力以及独立的分析、研究能力，是"网络传播"课程要解决的关键问题。总体而言，"网络传播"课程的教学理念、内容、手段方法既需要符合研究生阶段的教学目标和要求，也需要适应时代的发展、媒介环境的变化。

二、"网络传播"课程教学的设计思路与组织特点

"网络传播"课程教学的设计思路为：在明确"研究生层次的教学须在兼顾实务、实践的基础上，以提升研究能力为主要目标"的基础上，改革研究生"网络传播"课程的教学理念、内容和方法，使之更好地适应时代的要求，媒介环境的变化。通过该门课程的学习，培养学生敏锐的洞察能力，以及独立的分析、研究能力。切实提升教学质量，优化教学效果。

"网络传播"课程教学的组织特点体现在三方面的结合上，具体包括以下内容。

一是理论学习和实践调研相结合。充分利用北京的媒体资源优势，以及传播学系与其他高校和业界的联系，加强对外交流，使学生在理论学习的基础上，能够进一步把握国内网络传播领域的前沿实践。一方面用理论来观照实践，同时也通过实践、调研提升自己的理论水平。

二是基本概念、理论的学习和专题研讨相结合。通过对基本概念、理论的学习，帮助学生打好基础；同时通过设置专题的形式，引入网络传播的前沿研究成果，拓展学术视野，提升研究能力，充分体现研究生阶段教学和学习的特点。

三是课堂讲授和学术研讨相结合。加强师生之间、学生之间的学术交流，提升学生的积极性、主动性。鼓励学生积极选题，撰写论文，开展科研活动。

在具体的教学模式方面，根据研究生阶段的教学特点，在充分考察"翻转课堂"和"对分课堂"教学模式的基础上，借鉴和采用了对分课堂的教学模式，变"课堂讲授型"为"讲授+研讨型"。"对分课堂的核心理念是把一半课堂时间分配给教师进行讲授，另一半课堂时间分配给学生以讨论的形式进行交互式学习。"[9]它加强了教师和学生，以及学生之间的交流互动，鼓励自主性学习，能够有效提升学生学习的积极性、主动性，并实现教学相长。在教学手段方面，也充分运用各种新媒体渠道和手段，如建立了微信课程群。在其中除了课件之外，还要求同学至少分享三条高质量的与网络传播、新媒体相关的研究、论文、调查报告、业界资讯等信息。新媒体手段的引入，大大提升了课程的内容含量和吸引力。

三、"网络传播"课程的内容设置与实施

研究生"网络传播"课程包含了四大部分内容，课程教学主要围绕这四部分内容进行设计、研究和实施（见表1）。

一是对基本概念、理论的学习。本部分主要参考教材，从中精选出重要的基本概念和理论，对其进行学习、研究。具体而言包括了十章内容，以课堂讲授为主。

表1 "网络传播"课程内容设置

章节名称	重点讲授内容
互联网的演进及对传媒业的影响	互联网发展的内在逻辑、网络媒体的演变、互联网的未来走向及对传媒业的影响。人工智能在新闻传播中的引入与运用。算法推荐、算法新闻
网络的属性与传播形态	网络的传播媒介属性；网络的经营平台属性（长尾理论、体验经济、共享经济、数据经济）
网络传播的具体形式	微博、微信、App、移动视频直播
网络媒体与新闻传播	中国网络媒体的发展历程、网络新闻传播中的典型陷阱与困境（假新闻、后真相、信息茧房、回声室效应）、网络新闻传播中的专业主义与把关人
网络中的用户	作为信息消费者和作为新闻生产者的网络用户
网络信息的整合形式	融合新闻报道
网络环境下的数据新闻与可视化传播	数据新闻、信息可视化、数据可视化、信息图表、信息图表制作与传播中的常见误区
社会化媒体应用	专业媒体、政府机构、企业的社会化媒体应用
网络传播的效果	议程设置
网络传播与社会发展的互动	网络文化、媒介素养

二是通过对于专题的设置和研讨，引入国内外前沿实践和最新研究成果。本部分根据教材的内容、逻辑，主要参考、吸纳了三部分的研究。①近三年来的国内核心专业期刊，如《新闻与传播研究》《现代传播》《国际新闻界》《新闻大学》《新闻记者》《当代传播》等；②国外权威调研机构的研究报告，如皮尤研究中心、牛津路透新闻研究院、哈佛大学尼曼新闻实验室、美国哥伦比亚大学 Tow 数字新闻中心等；③Sage 数据库中的新闻传播类专业期刊。从中梳理归纳出 7 个专题，具体如表 2 所示。专题的设置既能够弥补教材的滞后性，也有助于进一步拓展学生的学术视野，帮助学生了解、把握最新的前沿动态和研究成果。本部分内容以学生对于论文和调研报告的分组研讨为主。对每一篇精读论文都从选题、研究视角、理论框架、研究思路、研究设计等方面进行分析。同时也要求学生分析论文对自己研究的启发，明确自己的研究思路和研究设计。

表2 "网络传播"课程研讨专题

专题	研讨形式
网络传播研究的回顾与展望	集体
微信、移动视频直播	分组
网络媒体与新闻传播（新闻价值、新闻专业主义、媒介融合、中央厨房、新闻游戏、自动化新闻）	分组
受众数据分析	分组
数据新闻	分组
专业媒体、政府机构的社会化媒体应用	分组
议程设置	分组

三是开展实地调研。充分利用北京的媒体资源优势，以及传播学系与其他高校和业界的联系，加强对外交流学习，帮助学生进一步了解当前国内网络传播领域的前沿实践。具体而言，组织研究生考察了《人民日报》"中央厨房"融媒体建设情况。考察前，先在课堂上组织同学进行了有关"中央厨房"的专题研讨，对国内外媒体"中央厨房"的发展创新、现状问题等进行了梳理、分析，并收集整理了同学们针对《人民日报》"中央厨房"所提出的问题。在考察过程中，人民

日报媒体技术股份有限公司的工作人员为学生们详细讲解了中央厨房的建设和使用情况。人民日报中央厨房大厅于 2017 年投入使用,是人民日报社推进媒体融合发展的核心平台,把人民日报的文字生产优势扩展到网络生产优势,为内容生产者提供全方位的数据支持。在 2018 年的"两会"报道中,中央厨房发挥重要作用,全景多维立体展现了两会议程议题和风采。在"中央厨房"的总编调度中心,观看了介绍影片,了解了它的运作模式,对于"中央厨房"在应对媒介融合态势下所发挥的集中指挥、采编调度、高效协调、信息沟通等重要功能有了切身的感受。此外,学生们还就中央厨房的大数据平台运营、媒体报道分发渠道和主流媒体融合平台的地方合作等感兴趣的话题,与工作人员进行了交流讨论。

四是进行学术研讨。在前期学习、调研的基础上,结合任课教师自身的研究兴趣与方向,组织研究生开展了题为"大数据与新闻生产研究"的学术研讨会,分别围绕"数据新闻"和"受众数据测量与分析"两个子专题进行了汇报、交流。本次学术研讨主要围绕一篇英文调研报告和两篇英文论文,由三位研究生做主题发言。其中,调研报告 *Bigger Is Not Always Better: What We Can Learn About Data Journalism From Small Newsroom*,介绍了欧美国家小型新闻编辑室是如何实践数据新闻的前沿观点,明确提出了小型新闻编辑室在进行数据新闻工作时所遇到的挑战,并分别讨论了小型数据新闻编辑室存在的优势和劣势。论文 *Data-driven reporting: An on-going(r) evolution? An analysis of projects nominated for the Data Journalism Awards 2013-2016*,通过对全球知名数据新闻奖项 Data Journalism Award 2013—2016 年提名作品的数据来源、类型、可视化、交互功能、议题类型以及制作者等方面的分析,发现该奖项提名作品以政治报道为主,数据主要来源于官方机构的公共数据,可视化形式简单,这也是数据新闻业的普遍趋势。数据新闻并没有颠覆传统新闻业,而是传统新闻业向社会数据化转向的发展和继承。论文 *Quantified Audiences in News Production*,从态度、行为、内容、话语和伦理等五个方面,梳理分析了受众数据测量和分析的相关研究文献,发现受众数据和指标在当代新闻业中扮演着愈加重要的角色。尽管证据并不完全支持当代新闻业受到量化受众驱动的观点,但是受众和量化在新闻制作与传播过程中扮演的角色比过去更为突出,并在一定程度上重新调整了专业价值观和界限。任课教师对于研究生的主题发言进行了点评,并建议同学要注意培养前沿的研究意识,聚焦前沿的选题、前沿的实践和前沿的文献。与此同时,更要注重与国内实践的结合,发现其借鉴意义和价值。对于技术因素而带来的"热现象",不能只是抱着一种看热闹、看新鲜的心态,而是要站在学术研究的角度进一步去深入思考。

研究生"网络传播"课程采用了结课论文的考核方式。要求学生根据专题研讨的内容,并结合自己的研究兴趣,自主选题撰写学术论文。鼓励并推荐学生向专业期刊、学术会议投稿。

四、"网络传播"课程教学改革的成果与思考

通过一学期的学习和探索,"网络传播"课程教学与改革取得了颇为丰硕的成果,实现并超额完成了语言与传播学院研究生教改项目"'网络传播'课程教学改革和建设研究"的全部预期目标。具体而言,包括:①建构了比较完备、系统的课程内容体系。②组织研究生考察《人民日报》"中央厨房"融媒体建设情况,了解了其申请参观考察的流程,以利于今后再次进行参观考察学习。此外,还和中央广播电视总台建立了联系,计划在 2019 年春季学期带领研究生到央视新大楼参观学习。③组织研究生开展了"大数据与新闻生产研究"学术研讨。④课题组成员已在专业核心期刊《电视研究》(北大核心期刊)、《中国电视》(CSSCI 来源期刊)上发表了两篇与网络文化相关的研究论文。⑤从研究生结课论文中遴选出了三篇优秀论文,目前正在进一步修改和投稿之中。⑥撰写了课程教学改革的论文。

在本次教学改革的过程中，对于研究生"网络传播"课程设计与教学中的以下四个问题也做了进一步的思考。

第一，研究生阶段的"网络传播"课程是否还需要教材？尽管教材提供的是该领域基础性、一般性的知识，研究生阶段的讲授和学习需要提高难度、深度和专业性。但是如果完全脱离教材，仅仅是阅读、研习论文的话，可能会让学生感到迷惑，虽然讲了很多内容，但是很难建立起一个完整、系统的知识框架。所以，选择一本合宜的教材对于研究生"网络传播"课程来说是必不可少的。

第二，在进行专题论文研讨时，中外研究文献的占比应如何分配？本课程所选择的文献或是来自专业核心期刊，或是来自权威的研究、调查中心。和中文文献相比，研读英文文献会花费学生更多的时间、精力。而无论是结课论文的写作，还是向期刊投稿，均是使用中文。所以，根据传播学系研究生的课程设置情况和学生的实际能力，将精读的中、外研究文献的比例分配为7:3。这样既使得学生能够了解国外的经典研究和最新研究、实践动态，提升阅读量，同时也更有利于论文的写作。

第三，理论学习和实践调研相结合是本课程的组织特点，那么如何将两者有机地结合起来，尤其是使得参观调研不再是浮光掠影、走马观花。一方面要精心选择调研对象，另一方面，也是更为重要的是，前期做好充分的准备工作，以理论学习来指导实践调研，以实践调研来促进对于理论的深入理解和掌握。只有这样才能将两者有机地结合起来，有效提升调研的效果。

第四，研究生"网络传播"课程中涉及诸多新技术、新现象，如何避免学生陷入"技术决定论"的认识误区？在最后一次课上，专门选择了一篇发表在权威期刊《新闻与传播研究》上的论文《在开放与保守策略间游移："不确定性"逻辑下的新闻创新——对三家新闻组织采纳数据新闻的研究》进行了集体研讨。通过对该论文的精读和研讨，帮助学生纠正"技术中心论"对于数据新闻、VR或人工智能新闻等创新科技所代表趋势的热拥，认识到科技创新未必带来新闻编辑室的革命，也未必会颠覆新闻业的基本范式。

参考文献

[1] 中国人民大学新闻学院新闻传播教育课题小组，倪宁，蔡雯. 媒介融合时代的中国新闻传播教育：基于18所国内新闻传播院系的调研报告 [J]. 国际新闻界，2014，36（4）：123–134.

[2] 陈昌凤，张小琴. 融合时代的新闻传播教育 [J]. 中国高等教育，2014（Z2）：23–25.

[3] 桂万保. 颠覆与重建：新媒体专业的教育理念与课程设置 [J]. 现代传播（中国传媒大学学报），2015，37（1）：143–145.

[4] 李晓静，韩羽昕. 欧美新媒体传播硕士课程教学分析与反思 [J]. 新闻记者，2018（5）：91–96.

[5] 黄秋尘. "网络传播概论"课的专题式教学研究 [J]. 今传媒，2011，19（7）：143–144.

[6] 耿晓利. "网络传播概论"课程的实践式教学研究 [J]. 今传媒，2014，22（12）：151–152.

[7] 郑青华. "网络传播"课程教学方法的创新探索 [J]. 新闻研究导刊，2016，7（11）：23.

[8] 赵红艳，于治涛. 翻转课堂在"新媒体传播"中的实施与效果分析 [J]. 黑龙江教育（理论与实践），2018（Z2）：50–51.

[9] 张学新. 对分课堂：大学课堂教学改革的新探索 [J]. 复旦教育论坛，2014，12（5）：5–10.

"高等土力学"课程教学改革与实践

蔡国庆 李 舰 刘 艳 李伟华

（北京交通大学土木建筑工程学院，北京 100044）

摘　要："高等土力学"作为岩土工程、隧道与地下工程等专业的必修课程，是一门富含理论又具有工程属性的课程。本文针对当前"高等土力学"课程的教学，从课程设置、教学方法、课程实践等方面分析普遍存在的问题。依据人才培养的目标，需要对课程资源、教学思路、教学评价方法等方面进行探索。

关键词：高等土力学　研究生　改革与实践　教学模式　教学手段

随着我国改革开放以及"一带一路"倡议的逐渐推进，国内土木、交通、岩土等工程领域发展迅速，对优秀的研究生的需求量不断增加。与此同时，研究生课程教学中存在的问题变成为研究生课程教学改革的障碍。在土木工程专业领域内，高等院校如何培养出适合社会需要的人才成为教育教学的重中之重。近几年来，随着高等教育教学改革的不断深入，许多学者针对各专业方向的研究生的培养方式、教学方法、课程设置等方面存在的问题，提出了相应的改革建议和思考，并以实际行动推动了高等院校教育教学改革[1-2]。笔者针对岩土工程专业特点总结"高等土力学"课程教学改革实践中发现的问题，并依据人才培养的目标，对课程资源、教学思路、教学评价方法等方面提出改进建议。

一、岩土工程专业特点

岩土工程以研究建筑工程、水利工程、交通以及地下工程中的岩土工程问题为特色。研究方向涉及岩石力学、特殊土力学、深基础、地基加固、边坡稳定性、地震工程等多个内容[3]。该学科具有很强的不确定性，是一门以岩土力学为基本理论基础的应用科学。

在岩土工程的实践应用中，要求从事岩土工程的科技工作者结合理论知识与工程经验，才能获得满意的结果。因此，在岩土工程研究生教育教学改革中，培养具有扎实理论基础和综合实践能力的专业人才是教学改革的关键。

随着改革开放的深化，国内建筑、交通行业建设迅速发展，积累了大量的工程经验、技术创新和理论成果[4]。然而，当前高校的岩土工程专业的研究生教育与工程应用及科学研究脱钩严重。

"高等土力学"是土木工程学科相关专业研究生的一门重要的专业基础课，该课程已被广泛应用于建筑、路桥交通、环境保护与治理、防灾减灾等领域。高等土力学呈现多学科交叉，多种理论交融的态势，涉及数学、力学、数值方法等内容的结合。因此，需要学生具有扎实的数学、力学、编程基础。

二、当前教学中存在的问题

（一）课堂教学环节单调

"高等土力学"是一门理论性非常强的课程。相比于本科生的教学内容，研究生的课程设置中理论学习的内容需要更加深入且复杂。这是为了使研究生在学习岩土工程的同时了解及掌握科学的研究方法，增强其科学素养以及研究能力。这种情况下，"高等土力学"课程教学中常以理论公式的推导与建立作为课堂的主旋律。这导致学生在学习环节中积极性不高，参与度较差，对课堂内容也难以充分理解和掌握，对岩土工程在社会生产实践中的应用知之甚少。

（二）前沿热点的教学内容少

"高等土力学"的教学中，常常选取经典的专著作为教材。其内容经过数十年的研究，这在一定程度上保证了学生学习内容的正确性。但针对研究生的教学在基础理论讲授的同时，更重要的是培养其科研创新能力，使课程的学习服务于学生科研工作的开展。因此，针对研究生的教学在基础理论讲授的同时更应该引入学科的前沿热点，充分激发学生的科研兴趣及热情，并使课程的学习帮助学生科研能力的培养。

（二）课程学习成绩评价手段单一

目前"高等土力学"课程的教学中，常常以考试的形式作为单一的学生课程学习成果评价手段，不能全面反映学生的学习成果。由于"高等土力学"课程理论性强，适合作为考试内容的章节及题型往往很受限制，出题模式单一，不能全面巩固课程内容。

三、课程改革措施

（一）丰富课堂教学内容

"高等土力学"虽然是一门理论性很强的课程，但同时是一门自然科学课程，其理论是对岩土所发生的自然现象的解释。所以课程中所学的大多数理论都可以在实验现象及数据中得到反映，因此，笔者认为课程教学在注重理论的同时，应该大量地增加实验教学的内容。让学生们在"做"中"学"，自己亲身动手进行实验，观察实验现象，记录实验数据，将实验结果和理论研究相互参考，增强学生对理论的认识，同时也培养学生对科研的热情和积极性。

在研究生教育教学改革中，针对各课程之间交叉重复现象严重的问题，需要统一设计教学大纲。在交叉内容的教学中，删减与其他课程相关的重复性内容或者按本课程内容的需要从不同的角度进行知识的传授。

（二）增加课程教学中的前沿内容

目前学校对于研究生学习阶段的要求，通常分为课程学习阶段和研究阶段，学生们学习课程内容的同时，更重要的是个人研究及论文的撰写。课程的学习是为了顺利进入科研阶段，而对学科前沿热点内容的学习，可以孕育出创新的成果。所以，在课程教学中应注重对学科发展中出现的前沿热点内容及研究思路方法进行展示，培养学生的科研思维。与此同时，可以邀请行业内专家学者对各自领域前沿研究进行深入介绍，学生们在课程的学习中也学习到了学科发展中最前沿的知识，充分扩展了学生们的科研思维。

（三）开展多维度的成绩评价方法

针对单一的课程评价方案，笔者认为应该开展多维度的评价方法，鼓励学生在课程学习的基础上学习科研的方法与论文写作。将课程成绩的评价手段丰富起来，在评价学生学习情况的同时，提高同学们对课程学习的深度和思考的维度，为其之后的科学研究工作奠定扎实的基础。

四、结语

岩土工程内容丰富、理论性强，具有很强的不确定性，对研究生的教学造成了困难，这既是挑战也是机遇。为了提高教学质量，需要从教学内容、教学手段、考核手段等多方面加以改善，注重前沿知识积累，不断更新教学内容，以适应社会发展需求，培养国家需要的岩土工程科技工作者。

参考文献

[1] 姚莉，刘伟. 研究生课程教学改革的几点思考 [J]. 高等教育研究学报，2010，33（4）：36-39.

[2] 粟莉，张欢欢. 研究生课程体系建设的国内外现状及发展趋势 [J]. 中国研究生，2014（4）：44-46.

[3] 龚晓南. 21世纪岩土工程发展展望 [J]. 岩土工程学报，2000（2）：238-242.

[4] 陈勇，江巍，CHAN D. 研究生岩土工程专业课程教学改革的建议 [J]. 教育教学论坛，2016（30）：106-108.

"数据分析"课程建设改革探索与实践

杨小宝　朱思聪　马　路　赵　晖

（北京交通大学交通运输学院，北京 100044）

摘　要：结合交通运输专业人才培养的需求，针对交通运输学院"数据分析"课程建设当前存在的问题和改革的重点内容进行了探讨，从教学案例的搜集整理与开发、课程资源建设和全英文课程建设三个方面，对该课程建设改革的组织、实施及其成效进行详细论述，研究结果有助于教学过程中提升学生的专业应用能力和科学研究能力。

关键词：数据分析　课程建设　案例开发　课程资源建设

大数据时代，掌握一定的数据分析方法逐渐成为个人学习工作的必备技能[1-2]，数据分析方法被广泛应用于各行各业。"数据分析"课程具有抽象的数学理论的特点，但是它又具有很强的实用性和实践性，被广泛用来解决实际问题。北京交通大学交通运输学院从 2013 年起，给研究生开设"数据分析方法及软件应用"课程（以下简称"数据分析"课程），经过课程组成员几年的共同努力，该课程目前已建设成为学院专业学位硕士的基础理论课、交通运输规划与管理学术硕士的基础课和硕士留学生的必修课。该课程为 32 学时，讲授的主要内容包括 SPSS 软件的介绍、基本统计分析、参数检验、回归分析、方差分析、聚类分析、因子分析和时间序列分析方法，以及常用数据分析方法的软件实现。

"数据分析"课程旨在使学生掌握常用数据分析的基本概念、理论方法和软件应用，具备运用数据分析方法解决一些实际问题的能力。通过本课程的学习，要求学生掌握常用的数据分析方法，并能熟练运用软件去实现常用方法的实际应用，学习运用常用数据分析理论方法识别交通专业问题，能够应用数据分析理论表达交通专业问题、开展研究，设计解决方案进行推理、验证和研究分析，并得出有效结论的基本训练，获得一定的使用数据分析软件的锻炼。

一、"数据分析"课程存在的问题

"数据分析"课程自 2013 年开课以来，由于授课教师对课程教学的重视，投入精力较多，课程内容设计丰富合理，课堂讲授认真细致，课后答疑耐心负责。中文课程近年来每学年由两位老师分别开课，每学年选课人数达到 300 人左右。虽然，本课程目前受到学生欢迎，但仍有一些问题有待改进，课程授课教师有压力也有动力进一步完善本课程平台的建设。现有"数据分析"课程的建设，很少有针对交通运输专业来开展研究讨论[3-4]。2017 年 6 月课程组申请了学院的教学改革项目，在项目实施之前该课程主要存在以下几个方面的问题需要改进。

（1）本课程中文教材采用的是电子工业出版社的《SPSS 统计分析方法及应用》[5]，该教材中相关案例都与交通运输无关，需要结合学院专业特色和教师科研项目，开发交通运输专业的案例集，提升学生运用数据分析方法解决本专业问题的能力。

（2）本课程讲授常用的多种数据分析方法，但由于时间有限，各种方法的介绍不能全面深入，需要给学生提供各种基础理论方法扩展学习的资料，指导学生进一步学习，提升基础理论水平。

此外，需要结合学院专业特色，搜集交通运输领域权威期刊中运用本课程理论方法的相关论文，指导学生进一步阅读，提升实际科研能力。

（3）本课程为运输学院留学生、硕士研究生的必修课程，但目前仍没有完整的全英文教学大纲和全英文课件，需要结合留学生的基础水平和专业特色，编写全英文教学大纲和课件，并给学院留学生开设全英文课程。

二、"数据分析"课程建设改革的重点探索内容

根据"数据分析"课程当前存在的问题，针对性地制定了以下三个方面作为本次课程建设改革的重点探索内容。

（1）教学案例的搜集整理与开发。开发交通运输背景的数据分析案例，并用软件进行案例分析，实现交通运输专业的案例教学，有助于提升学生运用数据分析方法解决专业问题的能力。

（2）课程资源建设。针对本课程核心内容，搜集、整理相关扩展阅读学习资料，进一步提升学生基于数据分析的科研能力。

（3）全英文课程建设。针对国际留学生的专业基础和认知水平，编写该课程的全英文教学大纲和教学课件（PPT），给留学生授课。

三、"数据分析"课程建设改革的实践

（一）课程建设改革的组织

根据上述存在的问题和课程建设改革的主要探索内容，课程组成员针对教学案例、课程资源和全英文教学三个方面开展了一定的工作。具体组织如下：①2017 年 7 月至 2017 年 9 月：由英文授课组的两位老师，编写全英文教学大纲和课件；②2017 年 9 月至 2018 年 5 月：由中文授课组的两位老师收集交通运输数据集，进行交通运输案例的开发和教学资源的搜集与整理；③2017 年 9 月至 2018 年 5 月：英文授课组的两位老师给留学生授课，对教学课件进行修改完善；④2018 年 6 月至 2018 年 7 月：全部课程组成员对本课程建设改革内容的完成情况进行查补和完善。

（二）课程建设改革的实施与成效

1. 教学案例的搜集整理与开发

针对课程中各种理论方法，课程组结合学院专业特色和科研项目，开发交通运输背景的数据分析案例，并用软件进行案例分析，实现了基础理论、交通案例和软件应用相结合的课程教学。

（1）收集整理大量交通运输数据集。收集的数据集涉及公路、铁路、水运、民航等多种交通方式，共 36 个交通数据集。例如，图 1 所示的数据集，包含了 20 年的公路、铁路、水运和民航等四种交通方式的客运量数据，这一数据集可用于相关性分析和时间序列分析的案例教学。

（2）编写交通运输案例的 PPT 课件。针对基本统计分析、交叉列联表、参数检验、方差分析、回归分析、聚类分析、因子分析、时间序列分析等主要数据分析方法，结合交通运输数据集设计交通案例，对主要章节内容的 PPT 课件进行了更新。

例如，方差分析章节中，利用搜集的交通事故损失数据集设计案例，要求分析道路等级对经济损失的影响，以及分析不同道路等级和天气对事故经济损失的影响。首先，需要以经济损失为观测变量，道路等级为控制变量，通过单因素方差分析方法，针对道路等级对经济损失的影响进行方差分析；其次，以道路等级和天气为控制变量，经济损失为观测变量，建立固定效应的饱和模型，零假设为：不同道路等级对经济损失没有显著影响，不同天气对经济损失没有显著影响，道路等级和天气对经济损失没有显著的交互影响。

年份	铁路客运量	公路客运量	水运客运量	民用航空客运量
1995	102745	1040810	23924	5117
1996	94797	1122110	22895	5555
1997	93308	1204583	22573	5630
1998	95085	1257332	20545	5755
1999	100164	1269004	19151	6094
2000	105073	1347392	19386	6722
2001	105155	1402798	18645	7524
2002	105606	1475257	18693	8594
2003	97260	1464335	17142	8759
2004	111764	1624526	19040	12123
2005	115583	1697381	20227	13827
2006	125656	1860487	22047	15968
2007	135670	2050680	22835	18576
2008	146193	2682114	20334	19251
2009	152451	2779081	22314	23052
2010	167609	3052738	22392	26769
2011	186226	3286220	24556	29317
2012	189337	3557010	25752	31936
2013	210597	1853463	23535	35397
2014	235704	1908198	26293	39166
2015	252255	2005136	25330	36524

图 1　20 年多种交通方式的客运量数据

（3）设计交通运输专业的练习题。根据主要章节内容，运用前面搜集的数据集，设计了交通运输行业的练习题，供学生课后练习巩固。仍以方差分析章节为例，设计的部分练习题如下。

练习 1：运用交通事故损失数据，（a）分别检验道路等级、天气对事故受伤人数的影响；（b）分别检验道路等级、天气对事故死亡人数的影响；（c）检验道路等级和天气两因素对事故受伤人数的影响；（d）检验道路等级和天气两因素对事故死亡人数的影响。

练习 2：运用城市间出行行为数据，（a）分别检验出行目的、出行方式、年龄、性别对出行时间的影响；（b）检验出行目的和出行方式两因素对出行时间的影响；（c）检验年龄和出行方式两因素对出行时间的影响。

2. 课程资源建设

针对本课程核心内容，搜集、整理相关扩展阅读学习资料。主要包括两个方面：①整理相关基础理论方法扩展学习的教材内容，指导学生进一步学习，提升基础理论水平；②搜集本课程理论方法的相关权威期刊论文并进行整理，指导学生进一步阅读，提升其科研学术能力。

（1）数据分析理论方法扩展学习材料的搜集整理。本课程由于课时有限，各种数据分析方法的介绍不能全面深入，为此课程组成员共同努力，已搜集整理了扩展学习的 15 本相关教材或书籍，包括数据分析相关的国内外教材和各类软件应用的书籍，以及主要理论方法建议阅读的扩展材料。搜集整理的部分有关数据分析理论方法的扩展学习材料如图 2 所示。

（2）交通运输领域相关期刊论文的搜集整理。在课程组的共同努力下，目前已经在交通运输领域权威期刊中搜集整理了数据分析相关的论文 30 余篇。例如，部分回归分析相关的期刊论文如下：

①CAMPBELL K B，BRAKEWOOD C. Sharing riders: How bikesharing impacts bus ridership in

New York city [J]. Transportation research part A：policy and practice，2017(100)：264–282.

図 【经典教材系列】Applied Categorical and Count Data Analysis
図 【经典教材系列】Complex Surveys Analysis of Categorical Data
図 Applied Logistic Regression, 3rd Edition
図 Categorical Data Analysis Using SAS, Third Edition
図 categorical data analysis, edition 3
図 Data Mining Concepts and Techniques, 3rd Edition
図 Data Mining with SPSS Modeler-Theory, Exercises and Solutions
図 IBM SPSS Modeler教程
図 Logistic回归模型——方法与应用
図 Mplus user guide Ver 7 r6 web
図 Survival analysis using R
図 探索性数据分析
図 统计学：从数据到结论
図 统计学著作英文+生存数据分析的统计方法（第三版）

图2 部分搜集整理的数据分析理论方法的扩展学习材料

②CHEN P L，PAI C W，JOU R C，et al. Exploring motorcycle red–light violation in response to pedestrian green signal countdown device ［J］. Accident analysis & prevention，2015(75)：128–136.

③ZANNI ALBERTO M，RYLEY T J. The impact of extreme weather conditions on long distance travel behaviour [J]. Transportation research part A：policy and practice，2015(77)：305–319.

针对搜集整理的期刊论文，组织成员认真阅读，且对论文的主要内容精心制作了部分 PPT，供课程讲授或学生课后深入学习。部分制作的 PPT 如图3所示。

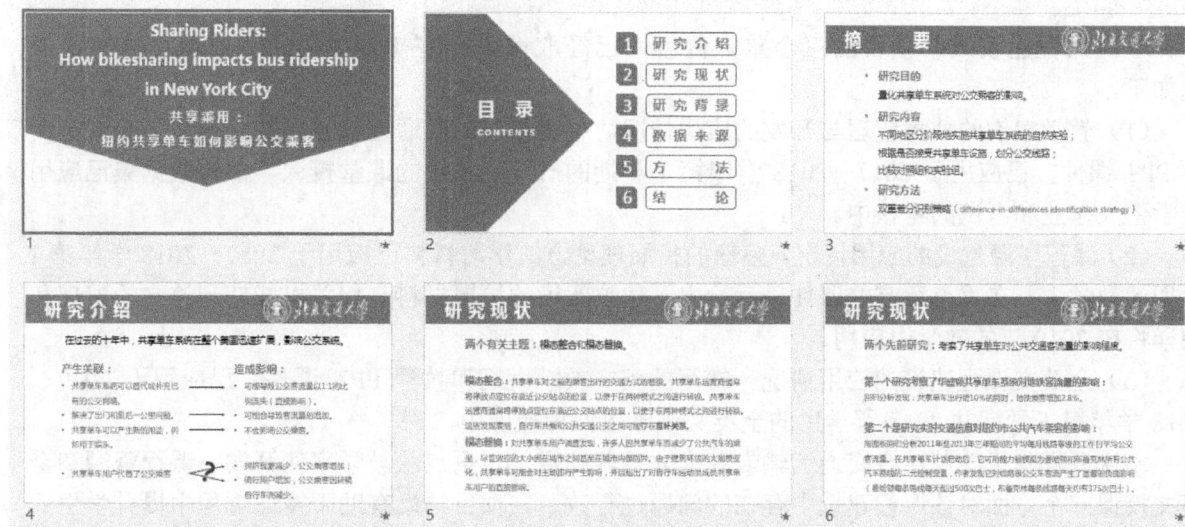

图3 数据分析相关期刊论文主要内容的PPT

3. 全英文课程建设

针对硕士留学生的专业基础和知识水平，参考国外相关的英文教材，编写全英文教学大纲和教学课件 PPT，给留学生授课。具体工作如下。

（1）引入新鲜血液，扩充课程组成员。课程组积极吸收两名在美国获得博士学位的青年教师加入，承担英文课程授课。

（2）组织课程组成员，选定英文教学参考书，编写了"数据分析方法及软件应用"全英文教学大纲，以及全英文课程教学 PPT 课件共 9 章。图 4 给出了部分英文课件的示例。

（3）课程组成员于 2017—2018 学年第 1 学期为 16 级和 17 级共 29 名留学生开设了全英文硕士生课程。

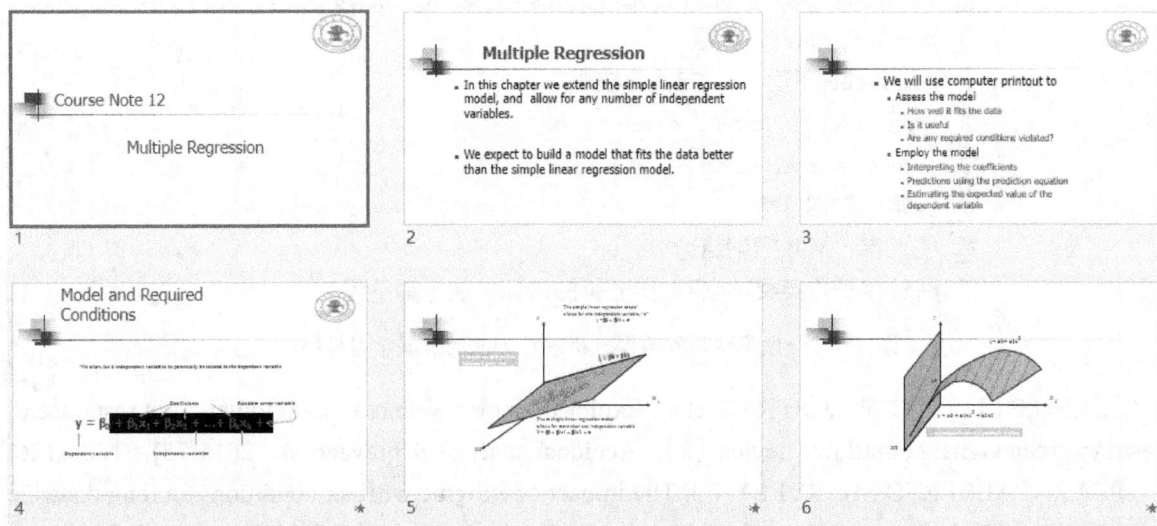

图 4 "数据分析"课程部分英文课件示例

四、"数据分析"课程建设改革的应用与展望

本次课程建设改革项目的三个重点内容，已经取得了一些初步成果。目前项目的应用情况如下。

（1）教学案例的搜集整理与开发的应用情况。收集整理的交通运输数据集，编写了交通案例的 PPT 课件，已应用于 2017—2018 学年第 1 学期的研究生课程的课堂授课，部分数据集已应用于学生大作业和考试的考核中。

（2）课程资源建设的应用情况。整理的扩展理论方法学习材料已应用于 2017—2018 学年第 1 学期的教学中，在重点章节的课件最后给出了建议阅读的扩展材料。相关权威期刊论文的整理和翻译将在 2019 年的教学中应用。

（3）全英文课程建设的应用情况。编写的英文教学大纲和教学 PPT 课件，已应用于 2017—2018 学年第 1 学期共 29 名留学生的全英文硕士生课程授课中。

本次课程建设改革结合交通运输专业人才培养的需求，重点从教学案例开发、课程资源和全英文授课三个方面对该课程建设中存在的问题进行改革，项目结果有助于授课过程中提升学生的专业应用能力和科学研究能力。针对"数据分析"这门课程的特点，相关数据分析方法会有新的发展，教师需要不断地学习更新自己的知识体系，并对授课内容进行适当的调整和扩展；相关期刊论文的最新研究成果也需要在后续课程建设中不断更新。同时，教师也需要结合课程教学内容，在教学过程中灵活运用慕课、翻转课堂、对分教学法等新的教学模式[6-7]。

参考文献

[1]　朝乐门，邢春晓，张勇. 数据科学研究的现状与趋势 [J]. 计算机科学，2018，45（1）：1-13.

[2]　周傲英，钱卫宁，王长波. 数据科学与工程：大数据时代的新兴交叉学科 [J]. 大数据，2015，1（2）：90-99.

[3]　耿直. 大数据时代统计学面临的机遇与挑战 [J]. 统计研究，2014，31（1）：5-9.

[4]　邱淑芳，王泽文，张家骥，等. 大数据环境下统计学的人才培养模式与课程体系研究 [J]. 东华理工大学学报（社会科学版），2017，36（3）：279-282.

[5]　薛薇. SPSS 统计分析方法及应用 [M]. 4 版. 北京：电子工业出版社，2017.

[6]　梁文鑫. 大数据时代：课堂教学将迎来真正的变革 [J]. 北京教育学院学报（自然科学版），2013，8（1）：14-16.

[7]　刘海霞，王玖，胡乃宝，等. 翻转课堂教学模式在卫生统计学课程教学中的探索与实践 [J]. 卫生职业教育，2017，35（12），36-37.

"传热传质分析"研究生课程的教学实践与探索

杨立新　贾　力　张竹茜　银了飞

（北京交通大学机械与电子控制工程学院，北京 100044）

摘　要：本文试图结合作者在"传热传质分析"课程中的教学实践，从课程体系与内容建设、教学队伍建设、科研反哺教学、研究性教学实践和传热传质学教材建设等方面对加强研究生专业基础课程的建设与实践体会加以总结。作者认为通过完善课程内容建设，强化基础理论，突出最新科研成果引导，实践科研与教学相互转化、相互促进，构建动力工程及工程热物理专业研究生培养的热科学基础，可以不断提高研究生课程的教学效果。

关键词：传热传质分析　研究生　课程建设

传热现象与过程广泛存在于自然界和工农业生产、高新科技及交叉前沿学科的各个领域，在能源（包括常规能源、核能、可再生能源）、动力、制冷、化工、建筑环境、微电子、航空航天、微机电系统、新材料、纳米技术、军事科学与技术、生命科学与生物技术等领域中存在大量的热质传递过程与热控技术问题，是当今科学技术发展的最重要的技术基础之一。传热传质学主要研究热量传递的机理、规律、分析等基础理论知识。目前，国内各高校动力工程及工程热物理学科研究生培养都对该类课程给予了高度重视。"传热传质分析"课程已经成为能源动力类专业研究生的重要专业基础课程。

北京交通大学的动力工程及工程热物理学科自研究生招生以来，"传热传质分析"课程就作为该专业的主要专业基础课开设至今。目前该一级学科的研究生硕士论文中 50% 以上与该课程讲授的基础内容相关。开展该课程的建设对于有效提高该学科研究生培养质量具有重要推动作用。

一、课程体系结构与内容建设

作为专业基础课，"传热传质分析"课程的体系结构和基本内容是相对固定的。它是研究热量传递的三种基本方式（热传导、热对流、热辐射）的一门科学。按照热量传递的三种基本方式，其课程体系结构主要由四部分组成：①热传导：稳态导热和非稳态导热；②热对流及对流换热；③热辐射及辐射换热；④微尺度传热基础。对于研究生阶段，需要适度增加微尺度传热的内容。该课程的主要目的不仅为研究生学习有关的专业课程提供基础理论知识，也为从事动力工程及工程热物理研究的人员打下必要的基础。

研究生培养分为研究生课程学习阶段和研究生论文阶段，两个阶段很容易出现脱节，"传热传质分析"课程是该学科的重要基础课，许多知识将在研究生论文中起到重要指导作用。有效提升研究生的学习兴趣，确实起到对学科发展与提升具有支撑作用是课程建设的重要目标。

二、课程教学与建设的手段和方法

"传热传质分析"课程是一门应用性、实践性较强的技术基础课，内容多，各部分相对独立，连贯性差，图表和经验公式、半经验公式多。本课程深入分析传统的"传热传质分析"课程内容，采用启发性教学方法，强调对基本概念和基本理论的理解，注意培养学生分析问题的能力和创新研究能力，提高学生解决实际问题的能力，充分运用最新文献解读，精心设计了特色鲜明的"传热传质分析"课程的教学内容。

在课程建设方面主要在以下几个方面开展具体工作。

（一）制定科学、合理的课程建设规划

准确定位"传热传质分析"课程在研究生培养过程中的基础地位和作用，在课程建设中紧跟学科发展的步伐，不断深化教学内容的改革，及时反映学科领域的最新科技成果，保证教学内容的先进性。注意教学与科研结合，吸引学生关注所在研究团队科研活动，使"传热传质分析"课程成为研究生未来研究工作的重要支撑。

结合学校建设国际高水平大学的需求，多年来该课程选用北京市精品教材，同时推荐多本国内优秀参考书[1-3]，在教学过程中不断引入高影响力国际学术期刊上的最新论文，为学校的研究型大学建设做出贡献。

（二）加强教学队伍建设

坚持教授上讲台，目前所有的课程均由教授讲授，年轻教师正在不断地接受系统培训，参加助课、资料准备等环节，以后将逐步开始教学活动。以国际优秀教材为参考，先后引进了多本美国传热学教材，积极探索国际、校际的交流与互补。通过与国外教授学术交流、互访和参加国际学术会议，及时了解国外高校研究生课程教学情况：聘请了美国新泽西州立大学、科罗拉多大学、休斯敦大学、加州大学等传热学教授来校交流，对于教师队伍成长起到了促进作用。此外积极安排年轻教师加入"传热传质分析"课程建设中，开展全方位培训，组织教师从事各种教研活动，形成了一支结构合理、人员稳定、教学水平高、教学效果好的教师队伍。

（三）优化教学内容，科研反哺教学

结合研究生培养特点，以教育创新和精品意识，不断更新和精选优化教学内容，使课程的教学内容及时反映本学科领域的最新科技成果，同时广泛吸收先进的教学经验，积极整合优秀教改成果。根据课时调整，结合学科发展，将微尺度传热基础内容补充进新的教学大纲和教学内容之中。

教学是高校的基本任务，科研是高校的重要任务。为了培养研究生追踪学术前沿的意识和创新能力，按照以教学为中心、以教学推动科研发展、以科研促进教学质量提升的基本思路，将科研工作中的最新成果、科研论文中的主要论点充实到教学内容中，促进了课程教学的改进；开展案例教学[4]，引入了智能手机散热案例，将高新技术中的传热需求及时传递给研究生，有效提升了学生学习兴趣；引入对流与辐射复合换热案例，强化了自然对流条件下辐射换热的重要性，揭示了冻雨对电缆的重要损害机理，强化了传热对工程的重要性。为了使研究生有效提升研究能力，对文献阅读提出了要求，在测试中增加对本领域的国内外期刊的了解程度的测试。

（四）结合课程内容设计研究性教学

引入研究性教学方法，结合教学内容，在"传热传质分析"课程教学中，结合课程内容设计了"新型降温材料文献总结""换热器翅片总结""石墨烯传热性能"等具有研究性特征的作业，把科学研究的思想和方法引进教学过程，构建一个开放的学习环境，使研究生能多渠道获取知识，把理解问题作为学习目标，收集、提炼与问题相关的信息，形成对知识的主动式学习；提高并激励学习兴趣，提高了自主学习能力。

（五）加强教材建设

课程建设的基础是教材建设，教材是教学思想和课程内容的主要载体。为了适应研究生培养的需要，根据研究生的状况选择一本合适的教材是保证教学质量和教学效果的基础。作为研究生教学用书，高等教育出版社出版了本课程主讲教师贾力教授编写的教材[5]，教材内容由导热、对流换热、辐射换热和微尺度换热四个单元组成。该教材的特色是强化传热传质分析的基本原理和分析解决问题的基本方法和思路，力图在基本概念的阐述、基本理论的概括和分析问题的物理本质等方面得到加强。为保持教材的科学性和系统性，尽量避免与本科教材内容重叠，突出基本概念和物理本质内容，深刻描述过程特性，强调数学模型的建立，尽量减少复杂的数学推导。

该教材的教学价值体现为在较少的篇幅下，比较系统地介绍传热传质学的主要内容，导热部分对于数学方法给予足够的重视，对流换热部分强调对物理本质的解析和揭示，辐射换热概念与应用并重，微尺度传热部分导引读者进入现代微观换热领域。比较适合动力工程及工程热物理学科的硕士研究生使用。目前国内多所高校选择本教材为研究生课程教学教材或主要参考书。

同时将进一步加强电子资源建设，完善试卷库建设，继续更新和补充新内容，方便对学生进行测试。

三、课程实践效果分析与未来的探索

相关课程建设成果已经在近年研究生教学中陆续开展应用。通过完善课程内容建设，突出最新科研成果引导、基础理论强化、案例教学穿插、习题巩固的教学特色，将"传热传质分析"课程建设为动力工程及工程热物理学科先进水平的硕士研究生专业基础课。通过基础科学问题与工程技术应用案例的结合，构建动力工程及工程热物理专业研究生培养的热科学基础，有效突出和强化学科内涵[6-8]。

（1）课程建设成果中的案例教学借鉴了国内外的最新教学经验与研究成果[6-8]，相关内容处于国内领先水平。

（2）课程选用的教材是国内研究生主流教材，多数双一流高校选用该教材。

（3）近年来热能工程学科的硕士研究生发表多篇高水平 SCI 检索论文，充分体现了相关课程教学的重要基础支撑作用。

（4）课程建设中编制的试卷库是多年来经验的总结，在未来教学中将起到重要作用。

未来课程建设中将考虑引入双语教学和聘请国外教授进行纯英语教学，加强课程的国际化建设，摸索经验，及时进行相关内容的更新，不断提升研究生课程的教学效果。

参考文献

[1] 杨强生. 高等传热学：热传导和对流传热与传质［M］. 上海：上海交通大学出版社，1996.

[2] 刘静. 微米/纳米尺度传热学［M］. 北京：科学出版社，2001.

[3] 余其铮. 辐射换热原理［M］. 哈尔滨：哈尔滨工业大学出版社，2000.

[4] 王学仁. 高等院校"传热学"案例式教学法探讨［J］. 中国电力教育，2010（12）：74－76.

[5] 贾力. 高等传热学.［M］. 2版. 北京：高等教育出版社，2008.

[6] 邱林. 开放互动式教学方式在高等传热学研究生课程教学中的实践［J］. 高等建筑教育，2008，17（4）：95－97.

[7] 谢诞梅. 面向国际化人才培养的全英文教学实践与思考："高等传热学"研究生课程改革［J］. 教育教学论坛，2015（49）：279－280.

[8] 高虹. 小学时高等传热学的教学改革探讨［J］. 教育教学论坛，2017（1）：138－139.

"机器视觉基础"教学研究探索

郎丛妍　尹　辉　许宏丽　冯松鹤　王　涛　金　一　滕　竹

（北京交通大学计算机与信息技术学院，北京 100044）

摘　要：机器视觉是计算机科学与技术专业的主干核心课程，其学科涉及内容广泛，知识体系庞大，是一门综合性强、理论性深、实践性强的多学科交叉学科。当前，机器视觉是计算机领域的前沿热点研究问题，其知识内容新、更新快，因此，国内外研究机构和学校尚未形成统一成熟的大纲体系。本文针对机器视觉学科特点，结合笔者实践教学经验，提出一种新的研讨式教学模式，通过案例教学和经典教材相结合的方式，全面提高学生学习兴趣，培养学生研究能力。通过教学改革，将该课程建成一门与本学科在国内计算机学科专业排名相匹配的专业核心课程。

关键词：机器视觉基础　专业核心课程　教学改革　研讨式教学方式

一、引言

机器视觉是计算机科学与技术专业的一门重要课程，它是自然科学领域多学科交叉的综合学科，涉及计算智能、机器学习、模式识别、数据挖掘、统计学习理论等，需要用到的知识包括计算机科学、脑神经科学、数学等。其先修课程是高等数学、离散数学、概率论与数理统计、C 语言程序设计等，同时该课程还需要掌握一定的泛函分析知识[1-2]。由此可见，机器视觉涉及的内容非常广泛，是一门综合性很强的学科，有许多尚待解决的问题需要研究，具有一定的挑战性。

本文针对研究生课程"机器视觉基础"的特点，探讨一种新的研讨式教学模式，尝试进行教学改革，期望在课程教学体系、教学方式、教学大纲及内容安排上有所创新。通过老师授课与学生讨论相结合的模式，调动学生参与课程讨论的积极性，增强学生对机器视觉知识的兴趣，培养学生研究的能力。希望达到整个教学环节以案例教学和经典教材相结合的方式，通过文献阅读、小组讨论、学生宣讲等环节，培养学生论文查阅的能力，小组讨论和合作的能力，以及学生动手解决实际问题的能力。课程建设目标旨在建设一门与本学科在国内计算机学科专业排名相匹配的机器视觉课程，并将其建设为一门研究生专业核心主干课程。这门课程的开设可以有效地培养学生分析问题、解决问题的能力，对学生的创新思维和创新能力是一种锻炼和提高，对学生将来从事科学研究工作是一种启蒙和熏陶。

二、机器视觉基础课程研究探索

机器视觉相关课程体系较多，目前的教学方式存在以下问题。首先，教学方式单调。机器视觉属于交叉性课程，涉及内容较多，知识点之间关系比较繁杂，国内原创性教材较少，基本上以翻译国外早期教材为主，主要讲述一些概念、算法和应用[2]。其次，由于机器视觉包含的关键技术属于当前热点范畴，知识点更新快，缺少统一的授课体系。国内外各个研究机构和学校的教学大纲存在多样性，没有统一成熟的大纲体系。

面临以上问题，需要我们在教学实践中对教学指导思想和方法进行改进，除了思考如何把这门课程的基本原理和基本知识传授给学生外，还要思考如何激发学生的创新意识[3-4]。具体课程改进模式如下。

（1）深入调研国内外"计算机视觉""机器学习""模式识别"等与本门课程"机器视觉基础"相关的课程内容，尤其是调研国外知名高校，包括 MIT，STANFORD，UIUC 等知名教授所讲述的相关课程内容，重新梳理本门课程的知识体系和教学大纲，使得本门研究生课程能够从教学内容上与国际接轨，且适应本专业研究生的实际情况；本课程的构建需要动态调研过程，随着机器视觉关键技术的创新，课程的教学大纲应该及时体现和修正。

（2）改进教学模式，引入研讨式教学方法，即在课堂讲授中，既注重机器视觉中基本理论、经典算法的讲授，又要适时引入最新的研究进展。除了指定经典的教材之外，还要将计算机视觉领域的顶级会议和顶级期刊上的高水平论文作为教学的辅助材料，让学生在课堂上进行宣讲和研讨，培养研究生研究问题、解决问题的能力。重点培养学生对各个关键技术既要有全局知识的梳理又要具有重点模型框架的深入理解。

（3）结合"机器视觉基础"课程内容广泛、技术日益更新和丰富的特点，在本门课程的设计上以专题的形式进行讲授，这样既可以更广地涉及计算机视觉的各个领域，又方便学生们对感兴趣的专题进行进一步的深入挖掘。构建统一的教学评价体系，包括课程安排的实践上机程序、课堂论文宣讲、结题大作业以及纸面考试等环节。基本理论的掌握需要一个感性到理性的过程，实验验证是学生掌握关键知识点的一个重要环节，机器视觉中各个知识点具有较好的可视性，因此需要利用该特点，设计完善的实践环节，进而激发学生的创新意识和创造能力。培养学生求真务实、格物致知的科学品质，提高他们的动手能力。

三、总结

我们以改革机器视觉教学模式、建设具有前沿性和系统性的机器视觉课程为目标，以提高硕士研究生的学习能力、动手能力和创新能力为导向，以培养社会主义现代化建设创新型人才为宗旨，积极开展研究型教学。本文针对机器视觉课程的特点和存在的问题做了详细的综述，并针对这些问题提出了优化教学内容、改进教学模式、丰富教学手段和方法，并借助现代化的教学资源，充分调动学生的学习积极性和主动性，从而取得了良好的课堂教学效果。

参考文献

[1] 闵锋，鲁统伟. 面向生产实践的机器视觉课程教学探索与实践 [J]. 计算机教育，2017（10）：41–43.

[2] 赵俊红，康文雄. 机器视觉与智能检测创新实践教学模式的探索 [J]. 实验室研究与探索，2012，31（5）：144–146.

[3] 马晶晶. 研究生研究方法类课程的教学探索：以南京师范大学研究生研究方法类课程为例 [J]. 课程教育研究，2018（44）：247–249.

[4] 徐国政，王强. 研究生"机器人学"课程理论与实践教学改革探索 [J]. 学周刊，2018，378（30）：5–6.

"环境规划与管理"课程体系建设的探索

任福民　邢　薇　陈　蕊　于晓华　姚　宏　王　锦

（北京交通大学土木建筑工程学院，北京 100044）

摘　要：课程体系建设要凝练学科发展重大问题，明确学科建设目标，加强顶层设计，促进学科交叉，开展创新研究，在学科关键知识增长点上实现跨越式发展。课程体系建设，密切结合国家建设重大需求，提升该学科知识体系的发展与融合。基于多学科在环境规划领域应用的研究背景，科研实践在同类学科处于先进水平，对整个专业课程体系建设有极大的推动作用。

课程体系是高等学校实现培养目标的核心与灵魂，建构创新型的课程体系离不开教材体系、教学方法与技术手段的创新。课程体系设置的科学与否关系到学生的知识、能力与素质的结构，特别是关系到学生创新思维和创新能力的培养。课程体系建设要凝炼学科发展重大问题，明确学科建设目标，加强顶层设计，促进学科交叉，开展创新研究，在学科关键知识增长点上实现跨越式发展。课程体系建设，需要密切结合国家建设重大需求，提升该学科知识体系的发展与融合。

"环境规划与管理"是环境科学的重要分支科学之一，是环境科学与管理学、系统学、规划学、预测学、社会学、经济学以及计算机技术等相结合的产物[1]。它侧重于研究环境规划与管理的理论与方法学问题，是应用性、实践性很强的科学。环境规划与管理是环境科学的重要内容，也是环境保护的基本手段[2-3]。

"环境规划与管理"课程重视课程与政策、实际案例的应用。结合实际工程的案例，有利于学生跟着教师的问题导向，传递最核心的理念，合理分配内容，不纠结其他的细枝末节。以案例问题为中心的教学特点能很好地激发学生的创新思维，从而培养学生的创新能力[4]。根据环境工程专业特点设置了特殊问题研究、教学研究和独立研究讨论的案例课程，不仅是重视工程实践对课程教学的补充，同时强调科研与教学的结合，目的是使学生在学习的同时还能接受从事科研的基本训练，从而培养学生独立研究的能力。

（一）把 3S 技术互联网+大数据技术在环境影响评价、环境规划与管理方面的应用作为课程体系建设主要内容

目前，信息技术，3S 技术（遥感，地理信息系统，全球定位系统），互联网+ 等技术在环境影响评价和环境规划中获得了重要发展[5]。掌握环境敏感目标、环境风险防范措施、应急处置及救援资源，进行环境风险监测与评估，为环境风险事前预警提供重要保障是"环境影响评价""环境规划与管理"课程重要知识体系；对于环境污染事故，利用遥感技术，从宏观上快速跟踪和监测突发环境事件的发生、发展，为决策部门提供可靠的实时信息，及时采取措施，将污染影响与危害降低到最小范围和最低程度，保障事后应急措施的快速有效。所以本课程体系建设课题既针对学生课程体系建设需求，又密切结合国家建设重大需求，二者结合，会提升该学科知识体系的发展与融合。

遥感技术具有大范围、低成本、空间连续性以及快速、客观等明显优势，与传统的地面监测手段相结合，形成"天地一体化"的环境监测网络，大大提高了环境监测水平和监管能力，为环境管理和决策提供了可靠的技术支撑。基于"天地一体化"环境影响评价与监管技术以典型污染源为监测目标，综合运用地面监测技术、实验室分析方法、卫星遥感技术等多种手段，加强环境监测与应急预警水平，是我国环境监测手段从传统技术方法向交叉学科发展的典型示范[5]。

加强污染源环境风险评估与防范，是提高环境污染事故应急响应能力的重要保障。依托"天地一体化"技术手段，全面掌握污染源环境风险隐患情况。集成研究物联网和天地一体化监测技术，利用地面、航空飞行、航天卫星等多源遥感数据来对不同类型污染源进行识别、定位。提取类型/体量等基础信息，为固废等消纳场安全风险防范与突发事件应急处理提供支持。通过"天地一体化"相结合的方式，利用时间序列遥感监测产品和地面调查统计数据，查清水域、固废、大气全过程变化。通过遥感手段，结合地面数据，方便快速地获取大范围各类垃圾堆存分布状况，对产废企业开展全面的调查和监督管理。同时，为全国各类垃圾管理信息系统提供空间数据支持，为各类垃圾的信息化监管奠定基础。

（二）基于多学科在环境规划领域应用的研究背景，研究内容在国内同类学科中处于先进水平，对整个专业课程体系建设有极大推动作用

基于多学科在环境规划领域应用的研究背景，研究内容在国内同类学科中处于先进水平，因为前期理论与数据积累充分，知识储备和研究成果处于和国际先进水平"并跑"甚至个别领域"领跑"位置。对整个专业课程体系建设有极大推动作用。牵头申报 2018 年国家"绿色建筑及建筑工业化"重点专项 7.2"建筑垃圾精准管控技术与示范"项目成功立项。

掌握建筑垃圾的产生、贮存、运输、处置和利用等情况的基本数据是开展建筑垃圾管理和处理处置工作的重要基础。在绿色施工规范引导下，基于"物联网+大数据"技术，建立建筑垃圾发生、清运、回收利用、消纳全过程精准预测和实时监测技术；基于物联网和天地一体化技术，实现建筑垃圾类型/体量的快速识别；攻克建筑垃圾环境风险识别、安全风险预警与评估技术难题。融合多源信息和数字化城市管理技术，建立建筑垃圾全过程实时监测与智能管控平台，实现对建筑垃圾的全流程监管、精准调配、动态管理。

（1）分析建筑垃圾的发生源特征（发生源调查、发生特性和机理分析），阐明建筑垃圾的资源环境属性时空分布规律与差异特征，揭示不同类别建筑垃圾产生及资源属性的影响机制，建立基于最优综合利用的建筑垃圾分类标准、定量预测模型及对应精准处置体系，形成全面的数据库体系，优化建筑垃圾的分项处理与运输调配等管理。

（2）在 BIM 技术和绿色施工规范指导下，建立设计、施工、改造、拆除全过程监管信息系统，开发融合我国法律法规、工程建设标准和专业及管理工作流程并按基本任务工作方式实现信息交换和共享的 BIM 应用软件，精准预测建筑垃圾种类和数量。基于建筑信息模型（building information modeling，BIM）信息的及时性、共享性、可视化、协调性和虚拟化，利用 Auto CAD 和 Revit 技术实现对建筑物三维模型的建立，对建筑物进行直观的空间分析、体量分析，实现建筑物在新建、改建（装修）、拆除过程中建筑材料基本信息迅速提取，建立不同特征建筑工程产生建筑垃圾的定量预测模型，通过 IFC（industry foundation classes）数据标准产生建筑垃圾（种类、数量、地点等）基本信息数据，建立建筑垃圾定量预测模型及对应精准处置的技术体系。

研究通过建筑信息模型（BIM）整合建筑垃圾从产生到最终处置的全过程阶段信息、通过环境决策支持系统（EDSS）对环境管理信息决策的方法。将 BIM 与 EDSS 深入融合，实现建筑物全生命周期的 BIM 信息通过 EDSS 系统的决策处理。

（3）建立消纳场及周边环境敏感目标监测指标体系和技术方法流程，利用多期的卫星遥感数据，进行建筑垃圾堆放场动态变化监测，为环境风险事先预警提供技术保障[6]。

基于 GIS 应用，整合包括地形图、正射影像图在内的各类基础数据，对城市管理区域网格进行精细划分；利用地理编码技术，实现城市管理对象在管理区域中的精确定位[7]。

（4）依托数字化城市管理的建设，构建城市建筑垃圾管理信息子系统，建筑垃圾处置核准信息的进一步公开化，使政府管理部门通过网络来管理建筑垃圾。通过精细化、网格化、信息化的城市建筑垃圾管理，总结城市建筑垃圾管理个案中的有效做法，形成一整套可以借鉴的规范性经验，具有十分重要的现实意义和理论价值。创新使用多源信息融合技术，揭示建筑垃圾产生及资源环境属性影响机制，建立涵盖建筑垃圾特征污染物释放、迁移和积累的定量化表征模型。构建一个融设计、建设、运营、改造及拆除等建筑项目全生命周期的数字化、可视化、一体化系统的建筑垃圾信息管理平台，从而实现真正意义上的建筑垃圾全流程实时监测与智能管控。

依托数字化城市管理信息系统，逐步建立城市建筑垃圾信息化管理平台，并以信息化平台建设为抓手建设建筑垃圾供需信息系统，提升建筑垃圾综合利用的社会化、规范化水平。

（三）通过"轨道交通规划环境影响评价案例教学库建设"案例教学教学库建设

系统阐述轨道交通规划环境影响评价的理论基础——交通环境承载力（traffic environmental carrying capacity，TECC）、城市轨道交通规划的环评指标体系、城市轨道交通规划的评价方法、城市轨道交通规划的分析方法、城市轨道交通规划的规划目标和相应的规划措施。

项目特色知识体系涵盖《环境影响评价技术导则 城市轨道交通》、城市轨道交通规划的环评指标体系、城市轨道交通规划的评价方法、交通环境承载力、城市轨道交通规划的分析方法、城市轨道交通规划的规划目标和相应的规划措施、建设过程环境保护措施与管理、运营环境影响以及相应的控制措施。

目前，城市轨道交通建设及线网规划环境影响评价可以依据的基础是《环境影响评价法》及《规划环境影响评价条例》《规划环境影响评价技术导则 总纲》和《环境影响评价技术导则 城市轨道交通》，并从三个不同层次对城市轨道交通规划环境影响评价进行了规定。城市总体规划和综合交通规划是轨道交通规划的上层次规划，应重点分析其对轨道交通规划的指导性因素。环境（功能区）规划、土地利用规划、生态建设规划等专项规划是轨道交通规划的同层次规划，应重点分析各规划与环境相关的规划措施，如环境（功能区）规划和土地利用规划中的环境敏感区、脆弱区和限制性开发区域的环境承载能力因素等，分析组团和沿线局部区域建设规划中的环境控制性因素。

轨道交通规划环评指标侧重于宏观影响分析与评价，以反映环境、社会、经济相互作用及其发展的结果。分析规划是否能够支持城市环境目标的实现，尤其是要关注城市轨道交通对沿线土地开发的导向作用，用发展的眼光预见过度的二次开发活动产生的环境影响。分析计算城市轨道交通规划实施后土地资源占用数量、能源和水资源消耗数量、污染因子（噪声、振动、污水）排放强度、机动车大气污染物替代量。

城市轨道交通规划规模的环境合理性的判定标准是规划实施后资源环境消耗量、污染物排放量应满足城市资源环境承载力的要求。应重点分析与环境相关的规划措施，如环境（功能区）规划和土地利用规划中的环境敏感区、脆弱区和限制性开发区域的环境承载能力因素等，分析组团和沿线局部区域建设规划中的环境控制性因素。

通过案例教学教学库建设，系统地阐述轨道交通规划环境影响评价的理论基础——交通环境承载力（traffic environmental carrying capacity，TECC）、城市轨道交通规划的环评指标体系、城市轨道交通规划的评价方法、城市轨道交通规划的分析方法、城市轨道交通规划的规划目标和相应的规划措施。

（四）《铁路环境监测与管理规划》出版（北京交通大学出版社，2016），丰富铁路运输方式的环境监测与管理规划理论与方法，提出减排管理规划和治理措施

我国经济社会发展处于重要战略机遇期，铁路旅客运输和货物运输需求将继续保持快速增长。铁路将进入项目投产运营高峰期，铁路运输行业能源消耗和产生的环境影响具有新的特点，很有必要针对铁路发展新形势下的主要环境污染物排放的新特点，对铁路主要环境污染源和污染物进行筛选和识别，分析铁路主要环境污染物的类别、环境危害、排放规律，提出减排管理规划和治理措施。

污染减排是国内外改善环境质量、解决区域性环境问题的重要手段。总量控制是指以控制一定时段和一定区域污染物排放总量为核心的环境管理体系[8]。环境监测数据能够及时掌握排污状况和变化趋势，也是环保统计、排污申报核定、排污费征收、环境执法、目标责任考核的依据。借助于新思维、新工具，结合我国近年来在铁路交通环境监测与规划管理的发展，分析铁路运输方式的总体环境目标和具体环境目标，主要环境因素识别和环境监测指标设定。分别从污染源、国家铁路局和中国铁路总公司三个层次构建了铁路主要污染物排放总量核定体系。从监测管理体系、铁路中小站区污水处理规划、铁路内燃机车有害排放治理、铁路旅客列车垃圾治理、铁路建设碳排放评价技术五个方面进行阐述。将数理统计方法成功应用于铁路环境保护领域，丰富铁路运输方式的环境监测与管理规划理论与方法。

（五）在线开放课程"环境规划与管理"立项建设

2017 年 9 月北京交通大学启动在线开放课程"环境规划与管理"立项建设，2018 年 2 月底完成课程在线课件、案例、录像的上线开放功能。

参考文献

[1] 宋国君. 环境规划与管理［M］. 武汉：华中科技大学出版社，2015.

[2] 郑君瑜，王水胜，黄至炯，等. 区域高分辨率大气排放源清单建立的技术方法与应用［M］. 北京：科学出版社，2014.

[3] 许振成，彭晓春，贺涛，等. 现代环境规划理论与实践［M］. 北京：化学工业出版社，2012.

[4] 任福民，许兆义，李德生，等. 铁路环境监测与管理规划［M］. 北京：北京交通大学出版社，2016.

[5] 申文明. 基于天地一体化的工业固体废物监管技术研究［M］. 北京：中国环境出版社，2013.

[6] 张文军，蒋文举，王卫红. 区域环境污染源评价预警与信息管理［M］. 北京：科学出版社，2012.

[7] 程乾. 城乡环境遥感技术及应用［M］. 长春：东北师范大学出版社，2016.

[8] 孟伟. 流域水污染物总量控制技术与示范［M］. 北京：中国环境科学出版社，2008.

"知识挖掘与数据工程"研究生课程的建设研究

常冬霞　　白慧慧　　朱振峰

（北京交通大学计算机与信息技术学院，北京 100044）

摘　要： 随着大数据技术的蓬勃发展，国内高校中普遍开设了数据挖掘的相关课程。与此同时，人工智能的发展使得机器学习的相关课程在研究生培养中也成为不可或缺的部分。本文分析了计算机与信息类专业的培养目标，通过融合数据挖掘与深度学习课程的内容，建设"知识挖掘与数据工程"研究生课程，给出了该课程的内容体系和学时安排。充分考虑到研究生专业课程的特殊要求，精选经典的知识挖掘理论和目前国际上最新研究算法，同时开设相关的实验课程，从而能够有效地激发学生的学习热情，提高学习兴趣，通过培养学生实际动手能力，达到人才培养的目标。

关键词： 课程教学　实践应用　知识挖掘　数据工程

一、课程现状

（一）引言

随着网络通信和计算机技术的快速发展，人们在实际生活中可以轻松地获取海量的各种类型的数据，大数据（big data）正是在这样的背景之下应运而生的。大数据通常用来形容大量非结构化和半结构化数据，对此类复杂数据进行实时的处理和分析往往需要花费大量的时间和金钱。并且，大数据具有数据量大、类型繁多、价值密度低、速度快等特点。这些特点使得传统数据挖掘技术在处理大数据时面临巨大的挑战，传统的算法和技术已很难对这些海量复杂数据进行高效的处理和分析，大数据时代给人们带来了新的机遇同时也对人们处理和分析数据的能力提出了新的挑战。

近期，新兴的人工智能技术是计算机科学的一个分支，该领域的研究包括机器人、语音识别、图像识别、自然语言处理和专家系统等。人工智能从诞生以来，理论和技术日益成熟，应用领域也不断扩大。其中，机器学习作为人工智能最重要的技术得到了国内外学术界和产业界的空前重视，代表了当前信息技术的前沿和发展方向。同时，机器学习也为大数据背景下的数据挖掘和知识获取提供了崭新的研究思路。国内众多高校陆续在计算机、电子、经济等专业中开设了数据挖掘和机器学习的系列课程，这些课程提出了以人工智能为核心的人才培养方案和课程体系[1-2]，为此，我们将充分融合数据挖掘与机器学习的课程内容，建设"知识挖掘与数据工程"的研究生课程。

（二）课程现状

知识挖掘的提出起源于全球范围内数据库中存储的数据量急剧增加，人们的需求也由最初的简单查询和维护上升到对数据较高层次的处理和分析，从而获得数据的总体特征和对发展趋势的预测[3]。所谓知识挖掘，就是从数据库中抽取隐含的、以前未知的、具有潜在应用价值的信息的过程。近几年，信息科学领域的顶尖国际会议 CVPR，ICML，AAAI 等也将"知识挖掘与数据工程"作为重要的内容展开研讨。目前，虽然国内众多高校开设了数据挖掘和机器学习的课程，但是，在具体课程教学中仍然存在一些问题。

首先，该课程中普遍存在较高的理论要求与学生知识结构缺陷之间的矛盾。由于该课程涉及数理统计与概率论、数据库、机器学习等课程的相关理论内容，这些内容中往往涉及较多的公式推导和算法分析，具有很强的理论性，对学生的数学基础要求较高。学生最初接触这种类型的知识也会觉得枯燥，并且产生畏难情绪。

其次，该课程也面临理论授课与实验指导学时比例分配的问题。一方面，由于该课程内容繁多，交叉学科特征明显，因此，需要足够的理论教学学时数量以保证教学质量。另一方面，上机实验则是学生将所学理论应用到实际的重要手段。在授课过程中，我们发现若在教学中仅重视理论知识的讲授，对理论算法和知识点的学时花费过多，则上机实验学习的指导学时就会相应减少，学生实际动手分析数据的能力将无法得到充分的锻炼，也不能真正做到将理论应用到实际。并且，较难的理论讲授势必会导致课程授课效果不佳和学生积极性不高等现象。

最后，该课程也存在教学形式单一、学生参与性不高的问题。以往"灌输式"为主的"老师讲、学生听"的教学模式，主要依靠老师课堂讲授而忽视学生的参与，很难激发学生的听课兴趣，不利于课程授课效果的增强。并且该课程具有很强的实践性，在培养学生学习基础知识的同时，也需要通过丰富的教学形式培养和促进学生的知识应用能动性和创新性。

针对上述问题，本项目提出兼顾学术型与应用型的"知识挖掘与数据工程"课程建设方案。通过该特色课程的建设，学生能够进一步扎实本学科领域的理论基础，同时将所学的理论算法知识应用到自己的学术研究中，有助于其提升科研水平。

二、教学内容设计

（一）课程建设思路

"知识挖掘与数据工程"研究生课程是一门建立在数理统计与概率论、机器学习、数据库、人工智能等学科基础上的综合性课程。根据计算机与信息技术专业研究生的培养目标和专业特点，要求学生通过本课程的学习，能够系统地掌握知识挖掘的基本思想、理论和方法，具有数据处理和分析、挖掘算法的基本应用能力，并且能够理论联系实际，将所学理论知识用来解决实际问题。本课程内容设置为理论教学内容与实验教学内容相结合，同时引入目前国际上最前沿的期刊及会议论文中的先进算法实现，教学方法将采用传统与特色教学如话题教学、互动教学、翻转教学等相结合，构建兼顾学术型与应用型的特色课程体系。

本课程的建设将以学科特色与科研项目为背景，结合课程和专业培养目标，设计实践性强的应用型课程问题和以案例体系为主的实验教学大纲，比如以大规模的图像数据处理课程问题为引导，突破以往单一的以授课教师为主的"灌输式"教学模式，采用丰富生动的课程教学方法，将国际上最新的算法思想引入课堂，充分调动学生的学习积极性[4]。并且，在教学中增加实际应用案例，通过知识挖掘和数据分析的相关课程设计，提高学生对学科知识的求知欲和探索问题的兴趣，进而提高教学质量，同时对培养研究生自主学习能力具有重要的实践意义。

针对课程体系和问题设计场景，设计和选取合适的课程教学方式和形式。教学方式应以提高教学质量和教学效率为核心，紧密结合教材、学生的专业特点和人才培养目标。重点在教学手段及内容组织的改革上，通过最新算法相关的课程设计充分调动学生的积极性，让学生最大限度地参与教学，激发学生的主动学习意识，更深刻地掌握数据挖掘与管理决策知识。与此同时，教学方式和形式改革的关键在于引入国际前沿的学术成果，通过课程学习达到培养学生分析问题、独立思考问题和解决问题的能力，以及学生口头表达观点和逻辑思维的能力的目的。

以应用为目的设计教学内容。针对本学科研究生培养目标和教学需求等要求，在课程授课时，教师应能够为学生精心挑选知识点，包括对经典挖掘算法的重点介绍，并适当增加本领域前沿应用案例介绍和分析。比如，在讲授过程中增加若干关于数据挖掘的经典案例和在计算机各行业中的应用案例，通过分析案例加深学生对算法应用的理解。

（二）理论教学设计与方法

"知识挖掘与数据工程"课程的教学内容主要分为三个模块。

（1）知识挖掘与数据工程基本概述，包括知识挖掘的基本概念、特点和发展，大数据背景下知识挖掘的应用，数据仓库存储方式和数据预处理流程和方法。该部分内容是本课程学习的基础，学生通过此部分内容的学习应初步了解数据挖掘的基本概念和过程，并通过此部分的学习加深对之前所学课程如关系型数据库的数据管理方法的理解，从而进一步掌握数据仓库的数据存储和处理方法。

（2）数据挖掘方法介绍，包括分类、聚类、关联规则分析等经典算法。该模块是学习的重点，要求学生能够深刻理解数据挖掘方法的基本思想，掌握经典的挖掘算法原理，并能利用所学挖掘算法解决实际问题。例如，学习聚类算法并将所学算法应用到实际数据集的聚类问题，如大规模图像数据的聚类，分析算法应用所存在的问题以及如何优化。

（3）Web 挖掘概述，包括 Web 使用挖掘和内容挖掘，着重介绍文本挖掘方法的关键技术。该模块是了解数据挖掘的发展热点。在大数据时代，人们面对的将是数据量飞速增长、数据类型丰富的海量数据，并且随着微博、推特等社会网络的蓬勃发展，网络上的数据有 80%以上都是以文本形式存在的，文本挖掘已成为目前数据挖掘领域流行、不可忽视的发展方向。因此，本课程根据大数据时代数据的这些特点，在课程内容的设置上增加了 Web 文本挖掘方法，对其进行系统、全面的介绍和学习。

在理论教学阶段，充分考虑到研究生的学习特点，在课堂教学中实时引入前沿的理论知识和最新算法；鼓励学生跟踪国际上人工智能领域知名学术团队及顶级期刊会议的最新研究成果，并在课堂上组织学生展开学术交流和讨论，加深学生对于最新技术的理解。

（三）实践教学设计与方法

"知识挖掘与数据工程"是一门实践性非常强的学科，针对课程特点，采用课堂教学与上机实验相结合的教学手段，围绕培养学生的实践能力展开教学任务。目前，用于知识挖掘类课程的实践软件工具有 SPSS Clementine，SPSS Modeler，Matlab 等[5]。本课程将根据本学科研究生的培养目标，选择合适的软件工具，实现数据挖掘的经典算法和预测模型。充分考虑知识挖掘和数据分析的国际前沿热点，设置不同实验题目，使学生在构建数据挖掘模型的过程中，能进一步加深对算法的理解和应用。我们以面向大数据图像处理为课程问题，针对数据工程和知识挖掘具体设计了如下实验。

（1）数据预处理：数据清洗、数据集成与约简、数据变换与离散化等。

（2）关联规则分析：先验性质、Apriori 原理与购物篮分析应用、FP-tree 方法等。

（3）分类与预测：决策树经典算法、$k-$近邻分类方法等。

（4）聚类分析：数据相似性度量计算、$k-$means 聚类分析及应用等。

在实践教学阶段，教师将针对课程涉及的主要知识点，提供程序实例。学生通过程序实例，可以深入了解知识挖掘的技术细节。同时，鼓励学生将最新的技术应用到自己的研究中，例如将最新的知识挖掘算法用于图像视频检索等项目课题中，进一步提高实践能力。

三、结语

知识挖掘技术是大数据时代数据处理和分析的关键技术和核心内容。近年来，国内外高校都陆续开始在计算机、管理、金融等本科专业中开设数据挖掘课程[6]。"知识挖掘与数据工程"研究生课程重点介绍知识挖掘的基本概念和方法。针对研究生的特点，课程在帮助学生理解大数据和知识挖掘基本理论的同时，注重实际操作能力的培养。在课堂教学中，将国际上前沿知识挖掘算法与研究生的课题有机结合，通过案例使学生直观理解理论，正确应用方法。

参考文献

[1] 陈欣，王月虎. 大数据背景下数据挖掘课程的教学方法探讨 [J]. 文教资料，2017（23）：175-176.

[2] 张晓芳，黄晓涛，王芬. 大数据时代的本科数据挖掘课程建设 [J]. 计算机时代，2016（9）：76-79.

[3] 郑庆华. Web 知识挖掘 [M]. 北京：科学出版社，2010.

[4] 白杨. 应用型本科"数据挖掘"课程的构建研究 [J]. 无线互联科技，2018（5）：95-96.

[5] 薛薇. 基于 SPSS Modeler 的数据挖掘 [M]. 2 版. 北京. 中国人民大学出版社，2014（30）：31.

[6] 陈燕. 数据挖掘课程教学方法探讨 [J]. 教育教学论坛，2018（13）：146-148.

"统计学"研究生课程建设与改革刍议

王金亭

（北京交通大学理学院，北京 100044）

摘　要：本文介绍了北京交通大学理学院统计学专业研究生课程建设的现状，针对统计学专业课程特点，讨论了研究生系列课程存在的问题，结合具体实例介绍了研究生统计学课程的建设进度，并提出了教学改革的基本思路和建议。

关键词：统计学　课程建设　教学改革

随着社会的发展，统计学的重要程度日益显现。统计学专业的课程中，基础理论部分的课程设置已比较完善，而研究生专业课程的建设却相对不足。北京交通大学统计学学科历史悠久，2011年获"统计学"一级学科首批博士学位授予权，2012 年全国第三轮学科评估排名第 11 名，是学校重点建设学科。近年来初步形成以院士为指导，外专千人、教育部优秀青年教师奖获得者、教育部新世纪人才、霍英东基金获得者等为带头人的年龄结构基本合理的高水平学科队伍。目前有专职教师 27 名，其中教授 9 名，副教授 13 名，讲师 5 名。其中博士生导师 7 名，硕士生导师 15名。2010 年获批"信息运筹学交叉学科"北京市重点学科。2015 年获批"信息与交通运筹学"创新引智基地（"111"引智计划）。

近年来，统计学学科在学科建设、科学研究、人才培养、实验室建设等方面取得了显著进步。特别是围绕北京交通大学的特色专业"交通、信息与管理"，形成了以数据统计分析、金融统计、风险管理与精算学、运筹学中的统计分析、概率论与数理统计为龙头的五个稳定的有特色的研究方向。同时，研究生课程建设中也存在一些亟待解决的问题。

一、学科评估与学科建设

（一）学科评估

我校统计学已在 2011 年取得博士学位授予权，并在 2012 年学科评估中取得优异的成绩。2012 年统计学一级学科评估中，全国具有"博士一级"授权的高校共 56 所，2012 年学科评估有46 所参评；还有部分具有"博士二级"授权和硕士授权的高校参加了评估；参评高校共计 87 所。北京交通大学取得并列第 11 名的好成绩，统计学在学科评估中取得了优异的成绩。目前已经成为我校优势特色重点建设学科。2016 年教育部学科评估中，有如下数据：统计学一级学科具有博士学位授予权的单位有 54 所高校，本次参评 51 所；部分具有硕士授权的单位也参加了评估，参评高校共计 120 所。我校的统计学按公布的次序来看，排名 14/120（与清华大学、北京工业大学、首都师范大学、中央财经大学、复旦大学、吉林大学、山东大学、中南财经政法大学、中南大学等高校同属 B+）。可以看出，自 2011 年取得博士学位授予权后，我校的统计学学科建设取得了长足发展，得到了学科评估专家的肯定。2018 年 3 月，国际知名的高等教育研究咨询机构英国 QS公司发布了最新版的"QS 世界大学学科排名"，北京交通大学有 6 个学科进入世界顶尖学科，分别是：电气与电子工程，计算机科学与信息系统，机械、航空与制造工程，数学，物理学与天文学，统计学与运筹学。按照入围学科数量，在内地高校位列第 33 名。与 2017 年比较，新增统计学与运筹学，排名进入世界前 200 名。此外，数学学科排名从前 350 名提升至前 300 名。

（二）课程建设

自取得统计学一级博士学位授予权后，学院组织相关教师对统计学的主要设置课程进行了研讨和建设。目前为止，统计学科开设了"现代分析基础、代数学基础、拓扑与几何基础、概率论基础"等 4 门基础课，"随机过程论、现代统计方法、时间序列分析及其应用、高等数理统计、现代精算风险理论、金融统计、统计模型与应用、实验设计与方差分析、统计优化"等 9 门专业课[1-2]，"随机点过程、数据挖掘、多元统计分析、可靠性统计引论、统计计算、统计预测、金融工程、极限理论、抽样理论与方法导引"等 9 门任选课[3]。包括博士研究生在学习期间必须参加至少 8 次学院组织的学术报告活动，主要内容是国际国内本学科最新科技发展动态以及与其研究方向相关的学术报告。

1. 教师队伍建设

加强教师队伍建设，首先就要加强现有统计教师的培训力度，使其掌握必备的相关知识，加强数理知识，完善知识结构。采取了多项措施对教师进行培养。①制定教师培养方案，提高教师的教学水平和科研能力；②选派教师参加学术交流和进修，拓宽教师的学术视野，提高了教学研究能力；③不定期组织教师进行教学观摩和教学方法研讨，提高教师的教学能力，并使各位教师的教学方法不断得到改进。

对青年教师的培养采取以下措施。①采用"送出去、请进来"的方式。一方面鼓励青年教师到国内知名大学进修、访问。鼓励青年教师在职攻读学位，竞聘高一级教学岗位。另一方面，邀请知名学者到学校讲学，增进青年教师与他们之间的学术交流。②鼓励青年教师开展科研工作，以科研促进教学。鼓励和支持青年教师发表论文、出版著作[4]、参加教材编写[5-6]、承担科研项目、进行课题研究。③实行老带新计划。由资深教师对青年教师进行传、帮、带，通过定期指导、教案讨论、课前试讲、跟班听课、课后交流等形式，帮助青年教师尽快成长。

理学院数学系近年来通过引进青年优秀教师、组织青年教师学习北京市教学名师、北京交通大学教学名师的课堂讲授，培养了以刘玉婷、林艾静、倪旭敏、宋诗畅、朱湘禅、刘荣丽、薛晓峰为代表的青年概率统计专业教师，加强了统计学教学团队建设。目前，这些教师承担了统计专业大部分课程的教学任务，取得了良好的教学成效。

2. 教材建设

组织"统计学"课程建设相关人员调研并编写统计学理论与实验课程系列教材，并结合统计学前沿知识及时更新内容，努力把统计学系列教材建设成为研究生的统计学基础知识学习和前沿研究的指南。根据教学计划和课程设置，统计学专业根据我校特色情况精选统计学教材，编写与统计学教材相配套的实训教材。近年来出版的研究生教材（专著）情况见文献［4-6］。

3. 人才培养

经过 5 年多的建设，统计学学科博士生招生方面，招生人数呈稳健上升趋势。2012—2016 年统计学学科博士授权点录取情况见表 1 和图 1。

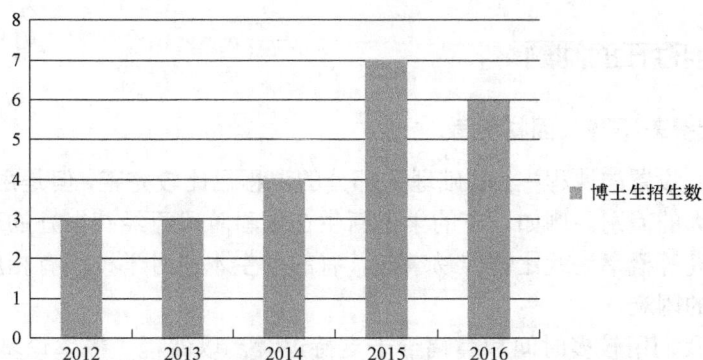

图1 2012—2016年统计学学科博士授权点招生人数

表1 2012—2016年统计学学科博士授权点录取情况

年份	2012	2013	2014	2015	2016	合计
博士生招生数	3	3	4	7	6	23

由图1可以看出，2012—2016年，统计学学科博士生录取人数由3人增至7人，同比增加了133%。

硕士生招生方面，2012年至2016年，招生人数呈稳健上升趋势。具体数据如表2和图2所示。

表2 2012—2016年统计学学科硕士授权点录取情况

年份	2012	2013	2014	2015	2016	合计
硕士生招生数	14	13	17	19	26	89

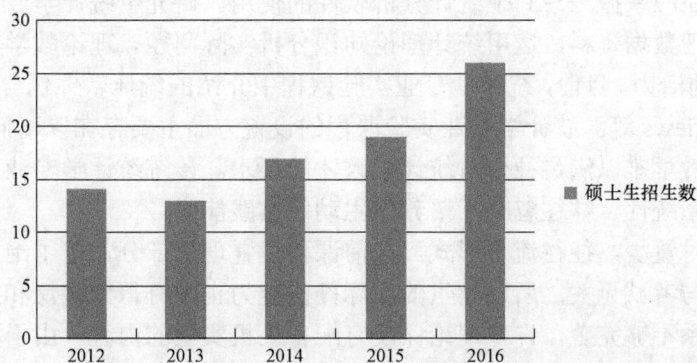

图2 2012—2016年统计学学科硕士授权点招生人数

从图2中可以看出，2012—2016年统计学学科招收硕士生数量呈稳步上升趋势，从13人增加至26人，同比增加100%。2012—2016年统计学学科博士授权点录取生源统计情况见表3。

表3 2012—2016年统计学学科博士授权点录取生源统计情况

年份	2012	2013	2014	2015	2016	合计
博士生招生人数	3	3	4	7	6	23
博士生保送人数	2	3	3	3	6	17
博士生保送比例	67%	100%	75%	43%	100%	74%

二、课程建设中存在的问题

（一）研究生基础参差不齐，因材施教

研究生统计学专业设置的课程中，基础理论部分的课程已比较完善，但是由于生源学校不同，基础知识体系有比较大的差别。例如，有的学生新生在本科阶段已经有很好的现代分析基础，则研究生基于测度论的高等概率论就比较容易掌握。有的学生本科时学校没有相应的基础课，研究生学习中将面临很多的困难。

针对这种困难，我们用较多时间和篇幅给予支持过渡。以课程"概率论基础"为例来说明。"概率论基础"是统计学学科研究生的必修课。这门课程主要讲解强大数律和中心极限定理等统计学基本原理，是统计学学科研究生学习基本理论、打好今后科研基础的一门重要课程。在教材建设中，我们选取由美国杜克大学 Durrett 教授撰写的 *Probability: Theory and Examples* 为"概率论基础"这门课的教材。教材自 1996 年第 1 版起就被欧美多所高校选作研究生概率理论基础课教材，第 4 版已基本覆盖全美主要大学。我们在讲解统计学原理时提供大量有趣的实际例子作为辅助。如讲解弱大数律时配合画片收集的例（coupon-collection），在讲解强大数律时配合赌徒破产问题，在讲解中心极限定理时配合大量掷硬币的统计数据，在讲解泊松收敛问题时配合第二次世界大战期间伦敦不同小区遭受炸弹数量统计分布，讲解鞅论时配合 Polya 摸球模型，这些精彩实例使学生学习严格的统计理论而不觉枯燥，懂得细节的理论推导又能应用。我们注重对统计学的基本理论、基本原理和基本方法的讲解，有助于学生循序渐进地理解和系统掌握课程的基础知识和概念。习题中难题的提示便于学生自学，能够达到学有所用，用有所疑，疑有所解。

（二）"统计学"配套的实验课程相对不足

在当前大数据时代背景下，现代统计学的作用日益重要。统计学专业的毕业生，除了应掌握扎实的理论基础外，还应掌握 2~3 个统计分析软件的使用。研究生统计学专业实验课程利用计算机统计分析软件处理数据资料，运用统计理论知识分析实际问题。理论教学与统计实验教学相融合，真正体现统计的活力。目前，统计学专业实验课程中介绍的统计软件包含 SPSS、MIN TAB、STATISTICA、R、EViews 等。统计学专业实验课程的设置方面主要存在以下问题。

（1）当前的课程教学难以满足社会对统计学人才的要求。传统统计学专业及相关专业的教学注重理论的严谨性和系统性，往往忽略了培养学生动手实践能力。

（2）实验课程课时量少，往往流于形式。当前课程设置理论部分占据了绝大部分课时，实验操作的课程少且内容与考试无关，所以学生的实际操作能力也没有得到锻炼和提高。

（3）实验教学体系不够完善，许多理论课没有配备上机实验的内容。由于教师匮乏，在有限的课时里，教师要完成理论部分的教学任务已经繁重，很难有精力再补充实验课程。

统计学专业实验课程最突出的问题是实验教学体系不够完善，许多统计学专业研究生课程的实验教学环节没有有效地开展。所以，统计学专业实验课程的改革是当务之急，建立完善的实验教学课程体系除了安排与理论课程配套的实验内容，还应安排教师编写相应的教辅教材、上机手册，实验练习题册等，在教学中不断发现问题并及时总结，促进统计学专业实验课程的改革与提升。

三、总结

本文旨在讨论有效的课程建设及教学改革，提高统计学的教学和科研力量，增强学科师资力量，更好地建设"统计学"课程和教材，加大对教学资源和拓展资源的投入，在教学方法上能有

较大的创新，完善组织教学过程。对"统计学"课程建设与课程设置、教材编写进行调研，探索课程改革的方向和主要框架，力争提出以"统计学"基础课程建设为主体、以应用平台和实践平台为两翼的统计学理论与实验课程体系结构，为后续课程提供理论基础。如何把"统计学"课程建设成为师资队伍结构合理、课程内容体系优化、教学组织科学、教学手段先进、教学方法灵活、教学条件与网络教学环境优良、教学效果显著的品牌课，是一个长期艰巨的任务。研究生统计课程设置得合理规范，才能更有效地培养学生解决实际问题的能力，从而为国家培养合格的统计学专业的应用型人才。总之，"统计学"研究生课程教学改革的根本是统计课程体系的建设，而其建设与改革非一朝一夕能够完成，需要长时间的积累，在教学过程中不断地发现问题并加以改进。

参考文献

［1］张崇岐，李光辉. 统计方法与实验［M］. 北京：高等教育出版社，2015.

［2］薛毅. R 语言实用教程［M］. 北京：清华大学出版社，2014.

［3］孙山泽. 抽样调查［M］. 北京：北京大学出版社，2004.

［4］王金亭. 排队博弈论基础［M］. 北京：科学出版社，2016.

［5］桂文豪，王立春. 概率论与数理统计学习辅导及 R 语言解析［M］. 北京：北京交通大学出版社，2017.

［6］桂文豪，王立春，孔令臣. Probability and Statistics［M］. 北京：北京交通大学出版社，2018.

"运输枢纽规划与管理"课程平台建设与教学改革探索[*]

蒋　健　何世伟　景　云　黎浩东

（北京交通大学交通运输学院，北京 100044）

摘　要：本文对"运输枢纽规划与管理"课程的平台建设的作用和解决的问题进行深入分析，同时对课堂教学改革的方法进行探索，使之更好地适应不断更新变化的研究生教学需要，更符合课程理论实践结合性强，更新变化快等特点，为全日制研究生教学环节提供有效的实践经验，有重要的参考价值。

关键词：运输枢纽规划与管理　课程平台　教学改革

一、教学背景与现状

"运输枢纽规划与管理"是北京交通大学交通运输学院交通运输规划与管理专业博士研究生的学位课，讲授内容包括运输枢纽概念及发展，交通枢纽规划，枢纽需求预测与管理，交通枢纽选址模型，线网规划方法，枢纽管理技术，枢纽规划方法，枢纽交通影响分析，枢纽规划方案评价，铁路、公路、航空、水运以及综合运输枢纽规划与管理分析等[1]，共 32 学时。这门课程的开设对学生全面理解国内外交通枢纽规划与设计理念有着非常重要的作用，每年都有大量博士研究生选修这门课。通过这门课的学习，学生可以掌握运输枢纽规划与管理的基本原理、模型与常用方法，掌握运营部门管理工作的基本原理和有效地综合运用技术设备完成客货运输任务满足市场需求的方法，加强理论与实际结合，培养进行专业知识构建知识模型与创新思维能力，这些都是新时代交通领域博士研究生必须掌握的知识与技能。

本课程除了理论教学之外，大量的交通运输枢纽案例分析也是十分必要的教学环节。随着世界特别是我国交通运输业的迅猛发展，交通枢纽的建设需求也十分巨大，新的设计需求和理念不断涌现，传统的案例和教学手段已不能适应最新的课程教学需要，课程的教学方法亟待进行改革，本文即是基于此进行的教学改革试验和探索。

二、教学改革具体措施

（一）建设交通运输枢纽案例资源库

结合之前教学过程中积累的大量资料，再通过查阅大量最新的资料，结合现场实地调研、专题研讨等方式，建设交通运输枢纽案例库，将国内外具有代表性的铁路、公路、水运、航空以及城市交通枢纽的资料，包括运输枢纽的规划、设计、运营管理等情况进行收集、梳理、归纳、总结，形成完善的交通运输枢纽规划资源数据库，并在此基础上进行案例开发，设计多种形式的教学情景案例，使学生能够把所学知识活学活用，为培养学生独立进行交通运输枢纽规划、设计以及管理的能力打下坚实的基础。

* 本文得到北京交通大学研究生课程建设项目"运输枢纽规划与管理"课程平台建设资助，编号：134512522。

此外，历年选课的博士生，尤其是在交通相关行业有丰富工作经验的在职研究生在各自的领域也有很多资料可以进行参考和借鉴，通过师生相互交流、教学相长，可以获得更全面更具体的实际交通运输枢纽的案例资料，整合多项资源，丰富了案例库。可以选择案例库中有代表性的案例补充到教学课件以及教材中去，使得课件和教材能与时俱进，不断适应新时代的教学需要。

（二）建设教学平台，整合案例资源

基于教学内容的系统性和全面性，教学案例应按照知识点和类别进行归类整理，以方便学生对照知识点进行查阅。归类以横向纵向两个维度分别进行，横向按照交通方式，铁路、公路、水运、航空以及城市交通枢纽，乃至综合交通枢纽分别进行资源归类，方便比较。纵向按照枢纽需求预测与管理、选址、线网规划、枢纽管理、交通影响分析、方案评价分别进行归类，这样有助于学生从多角度对交通枢纽有全面的理解和认识。例如，目前北京市建成的大型综合枢纽：四惠、西苑、动物园、北京南站，以及即将建成的北京新机场、星火火车站等都成为教学平台重点关注的案例。国内交通枢纽中最应重点关注和介绍的就是具有多种交通方式的上海虹桥枢纽，在案例库中，介绍了上海虹桥枢纽虽然是全球汇集交通方式最多、最全的综合工程，但乘客可以在其中实现高效换乘。为了使乘客更方便地换乘，上海虹桥枢纽共设计了 56 种换乘模式，在设计中采用了"到发分层"（多层面、多通道、多出入口、多车道边）的理念来实现。不同交通设施间的到发分层，不仅实现了上下叠合的功能安排，还避免了大流量旅客换乘拥挤，提供了舒适的换乘空间。上海虹桥交通枢纽内部设置了大量自动步道，以缩短旅客在枢纽内部换乘时间，不管乘客采用何种方式换乘，步行距离都保持在 300 米之内，换乘时间控制在 15 分钟之内。此外上海虹桥枢纽工程对标识导向系统做了充分研究和论证，增加旅客人性化体验；在各个节点以地图、问询、显示屏等形式建立了一套完整的信息系统。考虑到 2 号航站楼均为国内航班，其中有许多公务旅客，并不一定需要托运行李。为方便这些匆匆赶路的公务旅客和没有行李的旅客，2 号航站楼内专门设立了一条无行李旅客的通道。无须托运行李的旅客，可以从专门的无行李旅客通道快速出航站楼，换乘各种交通工具。虹桥枢纽内高铁、城际、客专、磁浮、轨道交通等与航站楼紧密衔接，有效地解决了枢纽的外部交通。同时通过换乘大厅的基础设施、换乘设施的规划与修建，使得进出站、换乘旅客都可以在枢纽内都自由、方便地穿行。在上海虹桥枢纽设施虹桥东站、虹桥西站两个城市轨道车站，形成了由 5 条线路组成的"东西两站、立体换乘"的轨道站点布局，实现虹桥枢纽高速（城际）铁路、磁浮、机场三个大交通与城市轨道交通的立体换乘，最大限度地减少轨道交通换乘距离。根据对虹桥综合枢纽的交通需求及交通组织原则的分析，规划对上海虹桥枢纽主进场路进行详细规划，形成了南北大分块、东西小分块的"分块循环"进出场高架道路方案以及"一纵三横"配套快速路网，便于车辆进出和维持道路畅通[2]。还准备了介绍虹桥枢纽的纪录片供学生们观看，做到面面俱到。

除此之外，国外的经典枢纽案例也融入案例资源库之中，通过课程组教师在实际调研中的摸索，分析整合了大量国外案例：在日本，轨道交通枢纽不仅提供交通设施，还注重加强城市环境空间的开发。其轨道交通枢纽在具有交通客运功能的基础上，还兼有剧院、酒店、商场等多项功能，在交通枢纽建筑顶层均设置了观景台和市民休息区。这不仅实现了交通枢纽的换乘功能，也为乘客和周边市民提供了良好的日常公共活动空间，使得枢纽站既是交通换乘中心，又是商业购物中心、文化娱乐中心和信息传递中心。法国莱阿拉广场，不仅是集交通、商业、文娱等多种功能于一体的巴黎最大的地铁枢纽站，还是环境优美的休憩活动场所。地下有 4 万多平方米的商业空间，地面上开辟了一个以绿地为主的广场，为城市提供了宜人的公共环境。德国汉堡的一个名叫 Niendorf-markt 的公交枢纽，站台层布局采用岛式和站台组合的形式。小汽车与轨道交通换乘的 P&R，主要流行在美国和加拿大，其空间分布模式主要集中于轨道交通站点附近，沿城市通勤铁路、地铁、轻轨等大运量轨道交通沿线分散布置；小汽车与地面公交换乘的 P&R，主要流行于欧洲，多分布在城市外围线上，并在 P&R 设施与市中心之间配备专用的公交服务设施；小汽车与轨道交通和地面公交的换乘方式相结合，其典型是新加坡。这样把国外的案例按照理论进行归类，很好地指引了学生对理论的融会贯通。

本门课程的教学平台依托管理信息系统对选课学生开放，资料结合了图片、视频、文档等多种文件形式，直观生动，非常有助于学生的学习和理解。

（三）改革教学方法，尝试翻转课堂

除了课堂的教学环节以及课后教学平台的辅助教学之外，还要求学生通过实地调研、查找资料等方式完成课程设计，让学生从多个角度介绍一个自己感兴趣的交通枢纽并在课堂上进行宣讲，课程设计的成绩作为期末成绩的重要组成部分。翻转课堂的引入，极大地激发了学生的学习兴趣，当然也增加了学生准备宣讲的压力，有助于课程质量的提高，从而增强学习效果，形成师生之间较好的交流互动。翻转课堂尝试以来，学生分享了几乎我国全部的重要铁路、航空枢纽，还有很多同学分享了自己家乡附近的小型枢纽，让更多的人增长了见识。

三、结语

通过对"运输枢纽规划与管理"教学资源库的建立以及教学案例的全面设计，教学课件的更新以及教材的修订，我们探索出更加科学合理的博士研究生教学方法，提高教学的吸引力和关注度、开阔思路、丰富经验，把理论知识的学习立体化、形象化、整体化，并升华到工程素养的提高，使得课程的理论教学更加贴近工程实际，锻炼同学们灵活运用所学理论知识、适应各种需求条件下交通运输枢纽的设计与管理工作的能力，培养出能够系统地统领或参与实际运营管理工作、运输规划与组织管理的创造性科学研究工作的交通运输业的高级人才。

参考文献

[1] 何世伟. 综合交通枢纽规划理论与方法 [M]. 北京：人民交通出版社，2012.

[2] 杨立峰，陈必壮，王忠强，等. 虹桥枢纽集疏运体系规划研究 [J]. 交通工程，2009（4）：70-74.

基于OBE的"最优化理论与方法"课程平台建设

陈军华　张星臣　王志美　王金珊

（北京交通大学交通运输学院，北京 100044）

摘　要：基于 OBE 和 MOOC 理念，根据"最优化理论与方法"的课程特点以及运输专业培养目标，修订教学计划及内容，增加程序编写等课外拓展实践项目，运用多样的教学方法，制定多元考核方式，最终借助 MOOC 平台实现资源共享。课程教学改革中采用理论教学与实践教学相结合的方式，提高了学生们的创新能力和解决实际问题的能力，取得了良好的效果。

关键词：OBE 模式　MOOC 理念　程序实践　多元考核

一、引言

OBE（Outcomes–based Education），即成果导向教育模式，以学生通过教育过程最后所取得的学习成果为教学设计和教学实施目标，是一种先进的教育理念。此概念于 1981 年由 Spady 等人提出后，很快得到了人们的重视与认可，并已成为美国、英国、加拿大等国家教育改革的主流理念[1]。美国工程教育认证协会（A–BET）全面接受了 OBE 的理念，并将其贯穿于工程教育认证标准的始终。2013 年 6 月，我国被接纳为《华盛顿协议》签约成员。因此，用成果导向教育理念引导课程教学改革，具有与国际接轨的现实意义，符合北京交通大学"双一流"建设的目标。

本次课程教学改革的研究对象为一门硕士研究生课程，研究生课程教学是整个研究生培养系统中的基础环节，其质量直接决定着研究生教育的质量和水平。而"最优化理论与方法"课程作为交通运输规划与管理、控制科学与工程、电子商务、系统工程等诸多专业的研究生专业基础课，其质量和成果直接影响着研究生后续的专业知识学习、社会实践以及论文撰写等诸多环节。为了培养出高质量高水平的硕士研究生，理应对"最优化理论与方法"课程的教学进行实践和尝试，使其走在教学改革的前沿。

对此，课题组团队遵循 OBE 教育模式，以培养一批既有理论知识又有实际动手（程序编写）能力的运输专业人才为目标，积极建立新的课程体系和培养方式，同时结合 MOOC 理念，综合多种教学手段组织教学。此课程平台的建设有效培养了学生分析问题、解决问题的能力和创造性思维的能力，取得了良好的教学效果。

二、"最优化理论与方法"在线课程框架与平台设计

"最优化理论与方法"课程的参与者包括课题组教师及学习者。课题组教师在传统教学经验的积累上，基于 MOOC 理念将在线课程设计为三个阶段：前期工作阶段，由教学团队来完成课程教学平台的搭建与教学资源的录制与上传；教学与学习阶段，以学生为中心，教师主要起到学习指导、答疑解惑等辅助作用；后期工作阶段，主要包括学生对本课程学习效果的考核及教学成果的评估，根据考核结果，学生会被授予相应的结课证明。

如此，大量的工作从前台转移到幕后，如六大关键环节：微课程设计、随堂测验及课后作业、在线答疑、翻转课堂、场外连线、教学素材库的建立，都需要进行精心的设计和细致的布置，才能达到最佳的课上与课后的学习效果。"最优化理论与方法"在线课程的流程见图1。

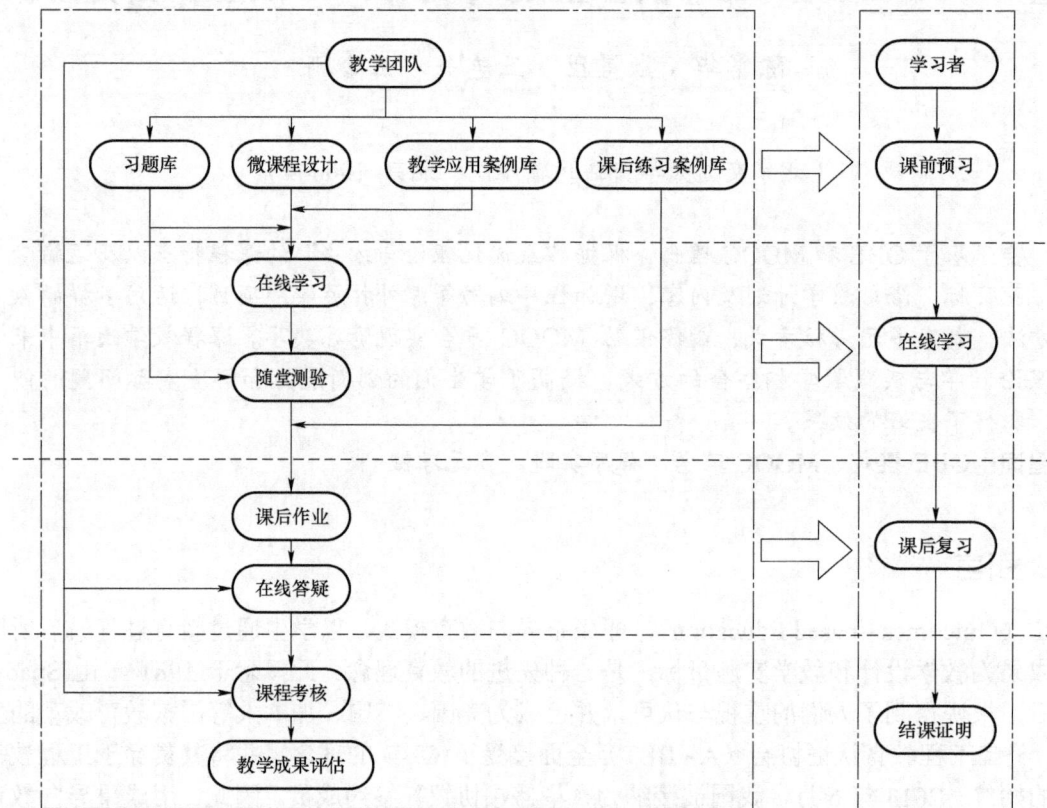

图1 "最优化理论与方法"在线课程的流程

三、"最优化理论与方法"课程建设内容设计

（一）以学生目标成果为导向的教学计划内容修订

OBE 模式强调如下 4 个问题：我们想让学生取得的学习成果是什么？为什么要让学生取得这样的学习成果？如何有效地帮助学生取得这些学习成果？如何知道学生已经取得了这些学习成果？这里所说的成果是学生最终取得的学习成果，是学生通过某一阶段学习后所能达到的最大能力。

思考 OBE 教育模式中强调的一系列问题，结合交通运输学院研究生培养目标以及"最优化理论与方法"在专业体系结构中的地位，提出最终学习成果：①通过课程的学习，逐步形成正确的解决优化问题的理论和方法；②能够熟练应用某种编程工具，完成解决具体优化问题的程序设计，具备分析与解决实际专业相关问题的能力；③为后续课程的学习和应用打下良好的知识与技能基础，为学生将来从事专业活动打下坚实的基础。

根据以上目标成果设计教学计划和教学内容，实现教学内容与社会需求相互适应，使学生毕业走上工作岗位就能成为一名优秀的工程师。

课程内容改革的基本原则是：保证课程知识结构的完整性，体现与传统课程的继承性，实现与国际课程需求的相融性。因此，教学内容的设计主要以线性规划的基本理论为基础，着重介绍非线性规划的传统理论和经典算法，适当简化烦琐而深奥的理论推导过程，同时增加现场编程等课外拓展实践项目，力求缩短理论与实践之间的距离，突出本课程应用性强的特点。本课程还基于 MOOC 理念综合多种教学手段组织教学，包括案例式学习、分组学习、角色扮演学习等。最后，采用多元的考核方式验证学生所取得的成果。以学生最终学习成果为导向的教学计划内容的修订反向促进目标成果的实现，这种良性循环的反馈机制的形成堪称教学改革中的最优化结果。

（二）以学生能力提升为目标的课外拓展实践项目

教学计划内容的修订中一项重要的创新是以人才培养的成果导向为目标，设置实践应用的讲解环节和实践应用问题的课外编程实现环节。其中实践应用环节中要求学生利用 GAMS、Matlab、C++等编程工具实现相应的最优化方法，在实践过程中，学生能加深对最优化方法原理的理解，实现将最优化的相关理论应用到实际问题中。

理论讲解与实践应用相结合的教学体系，更有利于培养学生的动手能力和解决实际问题的能力[2]。教师利用宝贵的课上时间对每种经典算法的案例进行现场编程，在编程的确切步骤中，向学生传递了程序编写与调试的合理思维方式，加深了学生对最优化算法应用的印象，为学生提供了课后学习的范本和动力。为了保证实践过程的高质量，课程组团队针对"最优化理论与方法"中线性规划与整数规划、非线性规划、智能优化方法、变分法与动态规划等部分的具体知识点，结合运输行业相关的实践案例，设计形成视频教学应用案例库和课后练习案例库。

课外拓展实践项目作为本次课程改革的一大特色，取得了良好的效果。而课题组基于 OBE 模式，设计实践项目和案例库是取得良好效果的重要前提。

（三）基于 MOOC 理念的课程平台的形式和方法

MOOC 平台是高校实施课程改革的基础，相比于传统教育模式，MOOC 平台较重视课程结构的完整性、学习路径的多样性以及学习过程反馈的及时性，并成功高效地实现了优质教育资源的全球共享[3]。

MOOC 课程主要由课程讲座视频、嵌入式课程测试与评估以及师生互动与生生互动三个部分组成。基于 MOOC 理念，课程组团队积极努力，着重解决了以下三个问题：①基于 MOOC 理念，设计在线课程框架，完成知识点梳理，知识点案例教学设计；②完成视频内容的录制、编辑工作；③通过网络完成课后师生互动，尽力为学生做出最合理的反馈[4]。

其中，在教授方式的选择中，课程组综合多种教学手段组织教学，包括案例分析、合作学习、双语学习等，引导学生开展情景学习、提问式学习、案例式学习、分组学习等，切实提高教学的时效性。同时结合 MOOC 理念，该课程就"一维搜索，牛顿法，共轭梯度法"等教学内容精心设计了阶段性的翻转课堂。

具体课堂环节设计思路。①让学生根据所选问题分组，小组规模根据题目难度控制在合理范围内，既保证每个学生都能有较高的参与度，又不会让学生学习负担过重。②根据题目进行小组内部协作分工设计。当问题涉及面广且可拆解时，可划分为若干子问题，每个小组负责若干子问题，按照拼图式学习法进行探究式学习，最后聚合起来进行协作式探究；当问题研究范围小或不可拆解时，每个组员都要独自对问题进行预研究，最后再集体进行协作探究。同时与北京地铁运营公司合作，针对运输生产的实际问题，形成典型案例。

（四）制定多元化教学考核方式，及时把握学生的学习成效

"最优化理论与方法"是一门与案例融合性很强的课程，通过对经典算法以及智能优化算法的学习和掌握，可促进学生的文献阅读水平和论文案例设计水平。对于此类实践性较强的专业基

础课，要想有效把握学生的学习成效，仅通过简单的纸质考卷考核是不够合理科学的。

因此，要实行层次分明且更加多元化的考核方式。其中，以竞赛为主的考核方式拥有不同于传统开闭卷考试方式的优势，可结合运输领域的前沿技术设计竞赛题目，使学生及时地接触行业前沿技术，为将来研究方向的选择和确定打好基础，开放性习题的设计也能有效扩展学生思维，使学生在知识学习上保持一个适度持续的兴奋度，提高学生创新能力。此外，作为此次课程改革的重点，以程序编写为主的课外拓展实践项目必然要作为考核的一部分，主要通过每小节课程测试以及最后提交综合性课程设计的形式完成对程序实现的考核。对程序实现的考核有利于学生提高实践应用能力，同时这种考核方式贯穿教学全过程，加强了对学生教学过程中的考核，是对学生的知识、能力、素质的全面检查考核。

制定多元化教学考核方式有利于调动学生的学习热情，提升学生的整体能力。为完成考核，教师及其团队在考核形式和考核内容的设计上需要付出大量的时间和精力。但最终取得的良好效果将使这些努力不会白费。

四、结语

基于 OBE 模式和 MOOC 理念，结合"最优化理论与方法"这门课程的特点，教学团队对教学内容、实践项目、教学方式以及考核方式等方面进行了教学改革的实践和尝试。此次教学改革使得学生不仅掌握了最优化经典算法的知识脉络，对经典算法实现了程序编写，更重要的是培养了最优化的思维模式，使得学生具有了对其他各种智能优化算法自我探索的能力，基本实现了课程改革最初的学生成果目标。当然时代是不断进步的，最优化理论与方法的探索也不会终止，还有很多工作有待于在今后的教学实践中进一步改进和完善。

参考文献

[1] 赵毅，崔良乐. 基于 OBE 教学模式的硕士研究生课程改革：以"应用随机过程"课为例 [J]. 亚太教育，2015（34）：149－150.

[2] 王福胜，姜合峰，王文静，等. 高师院校"最优化理论与方法"课程教学方法研究 [J]. 太原师范学院学报（社会科学版），2013（3）：160－162.

[3] 王颖，张金磊，张宝辉. 大规模网络开放课程（MOOC）典型项目特征分析及启示 [J]. 远程教育杂志，2013（4）：67－75.

[4] 罗芳，杨长兴，刘卫国. MOOC 课程教学设计研究：以"大学计算机"课程为例 [J]. 软件导刊，2014，13（9）：183－185.

"加强摩擦与磨损理论"课程的建设

杜永平

（北京交通大学机械与电子控制工程学院，北京 100044）

摘　要： 运动机械都存在摩擦磨损现象，也需要采取减磨措施，作为未来从事机械工程领域工作的人才，必须具有一定的摩擦磨损的理论和知识，为了提高课程教学的效果，必须不断地加强课程建设，摩擦磨损理论课程在教学内容、教学用图片库、试题库、研究性教学课题等方面进行持续的建设，取得令人满意的结果。

关键词： 摩擦磨损　课程建设　教学效果

一部机器中，一般都有相对运动的零部件，两个相互接触的具有相对运动的界面就存在摩擦和磨损问题，即使宏观层面上没有相对运动的静连接（例如，过盈连接），由于两个连接零件的材料不同，在温度变化的影响下，其材料的热胀冷缩量将会不同，进而在结合面会产生微小的相对滑动，即会产生微动磨损[1-2, 4]；再如，即使完全没有相对运动的零部件，由于处于酸碱盐等环境中，其材料也会与环境介质发生化学反应或电化学反应，也就是存在腐蚀磨损问题[1-2,4]。作为从事机械设计、制造、应用及材料学研究的人员，都应该具有一定的摩擦、磨损和润滑的理论和知识。随着社会的发展和技术的进步，有大量的机械越来越追求轻量化、低能耗、等强度、等寿命，这些无不涉及摩擦磨损和润滑问题，所以，作为培养从事机械工程领域工作的人才，必须具有一定的摩擦磨损和润滑理论和知识。

纵观全国各高校机械工程领域的硕士和博士人才培养，都在开设摩擦学课程（包括摩擦、磨损和润滑三部分内容），由于各高校研究生导师的研究方向侧重点不同，所开摩擦学课程内容的侧重点也不同，到目前，通过网上检索查询，还没有统编教材出版，目前已经出版的教材，一般也是专家学者的专著（例如，周仲荣教授的《微动磨损》[4]），或者在专著基础上的内容扩充（例如，清华大学温诗铸院士的《摩擦学原理》第 4 版是在弹流润滑专著基础上逐渐扩充内容而来，其主体仍然是弹流润滑[2]），因此，没有合适的教材可以选用，需要进行教学内容建设。作为一门课程，不断提高教学效果是其基本要求，一些规范性的建设也是必不可少的。尽管本课程开设以来，一直在进行课程建设，也取得了一定的建设效果，为了加快课程建设进度，进一步提高课程建设效果，于 2017 年以立项的形式开展课程建设，取得了预期的建设效果。

一、教学内容（资料）的建设

按照课程教学大纲规定的教学内容，需要加强内容和资料建设，由于没有合适的公开出版教材可以选用，只能自己编写教材，为此，收集了温诗铸院士著的《摩擦学原理》第 1 版、第 2 版和第 4 版，（美）Bharat Bhushan 著、葛世荣译的《摩擦学导论》[1]，刘家浚主编的《材料磨损原理及其耐磨性》[3]，周仲荣著的《微动磨损》，侯文英主编的《摩擦磨损与润滑》，程光仁主编的《摩擦磨损原理》，萧汉梁主编的《铁谱技术及其在机械监测诊断中的应用》，杨其明等编著的《油液监测分析现场实用技术》等教材和资料，在认真学习消化吸收以上内容的基础上，结合我校开设课程内容的要求，自主编写了"摩擦与磨损理论"的讲义，约 10 万字。其内容主要特点，①自编教材的内容主要集中在摩擦和磨损两个部分，包括滑动摩擦和滚动摩擦、五类磨损（磨粒磨损、黏着磨损、疲劳磨损、腐蚀磨损、微动磨损），考虑到部分选课研究生的硕士论文方向与摩擦磨损内容直接相关，增加了与摩擦系数测量和磨损性能实验相关的摩擦磨损实验、与磨损颗粒相关的油液检测与故障诊断等内容；②考虑到部分选课研究生的硕士论文研究方向只是与摩擦磨损具有一定的关联性，通过本课程的学习，是为了在论文研究和今后工作中对摩擦磨损现象有更多的了解，分析问题更全面，解决问题更到位，为此，讲义中无论是摩擦还是磨损，不仅介绍其机理，同时也介绍其主要影响因素。

二、课堂教学 PPT 及图片库建设

人才培养的主渠道仍然是课堂教学，而提高课堂教学质量是课程建设追求的主要目标，课程建设除了教学内容建设、教材建设、实验条件建设、试题库建设等内容外，提高课堂教学质量也是很重要的内容，提高课堂教学质量离不开教与学两个因素，本论文不讨论学生学的因素，只谈教的因素。

不断提高教学水平是高校教师职业的基本要求，也是个人必须追求的目标，为了达成这一目标，必须力求做到以下几点[5]。①教师应该具有必要的知识和背景，包括较为系统的教育学和教育心理学知识、了解专业培养方案和培养目标、理解课程教学目标、熟练掌握教学内容、清楚课程的实践环节和内容、了解先修课和后修课的内容、具有科研和工程实践的背景。②教师应该掌握备课基本功，包括把握教材内容的基本功、把握学生的基本功、教学设计的基本功、教案撰写的基本功、多媒体技术和 PPT 制作的基本功。③教师能熟练应用课堂教学基本功，包括语言运用的基本功、组织课堂教学的基本功、合理使用教学动作的基本功。④教师要掌握教学评价基本功，包括教学效果自评的技能和学生学习效果评价的技能。

现在，教师课堂教学已经离不开多媒体，而使用最多的是 PPT，所以，PPT 做得好坏直接影响课堂教学质量。教学中使用 PPT 是为了使学生能够更好地理解教学内容，充分发挥多媒体技术的优势，使用更为直观的原理图片、实物图片、动画、影像资料等，增加课堂教学的吸引力和效果。建设和使用 PPT 应该注意以下几点：①文字应该是提纲挈领的，力避满屏文字的描述；②要选择合适的对比度和字体大小，并且屏幕布置要协调、美观；③一屏中动画不要过多，要及时关闭无关的动画；④PPT 放映内容最好与语言讲授匹配，作者在"摩擦与磨损理论"课程建设中，加强了 PPT 的建设，特别是图片库的建设，共收集和绘制图片 300 多幅，其中绘制和收集原理图 242 幅、实物图 61 幅。有了图片库的支撑，完成的课堂教学 PPT 做到图文并茂、展示直观、版面布局合理，可以用不多的文字更好地展示原理、结构，加深了学生对教学内容的理解。

三、试题库的建设

作为研究生课程的教学，需要加强对学生分析问题和解决问题能力的培养，通过适当多样的教学方法和手段、考核方式来达成上述目标。本课程最初没有采用卷面考试，而是采用论文形式考核，要求学生完成用学过的摩擦磨损原理分析和解释现实中（或导师课题中）的摩擦磨损现象的论文，效果很好，有的研究生的课程学习论文还发表在杂志上。随着听课学生人数的增加、学生素质的变化和课程教学时间的缩短（由 16 周缩短为 8 周），发现有部分学生并没有认真去寻找问题，没有很好地用学过的摩擦磨损理论来分析或解释摩擦磨损现象，而是直接从网上下载别人的论文或改写别人的论文作为课程结课论文，尽管发现问题后任课教师对下一届学生提前采取一定的预防措施，例如，开课第一讲就明确强调，凡是发现直接下载论文的学生都以不及格论处，

但是收效不大，仍然有部分学生从网上下载论文。经过与这些学生谈话，发现出现这一问题的主要原因是，现在的研究生都是从校门到校门，缺少实践经验，自己去发现摩擦磨损现象的能力不足（尽管任课教师建议学生可以从导师的课题中找问题），找到了摩擦磨损现象与其机理如何关联的能力不足，为了完成课程考核的要求，只能从网上下载论文了。

基于上述情况，完全用一篇学习论文作为考核形式，一旦出现学生用下载的论文作为结课论文，面临的就是课程考核不及格，所以，迫使任课教师改革课程结课考核形式，改为专题研究和结课卷面考试相结合的方式。为了使考试管理工作规范化、标准化、科学化，启动了试题库建设，经过几年的逐渐积累，目前，试题库的题量已达361题，题量足以组合6套试卷考题，其中，填空题93题175空、单一选择题180题、简答题76题、计算题12题。

为了保证出题难易程度的一致性，考虑四大部分教学内容（表面及表面接触、摩擦机理与影响因素、磨损机理与影响因素、摩擦磨损实验与磨损故障诊断）所占学时的多少与相应考题分数的匹配，制定了摩擦与磨损原理课程结课考试命题规范，如表1和表2所示。

表1　讲课学时与考题分数的关系

讲课内容	第一篇 表面及接触	第二篇 摩擦机理	第三篇 磨损机理	第四篇 摩擦磨损实验与故障诊断
讲课学时 （所占百分比）	4 （13%）	10 （34%）	12 （40%）	4 （13%）
考题分数	17	36	42	5

表2　各题型（分数）在各章节中的分布

内容	章	分数			
		填空题	选择题	简答题	计算题
表面及接触 17分	1	1	4	8	
	2	2	2		
摩擦机理 36分	3	2	5	16	10
	4	1	2		
磨损机理 42分	5	1	3	24	
	6	1	3		
	7	1	2		
	8	1	2		
	9	1	3		
摩擦磨损实验与故障诊断 5分	10	1	1		
	11	2	1		
合计		14	28	48	10

四、研究生课程教学课题建设

研究生课程教学，除了向学生传授摩擦磨损的知识和原理外，还要培养学生自主学习的能力、查阅资料的能力、用学过的摩擦学知识分析问题和解决问题的能力，为此，在教师教授的基础上，要求学生进行课题研究。考虑到学生发现问题的能力不足，所以，课题研究的题目选择有两种情况，一种是从导师的科研项目中或自己将要研究的论文方向中自主选题；另一种是从任课教师提供的一些与课程内容密切相关的课题方向中选择。研究的目标要求：学生通过查阅资料，进行论文综述，分析该研究内容目前国内外的研究现状和存在的问题，找出研究热点和最新的研究进展，提出下一步可以开展的研究课题，拟解决的问题和研究思路，写成的论文要点在课堂上向其他学生进行宣讲并开展讨论。

参考文献

[1] 布尚. 摩擦学导论 [M]. 葛世荣，译. 北京：机械工业出版社，2006.

[2] 温诗铸，黄平. 摩擦学原理. [M]. 4 版. 北京：清华大学出版社，2012.

[3] 刘家俊. 材料磨损原理及其耐磨性 [M]. 北京：清华大学出版社，1993.

[4] 周仲荣. 微动磨损 [M]. 北京：科学出版社，2002.

[5] 杜永平，房海蓉，鄂明成，等. 教师教学基本功内涵的研究//北京交通大学本科教学研究与改革论文集 [C]. //北京交通大学本科教学讲究论文集. 北京：北京交通大学出版社，2016.

C-ITS 视域下"智能交通系统"课程的建设与优化

蔡伯根[1] 王 剑[1] 上官伟[2] 刘 江[2]

（1. 北京交通大学电子信息工程学院，北京 100044；
2. 北京交通大学计算机与信息技术学院，北京 100044）

摘 要： 智能交通系统是一个综合性极强的专业交叉方向，近年来协作式智能交通系统 C-ITS 模式的产生与快速推进，对交通信息工程及控制等专业研究生的研究创新水平、先进技术综合运用能力以及前沿领域方向的快速适应等提出了更高要求。以 C-ITS 视域为导向，在"智能交通系统"课程建设与优化过程中，分别从 C-ITS 时代智能交通课程体系规划、知识体系完善、教学实验平台构建、多源师资共建与研学交互等多个方面开展建设工作，创造开放、前沿、综合、体系化的教学平台环境，为培养交通信息工程及控制等专业研究生的知识观、思维观提供了有力支持与保障。

关键词： 协作式智能交通系统 课程建设 课程体系优化 知识观

一、引言

以"德国工业 4.0"为代表的智能制造正在工业领域引领新的革命，在此背景下，我国政府提出了"中国制造 2025"及"互联网+"发展战略，新一轮科技革命正在加速[1]。作为一个集人、车、路等多要素且涵盖了智能化信息采集、处理、传输、决策、应用等过程的技术综合体，智能交通系统（intelligent transportation system，ITS）的产生和发展，有力契合了我国下一代综合交通运输体系的建设与实际应用，随着智能车辆、智能道路、智能出行者、智能管控等模式的不断创新并与应用逐步融合，现代新型社会对交通运输从业人员的技术能力和需求也发生了的变化。作为一个具有典型交通系统行业背景的高等院校，有必要在智能交通系统领域构建高层次人才培养平台环境，以社会需求为导向，以新技术、新模式、新理念的"知行合一"为宗旨，以提高人才培养质量为目标，始终以发展的眼光不断进行教学改革与探索。

智能交通系统是新型交通系统的一个体系，结合行业与社会经济发展的需要，我国很多高校建立了"智能交通系统"主题的研究生类课程，作为一门综合性极强的交叉学科，近年随着智能交通和综合交通的发展，对交通专业人才的研究创新水平、解决实际问题和信息技术应用水平等各方面都有了更高要求。特别地，如何将智能交通系统领域的理论、方法、技术及新型思路应用并指导实践，反之，如何从实际的交通智能化需求及实践问题中抽象出理论模型等，是交通信息工程及控制、控制工程等学术、专业型研究生必须具备的基本能力，也是开设智能交通系统相关体系课程所需达到的显式目标。然而，从长期开设智能交通系统相关课程的经验来看，学生进入研究生阶段在本课程与相关课程学习中面临着几个显著的困境，包括：①基本方法的学习与智能交通系统的实际应用之间存在较大间隙，学生们在基本的通信传输、自动控制、最优化、数值分析、人工智能等领域接触到的知识基础，与智能交通系统主题下众多形式的应用与实践案例之间尚难以建立深入、细致的关联；②智能交通系统主题框架的宽泛性与研究生自主研究方向之间的失配性，更多体现在研究生研究主题更为聚焦，而课程中所涉及的技术范围、知识层次更注重宏观覆盖；③学生理解、分析、解决智能交通系统典型问题过程中缺乏系统化的知识思维，未能从智能交通的顶层/底层深度关联出发、运用系统工程的思路形成科学合理的求解思路。

除上述在教学过程中发现的一些问题之外，在逐步建设并完善"智能交通系统"课程的过程中，以行业动态演进、前沿快速迭代的鲜明特点来看待课程的建设与发展，能够在更高层次上将行业自身特征与教学研究的目标需求进行深度关联。传统的智能交通系统是信息与通信技术与传统交通技术的结合，而近年来，传统的智能交通已从道路设施、车辆、驾驶运行的智能化逐步向"协作式智能交通系统（cooperative ITS，C–ITS）"这一新新层次拓展，美、欧、日等国家或地区均已进入了全面推进下一代 C–ITS 系统的历史发展阶段，相应核心关键技术的大规模城市示范测试、政府/企业/研究机构/专业组织之间的协同更为成熟且规模化、相应标准规范体系日趋完善、配套法律法规已开始制订实施[2-3]。放眼世界范围内智能交通系统的发展，已在 C–ITS 核心主题下由技术发展演进进入了新的阶段时期。为此，在大的时代背景下，作为担负人才培养关键责任的基础环节，"智能交通系统"课程的建设过程需要与行业整体发展步伐相适应，在跟踪和顺应前沿理念的过程中深入解决学生学习过程中面临的困境与问题。为此，我院研究生"智能交通系统"课程的建设过程中，在 C–ITS 发展视域下立足育人导向、坚持与时俱进、探索教学模式，在课程体系的建设发展过程中注重促进教与学的有机融合，为学生专业能力的构建与提升提供基础条件。

二、C–ITS 时代智能交通课程体系规划

随着研究生培养工作的不断完善，以科学研究为导向、以导师为主体的个性化研究生培养模式成为新时期的一项新举措，以拓宽专业领域、培养学生良好的科学素养为基础，对硕士/博士研究生培养方案进行了相应修订，专业学位硕士生的培养模式经历了重要改革，以加强与工程实践的结合、突出工程技术培养特点、适应新时期发展趋势。通过加大对现有课程体系建设的投入，促进研究生课程理论教学环节、应用实践环节的比例协调化发展，利用自身资源吸引校企合作和海外合作，邀请海外高端人才、企业技术人才、专业工程人员等对课程教学及培养工作进行拓展与补充，使研究生课程体系形成以应用为导向的转变机制。

自 2000 年开始开设相关课程以来，智能交通系统方向本–硕–博系列课程体系逐步建立，新时期 C–ITS 理念的引入逐步为这一主题体系注入了新的内涵和延伸方向，研究生阶段"智能交通系统"主题课程设置情况如下。

（1）智能交通系统，面向交通信息工程及控制、控制工程、控制理论与控制工程（以及原开设"智能交通工程"专业、中国铁道科学研究院机械设计及理论专业）专业硕士研究生开设，32学时。

（2）智能交通信息与控制技术，面向交通信息工程及控制、控制理论与控制工程（以及原开设"智能交通工程"专业、中国铁道科学研究院机械设计及理论专业）专业博士研究生开设，32 学时。

在"智能交通系统"课程体系建设方面，主要面向三个层次开展建设工作。

（1）立足基础观，面向本科生的交通工程基础知识实施教学建设，针对智能交通系统所需交通管理与控制技术，讲授交通信号原理、信号控制方法、智能交通系统初步概论，使其具备智能交通系统方向的基本方法和常规原理。

（2）立足知识观，面向硕士研究生的专业知识强化学习，涵盖智能交通系统的演化、核心关键技术、C–ITS 体系结构、典型研究领域与方向、系统建设实施与评价等方面，旨在使学生开阔视野、建立知识思维、具备原认知学习能力。

（3）立足思维观，面向博士研究生的专题训练与自主研究实践，主要从新型 C-ITS 系统的两个核心——信息、控制技术入手，开设专题技术讲座，集体参与研究性专题研讨，独立开展学术研究与实践导向的结合工作，引导其自主构建学习、探索和实践的思维观念，并锻炼其独立从事研究的基本能力（见图1）。

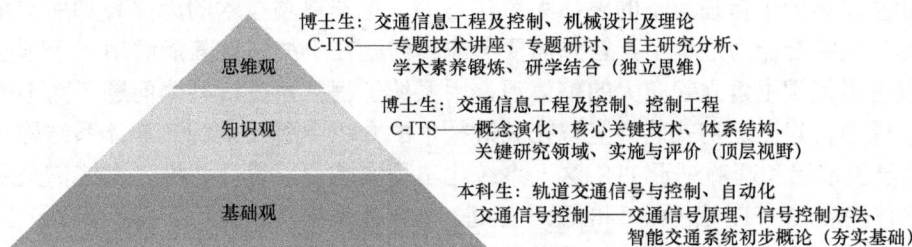

图1 "智能交通系统"课程体系阶段发展脉络

三、课程体系建设与实施

（一）C-ITS 导向的知识体系优化

随着智能交通需求的日益增长和 C-ITS 模式的快速发展，交通信息工程及控制等相关专业的优势和特色得到了充分发挥，市场增加了对这些人才的需求，而智能网联汽车 CAV、车联网 IOV、网约车、共享单车、大数据、云计算、人工智能等新应用、新需求、新技术、新方法在 C-ITS 领域的应用和发展，对人才的需求趋向于综合素质的提高和前沿信息领域的能力覆盖，"厚基础、宽口径、高素质、强能力"且具有技术创新、实践创新能力，对智能交通系列课程的知识内容体系建设提出了更高的要求。此外，C-ITS 的发展除了自身技术体系的不断完善，其优势和广阔前景还处处体现在与新型交通出行方式、智慧城市等经济社会主题的深度关联，为此，智能交通课程的建设还需进一步上升至人文社会层面，在关注学生知识与技术能力建设的基础上，有效运用多元思维，引导学生构建完整的知识观和主动思维。为此，以 C-ITS 为导向的知识体系完善过程中，课程体系建设服务于学生培养主要从以下四个方向展开。

1. 全面的知识培养

智能交通系统具有涉及范围广、学科交叉性强等特点，在应用领域要求学生具有"厚基础、宽口径"。传统的"智能交通系统"课程内容体系，主要从美国 ITS 系统的六大研究领域出发，分别按先进的交通管理系统 ATMS、先进的交通信息系统 ATIS、先进的车辆控制系统 AVCS、商业车辆运营系统 CVO、先进的公共交通系统 APTS、先进的郊区交通系统 ARTS 组织课程内容并进一步延伸相应的教学案例与知识素材。然而，C-ITS 的发展历程已开始进入标准化、关键技术路测示范以及市场渗透率测试优化阶段，智能交通系统发展开始面临更多新的问题和发展思路，传统的划分方式与当今最新的技术前沿、最邻近的发展需求、正在实施的发展路径相比已有一定脱节，为此，在课程知识体系建设与学生知识培养过程中，进一步引入并借鉴了美、欧等国家/地区 C-ITS 最新的发展实施策略，从安全（safety）、天气（road weather）、环境（environment）、应急（emergency）、移动性（mobility）等应用融合导向对常规的研究领域进行本质延伸，分别从基本思路设计、方法运用、实施案例、关键技术组织、实施成效分析、评价等方面扩展知识体系，使学生在掌握基本的智能交通领域划分基础上，以 C-ITS 新模式的应用路径为索引，进一步开阔知识范围，接受更为全面、新颖并与实践发展相接轨的知识素材。

2. 综合能力的培养

智能交通系统主题下的知识能力构建，还需要考虑到智能交通作为一个系统工程所涉及方面的广泛性和全面性，与实际规划实施过程相类比，涵盖分析、规划、设计、施工、管理、运营、维护、仿真、评价等各个环节的技能学习和技术培训，课程内容体系的建设及教学培养需在理论、技术、方法上保持与智能交通发展的现状和发展方向保持一致，并在此过程中建立完整的综合能力培养机制。为此，课程内容建设中首要考虑的问题是学生系统化思维能力的培养。

智能交通系统是一个自顶而下的整体系统化行为，绝非单项技术的无序叠加所能全面描述，为此，在培养学生综合能力过程中，首先需要考虑的问题在于如何使其能够用一个顶层框架与发展实施的流程思维使学生建立起宏大的整体观，用系统工程视角分析具体问题，而不失对全局的把握。为此，课程自建立之初就始终坚持在关键技术的介绍中引入系统 ITS 体系结构（ITS S/A）概念[4]，辅助学生掌握和理解对于 ITS 这一系统化工程实施顶层设计并推进实施需采用的科学方法。近年来，伴随着 C-ITS 各项计划的稳步推进，ITS 体系结构已经历了多次更新，其涉及的用户需求、逻辑结构、物理结构及其他体系要素均处于快速变革发展时期，美国交通运输部已开始将体系结构从一种设计实施框架演化为一种工具，在课程内容建设中纳入了 ARC-IT（architecture reference for cooperative and intelligent transportation，协作式智能交通框架参考），为学生形成系统化的思维并与当今国内外智能交通系统最新实施方向进行结合提供充足条件。

在体系结构概念深入的基础上，对本专业毕业生应掌握智能交通技术领域相关的专业基础理论知识、技术基础和创新实践技能进行拓展，从 C-ITS 强调的"人–车–路–环境"系统集成、交通信息采集与处理、优化交通控制、智能车载/路侧设备装接与测试、智能交通设施运行维护、ITS 标准化等方面为学生分别构建课程知识点，并始终与 ITS S/A 提出的系统框架紧密融合，从而为学生技术创新能力的培养打下充足基础。在此基础上，以国内外典型的 C-ITS 系统实例及新型设计规划为素材，引导学生在学习中了解方法与技术探索与实践应用之间的差异及其存在的主要原因，从实践中分析、设计、思考未来的可行发展策略，训练学生的实践反思能力，将课程中方法知识的掌握进一步上升到综合能力的层次。

3. 专业适应能力的培养

智能交通的概念最初来源于道路交通系统，但作为一种普适的系统概念框架，在其他多种类型的交通系统中均已有所涉及，如轨道交通、水运、航空运输等，相应的新型协作式智能交通案例也在不断演进，新一代航空运输、性能基导航（PBN）、船联网、智慧轨道交通、空天地一体化运输等模式同样属于智能交通这一概念的整体范畴[5-6]。而课程中面向的学生群体在从事研究生课题研究过程可能面临多种交通模式类别，如何体现课程学习对学生专业适应能力的培养，是课程内容体系建设的又一项关键指标。

课程内容体系建设中，充分结合我校相关专业的行业背景，从常规的道路智能交通系统出发，在基本知识内容的基础上，进一步纳入了对多交通模式的适当兼容，从多式联运、多模交通系统融合角度对基本课程内容进行了扩充，特别是对于新型的信息传输、智能化交通管理等方向，将多种交通系统模式统一融合进来，并以我校专注的轨道交通为例，对新型智慧轨道交通系统、下一代列车控制系统等与大多数学生专业直接相关的前沿进行了主题讲座和案例分析，针对其设计、应用、开发、升级改造等过程中存在的问题对学生进行综合能力培训，培养学生在实际交通现象中发现、分析、解决问题的能力，引导学生在基础知识的掌握中思考、对比不同交通系统形式间的区别与联系，进而从中找到兴趣点、结合点以及对自己所从事研究方向的指导意义，为其独立从事一定的研究工作以及未来进入职业工作领域能够具备良好的专业适应能力提供条件。

此外，C-ITS 的最新进展已开始与互联网、新一代信息技术产生了深度关联，大数据、云计算、物联网、人工智能等新兴技术方向与智能网联汽车、车联网、共享车、自动驾驶（道路车辆、轨道交通车辆）、真空管道磁悬浮运输等多样化的未来交通模式之间形成了巨大的协同发展空间和综合应用潜力。智能交通课程建设发展过程中，始终坚持对新兴热点的跟踪，为学生们在掌握基本知识和技术基础的同时开阔思维、具备敏感的专业适应力提供引导与环境。

4. 高尚的人格培养

智能交通系统的实际应用关乎社会民生、安全和经济发展，具有工程不可逆的特点。因此，在课程内容及素材的选取与应用中，注重培养学生具有高尚的职业道德素养和强烈的社会责任心，以工程技术标准和规范为原则，具有对工程质量、安全、经济、服务负责的使命感和责任意识，向德才兼备方向综合培养。

（二）道路现场教学实验平台构建

不论是传统智能交通模式还是新型 C-ITS，交通系统智能化的实现更多地体现在道路、城市实际环境中的应用。为此，课程内容体系建设过程中不可忽视的一个原则在于如何实现课程内容的同步实践指导。在课程体系建设过程中，以道路交通信号控制为突破点，在北京交通大学 9 教学楼东侧搭建了场外交通信号控制实验平台，并结合交通信息采集、信息传输、中心处理及响应的流程，对平台的相关功能进行了完善，实施了课程平台建设。课程组持续建设的道路现场教学实验平台包括室外实验场地、室内控制中心两部分，其中，室外实验场地布置了信号灯、检测器等基础交通设施，具体包含：交通信号机 2 台、信号控制机 1 台、视频检测器 4 台、线圈检测器 8 台、地磁传感器 8 台；室内实验场地用作控制中心，利用 UTC/SCOOT 系统软件实现对现场交通信号进行控制。已建成的实验平台情况如图 2 所示。

第一交叉口信号灯　　　行人指示灯　　　第二交叉口信号灯　　　信号控制器

图 2　道路现场教学实验平台——智能交通信息采集与信号控制

结合所开展的外场实验平台，进一步构建了实验室内仿真实验环境，利用西门子公司开发的专用工具软件，创建了基于 Windows 软件平台的信号控制方案仿真与验证平台，与现场安装的交通检测装置及信号控制器配合使用（见图 3）。

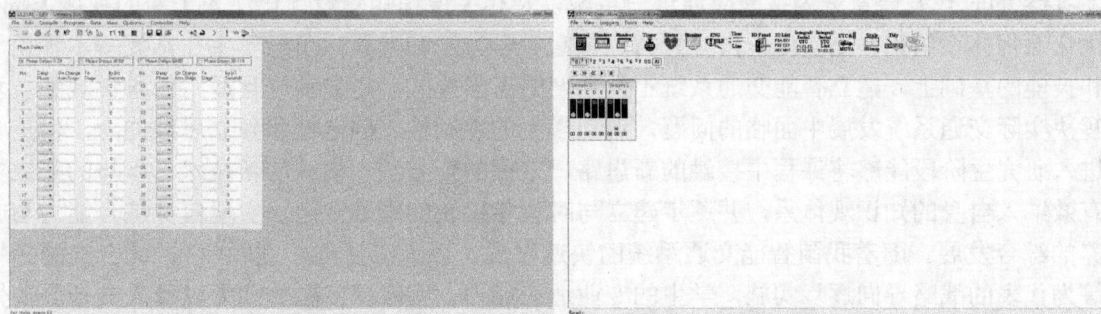

图 3　依托教学平台增设的操作配置及仿真系统界面

在构建现场教学实验环境过程中，与实验平台的实际部署情况紧密结合，先后编制了"现场实验指导书""交通信号控制系统实验软件操作讲义"，为学生提供完备的软硬件综合实验工具，将固有的现场设备与开放的仿真软件平台相结合，为学生创造开放式的系统方案设计条件，并利用硬件设备为其创造部署、应用所涉及方案的实施流程的实际演练，使现场设备资源得到开放式、多元化的利用，促进教学实验平台资源的充分利用，达到优化实验教学体系的效果。

（三）多源师资共建与研学交互

C-ITS 系统发展背景下，在深入考虑学习、实践的关联关系过程中，如何从师资队伍自身的发展入手提升课程建设成效，也是本课程完善优化过程所关注的一项重点内容。课程组教师均为智能交通系统相关方向教研人员，多年来始终坚持积极主动地追踪行业最新发展，不断更新自己的教育理念和专业知识、技能，在团体协作的和谐氛围中，以教育实践及前沿科学研究为载体，组织各种教师研讨、建立教学团队、开展课题合作，为课程师资队伍发展提供稳定支撑。在此基础上，课程组也始终在积极引入校外师资资源，扩充教学条件与发展能力。多源师资共建的主要实施路径包括两个方面。

1. 校企师资合作

结合在长期从事智能交通系统方向科学、科研工作的经验，与多个国内外智能交通、轨道交通装备厂商建立了深入联系，结合教学实验平台建设、校企科技合作，邀请交通信号控制、新型智能交通仿真测试、轨道交通安全等领域的资深专家、专业工程技术人员来校开展联合教学和人才培养，提升课程师资来源的多元化以及与实践联系的紧密化水平。

2. 国外教师引入

结合课程组与国外多个本领域高等院校、研究机构之间建立的广泛联系，利用国内外交流访问、国际合作研究等工作机会，邀请国外知名高校教授、专家学者参与课程的讲授与专题讲座，为学生进一步开拓国际视野、了解最新行业动态、学习科学思维及工程化思路提供丰富条件。此外，还注重国际人才交流的不断充实，与国外高校实施研究生互派访问，不断强化与国外知名的智能交通领域研究团队、机构的人员流动机制，为国外名师、专家走入课堂提供更多机会。

此外，课程组结合所从事的智能交通系统、车路协同、车联网等方向的研究项目，在课程内容体系建设中广泛引入实际研究案例、研发成果，开放研究数据和专用实验仪器工具，为学生创造接触一线研究工作、动手实践并进行独立思考、运用高水平研究平台环境的机会，实现科学研究工作与课程学习之间的多方位交互，并与多种形式的课程学习过程有效关联，使课程学习模式更为灵活全面。

五、结语

C-ITS 的时代发展背景为智能交通这一主题以及相关课程的建设优化注入了新的视域方向，通过优化课程体系结构、充实课程内容素材、丰富教学方法和形式，引导学生在掌握基本理论、知识和技能的基础上，建立智能交通系统工程角度的思维模式，树立良好且适用的科学观和技术观来解决实际交通系统发展中面临的问题，调动学生的主动性、创造性和独立思维能力，促进学生在进入研究生阶段能够将课程中接触的新思路、掌握的新方法、尝试的新技术、参与的实践实验等有效纳入自身的知识观体系，并逐步建立与时代相接轨的思维观念，实现自身综合能力与专业素养的综合发展。随着我国智能交通系统的快速发展，以人工智能、互联网+、综合交通运输体系等为代表的战略导向逐步实施，学生的专业适应能力、实践深度融合能力以及人文社会情怀的协同培养将比以往更引起重视。针对工科交通类专业研究生的培养，在相关课程体系的优化建设过程中，将进一步秉承与时代接轨、德才兼顾、创新驱动等核心目标，为学生的有效培养和快速成长创造更为充分的条件与环境。

参考文献

[1] 侯海晶，关志伟. 智能网联背景下交通运输专业教学改革与探索[J]. 教育现代化杂志，2018，5（37）：48-49.

[2] 冉斌，谭华春，张健，等. 能网联交通技术发展现状及趋势[J]. 汽车安全与节能学报，2018，9（2）：119-130.

[3] LOGAN D B，YOUNG K，ALLEN T，et al. Safety benefits of cooperative ITS and automated driving in Australia and New Zealand [R]. Research Report AP-R551-17，Sydney：Austroads，2018（26）：104.

[4] 欧阳洁. 车联网体系结构及感知层关键技术初探 [J]. 中国战略新兴产业，2018（26）：104.

[5] 王晓芳，张艳. 现代海上船联网标准体系框架及体系表研究 [J]. 舰船科学技术，2017，39（6）：147-149.

[6] 王同军. 智能铁路总体架构与发展展望 [J]. 铁路计算机应用，2018，27（7）：1-8.

基于"数理统计与视觉应用"的课程建设与实践创新

金一 滕竹 王涛 郎丛妍

（北京交通大学计算机与信息技术学院，北京 100044）

摘　要：计算机视觉技术是集数字图像处理、模式识别等知识于一体的研究。本文结合作者实际教学工作，基于"数理统计与视觉应用"的课程建设，通过课程知识培养、教学资源建设、现代教育技术实施，以及实验室建设等四方面的实践，达到了培养学生独立思考能力、提升教师素质、建设可持续发展的教学创新模式的目的。教学实践结果表明，该课程的任务驱动式教学模式，提高了学生主动学习与解决实际问题的能力，从而达到了良好的教学效果。

关键词：数理统计　计算机视觉　实践创新　主动学习

一、引言

关于"数理统计与视觉应用"的课程建设与实践创新，是对高校计算机方向基础教育的一个新的创新和挑战。数理统计是伴随着概率论的发展而发展起来的一个数学分支，研究如何有效地收集、整理和分析那些受随机因素影响的数据，并对所考虑的问题做出推断或预测，为采取某种决策和行动提供依据或建议[1-2]。计算机视觉研究的目标有两个：一个是开发从输入的图像数据自动构造场景描述的图像理解系统，另一个是理解人类视觉，以便有朝一日用机器代替人去做人类难以完成或根本无法完成的工作。当前，计算机视觉也是人工智能及机器人科学中颇为活跃的和卓有成效的热门研究课题。所以，基于"数理统计与视觉应用"的课程建设与实践创新不仅仅是传授知识，而且要将知识的传授与能力培养相结合，培养一种科学严谨的学习与思维习惯。北京交通大学是一所行业特色型的大学，本文以研究生计算机视觉方向课程的建设为例，重点探讨基于数理统计与视觉应用能力培养的计算机基础教学的创新和实践，为人才培养奠定了坚实的基础。

二、数理统计与视觉应用在计算机教学中的重要性

（一）"数理统计与视觉应用"课程的目的和作用

数理统计以随机现象的观察试验取得资料作为出发点，以概率论为理论基础来研究随机现象。根据资料为随机现象选择数学模型，且利用数学资料来验证数学模型是否合适，在合适的基础上再研究它的特点，性质和规律性[3]。赋予机器以类似人的视觉信息处理能力并为人类自身服务的美好愿望在一定范围或特定任务下已部分地成为现实。今天，计算机视觉的应用已渗透到机器人、天文、地理、医学、化学、物理等宏观及微观世界的各个研究领域[4-7]。数理统计和视觉应用已经不仅仅是一门简单的课程，而是由此能够学会包含机器学习、统计学习、人工智能等热门方向的知识，这些知识对于学生从事任何事业都将是终身受益的。因此作为一门课程必须跟上时

代的步伐，改革创新，合理设计，科学谋划，缩短与发达国家在这方面的差距，这是时代赋予我们的使命。

（二）要解决的核心问题是什么

随着科学技术的不断发展，社会对人才的定义与需求也发生了巨大的变化[8]。然而，在研究生教育中一门课程要解决的核心问题是什么？这是教育者研究的重心、是教学改革的关键。笔者认为针对"数理统计与视觉应用"课程，要解决的核心问题主要体现在课程与学生思维能力的培养、课程与学生应用能力的培养和课程与学生创新能力培养的三个方面。

首先，课程与学生思维能力的培养。培养学生的科研探究能力以及思维能力是研究生教学的一项重要任务，培养学生的思维能力要不断地改变以往那种传统的教学方式，要把理论和实践结合起来，培养学生的自主思考能力和实践动手能力，让学生在实际行动过程中逐渐培养其各种思维能力。

其次，课程与学生应用能力的培养。让学生熟练掌握运用所学知识解决实际问题的能力，是创新能力培养的基础和重要组成部分，也是课程教学的主要目的。计算机科学从本质上源自工程思维，因为我们建造的是能够与实际世界互动的系统。目前，计算机应用已经深入到各行各业，融入人类活动的整体，解决了大量计算时代之前不能解决的问题。然而，由于目前计算机能力的有限性，许多科学问题和工程应用问题依旧亟待解决。计算机学科就是在挑战问题、解决问题的过程中不断得到发展的，所以学生应用所学知识也在分析问题和解决问题的实践当中得到充实和提高。

最后，课程与学生创新能力的培养。要进行教学的改革，就必须培养学生学会求知，优化课堂教学，以提高课堂效率和教学质量，促进学生的创新意识和实践能力的发展。创新是一个民族生存、发展和进步的原动力。培养学生的创新能力，必须注意加强学生知识融通与学习能力的培养。创新要靠科学素养，靠科学的思想与方法。学生掌握了科学的思想，就能在今后的学习和生活中多层次、多视角、全方位地观察和理解客观世界的变化，运用已经掌握的知识和科学方法去理解事物、发现问题、提出问题、解决问题或找到解决问题的途径和方法。可以说，创新能力是每个大学生必备的科学素养之一，也是创新型人才应该具备的首要条件之一。

（三）统计学习与视觉应用课程新体系

统计学习与视觉应用课程的新体系，是建立在学生已经学习或者正在学习机器学习和机器视觉基础等相关课程的基础上，对统计学习与视觉应用有进一步的认识和学习。通过该课程逐渐培养学生解决数学问题的思维能力与习惯并自觉地运用到实际中。科学合理的课程体系，对人才培养起着关键性的作用。在建设中，一是课程内容应具有相对稳定的、基础性的以及让学生长期受益的思想、方法与手段；二是课程教育应强调计算机知识的内在统一性与外在差异性，了解计算机独特的思维方式；三是能力培养则着重于基本的信息素养与能力，以及应用计算机技术解决实际问题的基本能力。

根据人才培养的新需求与我校新的课程教学大纲，构建了基于统计学习与视觉应用课程的新体系和教学内容，如图1所示。

其中，基础拓展层包含2个课时，思维训练层包含8个课时，素质提升层包含4个课时。新体系突出了人才培养的针对性，在加强计算机文化素质教育基础上，所有课程内容由学生根据专业需要和个人兴趣以及研究方向进行跟进学习，教师进行相应指导，每个学生的教学目标不尽完全相同，但是考核标准都是一样的，达到提升学生学习能力的改革建设目标。

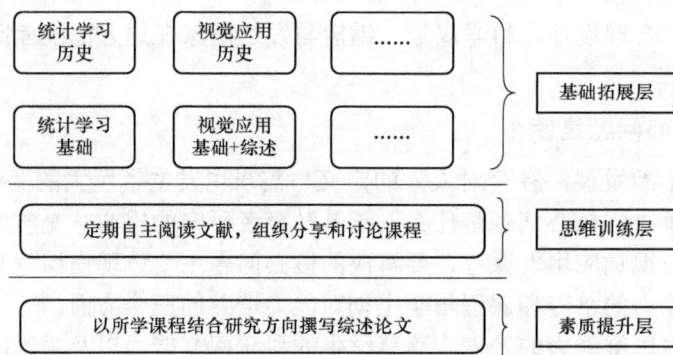

图1　统计学习与视觉应用课程新体系

　　基于"数理统计与视觉应用"的课程建设和实践创新，不仅仅是课程本身的建设，还包含以学生为核心的方方面面。面对数理统计学习，让学生能够有效地运用数据收集与数据处理、多种模型与技术分析、社会调查与统计分析等，针对科技前沿问题和经济重大问题，对数据进行推理，以便对问题进行推断和预测，从而对决策和行动提供依据和建议[9-10]。面对视觉应用学习，让学生能够做到图像处理，包含图像变换、图像增强、图像去噪、图像压缩等方法，以及图像分析，例如对图像内容进行分析，提取有意义的特征，提取场景的语义等表示。

三、"数理统计与视觉应用"课程创新与实施方案

（一）基于数"理统计与视觉应用"课程创新方案

　　学习数理统计与视觉应用，结合学生学过或者正在学习的"机器学习"、"机器视觉基础"等课程，培养学生综合思考视觉相关课程的思维习惯，指出了解决问题的一种新途径，强调创造知识而非使用信息，从而提高学生的创造和创新能力。在这样的教育理念思想指导下，我们结合课程自身的特点，从技能—知识—思维三层教育理念出发，构建了基于"数理统计与视觉应用"的课程创新方案，如图2所示。

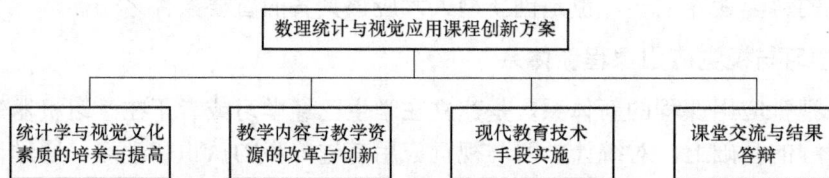

图2　基于"数理统计与视觉应用"的课程创新方案

（二）数理统计与视觉应用知识素质培养与提高

　　"数理统计与视觉应用"课程是研究生在学习机器学习以及机器视觉基础等课程之后，进行理解和应用的课程，我们构建了基于的数理统计与视觉应用相关课程平台，让学生重新接触和理解课程的培养模式，潜移默化地培养学生对复杂事物进行抽样、分解的能力，并通过学生对课堂理解和课后复习、以及阅读相关文献并分享的方式，让学生充分养成独立思考的能力，并有兴趣对本门科目自主提出问题和解决问题。

　　统计学与视觉基础教学平台在表现形式上有多媒体软件资源、课上课下交流等多方面展现形式。内容包括统计学的基本理论、基本方法和基本技能的要求，掌握应用统计数量分析方法认识问题、分析问题和解决问题的思路，以及视觉应用的计算机视觉研究进展、特征检测与匹配、图

像分割、图像配准、运动估计、目标跟踪、物体识别与场景理解、深度学习进展等。通过该课程的渗透，使学生充分理解和认识统计学与视觉基础，该方向的应用和发展趋势，能够在兴趣引导下学习该课程的相关技术和知识，学会用统计学的方法来处理数据、解决问题，面对未来敢于迎接挑战。

（三）教学内容与教学资源的改革与创新

随着计算机科学技术的不断发展，作为现代统计学与视觉基础方向的公共选修课程之一的统计学习与视觉应用在大学整体教育中的重要性更加突出。如何使得该课程教学的内容，与统计学技术与视觉基础的发展与时俱进？教学内容的改革主要体现在立体化的教学资源建设、课堂教学和实践教学三个方面，方案如下。

首先，构建丰富的立体化教学资源，以满足分类分层的个性化学习需要。这些丰富的立体化教学资源是课程内容创新与建设的关键，主要包括：纸质论文打印教材、实验指导辅助教材、网络课件、实验案例库、操作演示库等，这些资源分别以纸质版文字、图形图表、动画与流媒体、音频视频等多种媒体展现，其形式多样化、简单直观、易学易用。建立公共邮箱，学生可以自由登录该邮箱实现资源共享。这些立体化教学资源的建设需要随社会人才需求、具体教学内容变化而不断地更新与维护，以及扩充新内容。立体化教学资源方便了学生自主学习，有力地支撑了教师教学，并为实现分类分层教学提供了很好的支撑。

第二，加强案例教学，提高课堂教学效率。课堂教学是实时动态调整教学内容的最佳途径，是提高教学质量的关键。而现代教育技术手段的不断发展，为教学提供了良好的支撑。充分利用多媒体手段，随时可以引入新内容、增加新知识；并可以将以前一些陈旧的教学内容从课程教学大纲转移为自学内容放在教学网站上。利用多媒体计算机进行案例教学，极大地丰富了教学内容，提高课堂教学效率。尤其是对课程中的一些重点难点、不易理解和呈现的知识点，可以充分利用泛在学习教育手段抽象或真实地展示出来。

第三，注重实践教学，理论学习与实践教学并重。统计学习与视觉应用教学最大的难点就是提高学生学习的积极性，创造良好的学习氛围，提高学习兴趣，增强学习的热情，这些都是提高教学质量的关键。为此设立了各种实验，包括基础实验、拓展实验和创新实验等。还设立了学生通过学习教学内容，从老师给定的参考文献中选择一篇或者多篇英文文献阅读并理解，在一周或者两周的时间内，组织一个分享交流会，将自己学到的知识和独立阅读理解的知识分享给老师和同学，通过这个过程，使学生们对该门课程产生兴趣。通过实验来验证和巩固理论知识，掌握相关技术，深入理解其技术设计思想与方法。

第四，注重学习的过程，采用基于学习过程的能力考核方式。在整个学习过程中，注重平时学习成果的积累与考核，所有平时成绩全部对学生公开，让学生自己决定课程的学习成效与成绩。这种基于学习过程的能力考核方式深受学生欢迎，既提高了学习成效，又增强了学习的自觉性与时效性。最后的考核以一篇撰写相关研究的论文为成果。

四、教学实施及效果分析

（一）教学实施分析

针对新的课程创新方案，在实施中基本达到了预期的教学目的，取得了良好的效果。笔者认为，本次教学主要有三个方面的认识与提高。一是课程教学与以往教学的区别，其教学内容从以往单纯的操作技能掌握，到理论基础与实践应用；二是教学模式的变化，从传统的黑板加粉笔模式，到多元化的集课堂 ＋ 网络 ＋ 实践分享教学为一体的模式；三是教学方法与手段，坚持以教为主，转变到以学为主的教师为主导、学生为主体的教育理念，教学以培养学习与思维能力为核心！

那么，如何体现该课程深入的培养呢？主要从教学整体的学习效果、学生反馈的体现和教师自身素质与教学能力的提高三个方面。而不是说教师教授的越多越好，重在看学生的学习成效与收获。所以说，创新教育改革的关键，一是教学团队建设，良好的教学团队是人才培养的基石；二是实验教学平台的滚动发展（硬环境），学以致用；三是教学资源建设（软环境），不断积累与更新，拓宽视野、个性化培养与学习。

（二）教学效果分析

在整个教学实践中，学生们的学习热情较高。主题讨论也非常积极，师生之间有着良好的互动。为了了解学生对课程设计是否认同，本文基于"视觉应用"课程的教学模式，设定了以下评价维度：第一，统计学习与视觉基础的学习效果；第二，培养学习兴趣和严谨的学习态度的作用；第三，课程学习的自觉性与兴趣；第四，基于学习过程的考核方式如何。本门课程开设了一个班级，人数不多，所以通过本门课程的学生以文字描述的形式分发同年级其他学生调查问卷，调查结果显示：参与教学评估的学生人数共有 160 人，对教学效果进行了评估，评价等级和评价结果如图 3 所示。

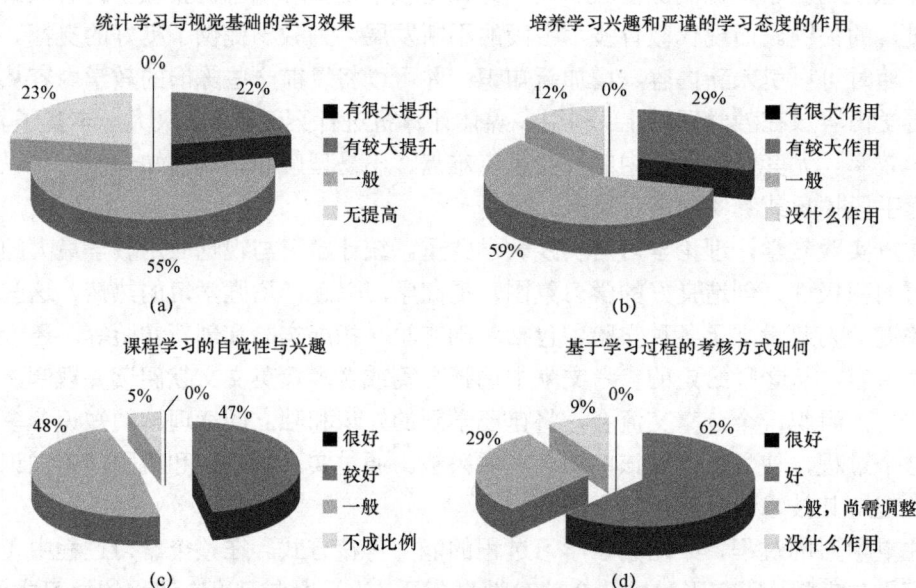

图 3 教学活动的评估结果

如图 3 所示，在 160 份问卷中，认为课程内容应该对统计学习与视觉应用基础的学习效果有很大程度提高的学生占总人数的 22%，认为对培养学习兴趣和严谨的学习态度有很大和较大作用的学生占总人数的 88%，认为课程学习的自觉性与兴趣很好及较好的学生占总人数的 95%，认为基于学习过程的考核方式很好的学生占总人数的 62%。同时，本文还对学生学习本课程最大的收获问题进行了调查，调查结果如图 4 所示。

学习本课程最大的收获

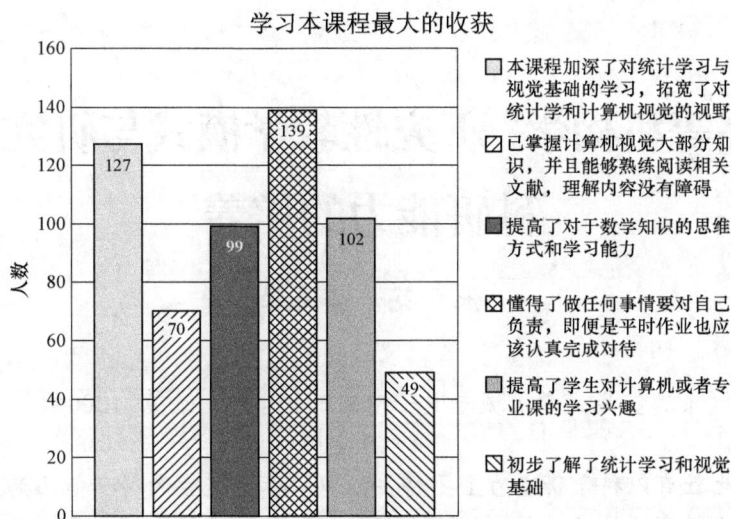

图4 学习结果调查问卷

正如图4的调查结果显示，认为本课程加深了对统计学习与视觉基础的学习，拓宽了对统计学和计算机视觉的视野的学生有127人，占总人数的79.4%；认为已掌握计算机视觉大部分知识，并且能够熟练阅读相关文献，理解内容没有障碍的学生有70人，占总人数的43.75%；认为提高了对于数学知识的思维方式和学习能力的学生有99人，占总人数的61.9%；认为懂得了做任何事情要对自己负责，即便是平时作业也应该认真完成的学生有139人，占总人数的86.9%；认为提高了学生对计算机或者专业课的学习兴趣的学生有102人，占总人数的63.75%；非本研究方向的学生中认为初步了解了统计学习和视觉基础的学生有49人，占总人数的30.6%。

五、总结与展望

本文从新时期国家对人才的新需求，阐述了在研究生计算机教学过程中基于统计学习与视觉基础培养的必要性。并就大学统计学习与视觉基础课程的优化和教学模式提供了一个范式，以期在该门课程中对学生各方面综合能力有一个良好的提升。

参考文献

[1] 张学工. 关于统计学习理论与支持向量机 [J]. 自动化学报，2000（1）：32-42.

[2] 瓦普尼克. 统计学习理论的本质 [M]. 北京：清华大学出版社，2000.

[3] 邱东. 大数据时代对统计学的挑战 [J]. 统计研究，2014，31（1）：16-22.

[4] 李锋. 机器视觉应用技术研究 [D]. 杭州：浙江大学，2003.

[5] 徐光祐. 以人为中心的计算机视觉应用 [J]. 中国图像图形学报，2009，14（2）：184.

[6] 李宇航. 机器视觉应用实际案例分析 [C] //中国国际机器视觉技术及工业应用研讨会. 2008.

[7] 梁庆杰. 人工智能与机器视觉应用概论 [J]. 装备制造技术，2007（8）：96-97.

[8] 潘懋元. 必须开展高等教育理论的研究：建立高等教育学科刍论 [J]. 厦门大学学报（哲学社会科学版），1978（4）：1-9.

[9] 刘超，吴喜之. 统计教学面对的挑战 [J]. 统计研究，2012，29（2）：105-108.

[10] 袁卫，刘超. 统计学教材建设的问题与思考 [J]. 统计研究，2011，28（9）：9-12.

"高等机构学"研究性教学模式与研究生科研能力的培养

张　英　房海蓉

（北京交通大学机械与电子控制工程学院，北京 100044）

摘　要： 研究生教育以科学研究为主要特征，以培养研究生的科研能力为主要目的。课程学习是研究生教育的基础，也是研究生获取知识和培养能力的主要渠道，将科研能力的培养渗透到课程学习的全过程，对学生进行后续的课题研究具有重要的意义。"高等机构学"是机械工程学科研究生的主要学位课之一，在学生的知识、能力和素质培养体系中占有重要的地位。本文介绍我校在"高等机构学"课程中提出并采用的以科研能力培养为主线的"三层次"体系，以及与之相应的在理论教学、专题研究、项目研究和考核方式等方面所进行的探索与实践情况。

关键词： 科研能力培养　高等机构学　项目研究　研究性教学

培养掌握本学科坚实的基础理论和系统的专门知识，并且有从事科学研究或独立担任专门技术工作能力的人才是研究生教育的培养目标，相对于本科教育，研究生教育更注重学生科研能力的培养。

一、引言

研究生教育的培养目标是培养掌握本学科坚实的基础理论和系统的专门知识，并具有从事科学研究或独立担任专门技术工作能力的人才，相对于本科教育，研究生教育更注重培养学生的科研能力。研究生的科研能力是指研究生在学科领域探索真理的创造活动能力，包括科研创新能力、资料收集与处理能力、发现与解决问题能力、逻辑思维能力、口头与书面表达能力、实际动手能力和人际交往能力等[1-2]；研究生科研能力的高低不仅决定了他在学术道路上的造诣，也决定着他的就业前景。

研究生的科研能力不是与生俱来的，需要通过相关的教育环节进行培养和提升；研究生科研能力的培养也不是一蹴而就的，需要通过一系列有针对性的教育和实践来完成。研究生教育一般可分为课程学习和课题研究两个阶段，如果能在课程学习阶段就有意识地进行研究生科研能力的培养，无疑可以为他们在后续的课题研究阶段从事科学研究、出高水平的学术成果打下良好的基础[3-4]。

"高等机构学"是机械工程和机械设计及理论学科研究生的主要学位课之一，在学生的知识、能力和素质培养体系中占有重要的地位。本文介绍我院在"高等机构学"课程中培养研究生科研能力的举措和实践情况。

二、基于研究生科研能力培养的研究性教学实践

（一）课程目标及学生应达成的核心能力

"高等机构学"作为机械工程学科研究生的主要学位课之一，就内容和深度而言，是在机械原理课程的基础上继续深入研究和探讨机构设计理论及设计方法的富有创造性和设计性的课程，涉及所有与一般机器及机构有关的设计理论、运动学与动力学分析与综合、机器人机构学、微型机械和仿生机械等，突出更高层次的机构设计和创新，目的是为学生提供现代机构设计、创新和发明提供系统的基础理论和有效实用的方法，同时，为其进行深入的课题研究打下基础。

基于以上目标，根据课程特点及其在机械工程和机械设计及理论专业方向人才培养过程中的作用，确定课程目标及学生应达成的核心能力，并明确了课程目标与学生核心能力培养之间的关系，如表1所示。

表 1　课程目标－学生核心能力关系矩阵

课程目标	核心能力
1. 对现代机构设计的基础理论和有效实用的方法有深入的了解，并能够将其应用于解决机构学问题	知识获取能力、学习能力、逻辑思维能力
2. 能够通过对文献的阅读和分析了解研究领域的现状、最新发展和常用理论及方法	资料收集与处理能力、逻辑思维能力、发现问题能力
3. 具有发现问题、应用所学理论及工具解决机构设计与分析问题的研究能力，并具有应用先进的计算机辅助方法及工具进行机构设计与分析的能力	发现问题与解决问题能力、分析能力、使用现代工具进行分析和仿真能力、科研创新能力、动手能力
4. 能够就所研究的问题进行有效的沟通和交流，包括撰写报告和设计文稿、陈述发言和清晰表达	口头与书面表达能力、逻辑思维能力、人际交往能力

（二）以研究能力培养为主线的"三模块"体系

为了在课程学习过程中培养学生的科研能力，根据"高等机构学"课程的特点及"做中学"的指导思想，综合国内外"高等机构学"、"高等机械原理"及相关学科课程的教学情况、研究现状和发展趋势，对课程教学内容进行了梳理、整合、更新和完善；进一步，通过对教学目标和教学内容的分析与分解及学情分析，对课程教学环节进行了规划，将其划分为理论学习、专题研讨和项目研究三个模块，形成如表2所示的"课程目标—教学内容—课程模块"关联矩阵，并构建了以科研能力培养为主线的"三模块"训练体系，如图1所示。

通过理论学习、专题研讨和项目研究三个模块的有机结合，引导学生高度参与，通过理论学习模块，掌握机构学研究需具备的数学基础、机构设计理论及方法、机构的运动分析、低副机构的运动综合、机构动力学；在专题研讨模块通过文献阅读和分析，了解本领域现状及最新进展，自主地发现问题，提出问题，撰写专题研究报告，从中提炼项目研究的选题；在项目研究模块，能够创造性地运用机构学相关理论和方法研究问题和解决问题，通过虽小但过程完整的项目研究，实践科学研究常用的方法和手段、锻炼思维，培养研究能力和表达能力。

表 2　"课程目标—教学内容—课程模块"关联矩阵

序号	教学内容	课程模块	支撑课程目标
1	高等机构学的数学基础		
3	机构设计理论	理论学习	1
4	机构的运动分析		
5	低副机构的运动综合		

续表

序号	教学内容	课程模块	支撑课程目标
6	机构动力学问题	理论学习	1
7	通过查阅文献资料与分析，了解机构学研究新进展包括研究内容、研究理论和方法及最新研究成果，撰写专题研究报告，并从中提炼项目研究的选题	专题研讨	2、4
8	确定选题，完成开题报告，制定研究计划和分工；根据课题实际情况，完成机构的综合、运动分析、动力学分析及仿真；完成项目研究论文，进行口头汇报	项目研究	1、3、4

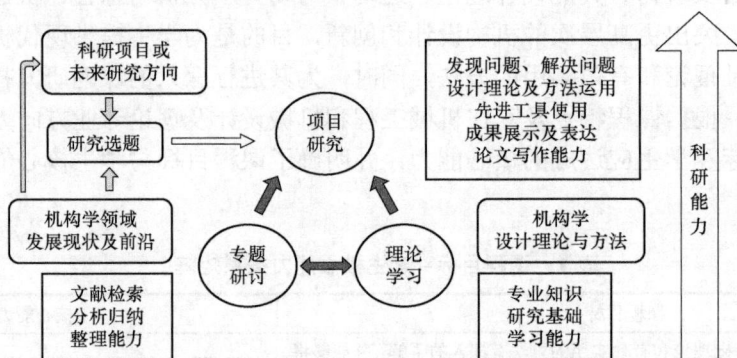

图1　以科研能力培养为主线的"三模块"训练体系

（三）实施过程

1. 理论学习

在教学内容层面，系统讲授机构学中的常用数学基础知识，机构设计理论，平面机构与空间机构的运动分析方法，低副机构的综合，机构的平衡及机械系统动力学的基本理论、基本知识和基本方法，使学生能够系统掌握用于解决机械工程及机械设计及理论方面复杂问题的专业基础知识；在讲授经典方法和理论的同时，为学生推荐并提供ASME暑期学校机构学知名专家学者的讲义和论文，同时要求学生自行查阅相关文献，并结合某个具体问题，如：射影几何、线几何、微分流形、李群、李代数及旋量、旋量系理论及其在机构学中的应用，进行相关理论或方法的研究，培养其探究能力。

在教学方法层面，采用了启发和参与相结合的教学方式，激发学生主动学习的兴趣，培养学生独立思考问题、分析问题和解决问题的能力，引导学生主动通过查阅和分析文献了解学科进展，并从中发现问题、确定自己的研究兴趣和方向；同时，注重将理论教学与研究应用相结合，引导学生应用所学理论及方法和采用现代设计方法及手段解决项目研究中的机构综合、运动学动力学建模及求解，分析与仿真问题，并在此过程中培养其研究能力。

2. 专题研究

该模块在开课第一周布置，以小组为单位，围绕仿生机构学、机器人机构学（包括走行机器人、爬行机器人、柔性手腕、串联机器人、并联机器人）、广义机构、微动或微型机构、变胞机构、受控机构、传统典型机构的深入研究（如凸轮、连杆、齿轮等）、机构学数学方法研究、机构创新设计的理论与方法研究、机构动力学的深入研究、交叉学科（边缘学科）的发展和其他新型机构研究等机构学研究领域，根据专业方向以及研究兴趣确定选题领域，查阅文献资料，了解并综述选定领域机构的研究现状、研究内容、研究理论及方法、应用情况及最新进展等，按照期刊论文格式撰写专题研究报告，目的是使学生深入了解机构学研究现状，开阔研究视野，追踪机构学发展前沿；同时在资料查阅与整理归纳过程中，找到自己的兴趣点，提炼确定项目研究选题，为后续研究课题的选定做准备。

3. 项目研究

项目研究的选题结合研究方向及个人兴趣自主确定，明确功能要求和设计任务，运用课程中所学理论和方法进行研究。研究内容包括立题、方案设计、运动学及动力学建模和仿真，最终须根据项目的研究情况按照期刊或会议论文的要求撰写一篇关于项目研究的论文。

项目研究采用分组或个人的方式进行，在项目研究中实行过程管理，设置选题立项、开题报告、进展报告及结题报告等环节，分口头报告和文字报告两种，目的是通过项目研究环节培养研究生发现问题（选题）、解决问题（研究）、展示研究成果以及综合设计能力和协作精神，同时，使学生以项目为结合点，将"高等机构学"所学到的理论和方法融会贯通，得到从事科学研究工作的能力的训练，这与"高等机构学"课程"培养学生高层次的机构设计和创新能力"的教学目标是一致的。

4. 考核方式

课程的考核以考核学生能力培养目标的达成为主要目的，以检查学生对各知识点的掌握程度和应用能力为重要内容，包括平时考核和期末考核两部分，平时考核包括课后作业、专题研讨、项目研究三个环节，期末考核为闭卷考试。相应地，课程总评成绩由平时考核成绩和期末考核成绩两部分加权而成，平时成绩总分 60 分，其中，平时作业 20 分，项目研究报告 20 分，项目研究论文 20 分。期末成绩及总评成绩均为百分制，在总评成绩中，期末成绩所占的权重为 40%，各环节的考核内容如表 3 所示。

表 3　各环节的考核内容

考核环节	目标分值	考核/评价细则	对应的课程目标
课后作业	20	主要考核学生对机构学基础理论和方法的理解和掌握程度	1
专题研讨	20	按专题研讨报告和口头汇报质量单独评分，满分为 20 分	2、4
项目研究	20	考查学生应用机构学主要理论及方法和先进设计工具进行项目研究的能力、口头和文字表达能力；教师根据选题、设计文稿、程序、报告和答辩情况评分，满分为 20 分，按学生的实际得分计入平时成绩。成绩将按是否能够发表、是否按要求完成论文进行评定	1、3、4
期末考试	40	主要考核机构的结构分析、机构自由度计算、机构运动正反解、动力学模型、机构平衡等内容	1

（四）实践情况

1. 学生成果

基于以上建立的"三模块"训练体系，在"高等机构学"课程中进行了应用实践。表 4 是 2016 级、2017 级学生部分专题研讨及项目研究课题列表，由表 4 可以看出，学生的选题涉及机构学的前沿且各具特色，经跟踪调查，部分学生学位论文的选题是课程项目研究的延续。图 2 和图 3 分别为部分学生的答辩 PPT 摘录和项目研究报告，可体现出专题研讨及项目研究环节对其成果展示与表达及论文写作能力的训练。

表 4　2016 级、2017 级学生的专题研讨及项目研究课题列表

序号	专题研讨选题	项目研究选题
1	并联式飞行模拟器的研究	6-UPS 型并联式飞行模拟器的研究
2	机构动力学的深入研究	典型机构运动学及动力学分析
3	关于少自由并联机构的文献综述	3-PRS 并联机构的运动学分析与建模仿真

续表

序号	专题研讨选题	项目研究选题
4	并联微动机构的研究	3－RRR 并联微动机构的研究
5	足式机器人腿机构	单自由度四足机器人腿部结构研究
6	机器人机构	四足机器人
7	地面移动式连杆机构	一种新型 Y 型 Bricard 伸缩机构研究分析
8	仿生机器人	人形机器人髋关节机构运动学与仿生设计
9	爬楼梯机器人	冗余支链对 3－PUS/S 并联机构主要性能影响的分析
10	医疗护理机器人	辅助如厕机构/老年服务型轮椅的研究
11	并联机器人	3－RRR 球面并联机构的运动学分析与仿真
12	康复医疗机器人	上肢医疗康复机构的设计与仿真
13	空间连杆移动机器人	基于 ADMAS 的可投掷机器人设计与仿真
14	微动或微型机构	一种微型并联机构的设计
15	仿鸟扑翼飞行器	仿鸟扑翼飞行器
16	爬行机器人	可缩放并联蠕动机器人
17	行走机器人	空间连杆机构作为腿部机构的研究
18	变胞机构	基于 Stewart 平台的并联机床分析
19	柔顺机构	3－RPS 动感平台的设计与分析

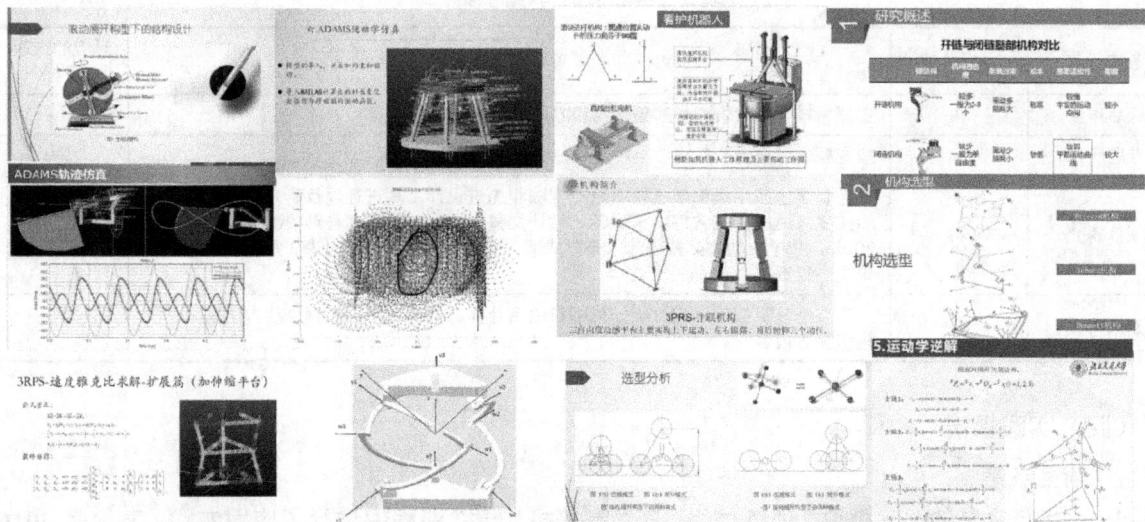

图 2　部分学生项目答辩 PPT 展示

2. 反馈情况

在 2017—2018 学年"高等机构学"课程结束时，发放了问卷对课程学习情况进行调查，参加调查的学生为全部选课学生，共计 22 人，部分调查结果见表 5。

根据表 5 中问题 1～7 的数据可以看出，95.45% 的学生认为课程所设置课程讲授、专题研究、项目研究等教学环节的效果较好；95.45% 的学生认为课程设置的"机构学研究新进展专题研讨"模块对其有帮助；54.54% 的学生认为"专题研讨"对其能力提升帮助最大，36.36% 的学生认为"项目研究"对其能力提升帮助最大；100% 的学生认为课程设置的"项目研究"模块对其科研工作能力的提升有帮助，86.36% 的学生表示后续会继续研究；100% 的学生认为学习完本课程有收获，其

图3　部分学生项目研究报告展示

中，63.64%的学生表示非常有收获；81.82%的学生表示对课程目前的考核方式满意。不难看出，在"高等机构学"的教学实践中所采用的"三模块"训练体系，提高了学生的研究能力，达到了预期的培养效果。

表5　"高等机构学"课程调查问卷部分题目及结果

问卷题目	评价项	人数	百分比
1. 你认为该课程设置课程讲授、专题研究、项目研究等教学环节的效果如何？	非常好，很喜欢	13	59.09%
	较好，喜欢	8	36.36%
	不喜欢	1	4.55%
2. 本课程哪个教学环节（模块）对你能力提升帮助最大？	理论学习	1	4.55%
	专题研讨	12	54.54%
	项目研究	8	36.36%
	其他	1	4.55%
3. 你项目研究的题目是如何选择的？	基于文献阅读发现问题	4	18.18%
	导师课题	10	45.45%
	兴趣	7	31.82%
	其他	1	4.55%
后续是否会继续研究？	是	19	86.36%
	否	3	13.64%

续表

问卷题目	评价项	人数	百分比
4. 本课程设置的"机构学研究新进展专题研讨"模块对你的帮助	非常有帮助	11	50.00%
	有帮助	10	45.45%
	一般	1	4.55%
	没什么帮助	0	0
5. 本课程设置的"项目研究"模块对你的科研工作能力	非常有帮助	8	36.36%
	有帮助	14	63.64%
	一般	0	0
	没什么帮助	0	0
6. 学习完该课程你收获如何？	非常有收获	14	63.64%
	较有收获	8	36.36%
	一般	0	0
	没什么收获	0	0
7. 你对本课程目前的考核方式	很满意	3	13.64%
	满意	15	68.18%
	一般	3	13.64%
	不满意	1	4.54%
8. 在本课程学习过程中，你遇到的最大困难是什么？	通过文献阅读发现问题	3	13.64%
	应用所学解决问题	10	45.45%
	先进设计分析软件应用	8	36.36%
	其他	1	4.55%
9. 你在本课程的学习过程中，文献阅读量为	20 及以上	9	40.91%
	15～19	5	22.73%
	10～14	7	31.82%
	5～9	1	4.55%
	5 以下	0	0
其中，英文文献数量	20 及以上	0	0
	15～19	1	4.55%
	10～14	6	27.27%
	5～9	9	40.91%
	5 以下	6	27.27%
10. 你及你的组员花费在项目研究上的平均时间为	10 小时及以上	9	40.91%
	6～8 小时	5	22.73%
	3～5 小时	7	31.82%
	1～2 小时	1	4.55%
	1 小时以下	0	0

根据表 5 中问题 8~10 关于课题研究中遇到的困难、文献阅读和研究用时的调查数据，得出以下结果。

（1）在课程学习过程中，45.45%的学生遇到的最大困难是"应用所学解决问题"，36.36%的学生遇到的最大困难是"先进设计分析软件应用"，目前学生解决以上困难的主要方法是师生及同伴之间的讨论和交流。为了更好地帮助学生，在下一轮授课中，拟增加示范性解决问题案例及研讨和软件学习及应用指导。

（2）在对学生进行的关于文献量和文献类型的调查中，看出学生对英文文献的阅读还存在畏难情绪，文献数量虽然满足了课程的最低要求，但出于了解学科前沿的需要，英文文献的阅读还需加强。

（3）学生投入项目研究的精力也存在很大的差别，而投入的精力与工作完成质量密切相关。下一轮授课中，需要进一步加强过程考核。

三、结语

在"高等机构学"课程的教学中，以研究生核心能力为培养目标，完成了以下工作。

（1）构建了课程的能力素质模型，建立了"课程目标—教学内容—教学环节"教学关联矩阵，明确了课程目标、教学内容和学生能力培养之间的关系，使学生学有所依，学有所用。

（2）以培养学生科研能力为主线，针对课程内容及特点，构建了"三模块"训练体系，通过理论学习、专题研讨和项目研究的有机配合，来促进学生的自主学习能力、协作学习能力、表达能力和研究能力的培养。

（3）通过"项目研究"，引导学生以项目为结合点，以科学研究的基本方法，将"高等机构学"所学到的理论和方法融会贯通，受到从事科学研究工作的能力的训练，培养研究生发现问题（选题）、解决问题（研究）、展示研究成果以及综合设计能力和协作精神。

从研究报告和论文来看，学生们都能根据自己的选题，运用机构学相关理论和方法进行设计、分析和仿真，并按期刊要求撰写论文，清晰地表达观点，完成口头报告；同时，学生们也纷纷表示，"三模块"教学模式在使其系统掌握解决机械工程及机械设计及理论方面复杂问题的专业基础知识的同时，给他们提供了了解学科发展前沿的平台，有助于他们发现问题、明确方向和目标，项目研究环节为他们提供了实践科研工作流程的机会，锻炼了他们的研究能力，为其后续的研究工作打下了基础。

参考文献

[1] 陈木龙，张敏强. 研究生科研能力结构模型的构建及胜任特征分析 [J]. 高教探索，2013（1）：100-104.

[2] 赵贺. 我国工科硕士研究生科研能力培养问题研究 [D]. 沈阳：东北大学，2011.

[3] 毛新军，徐锡山. 谈研究生科研能力培养：实践与思考 [J]. 高等教育研究，2006，29（1）：49-51.

[4] 唐红迎，郭大东，毕宏生. 基于课题研究的眼科研究生科研能力培养探索 [J]. 西北医学教育研究与实践，2015，23（1）：69-71.

"数据仓库与大数据工程"课程教改实践与思考

林友芳　武志昊　任　爽

（北京交通大学计算机与信息技术学院，北京 100044）

摘　要：大数据技术正成为当前社会各界共同关注的焦点前沿技术。本课程教学改革以激发学生兴趣、侧重应用实践为导向，将最新的大数据技术与传统的数据仓库相结合，理论联系实际，通过建设课程平台、实验平台、优化教学内容等手段以达到加深学生对所学知识的理解和提高应用创新的能力，取得了很好的教学改革效果。

关键词：应用导向　课程组建设　创新型人才

一、背景

大数据技术正成为当前社会重点关注的新一代信息技术。党中央、国务院高度重视大数据产业及技术发展，"十三五"规划纲要中将大数据上升为我国国家战略之一，强调加快发展海量数据采集、存储、清洗、分析发掘、可视化、安全与隐私保护等领域关键技术。党的十九大明确提出"推动互联网、大数据、人工智能和实体经济深度融合"。《国务院关于印发促进大数据发展行动纲要的通知》（国发〔2015〕50 号）中明确指出"建立健全多层次、多类型的大数据人才培养体系。鼓励高校设立数据科学和数据工程相关专业，重点培养专业化数据工程师等大数据专业人才"。工信部 2017 年初发布的《工业和信息化部关于印发大数据产业发展规划（2016－2020年）的通知》（工信部规〔2016〕412）等一系列政策文件也有力地推动了大数据产业和技术的迅速发展。

数据科学及大数据人才培养正在全国各高校迅速开展。自 2016 年 2 月教育部首次批准北京大学、对外经济贸易大学、中南大学开设"数据科学与大数据技术"专业以来，到 2018 年 3 月全国共有 283 所高校获批数据科学与大数据专业。

数据科学与大数据技术是计算机专业研究生课程的重要基础支撑。首先，大数据技术是在数据仓库课程基础上的进一步补充和提升。数据仓库[1]课程已开设了 15 年，是计算机科学与技术专业研究生的专业特色课程，既是当前商业智能的核心支撑技术，也是许多科学研究的必备利器，其相关技术与工程能力的提升不仅有助于研究生继续深造科研，也有助于提升研究生在就业市场的竞争力。随着大数据相关工程技术人才在就业市场需求的猛增，研究生对大数据相关技术学习热情也非常高涨。其次，大数据技术相关知识也是对并行与分布式课程等研究生专业课程的支撑。

（一）以"激发兴趣、应用导向"为核心，实施教学改革

大数据行业对高端大数据人才的需求逐步提高，需要复合型、创新型和实战型人才。学术研究、产业应用以及政府管理中都对大数据工程应用寄予了很高的期望，对大数据人才的需求与日俱增，对大数据人才的需求又进一步分为数据分析师、数据工程师、数据科学家等岗位，比如数据分析师需要围绕业务对数据进行采集、处理、分析以及面向业务建立模型的能力，数据工程师

需要具备设计、开发、管理和优化大数据平台以及大数据质量监控的能力，数据科学家需要能够围绕业务及数据现状进行规划构建应用场景并能研究、设计、开发和优化算法及模型。

但是，目前国内高校对于大数据工程技术课程的开设方式和目标还处于探索和发展阶段，大数据人才的知识体系和能力结构还未完全建立，同时社会对大数据人才需求面临众多问题，如人才质量参差不齐、符合需要的人才数量依然有限；相关人才理论基础强但缺乏应用实践能力；人才培养渠道有限等。从高校培养人才的角度来说，根本出路在于建立先进的大数据知识体系，打造一个完善的、先进的大数据教学实验、科研和产学研环境，提供全面的大数据实验课程，激发研究生学习大数据技术的兴趣。

以大数据工程应用为导向的课程建设及教学改革的目标，是要求学生能够恰当地运用数学、计算机以及大数据专业知识来描述行业应用中的复杂大数据工程问题，熟练运用主流大数据平台进行设计和开发，实现大数据工程问题的建模、设计、分析、研究和验证，以民航、移动通信、道路交通、社交媒体、军工等大量大数据实际工程应用项目经验，提炼核心内容，实现数据仓库课程内容的全面升级换代，调整传统数据仓库知识内容和大数据工程新技术知识内容的合理配比，提升研究生知识结构的先进性，提高研究生利用大数据思维分析、解决行业问题的能力。

（二）围绕最新技术和理论，优化教学内容

"数据仓库与大数据工程"课程的前身是"数据仓库"课程，原来的课程内容主要是探讨数据仓库平台规划、设计、实现和运维的全生命周期方法论，课程内容设置基本上主要是数据仓库相关理论的介绍。由于数据仓库往往规模比较庞大、结构比较复杂，因此在课程中要求学生在有限的学习时间中从头搭建一套数据仓库几乎是不具备可操作性的，因此过去数据仓库课程缺少实验条件，学生无法亲自动手体验所学习到的知识，这样不利于学生对所学理论知识的掌握。

随着大数据技术的快速发展，从数据采集、处理到存储、分析各个领域涌现出大量适用于不同场景的分布式技术框架并在工业界的广泛应用。这些技术中的典型代表是 Hadoop 和 Spark 生态中的相关技术，基于这些技术不仅可以高效地实现各种类型大数据的采集、处理、存储和分析等功能，而且使得基于这些开源技术构建、维护一个完整的数据仓库平台变得更加容易。由此，在数据仓库课程改革的过程中首先要解决的就是结合最新的大数据技术，提出一套相对完整的大数据课程实践方案，其中既包括硬件平台和软件平台的选型、搭建和管理维护方案，也包括结合实际大数据应用研究项目中抽离出来的实验题目和相关的实验数据集。在课程组的努力下，这样一套课程实践方案已经在 2017—2018 学年第二学期的课程中取得了良好的教学效果。

该课程教学改革的第二个方面是将当前流行的大数据技术引入到数据仓库课程当中。在大数据技术火热发展的这几年中，产生了很多大数据相关的教材、教学视频等教学资源，但我们发现在这些材料中大多数主要介绍这些大数据技术是什么、怎么用，而对于这些技术更本质的问题背景、使用需求和设计实现逻辑涉及较少，这样学生学习课程之后虽然可能可以快速上手搭建应用，但是对于这些技术内在的机理和本质却一知半解，他们面临真正复杂的过去没有遇到过的应用场景可能就会束手无策。因此，想要培养出具有创造力的学生，不仅要教授他们基本的语法、API 使用等技能，更要从需求来源和内在原理的角度让学生深入理解问题和方法的本质。

因此，在本课程的教改过程中，我们并未沿袭市面上大多数的教材或教学资料侧重具体技术使用的讲解的做法，而是从更本源的企业信息化发展、不同类型的决策需求产生、决策支持系统的演化等问题讲起，结合实际商业智能应用、商业数据仓库建设实际案例展开分析，逐步让学生理解数据仓库中的数据采集集成、数据利用需求及支撑架构、数据组织与环境、数据和功能模型设计、系统实现、部署与运行管理等全流程核心环节的概念与方法，关键技术的讲解以需求和理论为引导，逐步从理论框架具体化为某个特定的技术框架，让学生深刻理解为什么这些技术架构被设计成这种形式而不是另外一种形式。作为计算机科学与技术 A 类学科，我们应该培养的不仅仅是会使用工具的技术人员，而是能为技术的发展做出贡献的创新型人才，而创新的前提就是不仅仅要知其然还要知其所以然，这是本课程改革的核心思路和首要目标。

（三）探索行之有效的大数据课程实验平台建设方案

数据仓库和大数据工程课程实验的开展有一定的难度，这是大多数此类课程都面临的问题，主要体现在如下几个方面。

首先，虽然大数据课程在大类上也属于编程类课程，但与传统的程序设计语言课程存在差异。一般大学里开设的高级语言程序设计课程的实验环境要求比较简单，只要有足够的 PC 以及一款程序设计开发软件，学生就可以在单机上进行实验，但是大数据程序的运行环境并不是单机而是集群，因此大数据类课程实践首先需要具备集群开发环境，而这一环境是一般的高校公共机房难以提供的。建设大数据类实验环境首先在硬件上需要多台高性能服务器才能支撑一个班所有学生同时进行大数据程序设计、调试以及数据实验。为此，课程组专门申请资源，购置了一批高性能服务器，并组织力量完成了服务器的安装和部署以及网络环境的配置和调试，具体配置如表 1 和表 2 所示。

表 1　课程使用的服务器配置

服务器硬件配置	
处理器	型号：Intel® Xeon® CPU E5－2620 v4 @ 2.10GHz 处理器速度：2.1GHz 处理器插槽：2 每个插槽的处理器内核数：8 逻辑处理器：32 超线程：已启用
内存	总计：128G
硬盘	三块硬盘，每块硬盘可用空间 3.63TB

表 2　每个学生分配的虚拟机的配置

虚拟机配置	
CPU	1核心
内存	8G
硬盘	160G

其次，在具备了多台高性能服务器的基础上，还需要对实验需要的软件环境进行设计。虽然大数据技术开发实验所需的相关软件大多数都是开源的，但是软件环境的架构仍然需要仔细设计和选择，因为实验环境的搭建与项目开发环境还不一样。虽然课程组具备丰富的大数据工程项目研发经验，但大数据实验环境与工程项目环境不同。通常项目研发软件环境相对稳定，只需要按照项目要求进行搭建和配置即可，但实验环境对平台的灵活性要求更高，由于学生需要在平台上进行各种各样的实验和尝试，因此架构往往是不稳定的，甚至在学习尝试的过程中还可能会经常导致集群崩坏。考虑到大数据实验的特殊性，需要为学生提供相对独立的实验环境，不能因为某个学生的操作导致集群宕机而影响其他学生的实验。因此，我们首先将几台高性能服务器进行了

虚拟化，给每个学生分配一个虚拟机。但仅有一个虚拟机，学生是不能开展集群实验的，而给每个人分配多个虚拟机，成本又太高，学校暂时不具备这样的条件，所以我们将学生进一步划分到实验小组，每个小组利用他们所拥有的虚拟机组成集群。这样每个小组就拥有了一个相对独立的集群，保证了他们在上面进行各种尝试，甚至某个小组重新装机都不会影响其他小组。

除此之外，为了能够给学生提供可靠的支撑，实验平台还需要进行管理和维护，在难以投入专人维护的情况下，课程组组织力量编制了实验平台使用手册和详细的帮助文档，如图1所示，提高了学生使用实验平台的自组织自维护能力，确保了实验课程能够顺利开展。相关资料以及课件等文档也发布在图2所示的课程平台上。

图1　课程组编制的实验平台使用手册和帮助文档

当然，以上方案还有可以优化的地方，随着本科生和研究生大数据类相关课程的相继开设，对于大数据实验平台的需求会更高，从长远来看，还需要学校和学院从资源和经费方面给予更多的支持，最好能够有专业的机房统一管理，这样可以为更多相关课程、更多学生提供更有保障的实验平台。

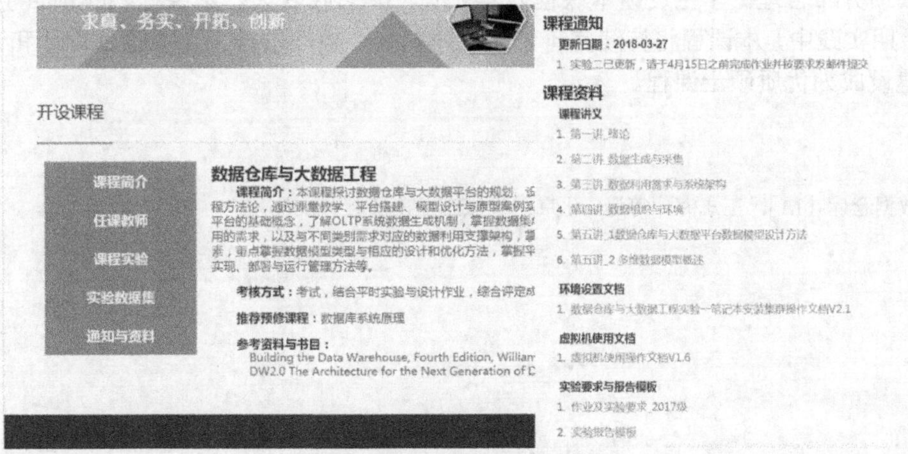

图2　课程组建设的课程平台

（四）结合实际应用场景和真实大数据资料设计实验题目

为更好地达到实验效果，本课程的实验题目设计充分结合了多个实际应用场景。实际应用场景包括 IT 行业技术论坛大数据分析项目、民航旅客行为大数据分析挖掘项目、知识图谱大数据处理与分析挖掘项目、电子商务业务分析项目、社交网络分析项目等。以这些项目大数据处理与分析需求为蓝本，贯穿到分阶段的实验任务中。

实验题目的设计定位，是以掌握整个数据仓库与大数据方法论与技术栈为核心，而不只以业务的需求覆盖面全为目标。实验题目中对各个实际科研项目中的业务需求和数据模型进行适当简化，但是强调实际科研项目中涉及的纵向设计链与功能实现链。实验题目同时强调前沿平台和技术的掌握，实验题目要求学生掌握各个环节中当前最流行技术平台，并且要求学生通过分组合作模拟真实分布与并行集群处理环境。充分依托助教，编写了实验技术手册，维护了实验技术平台。

在平台规划设计方面，要求每个学生掌握系统规划、需求分析与设计、系统架构设计、数据模型设计以及系统功能设计的各个环节，掌握理论课堂中的设计方法论。在实现层面，要求每个学生完成大数据采集仿真、分布式并行集成、核心大数据平台数据存储、多粒度级数据处理功能、数据统计分析、挖掘与展现，掌握与体验整个技术栈。

在实验题目组织设计与实施方面，将整个数据仓库与大数据工程的各个环节进行恰当划分，生成分阶段实验任务，以及最终交付验收的整体系统任务。

为了提高实验效果，课程组将源自实际科研项目的数据经过脱敏处理后，仿真处理生成大规模原始数据集，作为实验数据集，提升学生对真实大规模数据处理的感性认识，确保实验具有可操作性的同时，提升实验开展的效率。

二、课程教改实践的效果和总结

课程教学改革最终顺利完成预定的目标，在 2017—2018 年第二学期顺利完成了 4 个课堂第一次完整教学工作，课程组周期性讨论会研讨了课程教学问题，并对第一次担任本课的年轻教师进行了指导，建立了一支有战斗力的师资队伍，年轻教师得到成长锻炼。与"并行与分布式课程"组一起顺利搭建虚拟化大数据处理实验集群，完成了第一版的课程实验题目、实验数据集和实验技术手册。

全日制与非全日制学生课程教学效果基本相当，全部课堂的各组学生顺利完成实验任务，各课程考试成绩分布合理。学生反馈本课程内容充实，学习收获大。本课程教改项目也被学校评为优秀。在后期实践中，本课程将持续完善课程教学内容、教学安排、实验题目设计和课程平台等，将本课程建设成为优质硕士课程。

参考文献

[1] 茵蒙. 数据仓库 [M]. 王志海，等译. 北京：机械工业出版社，2006.

"并行与分布式计算"课程建设的探索与实践

刘 真 孙永奇 徐保民 丁 丁 张宝鹏

（北京交通大学计算机与信息技术学院，北京 100044）

摘 要：高性能计算的教学目标要求学生既要掌握理论知识，又要掌握操作技能并能加以实际应用。为适应这种综合性需求，计算机学院高性能计算课程组以高标准建设了研究生课程"并行与分布式计算"。本文介绍了该课程在知识体系、教学资源以及实践平台三方面的建设情况。通过教学团队一年的课程建设和为期一学期的教学实践，已取得了一定的成效，并积累了宝贵的经验。依据课堂反馈、学科发展以及产学研驱动等要求，本文提出了下一步的课程建设思路。

关键词：高性能计算 并行与分布式计算 知识体系 教学资源 实践平台

一、引言

高性能计算（high performance computing）是衡量一个国家综合国力的重要标志。我国的高性能计算技术已有相当高的水平，具有很高的国际影响力。在 2018 年 6 月第 51 届国际高性能计算机系统 TOP 500 排行榜的前十名中，中国"神威·太湖之光"高性能电子计算机系统（见图 1），中国"天河－2A"高性能电子计算机系统分别位列第 2 名和第 4 名。高性能计算能提高计算速度和计算精度，也能满足实时计算的需要，因此一般应用在气象、海洋、天体物理、遥感、生物医学、地质勘探、核反应模拟、工程、国防等计算复杂性较高的领域。

图 1 中国"神威·太湖之光"高性能电子计算机系统

随着基于 PC 集群的高性能计算平台的出现，高性能计算面向各领域的应用越来越广泛。高性能计算的最终目的是应用，尽管我国的高性能计算技术已达到相当高的水平，但是高性能计算的应用严重滞后于高性能计算的发展，例如人工智能、深度学习等用于图像识别、语音交互和自然语言处理时就需要用到高性能的并行算法和加速处理。因此这已成为制约我国高性能计算发展的"瓶颈"。大力培养高性能计算的应用人才，是解决这个"瓶颈"的根本之道。

高性能计算技术主要用于高性能并行计算机，主要包括三个方面的内容，并行机的体系结构、并行算法以及并行模型编程。随着普通 PC 和网络问世以来，并行计算被泛指为一种利用多个计算节点进行并行处理信息的计算形态，尤其当这些参与计算的计算节点在地理上呈现分布的状态时，又可称之为分布式计算。随着近年来各行各业大数据分析应用需求的发展，机器学习、数据挖掘所依赖的算法实时性、可扩展性都急需得到提升，因此并行与分布式计算已逐步成为面向人工智能的深度学习、机器学习等核心技术的基础平台之一。作为计算机科学与技术专业的学生，迫切需要掌握并行与分布式计算的理论、模型、方法和技术，跟踪不断涌现的新技术新方法，以适应社会对这类人才不断增长的需求。

与本科通识教育不同，计算机科学与技术专业在研究生的培养方式方法上有必要与时俱进，同步改革。作为基础和支撑的课程之一，"并行与分布式计算"的课程建设需求越来越重要和紧迫。根据充分的调研和已有教学科研基础，计算机学院将"并行与分布式计算"课程列为计算机专业研究生培养计划的基础核心课之一。在我院之前开设的并行计算、分布式计算课程建设与教学实践的基础上，课程教学团队在课程的教学模式、教学内容、实践内容，以及电子课件、试题库、实践平台的建设上又进行了新的深入探索和实践。此课程的建设对于促进计算机学科建设和相关学科发展也是大有裨益的。

二、国内外研究现状

并行与分布式计算是计算机科学与技术一级学科下计算机体系结构二级学科中的一个重要研究方向。国内外该领域的研究者众多，形成了较为系统的知识体系，并体现在国内外的诸多经典教材中[1-4]。例如，世界著名计算机教材，Andrew S. Tanenbaum 著《分布式系统：原理与范型》，中国科技大学陈国良教授主编的《并行计算——结构算法编程》等。国内外有不少高校都开设了并行计算、分布式计算、云计算与虚拟化等相关课程。从课程内容来说，主要分两部分，一部分是介绍相关的基本概念和理论；第二部分是并行算法编程、分布式系统的案例学习等。这样的模式符合计算机类课程理论和实践相结合的教学要求，尤其是通过实验课将课堂所学进行实践验证，以此加深学生对分布式计算基础理论知识的理解与认识，提高观察、思考、分析和解决问题的能力[5-6]。但是，并行与分布式计算，尤其是分布式系统理论体系庞大，各种名词、理论概念非常抽象，比如一致性、命名、同步、容错等。其原因在于我们平时工作是以单机计算环境为主，使用串行化编程模式，因此分布式系统初学起来容易让人望而生畏。学生需要通过动手实践对上述概念获得代码级别的理解。

实践环境方面，与一般的计算机课程实验平台不同，并行与分布式计算的实践教学非常依赖于硬件平台[7-8]，学院已有的集群环境缺乏管理，其登录和使用模式、资源规模也难以支撑高容量学生的大课教学。国内的主要几家超级计算中心以及云服务提供商如亚马逊等公司能够提供的机时有限且费用较高。在这样的情况下，目前拥有超级计算资源的国内几家高校如中山大学、中国科技大学等高校已经在研发一个在线教育实践平台"超算习堂"（EasyHPC），主要面向全国广大高校本科生与研究生提供高性能计算优质教育内容。这个课程实践平台的建设，也正是为了适应现阶段在人工智能、机器学习等领域对大数据并行处理技术的学习需求。

计算机学院面向计算机科学与技术专业的研究生开设有独立的并行计算，分布式计算课程，在教学与实践中积累了一定的经验和大量的教学素材。由于分布式计算是一个热点领域，其中包含丰富的发展方向与研究课题，特别是近年来云计算技术、大数据分析等领域的发展，也使得分布式系统在工业界涌现了诸多的平台、实用技术和案例。因此，课程内容要让学生既掌握并行与分布式计算的基础理论，又要能适应该领域不断演化的软件开发技术与工具。通过国内外开设课程的情况来看，与其在庞大的知识体系中面面俱到而浮于表面，更应该结合教学团队已有的科研成果进行有侧重的教学[9]，合理划分理论实践各部分所占的比例，进行更多有益的探索，形成自身特色。

三、课程建设内容

（一）知识体系建设

作为研究生专业的基础核心课程，"并行与分布式计算"课为 48 学时，3 分学。无论是并行计算，还是分布式计算，涵盖的知识点众多，学生很难在有限的学时里全面掌握也并不。在并行计算与分布式计算两种技术相互融合的应用需求与技术趋势下，与其他院校侧重于某一种技术开展授课不同，本课程将两种技术进行合并课程建设，在教学内容、教学侧重点、学时分配等若干新问题上进行了新的探索。课程采取了以并行计算为先导，分布式计算与并行计算相互渗透的教学思路，根据对其他核心基础课的支撑需要，以及开展实验的软硬件平台条件，我们在课时分配上更侧重于分布式计算，将 32 学时用于分布式计算的内容，16 学时用于并行计算的内容，采用"讲授 + 实验 + 研讨"的教学形式，课程内容的案例教学中涵盖了教师团队的科研成果，引导学生关注并行分布式计算的研究前沿，推动并实现研究式教学。

第一部分主要讲授并行计算的硬件基础、并行计算的理论基础以及并行计算的软件支持等基本知识，强调将并行机结构、并行算法和并行程序设计融为一体。其中，并行机结构，重点是并行计算机系统结构和模型以及并行系统性能评价；并行算法的设计，重点是并行计算模型、并行算法的常用设计方法以及并行算法的基本设计技术；并行程序设计，重点是并行程序设计模型、并行程序开发方法。实践环节以 MPI 和 OpenMP 综合应用以及面向 GPU 的高性能计算框架 CUDA 的并行程序设计任务为主。

第二部分主要讲授分布式计算的基本概念、经典理论和方法以及发展趋势。强调以分布式文件系统、分布式存储系统以及分布式编程框架为主线，讲解分布式计算的核心技术，以及分布式计算研究领域的最新研究成果，如图 2 所示。

分布式 系统实例	分布式文件系统 GFS/HDFS	分布式存储系统 Bigtable/HBase	分布式编程框架 MapReduce
分布式计算 核心技术	通信、进程、命名、同步、一致性和复制、 容错、虚拟化、存储、调度、安全		

图 2　分布式计算知识体系

分布式计算的核心技术包括通信、进程、命名、同步、一致性和复制、容错、虚拟化、存储、调度、安全等。在分布式文件系统中，重点对 GFS/HDFS 文件系统的体系结构、工作原理、命名空间、通信、容错等机制进行分析。在分布式存储系统中，重点对 BigTable/HBase 的系统结构、数据模型、存储模式、索引和性能优化等机制进行分析；在分布式编程框架中，重点对 MapReduce 的设计思想、计算模型、并行处理中的任务调度、计算节点失效处理机制等进行分析。在这部分的实践环节中，以 Hadoop/Spark 平台为开发环境，分别开展 HDFS、HBase、MapReduce 的分布式程序设计任务以及基于已搭建环境下的综合应用。

在上述核心课程内容的基础上，不断扩展补充新的技术知识点，保证课程内容的新颖性，例如流式计算技术、区块链技术等。授课过程中，不断总结和探索更为适合的教学方法，通过理论视野、最新技术、研究方法、应用实践等培养学生扎实的基础，引导学生学会思考和主动学习的能力。

（二）教学资源建设

并行与分布式计算是一个涉及面非常广泛的概念，相关教材非常多。有些教材纯讲理论、经典的算法和系统设计方法。有一些则侧重具体的分布式计算或平台案例，如网格计算、云计算、Hadoop、Storm 分布式实时计算模式、ZooKeeper 分布式过程协同技术等。如前所述的知识体系，我们所建设的"并行与分布式计算"课程，除了重点讲授并行分布式计算的基础理论、平台体系分析，还包括研究领域的最新研究进展，因此课程所讲授的内容并不是一成不变的。目前尚无一本教材能够覆盖课程所需讲授的所有知识点。主要参考如下几部教材：①陈国良著《并行计算——结构、算法、编程》（高等教育出版社）；②Andrew S.Tanenbaum 著《分布式系统原理与范型》（清华大学出版社）；③徐保民著《云计算解密：技术原理及应用实践》（电子工业出版社）。在本课程的建设及实际的授课教学中，我们还研究撰写了丰富的教学参考资料、实验及课程设计指导等教学辅助材料。

1. 电子教案

根据新的课程内容，重新制作了配套的电子课件，并将根据这个学科方向的最新发展不断加以补充和修订。对于教学中存在的一些难点和重点，采用在线平台演示、代码解析等方法来加强学生的理解，例如 MPI、CUDA 程序设计方法，经典算法的 MapReduce 并行化等内容。同时，将课程建设与科研工作有机结合，将科研工作总结提炼，以丰富教学案例库。例如在评价并行算法中运用到的加速比理论，在云计算基础设施层进行的虚拟资源管理调度，面向轨道交通领域中高铁健康管理、故障预测等大数据处理的完整案例。

2. 习题库与试题库

本门课程虽然强调实验和操作，但也强调对基础理论的理解。因此，除了实验和课程设计环节，仍然需要通过增加习题训练量来巩固对概念理论的理解。尤其是加强应用型例题和习题的编制，增加更多的大型应用综合作业，以便于学生从"应用问题—设计算法—编程实现—机器调试运行"中了解实际应用问题求解的全过程。最终，需要通过闭卷笔试的考核。因此在习题库和实训作业建设的基础上同步建设试题库，以规范本课程的考核。

（三）实践平台建设

"并行与分布式计算"大课采用"讲授 + 实验 + 研讨"的形式。理论与实践相结合是本门专业核心课程建设的指导思想，因此，实践环节的建设是本课程的重中之重。一方面，课程内容和工业界结合紧密，实践性很强，除了系统的课堂理论学习外，还需要配有足够数量的实践内容，以巩固和加深学生对支持高性能计算的主要并行算法设计模型如 MPI、云计算分布式算法设计框架如 MapReduce，以及并行分布式系统设计的技术、分析方法和具体实现等各个环节的整体理解。实践证明，这些实践环节是非常必要的和重要的，它可以激发学生学习并行计算的积极性，缩小理论教学和实际应用能力之间的差距。引导学生进入一个思考和探索的世界，成为学习的主动参与者，而不再是被动的接受者。实践的内容结合了课程的案例分析、教学团队的科研成果，同时也允许学生根据自身的研究领域结合分布式计算来进行自由发挥。

在实践的硬件资源上，建设前的集群环境存在较大局限性，由于课程是面向研究生一年级的全体学生，包括非全日制学生，容量需求接近 200 人次，对于同时开展并行分布式实验来说是前所未有的挑战。在学院的大力支持下，经过多次对实验需求、人数需求、使用方式、管理维护等问题的讨论和应对，目前已初步建立起能满足实验软硬件条件的集群环境。一名研究生能够分配有一台虚拟机节点，能够通过远程登录方式进行实验环境的配置，3～5 名同学能够组成小组搭建小范围并行分布式环境开展实验。

三、课程建设效果和下一步改进

高性能计算要求学生既要掌握理论知识，又要掌握操作技能并能在解决实际问题中加以应用。为适应这种综合性的需求，计算机学院高性能计算课程团队于 2017 年 6 月开始以高标准建设研究生课程"并行与分布式计算"，编写了中英文教学大纲及课程简介、教学日历、电子教案、试题库等教学资源，并初步完成实验平台的建设。我们于 2018 年春季给研究生开设了这门新课，通过近一个学期的教学实践，取得了一定的成效。但教学过程中也反映出一些亟待改进的问题，例如部分内容抽象、涉及知识点多而不精，习题库尚不够完善，学生不能通过有效手段进行知识点巩固，并行分布式环境部署较难，编程上手较慢等。对于课程的下一步建设，有如下思路。

（一）挖掘课程建设的深度，加强研究生的主动思考和科研能力

针对课程的难点和重点内容加强习题库的建设，提高课后习题的布置频率，有助于引导学生课后主动查阅教材资料。开展课堂讨论，以达到课程内容和知识点复习巩固的目的。对于有科研潜力的学生，因材施教，引导他们做一些与高性能计算相关的科研题目。

（二）完善实验平台和指导手册，提高研究生的动手实践能力

学院实验平台的上线，有效地辅助了本课程的实验实践。在教学过程中我们发现，如果学生不是从事该方向研究工作，没有任何基础，在部署分布式平台如 Hadoop 及其各部分组件，以及在 MapReduce 并行编程框架下开发等环节上手非常慢，实验效果不佳。因此还需要在实验内容上进行细化和指导，既要提高实验的可操作性，又要保证学生有自由探索的空间。

（三）产学研相结合，教学实践与实际生产环境接轨

利用我校在交通领域的优势和课程组成员在高性能计算领域的学术积累，将教学内容组织和授课安排与实际生产环境以及科研项目接轨，进一步推动研究型教学。国内外高校所开设的相关课程，多以理论教学为主，即使提供教学案例，通常也是遵循理论—方法—实验—验证—掌握的教学方法。其所设计的案例基本上是理论性强，缺少行业实践背景。因此，课程组成员将结合自己的科研课题推动研究性教学，以进一步激发学生的积极性和主动性，激发他们去探索并行计算和云计算技术的核心和精华的兴趣。

（四）加强部分内容的强度，以适应人工智能的发展需求

人工智能的兴起，让大家看到基于 GPU 的高性能计算的潜力，正是借助于的 NVIDIA 的高性能计算框架 CUDA，深度学习技术才能广泛应用于图像、语音和自然语言的处理中。因此，课程的再建设要加强 CUDA 开发环境的建设，加大 CUDA 编程方面的内容，例如设计实例对比多核计算和 CUDA 并行计算的加速效果，通过对比使学生体会 CUDA 并行计算的优缺点。

四、结语

在并行计算与分布式计算两种技术相互融合的应用需求与技术发展趋势下，"并行与分布式计算"的大课建设，是希望将"课堂讲授"与"上机实践"融为一体，将"基础理论"与"学科前沿"融为一体，将"基础教学"与"培养学生创新能力"融为一体，以培养学生熟悉面向大型科学和工程计算的高性能并行技术，具备基于开源云计算框架如 Hadoop、Spark 等构建云应用系统的能力，成为适应大数据时代需求的创新型人才，处于同类学科专业的国内领先水平。本课程的内容也是大数据处理、机器学习、数据挖掘等专业课程所依赖的算法实时性、可扩展性提升的

基础性课程，因此该课程是整个专业课程体系建设的核心先导课程之一。

总之，计算机学院高性能计算课程团队围绕课程的教学内容、教学资源、实践的软硬件平台等方面进行了为期一年的建设和实践，取得了一定的成效，也积累了宝贵的经验。这些成果和经验可以为我校其他的研究生课程建设提供借鉴，对于其他院校的高性能计算课程建设也具有很好的参考价值。

参考文献

［1］ TANENBAUM A S，STEEN M V. 分布式系统原理与范型［M］. 2 版. 北京：清华大学出版社，2008.

［2］ HUANG K. 云计算与分布式系统：从并行处理到物联网［M］. 北京：机械工业出版社，2013.

［3］ 陈国良. 并行计算：结构、算法、编程（修订版）［M］. 北京：高等教育出版社，2011.

［4］ 徐保民. 云计算解密：技术原理及应用实践［M］. 北京：电子工业出版社，2014.

［5］ 李文军. "并行与分布式计算"教学改革与课程建设［J］. 高等理科教育，2005（4）：62－66.

［6］ 何凤英，钟尚平，蒋秀凤. 分布式计算课程教学方法探索［J］. 计算机教育，2013，（13）：94－97.

［7］ 徐新海，唐玉华，林宇斐. 跨专业并行计算基础课程教学设计［J］. 计算机教育，2014（23）：106－109.

［8］ 王同科，常慧宾，王彩华. 信息与计算科学专业并行计算人才培养模式研究与实践［J］. 高师理科学刊，2016（2）：47－49.

［9］ 孙广中，徐云，郑启龙，等. 并行计算系列课程教学团队建设［J］. 计算机教育，2008（2）：36－38.

基于以学促研理念的工科研究生核心课程
教学改革与实践

韩 冰 张顶立 刘 林 张 楠 向宏军

（北京交通大学土木建筑工程学院，北京100044）

摘 要： 以研究生创新能力培养为目标，开展了基于以学促研理念的工科研究生专业核心课程教学改革与实践探索。双语及全英文教学、案例教学、经典文献阅读心得分享、雨课堂等多元教学模式有效地激发了学生的学习兴趣，并提升了学生的参与度。灵活的研究性课程项目的设置和实施是本次课程教学改革的重要环节，文中分享了课程项目的实施细节和与之相适应的成绩评定方法。基于匿名调查问卷的学生反馈表明本次课程教学改革措施获得学生们的广泛好评。

关键词： 研究生教育 多元教学模式 课程项目 创新能力

一、引言

自《国家中长期教育改革和发展规划纲要（2010—2020 年）》、《教育部关于实施研究生教育创新计划，加强研究生创新能力培养，进一步提高研究生培养质量的若干意见》（教研〔2005〕1号）及《教育部 国家发展改革委 财政部关于深化研究生教育改革的意见》（教研〔2013〕1 号）等政策相继出台以来，研究生课程建设在全国高校范围内受到了高度重视。

研究生教育是培养高层次人才的主要途径，是国家创新体系的重要组成部分。工科研究生是国家科技创新的重要承担者和生力军，创新能力培养是工科研究生教育的核心内容。研究生课程教学是在巩固与加深基础理论和专业知识的基础上，培养研究生自主学习、提出问题和解决问题的能力，使其逐步养成科学探究精神和自主创新意识。

专业核心课程是研究生开展课题研究的前提和基础。著名高等教育专家 Burton Clark 教授在其著作中指出[1]："当大学首先被理解为探究的场所时，研究和教学活动不仅是互相渗透的，而且本质上是兼容的。"本教改尝试拟从研究生专业核心课程入手，探索将"以学促研"教学理念引入研究生专业核心课程的教学实践中，即在课程学习环节让学生接受有系统的科研训练，学会科学研究的基本方法，以改变现有课程环节中创新能力培养力度不足的现状。通过课程的实训，逐步增强学生的创新意识和挖掘学生的创新潜能。

二、试点课程简介

教学改革试点课程选为"结构动力学"，该课程是我校土木工程专业研究生的一门核心课程，它是结构抗震、抗风、抗冲击、结构振动控制和健康监测、环境振动等课程学习和课题研究的基础，同时解决工程结构振动问题的能力也是现代土木工程专业技术人员必备的专业技能。每学年选课人数在 200 人左右，选课学生的专业方向涉及桥梁工程、结构工程、铁道工程、岩土工程、隧道工程、力学等诸多学科方向，专业覆盖面广。

试点课程通过介绍结构动力分析的基本理论、概念和分析方法，旨在帮助学生掌握结构动力分析的力学概念、数学模型、数值算法和程序实现，培养学生运用结构动力学知识从事相关的理论研究和工程设计的能力。课程的主要任务是学习结构动力学的基本理论和方法，通过课程作业和课程项目，提升学生用所学的理论去解决工程结构的动力问题的能力。课程所用的教材主推加州大学伯克利分校 Chopra 教授编写的教材[2]，该教材的特点是与土木工程专业结合得很紧密，也是加州大学各分校采用的教材；另外还推荐 Craig 教授编写的经典动力学教材[3]作为拓展阅读教材，这本教材目前为美国土木名校 UIUC 所选用，其特点是详细深入地阐述了动力学的经典理论，一些例题取材于航空航天和机械领域，有利于扩展学生的视野。在对国际著名的研究型大学，如UC Berkeley，UIUC 和清华大学等有关该课程教学大纲广泛调研的基础上制定了现行的教学大纲。教学学时适中（48 学时，周学时 4，共 12 周课程），知识点基本涵盖了国内外名校该课程的主要知识点。对重要的知识点安排一定量的习题进行有针对性的训练，作业量适中。采用双语教学，课件是全英文的。另外，学院面向土木工程国际班的硕士留学生还开设了这门课的全英文课程。国内一些高校开展了这门课程的教改探索[4-7]。

三、多元课堂教学模式

采用多元课堂教学模式，可变知识的单向传授为师生之间在理论和实践中的探究，拓展教育教学的时空范畴[8]为此，结合本课程的特点，我们在教学中尝试了以下一些教学模式。

（一）双语及全英文教学

国内研究生专业基础课开展双语教学旨在让学生享用到国际先进的教学资源和教学理念，有助于培养学生的国际视野。考虑到学生们英文的阅读能力通常强于听说能力，为确保教学质量和教学效果，课程的全部课件、推荐的经典阅读文献及部分习题是全英文的，但仍采用中文授课。在广泛参考国外优秀的英文原版教材及国外名校教学资源的基础上，完成全英文课件的制作。本课程推荐的教材是 Chopra 教授编著的，该教材具有信息量大，对问题讲解透彻，逻辑性强，例题和习题丰富等特点，有中译版[9]，可方便学生进行对照阅读。另外，针对硕士国际班留学生，开设了全英文课程，受到留学生的普遍好评。图 1 为面向国内学生的双语课堂和面向留学生的全英文课堂情况。

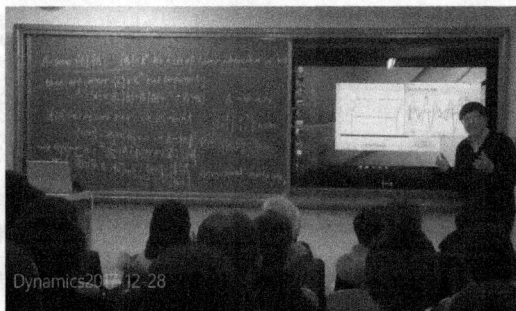

（a）双语教学课堂　　　　　　　　　　　　（b）全英文教学课堂

图 1　双语及全英文教学

（二）案例教学

针对工程中的实际相关问题，开展案例教学，以提升学生对工程实际问题的分析能力与解决能力。如在讲授完隔震原理后，介绍铁路钢弹簧浮置板轨道隔震系统的设计和工程案例；在讲授完多自由度系统的动力参数识别后，结合某多层框架结构的实验室振动台实验的测试数据，让学生绘制系统的传递函数并估计各模态的频率和阻尼比。另外，结合一些实际工程项目，如石材加工厂机器振动对附近高层住宅楼的振动测试与评价、吸振器的工作原理与工程应用实例、钢板阻尼器用于某框架结构抗震加固的工程实例等，以拓宽学生们的视野。图 2 为一堂案例教学课示例，案例教学注重理论和工程案例的融会贯通，并留有面向工程的思考题供学生思考。

（三）经典文献阅读心得分享

统计表明，研究生的课程学习参与度是影响其创新能力的关键[10]。为此，精选了分析动力学、模态分析、振动测试、振动控制方面的一些经典篇章和优秀论文供学生课后学习，并安排讨论课交流学习体会与收获。图 3 为学生进行经典文献阅读心得分享示例。

图 2　案例教学　　　　　　　　图 3　经典文献阅读心得分享

（四）雨课堂的使用

每章课程内容讲授完成后，利用雨课堂让学生用微信在线回答一些预先准备好的测试题（以辨析题和选择题为主），以考查学生对本章内容课涉及的基本知识点的掌握程度，如图 4 所示。对学生而言，这种在线形式的课内限时答题可有效地激发学生们的主动参与意识并提升课题学习效果。对教师而言，学生所有的学习行为数据均被自动完整地记录下来，有助于量化了解学生的学习效果及把握学生的学习轨迹。

（a）学生学习情况实时反馈　　　　　　（b）测试题及学生答题情况

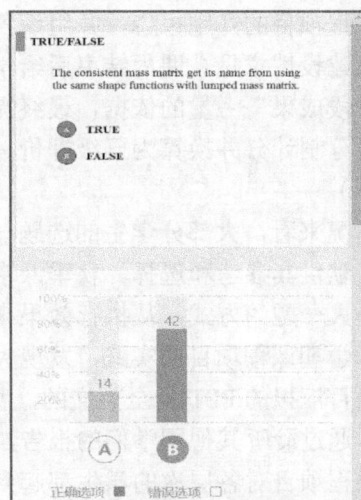

图 4　雨课堂的使用

四、研究性的课程项目

课程项目环节是将"以学促研"理念付诸教学实践的重要内容。设置课程项目的目的是通过该项目的训练，学生掌握从事科学研究的基本程序和方法。学生通过课程项目训练可获得全方位的能力提升，如查阅文献能力、自主学习的能力、发现问题的能力、解决问题的能力、逻辑思维能力、创新思维意识、提炼总结能力、写作能力、表达能力和审美能力等。这些能力对其未来的职业发展是非常重要的。

Burton Clark 教授在其著作中指出[11]："学生的研究活动不仅是一个确定问题和寻找答案的学术过程，而且也是一种激发批判思维和培养探究意识的方法。它是一种主动学习模式，在该模式中，教师提供研究构架和对待科研的态度，但并不提供要学生写下来、记住、再归还给教师的答案。"

有鉴于此，结合我院土木工程专业研究生的特点，我们制定了"结构动力学"课程项目的实施方案，如图 5 所示。首先，教师在课上结合一些优秀的学位论文，给学生讲授如何进行文献检索、论文选题和制订研究计划。然后，学生自己拟定课程项目的选题和研究内容。考虑到课程的专业辐射面广，鼓励学生选题与最终学位论文内容相关联。为确保所有同学都参与到这项活动中来，课程项目分组实施，学生人数多的课堂每组以不多于三人为宜，组内成员需有明确分工；人数少的课堂一人一组。

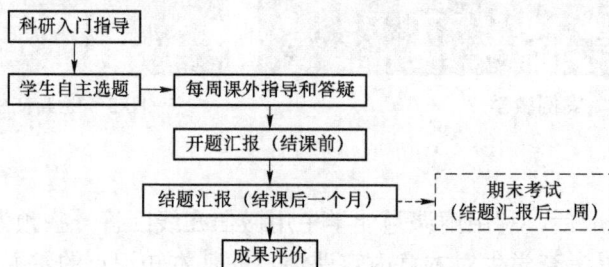

图 5 课程项目实施方案

课程项目评价的七项构成及占比为：选题依据（5%）、文献综述（20%）、研究计划（15%）、可行性论证（5%）、特色与创新（10%）、表达能力（15%）和阶段成果（30%）。在课程的最后一周，需提交课程项目的开题报告，并组织各组学生进行开题汇报和研讨交流，教师对每个项目进行点评并给出建设性意见。课程结束后给学生约一个月的时间，结合研究计划开展一部分研究工作，作为"阶段成果"考量的依据，最终提交小论文或研究报告，并进行课程项目的结题答辩。课程项目按百分制计分并换算为五级评价，即 A（90 及以上）、B（80~89）、C（70~79）、D（60~69）和 F（60 以下）。

从执行情况来看，大部分学生的选题与其所在课题组研究方向相关。对选题有困难的同学，可推荐一些文献供其参考和选择。秋季课堂因人数较多，故采用分组方式进行；春季课堂因人数少而采用了一人一题的方式，从执行效果来看，总体上一人一题的效果更佳。

通过两个学期课程项目的实践，发现大部分同学已经掌握了从事科研的基本方法，个别优秀的同学进行项目汇报的 PPT 是全英文的，甚至已投稿期刊论文。当然也有个别同学才刚刚入门。落后的同学，通过聆听其他同学们的报告，会看到自己的不足和差距，从中找到努力的目标和方向。总之，课程项目对各层次的学生都起到了很好的激励作用。

图 6（a）为一名学生用英文 PPT 汇报自己的研究成果，这也是双语教学所触发的一些成果；图 6（b）为部分优秀课程项目结题报告展示。

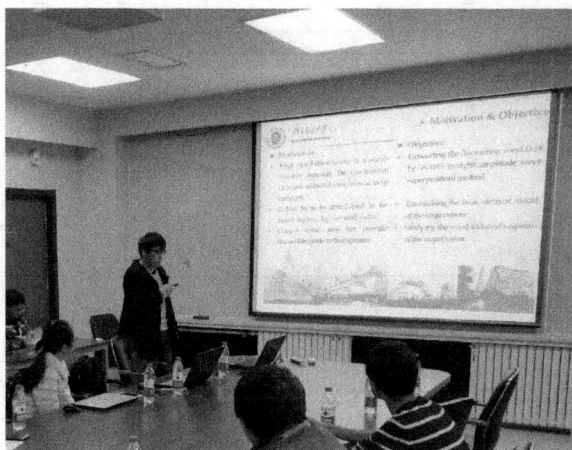

| （a）学生用英文PPT汇报成果 | （b）优秀课程项目成果展 |

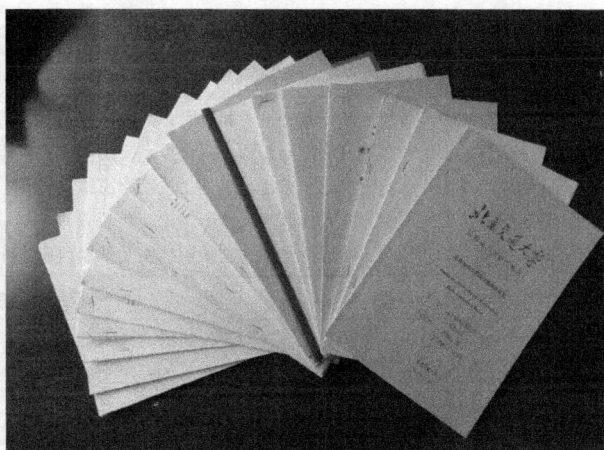

图 6　课程项目成果及汇报

五、成绩评定

为体现公平性并鼓励学生积极参与到非常有价值的课程项目训练中来，特制定相关的课程成绩评定办法如下。

（1）课程项目。如前所述，按五级评价，但计入总评成绩时仍按占一定权重的百分制计算。每级与百分制的对应关系是 A（95 分），B（85 分），C（75 分），D（65 分），F（0 分）。

（2）作业。不计入总评成绩，但未交作业者每次从总评成绩中扣 5 分、未做完或完成质量较差者每次从总评成绩中扣 3 分，累计最多从总评成绩中扣 15 分。

总评成绩采用两种计分方法，即成绩 S_1=期末考试成绩×0.7+课程项目成绩×0.3；成绩 S_2=期末考试成绩。

（3）总评成绩 S：①若课程项目被评为 A、B 和 C 档，$S=\max$（S_1, S_2）；②若课程项目被评为 D 和 F 档，$S=S_1$。

例如，一学生的课程项目评价为 A，期末考试成绩为 80，课程总评成绩为 80×0.7+95×0.3=84.5 分；再如，另一学生的课程项目评价为 D，期末考试成绩为 80，课程总评成绩为 80×0.7+65×0.3=75.5 分。这种成绩评定方式在一定程度上可反映出学生的科研能力。学生需提交课程项目研究报告，并进行两次答辩，比以前按作业成绩作为平时成绩的评价更为合理。

六、学生反馈

采用无记名调查问卷收集学生对课程的反馈意见，调查问卷涉及教学设计与教学内容、教学方法与教学效果、师德师风与学术特色、总体评价与感受四个模块，如表 1 所示。其中，前三个模块中的每个评价项有非常符合、符合、基本符合、不符合四个选项供选择。

表 1　课程匿名调查问卷内容

教学设计与教学内容
• 有明确的课程教学目标和教学大纲等学习要求；
• 有高质量的教材或讲义；有比较丰富的参考文献及资料推荐目录；
• 授课信息适量；注重理论联系实际；
• 对于本学科国内外的研究现状把握准确，注重教学内容更新

续表

教学方法与教学效果
• 授课思路清晰，讲授生动，有感染力和吸引力，能激发学生学习兴趣；
• 对学术思想和研究方法阐述准确精辟，讲课重点突出，难点剖析清楚；
• 教学有启发性，鼓励学生独立思考，培养学生创新思维；
• 采用学生欢迎的授课方式（如：多媒体、讨论、参观等），教学形式多样，提升教学效果；
• 本课程学习的知识与方法对于学生完善知识结构及开展科研工作有帮助

师德师风与学术特色
• 教师严格要求自己，备课充分，教学投入热情，为人师表；
• 对学生思想品德和学习研究能力要求严格，关心学生成长；
• 解答疑难耐心，课内外能与学生交流沟通，师生关系融洽；
• 教学过程中教师能很好地运用专业外语词汇；
• 教师有较深厚的学术造诣，有自己的教学风格与治学特色

总体评价与感受
• 对这课程总体评价为（非常满意，满意，基本满意，不满意）：
• 对该课程的主讲老师总体评价为（非常满意，满意，基本满意，不满意）：
• 经过本课程的学习，你感到在什么方面收获最大，在什么方面得到提高？
• 你对本课程还有什么要求与建议？（如教学方式、内容、作业、课程项目和考核方式等）

调查问卷反馈的情况主要表现在以下几个方面。

（1）教学方式：大部分同学认同课程的教学方式；少数部分同学反映授课速度较快，一些内容难度较大，不容易理解。

（2）教学内容：大部分同学认同课程的教学内容；少数同学反映英文课件课后看起来比较吃力；部分同学反映课时偏少。

（3）课程项目：几乎所有同学认同课程项目开展形式，并充分肯定课程项目的锻炼价值。个别同学反映选题困难，个别同学建议取消期中汇报环节，仅保留终期汇报。

（4）作业：部分同学反映作业难度偏高，作业比较费时，有时会感到自信心受到打击。

（5）考核方式：少数同学质疑课程项目分组可能会出现"搭车"现象，但均认同最终的成绩评定方式。

七、结语

以学促研理念是鼓励学生在课程学习阶段利用所学的知识从事科学探究活动，旨在激发学生的学习兴趣和培养学生自主学习能力，让学生具备提出问题而不仅仅是解决问题的能力。本文以研究生"结构动力学"课程为例，介绍了将以学促研理念应用于土木工程专业研究生核心课程教学实践中的一些具体实施办法，其中关键的环节是研究性的课程项目的实施，为此制定了与之相适应的成绩评定方式。学生反馈一方面对于本次课程改革尝试给予充分的肯定，另一方面让我们意识到课程建设持续改进的必要性。

参考文献

［1］ CLARK B. Places of inquiry：research and advanced education in modern universities ［M］. CA：University of California Press，1995.

［2］ CHOPRA A. Dynamics of structures：theory and applications to earthquake engineering ［M］. 5th Edition. NJ：Prentice Hall，2016.

［3］　CRAIG R，KURDILA A. Fundamentals of structural dynamics［M］. 2nd Edition. New York：John Wiley and Sons，
2006.

［4］　盛宏玉. "结构动力学" 课程教学实践中的几点认识［J］. 合肥工业大学学报（社会科学版），2007，21（6）：
102－104.

［5］　孙智，葛耀君. 国际研究型大学 "结构动力学" 课程研究生教学比较研究［J］. 教育教学论坛，2013，27：
58－60.

［6］　陈清军，李文婷. 结构动力学课程多元化教学方法探讨［J］. 高等建筑教育，2015，24（2）：47－52.

［7］　荣学亮，郭进，王慧东，等. 研究生结构动力学核心课程建设探讨［J］. 教育教学论坛，2016（23）：203－204.

［8］　王芳，王昭俊，刘京，等. 创新驱动下研究生多元互补课堂教学模式实践［J］. 高等建筑教育，2016，25（5）：
35－38.

［9］　乔普拉. 结构动力学：理论及其在地震工程中的应用［M］. 谢礼力，等译. 4 版. 北京：高等教育出版社，
2016.

［10］朱红，李文利，左祖晶. 我国研究生创新能力的现状及其影响机制［J］. 高等教育研究，2011，32（2）：74－82.

托福英语读写课的教学思考

徐国萍

（北京交通大学语言与传播学院，北京 100044）

摘 要：托福（TOEFL）考试是美国教育测验服务社（ETS）举办的英语能力考试，在全球 130 多个国家有 9 000 余所大学和机构认可 TOEFL 考试作为国际学生申请出国留学的成绩。该测试是莘莘学子走出国门不可或缺的敲门砖，我校应形势需要自 2017 年首次教改立项开设了研究生托福英语选修课。经过近两年的教学实践，已形成比较成熟的托福标准化教学范式。本文仅聚焦托福写作模块，对托福写作教学进行系统化梳理，旨在总结经验，以期进一步提升教学质量。

关键词：教学改革 标准化水平考试 托福考试 写作

一、明确教学指向，重视归纳总结

（一）教学导向

托福写作的教学与训练具有明确的应考目标，因此有别于常规性英语写作教程与写作坊，在提升学习者写作专项能力的同时，亦应兼顾应试指向：写作教学中广受诟病的"模板导向"（"例文导向"）在托福写作实训中不失为高效率的教学手段之一。基于此，要求学生利用碎片时间反复通听托福题库（185 篇）独立写作命题（Independent Writing）范文的 MP3，分析范文的谋篇布局以及提炼功能句式，可以事半功倍地提升学生的写作语感和水平。

（二）归纳总结

托福写作是标准化水平考试，独立写作的命题有规律可循，大体可归纳为如下四类。

A 类，两者对比选择型，题干特点为［A/B，二选一］

例如：Which do you choose：a high-paying job with long working hours or a low-paying job with shorter working hours？

B 类，支持反对投票型，题干特点为［√/×，同意或不同意］

例如：Do you agree or disagree with the following statement：watching television is bad for children.

C 类，多项选择题，题干特点为［A/B/C/...，多选一］

例如：If you could make one important change in your school，what improvement would you make：the school library，the gym or the clinic etc.

D 类，问题分析型，题干特点为［A1/A2/A3...，依次陈述］

例如：People enjoy music for different reasons，why is music so important to many people？

由于命题的规范化和格式化，由同类题型的范文往往可以总结出答题思路、提炼出功能性极强的具有普适性的句型句式，遂指导学生将 185 篇例文的考题类型进行如下归纳：

A 类范文写作题编号：1，5，9，13，14，17，19，29，31，32...

B 类范文写作题编号：2，8，10，11，16，20，23，25，26，27...

C 类范文写作题编号：6，12，36，42，48，52，56，62，69，79...

D 类范文写作题编号：3，7，12，15，21，24，43，46，68，93...

归纳结果表明，ABCD 各题型占比分别为：34.6%，33%，18.4%，14%。

如此归类既便于统计某种题型的测试概率，便于有的放矢地就高频题型进行针对性强化训练，通过分类又有利于集中攻克特定题型，同时又提升了学生的审题能力，可谓一举多得。

二、层次化有序教学

帕累托定律（Pareto's principle）由 19 世纪末 20 世纪初意大利经济学家帕累托首先提出。他认为，在任何一组事物中，最重要的只占其中一小部分，约 20%，其余 80% 尽管是多数，却是次要的，因此又称"二八法则"。"二八法则"反映一种不平衡性，教学中遵循该法则可以抓住关键，精确定位并解决问题。

当被问到英语写作中最困惑最困难的是什么，学生往往一脸茫然，究其原因就是不能精准进行优势（strength）劣势（weakness）定位，找不到 20% 的"短板"所在。如果托福写作训练没有清晰的层次感，教学内容失序，只能加深学生的困惑与茫然。因此教学进度安排上可以遵循依语言单位拾级而上（词汇、句式、段落）的顺序，便于学生意识到其薄弱层次，进而靶向性地予以加强、提升。

（一）词汇层面

托福写作的词汇运用要做到正确性、恰当性、精准性、地道性、多样性。

1. 精准用词

马克·吐温曾言，一个"精准的"用词（the right word）其效力强若闪电，而一个"差不多的"用词（the almost right word）其效力弱如萤火，可见写作中精准选词的（diction）的重要性。同时要注意用词地道，例如英语中普遍用 hoover 表达"吸尘器"，而罕用烦琐的双词组合 vacuum cleaner。

2. 同义词替换

英语写作中往往用不同的词语描述同一事物，例如，"电视"可以是 Telly，TV，television，Cyclops，this media form etc. ... 英语写作中可试用不同词汇以避免用词的单调重复。

3. 注意词义褒贬

词义褒贬经常是学生习作中忽略的因素，通过对比可以使学生重视词义色彩，例如 politician（政客，贬）vs. statesman（政治家，无贬义）；informer（告密者，贬）vs. informant（提供信息者，无贬义）；servant（仆人，贬）vs. server（提供服务者，无贬义）。

（二）句式层面

从句式层面来看，英汉两种语言风格迥异。首先，英语重形合（hypotaxis），句式结构严谨；汉语重意合（parataxis），多有无主句。其二，英语是综合性语言，句子冗长复杂，逻辑关联词量大，句式呈树木分支形；而汉语则是分析性语言，句子相对简短，句式成横向排列型。优质的英文写作必须摆脱母语影响，尽可能符合英语的语言风格与特点。不仅要遵从英语的语言习惯，优质的英文写作还要突出主题，句式多变。

1. 突出主题句

主题句是文章的点睛之笔。主题句通常置于段首，主题句的 thesis statement 承载着段落的逻辑发展，因此要格外清晰、明了。

2. 句式丰富多变

英语写作应避免句式单调，一成不变的主谓宾结构何其乏味，因此要长句短句交替，主动式被动式并用，倒装句、排比句、强调句、插入句交互，并列句主从句各显千秋。尤其应注意定语从句的恰当使用，相比于其他从句，定语从句更复杂更有难度，嵌套式多重定语从句的使用最能体现写作者的句式驾驭能力。

（三）段落层面

1. 段落衔接

托福写作是语言及思想的有机结合，不是杂乱无章的罗列。段落之间的转承启合要符合逻辑，段与段之间的衔接要流畅，这就是连贯性。连贯性包含意连与形连，意连表示内在的逻辑性，形连表示连接词语的使用。对于任何写作而言，连贯性都是及其重要的，这种连贯不仅表现在句子与句子之间、段落与段落之间语言形式上的连贯，同时更表现于思想意义的连贯。

2. 重视文章的开头结尾段

托福写作篇幅不长，可以在开篇段（introductory paragraph）开门见山地明确写作话题和目的，常用的开篇方式如下：

A. 以问句引出话题，引发思考

B. 以新颖观点或争议性话题开篇，引人入胜

C. 引用名人名言、谚语等开篇，佐证论点

D. 对将要讨论的话题进行定义，开宗明义

文章中间的主体部分（main body）以议论为主，支持性分论点一般不得少于三个。

文章结尾段（concluding paragraph）既可以是对开篇段落的呼应，也可以是对文章主体段落内容的简要总结。

三、托福写作的常见误区

托福写作训练不仅要指导学生该怎样写，更要提醒学生不该怎样写。通过对学生托福作文的分析，可以归纳出如下常见误区：

A. 滥用 and，so 等连词

B. 主语或人称频繁转换

C. 忽略一般现在时的动词三单形式及名词复数的词尾变化

D. 词性误用

E. 用词空泛、模糊、累赘

F. 拼写错误及语法错误

G. 段落的过渡衔接突兀跳跃

从另一侧面入手，通过这些病词、病句、病段的诊断，可以有效地提升学生的写作技能。

四、小结

托福实训课程的开设，是教改形式下的创新与尝试。在作文模块及其他技能模块的教学中首先要明确教学方向，重视归纳总结，坚持层次化的有序教学，帮助学生发现自身的弱势及短板，

指导学生有意识地避免托福写作的常见误区，完全可以帮助学生在短时间内取得进步，写出用词准确、逻辑清晰连贯的优质作文。

参考文献

[1] 许轶. 挑战托福作文满分 [M]. 北京：世界图书出版公司，2007.

[2] 张维岑. 实用英语句型语法 [M]. 哈尔滨：哈尔滨工业大学出版社，2001.

研究生"宏观调控法"课堂改革*

党 锐 郑 翔

（北京交通大学法学院，北京 100044）

摘 要： 原有"宏观调控法"课堂教学的不足主要体现为：教学模式单一缺乏互动；教学内容全而不深；考核标准重成绩轻能力。因此应树立"研究性学习"的教学理念；依托教材改革授课内容；构建科学的课程评价体系。改革"宏观调控法"课堂的具体方法包括综合运用讲授、讨论、专题研讨等多种教学方法。丰富教学手段和教学资源，利用高科技教学设备增加学生的互动，建立实践教学基地丰富教学的形式，充分利用网络资源丰富教学资源。

关键词： 宏观调控法 课程建设 教学改革

党的十九大报告提出"着力构建市场机制有效、微观主体有活力、宏观调控有度的经济体制"的目标，并且明确指出：创新和完善宏观调控，发挥国家发展规划的战略导向作用，健全财政、货币、产业、区域等经济政策协调机制。近年来，我国先后创新实施区间调控、定向调控、相机调控，适时适度预调微调，调控的前瞻性、针对性、有效性明显加强，有力促进了经济平稳运行和结构优化升级。可见，我国宏观调控的理念与手段不断与时俱进。这些变化也影响了宏观调控法律制度的制定，反映到教学中，需要教师重新审视在社会转型期，宏观调控法教学的要求，在教学过程中着重提高教育质量，以培养社会所需要的法学人才为目标。因为究竟培养什么样的法律人才，大到今后宏观调控政策的实施，小到对个人法律职业的前途都至关重要。[1]本文试图分析原有"宏观调控法"课程存在的不足，结合"宏观调控法"课堂改革的目标，提出具体课程建设的措施，以提高"宏观调控法"课程的质量，加强对理论深层次的研究，对政策的深度解析，打造创新型的"宏观调控法"课程。

一、原有"宏观调控法"课堂教学的不足分析

"宏观调控法"课程主要包括规划法、产业政策法、财政税收法、金融法、对外贸易法等学科，涉及的内容比较繁杂并且与我国的现实经济情况密切相关。由于研究生课程课时有限，因此主要采用老师课堂讲授，学生听讲，最后期末考试的教学方式。这种教学方式主要存在以下几方面的问题。

（一）教学模式单一缺乏互动

课堂讲授必然要以教师讲授为主，学生则以听课为主。该模式有一定的优点，老师可以将知识点讲授的更为全面。但是，老师和学生之间缺乏互动、沟通与交流，上课的积极性会下降，无法真正达到上课的目的。为了改变这种传统教学模式，有时也会采用专题学习—小组讨论—课堂展示这种模式。这种模式的弊端是讲授质量完全取决于专题学习小组学生的认真程度，水平有较

---

* 本文由北京交通大学研究生优质核心课程建设项目资助。

大差异的学生往往不能达成一致的学习进度，在沟通环节就浪费了许多时间和精力。而且一旦明确是分小组或者是个人课堂展示，就很难使全体同学都参与进来，没有分配到任务的同学可能会觉得本专题与我无关，在学习过程中"搭便车"，在讲授环节不认真听讲。老师对课堂整体的引导也会为难，如果学生准备不充分，老师还得自己再进行一遍讲授，使得学时非常紧张；即使学生准备得比较充分，也会由于表达不好，或者重点不突出等原因，使得教学效果不好。老师即使想进行引导，但因为课时的限制，也往往使得课程教学只流于表面，而没有触及深层次的理论分析。

（二）教学内容全而不深

原有的教学模式下老师总是尽可能地把所有知识点全部覆盖，但是课时是有限的，一味地追求内容的全面会导致重点问题不突出，重点内容讲授不透彻，学生一知半解，只能学习到一些"皮毛"。但是，如前所述，宏观调控法是一门涉及众多知识点和理论问题的学科，需要讲授的内容非常多，而且与经济学、社会学等学科的关系非常密切，是一门多学科交织的科目，跨学科的知识不仅是学好本门课的基础，而且对于宏观调控法内容的理解起到非常重要的作用。如果只是机械地重复教学大纲所要求的知识，缺少跨学科的知识讲授，则很难对现实问题进行深入的理论思考，也很难引导学生准确理解宏观调控法调整现实经济关系的价值目标、具体措施和实际的立法效果。所以教师在授课过程中应结合经济学、社会学的知识进行讲解，不仅要讲解现有法律制度的具体内容，还需要补充经济学、社会学的基本常识以及我国经济现实情况。培养学生利用多学科知识分析解决问题的法学逻辑思维能力。

（三）考核标准重成绩轻能力

在考核标准方面，目前的考核模式主要由课堂表现和期末考试两大部分组成，最后的分数主要以期末考试成绩为主，因此一门课的期末考试往往是学生最为关心的。目前的期末考试大都以闭卷考试为主，研究生阶段，通常对学生的考核并不是十分严格，考题设置比较简单，考完试就意味着课程结束，学生即使看到分数，也并不了解自己试卷中到底反映出自己学习中的哪些问题，没有机会对学生学习情况进行反馈，不利于学生对宏观调控法薄弱知识点的掌握，也不利于学生对宏观调控法重点问题和理论的深度理解。

二、"宏观调控法"课堂改革的主要目标

法学教育的目标，是一个具有根本性的问题。只有解决了目标问题，才能以其作为一个标尺，来衡量现有的法学教育到底有哪些缺陷、应当如何改进[2]。"宏观调控法"作为经济法专业的一门必修课，其目标是让学生理解、掌握我国宏观调控法的具体制度，领会经济法及宏观调控法的基本精神，培养学生的法律思维，让学生熟悉各种法律制度和法律规范，训练和提高学生分析问题和解决问题的能力，让学生学会从经济法的角度、运用经济法的原理分析现实生活中的具体案例[3]。要实现这些目标，应该对宏观调控法的教学理念和教学过程进行改革。

（一）树立"研究性学习"的教学理念

所谓"研究性学习"指的是以问题研究为基础、以培养创新能力为目的，通过教师的指导，学习者发现并选择特定的问题或主题，进行自主探究，在思考、研究与实践的过程中体验与感知知识并自主获得知识的学习活动[4]。

教学是一个相互的过程，树立"研究性学习"的教学理念离不开教师和学生的共同努力。从学生角度而言，经济法专业研究生大部分在毕业后都要走向法学实务工作岗位，要想成为一名合格的研究生，不应仅仅是掌握书本上的"死"的知识，更重要的是学会分析复杂案例、经济现象，

结合国家的经济形势分析相关的财政、税收、金融外汇等方面宏观调控政策的目的，再从法学理论角度、从法律层面进行相关的制度设计。从教师角度而言，"宏观调控法"作为一门理论较新的课程，遇到的现实问题是：在课堂上学习的法律很快会被修改或是被新的法律所取代。面临法治化进程不断加快的现实，知识飞快地更新换代的时代，教师不应该满足于仅仅是信息的"搬运工"，而要用启发式的教学方法把教学重点放在学生的法律逻辑思维能力的培养上，教会学生如何运用课堂所学知识发现问题、分析问题、解决问题，这才是使学生在法律职业道路上终身受益的能力。

（二）依托教材改革授课内容

教学内容离不开教学教材，教材的好坏直接影响教学的质量。为提高教学质量，选择合适的教材极为重要。好的教材应该既能让学生迅速了解教学内容和要求，也能帮助学生深入思考课程重点知识。教师在教案的编写过程中，应做到每个章节都有引例、提要、重点问题、理论热点、思考题五大部分。通过引例、提要让学生对本章所学有一个初步的了解，课上结合重点问题对每个章节的重点问题进行着重的讲解，结合理论热点进行专题讲授，最后设置思考题便于学生日后的复习和对章节重点问题进行自测。通过教材各模块的训练加深学生对理论知识的记忆也使得学生对所学内容有比较深刻的理解。在具体教学过程中，教师需要先对教学大纲有一个全局的把握，合理安排课时，突出授课的重点。涉及基础概念、基本理论等一些基础简单的问题可以安排学生课下预习自学，而对于重点理论、难点、理论争议点则需要教师有针对性地进行精讲[5]。

（三）构建科学的课程评价体系

宏观调控课程的教学评价体系应以提升学生法学素养，提高综合素质水平为目标，重视学生能力的培养。对原有的教学评价标准进行改革，制定科学的评价规范。抛掉过去重考试成绩、轻能力的旧的教学评价理念，重点考察学生的学习能力、实践能力、独立思考等研究、学习的能力。采用综合测评的考核标准，降低期末考试成绩所占比重，将学生的课前预习、课后作业、课堂随堂测试、课堂参与度等各个环节纳入考核体系中并适当提高日常学习环节成绩所占比重。将考核标准和考核结果及时反馈给学生，使得学生在学习过程中能及时纠正自己错误的学习习惯，明确学习方法和目标，提高学生学习和教师教学的效率。

三、改革"宏观调控法"课堂的具体方法

研究生教学要求不同于本科生，不仅需要记住基础知识，而且要更加注重书本知识背后的理论的阐述以及研究能力的提升[6]。研究生教育不要求死记硬背，而是要通过对问题的分析与研究扩充知识储备，这就对老师的教学提出了更高的要求，"宏观调控法"课堂改革在教学方法上主要以讲授性、讨论性、专题教学三种教学方法为主，鼓励学生积极参与到课堂中，深入学习理论知识，同时充分利用各种资源，丰富教学的手段，通过多样的教学手段调动学生学习的兴趣与积极性，提高实践以及创新的能力。

（一）综合运用多种教学方法

1. 讲授性教学方法

在授课过程中，老师的作用是不容忽视的，但这并不意味着老师要"主宰"整个课堂，而是作为一个引领者的角色，发现学生对问题认识的不足之处，促使学生对问题有更深入的思考，培养学生独立研究的能力。对于重点章节，教师可以提出深层次的问题让学生回答，并对其做出点评，从而进一步加深对课程内容的理解；对于当下发生的热点案例，教师可以有针对性地选取典

型案例组织学生进行讨论，将现实和书上的理论知识联系起来，以案说法，通过对案例的讲解，加深学生对案例背后涉及的宏观调控法理论的领悟[7]。

2. 讨论性教学方法

教学相长，教学不是老师"一言堂"，而是师生之间的双向沟通，在讨论过程中能够碰撞出火花，甚至能够诞生一个新的理论。同时讨论也可以加深学生对问题的理解，锻炼学生的口才，同时提高学生分析问题的能力。

对于人数多的课堂由于课时的限制，可以以小组讨论为主，研究生人数较少的课堂则可以个人讨论为主，这样既能保证每个学生都参与到课堂中，老师也更容易发现每个学生的薄弱知识点。讨论也可以分为课上讨论与课下讨论，课下讨论占据课堂的时间比较少，讲课效率较高，但对学生的自觉性要求也比较高；课上讨论虽然会占据一定的课时，但是有助于教师在学生讨论中发现学生的薄弱知识点，并针对性地进行讲解。各种讨论的形式各有利弊，要善于综合利用以达到最好的教学效果。

除讨论外，还可以组织学生进行课堂辩论。在论题的选择方面，首选社会的热点，对有争议的问题或是案例进行抽象的提炼。理论方面的论题则以重点、难点的理论知识为主。在具体的实施方面，学生可以按照自己对论题的理解选择辩论的正反方，利用课下时间收集资料，在课堂上给予每个学生畅所欲言的时间，保证所有学生都可以参与到辩论的过程中，在辩论中升华对知识的理解，提高学生的观点表达能力以及辩论水平。

3. 专题教学方法

宏观调控法是一个综合性的学科，知识较繁杂，缺乏一定的系统性，如果仅仅是按照大纲要求以章节为单位授课，很容易造成学生对于前面的知识的遗忘。而专题教学可以将各章节的知识点串联起来，虽然较章节授课难度高，但是通过专题教学可以提高学生综合运用知识的能力，对于宏观调控理论的认知与掌握也会更加深入。

专题可以分为理论研讨、热点剖析两个部分。对于宏观调控法的基础理论，如宏观调控法的一般原理、体系地位、基本原则和调整方法，可以采用理论研讨的形式，加深学生对理论的理解；热点剖析则主要结合案例，对于当下宏观调控热点问题，如财税改革、反垄断、银保监会的合并、产业政策的调整等，采用热点剖析的专题形式，组织学生讨论、研究相关宏观经济政策并以专题报告的形式在课堂上分组进行汇报，通过对专题的研究思考法律问题，从法制层面研讨宏观调控政策的科学性，从实践层面调查政策的可操作性，分析现有制度的利弊，预判立法趋势。

（二）丰富教学手段和教学资源

1. 利用高科技教学设备增加学生的互动

研究生课堂教学，应该打破原来的沉闷的教学方式，充分利用现代化的教学设施。例如利用计算机、投影仪等，根据讲授内容适当增加影像资料，如相关热点新闻、电影电视片段、专家讲座等，把只是单纯的播放 PPT 变成看、听、说的立体影像。提高学生的学习兴趣，全方面地提升教学的质量。

利用微课、在线教学平台等方式增加学生学习手段。将线下学习转为线上学习，按照课时要求规定学生每周上线学习的时间以及完成"宏观调控法"课程学习的总时间，每章节设置思考题以检验学习的效果，对于重点问题以专题的形式要求学生进行专题研究并形成专题研究报告上传至相应平台中，将课时、思考题、专题报告、期末考试综合纳入期末成绩的考评中。网络课程对于教师学生时间的要求而言相对灵活，学生可以根据自己的时间安排什么时候听课，将被动的上课变为主动的学习。

2. 建立实践教学基地丰富教学的形式

宏观调控法是一门较为抽象的学科，因此，实践教学就显得尤为重要。除了传统的法院、律所外，结合本课程的特点可以考虑与政府经济监管部门、金融机构、会计师事务所等经济管理主体和经济活动主体进行对接[8]。通过实践让学生可以更直观地了解我国现在的产业政策、财政税收政策、金融制度等宏观调控法的内容，使其以一个政策制定者的身份或是市场主体的身份参与到宏观调控法实际的实施过程中，运用所学并通过实际体验发现问题，实现知识的再融合。

3. 充分利用网络资源丰富教学资源

现代教学手段的网络化，使得越来越多的网课在互联网上出现。如网易公开课、coursera 等网络平台都提供大量的国内外名校的课程。因此，针对学生普遍欠缺经济学、社会学基本理论知识的现状，可以借助网络资源，来弥补学生理论上的缺陷。可以引入网络教学资源，补充说明中国市场经济的有关知识、中国经济发展的历史演变、中国未来经济发展的目标和主要经济政策等内容，在这些内容中也可以包括对中国基本国情以及历史传统的介绍。教学资源的选择其实也是教师非常重要的一项工作，在海量的信息中选择合适的课程、相关讲座，有利于帮助学生补充知识，也帮助学生拓宽视野，了解不同专家的观点和法学发展前沿问题，这都有利于学生对宏观调控法的深入理解。

四、结语

宏观经济是一个庞大而又复杂的系统，政府对于国民经济的调控也是综合运用包括法律、经济、行政在内的多种手段相互配合的结果。"宏观调控法"课堂改革必须顺势而为，关注民生热点问题，将现代经济发展中的重要政策引入课堂教学环境，提高课程教学质量。

参考文献

[1] 王新清. 论法学教育"内涵式发展"的必由之路：解决我国法学教育的主要矛盾 [J]. 中国青年社会科学，2018（1）：8–18.

[2] 葛云松. 法学教育的理想 [J]. 中外法学，2014，26（2）：548–581.

[3] 王晨光. 法学教育的宗旨：兼论案例教学模式和实践性法律教学模式在法学教育中的地位、作用和关系 [J]. 法制与社会发展，2002（6）：33–44.

[4] 汪习根. 论中国法学教育改革的目标模式、机制与方法：基于"研究性学习"新视角的分析 [J]. 法学杂志，2011，32（5）：8–13.

[5] 蒋志如.试论法学教育中教师应当教授的基本内容 [J]. 河北法学，2017，35（2）：2–16.

[6] 薛刚凌. 社会转型期：我们培养什么样的法律人才 [J]. 法学杂志，2011，32（4）：18–22.

[7] 郑翔，丁琪，李佩. 经济法课程教学中的问题与混合式教学模式的运用 [J]. 吉林省教育学院学报，2015，31（3）：76–78.

[8] 张春丽. 法治国家背景下经济法教学改革的思路 [J]. 云南大学学报：法学版，2016，29（2）：84–91.

"机械电子工程"硕士课程与实践平台建设

史红梅

（北京交通大学机械与电子控制工程学院，北京 100044）

摘　要：在对机械电子工程硕士培养方案进行国内外调研的基础上，结合我校学科特色，修订了机械电子工程培养方案；为培养研究生的科研能力和创新能力，基于科教融合进行了课程和实践平台建设，提高了研究生人才培养质量。

关键词：机械电子工程　培养方案　课程建设　实践平台

随着学校"双一流"建设的开展，高水平研究生培养是其中重要的一个环节，而实现高水平研究生教育最核心最紧迫的任务就是提高研究生培养质量[1-3]。机械电子工程是机械工程一级学科下的二级学科，是将机械学、电子学、信息技术、计算机技术、控制技术等有机融合而形成的一门综合性学科。2014 年我院对硕士研究生培养方案进行修订，机械电子工程学位点对国内 17 所高校的机械工程、机械电子工程的培养方案进行了调研，完成了调研分析报告；针对我校轨道交通行业特色，重新梳理凝练了机械电子二级学科的研究方向，修订了符合我校特色的培养方案和课程体系；开展基于科教融合、以提高创新能力培养为目标的课程建设；基于学科建设，构建了研究生创新实践平台。

一、国内机械电子工程专业调研情况

为充分了解国内外机械电子工程专业研究生培养方案情况，对 17 所高校的机械电子工程培养方案进行了调研。从培养目标、研究方向、培养方式和学习年限、课程体系和学分要求、培养环节及要求、学位论文环节及要求、科研成果要求七个方面对国内高校的机械电子工程培养方案进行了深入分析，同我校原培养方案进行对比。

国内高校均强调，要把掌握坚实的本专业领域的理论基础和系统的专门知识作为研究生培养首要目标。各高校均要求培养研究生严谨求实的科学态度和作风，部分高校也把具有创新精神，了解学科前沿，锐意创新作为培养目标。华中科技大学提出："培养严谨求实的科学态度和作风，具有创新精神和良好的科研道德，具备独立从事本专业的科学研究能力。" 东北大学提出："应了解本学科发展前沿，并在科学研究工作中有所创新。"北京科技大学提出："本学科工学硕士学位获得者应德智体全面发展，具有开拓进取、锐意改革的精神，严谨的科学态度和作风。"有的高校，如西安电子科技大学、东北大学、西安交通大学对外语有所要求，提出研究生应较为熟练地掌握一门外国语，具有一定的写作、阅读学科的外文资料，撰写论文摘要，进行国际交流的能力。

多数高校将研究生将来的职业定位为："能从事科研工作和独立从事专业技术工作"，一些高校提出将技术与管理相结合："既能适应本领域的科学研究、设计工作，又可以独立承担相关领域的教学和管理工作的高层次、高素质的科技人才"，在对研究生个人素质要求上，部分高校提出研究生应热爱祖国，遵纪守法，道德品质好，拥有强健的体魄，愿为社会主义现代化建设服务。

二、符合我校特色的培养方案和课程体系修订

在国内外高校调研和充分分析我校机械电子工程专业的特色后，梳理凝练机械电子工程研究方向包括四个：①机电系统建模、先进控制及自动化；②机电系统状态检测与故障诊断；③流体传动及控制；④嵌入式系统与智能仪器仪表。

1. 机电系统建模、先进控制及自动化

研究航天、轨道交通、电力等领域机电系统的控制理论及控制方法，包括系统建模与辨识、智能控制、控制器优化设计及系统的集成与性能优化、机器人控制技术及微系统技术等。

2. 机电系统状态检测与故障诊断

研究航天、轨道交通、电力等领域的机电系统的过程监测技术、电量及非电量信号检测技术、信号处理技术以及故障诊断技术。研究基于无损检测、图像处理、电学层析等技术的状态检测与故障诊断方法。

3. 流体传动及控制

研究机电液气系统的设计与应用、机电液控制系统控制规律和控制方法、电液伺服、比例控制系统和传动系统的设计、仿真与实现的问题；研究电液控制元器件的机理以及基于以伺服电机和各类电机为控制元件的运动控制和拖动问题。

4. 嵌入式系统与智能仪器仪表

基于现场总线、嵌入式系统、可编程器件、单片机和虚拟仪器技术等的智能化仪器仪表、装置及系统的产品开发与应用研究。

课程体系更加明确地分为数学基础、学科核心、专业课、专业选修课四个模块。同时在课程中体现加强基础，强化特色，与时俱进。在课程中加入了"现代测试技术"学科核心课程，以及"图像工程与视觉检测技术""多传感器融合技术""工业控制网络技术"专业选修课程。

三、基于科教融合的课程建设

为了提高机械电子工程的人才培养质量，首先要进行课程建设，提高课程教学效果，培养研究生的研究、创新能力。为此，开展了基于科教融合的课程建设，将教师的科研成果体现在教学中，采用研究性学习的教学模式，充分调动学生学习的主动性，同时以问题为驱动培养学生文献检索、问题分析和方案设计的能力，将课程学习、研究方法和创新能力培养三者结合。这里以"智能信息处理技术"、"图像工程与视觉检测技术"两门课程为例，对基于融合的课程建设做以介绍。

"智能信息处理技术"作为机械电子工程硕士的专业课，主要是为测控技术方向的硕士研究生介绍智能仪器仪表与智能测控系统中信息处理的基本理论与算法，使学生在从事系统建模、状态估计、故障诊断等领域的研发工作中，具备独立设计相关智能信息处理算法的能力。教学内容的设计主要是根据智能仪器仪表或测控系统所涉及的信号与信息的特点以及系统目标的不同层次，从信息科学的角度出发，设置了最优估计、神经计算、模糊计算、进化计算以及应用实例等内容。由于智能信息处理技术是一个非常活跃的研究领域，新成果不断涌现，因此课程内容设置了培养学生的自学能力和创新能力的前沿问题讨论环节，以研究性教学方式开展。每年会选择一个新的讨论主题，例如遗传算法、蚁群算法、深度学习等。同时"智能信息处理技术"除了要求学生课上积极参与讨论，课下还安排了独立编写算法的计算机程序环节，注重理论学习与实际应用问题的紧密结合，形成了"强调动手实践""促进科教融合""引导研究性学习"三者融合的教学方法。由于研究生在理论基础、科研经验等方面的优势，比本科生更适合于科教融合的教学方法，这一方面可以通过科研案例让学生加深对教学内容的理解、体验实际科研过程；另一方面可

以将教师遇到的相关科研问题带到课堂中，指导学生开展研究，促进科研进展和人才培养。在教学过程中，教师将科研中开发的"基于车地振动模型的惯性基准测量"作为线性最优滤波的典型案例，介绍了如何构建轨道车辆动态测量系统线性模型、如何利用 KF 和 UKF 算法进行测量系统姿态的动态补偿问题；将"载波相位 GPS 高精度定位算法"作为非线性滤波的典型案例，介绍了如何构建载波相位 GPS 高精度定位非线性系统模型、如何利用 PF 进行载波周期解算与高精度定位问题。

在"图像工程与视觉检测技术"课程的教学过程中，结合教师实际科研项目开发了研究性专题教学案例"基于视频图像的异物侵限检测系统设计"和"基于激光三角和立体视觉原理的物体轮廓测量系统设计"，要求学生根据课堂讲授的图像工程的内容自己查阅资料设计相应的图像采集与处理系统的结构，并在课堂进行设计方案的展示和讨论。同时，任课教师会从实际项目中抽取与授课内容相关的部分设计课程的作业，例如，在讲授"基于 Hough 变换的分割技术"章节时，会将实际采集的铁路现场图像作为作业素材提供给学生，要求学生研究利用 Hough 变换检测图像中钢轨并考虑滤除接触网引线干扰的方法。通过实际科研项目解决方案和具体工程问题设计培养研究生的科研素养和工程意识。

四、基于学科建设建设研究生创新实践平台

为培养机械电子工程专业研究生的实践应用能力，掌握相关的理论和技术，学位点依托学科建设，建设了轨道交通基础设施安全监测研究实践平台。

该实践平台包括基于超声导波的钢轨应力监测平台、基于机器视觉的地铁隧道裂缝监测平台、基于机器视觉的铁路线路净空远程监控平台等三个部分。覆盖轨道交通基础设施安全监测的几个重要方面，并涉及超声波导波技术、机器视觉技术、图像处理技术、电子电路设计、嵌入式系统设计等多项关键技术。研究生可以通过该平台了解轨道交通基础设施安全监测技术的总体情况，参与基础设施安全监测技术的理论和应用研究工作，并在该平台上进行实践，培养研究生掌握轨道交通基础设施安全监测的关键理论和技术，提高研究生的应用实践能力。

这里以"基于超声导波的钢轨状态无损监测平台"为例进行介绍，平台框图如图 1 所示。该平台采用超声相控阵系统，激励和接收任意频率和模态的超声导波信号，可实现钢轨、管道、板材等对象的远距离、大范围无损检测和探伤。

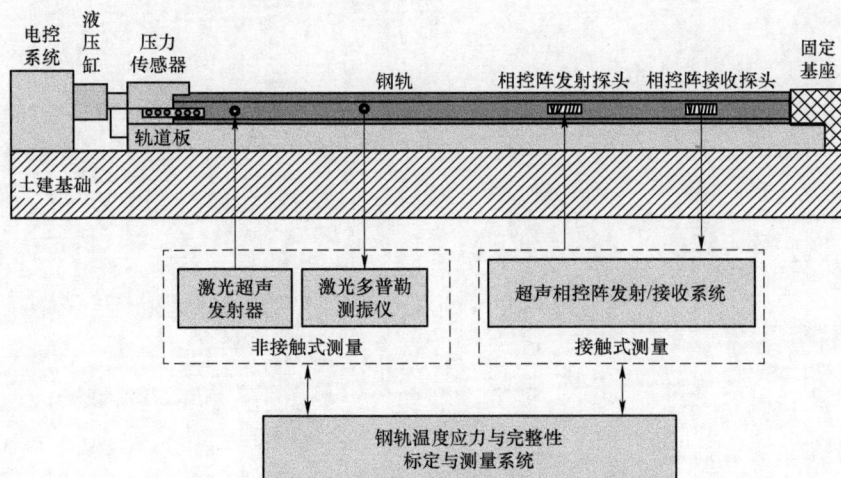

图 1 超声波钢轨状态无损监测平台示意图

研究生通过该平台可以掌握基于超声波技术的无损检测理论，学习有关超声相控阵的前沿技术与理论，涉及"现代传感技术""测试技术与数据处理""工程测试与信号分析""智能信息处理技术"等课程以及机械工程专业实践培养环节。可以基于压电式阵列换能器，获得超声导波不同模态在温度应力与钢轨缺陷下的响应特征，实现温度应力与各种典型缺陷的智能识别算法。无缝钢轨温度应力和完整性的在线监测是一个世界性的技术难题，对于高速铁路长期服役状态安全具有重要意义。研究生通过该平台可以学习和掌握超声导波的基础理论和钢轨状态监测领域的核心技术，可以进行论文的大部分研究工作和前期实验室验证工作。

五、结论

研究生教育主要是培养科研创新能力，研究生阶段是科研能力培养的重要阶段。机械电子工程专业从该培养目标出发，进行了培养方案修订，进行了科教融合课程改革和实践平台建设，2014—2016 年共招收机械电子工程硕士研究生 76 名；在开展科教融合的课程建设后，2013—2015 级研究生多门课程均要求学生查阅并研读相关论文并进行课堂讲解和讨论，撰写与课题相关的研究现状文献综述类研究报告，因此学生的文献检索、问题分析能力明显提高；另外，基于实际科研项目转化的"基于视频图像的异物侵限检测系统设计"和"基于激光三角和立体视觉原理的物体轮廓测量系统设计"教学案例已应用于 2014 和 2015 级"图像工程与视觉检测技术"教学过程；30 名研究生使用了轨道交通基础设施安全监测研究实践平台，为论文研究提供重要的科研平台支撑；2016 年机械电子工程专业 2 名研究生参加第十一届华为杯全国研究生电子设计大赛，获得全国一等奖。

参考文献

[1] 董贵成. 导师培养博士生需要关注的若干重要环节 [J]. 学位与研究生教育，2018（9）：11-15.

[2] 辛忠，徐心茹，李涛，等. 创新培养体系提升化学工程领域工程专业硕士研究生培养质量 [J]. 化工高等教育，2018，35（3）：1-4.

[3] 仲建峰，王慧，陈达. 系统论视角下研究生培养质量保障体系的构建 [J]. 科教文汇（中旬刊），2018（5）：1-3+26.

"高等路由原理与技术"课程教学与科研
实践创新模式研究

刘　颖　周华春　董　平　苏　伟　张宏科

（北京交通大学电子信息工程学院，北京 100044）

摘　要：针对当前研究生课程建设面临的情境设置难以与教学内容相结合、课程管理杂乱、课程教学模式单调及课程教学的创新实践性低等问题，本文以"高等路由原理与技术"课程教学为实例，从课程与教材建设、课程教学方法建设、课程科研实践创新模式建设及课程评价体系建设等方面展开研究，目的是探索及建设具有较强基础性、前瞻性和先进性的研究生课程教学与科研实践创新模式，从而为培养技术拔尖创新型人才提供基础。

关键词：研究生课程建设　课程体系　教学模式　科研实践　创新模式

一、引言

"课程"作为一个正式的研究领域，在我国始于 20 世纪 20 年代初期，到 20 世纪 80 年代，课程研究才引起关注。由此可见，课程改革在我国只经历了短短几十年[1]。但是这几十年，也正是我国改革开放迅猛发展的时期，探索和建设高水平课程已经迫在眉睫。为了更好地促进我国教育事业的发展，国家不断深化教育教学改革，切实提高人才培养质量。随着科技的发展，国内外对于掌握高精尖技术人才的需求量与日俱增[2]。而研究生课程教学正是当今社会培养高科技领域人才的重要步骤。

当前的研究生课程改革已经取得了一些成果[3]。首先，课堂教材和教学形式的多样化，特别是多媒体教学和网络教学的应用，大大提高了学生学习的积极性；同时，师生的角色也取得更好的平衡，在课堂上，师生共同探究、平等交流、协作学习，促进学生自主发展、全面发展、个性发展的新型课堂特征正逐步形成；其次，有利于教师的教研、培训活动广泛开展，改革使教师对参加多形式、多层次的培训和教研活动感到前所未有的压力和动力[4]，教研活动有计划且广泛开展，形成了重研讨、重实践、重反思、重互动的新型教研风气，不但增加了跨地域的教师交流的渠道，而且有力地促进了老师的专业发展。

尽管如此，研究生课程的改革仍然面临以下问题[5]：①情境设置难以与教学内容相结合。教材的情境与教学内容的内在联系并不紧密，造成有些时候给学生一种脱离实际的感觉。②课程管理杂乱。许多课程资料没有系统整合，教师之间的资源共享不足，造成了教学资源的浪费。③课程教学模式单调。目前课程主要以讲授式教学为主，模式单调，学生老师互动不足，学生对学习过程的参与感较低。④课程教学的创新实践性不够。当前研究生教学内容与社会需求具有一定差距，由于社会需求的动态性和科技的高速发展，教材内容与最新前沿技术存在着无法同步的问题，导致学生对新技术发展的了解有一定局限性。

综上所述，以培养技术拔尖创新人才为向导，建设并研究具有较强基础性、前瞻性和先进性的研究生课程实践创新模式已经迫在眉睫。

二、研究生课程教学与科研实践创新模式建设

针对上文提出的问题，本文以"高等路由原理与技术"为实例，从研究生课程与教材建设、课程教学方法建设、课程科研实践创新模式建设、课程评价体系建设等方面展开研究。

（一）课程与教材建设

1. 按专业需求制定教学大纲

探索适合于不同专业的教学方法，合理安排课程内容与进度，促进学生、教师之间的良性互动，加强对研究生课程学习的支持服务，具体如下。

对于研究生基础通用课程，教师应该结合学生专业确定教学的任务和内容，能带动学生在学习课程的同时了解该课程与自己专业的关系，并能在自己专业中运用该课程中的知识[6]。尽管近年来随着教育的发展，教材也进行了改革，在通用教材中尽可能地考虑了各专业各大类的通用性、特殊性的要求，但由于研究生教学过程中专业的细化，只有将通用课程与学生的专业结合起来才能最大可能地调动学生的学习积极性，加深学生对该课程内容的理解，从而达到学以致用的目的[7]。

对于研究生专业课程的教学，教师应该注重前沿引领和方法传授，保证讲授基础知识的同时，尽可能多地在教学过程中引入国内外最新相关研究内容，使得课程教学不仅仅局限于教材，而更多地是对前沿技术的理解和探索[8]。此外，还需要教师灵活处理教材上的内容，根据不同专业对细节做出相应的处理，选取一些与本专业相关的实例进行讲解，让教材内容与研究生具体专业达到良好的契合程度。

2. 不断优化课程内容

教学过程中突出研究重点并对重点内容展开深度讲解，从而有助于学生的思考并提高学生的学习兴趣；表达必须精炼、准确、科学，通过实例化的方式将抽象的研究内容具体化，帮助学生理解课程；教材内容应体现先进性、通用性、实用性，要将研究内容在国内外取得的新应用、新成果及时地纳入授课内容，适当引进具有国际先进水平的英文配套教材，在课程中介绍各专业国内外顶级期刊及会议的最新论文，从而使得课程内容更贴近专业的发展和实际需要，指导学生抓住学科知识的核心问题，掌握知识基础架构，引领学生了解、感知学科发展，跟踪本专业的发展动向。

在"高等路由原理与技术"课程教学中，除了将高等路由原理与技术的国内外前沿技术与原理、最新应用与成果及时地纳入课程当中，使课程更贴近通信与信息系统专业的发展和实际需要，还引进了具有国际先进水平的英文配套教材 *Smart Collaborative Identifier Network*，提升教材内容的先进性和实用性。考虑到互联网行业高速发展的现状和教材本身的局限性，在课程中介绍国内外顶级期刊与国际会议最新发表的论文，研究热点项目，从而拓宽学生的知识面，引导学生从国际前沿互联网相关研究中获取创新思想。

（二）课程教学方法建设

1. 制定多样化的课程教学方法

充分利用多媒体教学手段，将介绍国际前沿互联网技术应用的图片、视频等资料融入课程的讲述中，由于多媒体教学的直观性和生动性，可以将形象、丰富的图文、数表信息展现在课堂上，有助于提高研究生对课程内容的兴趣，同时也增强了教学内容的可信度和说服力，从而有效提高

课堂效果和教学质量。此外，改变主要以讲授式教学为主的授课模式，探讨多种教学模式，如案例式、轮流讲座式、团队作业教学、研讨班式教学，使研究生能主动参与到课程学习中，加深对课程内容的理解和记忆。

其中，案例式教学是指在教育教学过程中，融入含有问题情景在内的、真实发生的、典型性的实践。运用典型案例，将学生带入特定事件的现场进行案例分析，通过学生的独立思考或集体协作，进一步提高其识别、分析和解决某一具体问题的能力，同时培养正确的管理理念、工作作风、沟通能力和协作精神的教学方式。案例教学有利于改革传统概念的教学，注重引导学生通过案例的分析推导、运用概念较好地解决实际问题，促使学生的思维不断深化，并在力图对一个问题寻找多种解答的过程中培养和形成创造性思维。

在"高等路由原理与技术"课程教学中，在兼顾路由原理知识基础性与互联网行业国际最新技术发展热点的基础上，案例既能形成全方位，多覆盖的知识体系，又能根据需要按教学知识点抽取使用，从而帮助学生通过案例引导学习，进一步深入掌握互联网领域的基础理论、先进技术方法和手段，提升专业学位研究生的工程能力，尤其是工程实践能力。

轮流讲座式教学、团队作业式教学、研讨班式教学均属于参与式教学，以教师为主导、学生为主体，让学生表达自己的观点，调动学生学习积极性，培养其分析、解决、总结问题的能力，从而可以在教学中准确地了解学生感兴趣的研究内容，使之后的课堂教学具有针对性，同时也可以增进教师与学生之间的互动，有助于师生之间相互学习。

另外，随着高校信息技术条件的完善以及图书馆数字资源的丰富，网络资源已成为研究生获取专业前沿知识的主要渠道，因此，要结合目前研究生对互联网广泛使用的特点，开发多维教学资源，例如，建设高水平教材和课程网站，使学生在课外也能根据自己的需求学习到相关的互联网专业知识。

2. 提高国际化课程交流水平

近年来世界各国纷纷开展新网络体系方面的研究工作，并取得了优秀的研究成果，为了让研究生对国际上路由协议的应用情况有更深入的了解，应引进国外优质课程资源，聘请国外专家主讲研究生课程。在科研的过程中，只靠自己的思考很容易走入瓶颈，只有善于交流才能激发出思想的火花。国际知名专家所带来的除了全球范围互联网行业的最新研究成果，更重要的是他们多年以来科研的经验之谈。如何选择自己感兴趣的研究方向，如何在科研中保证清晰的研究思路，如何提出具有创新性的想法，如何衡量提出方法的有效性，这都是研究生在科研过程中面临的主要问题。通过聆听国际互联网行业专家的授课，学生可以学习到课本以外的实践内容及专家们多年来科学研究的经验，从而可以少走很多弯路，更快地着手于自己的研究工作。

（三）课程科研实践创新模式建设

1. 提供良好的科研实践环境

由于研究生教育中科研能力是区别于本科教育的最本质特征，因此在研究生的培养过程中，必须要突出科研与实践创新的特点。研究生的工程实践能力是从实践活动中培养出来的，因此实践教学环节在培养研究生的创新能力方面有着重要作用。教师要充分利用本专业实验室作为研究生课程的实验平台，设立满足于培养要求的课程设计项目，在强化实际操作能力的同时开展自主研究和探索的实践项目，这样有助于学生尽早开始接触科研项目，既能有效地培养学生的实践能力，又能提高研究生的创新意识。要利用本专业实验室在科研方面取得的大量理论研究成果和工程应用，为研究生的课题提供所需的基础设施，从而为课程建设提供良好的科研实践创新环境。

"高等路由原理与技术"课程的建设依托于"下一代互联网互联设备国家工程实验室"，实验室团队长期从事下一代互联网领域的基础理论及关键技术研究，尤其在网络体系结构、协议分析和信息安全等方面进行了大量的理论研究和工程应用，近年来，实验室先后承担了国家 973、863 等科研项目。工程实验室拥有的重要基础设施还包括大型网络测试仪器 Spirent TestCenter、AX4000、Smartbits-6000C、Anue 等，以及现代通信网络综合试验系统，网络设备测试平台提供一流的技术试验环境，为下一代互联网领域重大工程项目的实施提供试验依据。实验室团队的理论研究和基础设施为课程建设提供了良好的科研实践创新环境。

2. 培养研究生面向社会需求的创新能力

研究生的实践能力除了包括传统意义上的动手操作能力，还包括面向社会需求、推动科技发展的实现与创新能力。因此，教师应该要依托于本专业实验室的科研环境，让研究生参与到最新的科技领域的科研项目中，并且通过使用实验室提供的基础设施进行理论研究的验证和创新实践，加深研究生对国内外前沿技术的认知和理解，提高研究生的自主创新能力。

"下一代互联网互联设备国家工程实验室"以创建新型未来网络体系机制为目标，实验室开发相关互联设备，建立一体化标识网络及智慧协同网络系统互联设备关键技术研发和测试平台，开展接入交换路由器、广义交换路由器等的工程化研究，开展设备仿真和测试验证，制定相应的协议标准。在"高等路由原理与技术"教学过程中，应该让学生参与到实验室项目中，布置相关路由协议的设计与实现任务，让其尽早开始了解当前产业界对路由协议的需求，对学生之后的科研方向起到一定的引导作用。

图 1　一体化标识网络系统关键设备及研发平台

例如，让学生基于图 1 所示的"一体化标识网络系统"，搭建如图 2 所示的实验拓扑，解决传统互联网中节点的"身份与位置绑定"、网络的"控制和数据绑定"、服务的"资源和位置绑定"带来的网络可扩展性、移动性、安全性等问题。将网络划分为接入网和核心网，其中接入网实现各种终端或者固定、移动、传感网络等的接入；核心网解决位置管理和路由技术，实现节点的"身份与位置分离"。为了实现网络的"转发与控制分离"，将核心网分为管理层面和交换路由层面，其中管理层面负责对接入终端进行位置管理、授权认证和资源查找；交换路由层面负责网络的路由转发。此外，在核心网中引入服务标识查询系统，使用服务标识来进行服务的命名和查找，服务标识不依赖服务所处位置而独立存在，实现了服务的"资源和位置分离"。通过搭建该实验，引导学生系统分析互联网路由交换设备关键技术，深入研究路由交换设备的机理、原理和协议算法，对路由机制进行仿真和测试验证，从而让学生深入了解到未来互联网的关键技术和发展趋势，培养其创新意识及工程实践能力，为学生以后的科研工作打下良好的实践基础。

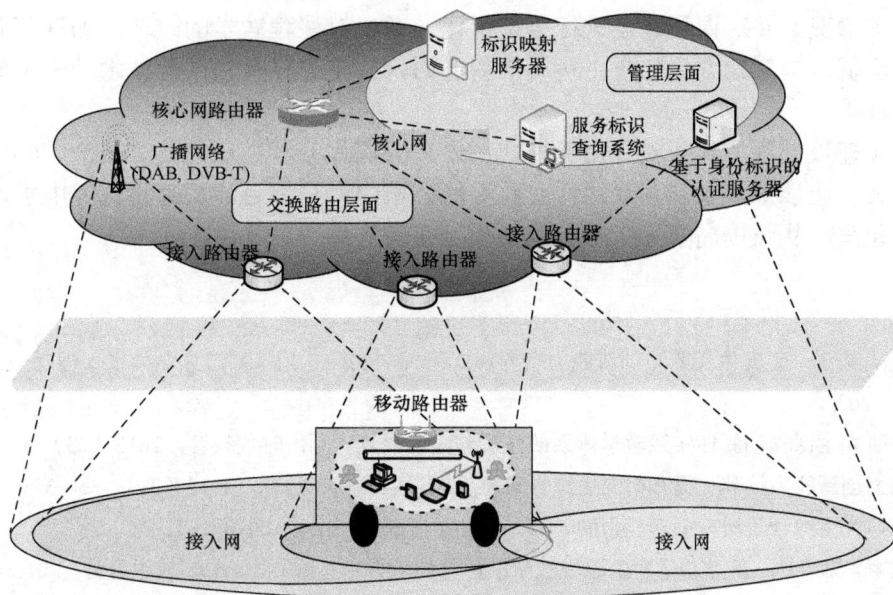

图 2　一体化标识网络实验拓扑

（四）课程评价体系建设

1. 制定合理的教师与学生互评机制

学生通过课程评价系统评价教师的授课情况，教师通过考试、论文、报告、作业等评价学生对课程内容的掌握情况，从而实现教师和学生之间的双向互评。首先，要制定合理的教师教学效果评价机制，把课堂教学质量作为衡量教师教学效果的重要指标，倡导发展性评价与终结性评价相结合，继续推行学生网络评教，不断完善教师互相听评课，建立健全教师教学效果评价与反馈机制。其次，要完善学生学业评价机制，树立基于学生能力培养和素质提升的学业评价导向，突出学生在课堂互动、课堂讨论、课后研讨、团队作业等环节中的综合表现，实行多形式学习考核评价，完善平时成绩评定制度，提升课堂表现在总成绩中的比重，降低期末考试成绩在总成绩中的比重，引导学生把注意力转到学习的过程中。

2. 建立有效的课程管理方法，对课程进行有效评估

教师在课程结束后撰写课程评价报告，说明学生对课程的掌握情况、课程教学过程中遇到的问题和需要改进的不足之处，总结经验，从而在未来的课程教学中做出相应改进。同时，学校应建立课程定期审查、优化和退出机制，对课程的目标定位、适用对象、课程内容、教学设计等方面进行全面审查，从而促进课程内容与时俱进。

三、总结与展望

随着科技的发展，国内外对于掌握高精尖技术人才的需求量与日俱增。而研究生课程教学正是当今社会培养高科技领域人才的重要步骤。以培养技术拔尖创新型人才为向导，建设并研究具有较强基础性、前瞻性和先进性的研究生课程实践创新模式已经迫在眉睫。本文以"高等路由原理与技术"为实例，提出教师要探索适合于不同专业的教学方法，合理安排课程内容与进度，加强对研究生课程学习的支持服务；结合各专业的特点，制定一套行之有效的课程教学模式，提高国际化课程交流水平，优化课程管理方法；为课程建设提供良好的科研实践创新环境，增强研究生的自主实践创新能力，培养拔尖创新型人才；设计一套有效的课程评价体系，客观反映教师与学生之间的互评情况，并对课程建设进行合理优化。通过对课程教学的改革，加深研究生对专业知识的学习与理解，提高研究生的自主科研创新能力，为培养相关领域的技术骨干和拔尖创新型人才奠定良好基础。

为了进一步建设课程的科研实践创新模式，未来的课程教学中还需要开展产、学、研结合的研究生培养方案，让学生深入到互联网行业前沿的公司中参与项目，及时将课程中学习的理论知识与实践结合起来，从而提高学生工程实践与项目研发的能力。

参考文献

[1] 赵珂，贾杰，方芳. 研究生实践与创新能力培养模式研究与实践 [J]. 武汉大学学报（理学版），2012，58（S2）：201-203.

[2] 陈睿. 关于研究生课程创新性实践教学体系的建设与实践研究 [J]. 时代教育，2013（23）：48.

[3] 姚振强. 致力创新能力培养　提升研究生综合素质 [J]. 中国高等教育，2012（23）：35-37.

[4] 顾佳. 提升研究生综合素质与创新能力的培养 [J]. 文学教育（中），2010（1）：65-66.

[5] 韩鹤友，侯顺，郑学刚. 新时期研究生课程教学改革与建设探析 [J]. 学位与研究生教育，2016（1）：25-29.

[6] 高坤华，余江明，段安平，等. 研究生课程教学模式研究与改革实践 [J]. 学位与研究生教育，2014（5）：20-23.

[7] 宗芳，李志瑶，唐斌. 研究生课程教学方法研究 [J]. 现代教育科学，2014（3）：129-131.

[8] 蔡小春，刘英翠，熊振华. 全日制专业学位研究生项目式实践课程的创新探索 [J]. 学位与研究生教育，2018（4）：20-25.

采用情景剧方式开展经管类研究生课堂案例研讨

——来自"薪酬管理"课程的实践案例

刘　盾　张　力　唐代盛

（北京交通大学经济管理学院，北京 100044）

摘　要： 本文在指出传统案例教学的不足的基础上，提出了采用情景剧方式开展经管类研究生案例研讨的功效与意义。借助硕士研究生课程"薪酬管理"的结课案例展示作为实践案例，讲述了情景剧式案例教学的工作方法与具体形式。笔者的教学实践表明，情景剧式案例教学可以显著增进学生对理论知识的理解、感悟与应用性转化，增强自主学习动机，改善课堂气氛与师生关系，并培养学生的综合能力，因此值得在经管类乃至更大学科范围内的教学实践中推广；最后就该教学方法的改进与推广提出了若干建议。

关键词： 案例教学　情景剧　薪酬管理　研究生教学

案例教学作为一种兼具理论应用与实践升华的双元教学方式，业已成为当今高校经管类课程的重要教学形态[1]。然而在教学实践中，案例本身的本土化程度不足、趣味性不够以及很多经管类专业课的实操性特点，使得案例教学难以引发学生足够的兴趣与热情，限制了其应有的效果发挥[1-2]。情景剧作为近年来出现的一种新型体验式教学方法，兼具主体性、亲历性、趣味性、差异性、互动性等优点，可以有效促进学生对理论知识在具体情境中的应用与转化，深化其对案例与相关知识点的理解，激发其自主学习的动机与兴趣，培养其自主学习、团队协作、语言表达、创造力等综合能力[2-4]，真正达到了"寓教于乐""知行合一"的目的。目前，情景剧展示虽在多家高校的思想政治课程中得以实践[5-7]，但在经管类课程教学中还鲜有尝试。本文以笔者开展的硕士研究生专业选修课程"薪酬管理"为例，讲述了采用情景剧方式开展经管类课堂案例研讨的具体过程、形式与效果，并就如何改进、推广此类教学形式提出若干启示与建议。

一、理论与实践背景

（一）案例教学的现实困境

案例教学法起源于哈佛商学院对企业管理人员的培训，其后被引入大学课堂，并在社会科学尤其是经管类课程教学中被广泛应用。案例教学打破了传统的单向灌输式教学方式，通过向学生提出一个应用抽象理论知识的实践情境，使其在角色带入、换位思考的状态下展开开放式、互动式的讨论，进而培养其理论联系实际、发现问题、分析问题以及创新思考的综合能力。它尤其适合强调实践应用并且没有绝对、唯一的正确答案，需要在多种方案间进行权衡比较的管理类课程[1]。然而在高校教学实践中，诸多因素限制了案例教学实际效果的发挥。

首先，案例来源有限。目前可用的大部分案例来自西方国家的管理实践，与本土的文化背景、社会环境与管理实践不尽相符，师生对其缺乏认同感与切身体会，使得案例分析很容易止于概念、原理等概括性知识的阐释和套用[1-2]，难以达到激发辩论与升华理论的目的。

其次，教学方法陈旧。目前多数案例教学仅限于 PPT 或视频展示，学生更多的还是处于一个旁观者的视角，带入感、亲历感、趣味性较差，很难引发学生参与的兴趣[8]，这样一种案例教学方式，除了简单地增加了学生讨论环节外，与传统的灌输式教学方式并无本质不同。比如有调查表明，在不以学生为主体、采用"填鸭式"的教学中，即使采用了案例教学，结果也会导致 84% 的学生不满意，他们认为自己无法掌握课堂教学内容[2]。

再次，知识准备不足。一个管理案例通常不止包含某一章节的知识点，而是需要结合企业管理的整套内外部环境，对某一课程的不同部分，乃至不同课程的相关知识点进行关联性思考。学生通常缺乏日常管理或管理咨询经验，在案例研讨的知识储备方面原本就处于劣势。如果要收到好的案例研讨效果（特别是对大型、综合案例而言），需要让学生在有充足的时间、兴趣与动机的前提下，就某一案例主题进行充分的、问题导向的自主研究。但现实中，教师通常是当堂抛出一个案例让学生讨论，或者以课后作业的形式让学生做案例分析，学生对此的反应自然大多是应付差事。

案例教学的重要性与现实困境在"薪酬管理"课程中表现得尤为突出。"薪酬管理"是人力资源管理专业研究生的核心课程之一，也是应用最为广泛、专业操作性最强的人力资源管理实务[9]。与其他管理类专业课相比，"薪酬管理"教学尤其具有强调实务操作、强调能力培养的特点[10]，这使得案例教学尤其应作为"薪酬管理"课程的主要教学手段。然而，除了面临管理类案例教学的共性问题之外，该课程本身的特点使得案例教学要克服更多的困难。一方面，与其他管理类专业课（如企业战略、市场营销）相比，薪酬管理作为一个相对细化的领域，可用案例相对较少，要挑选足量的、有针对性的、适合学生讨论的案例，需要花费教师的大量时间与心血。更重要的是，与很多"自带情节"的管理类课程相比，薪酬管理更重实操，因而也相对枯燥，相关案例通常需要学生阅读细致冗长的薪酬管理制度，对于缺乏实际工作经验与切身体会的学生来说，很难提起兴趣。一些同样专业领域细化、实践操作性强的管理类课程，自然也会面临同样的问题。如何找到知识性、趣味性、可操作性兼备的案例教学方法，成为此类课程需要共同解决的难题。

（二）引入情景剧式案例教学的现实价值与理论基础

所谓情景剧式案例教学法，是指教师结合授课内容，自行或者引导学生选择相关案例，指导学生采用情景剧、DV 短片、微电影、相声小品等多样化的艺术形式，自导、自演地对案例进行情境再现或艺术再加工，并借助案例角色的言行或心理活动表现出对案例的反思与讨论，从而加深对案例相关知识点的感悟与理解。情景剧教学是近年来出现的一种体验式、互动式教学方法，目前被较多地应用于高校思想政治课程当中[5-7]，亦有少数教学工作者将其应用于历史类[11]、法律类[12]、心理学类[13]的教学实践，而在管理类课程教学中鲜有应用。笔者认为，情景剧方式尤其适合于强调情景再现与角色带入的管理类研究生案例教学。情景剧式案例教学可以显著促进学生对本门课程理论知识的"活学活用"，增强其自主学习动机，活跃课堂气氛、增进师生感情，同时培养其自主学习、分析问题、团队协作、语言表达与创新思考等综合能力，可谓"一举多得"。

建构主义学习理论、体验式学习理论与自我决定理论为情景剧式案例教学的实效发挥提供了理论基础。建构主义学习理论认为学习者的知识是在一定的情境下，借助他人的帮助，如人与人之间的协作、交流、利用的信息等，通过意义的建构而获得的[14]。建构主义学习理论既强调学习者的认知主体作用，又不忽视教师的指导作用；教师是意义建构的帮助者、促进者，而不是知识的灌输者。情景剧式教学正是在教师为主导、学生为主体的思想指引下进行的，更便于发挥学生的主观能动作用，使其积极主动地参与到教学中来。

体验式学习理论强调通过实践来认识周围事物，通过能使学习者完全地参与学习过程，使其真正成为课堂的主角。教师的作用不再是一味单方面地传授知识，更重要的是利用那些可视、可听、可感的教学媒体努力为学生做好体验开始前的准备工作，让学生产生一种渴望学习的冲动，自愿地全身心地投入学习过程，并积极接触知识、运用知识，从而在亲身体验过程中掌握知识[15]。情景剧式案例教学把教材中的内容或是实际企业中发生的案例搬到课堂上，让学生真正参与其中，体验其发生、发展的过程，进而更深刻地了解其意义，更好地掌握知识点。

自我决定理论认为，人类的三种基本心理需求——胜任需求、自主需求与关系需求——的满足可以促进其内在动机或外在动机的内化，而后者对于高投入、高水平地完成包括学习在内的任务具有决定性作用[16]。学生在充分准备、全情投入的情况下完成一件富于创造性的情景剧作品，并从观众的赞同当中获得正反馈，可满足其胜任需求；学生自行寻找适合的案例，自主学习相关知识，自编、自导、自演案例情景剧，可满足其自主需求；学生在案例选择、改编以及剧目编排、表演过程中通力协作，各尽所能，又可较好地满足其关系需求；其结果是有力促进了自主学习动机，实现了从"要我学"到"我要学"的转变。

二、实践案例

（一）案例背景与实施过程

笔者将情景剧方式应用于硕士研究生"薪酬管理"课程的结课案例展示环节。以往的结课展示旨在突出研究生课程的"研究"属性，要求学生分组针对某一薪酬管理主题的相关文献做综述性展示；每组学生在台上展示约 15 分钟，全程两个课时。由于单纯的文献综述比较枯燥，通常是台上同学讲得索然寡味，台下同学听得味同嚼蜡，结果很快陷入台上"低声细语"，台下"交头接耳"的尴尬境地。考虑到"薪酬管理"课程的实践性较强，教研小组决定将结课展示的内容变为综合案例。然而该课程案例大多趣味性不强，单纯的案例分析展示同样难以激发听众的兴趣；并且很容易使学生找网上的现成案例分析应付差事。经过讨论，教研小组决定从案例展示的表现形式入手，用生动活泼的情景剧方式做案例呈现与分析。

当课程进行到一半的时候，主讲教师布置结课案例展示的任务。全班约 35 名学生被分成 6 组，每组 5~6 名学生；为保证沟通协作的便利性，分组主要以同属一个班或一个专业为依据，同时允许小组间做小范围的自愿性人员交换。要求每组学生围绕某一薪酬管理专题，挑选一个具有代表性、针对性的企业案例，采取室内情景剧、小品、DV 短片、微电影或多种艺术形式交叉的方式，再现案例情境；推荐学生借鉴"我就是演员""欢乐喜剧人"等综艺节目丰富表演形式。为了充分调动学生的自主性，教师不对主题做过细要求，只是根据本课程的主要内容模块，划定职位薪酬体系、能力薪酬体系、宽带薪酬、绩效考核与奖励、企业福利、薪酬沟通等大致的选题范围。学生既可以采取"演""讲"结合的方式（即演出案例情节，但采用传统展示方法做案例分析），也可以将案例思辨与启示融入表演当中。

分组后，学生自行决定工作分工，包括资料收集、PPT 文案、编剧、导演及演员等，但需要组长将每名组员的工作量做如实记录。布置任务后，学生将带着问题学习教材、收集资料、扩展阅读，并选定具体主题与案例。教师鼓励学生形成一个完整的剧本。到课程期末，每组学生轮流做时长约 15 分钟的展示。每组展示后由教师做简要点评与讲解，并鼓励观众参与点评与讨论。为了增强任务的挑战性，教师设立了"最佳表演奖""最佳话题奖""最佳文本奖""最佳分析奖"，明确每一奖项的评分指标，并在展示结束后利用"雨课堂"智慧教学软件让学生对每一奖项的归属投票，投票结果部分地决定了该环节的小组得分。整个任务的工作流程如图 1 所示。

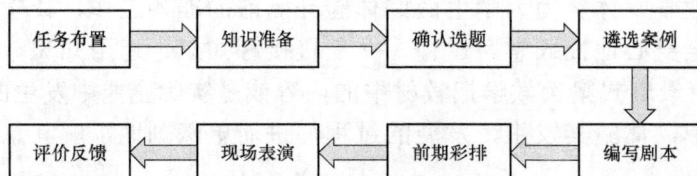

```
任务布置 → 知识准备 → 确认选题 → 遴选案例
                                          ↓
评价反馈 ← 现场表演 ← 前期彩排 ← 编写剧本
```

图 1　情景剧式案例展示的工作流程

（二）具体形式

在结课展示当天，学生的表演形式可谓丰富多彩，超出预期。大部分小组采用情景剧片段与 PPT 讲解穿插的形式。比如某小组展示"销售人员'跳单'行为及其绩效奖励方式应对"，讲的是某企业根据销售人员的销售量或销售总额决定奖金数额，于是有销售人员私下与老客户联系，承诺用较低的价格售出订单，但需要从客户那里得到一些"好处"，于是销售人员收获较高的绩效奖励与回扣，却以牺牲企业的边际利润为代价，由此反映单纯考核销售量或销售额的弊端。在本案例中，企业先后调整了若干次考核办法，但每一种办法都会导致销售人员不同形式的投机行为。学生先是绘声绘色、诙谐幽默地表演某种考核办法之下销售人员的投机行为，随即便穿插以台上的同学讲解相应办法的潜在弊端及相关启示。整个短剧以企业推出一套相对完备的绩效奖励办法，同时辅以相对完善的内控机制与客户关系管理系统，且投机的销售人员被"灰溜溜"地炒掉结束。又如某小组展示"年终奖该怎么分"，讲述了某企业按照不同标准分配年终奖，但均导致员工的私下议论与负面情绪。类似地，小组成员声情并茂地表演各种分配办法下员工之间的私下议论、抱怨及怠工行为，穿插以台上同学对不同办法的利弊的讲解（见图 2）。

图 2　情景剧式案例展示"剧照"（一）

有些小组不仅限于单纯的室内情景剧，而是将室外拍摄的 DV 短片与现场表演有机结合。比如有小组展示"人工智能对就业与薪酬管理体系的潜在影响"，在表演了一段机器人充当家庭管家的室内小品的同时（见图 3），还穿插了室外拍摄的人工智能导致裁员的 DV 短片，表演过程中观众们的笑声不断。某小组展示"用'薪'关爱员工——来自海底捞优质服务的启示"，不仅用生动有趣的 PPT 展示了海底捞如何通过优厚的薪资与福利待遇换取员工的高投入度，还播放了她们用抖音拍摄的采访视频，讲述了身边的同学对海底捞服务的切身感受（见图3）。

图3　情景剧式案例展示"剧照"（二）

同学们表演的艺术形式已不局限于狭义的情景剧。某小组在展示绩效奖励计划的利与弊时，就别出心裁地采用了群口相声的形式。一组员从典型案例"为什么绩效主义毁了索尼"开始，谈论绩效奖励计划如何破坏了员工的内在动机，其后另一名组员以熟悉的相声口吻加以反驳，接着对方再报以回应。看似"捧哏""逗哏"之间的抬杠与打趣，实则是学界关于绩效激励两派观点的交锋与辩论。还有一个小组创造性地模拟了一场电视脱口秀访谈：一名"主持人"访谈两位分别来自大陆和台湾的"公务员"（其中确有一名同学系台湾来的交换生），比较海峡两岸的公务员薪酬体系；随着问题被不断地抛出，两名"公务员"依次借助PPT讲解两地公务员薪酬体系在不同层面的区别（见图4）。

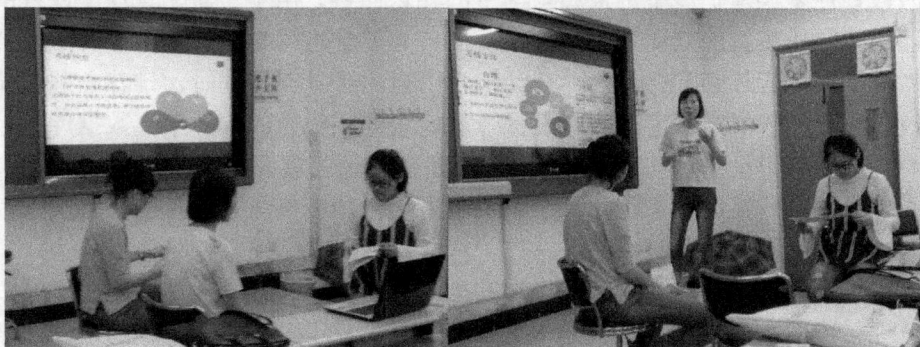

图4　情景剧式案例展示"剧照"（三）

三、成效与反思

（一）主要成效

虽然这是笔者第一次实验情景剧式案例展示，事前准备并不充分，但同学们的表现可谓异彩纷呈，别出心裁。初步看来，该实验收到了良好效果，主要体现在如下方面。

其一，增进了学生对理论知识的理解、感悟与应用性转化。案例教学原本就是为了让学生在实际情境中对理论知识"学以致用"。情景剧教学方法将选题与创作的自主权交给学生；学生在前期的案例选择、分析与剧本编写过程中对相关知识做足了功课，角色扮演则增强了学生的角色代入感以及对案例中人物的共情体验，强化了案例教学的功效。学生们大多将较为全面、深刻的案例分析穿插或融入声情并茂的表演当中，有些还创造性地通过剧中人物的言行或内心独白表现不同管理方案的后果与启示，其深入、细致程度远大于平时授课的随堂案例讨论。

其二，增进了学生的学习动机。2013 年，英国教育学家 Ken Robinson 在 TED 大会上做了关于"如何逃出教育的'死亡谷'"的演讲，提出了教育有三大原则，即人具有多样性、好奇心和创造力，仅在 TED 网站上该演讲视频的点击率即超过 562 万次，收到了社会的广泛反响[17]。要刺激学生的自主学习动机，关键在于尊重大学生的心理成长规律，满足其多样性、好奇心与创造力。情景剧的自编、自导、自演满足了新时代大学生渴望创新、渴望表达的心理需求，将原本枯燥的案例分析变为丰富多彩的娱乐体验，使其投入更大的兴趣与热情。

其三，活跃了课堂气氛，增进了师生感情。生动活泼的情景剧让原本"了无生趣"的课堂变得妙趣横生、生机勃勃，充满欢声笑语，进而改善了教学体验，拉近了师生距离，为教师与学生提供了双向激励。这样一种教学环境使得师生能在积极情绪下开展教与学，而大量研究表明，积极情绪可以扩展学习或工作者的认知范围、提升其专注程度、增强其思维灵活性，进而显著提升工作、学习绩效与创造力[18–19]。

其四，促进了学生全面发展。大学教育应是"育人在前，教书在后"。任何一门课程的学习，都应有助于学生健全人格与综合能力的培育。情景剧式的案例教学手段，不仅限于增进了学生对本门课程理论与实践知识的掌握，还有助于培养学生包括自主学习、分析问题、团队协作、语言表达与创新思考在内的综合能力。

（二）改进建议

由于本次系笔者首次实验情景剧式案例教学，还有很多不足之处。通过对这些不足的反思，建议从事前、事中和事后三个环节，改进该教学方式，进而使其可以在其他课程中得以推广。

在事前阶段，应多渠道扩展案例来源与学生的知识储备。由于"薪酬管理"课程的优质案例原本较少，而学生寻找案例的来源主要是网络，这势必使学生的案例选择范围有限且质量良莠不齐。为此，教师平日里应加强案例积累，在给予学生自由选择权的同时，推荐一些优质案例。更重要的是，校方应给予扩展案例来源的制度保障。除了购买优秀的国外案例数据库外，通过鼓励研究生参与教师的管理咨询项目，或者鼓励教师更多参与企业管理实践，收集更多适合本土企业、师生更有切身体会的实践案例。本校经管学院要求青年教师应参与六个月的社会实践，并据此编写教学案例，就是这方面的一项有益尝试。

在事中阶段，主讲教师应加强与学生小组的沟通，在保障学生自主性的同时，辅以指导与控制。在选题、选材方面，学生很容易选择一些故事性强、易于改编成情景剧的主题或案例，以致各小组集中于某一话题领域（比如本次案例展示就过多集中于绩效奖励领域），为此教师应给予必要的引导，避免各小组选题、选材重复。在案例分析与剧本编写方面，学生很容易单纯看重艺术表现力与"幽默搞笑"的程度，而忽视了理论知识应用与分析的深度，为此教师应给予指导与控制，实现剧本的知识性与趣味性并重。

在事后阶段，应加强评价、反馈，以及对优秀作品的加工与推广。表演结束后，应使学生充分参与到点评与讨论中来，深化对相关理论知识的理解与应用（比如本次结课案例展示因时间有限，同学参与的讨论并不充分）。对于好的作品，可以通过完善剧本、表演、场地与道具，使其成为一个可供其他师生观摩，乃至在更广范围内推广、展播的视频作品。其实，情景剧式案例教学适合于经管类乃至其他学科的不同课程、不同专业。校方应构建一个用于情景剧案例制作、交流、推广的平台，对情景剧案例的拍摄与制作给予人、财、物方面的支持，定期组织优秀情景剧案例的评选与展播。相信如果能做好经管类情景剧案例的创作与输出，也将成为全院乃至全校教学创新的一大特色。

参考文献

[1] 李东光. 经管类课程案例教学的问题及模式创新 [J]. 黑龙江教育（高教研究与评估），2018（9）：12－15.

[2] 蔡双娇. 体验式案例教学法在人力资源管理课程中的探索 [J]. 石河子科技，2017（5）：31－34.

[3] 焦永纪，赵文芳，孙友然，等. 基于体验式教学的"薪酬管理"教学尝试与思考 [J]. 中国电力教育，2013（25）：109－110.

[4] 许为宾. 情景剧教学法在公司治理课程教学中的应用研究 [J]. 高教学刊，2018（4）：45－47.

[5] 赵冰梅，周琳娜，刘先知. 创新与实效：思政课情景剧教学法的应用 [J]. 现代教育管理，2017（8）：71－76.

[6] 赫艳杰. 高校思政课"正能量情景剧"教学模式探析 [J]. 黑龙江教育（高教研究与评估），2017（12）：13－15.

[7] 丁志春，张媛. 情景剧教学法在高校思想政治课教学实践中的认知与应用 [J]. 金华职业技术学院学报，2018（7）：18－22.

[8] 蔡礼彬，罗威，康馨悦，等. 案例教学法的应用效果研究：以"人力资源管理"教学为例 [J]. 山东高等教育，2018（2）：63－69.

[9] 刘昕. 薪酬管理 [M]. 北京：5版. 中国人民大学出版社，2017.

[10] 连瑞瑞，陈松林，赵洪杰. 基于应用导向的薪酬管理教学研究 [J]. 2018，17（18）：165－166.

[11] 佟守琴. 情景剧教学法在中国近现代史纲要课程教学中的实践与思考 [J]. 高等教育，2017（11）：130－131.

[12] 吴畅. 微电影与情景剧在高职法律类专业教学中的运用 [J]. 法制博览，2017（9）：52－53.

[13] 傅幼萍. "心理情景剧"引入心理健康教学课程教学的探索 [J]. 教育心理，2016（12）：140－143.

[14] 李方. 教育知识与能力 [M]. 北京：高等教育出版社，2011.

[15] 王北生. 教育的应用探索 [M]. 北京：中国社会科学出版社，2004.

[16] GAGNE M，DECI E L. Self-determination theory and work motivation [J]. Journal of organizational behavior，2005（26），331－362.

[17] ROBINSON K. How to escape education's death valley [EB/OL]. [2013－04－01]. http://www.ted.com/talks/ken_robinson_how_to_escape_education_s_death_valley.

[18] AMABILE T M，BARSADE S G，MUELLER J S，et al. Affect and creativity at work [J]. Administrative science quarterly，2005（50）：367–403.

[19] FREDRICKSON B L. What good are positive emotions？ [J]. Review of general psychology，1998（2）：300–319.

案例与实践在"商业传播研究"教学中的应用

苏林森

（北京交通大学外语与传播学院，北京 100044）

摘　要：当前"商业传播研究"课程存在教学与实践人才需求之间明显脱节的问题，笔者结合实际教学经验与相关教改成果，从案例分析与实践调研两方面入手，探讨提升教学效果的有效方式。笔者认为培养商业传播人才，应构建"理论与时事热点相结合、理论与实践相结合、内容广度与深度相结合"的教学思路；具体应用建立与更新案例库、学生小组合作分析案例、业界人士参与课堂的案例教学法；并指导学生进行实践调研，深入了解行业动态。

关键词：商业传播　案例分析法　实践调研

一、引言

作为一门跨经济学、管理学和新闻传播学的课程，"商业传播研究"课程是随着我国传媒产业化和商业企业现代化的发展而开设的。现代传播业的诞生和发展与商业的发展息息相关，商业活动为传播业提供了经济支撑和扩张需求，传播媒体则加快、方便了商业流通，两者相辅相成。当媒体遇上商业经济，商业活动借助媒体进行广泛传播的现象就应运而生。商业活动离不开信息、观念、知识、资讯的传播，商业传播是人类社会的一项基本社会活动，在进入信息爆炸与注意力稀缺的现代商业社会后，传播更是显得至关重要。商业传播是企业或个人为了更好地销售产品或服务，通过大众媒体传达自己产品或服务方面的信息，以达到提升企业品牌形象，加深目标消费群体对自己产品或服务的认可，同时为产品或服务带来销售或价值等方面的提升，实现利润最大化的目的。随着新媒体的迅速发展，越来越多的企业利用新的媒介手段进行商业营销活动、公关活动、客户管理等，不断开拓新的赢利模式与商业模式，使得媒体与商业的关系更加紧密。

媒体产业化对传统新闻教育产生了较大冲击，现代商业的发展也对媒体营销提出了新的要求。传统新闻理论课程加新闻业务课程的培养模式难以满足当代传媒业对新闻人才的要求，既熟悉媒介行业又懂得媒介产业实际运作和经营管理的复合型人才越来越抢手。但由于媒介市场化在中国仅有 20 余年历史，且中国在媒介产业化刚开始的时候就伴随着互联网的深入发展，目前商业传播理论发展及教学体系都难以应对复杂多变的传媒实践和商业发展。在应用型人才的培养过程中，媒介市场化经营实践和理论相对匮乏，任课老师缺乏复合型知识和业界经验[1]，都使得课程效果与研究生实际需求差距较大。因此，本文结合实际教学经验与相关教改成果，从案例分析教学法与课外实践调研入手，来探讨如何更好地讲授"商业传播研究"这门研究生课程。

二、商业传播研究的教学现状剖析

与大众传播的其他领域相比，商业传播在研究和教育领域可追溯的历史较为短暂，实际上，学界长期以来都忽视了经济力量对媒介的影响以及媒介在商业运行中的应用。国际上商业运行和传播关系的研究可以追溯到 19 世纪末，我国这方面的早期研究始于 20 世纪二三十年代，徐宝璜、戈公振等人非常关注报业的经营管理[2-3]，这些研究成果对商业传播教学具有一定的参考价值。随着技术的发展、介质的进化以及媒介市场动态的高度活跃，传播教育体系必须时刻进行更新才能适应现实需求。

当传媒经济成为新的经济增长点，市场对传媒经营管理人才的需求也刺激着高等教育培养模式的不断创新，教育者们也在不断进行教学方法的改良。商业传播课程作为新闻传播学课程体系中一门年轻的课程，教学理念、教学内容、教学策略和方法都没有形成完备的教学模式，许多研究者从自身的教学经验出发，总结了一些对策和经验。部分学者从宏观角度思考了人才培养体系的创新。很多研究者基于微观视角探讨了媒介经营与管理课程的具体教学方法。针对课堂教学与实际人才需求之间的明显脱节，有学者提出了"理论联系实际"教学法，具体包括案例教学法、学生的角色转换理念、实体解剖与专题探讨相结合、问题诊断法、策划创新法、项目驱动法六种具体的教学方法[4]，宗旨是提高学生运用经营管理理论去思考、分析和解决商业传播现实问题的实际能力。还有学者认为可以通过课程包的方式实现理论知识和实务技能的平衡，课程包涵盖理论课程、前沿讲座、小组课题研究和沙盘演练四个模块[5]，其创新性在于策划媒体机构和学生小组的联合课题研究，关注最新的传媒实践；用沙盘演练来模拟媒体组织的决策和市场行为过程，融角色扮演、案例分析和专家诊断为一体，最大限度地实现学生的体验式学习。针对教师如何选择课程案例，有学者指出应做到教学性与实用性相结合、典型性与普遍性相结合、时代性和历史性相结合、全球化与本土化相结合[6]。学者普遍认为，组织学生开展案例分析，培养学生管理意识，是提升课程传播效果的有效方式之一[7]。由此可见，教学方法的创新大多是围绕案例分析进行深耕。国外有调查研究发现，案例教学法能够提高学生解决问题的能力[8]。还有一个对欧洲 14 个不同国家的媒介经营管理教育的调查结果显示，94%的教育者使用案例研究的教学方式，具体包括与媒体公司合作、小组项目、情景模拟和角色扮演等，还包括课堂讲座、研讨会等[9]。

三、商业传播课程的教学思路构建

结合教改研究成果以及实际教学经验的双重视角，案例分析依旧是商业传播课程中的主流且效果较好的教学方法。但是从教学实践来看，商业传播课程无论是在教学内容的开拓、教学质量的提高及教学方法的运用上都没有较大突破。究其原因，教材更新速度缓慢、教师知识结构单一、教学方法不成熟、缺乏实践演练，都是摆在老师和学生眼前的教学难点。尽管大部分老师都有意识地采用案例分析进行教学，但上述亟待解决的"拦路虎"大大降低了案例分析法的实际教学效果。

目前已有的教材主要包括周敏等著的《中外商务传播案例经典》、邵培仁等编著的《媒介管理学经典案例》、谢新洲等著的《媒介营销管理案例分析》等，但是这些教材大多在 2013 年之前编写，有的内容更新不及时，尤其是书中案例的选择与传媒产业的现实发展有一些脱节；有的理论性过强，无法引导学生将知识从课本向实际情景迁移。其次，许多老师的学科背景来自新闻理论、新闻业务与新闻史三位一体的传统教育模式，且缺乏媒介经营管理的业界经验、缺乏一线商业传播实践，无法深入、系统地给学生营造商业传播的真实情境。再者，如果教学内容的完成仅仅以交代理论体系为目标，就完全脱离了商业传播课程的初衷，只有在完成知识体系传授的同时提供实地演练的机会与氛围，才能促进学生更加主动地获取知识。但是大部分教师还无法很好地运用案例分析法来设计实际操作模块，以增加学生对理论知识的具体可感性。

因此，本文认为案例法在商业传播教学中应注意以下几方面。首先是理论与时事热点相结合。本课程的内容既涉及商业传播概论，大众传媒与经济的关系，媒体、企业与政府的关系等这些商业传播的传统研究课题（基础研究课题），同时也与大数据、社交媒体营销、数据新闻等时下备受学者关注的热点话题紧密相连。新媒体的发展带动了商业传播模式的变革，可以通过自主设定课程内容、圈定课程，引导学生接触本领域的最新问题，激发学生的问题意识；其次是理论与实践相结合。本课程的内容除了与学界研究热点有很强的关联外，还观照与实践领域关系密切的课题如企业品牌传播、企业文化、整合营销传播、危机传播与公共关系等。互联网使新媒体的变革速度不断加快，案例不断推陈出新。通过分析这些案例，使得学生对业界实践有着一定感知，为学生进行相关实习实践打下基础。比如"企业的危机传播"这一章，讲授的是危机传播的技巧以及与媒体打交道的方式，以后无论学生是去政府部门还是企业工作，都能够具有基本的公关能力和危机传播素养；最后是讲求内容广度与深度相结合。在内容的广度上，需要让学生了解到当讨论"商业传播"时，我们可以谈论哪些内容；在内容的深度上，对一些问题进行深入探讨，以激发学生的研究兴趣。比如在大众传媒与宏观经济的关系的讨论中，广告是增加了商品价格还是降低了商品价格？中国不同时期的广告额的骤降和陡升究竟与中国社会的经济发展和政策有怎样的联系？相对常数存不存在？通过此类问题的探讨来激发学生的研究兴趣，促使他们在课后查阅相关的资料，加深对于这些具体问题的了解。

四、案例分析教学法的具体应用

西方将案例分析教学法定义为实证调查，主要是调查现实生活中的现象和问题，其研究的重点不在于获得正确的答案，而在于解决问题的过程[10]，并且教师能够通过让学生进行案例分析研究来评估他们的决策技能和分析能力。这些特性也让案例研究自 1910 年起逐渐成为一个既定的教学方法。案例分析教学法的重点在于案例的选择与使用方式。首先需要把握以下特点：案例分析作为多向度、高密度互动教学和实践导向的体验式教学的实现方式，其主要目的在于增加学生的互动性与实际场景体验感。

案例分析教学法主要包括以下几种类型：说明性案例分析，即利用一个和两个实例来描述或说明一种情况，有助于解释数据和理论；探索性案例分析：在进行大规模调查之前进行一两个简单的案例研究；关键性案例分析：重点选择一个或几个关键点作为案例分析对象来解释某一事件中的因果关系；累积性案例研究：对在不同时间收集或检测到的信息流进行汇总，可以用来预期未来发展趋势[11]。将上述案例分析的方法具体应用到媒介经营管理课堂，还需要与课程结构和上课流程相结合。

（一）课堂讲授中案例库的建立与更新

建立案例库对于商业传播科目的任课教师是一个难度不小的挑战，它要求教师已经形成完整的理论结构，有足够的信息储备，对媒介产业的现状有很高感知度，还需要有将案例融合进理论知识的能力。课程教学内容的安排一般会参考李永平等著的《商业交流与传播》和吕继红著的《商务传播与经济社会发展》，内容安排的宗旨在于凸显该课程的跨学科（经济学、管理学和新闻传播学）特点，展现中国媒介产业的现状和特色，将西方媒介经济学的经典理论与中国媒介产业实践结合，几乎每一个部分都需要巧用经典案例来加深学生对所学知识的理解。

一般授课老师会在确定课程结构之后根据每节课的具体内容去寻找相应的案例来进行说明性案例分析，从媒介产业、受众研究、产业政策到品牌营销等方面，利用案例能够深度解析传媒业的产业特性。但是这种根据知识板块选编案例的方式很容易造成案例的选择过于宽泛，各章节案例之间差异很大，前面用的案例很难在后面的课程中重现，最后造成案例很多，却缺乏对某一个案进行深入解读的情况。实际上，针对一个案例的深挖往往要好过各个案例的"蜻蜓点水"。

建立案例库即教师在课程开始之前设计好一到两个足以贯穿大部分理论知识的经典案例，同时为每部分章节选择合适的子案例，形成教师自己的案例库。这可以让老师和学生在每个知识板块处理新的案例的同时，结合新的理论知识持续性解读一个传媒集团或者传媒市场。在案例选择上既要考虑其典范价值也可以选择一些具有争议性的话题，可以引起学生的思考和讨论。此外，案例库中的"货品"并不是一成不变的，需要教师能够敏锐地感知传媒产业的最新动态，随时更新案例库的"库存"。

（二）围绕具体案例的小组合作项目

学生分小组合作并将案例分析报告进行课堂展示已经在新闻传播学专业的大学课堂上广泛运用，这种教学互动方式既确保学生有机会向班级团体展示自己的观点与想法，从学习者视角转为研究者视角，有助于提高他们的沟通能力和人际交往能力；也有利于教师不断拓展知识面，在对话中学习，真正实现教学相长[12]。商业传播是一门应用性极强的课程，因此围绕实用型人才培养定位，遵循高等教育基本规律，提升学生自主学习能力[9]，让学生进行媒介市场调查实践是十分必要的，这会使得课堂不只局限在教师授课的"举例子"阶段。一般将学生分为几个小组，每个小组共同完成一次探索性案例分析、关键性案例分析或者累积性案例分析，如阅读类手机 app 市场定位研究、某卫视改版方案、网络综艺节目发展路径调查等。尽量不拘泥于描述性案例分析是为了让学生通过运用多种社会科学研究方法与刚刚掌握的媒介经营管理知识，尽可能深入地掌握传媒产业的特性，对媒介产业的经营和管理有初步的涉猎。给学生一定的时间进行小组讨论、资料收集、调研分析和呈现方式设计后，再给予每组学生相同的课堂展示时间来表达观点与看法。此外，学生自选案例与教师提供案例相结合是一种比较合适的教学方法，这能够避免有些学生在案例选择上陷入困难。

当然，小组合作的课堂展示方式并非完全没有缺点，一方面是需要教师将一部分上课时间与主角的位置让渡给学生，有时候不太有时间观念的某些学生课堂展示过久还有可能影响上课进度。另一方面，从部分课堂效果来看，学生展示完成后，教师如果没有给予合理的点评与指导，无法解决学生实践过程中遇到的问题，会大大降低小组作业的效果和意义。因此在进行小组作业时，教师并非处于局外人的位置，理应知道如何正确引导讨论并给出评价与建议，最后根据综合表现选出优胜队，这样学生才能听有所感、学有所获。

（三）业界人士的课堂参与

在校研究生在课外实习中往往有机会介入新闻的采编流程或者是活动组织流程，但很难接触到媒介管理层面，如果教师有机会从报纸、电视、互联网或社交媒体等行业中邀请经验人士参与课堂，给学生提供一次与传媒公司管理层或商业机构传播部门人士的直接对话，可以增加学生对于我国商业传播的直接感知。欧洲对媒介经营管理教育的调查结果还发现，被调查教师的教育背景通常是商业管理、通信科学、媒体研究或者经济学，大部分不止拥有一个学位且有从业经验。他们依然会通过邀请嘉宾举办课堂讲座来为学生提供最新的信息和实践经验，基于传媒经济全球化的现状，有时候甚至会邀请国际嘉宾来拓展学生的国际化视野[13]。

五、研究实践在商业传播教学中的应用

与案例教学法相辅相成的是实践调研在商业传播教学中的应用，结合该课程和研究生暑期社会实践规划，本课程 2017 年 7-8 月调查农村电商的使用。电子商务是商业传播课程的一章，在农村信息化建设进程不断深入发展的当下，农村生产、经营管理等方式以及农民的生活均发生了翻天覆地的变化，农村的电子商务也应运而生。特别是在 2015 年《商务部等 19 部门关于加快发

展农村电子商务的意见》、农业农村部《2015 年信息进村入户试点工作安排》、国务院《关于积极推进"互联网+"行动的指导意见》重要组成部分"互联网+现代农业"等政策的推动下，农村电商的崛起如旭日朝阳喷薄而出，其发展前景一片光明。龙头电商企业纷纷开始抢占农村电商先机，如阿里巴巴的"千县万村"计划、京东的京东帮、苏宁的乡村服务站计划等，赶街、聚宝盆、优森等电商企业也不断加大农村部分投资力度。作为"互联网+农村"的产物，农村电商无疑为培育县域经济新动力提供了新路径。农村电商能够为农村经济转型注入新动力，通过暑期调研，研究生对电子商务在农村的发展有了进一步了解，也深入了解了电商发展的现实问题、瓶颈和前景，该调研报告《北京农村电商传播及使用情况的调查研究》获 2017 年北京高校青年教师社会调研优秀项目二等奖。

六、总结

美国学者凯文·曼尼认为"传媒业部分领域全面竞争的现象，一切传统大众传媒业、电信业、信息（网络业）都将统合到一种新产业之下，这个新产业就是大媒体业[14]"。大媒体的概念挑战了四大传统媒体的分类，概括了目前传媒业的发展现状和发展趋势。在设计商业传播的课程安排时，教师应该考虑到当下媒介产业变革时期的新特性，摆脱四大传统媒体以及互联网的划分思维。媒介市场已经走向一个数字化媒介大平台，产业环境快速更新迭代，多媒体运营、大规模知识共享都已经是肉眼可见的传媒现实，各类充满活力的商业传播模式不断涌现。商业传播作为一门年轻的学科，具有多学科交叉、前沿性和应用性强等特征，教师要在立足"商业"的基础上围绕"媒介"为核心，结合媒介管理体制及运营特点，运用案例分析法和实践调研法来开展教学、研究工作。

其次，现在接受商业传播教育的研究生基本都是网络原住民，对互联网的感知高于电视媒体、高于广播与报纸，他们能够很清晰地"嗅"到数字媒体时代的传播特性，生活背景与思维方式使他们在商业传播课的学习中更容易对互联网及新媒体运营产生较大兴趣。因此，需要树立用互联网思维主导教学的理念，将"商业传播研究"课程与实践教学、学生实习结合起来，让学生有机会亲身参与具体的新媒体运营等商业传播活动，锻炼、培养、提升学生的实践操作能力及探索创新精神，从而使学生在与教师、与同学交流的基础上，能进一步与相关业界人士进行富有成效的沟通，实现由被动知识接收者向知识主动构建者的身份转变。

基于上述两个方面，商业传播的教育者有必要重新审视已有的教学体系。一方面，数字传播时代需要懂数字技术、市场运作以及传播原理的商业管理人才。美国学者米尔泽杰乌斯卡指出，"理解新技术的发展、运用和社会影响以及媒介产品的逻辑对于媒体管理者和媒介经营管理教育非常重要[15]"。另一方面，成长于互联网环境下的学生们也表现出对数字媒体知识的渴求。因此，在"数字媒体早已从最初的营销工具和传统出版的数字化产品，演变为集平台、工具、渠道、社区、原创内容高、消费体验在内的产业体系"的今天，教育工作者需要结合学科特点，突破传统教学模式，不断进行商业传播理论体系的创新与升级。在授课过程中做到观念先行、理论打底、案例充实、实操夯实，力求将课程内容讲透、做实，帮助学生了解和适应不断变化的媒体与商业环境，以期培养出"货真价实"的跨学科、复合型、交叉型人才。

参考文献

[1] 陶建杰，张志安. 高校媒介经营管理教育的现状与对策 [J]. 新闻知识，2007（02）：63-65.

[2] 徐宝璜. 新闻学 [M]. 北京：中国传媒大学出版社，2016.

[3] 戈公振. 中国报学史 [M]. 上海：上海古籍出版社，2014.

［4］ 刘友芝，朱江波."理论联系实际"教学法在"媒介经营与管理"教学中的运用［J］. 湖南大众传媒职业技术学院学报，2009，（6）：83－85.

［5］ 王斌，喻国明. 媒介经营管理课程包建设：实践导向的体验式教学探索［J］. 中国大学教学，2010（3）：46－48.

［6］ 邹迎九. 试论媒介经营管理课程教学案例的选择［J］. 钦州学院学报，2008（4）：97－100.

［7］ 宁丽丽. 媒介经营与管理课程教学方法研究［J］. 广东青年干部学院学报，2010，24（2）：70－73.

［8］ HOAG A，BRICKLEY D J，CAWLEY J M. Media management education and the case method [J]. Journalism & communication educator ，2001，55（4）：49－59.

［9］ FORSTER K，ROHN U. Media management education：key themes，pedagogies，and challenges [J]. Journalism & mass communication educator，2015，70（4）：367－381.

［10］ SHIVAKUMAR K. The case study method in training and management education［J］. Social science electronic publishing，2012，6（5）：55-64.

［11］ 刘年辉. 媒介经营管理课程互动教学探索［J］. 青年记者，2008（30）：87－88.

［12］ 吴俐萍. 媒体职业经理人培养模式探究：关于媒介经营与管理本科实践教学的思考［J］. 新闻界，2008（4）：185－186+172.

［13］ MIERZEJEWSKA B I，HOLLIFIELD C A.Theoretical approaches in media management research［J］. Handbook of media management and economics，2006：49-78.

［14］ 刘社瑞. 加强媒介经营管理教育的若干思考［J］. 大学教育科学，2005（2）：47－49.

［15］ 郑越. 媒介经营管理教育面临的挑战与对策［J］. 青年记者，2018（18）：98－99.

"数据挖掘技术"课程中复杂工程问题教学案例

王志海

（北京交通大学计算机与信息技术学院，北京，100044）

摘　要：在新工科建设需求下培养具有大数据理论与技术的高素质研究生是一个值得探索的问题。在此背景下，"数据挖掘技术"课程的主要目标是通过数据挖掘技术的学习与实践，培养研究生综合分析多种信息与创新应用的能力，使之达到解决复杂工程问题的目的。本文遵循以学生为中心，以产出为导向的理念分析了数据挖掘技术应用之中复杂工程问题的特点，并通过一个具体的复杂工程问题说明对研究生各方面能力的培养途径。

关键词：复杂工程问题　数据挖掘　研究生课程　实验报告

一、引言

当前，我国处于新时代科技革命和产业升级的历史性交汇时期，这为我国经济发展带来了时代新机遇与国家产业发展的新形态。以人工智能、机器人、云计算与大数据技术为代表的新兴技术催生了新的经济形态。当前，在云计算与大数据科学与技术深入应用的背景下，我国的产业界就迫切需要新型工科人才的支持[1–2]。因此，我们在计算机科学与技术学科硕士研究生培养方案之中设置了"数据挖掘技术"课程。

目前，我们拥有的数值型数据、文本型数据、图像与图形数据，以及音频数据都越来越庞大。各种行业或应用领域，比如，医疗、金融、电子商务、物流等，无时不在产生着大量的数据，并正在运用各种数据挖掘技术。大数据除了规模庞大之外，还兼具分布式、异构、不准确、不一致等特性，因而数据存取访问与分析难度加大。以现代精准农业生产为例，为了监测土壤、环境、作物的变化情况，以及施肥与除草等实际操作，需分别部署大量传感设备和农业机器人，这些设备（或者机器人）通过无线网络将数据传回服务器，分析人员结合现有资料（例如文档、图片、视频等）分析数据。在此过程中，数据由分布在不同地理位置上的多个节点产生[3]；受传感设备精度、环境、人工操作等因素的影响，所采集数据可能并不准确；数据来源多样，因而可能存在不一致性，需要采用多种手段提升数据质量。

数据挖掘技术是在大数据广泛应用背景之下蓬勃发展的一门新技术。当今时代已是数据密集型科学研究时代，为了培养具有坚实的理论基础、较强的实践与创新应用能力的高素质人才，本文结合"数据挖掘技术"课程的教学内容设计与教学环节组织，探索与研究如何培养研究生解决实际复杂工程问题的能力。本文其余部分的组织方式如下：第 2 节给出了"数据挖掘技术"课程的目标与主要内容，第 3 节遵循以学生为中心，以产出为导向分析数据挖掘技术应用之中复杂工程问题的特点；最后，结合"数据挖掘技术"课程之中的一个具体的复杂工程问题说明对研究生各方面能力的培养。

二、课程目标与主要内容

数据挖掘是基于数据的知识发现过程，即数据挖掘是从大量数据中提取或挖掘出有效的、隐含的、先前未知的、并具有潜在价值模式的非平凡过程。从数据本身来考虑，通常数据挖掘涉及数据清理、数据变换、数据挖掘实施过程、模式评估和知识表示等步骤[4-5]。"数据挖掘技术"课程的目的是使学生掌握数据挖掘方法的基本概念、相关技术以及在不同的实际领域中数据挖掘技术的应用现状及应用前景。实践环节将通过当今最新的标准软件平台来深入学习相关技术的应用，并使学生能够将课堂上所讲授的概念与方法应用于实际复杂工程问题求解，同时鼓励学生根据个人兴趣进一步开展不同侧面的研究性探索学习。

从总体上，课程每一教学环节都必须遵循以学生为中心，以产出为导向的理念。因此，"数据挖掘技术"课程在培养方案体系之中的宏观任务定位是使合格研究生具有如下能力。

（1）有效地管理自己的学习时间与方式的能力，并且表现出一定的自我管理的主动意识、以及具有一定的终身学习能力。

（2）具有综合分析多种信息的能力，并且对于相关实际问题，能够得到具有一致性的清晰描述与有效地解决复杂工程问题的方案。

（3）对于实验结果，能够撰写分析报告，并能够进行一定的批判性反思，包括人文社会因素与环境因素；知道如何得到正确的结论，以及适当的改进建议。

作为一门研究生实用技术类课程，"数据挖掘技术"具有其特定的知识体系与方法。该课程的具体任务与达到的具体目标如下。

（1）认识数据挖掘的实际问题，并选择适当的分析方法。

（2）理解大规模实际数据处理的困难性。

（3）理解预测模型的各个环节，包括回归方法、贝叶斯网络、数据投影模型、决策树模型等。

（4）如何准备进行数据挖掘的数据，包括如何进行数据划分、属性选择、数据约简以及离群点检测。

（5）训练、评估与比较回归模型、贝叶斯网络模型与决策树模型。

（6）理解聚类分析方法、潜在类别模型方法以及其他潜在变量方法。

针对课程的宏观目标与具体任务，课程教学内容与要求主要包括：如何将数据挖掘的目标表达为适当的形式化分析方法；数据结构与组织，即数据挖掘算法的输入；模型的比较与评估；关联规则与频繁模式挖掘；分类方法，聚类分析技术，属性选择方法，孤立点检测技术；以及数据挖掘应用实例与发展趋势。

三、复杂工程问题分析

任何课程教学过程都应该遵循以学生为中心的原则进行各个教学环节的组织，以培养学生解决实际问题能力为目标，即以实际产出为导向（outcome-based education，OBE），并且在教学进程之中贯彻持续改进（continue quality improvement，CQI）的措施。我们在"数据挖掘技术"课程教学过程中秉承这些教学理念，通过综合性实际工程问题的设计与实施，强化培养研究生解决复杂工程问题的能力。

目前，在我们学校选修本课程的研究生较多，涉及全日制计算机科学与技术专业学术型硕士研究生与计算机技术专业型研究生，也涉及非全日制计算机技术或软件工程专业型研究生，甚至包括非计算机类专业的研究生。选课研究生主要在以下几个方面具有明显的差异性。

（1）程序设计技术，由于不同的研究生在本科阶段实践能力的训练差异较大，一些学生仅仅掌握程序设计语言的基本编程语法，而通过程序设计解决复杂问题的能力却仍然难以令人满意。

（2）一些研究生掌握的数学、自然科学以及专业知识还比较有限，而且也具有一定的差异性。

（3）在本科学习阶段，解决复杂工程问题的能力训练较为薄弱，对复杂工程问题与复杂技术问题的理解程度不同。

针对学生的特点与差异性，充分贯彻以培养学生解决复杂工程问题的能力为目标，"数据挖掘技术"课程教学过程中研究与开发的复杂工程问题应该有助于培养研究生以下各方面能力。

（1）全面综合程序设计能力。程序设计能力是计算机类学生的最基本能力。"数据挖掘技术"课程中的复杂工程问题必须体现全面的程序设计能力的培养。相应的问题至少应该涉及各种数据类型的定义，复杂控制结构的选择，各种函数与文件之间的关系等。

（2）逐步培养复杂工程问题的分析能力。通过课堂案例教学使学生基本了解如何通过数学模型分析数据挖掘过程中基础应用问题，进而培养研究生通过对一些实际问题的分析，综合考虑各种要素，进而分析影响选择不同的数学模型的各种因素。

（3）建立利用数学模型解决问题的强烈意识。各种数据挖掘技术的实现都较强地依赖于不同的基本数学模型。在整个教学过程中，应该利用应用问题的多种环节提高学生有意识地结合数学知识，训练通过程序设计或软件工具进行数学模型的求解。

（4）逐步掌握评价数学模型应用效果的方法。对于解决复杂工程问题的不同数学模型，必须分析在抽象和简化的过程中各种约束条件的相互制约与影响。任何应用数学模型解决复杂工程问题的效果都必须有相应的科学评价方法。

四、数据挖掘的复杂工程问题设计

针对典型的数据挖掘技术应用问题，我们设计了一定的实践训练问题。以下结合课程所涉及的一个具体的复杂工程问题，说明对研究生综合能力的培养途径。在下面的实验项目中，要求学生采用最近邻和朴素贝叶斯作为分类算法，同时使用交叉验证技术用于评估学习算法的参数，以及判定学习算法在新的数据集上的表现，进而通过特征选择策略来改进学习算法的效果。最后，使用统计学方法来判定两种不同学习算法的效果。

（一）数据文件格式转换及切分

数据挖掘算法的输入是应用数据挖掘技术解决问题的前提。应用先进的软件工具与环境是必要途径。例如，可以应用 HWUtils 工具类，实现文件格式转换，即将（data 格式及 names）的 UCI 数据文件转换成 arff 格式，并实现训练集合和测试集合切分。

前一个过程包括读入的.names 文件的绝对路径，读入的.data 文件的绝对路径，写出的.arff 文件的绝对路径。后一个过程包括读入的.arff 文件的绝对路径，写出的切分后的.arff 文件的所在文件夹的绝对路径，多重交叉验证的 k 值，随机化种子等。通过这一步骤使学生深入理解现实数据的复杂性。

（二）分类学习算法

我们可以选择朴素贝叶斯分类算法，其通过预测待分类实例所属各个类标值的概率，来达到分类的目的。贝叶斯分类算法具有坚实的理论基础与良好的可解释性，在实践中的应用最为广泛。在朴素贝叶斯分类算法之中，对名称型属性的概率估计一般采用基于频率的 Laplace 平滑估计技术；对数值型属性的概率估计，假设其服从正态分布，利用正态分布的概率密度函数进行计算。

在应用朴素贝叶斯分类算法的过程中，要求学生利用概率估计方法进行不同的实验。例如，概率的 M 估计。在实际训练项目实施过程中，通常要求研究生具体实现 M 估计。学生可以基于 M 估计的数学格式，对朴素贝叶斯中的部分代码进行修改，并设计一个 MEstimator 类，MEstimator 类是在 DiscreteEstimator 类的基础上修改得到的，两个类都是对离散属性进行处理，概率为零问题的处理放在了构造函数里面，因此只需重新写一个 M 估计的构造函数即可，通过不同的实验数据可以使学生认识到不同数学模型的适应性。

实验结果分析手段的学习是本项目训练研究生的一个重要目的。要求研究生绘制学习曲线，以横轴表示反复次数（探索次数），以纵轴表示各种学习测试的学习过程的曲线。例如，在朴素贝叶斯的学习曲线中，其横轴代表训练集中实例的个数，纵轴代表测试集上的准确率。在构建学习曲线时，其训练集中实例的顺序是随机的，且其结果取决于实例的顺序，为得到误差线需要多次运行该过程。在此过程中，涉及的因素较多，主要包括平均计算次数、曲线步数、使用的分类器、随机化种子、训练集实例、测试集实例、训练集不同尺寸数组、测试集不同结果数组等。

（三）k–最近邻分类算法

k–最近邻分类算法（KNN）是一个理论上比较成熟的方法，也是最简单的机器学习算法之一。该方法在分类决策上只依据最邻近的一个或者几个样本的类别来决定待分样本所属的类别。KNN 分类的计算复杂度和训练集中的实例数目成正比，也就是说，如果训练集中实例总数为 n，那么 KNN 的分类时间复杂度为 $O(n)$。k–最近邻分类算法使用的模型实际上对应于对特征空间的划分 k 值的选择，距离度量和分类决策规则是该算法的三个基本要素。

（1）k 值的选择会对算法的结果产生重大影响。k 值较小意味着只有与输入实例较近的训练实例才会对预测结果起作用，但容易发生过拟合；k 值较大，优点是可以减少学习的估计误差，但缺点是学习的近似误差增大，这时与输入实例较远的训练实例也会对预测起作用，使预测发生错误。在实际应用中，k 值一般选择一个较小的数值，通常采用交叉验证的方法来选择 k 值。

（2）该算法中的分类决策规则往往是多数表决，即由输入实例的 k 个最邻近的训练实例中的多数类决定输入实例的类别。

（3）距离度量一般采用 Lp 距离，当 $p=2$ 时，即为欧氏距离，在度量之前，应该将每个属性的值规范化，这样有助于防止具有较大初始值域的属性比具有较小初始值域的属性的权重大。

我们要求在研究生提交的项目报告之中，分析选择不同参数对实验结果的影响。

（四）泛化性能的统计分析法

正统计假设检验是用来判断样本与样本，样本与总体的差异时由抽样误差引起的还是由本质差别造成的统计推断方法。其基本原理是先对总体的特征做出某种假设，然后通过抽样研究的统计推理，对此假设应该被拒绝还是接受做出推断。

对于假设检验，其检验统计量的异常取值有两个方向，即概率分布曲线的左侧（对应于过小的值）和右侧（对应于过大的值）。双尾检验是指概率分布函数曲线两侧尾端的小概率事件都要考虑。双尾假设 t 检验的基本步骤如下。

（1）针对样本所在总体作假设，提出无效假设 H_0：$\mu_1=\mu_2$ 和备选假设 H^1：$\mu_1 \neq \mu_2$。

（2）选择合适的显著水平 α，选择合适的统计量，并研究试验所得统计量的抽样分布，这里我们选择 t 检验（样本方差 σ^2 未知），并计算检验统计量 t；

（3）建立 H_0 的拒绝域（这里是双尾），查表确定临界值 $t\alpha$；

（4）根据临界值，确定是否是小概率事件，来推断是否接受或拒绝无效假设. 如果 $|t|<t\alpha$，则无效假设前提下，样本均值出现的概率 $P>\alpha$，说明不是小概率事件，因此选择接受无效假设

H_0；否则说明是小概率事件，拒绝无效假设 H_0，选择备选假设 H_1。

五、结语

在我们所设计的项目之中，包括选择不同的理论模型，设置不同的实验参数，准备与处理不同的实验数据，以及评价数学模型应用效果的方法等。对于解决复杂工程问题的不同数学模型，必须分析在抽象和简化的过程中各种约束条件的相互制约与影响。任何应用数学模型解决复杂工程问题的效果都必须有相应的科学评价方法。通过类似实践项目的训练，使研究生逐步提高综合分析多种信息的能力，并且对于相关实际问题，能够得到具有一致性的清晰理解；对于实验结果，能够撰写分析报告，并能够进行一定的批判性反思；增强了研究生自我管理能力、主动意识与终身学习能力。

参考文献

[1] 桂劲松，张祖平，郭克华.新工科背景下高校新专业建设思路探索与实践：以数据科学与大数据技术专业为例［J］.计算机教育，2018（7）：27-31.

[2] 宫学庆，金澈清，王晓玲，等. 数据密集型科学与工程：需求和挑战[J].计算机学报，2012，35（8）：1563-1578.

[3] 潘雨青，毛启容. 程序设计课程中学生解决复杂工程问题的能力培养［J］. 计算机教育，2018（9）：4-6，11.

[4] WITTEN I H, FRANK E，HALL M A. Data mining：practical machine learning tools and techniques with java implementations［M］. 3rd. H，MA：Morgan Kaufmann Publishers，2011.

[5] HAN J，KAMBER M. Data mining：concepts and techniques.［M］. 2nd ed. Burlington，MA：Morgan Kaufmann Publishers，2006.

研究生课程"现代桥梁预应力设计理论与应用"案例教学资源库开发

朱尔玉　刘　磊　周　超

（北京交通大学土木建筑工程学院，北京 100044）

摘　要： 案例教学是以案例作为任务驱动，提供问题，以交流讨论为主要形式，以学习知识、培养能力为主要目标的一种教学方法。"现代桥梁预应力理论设计与应用"是土木工程专业硕士研究生的课程，课程目标是培养研究生在工程设计中对预应力的应用和研究能力。案例教学资源库的开发是案例教学的基础，是案例教学成功与否的关键所在。案例教学资源库的开发主要包括信息收集、分类整理、编制成库等三个主要步骤。而在"现代桥梁预应力设计理论与应用"这门课程中，我们在前期先对各种不同的桥型、不同的预应力实现方式进行信息收集；信息收集完成后，按照连续梁桥、刚构桥、连续-刚构桥、拱桥、斜拉桥、悬索桥六种桥型进行信息的分类整理；最后在此基础上编制成案例教学库，在之后的教学中可以继续添加、丰富。案例教学资源库的建立不仅为之后的案例教学奠定了基础，为案例教学提供了教学资料和依据，而且在建立案例教学资源库的过程中，也使得学生信息归纳的能力得到很大的提高，同时也是一个非常重要的学习过程。

关键词： 案例教学　案例教学资源库建设　能力　提高

一、引言

案例教学法首创于 20 世纪初的美国哈佛商学院，经过长期的教学实践，形成了独具特色的教学方法。案例教学法通过运用案例营造一个包含所需传授内容在内的具体教育情景，通过老师对情景的描述与学生对其的讨论，达到对相关内容认知的目的，其理论与实践紧密相结合的特性，符合开放教育教学的规律，是教学模式改革的主要选择之一。编写优秀的教学案例是开展案例教学的基本前提，也是开展案例教学的必要准备。通过建设案例教学资源库，一方面，可以为案例的开发与编制建立规范化的标准体系，通过开展科学化的分类、评价等活动，提高教学案例的质量水平；另一方面，可以为案例资源的共享奠定基础，构建开放性的应用平台，提高案例资源的使用效率。

二、全日制工程硕士案例教学资源库建设的现状与问题[1-2]

总体而言，全日制工程硕士案例教学资源库建设相对于其招生规模的迅速扩大、案例教学改革发展的迫切需要来说，存在明显的滞后。从全国情况来看，至今尚未出现可以面向各培养单位开放的全日制工程硕士案例教学资源数据库；各省的情况也差不多，许多案例教学资源库建设的方案往往都只是停留在纸面上。高校的情况似乎好一些，已经有一些高校或专业领域拥有了自己独立的全日制工程硕士案例教学资源库，并通过组织开发与编制以及筹资购买等措施，积累了一些较好的教学案例。但是，由于受到实施案例教学所必然产生的教学改革阻力以及案例资源需要持续更新、案例教学资源库建设需要完善的配套体系等因素的制约，高校全日制工程硕士案例教学资源库的建设也处于一种较为尴尬的处境。总体而言，我国全日制工程硕士案例教学资源库的建设主要存在如下问题。

（一）案例零散，采编水平不高

在全日制工程硕士课程教学中，尽管有些教师已经开始尝试开展案例教学，甚至构建和开发一些系统化的实践课程，但是，其使用的教学案例却往往处于零散状态，缺乏系统化的组织和标准化。这些案例一般都是由任课教师基于个人的喜好或者专业特长来开发和制作，而较少组建学科团队或专门的开发团队来开展，这使得案例的开发工作不仅较为随意，缺乏明确的评价标准，难以保证案例的质量，同时也很难持续进行。这必然导致统一、规范的案例教学资源库很难建立，案例的质量、层次也参差不齐，出现诸如原创性案例数量偏少、案例分析深度不够、案例内容不全（如缺少案例使用说明，或者虽然有案例使用说明，但指导性很差）等问题。

（二）案例来源渠道过窄，实践性不强

目前全日制工程硕士案例教学中所使用的案例主要有两种类型：一是改编类案例，主要是由任课教师根据媒体上公开发表的资料和相关信息，按照一定的教学目的，对其进行组织和加工而成；二是采编类案例，这一类型的案例一般需要由任课教师亲自参与企业的生产实践或者去企业实地调研、访谈，结合企业的背景和相关资料编写而成。由于采编类案例涉及企业层面，需要高校或者任课教师跟企业之间开展一些沟通与协调，而大多数中国企业对于案例的采编认识不到位，不愿意将公司的有关信息和问题公之于众，对于涉及技术革新的项目更是闭口不谈，这使得案例的采集面十分狭小，任课教师只能更多地依赖改编类案例来开展案例教学实践。而改编类案例最大的缺陷就是其信息来源脱离了企业的生产实践，即使编排成了案例的形式，但其实践性效果却大打折扣。而且，由于高校目前一般都尚未建立配套的案例采编激励机制和案例知识产权保护机制，任课教师编写案例的积极性也不高，这也在一定程度上阻碍了案例的开发工作。

（三）案例私有化明显，案例教学资源库共享性差

全日制工程硕士研究生的课程教学不仅缺乏案例教学资源，即使对现有的案例成果也缺乏系统化的管理体系和管理流程。由于现有的教学案例主要是由任课教师基于个人的兴趣或者需要开发完成的，因而，无形之中这些案例已经成为某些任课教师个人专属的教学资源，基本不具有共享性。即使有些任课教师同意共享其案例教学资源，由于这些案例被打上深深地个人印记，缺乏规范统一的标准，再加上其他教师不了解案例开发的背景及其使用的各种限制条件，因而，这些案例也很难实现真正意义上的共享。校内是如此，高校间更不必说了。由于全日制工程硕士在我国大多数高校开办的时间都不长，高校间尚未形成整合资源共同开发全日制工程硕士案例教学资源库的机制，也没有形成相互交流共同研讨案例教学的局面，这使得全日制工程硕士案例教学的整体水平很难得到快速的提升。

（四）案例教学资源库推广力度弱，案例使用率低

近年来，在全日制工程硕士研究生的培养工作中，案例教学法虽然得到了普遍的认同，但距离普及和推广的层面仍有不小的距离。这不仅是由于缺乏相应的激励机制，同时跟研究生教育主管部门对案例教学方式以及案例教学资源库共享的推广力度弱也有一定关系。至今为止，在有关全日制工程硕士研究生培养的相关制度与规范文件中，尚未有一份明确提及教学案例教学资源库建设。尽管有个别的文件已经开始推动全日制工程硕士研究生培养中的案例教学工作，但对于案例教学工作如何实施，是否是培养工作所必需的培养方式以及如何配备开展案例教学的基础设施等，相关文件并没有较为明确的规定。正是由于缺乏明确的基本要求和统一规范，在全日制工程硕士研究生课程教学中，任课教师是否采用案例教学完全靠自己的兴趣与爱好，案例的编制与采集也主要是个人行为，即使有个别的专业领域开发或购买了规范化的案例教学资源库，这些案例教学资源库的使用率往往也比较低。同时，各高校以及各专业领域间缺乏有效的沟通与合作，没有建立开放性的案例教学资源库共享平台也进一步加剧了这种使用率低下的状况。

三、"现代桥梁预应力设计理论与应用"课程中案例教学资源库的建设

（一）信息收集

建立案例教学的第一步是要进行大量的信息收集，这是花费时间最长，最为辛苦的一个过程，也是最为重要的一个过程。信息的数量是否足够，决定着案例教学内容是否有深度；信息的正确与否，则决定着案例教学是否有足够的说服力。在本课程的信息收集过程中，首先可以在万方、维普、知网等各大信息资源网站搜寻硕士和博士论文、期刊、专利等，同时可以适当地查找一些图片、视频信息。

当然，信息的收集也是有目的性的，而不是盲目地在信息的大海里捞针。就"现代桥梁预应力设计理论与应用"这门课程而言，首先，预应力的使用出现于国外，并且在国外发展得比较快。而国内对这一技术的研究相对比较落后，在近几年才呈现蓬勃发展之势。因此，我们需要首先查找国外的文献，再结合一些国内的信息，才能将这部分的理论完善起来。其次，预应力在不同桥梁中的使用形式、施工方法也都不同，所以需要先确定几种主要的桥型，然后进行有针对性的查找。再次，预应力被广泛运用于各种工程建筑之中，在不同类型的建筑中有不同的设计形式、设计方法和施工过程。这些都需要通过工程经验进行具体问题具体分析，是单薄的理论知识所无法解决的。所以，我们也可以寻找一些其他建筑作为辅助分析，比如预应力钢结构是如何在建筑中应用的，斜拉桥的模型是如何应用到大跨度建筑结构中的等。

初步的信息收集完成后，还需要进行相应的实地考察、调研。古人常说"纸上得来终觉浅，绝知此事要躬行"，毕竟光靠纸面的信息还是显得有点抽象，调研中直观的感受可以使学生们的认识更加透彻。所以，可以在每一类桥型中选取几座有代表性的桥进行调研，做好相关的记录，调研报告成为案例教学资源库中相当重要的一部分。

（二）信息整理

信息收集完成后，就要对其进行分类整理，也就是将相应的信息放入相应的板块的过程。就如我们这个课程而言，可以按照连续梁桥、刚构桥、连续-刚构桥、拱桥、斜拉桥、悬索桥六种桥型进行分类整理。

（三）编制成库

完成以上两项工作后，最后就是编制成库的工作。这项工作主要分成两部分，第一部分是将案例教学资源库以论文形式汇编成册，作为案例教学的相关教材。第二部分是建立相应的网上案例教学资源库。我们主要运用相应软件建立本课程的案例教学资源库，以方便查找。而案例教学资源库的内容也会在本课程教学的进行下不断丰富。最终，我们要建成以下五个模块[3]。

1. 教学案例资源库

教学案例资源库中的内容主要是由一定数量的教学案例组成，其中的每个案例都是相对完整

的事件，一般都包括以下要素：教学目的与用途（适用的课程、对象、教学目标）、案例标题、案例背景（教师需要掌握的案例进展性、背景性信息）、主题内容（对案例主题内容的描述）、结尾（提出问题或自然淡出）、相关附件（与案例相关的图表、附录等）、启发思考题（提示学生思考方向）、分析思路（给出案例分析的逻辑路径）、理论依据与分析（分析该案例所需要的相关理论以及具体分析）、关键要点（案例分析中的关键所在，案例教学中的关键知识点、能力点等）、教学建议（案例在教学中使用的方法、注意事项和时间安排等）。每个案例在数据库中都分别归入相应的类别，这些案例下载后稍加整合就可以直接应用到全日制工程硕士研究生的课程教学中。

2. 案例素材库

案例素材库是由一定数量的与知识应用相关的典型事件或者生产实践中的某些具体问题组成，这些素材可能以文本记录的方式存在，也可能以视频或图像的形式呈现，部分素材还可能是经过二次加工处理后的模拟片段。案例素材库的作用主要是为任课教师开发教学案例提供基本素材，一般并不直接应用于全日制工程硕士研究生的课堂教学。案例素材库一般应设计成完全开放式的，只要符合基本要求的案例素材都可以加入数据库中。

3. 案例教学精品课程库

案例教学精品课程库由一定数量的优秀案例教学课程构成，其典型特征就是其中的课程都能够较好地应用案例教学的方法来开展。这一资源库的素材来自教育主管部门统一组织的全日制工程硕士研究生实践教学优秀课程评选，凡是评选出的优秀实践教学课程均可以按照统一的标准纳入案例教学精品课程库中。本资源库设计的目的主要在于推动案例教学资源库的普及，提高案例教学资源库的使用效率。同时，通过建立开放在线案例教学精品课程，也可以为任课教师提供一个交流学习案例教学的机会，为全日制工程硕士研究生提供更多的优质学习资源。

4. 教师在线学习平台

师资队伍建设是开展全日制工程硕士研究生案例教学的关键。当前，在全日制工程硕士研究生课程教学中，参与案例教学的师资力量相对薄弱，需要有计划、有步骤、有重点地开展案例教学师资培训工作。在案例教学资源库建设的基础上开发教师在线学习平台，组织相关学习材料，精选课程教学案例，尤其是那些记录并分析案例开发进程的教学案例，按照一定标准开发成适合教师分散学习的形式。通过这种集中与分散相结合的学习方式，使得大多数的任课教师都能了解和理解案例教学的实质内涵和操作方式，准确把握其特点和基本要求，掌握开展案例教学的基本方法，结合学校学科特色和培养条件，积极在教学工作中有效实施案例教学并不断完善提高。

5. 学生在线学习平台

学习是一项多方位的活动，对实践教学而言更是如此。课堂教学所能提供的接触企业生产实践的机会毕竟有限，而对于全日制工程硕士研究生的培养而言，这些实践教学的内容却是非常重要的。因而，开发学生在线学习平台，为全日制工程硕士研究生提供更多了解生产实践的机会是必要的。该平台在案例教学资源库开发与建设的基础上运行，通过数据检索与重组技术[4]，为专业学位研究生提供可以远程在线学习的案例基础模块。这一方面扩大了专业学位研究生培养实践能力的渠道，另一方面，也可以提高他们自主学习的能力，同时提高案例教学资源库的使用效率。

四、结语

案例教学资源库的开发是案例教学的基础，是案例教学成功与否的关键所在。案例教学资源库的开发主要包括信息收集、分类整理、编制成库等三个主要过程。而在"现代桥梁预应力设计理论与应用"这门课程中，我们在前期先对各种不同的桥型，不同的预应力实现方式进行信息收集；信息收集完成后，按照连续梁桥、刚构桥、连续－刚构桥、拱桥、斜拉桥、悬索桥六种桥型进行信息的分类整理；最后在此基础上编制成案例教学资源库，在之后的教学中可以继续添加、丰富。案例教学资源库的建立不仅为之后的案例教学奠定了基础，为案例教学提供了教学资料和依据，而且在建立案例教学资源库的过程中，也使得学生们信息归纳的能力得到的很大的提高，也是一个非常重要的学习过程。

参考文献

［1］　王应密，张乐平．全日制工程硕士案例教学资源库建设探析［J］．高等工程教育研究，2013（4）：166－171.

［2］　梁君．教学案例教学资源库建设的问题与对策［J］．科教文汇（下旬刊），2012（3）：35－36.

［3］　申玲．工程管理专业课程链教学案例教学资源库建设研究［J］．教育与职业，2011（9）：141－142.

［4］　王淑娟，胡芬．中国商学院管理案例教学资源库建设的现状及对策［J］．学位与研究生教育，2008（9）：42－45.

"多元统计分析"课程案例教学探析

李卫东

（北京交通大学经济管理学院，北京 100044）

摘　要： "多元统计分析"作为分析多元变量和多维社会经济现象的课程，在大数据时代其应用极为广泛。本文在对案例式教学法进行分析的基础上，根据笔者多年从事"多元统计分析"教学的体会，探讨了"多元统计分析"教学中开展案例教学的必要性，并结合教学内容探讨了实例分析在课程教学中的具体应用，认为案例教学是财经类"多元统计分析"课程教学中不可缺少的教学方法。

关键词： 案例教学　多元统计　因子分析

一、引言

"多元统计分析"作为统计学专业中的一门应用性、操作性极强的专业主干课，以研究多变量多维度社会经济现象的统计规律为目的。随着大数据时代的来临，它已被广泛应用于自然科学、经济管理和社会科学等多个领域，且发挥着越来越重要的作用[1]。多元统计分析原属于数理统计的分支学科，抽象的理论和原理、繁杂广泛的内容、复杂的公式推导、烦琐的矩阵运算，是这门课程的突出特点。其先修课程包括高等数学、线性代数、统计学。如果学生在先修课程的学习过程中没有打好基础，在最初接触该课程时，很容易产生畏难情绪。案例教学是通过模拟或者重现现实生活中的一些情景，让学生把自己纳入案例情景中，通过讨论或者研讨的方式来进行学习的教学方法。学生在教师的指导下，根据教学目的要求，对案例进行调查、阅读、思考、分析、讨论和交流等活动，通过实例学习分析问题和解决问题的原理与方法，进而提高分析问题和解决问题的能力。与传统教学方式相比，案例教学容易理解，易于为学生接受，能很好地克服畏难情绪，激发学生的学习兴趣[2]。因此，在教学过程中需要引入案例教学，以采用不同背景下的适合案例，结合 SPSS、SAS、STATA 等各种统计软件，通过系统的操作和运算，将各类公式原理可操作化，将多元统计的理论和方法用通俗易懂的面孔呈现于学生面前，便于学生对多元统计分析理论、方法的认知和掌握，使学生便捷地运用各类多元统计分析方法解决实际问题，提升分析问题和解决问题的能力。

二、案例教学在"多元统计分析"课程教学中的应用

多元统计分析作为一门理论性和应用性相结合的专业学科，由于基本原理数理味浓，不易理解，在教学中只有将原理方法密切联系实际，学生所学的知识才能得以理解和巩固。案例教学以学生为中心，通过对现实实际问题的思考、识别、分析、研究、讨论等一系列交互式活动，对所分析的问题做出相应判断，以加深对所学基本原理、方法的认识和理解[3]。笔者以北京大学出版社出版的《应用多元统计分析》为蓝本，在课程中通过采用案例教学方法，促使学生了解和掌握多元统计分析的原理、方法，进而提高学生认识、分析与解决实际问题的能力。

在讲授总体均值向量检验这一部分内容时，可以选用 CSMAR 数据库中上市公司的财务指标，如公司股本规模、主营收入、主营收入增长率、净资产收益率、每股收益、总资产周转率、资产负债率等，对我国不同板块上市公司的运营情况进行对比分析，看有无显著差异；对协方差阵的检验，可利用不同投资组合产品的收益率变动等指标，通过检验看其风险度有无显著差异。对多元方差分析，可利用不同区域国家社会经济资料，验证不同区域社会经济发展状况是否相同。

对多元回归分析进行讲解时，通过介绍某机构所属医院人力资源的评估分析案例，将多元回归分析原理与实际问题相结合。通过引入因变量 y 为月均使用的人（小时）数，同时考虑设定若干自变量，包括：x_1 为日平均病人数；x_2 为月平均光透视人数；x_3 为月平均所占用的床位（天数）；x_4 为当地人口数（千人）；x_5 为平均每个病人住院天数等。要求建立 y 关于 x_1，$\cdots$，x_5 的多元回归方程，分析它们之间的定量关系。通过讲授多元回归分析方法的基本原理和思想，然后根据上述实际数据，利用 STATA、SPSS 等统计软件的实际操作，得到统计软件输出的结果，对其进行逐步分析，最终得出适合的回归方程。在此过程中，在教师的引导下，可让学生对数据的来源问题、模型的确定问题、自变量的选择问题、虚拟变量的引入问题、模型的评价问题等一系列问题开展讨论，学生在讨论过程中自主参与解决问题，结合所学的回归分析理论和方法，掌握所学的回归分析的原理和方法。

对聚类分析思想和方法，以《红楼梦》著作权的争议问题的处理等为案例进行说明。在 20 世纪七八十年代，我国红学界对红楼梦的作者归属一直有争议。到底是一人写的，还是多人写的，一直没有定论。那么，怎样对这个说法做一个客观的论证呢？我们知道，不同的作家由于写作特点和习惯的差异，在描述相似的情节时，所用的虚词（之，乎，者，也……）是有一定差别的。研究者的创造性想法是将《红楼梦》中的 120 回分别看作 120 个样本点，通过将每一回中上述这些虚词出现的频数依次记录下来，构成多维数据矩阵，然后利用聚类分析法对上述数据进行处理分析，聚类谱系图表明，前 80 回为一类，后 40 回为一类。然后检验这两类虚词频数的均值是否有显著差异，结果显著，这就客观地证明了红楼梦不是由一人所撰写的，而是由多个人共同完成的作品。那么前 80 回是谁写的呢？于是寻找曹雪芹、高鹗等人的其他作品进行检验分析，结果表明虚词用法与曹雪芹的无差异，而高鹗等人的有显著差异，这证明了前 80 回是曹雪芹写的。此外，研究者还得到了其他一些实证结论。此论证结果被红学界专家所认同，并在当时红学界产生了很大的影响。对此案例的介绍，引发了同学们很大的学习兴趣。此外，根据我国分省第三产业发展情况进行聚类分析，在聚类中结合谱系图可以考虑不同的类的个数（如三类或四类），也可以考虑不同的聚类算法进行聚类操作，还可以考虑使用不同的距离公式来计算，从而得到不同的分类分析结果。在此基础上，通过对不同方法得到的聚类结果进行分析，可以比较出究竟是哪一种方式最适合实际数据，得到的分类结果最理想，从而引导学生理解聚类分析的原理和思想，掌握各种聚类算法的异同。在此过程中，会涉及聚类指标体系的选择、数据的收集、数据的整理、聚类方法的选择、聚类结果的分析与比较。学生们通过合作和讨论，加深了对学习内容的理解，提高了学习的兴趣。

主成分分析思想和方法，用农村饮用水水质评价的案例进行了说明。农村饮用水的安全问题是我国农村地区社会经济健康发展和农村居民生活质量的重要保障。目前常用的农村饮用水水质评价方法主要限于单指标的分析，都有一定的局限性，无法反映多指标的综合作用。因为饮用水水质会受多因素的影响，饮用水水质评价是典型的多维问题，因此考虑运用主成分分析法进行简化降维处理。目前农村自来水分为完全处理、部分处理、未处理三种形式。本例选取了饮用水水质常规监测的 13 项指标进行水质评价，包括：x_1，pH 值；x_2，色度；x_3，混浊度；x_4，总硬度（mg/l）；x_5，铁（mg/l）；x_6，锰（mg/l）；x_7，氯化物（mg/l）；x_8，硫酸盐（mg/l）；x_9，化学耗氧量（mg/l）；x_{10}，氟化物（mg/l）；x_{11}，砷（mg/l）；x_{12}，硝酸盐（mg/l）；x_{13}，细菌总数（个/ml）。在此基础上，可以对水质评价的指标进行主成分分析，最后减为三个主成分指标。

因子分析以物流企业竞争力为案例进行说明。为研究物流企业竞争力的情况，选取了目前在上海证券交易所和深圳证券交易所上市交易的物流行业的 A 股公司作为研究样本。原始数据来源于 CSMAR 系统数据库。数据选取的是交通运输业与仓储业的上市公司数据。对于物流企业的竞争力评价指标体系，考虑到可操作性，结合当前我国企业统计、会计、业务核算的现况，构建了物流企业竞争力评价指标体系。指标体系由企业资源、能力指标等共 18 个指标构成。物流企业竞争力资源评价指标有：总资产（亿元）（x_1）、固定资产净值（亿元）（x_2）、无形资产（亿元）（x_3）、总资产报酬率（x_4）、净资产收益率（x_5）、主营利润率（x_6）、主营业务收入增长率（x_7）、资本保值增值率（x_8）、总资产增长率（x_9）、流动比率（x_{10}）、速动比率（x_{11}）、资产负债率（x_{12}）、总资产周转率（x_{13}）、应收账款周转率（x_{14}）、人均利税（x_{15}）、市场占有率（x_{16}）、市净率（x_{17}）、社会贡献率（x_{18}）。结合因子分析方法对我国上市公司的竞争力进行了评价分析。

上述案例教学的设计均根据当前社会发展中的实际问题，为便于学生理解和学习，将其引入"多元统计分析"课程案例教学中。通过鲜活的案例，使多元统计方法介绍得更为直观、具体、形象，容易被学生所接受，激发了学生学习的兴趣，调动了学生学习的积极性[4]。总之，在教学过程中通过教师的系统讲授，引发学生的学习兴趣，吸引学生积极主动地思考，开展深入研究，将多元统计分析理论和方法与实际紧密地结合。

三、结论

本文是北京交通大学研究生教育教学改革项目"'多元统计分析'课程建设"的研究成果之一。"多元统计分析"课程是经济类、管理类、统计类专业的主干课程，占有重要学科地位，多类专业均开设此课程。多元统计分析的有效教学需要认真思考设计，通过多年教学实践，笔者以为，案例教学作为一种合理有效的教学方式，非常适合于该课程的教学，可以有效地克服学生的畏难心理，提高学生学习的兴趣。在课程内容中通过实际案例的讲解、讨论和分析，学生从理论、方法学习的枯燥中解脱出来，真正做到了理论联系实际，学以致用，将所学知识用于解决实际问题。

参考文献

[1] 李卫东. 应用多元统计分析 [M]. 北京：北京大学出版社，2015.

[2] 张家军，靳玉乐. 论案例教学的本质与特点 [J]. 中国教育学刊，2004（1）：51-53.

[3] 袁卫. 我国统计高等教育的回顾与前瞻 [J]. 统计研究，2001（1）：45-50.

[4] 秦惠林. 多元统计分析课程案例教学研究 [J]. 考试周刊，2012（66）：169-170.

"工程信号处理"案例教学改革与实践

杨江天　　史红梅

（北京交通大学机械与电子控制工程学院，北京 100044）

摘　要：针对"工程信号处理"理论性和实践性强，传统教学方法难以满足专业学位研究生教学要求的问题，以铁路工务检测为主要工程背景，在教学过程中开发了工程信号处理教学案例。以"窗函数应用"为例，详细描述了案例教学改革思路及应用模式。每个案例均由基本原理、算法步骤、流程图、MATLAB 代码分析与上机实验等部分组成。实践表明，案例教学实现了将信号处理课程与工程实践的紧密配合，调动了研究生的积极性和主动性，有效提高了研究生培养质量。

关键词：案例教学改革　研究生教学　工程信号处理

一、引言

"工程信号处理"是机械工程专业硕士研究生的主干专业基础课，被机械与电子控制工程学院六个二级学科列为学位课。该课程内容较抽象、理论知识繁多、实践环节要求高[1-2]。在近几年的教学实践中，发现当前工程信号处理课程教学普遍存在学生基础知识环节薄弱和缺乏清晰完整的工程信号处理实践教学体系的问题，导致学生面对具体应用问题无从下手[3]。案例教学法是目前推进研究生培养模式改革的重要措施，北京交通大学机电学院在研究生院的支持下，密切结合信号处理在交通运输工程中应用，与郑州铁路局工务检测所合作，开发工程信号处理教学案例，让学生能够根据自己所学习的信号处理方法来解决工程实际问题。感觉学有所用，激发学习兴致，达到理想的教学效果。

二、案例教学改革思路

对于工程信号处理课程而言，教学主要目标是不仅使学生通过学习掌握信号处理的基本知识、技术和基本算法，更重要的是要掌握工程信号处理的思想和方法，具备利用计算机处理实际信号的能力[4-5]。因此，在教学中要训练和提高学生计算机应用能力，通过案例教学和实践教学环节的训练，让学生自己体验和领悟利用计算机处理信号解决工程问题的思路和方法，并通过应用进一步加深对有关概念的理解和技术的掌握。在案例教学中，学生通过案例学习和分析，将理论知识运用于实践情境，需要学生具有一定的知识水平，同时要达到抽象思维能力和具有一定的归纳思维能力。

三、案例教学应用模式

案例的选取是案例教学的关键环节，案例的好坏直接影响教学的效果及质量。在选取教学案例时遵循三项准则："精""实""深"。"精"是指所选案例要具有针对性和典型性；"实"是指从研究生科研的实际情况出发，选取的案例全部来自铁路交通运输工程实际，能够激发研究生学习、讨论的兴趣；"深"并不是指所选案例需要高深的理论知识和原理，而是要有一定的层次性和可扩展性[6]。以"工程信号处理"课程为例，我们设计开发了窗函数、频谱校正、陷波滤波、货车轮轨力分析等共计 12 个教学案例。下面以"窗函数"为例，介绍案例教学的实施。

（一）原理讲解

对于一般信号，为减少频谱误差，尽量保证周期延拓后生成的信号与原连续信号一致，可采用不同的截取函数对信号进行截断，截断函数称为窗函数。对窗函数的基本要求是时域防止截断后信号两端突变；频域在不过多增加主瓣宽度的前提下尽量压低旁瓣的高度。

窗函数法是最常用的抑制频谱泄漏的方法。通过使截断信号在周期延拓时两端相对连续而抑制频谱泄漏。频谱泄漏水平与截断窗谱的旁瓣密切相关，如果旁瓣趋于零，使能量相对集中在主瓣即可得到较真实的频谱。窗函数有几十种，常用的有十几种。不同窗函数的频谱特征存在差异，频谱泄漏抑制效果也有明显区别。离散频谱估计的核心内容是窗函数的选取。即根据不同的频谱分析要求选择窗函数。

目前常用的窗函数大体可分为以下三类。

1. 矩形窗

不加窗相当于使用矩形窗，即信号自然截断。矩形窗频谱函数的特点是在所有的窗函数中主瓣最窄，频率分辨率最高；但同时旁瓣也最高，并有负旁瓣。频谱分析使用矩形窗，由于泄漏严重，谱峰幅值准确性很差。

瞬态信号分析，加窗后使信号失去基本特性，一般不加窗（相当于使用矩形窗）或用截短的矩形窗—力窗。

2. 升余弦窗

升余弦窗应用最广。随机信号频谱分析通常选用升余弦窗（改进升余弦窗）。它可以在不过多加宽主瓣的情况下，较低地压低旁瓣的高度，从而有效减少了泄露。一般来说，无特殊声明，信号处理中的"加窗"就是使用升余弦窗。

3. 平顶窗

平顶窗的名称因主瓣顶峰较平而得名，平顶窗通过牺牲主瓣宽度而获得了极低的旁瓣高度。对于本来就具有离散频谱的信号，如周期信号或准周期信号，频谱分析可选用平顶窗。使用平顶窗分析信号，频谱间隔必须大于等于 5 倍频率分辨率。同时由于泄露少，频谱幅值准确，栅栏效应最弱。

（二）编程实验——仿真信号分析

例 1：对于给定信号

$$x(t) = \sin(2\pi f_1 t) + \sin(2\pi f_2 t) + \sin(2\pi f_3 t)$$

已知 $f_1 = 10.8\,\text{Hz}$，$f_2 = 11.75\,\text{Hz}$，$f_3 = 12.55\,\text{Hz}$。令采样频率 $f_s = 40\,\text{Hz}$，采样点数 $N = 1\,024$。分别加矩形窗，升余弦窗，改进升余弦窗和平顶窗，求 $x(n)$ 的频谱。

要求编写 MATLAB 程序，画出信号的时域波形图及其频谱。

对比四张频谱图我们发现：矩形窗的主瓣最窄，频率分辨率最高，但是同时频谱泄露最严重，频谱幅值误差最大，三个谱峰的幅值分别为 0.669 7，0.943 6，0.870 3，误差分别为 33.03%，5.64%，12.97%。升余弦窗和改进升余弦窗的效果相差不大，在不太加宽主瓣的同时，较好地压低了旁瓣的高度，使用升余弦窗获取的幅值分别为 0.86、0.974、0.950，误差分别为 14%、2.6%、5.0%；使用改进升余弦窗获取的幅值分别为 0.832，0.970，0.939，误差分别为 16.8%，3%，6.1%；平顶窗牺牲了主瓣宽度，大大压低了旁瓣的高度，能量泄露很少，3 个谱峰的幅值都接近 1（见图 1）。

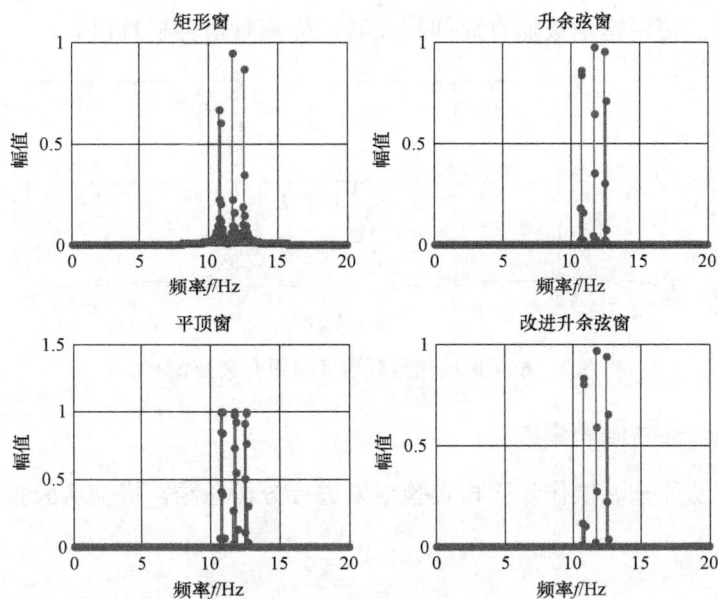

图 1 使用不同窗函数效果对比

使用窗函数进行时域截断可以有效地抑制能量泄露，减小误差。对于不同的信号和分析要求，可选取相应的窗函数。

（三）拓展编程——桥梁振动信号分析

例 2：桥梁结构固有频率的识别。

桥梁结构固有频率（自然频率）是反映桥梁结构健康状况的重要参数，也是振型识别的基础。桥梁结构大而复杂，使用人工激振困难。因此，通过自然激振（风、地震、大地脉动）识别桥梁结构频率成为首选。在某跨度 80 m 的铁路桥梁上布置振动传感器，测量 1 个小时以上，大量采集振动信号。已知现场所采集某测点的数据保存在数据文件中，采样频率为 208.4 Hz，每段采样长度为 1 024 点，共采集 130 段。试编写 MATLAB 程序，对所采集的信号进行频谱分析，确定桥梁的固有频率。

要求：选择合适的窗函数分析桥梁振动信号，编写 MATLAB 程序，画出信号的时域波形及频谱，对信号进行频谱分析来识别桥梁的固有频率，并对结果作简要说明。

参考答案（见图 2）：

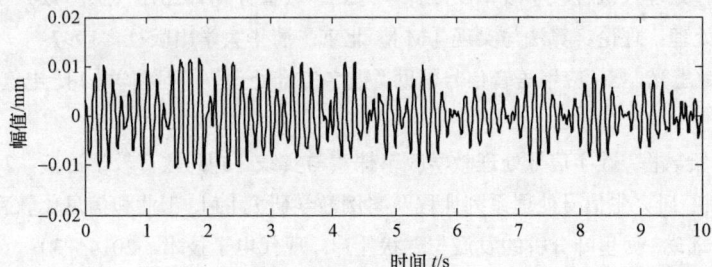

图 2 桥梁振动信号波形

从图 2 中可见，桥梁振动信号呈现周期信号特征，但受到非常强的噪声污染。对原信号进行 2 选 1 重抽，加升余弦窗，频谱平均 130 次，结果如图 3 所示。从中可清晰地看到频率分量 5.7 Hz，6.1 Hz 和 7.1 Hz。其中 5.7 Hz 是桥梁一阶弯振型固有频率，6.1 Hz 是二阶扭的固有频率，7.1 Hz

是二阶弯的固有频率。使用窗函数能有效抑制泄露，提高频谱分析精度。

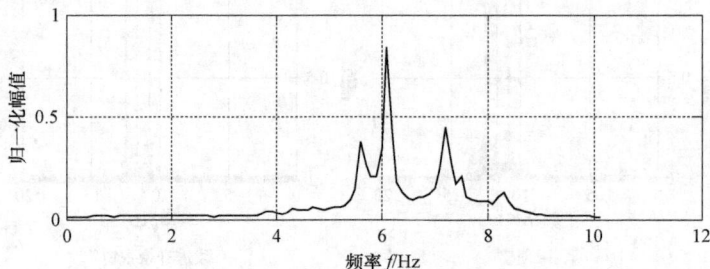

图3　桥梁振动信号频谱（使用升余弦窗）

（四）提交报告

实验后学生对算法原理、操作步骤与实验结果进行分析总结，提交实验报告。

四、教学效果

在工程信号处理教学过程中，通过对信号处理原理和 12 个教学案例的学习和实验，专业学位研究生能够较好地掌握数字信号处理算法原理和编程方法，使专业硕士具备直接从事工程信号处理开发的基本技能。引导研究生理论与实践相结合、培养其编程能力与项目开发能力。在教学实践过程中，打破传统教学框架的束缚，不断探索新的教学方式，形成新的教学理念，促进研究生自主学习，达到"教是为了不教"的效果。

五、结论

在"工程信号处理"教学过程中引入了工程实例的教学方法，通过实践取得了不错的成效。专业硕士研究生对于这门课程的学习不再过度关注对理论、公式的推导，而是将学到的理论与工程实践相匹配，达到了用中学、学中用的目的，激发了研究生学习本门课程的兴趣，让研究生在学习中感受到工程信号处理在实践中的用处。在今后的工作中，我们将不断地更新开发更加优秀的工程教学案例，把以教为主的教学模式转变为以学为主的教学模式，充分调动教与学两方面的积极性，提高机械工程专业学位研究生培养质量。

参考文献

[1] 罗忠亮. "数字信号处理"课程教学改革实践探索 [J]. 教育评论，2015（2）：124-126.

[2] 胡广书. 数字信号处理：理论、算法与实现 [M]. 北京：清华大学出版社，1997.

[3] 杜世民，杨润萍，钟志光，等. 应用语音信号辅助"数字信号处理"课程教学 [J]. 电气电子教学学报，2017，39（1）：83-85.

[4] 郝润芳，程永强，梁风梅. 数字信号处理教学改革探索与实践 [J]. 教育教学论坛，2017（29）：136-137.

[5] 王玲，许可，万建伟. 研究生信号处理系列课程及案例教学研究 [J]. 工业和信息化教育，2013（10）：34-36.

[6] 曾海东，韩峰，刘瑶琳. 傅里叶分析的发展与现状 [J]. 现代电子技术，2014（3）：144-147.

"实验经济学"中的虚拟仿真实验设计

周辉宇

（北京交通大学经济管理学院，北京 100044）

摘　要：实验经济学和经济仿真是当前经济学研究发展的新思路和新方法，与传统研究方法有很大不同，本文从理论与手段两个角度出发，分别对实验经济学和经济虚拟仿真进行了介绍，本文分析了虚拟仿真教学平台与实验经济学教学的发展现状，提出包括目标、安排、教学过程等配套教学实践，并针对教学实际情况和研究性教学要求的需要，从构建层次化"研究性实景"教学框架为出发点，探讨了实验经济学与经济虚拟仿真实验室背景下的实验设计的实现路径。

关键词：虚拟仿真　实验经济学　实验设计

一、虚拟仿真实验室背景

随着我国经济建设的深入发展及经济全球一体化下的竞争加剧，急需大量复合型、应用型和创新型的商务智能决策人才，因此，如何加速培养高质量的管理决策人才，满足社会快速发展需要，是我国高等院校经济管理类学科教育教学改革所面临的一项迫切需要解决的重大课题。

然而由于行为经济学与实验经济学的多学科交叉性，其基本内容涵盖了微观经济学、管理经济学、市场营销学、生产组织学、统计学和运筹学等经济管理类学科不同专业主干课程，传统的、以教师课堂授课为主体的人才培养模式难以将分散在不同课程中的理论、方法和内容融会贯通，形成一个有机的整体；又由于市场竞争的风险性，学生在学习了基本理论和方法后，不可能让学生自主经营一个企业、以现代企业决策者的身份进行竞争条件下的商务智能决策实践尝试。因此，搭建虚拟仿真实验教学平台，模拟商务决策过程，让学生们实际体会商务智能分析过程，并实践商务决策，实现"实景"仿真教学，对学生的培养具有重要意义。

另一方面，虚拟仿真实验教学平台也是高等教育信息化建设的重要内容。在学校和学院两级领导下，运输经济虚拟仿真实验教学中心秉承"知行"校训，立足于经济管理类专业"重实践、重应用"的人才培养特点，以建设数字化实验教学资源为重点，逐年加大人员、设备、资金投入，按照全面提高学生专业基础能力、专业应用能力、专业科研能力与跨专业综合能力的要求统筹规划、优化配置，不断充实和完善虚拟仿真实验教学项目与实验课程，持续推进我院运输经济管理等领域的实验教学改革与创新。

在虚拟仿真实验室背景下，能否按标准开发出经济实验课程或者教学载体，是探讨经济学专业培养方案以及虚拟仿真实验室建设过程时必须考虑的重要问题。本文将从实验经济学对人才培养的具体要求出发，剖析虚拟仿真实验对专业设计和课程设置上理念要求、评价标准和打分指标，并参考国内外的成功经验，探索课程设置和课程教学中体现经济仿真要求的应对策略和实施措施，建立体现经济仿真特点的实验经济教学管理和实验平台，具有重要的现实意义。

（一）虚拟仿真平台的教学目标

商务智能虚拟仿真平台的教学目标除了满足科研和社会需要，对于人才自身内在完善自我的需求也有所响应。从研究生教育层面来说，国际企业管理课程除了重视基础知识的掌握之外，对人才自身发展层面的考量则更加多维化和深入。

（1）良好的沟通能力以及理解能力。增强学生沟通交流能力，理解面对的学术问题和掌握适当的应对方式，广泛深入开展学术交流与合作，是培养高素质大学生的重要标志。

（2）扎实过硬的数据挖掘基础知识和数据分析能力。要想成为跨国公司所需的管理或者专业人才，扎实过硬的国际企业管理知识和精深的专业素养是将来适应跨国公司环境和管理机制的基础。

（3）学会学习与实践能力。根据"知行合一"的原则，本平台培养的人才应是既掌握了丰富的知识，又具备独立思考和解决问题的能力，善于学习新知识，并可以将之灵活运用于实践的人才。

（4）秉承学术道德。学生应了解并秉承一定的学术道德，这不但是对学生个人素质教育，完善自我的需求，更是社会经济良性循环和持续增长的必然要求。

详见图1，分为三个层次，层层相扣，互为依托分别为技能与能力（Skills and Abilities）层，素质（Qualities）层，伦理（Ethics）层。只有具备了坚实的基础知识，流利的团队合作能力，学习和实践能力以及沟通理解能力，才能保证进一步深化素质的培养：刻苦钻研精神，创新能力，与发散思维方式。最后，在所有良好夯实的基础加上完备的学术道德水平，才是平台应有的培养教学目标。

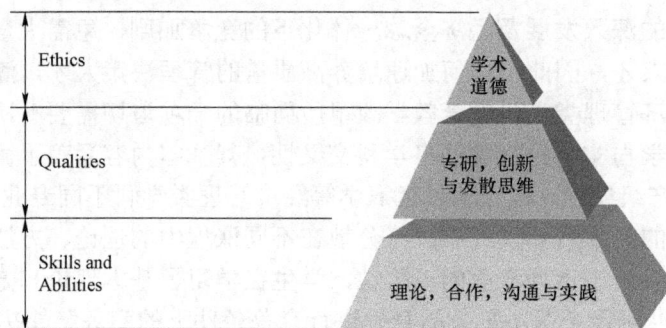

图1　经济仿真平台培养目标

（二）实验经济学的发展形势

实验经济学[1]（experiments with economic principles）是经济学家在挑选的受试对象参与下，按照一定的实际规则，以仿真方法创造与实际经济相似的一种实验室环境，不断改变实验参数，对得到的实验数据分析整理加工，用以检验已有的经济理论及其前提假设，或者发现新的理论，或者为一些决策提供理论分析的学科。

实验的作用主要是验证已有的理论或发现新的规律。实验方法并不是哪一门科学所特有的方法，也不是哪一门科学一开始就有的方法，当一门科学发展到一定程度时，当一门理论无法有效说明实际存在的事实时，实验方法的引入就成为必然。

实验经济学的兴起标志着经济学方法论上的重大变革。长期以来，西方经济学模仿自然科学的信念十分坚定，实证方法始终是主流经济学的研究方法，其范式是提出理论假设并力图避免和消除人类行为或经济关系中的不确定因素，然后在理论假设上建立数学模型并推导出主要结论，最后对理论结果进行经验实证并由此展开深入的理论分析。实验经济学的发展把心理学和经济学有机联系起来形成行为经济学。

传统经济学被认为是一门观察科学而不是实验科学。由于微观经济学的理论很大程度上依赖个体偏好假设，而这些偏好在自然情景中很难观察，这使得实验经济学开始转向实验室，探察这些假设是否正确描述了人的行为。经济学研究一般采用逻辑（数理）演绎和计量统计的方法，通过建立经济模型，进行分析得出结论，但这些模型和结论与现实市场的符合程度如何有待检验。实验经济学把实验室实验作为检验不同经济学理论效度的工具。实验经济学实质上是采用控制的方式对市场进行研究[2]。

（三）与虚拟仿真实验平台相结合的经济学实验

实验经济学的特点使其能够很好地与虚拟仿真实验平台相结合。

首先，虚拟仿真实验平台能够给经济学实验提供系统完备，设计精准，流程清晰，参数可控的实验环境与实验对象。现代计算机科学的发展使得在虚拟仿真实验平台上构建复杂的自适应系统成为可能，我们可以建立一种新的仿真模型，赋予其中主体以自适应性，激活并运行整个模型，观察它们的互动关系、博弈策略和总体现象，这正好完美契合了实验经济学的实验设计标准与环境设定。

其次，实验经济学实践与内容，是实现虚拟仿真实验平台要求的教学目标的教学手段与载体。仿真案例教学要经过事先周密的策划和准备，要使用特定的案例并指导学生提前阅读，要组织学生开展讨论或争论，形成反复的互动与交流，并且，一般要结合一定理论，通过各种信息、知识、经验、观点的碰撞来达到启示理论和启迪思维的目的。实验经济学针对经济现象设计的各种经济实验与经济分析，能够极大地丰富虚拟仿真教学平台的实验载体与内容，通过切实参与实验，加深学生对现有经济学理论的理解与印象，启发新知与创新思维，并为决策提供理论分析与智库服务。

最后，通过诱导学生们参与经济仿真实验，设计自适应复杂系统，并观测、观察他们在仿真系统中的互动关系，博弈情况与整体现象，能够为实验经济学理论发展提供难能可贵的数据分析基础，以实验教学结果反哺实验理论，又以新的实验理论启发新的仿真实验，从而形成教学科研良性循环的完美闭环。

社会经济活动实际上是一个复杂系统，传统实证方法很难全面地反映它的特性，因此通过有机结合实验经济学理论与虚拟仿真实验平台的经济仿真是解决研究经济系统复杂性问题的新思路。

二、教学案例设计

（一）常用实验经济学分析模型

人工智能是 21 世纪世界三大尖端技术之一，它在社会生产生活中起到了无可替代的巨大作用，它研究、开发用于模拟、延伸和扩展人的智能的理论、方法、技术及应用系统。作为计算机科学的一个分支，它企图了解智能的实质，并生产出一种新的能以人类智能相似的方式做出反应的智能机器，它是多种学科互相渗透的一门综合性新学科，是研究如何制造出智能机器或智能系统，来模拟人类智能活动，用以延伸人们智能的科学。

遗传算法作为是一种通用搜索算法[3]，它基于自然选择机制和自然遗传规律来模拟自然界的进化过程，从而演化出解决问题的最优方法。它将适者生存、结构化但同时又是随机的信息交换以及算法设计人的创造才能结合起来，形成一种独特的搜索算法，把一些解决方案用一定的方式来表示，放在一起成为群体。每一个方案的优劣程度即为适应性，根据自然界进化"优胜劣汰"

的原则，逐步产生它们的后代，使后代具有更强的适应性，这样不断演化下去，就能得到更优解决方案。

人工智能与遗传算法在虚拟仿真系统中的引用可以为仿真平台中的经济行为主体添加自适应性，从而建立能够分析复杂系统运行的经济仿真模型。

（二）平台教学案例的选用

通常而言，仿真案例教学必须经过事先周密的策划和准备，使用特定的案例并指导学生提前阅读，要组织学生开展讨论或争论，形成反复的互动与交流，并且，一般要结合一定理论，通过各种信息、知识、经验、观点的碰撞来达到启示理论和启迪思维的目的。在教学情境模拟中，所使用的案例既不是编出来讲道理的故事，也不是写出来阐明事实的事例，而是为了达成明确的教学目的，基于一定的事实而编写的故事与环境，模拟进行之后会使学生有所收获，从而提高学生分析问题和解决问题的能力。

本课程采用了三种案例教学方法。

1. 预设式仿真教学

这种方法根据教学目的和教学内容的需要，选取典型案例及相关资料，深入剖析，设计好仿真问题，启发学生独立思考能力，提高学生运用所学知识分析问题和解决实际问题的能力。

2. 开放式仿真教学

这种方法将学生以小组为单位，根据教师的要求自主确定和收集案例素材、进行实际调研、整理案例材料及创作案例，并使用平台提供的 Eviews，MATLAB，SQL Server 等软件在线运行，并模拟仿真结果，并由教师监控评论全过程的教学实验方式。

3. 比较讨论和讲评仿真教学

为了解释某一理论而列举一组或几组仿真案例，通过案情分析和讲评，从中挖掘出比较深刻的东西，通过比较让学生更清晰地掌握其含义。对有争议的案例组织讨论和启发自己思考。

通过教师精选并引导仿真实验启发学生产生学习兴趣，并明确学习目标，接下来通过介绍学习资源，组织引导学生自主探究并发现新的问题，从而拓宽教学情景，并提升其进一步运用于实践的可能。目前实验经济学主流可能建设的专题方向参见表1。

表1　社会偏好分析的经济学仿真实验案例

实验类型	实验描述	现实举例	均衡解	实验结果	社会偏好
囚徒博弈实验	两个实验对象进行囚徒博弈分别选择合作与否，最优为合作。合作方有风险	负外部性产品，如环境污染、噪声等的生产	双方均不合作	50%人选择合作，而相互交流机制能够有效增强合作频率	互惠偏好
最后通牒实验	双人分别扮演提议者和响应者角色对财富 S 进行分配方案的选择博弈，提议者分配 x 个筹码给对方，如果响应者拒绝，则双方受益为0，如果响应者接受，则提议者获得 $S-x$，响应者获得 x	易腐烂商品的垄断定价	提议任意小正数，响应者接受	平均分配额在 $0.3S$ 和 $0.5S$ 之间，当 $x<0.2S$ 时大约一半的人会拒绝	互惠偏好、利他偏好、差异厌恶偏好
公共品博弈实验	拥有初始禀赋 y 的 n 个实验对象同时对一个公共项目进行投资，投资额为 g_i（$0 \leq g_i \leq y$），此时每人收益为 $\pi_i = y - g_i + mG$，其中 G 为各实验对象的投资总额，m 为公共品投资回报率	团队合作，小型社会中的公共产出，共有资源的过度使用等	每个实验对象投资额为0	匿名实验中人们会投资50%的初始禀赋，如果实验次数增加，则投资额越来越小，交流机制和惩罚机制可以有效提升合作水平	互惠偏好，利他偏好，差异厌恶偏好

续表

实验类型	实验描述	现实举例	均衡解	实验结果	社会偏好
信任博弈实验	双人分别扮演委托人和代理人角色并拥有初始禀赋 S，委托人可以从初始禀赋 S 中选择投资 y（$0 \leqslant y \leqslant S$）给代理人，代理人自动获得 $3y$ 后可以选择返还 x（$0 \leqslant x \leqslant 3y$）	没有法律合同的买卖行为	委托人选择投资 0；代理人选择返还 0	平均上来看实验者会选择 $y=0.5S$ 投资给代理人，而代理人会选择返还一个略小于 $0.5S$ 的值给委托人，而且 x 与 y 成正比	互惠偏好，利他偏好
礼物交换实验	雇主提供给一个工资 w 给雇员，雇员选择一个工作努力程度 e（$1 \leqslant e \leqslant 10$），并付出成本 $c(e)$，此时雇员工作产出效益为 $10e$，雇主收益为 $10e-w$，雇员收益为 $w-c(e)$	雇主和雇员的上下关系	雇员选择最小努力程度 0，而雇主提供最小工资	雇员的努力程度和雇主的工资水平成正比	互惠偏好，利他偏好

　　学生们可以在实验室机位上登录系统，参与不同的经济仿真实验，由于学生角色由系统平台自动随机分配，也就从原则上保证了实验经济学要求的匿名性标准，如果要求博弈双方交流，也可以通过平台斡旋分配交流窗口和交流机会，保证了整个实验过程的可控性和有效性。仿真实验机位设置参见图 2，最后通牒实验的交互界面设计如图 3 所示。

图 2　计算机仿真经济学实验场景示意图

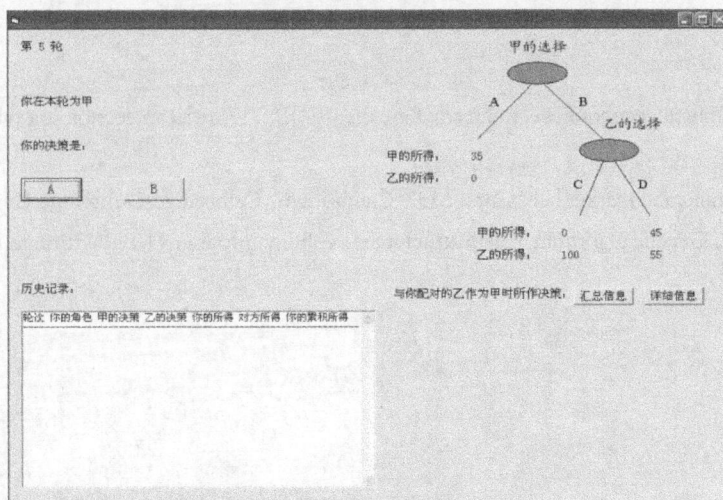

图 3　最后通牒实验的交互界面设计

和现有的学科教学不同，经济学研究不再局限于对学生进行纯粹的书本知识的传授，而是让学生参加实践活动，在实践中学会学习和获得各种能力。当然，这里的"实践"的含义不仅是指社会调查，收集资料，它还包括选题，制定研究计划，到大学、科研机构请教专家学者，撰写研究报告等一系列的过程。经济学研究强调知识的联系和运用。

由于经济学研究的特殊性决定了经济学研究的教学设计方案是在经济学研究的实施过程中逐步丰富和完善的，需要教师在教学过程中思路清晰明确，逐步丰富完善，才能真正形成有效的教学设计方案，通过基础的教学内容特征分析，分别设计问题情境，协作环境和分组策略，其中为了强调团队协作能力的培养，尤其注重协作活动的设计，关注学生在哪些方面可以做出相关合作，并在评价标准中反映出来。

（1）经济学研究不但需要兼顾国内各相关领域的发展，更需要学习国际上最前沿的知识，这种过程中的交流方式，通常是案例教学启发式的。案例教学可以充当经济学研究的"预热"阶段，为要求更高的经济学研究做准备。

（2）仿真教学方法关注现实问题和实景模拟，为学习过程提供教学情境。学生的经济学研究专题，可以直接来源于案例教学库，但不仅仅局限于案例教学库，经济学研究的专题更加可以是学生自主发现的问题，自发兴趣所在的方面，将这一研究过程加入课程学习的范围内，通过教师的指导和引领，启发学术新发现。

（3）仿真平台教学方式促进经济学研究的开展和深入。学生在研究性教学中遇到的问题，可以通过案例教学解决，前人和国内外其他研究者，在遇到同一类研究情境时，是如何解决的？这样的学习过程进入课堂教学，甚至让学生自发寻找类似案例情景，并在平台上模拟，这本身就是研究的一个过程。

三、小结

综上所述，实验经济学作为一门新兴经济学学科和理论，在引入教学过程阶段的教育工作任重道远。要提高本阶段教学质量，需要加强对相关基础知识的复习，清晰课程定位，科学划分教学层次，调整教学内容，加强案例教学，启发研究性学习过程，提高学生自主进行弹性文献阅读，实际虚拟仿真模拟将数据挖掘理论基础、经济学实验方法等理论基础与软件应用相结合，坚持不懈地培养学生实际动手实践能力、形成对商务智能问题分析、理解的逻辑性、进一步提高课程学习的质量。

参考文献

[1] SMITH V L. Experimental economics：induced value theory.［J］. American economic review，1976，66（2）：274−279.

[2] SMITH V L Bargaining and market behavior［M］. Cambridge：Cambridge Cambridge University Press，2000.

[3] MICHALEWICZ Z. Genetic algorithm + data structure = evolution programs［J］. Artificial intelligence，1992，1：631−653.

多措并举，构建示范性研究生课程体系

郭　盛　　王公臻　　田龙梅　　胡娟娟

（北京交通大学机械与电子控制工程学院，北京 100044）

摘　要： 为深入贯彻落实《教育部关于加强和改进研究生课程建设的意见》文件精神，本文以研究生培养机制改革为背景，结合当前研究生课程建设在实践中所存在的问题，在充分调研研究生和导师等需求的基础上，借鉴国内外高校研究生课程建设先进经验，坚持问题导向、需求导向和目标导向，系统梳理我院研究生课程教学中存在的突出问题，明确人才培养对课程教学的需求，总体设计，分步实施，从课程设计、示范性课程建设、过程管理、结果评价、质量提高等方面着手进行深入系统的研究，探索改进和加强研究生课程质量的管理举措。

关键词： 示范性课程体系　过程管理　结果评价

研究生教育是高等教育的最高层次，在建设高等教育强国和创新型国家进程中肩负着其他任何阶段教育都不能代替也无法代替的使命和不可推卸的责任[1]。研究生教育质量是高等教育的生命线，是我校向"特色鲜明世界一流大学"目标迈进的重要动力源。课程学习是我国学位和研究生教育制度的重要特征，在研究生成长成才过程具有全面、综合和基础性的作用。长期以来，我校一直重视研究生课程教学，为使研究生具有较坚实而宽广的基础理论，学校围绕课程环节投入了大量资源。但由于种种原因，课程学习还没有最大限度地发挥其应有的作用，还存在重视科研轻视课程的实际倾向，课程教学方法和内容、课程教学评价监督体系等还有待于进一步改善。重视课程学习，加强课程建设，提高课程质量，是我校当前深化研究生教育改革的重要和紧迫的任务。

一、示范性课程质量保证体系构建

（一）示范性系列课程内容建设探索

为深入贯彻落实《教育部关于改进和加强研究生课程建设的意见》（教研〔2014〕5 号）文件精神，加快推进我校研究生培养机制改革，切实提高研究生培养质量，学院制定了"机电学院十三五事业发展规划"，并在"十三五"规划当中提到学院需在十三五期间重点建设 15 门示范性学科核心课程，并要求"深化专业学位研究生培养体系建设，推进专业学位研究生课程设置、教学内容和方式、评价方法与应用型人才的专业素养和知识结构相适应。着力加强研究生课程建设，构建符合研究生培养需求的课程体系，推进研究生课程质量认证工作，培育研究生精品课程。"基于以上要求，学院组织各学位点负责人做好本学位点研究生优质核心课程建设规划，要求每个学位点在十三五期间根据学校优质核心课程建设要求建设研究生优质核心课程不少于 3 门（原则上应为学科核心课、专业基础课或专业课）。

示范性课程建设侧重于在某一方面有所创新，能在同类别课程教学中起到示范性作用。拟建设的课程要求均为相应学科的示范性研究生系列课程和主干课程，具有鲜明的学科特点。旨在通过示范性课程建设和核心课程群建设，探索其在课程开发、课程大纲、课程内容、教学模式、教学方法、现代教学手段、考核方式、教材建设、课程资源建设等一个或多个方面进行改革创新，并深入推进研究生教材、优秀教案、案例库、习题库等资源建设，从而推动研究生课程教学模式和整个课程体系的改革，进而整体提升研究生课程水平。

（二）研究生课程过程管理和结果评价研究

过程管理和结果评价是研究生课程建设的两个着力点。高校课程质量事关高校人才培养的水平，是高校发展的生命线，而课程质量评价体系的构建与完善是提升高校教学质量的基础。[2]只有对研究生课程质量的影响因素进行持续控制与评价，才能保证和不断提高研究生培养质量。本文将重新审视现有的研究生课程教学过程管理制度和评价措施，建立健全研究生课程过程管理和评价制度。

在课程过程管理方面，一是落实日常教学管理制度，保障基本的教学秩序；二是规范课程教学基本文件，构建符合研究生培养需要的课程内容体系；三是建立健全课程审查机制，明确课程设置标准，坚持按需按标准审查课程；四是探索研究任课教师资格要求，以适应不同层次和类型研究生的特点和需求。

在课程评估评价方面，一是推进课程教学评价，采取抽查的方式，聘请同行专家对课程的教学方法、教学内容的前沿性等进行诊断，为课程组和任课教师提供改进参考；二是推进教学结果评价，采用"考前评价阅卷，考后评阅结果"的管理方式，积极探索加强研究生课程教学效果评估评价的新方法，建立健全研究生课程质量认证与评价体系。

（三）提高研究生课程教学质量的其他措施研究

面对高层次人才培养的新形势，加大人才培养教学投入，强化人才培养中心地位，提高课程教学质量是研究生教育改革和发展最核心最紧迫的任务。依托示范性课程建设，探索建立长效机制，鼓励教师改革教学模式，创新教学方法、丰富考核形式和考核内容、规范课程内容建设，同时建立完善课程教学评价监督体系，推进课程考核评估工作，有效促进课程建设和课程材料归档工作，避免教师上课的随意性和考核的不规范性。此外，不断加强教师教学能力和队伍建设，构建院系两级工作机制，通过多种途径促进教师教学能力提高，继续推进研究生课程优秀教师的培育和推选，继续完善课程团队（课题组）建设机制，推进教学团队建设；依托示范性课程建设，建设特色系列教材，出台政策鼓励高水平教师参与教材建设，完善教材管理制度，进一步提高研究生课程教学质量。

二、示范性课程体系的建设与开展

（一）开展示范性系列课程内容建设探索与实践

2017年上半年，学院首先通过调研制定了学院研究生优质核心课程建设标准，对优质核心课程建设形成的标志性成果提出了量化指标要求，其次组织学位点负责人按照学院十三五规划要求，制定了本学位点十三五期间课程建设计划，并从各学位点上报的计划中，挑选了具有代表性的课程启动了我院第一批校级优质核心课程建设，建设课程包括"高等机构学"、"摩擦与磨损理论""传热传质分析""高等流体力学""材料现代分析方法""先进加工技术"6门课程。此外，为了提前做好优质核心课程建设部署规划，学院还从各学位点上报的课程计划中，选取了以下5门课程作为院级优质核心课程同步进行前期课程改革探索与实践，包括"现代测试技术"

"机器人机构学""计算机辅助曲面设计与制造""车辆系统动力学""有限元分析及应用"。

鉴于 2017 年度第一批校级优质核心课程建设成效良好，2018 年上半年又继续将 2017 年确定的 5 门院级优质核心课程推荐申报为校级优质核心课程建设，并从各学位点上报的课程建设计划中新挑选了 3 门课程，包括"现代工业工程与管理""材料合成与制备""热力学原理"。以上 8 门课程列为我院第二批十三五校级优质核心课程进行重点建设。此外，按照"先启动院级支持，后申报学校支持"的原则，又选取了以下 4 门课程作为院级优质核心课程同步进行前期课程改革探索与实践，包括"高级运筹学""材料热力学与动力学""黏性流体力学""Matlab/Simulink 编程与实践"。

目前，我院按照校级优质核心课程建设要求，启动建设核心课程 18 门，建设课程覆盖了我院所有学位点和硕士专业。通过示范性课程建设，带动和促进我院整个研究生课程体系的改革。

（二）开展研究生课程过程管理和结果评价研究

1. 统筹管理全日制和非全日制，全面加强研究生课程过程管理工作

学院通过调研反馈和统筹管理，根据全日制研究生、非全日制研究生以及在职工程硕士研究生的人才培养特点，在课程教学管理方面进行了统一要求和工作部署，包括教学秩序管理、教学基本文件、课程设置标准、任课教师任课资格审定、教学检查、试卷命题、课程考核评估等教学的各个环节，均实现了全面统一。

学院从专业培养目标入手，探索建立课程与培养目标和培养要求的关联支撑矩阵，使每一门课程的设置能够有效支撑学科专业培养目标和要求，通过对课程体系设置合理性的深入思考，分别从课程教学大纲、教学内容、教学方法、考核方式等方面对课程建设内容建设进行了明确要求，并从成绩记录、评阅规范、资料归档、持续改进等方面对课程考核评估及资料归档工作提出了规范性要求。

2. 建立完善课程教学评价监督体系，全面提升研究生课程教学质量

建立校内专家库和校外专家库，推行专家定期听课制度，实现教学质量全程跟踪，建立实施学生评教机制，组织上课学生在结课后对每门课程进行无记名教学质量评价。评教内容包括教学设计与教学内容，教学方法与教学效果，师德师风与学术特色，研究生通过学习获得的收获以及研究生对教学方式、内容、学时、教材等方面的意见或建议[3]，课程教学质量评价内容如图 1 所示。积极组织任课教师参加研究生课程教学研讨会，围绕研究生课程教学的教学内容、教学方法、教学组织、课堂管理等方面，结合学院采集的专家反馈意见和研究生评教结果进行讨论和交流[4]。组织任课教师根据研讨会上提出的修改意见和建议需要，及时充实、更新、提升课程建设成果，并对教学设计、教学内容、教学方法及时进行调整和改进，不断提高课程质量。通过多次互动反馈，持续改进，最终达到良好的教学效果。

3. 开展提高课程教学质量办法及措施的探索与实践

学院以研究生课程建设教改项目为载体，鼓励各学位点和任课教师组建教学改革团队，加强研究生课程教学改革和研究，不断提高教师教学能力，助推高水平教学成果备出。通过对优秀教师的培养、课题组建设机制的创新与改革、开展优秀研究生课堂评审与表彰工作，提高教师参与课程建设改革的积极性等方面的思考与改革，同时增加教学投入，努力改善办学条件，推动学院内部管理体制改革，形成提高研究生课程教学质量的若干新举措新制度，促进研究生课程教学质量的提高。

一级指标 （代码权重）	二级指标	评价标准	评分	
			分项分值	小计
课程内容 （A：0.30）	1. 知识广度和深度	有知识覆盖面，有理论深度	20 30 35 40	
	2. 前瞻性和前沿性	反映学科最新的研究成果及发展方向	15 20 25 30	
	3. 理论联系实际	教学内容与实际紧密结合，有实践性教学环节（实验、实习）	15 20 25 30	
教学方式及教学效果（B：0.25）	1. 教学方式	根据研究生特点，积极探索和改革研究生教学，采用启发式、研讨式、参与式等教学方式	20 30 35 40	
	2. 教学媒体	积极采用电化教学、多媒体教学	15 20 25 30	
	3. 教学效果	有效地掌握了所学课程的内容	15 20 25 30	
教材及参考资料（C：0.15）	1. 教材	全国推荐使用的研究生教学用书，或本学科普遍认可的经典教材	20 30 35 40	
	2. 参考书	有一定数量的参考书	20 30 35 40	
	3. 参考期刊	有一定数量的参考期刊	0 10 15 20	
工作态度（D：0.30）	1. 敬业精神，师德师范	忠诚教育事业，工作精益求精，为人师表，作风严谨，无教学事故	15 20 25 30	
	2. 教学任务完成情况	完成教学日历规定的授课内容和授课学时	20 30 35 40	
	3. 教书育人	积极开展育人工作，传授学术道德和科学精神	15 20 25 30	
评价结果	$Z=0.3A+0.25B+0.15C+0.3D$			
建议或意见				

图1　课堂教学质量评价内容

三、示范性课程体系的初步建成

（一）初步建成资源、制度、管控、评价一体化

1. 建设一批示范性研究生课程的数字化教学资源

已建设以下 6 门示范性研究生课程"高等机构学""摩擦与磨损理论""传热传质分析""高等流体力学""材料现代分析方法""先进加工技术"的标志性成果包括：包括①师资队伍；②课程概况；③研究生课程教学大纲（中英文）；④教案的教学设计；⑤电子课件（电子教案/演示文稿/授课 ppt）；⑥课程教学视频（按知识点制作）；⑦专题研究（project）设计及学生研究专题作品；⑧案例库；⑨试题库；⑩习题集；⑪全套课程考核归档材料（卷面考试成绩、平时成绩、课程考核综合成绩、空白试卷、空白试卷答案与评分标准、学生答卷、成绩分析），具体材料如图 2 所示。

2. 制定一系列研究生课程教学制度管理文件

制定并实施了《机电学院关于加强研究生课堂教学秩序管理的规定》《机电学院研究生课堂教学检查工作实施细则》《机电学院研究生课程考核评估工作实施细则》，同时还起草了《机电学院研究生课程建设规范性评审方案》和《机电学院研究生课程建设与质量评价体系管理办法》等多个教学制度管理文件。

3. 规范研究生课程日常教学管理和课程教学秩序管理

统筹做好全日制和非全日制研究生课程教学管理，实现了四个统一：统一培养标准、统一配

课程类别	归档材料
以考试方式结课课程	1. 卷面考试成绩1份； 2. 平时成绩1份； 3. 课程考核综合成绩2份：通过研究生综合教务系统打印（任课教师签字）； 4. 空白试卷1份； 5. 试卷标准答案与评分标准1份； 6. 学生答卷：按成绩单学号排序； 7. 成绩分析1份（任课教师签字）； 8. 机电学院研究生课程考核评估评审表（电子版）：需填写课程基本信息和归档材料清单。
以论文或实践报告结课课程	1. 论文报告成绩1份； 2. 平时成绩1份； 3. 课程考核综合成绩2份：通过研究生综合教务系统打印（任课教师签字）； 4. 出题要求1份； 5. 学生结课论文或报告：按成绩单学号排序； 6. 成绩分析1份（任课教师签字）； 7. 机电学院研究生课程考核评估评审表（电子版）：需填写课程基本信息和归档材料清单。
以机考方式结课课程	1. 机考成绩1份； 2. 平时成绩1份； 3. 课程考核综合成绩2份：通过研究生综合教务系统打印（任课教师签字）； 4. 出题要求1份； 5. 机考学生答卷（电子版）； 6. 成绩分析1份（任课教师签字）； 7. 机电学院研究生课程考核评估评审表（电子版）：需填写课程基本信息和归档材料清单。

图2　任课教师课程考核归档材料

备师资、统一课程教学质量要求和课堂教学管理；严格落实请假调课制度，确保教学秩序的正常运转；通过组织教师访谈、学生座谈、调查问卷及院领导听课等方式加强课堂教学质量检查，促进课程教学质量的提高。

4. 完善新开课程审批制度和已开课程年度审查制度

建立完善新开设课程申报、审批制度，坚持按需、按标准审查课程，避免因人设课，充分论证新开课程开设的必要性和可行性，全面审查目标定位、适用对象、教学队伍、教学大纲、教学日历、教学方法、课程内容、教材或讲义、考核方式、师资力量、预期教学效果等。探索构建已开课程年度审查机制，从人才培养目标和毕业要求出发，落实到课程定位和教学目标，全面审查教学大纲和教学内容，并完成已开课程的达标度评价，对于不达标的课程，建立了退出淘汰机制。

5. 试点引入试卷命题评估机制，全面实施课程考核评估制度

组建命题组完成"考前命题"工作；组织专家开展"命题审核"试点，综合评价试卷命题质量，包括命题内容与教学大纲的一致性，知识点是否涵盖核心内容，难易程度等方面；组织专家"阅后审查"，阅卷后复核评审评阅是否公平公正，难易是否适中等；建立了课程考核资料归档制度和专家课程考核评估制度，组织专家对每门课程的考核内容和评阅规范性进行评审，课程考核评审内容如图3所示，经评审专家认定，我院课程考核资料各项指标达到优秀水平，评估结果为合格。

6. 实施专家库与学生评教制度，构建完善了课程教学质量评价体系

建立以学科责任教授、学位点负责人、学院学位委员会委员等组成的校内专家库，以行业专家和企业专家等组成的校外专家库，推行专家库专家定期听课制度，实现教学质量全程跟踪，并

将教学质量评价结果及具体改进建议动态反馈给任课教师。通过多次互动反馈，持续改进，最终达到良好的教学效果。建立并实施课程结课后学生评教机制，由上课学生对每门课程进行无记名教学质量评价，学院汇总后及时将学生评教结果和建议反馈到任课教师，并督促任课教师做好后续的教学改进工作。

评审项目	评估标准		评审分项结果（请在相应的位置打√）		
			符合	基本符合	不符合
课程考核评估内容	课程考核内容	A. 考核内容与研究生课程教学大纲规定的教学内容相符			
		B. 考核方式及考核成绩构成符合研究生课程教学大纲要求			
		C. 考核评分标准或参考答案规范			
	评阅规范性	D. 批改评分合理			
		E. 核分、登分正确			
		F. 评分分值涂改处有任课教师签字确认			
		G. 学生课程考核成绩分布合理			
评审结论		□通过　　□不通过			

图3　课程考核评审内容

7. 形成课程教学改革共识，显著提升了研究生课程教学质量

通过制订课程管理指引政策文件，按阶段按步骤在课程教学上全面实现从重智轻德向立德树人转变、从知识传授向知识应用和创新转变、从教师为中心向学生为中心转变[5]。增加在创新课程教学方式方法上的教学投入，逐步建立以学生为主体的研究型教学方式，积极推进研究生课程教学改革试点，组织教师梳理总结课程教学规律并持续创新教学方法，予以示范与推广，显著提升了研究生课程教学整体质量。

（二）质量提升效果及示范效应

1. 质量提升效果

（1）提出"科研成果转化教学资源"的研究生课程建设理念，大力推进案例教学的应用，建立研究生示范性课程建设标准，起草制订研究生课程建设规范性评审方案和研究生课程建设与质量评价体系管理办法。

（2）建成一批研究生课程数字化教学资源，丰富了研究生课程教学资源与学习形式，为形成线上与线下并行、课内与课外共进、师生时时交互的教学新模式提供了重要支撑。

（3）建立健全了研究生课程教学质量可持续发展的"六种管理机制"，包括新开课程审批机制、已开课程年度审查机制、试卷命题评估机制、课程考核评估机制、专家库评教机制、学生评教机制等。

（4）塑造学术学位研究生以创新能力为导向和专业学位研究生以职业胜任力为导向的研究生课程教学氛围；围绕研究生成长成才，以分类培养为导向，以改革创新为动力，通过课程体系建设、教学团队建设、教学方式创新与教学资源建设，有效提升了研究生课程教学质量。

2. 示范效应

按照校级优质核心课程建设标准，2017年度建设了我院第一批"十三五"规划建设课程6门，2018年度正在建设我院第二批"十三五"规划建设课程5门，2019年度拟建设我院第三批"十三五"规划建设课程4门，以上建设课程覆盖我院4个一级学科12个硕士专业，对于整体提升我院的研究生课程教学质量具有很好的示范带头作用。

"六种管理机制"均于 2017—2018 年度对我院 143 门课程进行了全面实施，起到了预期的积极效果，下一步还将继续梳理总结研究生课程教学管理规律，进一步改进工作思路和工作方法，将管理机制效果发挥到极致。

参考文献

[1] 王蓉，魏建国. 关于完善我国研究生教育投入体制机制的思考 [J]. 中国高等教育，2012（10）：15－18.

[2] 邱梦华. 高校教学质量评价体系建设的实践探索与路径优化：以上海工程技术大学的"四方评教"为例[J]. 改革与开放，2017（9）：105－107.

[3] 朱红. 高校课程形成性评价体系结构探讨 [J]. 兰州教育学院学报，2016，32（12）：76－77.

[4] 周小波，谢鸿全，王志堂. 西南科技大学课程评估体系建设与实践研究 [J]. 西南科技大学高教研究，2014（4）：1－5.

[5] 李凤兰，苏理云，高红霞，等. 高校基础课程教学质量提升与教学改革探索 [J]. 产业与科技论坛，2017，16（5）：194－195.

研究生课程体系改革探索

——以北京交通大学电气工程学院为例

吴命利　黄丽琳　于　冰

（北京交通大学电气工程学院，北京 100044）

摘　要：课程学习是研究生培养环节中的重要部分，合理的课程设置方案和高效的教学管理方式是保证课程教学质量的基础，本文介绍了北京交通大学电气工程学院在研究生课程体系建设方面的改革探索，主要包括课程设置、课程管理和教学监督评价等。

关键词：研究生培养　课程建设　教学管理

一、概述

伴随着国民经济的持续、快速发展，用人单位对研究生人才提出了更高的要求。如何提升研究生的培养质量，提高研究生的创新创造能力，是当前研究生培养单位面临的一项重要任务。随着学校研究生教育的改革与发展，电气工程学院研究生培养经过多年探索，取得了巨大成就，初步建立了符合人才培养目标的课程体系，涵盖了电气工程一级学科下的 5 个二级学科以及轨道交通、新能源和检测 3 个特色方向。课程学习为研究生提供了基本的知识储备，为下一步的科研工作奠定了基础。

新形势下，如何建设好研究生课程，利用课程学习环节，为研究生打下坚实宽广的理论基础，值得研究生培养单位思考。本文是电气工程学院近几年在研究生课程体系改革方面进行的一些探索实践。

二、存在的主要问题

电气工程学院研究生培养经过多年发展，取得了值得肯定的巨大进步，初步建立了符合人才培养目标的课程体系，但通过研究生课程教学实践，也发现存在一些问题，主要表现在以下三个方面。

（一）课程设置方案与研究方向结合不够

研究生课程以前是由学院下属各系所负责开设，个别存在因人设课现象。课程设置方案与设定的培养方向有所脱节，导致课程定位不够明确，课程层次感欠缺，少量课程与本科课程内容区分度不够，一些同方向课程之间存在知识点重复较多现象，一些导论、前沿技术介绍的课程课时过长，内容显得空泛。这些导致研究生选课随意性过大，一定程度上存在为凑学分、甚至为评奖学金而选学一些与自己研究方向关系不大而内容难度小的课程，课程学习对研究生开题后的科学研究支持力度不够。

（二）课程管理制度和评价监督体系不够完善

研究生课程管理是一项复杂的系统工程，管理质量和水平直接影响着研究生课程教学质量[1]。目前电气工程学院研究生课程管理制度不够完善，课程建设的责任体系没有完全建立起来。这导致新课程开设、课程增加新任课教师等工作没有明确清晰的试讲、评价、审批流程可依，教学管理比较被动。研究生课程教学与本科生课程教学有所不同，在教学内容、教学方法上教师在具体教学过程中有一定的灵活性，但存在有的研究生课程课堂秩序松散，教学过程不规范，教学效果不佳等现象。学院尚未真正形成健全有效的课程教学评价监督体系，对教学过程和教学效果缺乏统一的评价标准和评价监督程序。

三、优化培养方案，改进研究生课程体系

研究生课程教学是研究生培养环节中非常重要的一个部分，是学科建设和人才培养的基本途径[2]，也是构建研究生知识体系结构和科研能力的基本框架[3]打牢理论基础，掌握核心专业知识和专业技能，了解本领域科技发展趋势，这些培养目标的实现很大程度上依靠课程学习来实现。

（一）明确设置课程原则、优化研究生培养方案

1. 课程设置原则

近些年研究生教育的发展趋势是在淡化二级学科，重视和强调一级学科下的特色研究方向。为了进一步突出特色，同时兼顾学科传统并考虑专任教师具体情况，这次研究生培养方案的修订明确了电气工程学院研究生教育设置 8 个培养方向，除一级学科下的 5 个二级学科作为培养方向外，增设轨道交通牵引供电与传动、新能源发电与主动配电网、检测技术与智能控制 3 个特色研究方向。同时明确，研究生的课程按培养方向进行设置，改变以往由学院下属各系所设置研究生课程的状况（见图1和图2）。

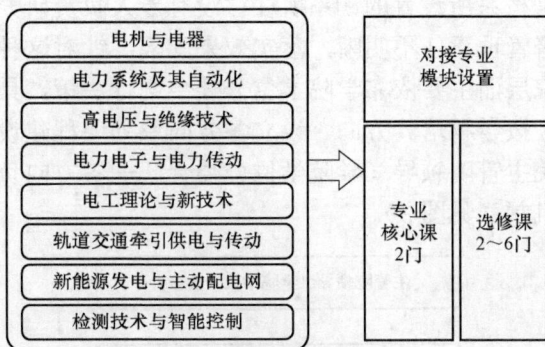

图1 课程设置原则

2. 改进研究生课程体系

过去研究生课程分为学位课和专业课两大类，在专业课的设置上缺乏系统规划，层次划分不太清晰，导致研究生选课随意性比较大。优化后的课程体系按培养方向设课，每个方向经教授们充分讨论，根据专业内容，结合最新科技发展，梳理出知识模块，进而按知识模块整合，每个方向设置 2 门核心专业课，2～6 门选修课，加强课程间的分工与配合，鼓励设置 16 学时的短课。核心专业课的任务是打造学生的专业基础理论和必备专业知识，其他选修课的目标是拓宽学术视野或增强专业技能。据此修订出了 2016 版研究生培养方案。

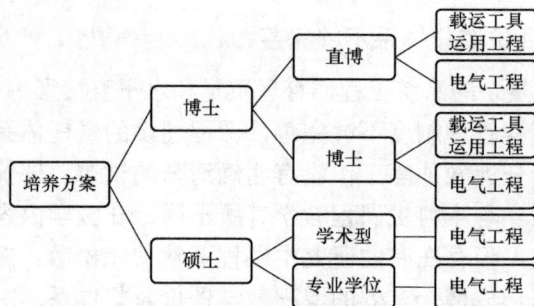

图 2　电气工程学院研究生培养方案构成

（二）全面制（修）订研究生课程中英文教学大纲

按新设置的课程方案，全面制（修）订研究生课程的中英文教学大纲。修订后的教学大纲对课程中各教学单元的教学目标、教学内容、教学方法及考核形式做出详细安排，并在选课前对学生公布。在教学内容上要求统一按 2 学时一个单元组织知识点。考核形式上要求核心专业课程期末笔试在总成绩中占比不得低于 50%。其他专业选修课则采用二级制或五级九段制给出成绩，考核方式可灵活多样。

（三）完善研究生课程管理制度

1. 落实日常教学管理制度，严格保障教学秩序

重新审视现有的日常教学管理制度，针对其执行不严格的问题，重点开展落实工作。通过抽查方式，监督、保障研究生课程的日常教学秩序，并将其纳入学院对教师的考核评价体系中，对违反教学管理制度的现象坚决制止。

2. 建设有效的学院研究生课程建设管理机制

过去由于研究生课程是按系所设置的，系所往往没有专人负责研究生课程方面的事务，因此造成研究生课程建设和监督管理责任不明晰，落实效果受限。针对这种现象学院重新调整了研究生课程建设管理机制。学院层面主要依靠学院学位分委会进行决策，具体组织实施由学院主管领导和研究生教学秘书负责；按学科培养方向，设立各方向系列课程建设负责人；按每门课程设立课程建设负责人。形成学院主管院领导（学院学位分委会）—各方向负责人—课程建设负责人的研究生课程建设三级管理机制（见图 3）。

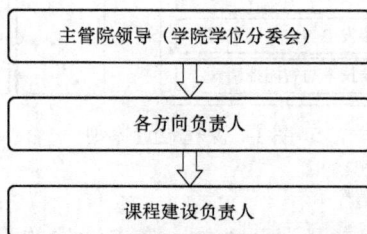

图 3　研究生课程建设管理机制

3. 注重课程教学团队建设

目前的大部分研究生课程，为单一教师任课，其授课内容和方式，往往容易受个人研究方向所影响，知识点把握上有时不够均衡，很容易向自己熟知的知识点过度倾斜，这在核心专业课上，对研究生掌握本方向基础理论的全面性不利。为此，学院启动了核心专业课的教学团队建设，要求核心专业课应由教授牵头，组织 2 人以上的本方向专任教师共同参与课程建设，对其他专业选

修课，也注重吸引本方向和交叉学科方向的专任教师的参与，集思广益，完善课程内容。

4. 完善课程建设的保障和激励机制

为提高任课教师的课程建设积极性，学院在研究生教材建设、教学内容和教学方法改革、全英文授课、实践教学研究等方面进行激励，与学院评优、评先挂钩，同时，在研究生院的投入支持基础上，学院再投入足够资金保障课程建设的顺利实施。

5. 研究生课程质量认证体系建设

学院建立研究生课程质量认证体系，包含课程专家库、新开课程认证机制、教学过程管理、教学效果评价四个方面。本认证体系在课程设置阶段征求各方向校内外专家意见，确定课程体系架构，规范新开课程审查，在教学过程中加强研究生课程的教学过程管理，学院领导、学位分委会成员和各方向负责人深入课堂听课，学期结束向研究生发放调查问卷评价课堂教学效果，形成自上而下的课程设置、检查、监督体系和自下而上的教学反馈评价体系，以保证研究生课程的质量和教学效果（见图4）。

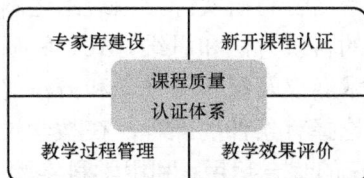

专家库建设	新开课程认证
	课程质量 认证体系	
教学过程管理	教学效果评价

图 4　课程质量认证体系

（1）专家库建设。学院根据学科研究方向建立了研究生培养专家库，每方向提供 1～2 名具有高级职称的教师，进入专家库；各方向提供国内外高校中 1～2 名专家建议人选，由学院联系落实；根据研究生主要就业方向，依托研究生联合培养基地，引入 3～4 名用人单位专家进入专家库。学院定期组织专家组会议，研讨研究生课程体系，完成研究生培养方案指标，特别是课程设置的评估咨询工作。

（2）新开课程认证。完善了新开课程的申报和审批机制，明确课程设置标准，坚持按需、按标准审查课程。从新开课程主讲教师、课程目标、适用对象、课程内容、教学设计、预期教学效果等方面进行全面审查。对审查通过的新开课程，加强指导监督和试讲效果的评估。审查过程中，引入校内外专家，通过调查走访，采纳研究生导师、毕业研究生和用人单位对课程的意见，及时对不适合市场需要的课程内容进行调整。

（3）教学过程管理。加强研究生课程的教学过程管理，定期对课程大纲落实情况、任课教师投入精力情况、课堂教学效果、考核方式等进行监督、检查。健全课程建设的评估体系，除学院研究生课程建设相关负责人定期听课外，注意吸收毕业研究生和用人单位参与课程监督和评估。

（4）教学效果评价。根据学院研究生课程的三级管理体系，以专家评价为主、研究生评教为辅，对教学结果进行综合评价。使得教学效果并非单纯体现在考试成绩中，更重要的是看是否能为研究生下一阶段的科研、论文工作提供支撑，是否能为毕业研究生的相关工作提供知识储备。为此，设立综合研究生导师、研究生、用人单位意见的教学效果评价表，对研究生课程教学效果进行综合评价，并及时将评价结果反馈给任课教师。

6. 课程建设项目

（1）核心专业课程建设。分批开展电气学院研究生核心专业课程建设，每年挑选 3 门左右核心专业课程，建设期为 2 年。完成包括课程教学团队、教材、教学资源库、教学方法、教学过程组织实施方案和教学效果评价在内的建设内容。

通过使核心课程达标，带动研究生课程教学整体质量的明显提升。截至 2018 年已启动"电网络理论""现代电力系统分析""电力电子电路与系统"等6门核心课程的建设（见图5）。

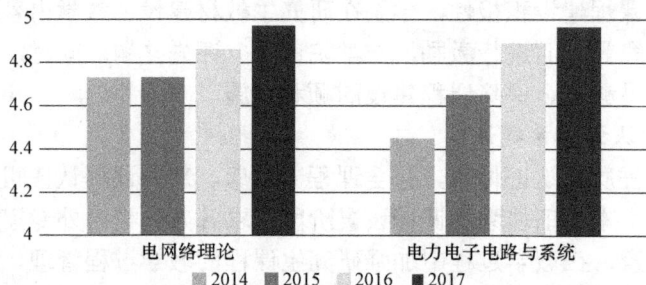

图5 部分核心课程研究生评教结果

（2）研究方法论和实践类课程建设。面向研究生创新能力的培养，开设一门科研方法论课程，根据电气工程科研工作的特点，紧密结合科研实际，系统阐述科研工作的基本方法和技能，包括科研选题及信息收集的方式、典型的科研方法和思维方式、科研论文的撰写方法与策略、发明创造方法与专利申请规程以及参加学术会议及报告的知识和方法等。

根据工科研究生的培养特点，选择有条件的课程，在教学过程中引入实践环节，例如，以大作业等形式，促进研究生对课程知识的综合运用；利用学科实验室资源，为研究生提供实践机会。完善专业型硕士的工程实践课建设。

（3）教学资源建设。以核心课程为基础，完善研究生课程教学资源建设。完成所有课程的课程介绍、教学大纲、教学日历、教材、教参、教案或演示文稿建设，完成核心课程的实验教学资料、重点难点指导、学生作业、参考资料目录、习题集、试卷、试卷分析等内容的建设。注重扩展资源的建设，包括案例库、专题讲座库、试题库系统、作业系统等。

四、研究生课程体系改革的成效及应用

（一）修订后的研究生培养方案实施成效

采用按研究方向设课，优化了研究生课程设置方案，学生结合学科专业研究方向所选择的学习课程，达到了引导研究生尽快进入学科研究领域的目的。

新的研究生课程体系在广泛征求老师和同学意见的基础上，经过学科教授及院学位委员会委员的多次讨论和审核，已经于 2016 年投入使用，研究生新课程体系通过两年的运行实践达到了预期目标，效果良好，有力地促进了研究生培养质量的提高。

（二）修订后的教学大纲

修订后的教学大纲注重与本科相关课程教学内容的衔接，体现了研究生课程教学的特点，注重系统性、前沿性和学科交叉性，区分了本科、硕士和博士的教学内容，体现了研究生课程教学的特点，注重系统性、前沿性和学科交叉，注重对学生创新能力的培养，避免本科的知识点灌输式教学，有助于提高学生自主学习的积极性，同时加强了对学生课后时间的利用和指导。有助于提高学生自主学习的积极性，加强对学生课后时间的利用和指导。

（三）建设有效的研究生课程建设管理组织

在学院层面，建设完善了有效的研究生课程建设三级管理体系。新建立的管理体系课程监管权限及监督职责分工明确，有利于研究生课程的建设，避免了课程建设及课程教学监督管理不到

位的弊端。

（四）研究方法论和实践类课程建设

面向研究生创新能力的培养，开设一门工程实践导论课程，根据电气工程工作的特点，紧密结合实际，通过本课程的学习，使学生对新能源、轨道交通、电力系统及电力电子等专业方向中的工程项目技术管理、技术开发流程等有广泛全面的认识，并建立相应的工程设计体系的概念。为学生从事相关领域的研究、开发工作储备必要的专业基础知识，有效地培养了学生的工程实践能力。

五、结语

根据高层次人才成长规律和社会的需要，在研究生培养过程中，使研究生课程体系更有利于本学科研究生的培养，需要吸收、借鉴国内外先进的研究生培养经验和培养模式，进一步突出学科的最新进展，真正体现学科专业的内涵和发展趋势。

提高研究生培养质量是各培养单位的永恒课题，有待我们进一步的探讨和研究。

参考文献

[1] 杨玉春，张广斌. 研究生课程管理研究：现状.问题.建议 [J]. 学位与研究生教育，2013（5）：28−31.

[2] 陈艳慧，崔议文，李勇，等. 学术型研究生课程改革的探索与实践：以吉林农业大学为例 [J]. 学位与研究生教育，2015（11）：33−38.

[3] 郭宇飞，周环，刘晓光. 探索研究型大学研究生课程体系的改革与优化：南开大学计算机学科研究生课程建设的思考与实践 [J]. 教育技术，2016，15（12）：24−26.

本硕博一体化培养框架下研究生课程设置研究

——以北京交通大学土木建筑工程学院为例

张鑫超　　郝建芳

（北京交通大学土木建筑工程学院，北京100044）

摘　要： 本硕博一体化培养作为人才培养模式的创新，主要分为三类：本硕连读培养、硕博连读培养和本硕博连读培养。在本硕博一体化培养框架下，课程一体化建设应遵循连贯性、基础性和层次性的原则。文章以北京交通大学土木建筑工程学院为例从学分设置、课程体系、教学内容和环节衔接四个方面，探讨一体化课程建设途径。

关键词： 本硕博一体化培养　一体化课程　人才培养

近些年，随着国家经济的迅速发展及对创新型人才需求的扩大，本硕博一体化培养成为改革人才培养模式、优化人才培养体系和整合教育资源的有效尝试，并在培养成果方面有所体现。本硕博一体化培养体系包括招生、人才培养、课程学习、科研训练、实验平台、学位授予标准等多个方面，构建一套完整且行之有效的培养模式是保障一体化培养效果的重要措施，本文重点探讨一体化培养框架下研究生课程设置。

一、本硕博一体化培养的内涵

本硕博贯通式人才培养模式是指以培养拔尖创新型人才为目标，贯通本科生、硕士生、博士生培养过程，整合优质教育资源，优化人才培养体系，探索本科教育与研究生教育有效衔接的一体化培养模式[1]，该培养模式提出的主要目的是，遵循教育规律和学科特点，培养拔尖创新型人才和未来领域领军人物[2]。

根据我国高等教育现状，本硕博一体化培养模式主要分为三类，分别是本硕连读、硕博连读和本硕博连读。本硕连读模式又分为两种情况，第一种即本科录取时确定为本硕连读培养。该模式主要起源于20世纪80年，一些综合类大学根据学科需求及人才培养特点，在本科招生时就确定本硕连读的培养模式，例如医学专业，在高考结束填报志愿时即确定了硕士录取方式，通常此类志愿的录取分数线高于非本硕连读专业[3]。第二种，在具有推免资格的院校，经过三年学习本科生获得免试攻读硕士学位资格，即推免保研；硕博连读模式，主要面向学术型硕士研究生，在研究生二年级阶段经过申请考核，获得免试攻读博士学位资格。本硕博连读模式（直博）是指在具有推免资格及博士学位授权点的专业，本科生获得免试攻读博士学位资格；具体而言，以上三类一体化人才培养模式既是对人才培养模式的创新，也是对招生模式的探索。高校为保留本校优质生源，通过本硕博连读等方式将优质生源保留下来继续深造，减少生源流失。同时通过贯通式培养体系和一体化课程设置为学生成才提供制度保障。

二、课程一体化建设的可能性和原则

（一）课程一体化建设的可能性

第一，学科一致。本硕博一体化培养的前提条件是在同一学科框架下进行的，相同的学科背景为课程一体化建设提供了基本条件。无论是本硕连读、硕博连读，还是本硕博连读，学生所在一级学科未发生变化，因此人才培养目标是一致的，不涉及跨专业课程建设，决定了教学内容的延续性。

第二，受众群体一致。在一体化培养过程中，学生作为受教育主体从一而终，未发生变化。根据最新国家学制规定和学生实际毕业情况，硕博连读学制通常是"1+4"，本硕博连读（直博）学制国家规定为 5 年，最长修业年限为 6 年。从学制上来看，两种一体化培养类型学制年限均为5 年，即从入学初就确定了稳定的受众群体，打通了普通硕士和博士阶段的学习屏障和制度障碍，建立以学生为中心、以成才为目标的课程体系。

第三，师资力量一致。师资力量作为课程教学的直接参与者，对教学质量起着决定性作用，构建课程一体化培养体系需要充足的师资力量作为保障。目前高校中教师研究方向明确且有主攻方向，并形成了稳定的研究生课程授课团队，为课程一体化建设提供了充足条件。

第四，专业基础一致。我国高等教育包括本科、硕士和博士三个阶段的教育，虽然三个阶段在层次上是递增的，但是对专业基础要求是一致的。以麻省理工学院材料科学与工程系为例，本科生课程与博士生课程内容基本是相同的。理论基础的扎实，体现在学习者对其理解和掌握的情况，不能说本科、硕士、博士有不同的理论基础，即本硕博的专业基础课也应该是相同的，这个道理与学科基础一样[4]。

（二）课程一体化建设的原则

课程一体化建设的核心目的在于提高课程效率，打通传统三阶段课程学习中的壁垒，为学习能力强的学生提供合适的学习节奏，以此节省学位攻读时间，方便学生将更多的时间和精力投入到科研创新中。基于以上目的，该如何提高课程效率是开展一体化课程建设的重点，笔者认为应遵循以下三种原则。

第一，连贯性。现行的研究生课程体系主要包括公共课、基础课、专业课和选修课。公共课主要是英语、政治、法律常识课程；基础课为数学课；专业课和选修课主要为学院开设的专业性课程。基于这样的课程体系架构，英语、政治、法律常识和数学类基础性课程是每个阶段学生的必修课程，并占据了较大比例。以北京交通大学土木建筑工程学院为例，本科、硕士和博士阶段公共课与基础课合计占课程总学分比例分别是 34.73%，37.93%和40%，所占比例呈递增趋势（见图 1）。同一类型的课程在不同教育阶段均为必修课，为了提高课程效率，此类课程应该在内容上有衔接和递进，避免出现"炒冷饭"的现象。

第二，基础性。课程一体化建设的基础和依据是本、硕、博对专业基础要求一致，即同一专业不同层次的教育均需具备扎实的专业基础。因此在课程设置上，应注重课程的基础性，不应因本科教育或硕士教育就降低对专业基础知识要求的难度。例如，力学基本原理和分析方法是作为土木工程专业人才所必备的知识，在本科阶段需学习"结构力学""工程力学""弹性力学"，这些是构成土木工程专业学习的基础；研究生阶段仍需要学习"弹塑性力学"来夯实基础，这也是开展科研的必备前提。此外，随着大类招生政策的推广，研究生的课程培养内容更倾向一级学科所必备的专业知识，在广度上拓展学生的专业知识和综合技能也是行业的需求。

公共课与基础课所占百分比

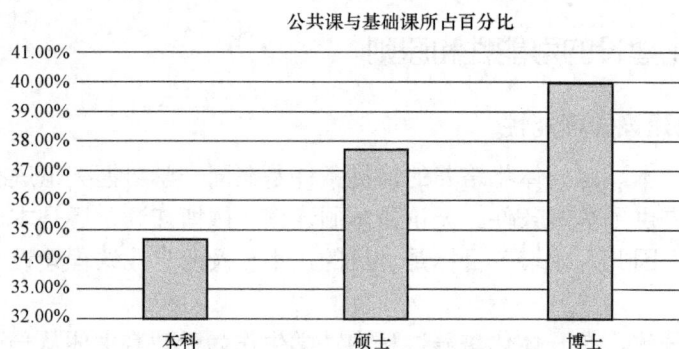

图1　北京交通大学土木建筑工程学院各阶段公共课和基础课合计占课程总学分比例

第三，层次性。硕士和博士作为研究生培养的两个阶段，在专业能力、培养模式、培养目标、科研训练和就业领域等方面都存在一定差异，因此在课程设置方面也需要注意硕、博的层次性。在课程设置目标方面，硕士阶段课程主要以专业知识学习为基础，并结合实践能力培养和职业能力训练；博士阶段课程主要以科研启发和自我学习为主，课程学习是对本研究领域的深度挖掘，对任课教师也有一定要求。在学分设置方面，以北京交通大学土木工程专业为例，硕士阶段的专业课程是18学分，博士阶段的专业课程是8学分，两者相差10个学分。

三、一体化培养框架下课程设置结构

（一）学分设置

课程学习实行学分制，学分设置可体现课程特点。根据北京交通大学土木工程专业2018年最新培养方案中规定的硕士研究生应修最低学分为34学分；博士研究生应修最低学分为17学分；本硕博连读应修的最低学分为43学分。若按普通的三阶段学制培养，学生完成硕士和博士阶段学习要修满51学分，比本、硕、博连读多修了8个学分。根据培养方案可知，公共课硕士阶段需修满5个学分，博士阶段需修满4个学分，一体化培养方案需修满8个学分，比硕、博分阶段方案少了1个英语课程学分，政治理论课无变化；专业课和选修课硕士阶段需修满18个学分，博士阶段需修满8个学分，一体化培养方案需修满22个学分，比硕、博分阶段方案少了4个学分；论文环节，硕士阶段需完成5个学分，博士阶段需完成3个学分，一体化培养方案需完成5个学分，比硕、博分阶段方案少了3个学分。在学分设置方面，一体化培养方案较分阶段培养方案减少了8个学分，通过压缩公共课、专业课和论文环节，达到精简培养环节、提高课程效率的目的，并解放了学生的时间，促进学生自主学习的开展（见表1）。

表1　北京交通大学土木建筑工程学院学分设置情况

类型环节	硕、博分阶段学分设置总和	硕士阶段学分 博士阶段学分	一体化培养方案学分设置	学分差
总学分	51	34 17	43	8
公共课学分	9	5 4	8	1
专业课与选修课学分	26	18 8	22	4
论文环节	8	5 3	5	3

（二）课程体系

在专业课设置方面，一体化课程体系实现了"两个打通"，一是打通了硕士和博士课程，以专业为基础统筹开设课程，硕博生均可选课且通认；二是打通二级学科方向间课程。关于第一个"打通"，博士阶段课程在人才培养过程中的作用在于方法论的学习和专业基础的夯实，根据培养目标和社会需求，博士研究生教育应以培养学生科研能力为主，课程学习旨在为培养科研能力奠定基础。在这样的背景下，精简博士课程体系，打通硕博课程，注重学生自主学习能力的培养，一方面可方便硕博连读生提前进入博士阶段课程学习，另一方面给学生释放更多的时间，让其进行自主学习和科研实践。关于第二个"打通"，在目前大类招生的背景下，研究生教育主要按照一级学科人才培养目标开展，一名合格的毕业生应该是具备该专业各方向的基础知识，因此打通学科二级方向的课程设置，学生可在导师指导下选修不同方向间的课程。以北京交通大学土木工程专业为例，经过课程调整，土木工程专业精简专业课，整合相近课程，开设的专业课程由近200门压缩至117门，实现"两个打通"，将一体化培养理念落实到每个学生身上。

在课程负责人方面，一体化课程建设实行课程群负责人负责制，即学科负责人负责制。根据专业特点，每个课程群确定组成课程及授课教师团队，教师团队在对国内调研的基础上，通过集体研讨确定课程大纲、授课方式及学时学分等课程设置。一门课程的授课团队由多位教师组成，一方面确保了知识覆盖的全面性和准确性，另一方面也体现专业特色，例如，"结构动力学"的课程组人员研究方向各有倾向，有的偏向于桥梁工程，有的偏向于结构工程，不同二级学科研究方向的学生可根据自己研究方向选课。

在培养计划方面，一体化课程建设实行个性化培养方案，强化导师责任制。基于硕博课程打通的现实，为避免因课程一体弱化专业特色，加强了对培养计划的灵活把控。充分发挥导师在研究生培养中的主体作用，入学前由导师为学生制定培养计划，建立导师指导小组，充分体现专业差异和特色。

（三）课程内容

教学方法是沟通教与学的桥梁，是贯穿教学完成教学任务的纽带，教学内容则是主体关键[5]。保障本硕博一体化授课质量需要做好以下几方面的工作。

第一，修订课程教学大纲。基于一体化人才培养目标，在充分调研国内外高等院校培养方案的基础上，对每门课程大纲进行修订，包括对授课方式、教学内容、推荐教材、考核方式、学时等具体细节做出合理设计。

第二，明确核心课程。通过打通硕博课程建立贯通制课程体系后，如何保障课程的层次性，突出不同阶段研究生的学习重点，是进行一体化课程建设的研究难点。为解决这一问题，北京交通大学土木建筑工程学院实施核心课程方案，即以二级学科为单位明确每个方向学生必修的核心课程，同时，同一门课针对不同层次学生分硕、博开课，博士班任课教师通常为课程负责人或学科带头人，以此建立了合理、科学、实用的课程体系，类型多样、层次分明，通过模块化架构优化学生知识体系。以土木工程专业为例，4个研究方向共确定14门核心课，其中硕士核心课程9门，博士核心课程5门。

第三，推进理论与实践并重。作为工程应用类专业，土木工程专业人才培养目标除了理论研究外，还需解决实际工程问题。注重实践能力和职业技能的培养是课程设置的趋势。北京交通大学土木建筑工程学院开设实验类、数值模拟类和软件学习类等多元课程，丰富授课模式。此外，增设工程伦理课和创新创业实践环节。工程伦理课的设置体现了专业硕士培养是以工程需求为导向，强调专业基础能力、工程能力和职业发展潜力的综合培养；创新创业实践环节的设置体现了对学生创新能力的培养。

（四）环节衔接

一体化课程建设主要包括两个环节的衔接，一是本硕课程；二是硕博课程，而本硕课程是环节衔接的重点和难点。原因有二，一是本科生和研究生培养机制存在根本差异，且本科具有独立成熟的课程体系，不受研究生阶段教育影响；二是受招生政策影响，跨专业考取研究生的学生具有不同的专业背景，即使同一专业不同院校所开设课程也有差异，这增加了研究生授课难度。

为解决以上问题，北京交通大学土木建筑工程学院分别针对校内和校外生源采取不同的一体化课程衔接机制。针对校内生源，鼓励在校保研学生提前选修研究生课程，并认可学分，为他们融入科研团队做准备；针对校外生源，采取先修课程计划，即在新生入学之前确定各专业先修课程，要求本科阶段未修过的同学自行补课，以保障研究生阶段课程学习的顺利进行（见表2）。

表2 北京交通大学土木建筑工程学院各专业先修课程清单

一级学科	二级学科	先修课程
力学	—	材料力学、理论力学、弹性力学
土木工程	结构工程	混凝土、钢结构
	桥梁工程	弹性力学、桥梁工程
	岩土工程	土力学、岩石力学
	隧道与地下工程	地下工程（或隧道工程）、土力学、岩石力学、结构力学
交通运输工程	道路与铁道工程	轨道工程、路基工程
环境科学与工程	—	水污染控制工程，大气污染控制工程，环境工程微生物，环境分析化学

四、结论

课程一体化建设作为本硕博一体化人才培养的重要组成部分，对学生成才和能力培养具有重要作用。开展一体化课程建设时要遵循连贯性、基础性和层次性的原则，通过合理设计教学环节、提高师资力量和提供制度保障才能真正实现培养创新型人才的目标。

参考文献

[1] 张莉. 本、硕、博贯通式人才培养模式的利弊分析及对策研究 [J]. 学位与研究生教育，2015（6）：13−16.

[2] 钟世云. 本硕博一体化培养的课程设置分析：以麻省理工学院材料科学与工程系为例 [J]. 中国大学教学，2018（6）：90−96.

[3] 木林隆，丁文其，钱建固，等. 土木工程"卓越工程师"培养教学改革措施：本硕博一体化 [J]. 教育现代化，2016，3（36）：54−55.

[4] 张志红，刘春卿. 地方高校本—硕—博教育贯通的创新人才培养模式探索 [J]. 安徽工业大学学报（社会科学版），2017，34（1）：83−85.

[5] 熊玲，李忠. 本硕博贯通的创新人才培养模式探究 [J]. 学位与研究生教育，2012（1）：11−15.

以培养创新与实践能力为目标的电气工程研究生专业课程建设

王　玮　吴学智　夏明超　桂俊峰　倪平浩　苏　粟

（北京交通大学电气工程学院，北京 100044）

摘　要：为满足工科研究生需具备坚实的基础理论和系统的专门知识、较强的创新意识及独立从事科研工作能力的要求，提出了"以成熟理论夯实研究生的专业基础，以新研究成果启发研究生的创新意识，以新研发平台让研究生亲历研发过程"的电气工程研究生专业课教学理念；实践了一种"课堂理论讲解+新成果分析+研发平台体验"的研究生专业课教学方法。在连续开课的十余年时间里中，紧跟电气工程的新理论、新技术、新成果，不断更新内容，取得了满意的结果。

关键词：研究生教学　创新意识　实践能力

一、确立满足电气工程专业研究生培养要求的研究生专业课教学理念

近年来，研究生教育改革在教育部的指示精神下[1]，得到了各高校及相关研究机构的广泛重视和探索[2-3]。研究生课程建设的关键在于先进的教学理念，电气工程专业具有强弱电结合、机电结合、软硬件结合的特点，理论性、实践性较强，涉及电力系统及其自动化、电力电子技术、电机与电器技术、高电压技术、计算机技术、信息与网络控制技术等诸多领域，为满足电气工程专业研究生需具备坚实的基础理论和系统的专门知识、较强创新意识及独立从事科研工作能力的要求，我们研究、确立了"以成熟理论夯实研究生的专业基础，以新研究成果启发研究生的创新意识，以新研发平台让研究生亲历研发过程"的电气工程研究生专业课教学理念，如图1所示。

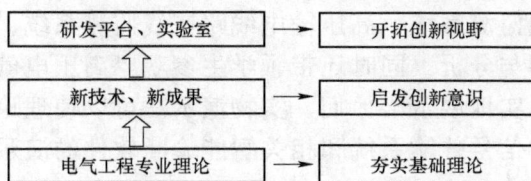

图 1　电气工程研究生专业课教学理念

在研究生教学过程中注重理论基础的培养，先从学术界已经得到公认的科研成果入手，让学生理解所学课程的目的、意义、基本方法，建立课程整体的概念和知识体系。在此基础上结合相关课程目前较为热门的研究热点，从技术体系发展的角度讲述如何发现问题、解决问题，进而从单纯的知识学习向知识创造转变。最后利用实验室较为先进的研究基础及平台，鼓励学生早日对自己所提出的观点和论点设计验证方法，进行实践验证，不管结果是否正确，都可以有效地理解如何在已有的知识体系中进行创新性研究。

通过理论的学习、新成果的启发以及研发环境的体验，能更好地完成研究生专业课教学过程。

二、实践课堂理论讲解 + 新成果分析 + 研发平台体验的研究生专业课教学方法

为实现电气工程研究生专业课的教学理念，我们在教学中探索、实践了一种"课堂理论讲解 + 新成果分析 + 研发平台体验"的教学方法，如图2所示。

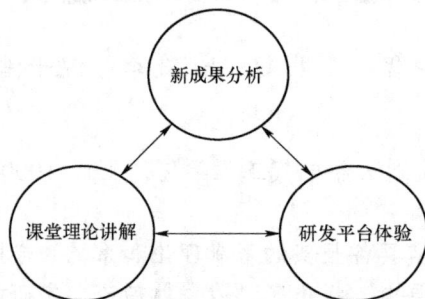

图2　电气工程研究生专业课教学方法

在课程中合理地安排理论讲授、新成果分析、研发平台体验三部分的授课比例，使各个环节有机结合，达到良好的教学效果。

对于理论部分，挑选与各门课程相应的基础理论和关键技术着重讲解。在成果分析环节，尽量给学生介绍有代表性的、新的成果，并重点分析研究成果中是如何运用相关基础理论和关键技术的。

结合理论讲授和新成果分析，在适当的阶段，带领学生进入相关的实验室，参观先进的研发平台，介绍科研项目的研发过程。

我们着重在"电气设备在线监测与故障诊断""电力管理信息系统""电力系统自动化"等课程中进行了这一教学方法的实践。

（1）"电气设备在线监测与故障诊断"是一门电气工程专业研究生的主要专业课[4]。教学中我们在与课程相关的信号采集与特征提取、模式识别方法、故障诊断等理论和技术上重点讲解，并把这些理论体现到在电气设备在线监测与故障诊断的应用技术上，加深学生的理解与掌握，为他们以后的科研工作提供研究思路与设计方法。

结合理论讲授，我们将这一领域中近年来投入应用的最新科研成果如高压断路器在线监测系统、高压电力变压器在线监测系统、高压输电线路在线监测系统、无人机和机器人巡检技术等给学生进行详细的介绍与分析。同时还带领学生参观"高压电气设备在线监测"等实验室及研发平台，把科研成果实地展示给他们，实物演示法可以使理论知识的现实应用得以可视化，通过数据采集装置、信号传输系统和相关智能诊断软件的演示，使学生体验到科研成果的形成过程。

（2）"电力管理信息系统"是一门电气工程专业研究生的主要专业课，内容涵盖面广，涉及不断发展的电力系统信息化、数字化方法、技术。教学中我们在讲授信息技术、管理信息系统[5]等基本原理和方法的基础上，力争通过实例为学生介绍与分析更多的国内外电力系统信息化的最新科研成果，如电力生产管理系统（PMIS）、电力 ERP（企业资源计划管理）工程等。同时还采用团队学习、研讨的方法，有目的地对学生进行团队协作精神、自我学习能力、交流表达能力、创新思维能力等方面的培养。在这门课程中给学生展示了"SG186 系统（国家电网公司一体化企业级信息集成平台）"等电力管理信息系统。

（3）"电力系统自动化"也是一门电气工程专业研究生的主要专业课，内容涉及不断改进的电力系统自动控制方法、自动控制技术及装置。教学中我们采用了纯英文授课，在讲授国内外电力系统自动化领域控制、保护、运行等基本原理和方法的基础上，力争通过外文文献为学生介绍与分析更多的国内外电力系统自动化的最新科研成果，如：电力系统能量管理系统、配电自动化系统等。也采用团队学习、研讨的方法，有目的地对学生进行团队协作精神、自我学习能力、交流表达能力、创新思维能力等方面的培养。在这门课程中带领学生参观了"电力系统仿真""分布式发电半实物仿真""微电网"等实验室及研发平台。

三、探索理论考试与专题讨论相结合的研究生专业课考核方法

研究生课程的质量保证还在于有效的考核方法，考核既是对学生掌握情况的检验，也是对研究生综合分析能力的提高。如果只是对课堂所讲述内容进行理论考核，那就无法区分研究生阶段和本科生阶段的教学目的和价值。通过研究生阶段的教学，除了传授给学生具体的知识之外，更重要的是要教给他们如何发现问题、如何解决问题，如何通过自己的研究创造知识。因此在教学过程中不仅要"授之以鱼"，而且要"授之以渔"。为了达到这个目的，在考核方法上，我们采用了理论考试与专题讨论相结合的考核方法，如图 3 所示。

理论考试	＋	专题讨论

图 3　研究生专业课考核方法

这种考核方式可兼顾基础理论的掌握及新技术信息的收集和综合分析。通过这种方法，不仅考核了学生对课堂讲授知识的掌握程度，而且通过专题讨论学会了查找资料、归纳问题、分析和解决问题的思路和方法。理论考试注重成熟理论的知识点，专题讨论注重结合实际的分析和论述。专题讨论要检验研究生查阅文献的能力、发现和分析问题的能力。专题讨论采用各自准备、集中讨论的方式，要求研究生结合自己的研究方向及在课程中所学的知识，根据自己的分析给出各自独立的见解，通过专题讨论将进一步提高研究生的创新意识及独立思考的能力。

四、推广应用情况

将提出的教学理念引入电气工程专业研究生专业课程，达到培养学生掌握坚实的基础理论和系统的专门知识，使其具有较强的知识获取能力和学术鉴别能力，全面了解本学科有关研究领域的现状、发展方向及国际学术前沿的目标。

将提出的教学方法溶入电气工程专业研究生专业课教学环节，已在"电气设备在线监测与故障诊断""电力管理信息系统""电力系统自动化"等多门课程中进行了实践，紧跟电气工程的新理论、新技术，把相关新成果以案例的形式展现在课堂上，大大开阔了研究生的视野，极大地促进了研究生的理论学习能力、实践能力及创新能力的养成。

由于采用本方法的课程特色鲜明、内容不断更新、突出理论与实际的结合，开课以来越来越受到欢迎，连续开课十余年，累计选课人数达 600 多人，对电气专业研究生后续的学习、研究和就业起到了很好的推动作用，取得了满意的结果。有些学生毕业后选择攻读博士继续深造，许多学生毕业后到中科院、航天院、电科院等研究机构及国家电网、中国铁总、中车集团等大型企业工作，都显示出了基础理论扎实、专业能力强、综合素质高的特点，得到普遍好评。

五、结论

注重教学理念上的创新，把"以成熟理论夯实研究生的专业基础，以新研究成果启发研究生的创新意识，以新研发平台让研究生亲历研发过程"作为研究生专业课教学的理念，课程内容紧跟电气工程学科最新理论和技术的发展。

改变以往教学中以课程讲解为主的做法，实践了一种"课堂理论讲解+新成果分析+研发平台体验"的研究生专业课教学方法，教学中课堂讲授与实际体验相结合，做到理论与实践并重。

改变以往 1 张考卷、1 人评判的考核方法，采用了一种"理论考试与专题讨论相结合"的研究生专业课考核方法，将考核变成研究生共同参与、共同完成的一个学习过程，使培养内容充实到研究生专业课的全过程中。

参考文献

［1］ 教育部，国家发展改革委，财政部. 教育部　国家发展改革委　财政部关于深化研究生教育改革的意见（Z）. 教研［2013］1 号，2013 年 3 月.

［2］ 卓志，毛洪涛，赵磊. 加强顶层设计　深化研究生教育综合改革［J］. 中国高等教育，2014（10）：33-36.

［3］ 方岱宁."双一流"背景下研究生教育　改革的创新探索［J］. 北京教育（高教），2018（1）：43-45.

［4］ 王昌长，李福祺，高胜友. 电力设备的在线监测与故障诊断［M］. 北京：清华大学出版社，2014.

［5］ 薛华成. 管理信息系统［M］. 北京：清华大学出版社，2012.

数据游骑兵

——基于网络开放数据分析的城市设计教学

盛　强

（北京交通大学建筑与艺术学院，北京　100044）

摘　要： 本文介绍了北京交通大学建筑与艺术学院在 2018 年本科生四年级开展的数据化城市设计课程教学实践。该课程以空间句法数据空间分析技术教学为基础，探索了利用网络开放数据进行数据化城市设计的方法。

关键词： 网络开放数据　数据化城市设计　空间句法　研究型设计教学

一、网络开放数据在数据化城市设计中应用的优势

随着我国城市发展进入品质提升阶段及大数据相关领域的飞速发展，对建筑行业对开发使用理性量化的设计工具及以数为据的设计方法需求日益增强。笔者自 2014 年开始将空间句法技术与数据收集、分析的内容整合入高年级设计课程[1]，并在 2015 年开始系统实践"数据化设计"这一教研结合的设计课教改。充分利用教学中收集的数据推进相关的基础实证研究，使得研究成果得以反哺教学。

近年来的教改实践中发现，在本科生高年级数据化设计课中逐步强化以网络开放数据为基础的设计教学方法有如下优点：①数据免费开放且容易获得，具有较高的普适性；②符合当代学生的工作习惯，对教会学生什么是调研，如何调研有直接的意义；③如点评等一些新类型的网络开放数据能够弥补传统调研方式的不足，可迅速远程获取与使用者行为相关的数据。

结合网络开放数据的上述特点，北京交通大学建筑与艺术学院建筑学本科四年级在今年的数据化城市设计课程中沿用北京清河上地地区周边作为设计基地，结合本地区即将建设的新高铁线路与轻轨换乘站带来的发展机遇，要求学生主要基于网络数据挖掘进行各级中心的分析，应用空间句法模型进行数据分析与建模，并基于数据模型进行城市设计路网方案的对比、优化与深入设计。

二、"数据游骑兵"简介

自 2015 年起，标准的数据化城市设计课程往往包括"数据挖掘—数据分析—数据设计"的三段式结构闭环。建立这个体系的核心技术是空间句法比较成熟的截面流量数据调研与分析方法。基于对基地周边地区各类交通流量的实地调研，应用空间句法模型量化分析城市街道空间结构与各类交通流量之间的量化关系，进而应用这些回归方程直观地评价各城市设计方案对交通的影响。

现有方法的主要问题包括以下两点：①截面流量数据依赖大量的实地调研，国内外目前没有其他高效可行的数据获取方法；②对交通量的分析仅是城市设计方案的部分内容，而现有方法对

功能与空间结构形态之间的关系探讨较弱。

针对以上两点问题，作者近年来做了两方面的探索：一是提出了"数据游骑兵"的理念及一系列实用战术[2]，该方法最初面向短期设计工作营，不需要实地调研而完全依赖街景地图、百度POI 和点评数据，侧重分析支持城市各级中心的空间可达性条件。

二是近年来的实证研究积累，作者提出了一种均匀化静态数据（包括功能类数据和街景上识别的行人数据）的方法，使得对静态数据分析的精度可以达到与对流量分析相应的程度[3]。这意味着可以量化的分析功能（特别是商业服务业功能）的空间分布，进而在方案评测中应用功能—空间的联系。

三、网络开放数据调研

为了验证前述方法的有效性，并进一步探索街景地图代替实地调研流量的可行性，本次课程在研究阶段没有组织针对设计基地的截面流量调研，转而让各组（共计 6 个大组每组 7～9 人）在北京选取 3～4 个区域，完全依赖网络开放的街景地图、百度 POI 和大众点评进行步行、机动车和商业功能分布的调研。这些案例区域的选取需要体现不同的层级，满足从社区级中心到城市级别中心区的差异渐变。

图 1 展示了 B 组选择的四个地块，基于街景地图记录了各街道两侧建筑底层的功能及店铺数量。

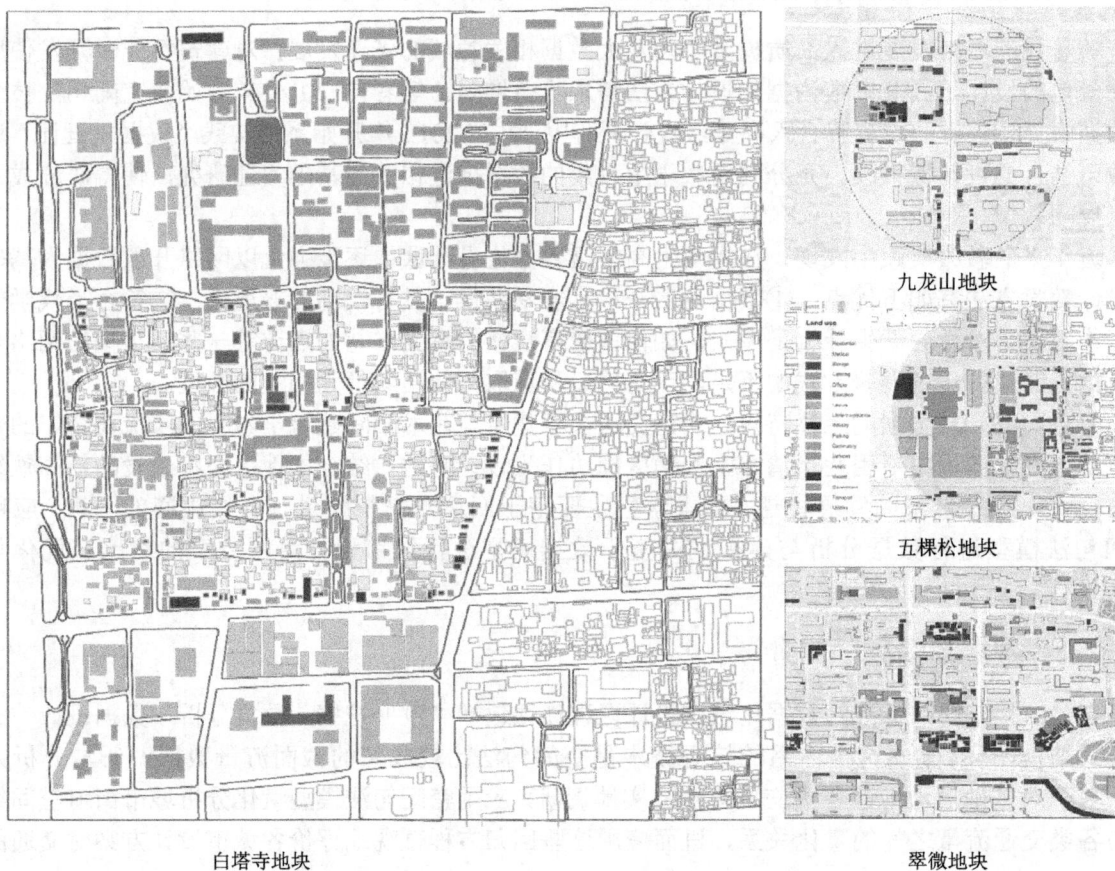

白塔寺地块　　　　　　　　　　　　　九龙山地块　　五棵松地块　　翠微地块

图 1　B 组调研的四个地块，其中对白塔寺进行了实测了截面流量

　　此外，为了验证街景地图数步行者的有效性，每个大组至少选择案例中心区中的一个案例进行实地调研，结果需与街景调研并进行均匀化处理后的步行量数据进行对比。

　　以 B 组为例，在白塔寺地区以手机在一天中四个时间段拍摄 5 分钟视频记录了共计 97 条街道三类（步行、自行车、机动车）截面流量。其他三个地块则基于百度街景记录了各街道段行走中的人数（见图 2）。

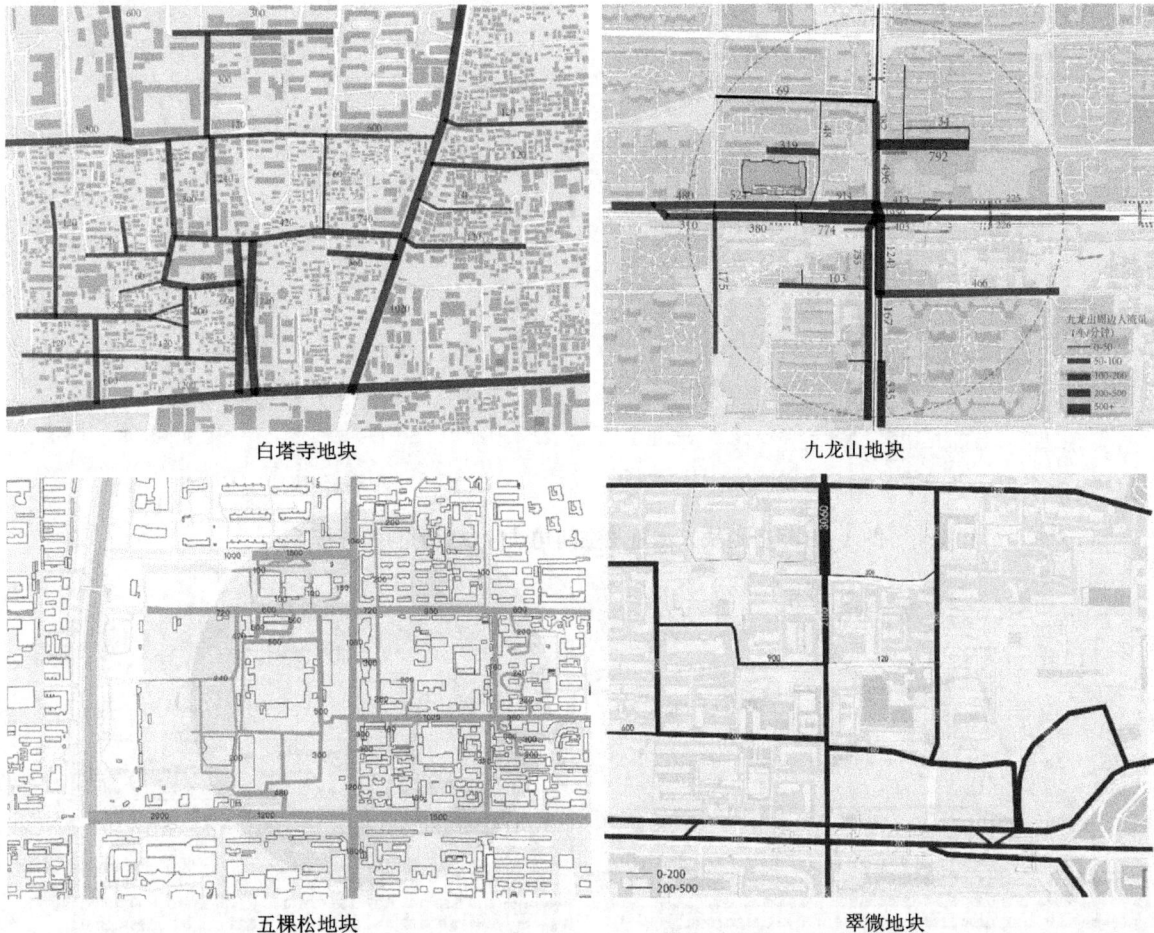

白塔寺地块　　　　　　　　　　　　　　　九龙山地块

五棵松地块　　　　　　　　　　　　　　　翠微地块

图 2　B 组各案例步行流量可视化（基于街景地图数步行人数获取）

　　在应用标尺对街景步行数量进行均匀化处理后，对各地块流量进行了与各个半径空间句法参数的回归分析（见图 3）。分析结果显示除翠微地块外，其他各地块的决定系数均能达到 0.4 以上，证明该方法本身对寻找适合的空间句法参数有一定的效果和稳定性。翠微地块决定系数较低的原因估计是该地区主要的商业形式为大型商业综合体，使得人流量主要以综合体为中心而非在街巷中根据拓扑形态自然分布。

　　作为本次教学实验的主要内容，各组均实验了各街道段商业数量在使用标尺均匀化后与空间句法各参数之间的关系，并普遍发现商业分布均能体现出较好的空间规律。图 4 显示了 B 组四个地块内商铺数量与各空间句法参数回归分析的结果，其中除九龙山地块的决定系数未达到 0.4，其他地块均接近或超过 0.6。

周中人流量 — 白塔寺地块

	1	2	3	4	5	6	7	8	9	10	11
Nach	0.2	0.38	0.42	0.43	0.45	0.46	0.45	0.43	0.43	0.33	0.37
choice	0.12	0.36	0.43	0.45	0.44	0.44	0.44	0.43	0.42	0.41	0.36
int	0.14	0.39	0.29	0.26	0.28	0.28	0.28	0.24	0.24	0.25	0.19

周中人流量 — 翠微地块

	500	800	1000	1200	1500	1800	2000	2500	3000	5000	7500	10000	15000
nach	0.14	0.27	0.32	0.33	0.31	0.3	0.31	0.29	0.28	0.29	0.29	0.28	0.25
int	0.19	0.17	0.17	0.19	0.21	0.21	0.2	0.2	0.19	0.2	0.21	0.21	

标准化人流 — 五棵松地块

标准化人流	500	1000	1500	2000	2500	3000	5000	7500	10000
nach	0.0302	0.1898	0.2551	0.3462	0.3969	0.4216	0.4473	0.4606	0.4427
integration	0.2014	0.1962	0.2635	0.3175	0.3572	0.4026	0.4186	0.4182	0.4238

周中人流量 — 九龙山地块

	500	1000	1500	2000	2500
nach	0.101681	0.185185	0.218842	0.24596	0.243137
int	0.166511	0.239152	0.461239	0.467466	0.462718

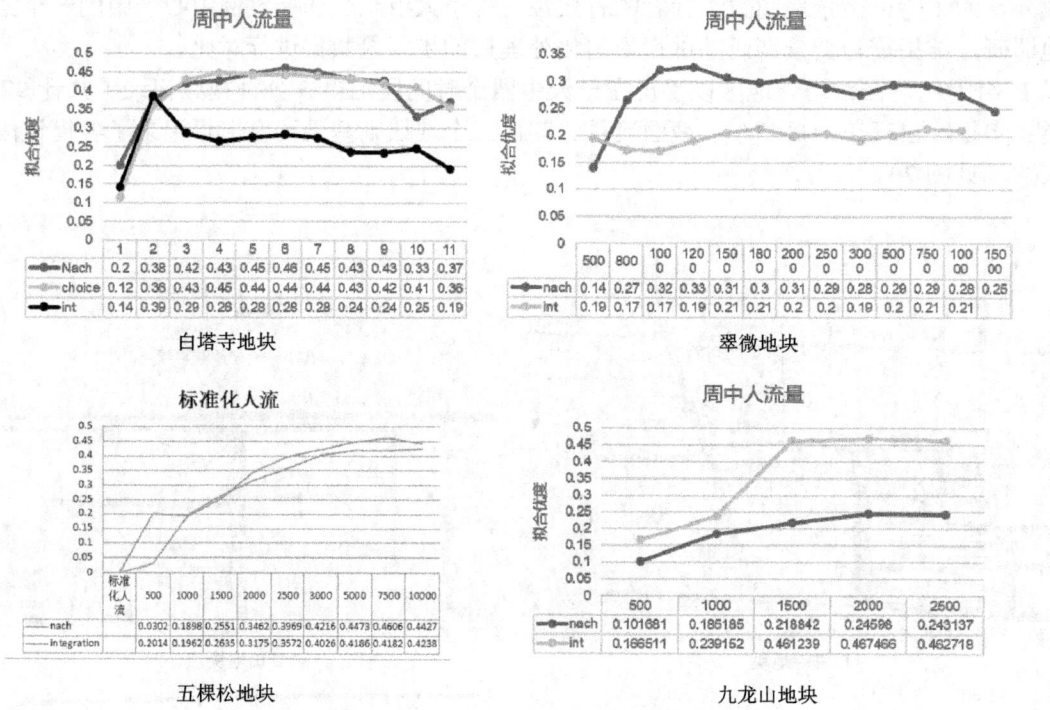

图3　B组各地块人流量与空间句法各参数的回归分析

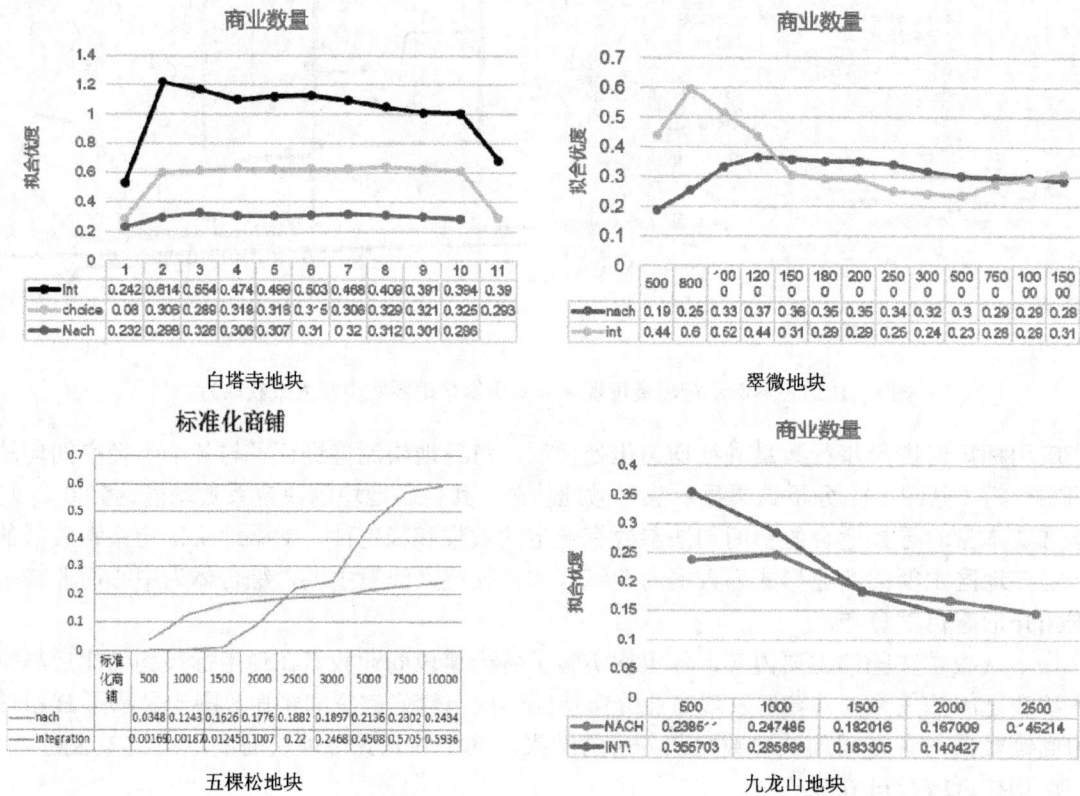

商业数量 — 白塔寺地块

	1	2	3	4	5	6	7	8	9	10	11
Int	0.242	0.614	0.654	0.474	0.499	0.503	0.468	0.409	0.391	0.394	0.39
choice	0.08	0.306	0.289	0.318	0.318	0.3?5	0.308	0.329	0.321	0.325	0.293
Nach	0.232	0.298	0.326	0.306	0.307	0.31	0.32	0.312	0.301	0.296	

商业数量 — 翠微地块

	500	800	1000	1200	1500	1800	2000	2500	3000	5000	7500	10000	15000
nach	0.19	0.25	0.33	0.37	0.36	0.35	0.35	0.34	0.32	0.3	0.29	0.29	0.28
int	0.44	0.6	0.52	0.44	0.31	0.29	0.29	0.25	0.24	0.23	0.28	0.28	0.31

标准化商铺 — 五棵松地块

标准化商铺	500	1000	1500	2000	2500	3000	5000	7500	10000
nach	0.0348	0.1243	0.1626	0.1776	0.1882	0.1897	0.2136	0.2302	0.2434
integration	0.00169	0.00187	0.01245	0.1007	0.22	0.2468	0.4508	0.5705	0.5936

商业数量 — 九龙山地块

	500	1000	1500	2000	2500
NACH	0.2385	0.247486	0.182016	0.167009	0.146214
INT	0.355703	0.285896	0.183305	0.140427	

图4　B组各地块商铺数量与各空间句法参数的回归分析

四、数据化城市设计

对截面流量类数据的分析在过去几年的课程中已经成为标准动作，且在国际上 UCL 等院校均有多年的教学经验。本次课程分发的课件中对该调研的组织过程，数据的处理和录入方式，空间句法软件 Depthmap 的操作步骤等均有详细描述。此外，相关的具体内容也已经在"数据化设计"公众号中的"空间句法超简版教程 01 和 02"发布。因此，在城市设计阶段应用时，大多数设计小组（2～3 人）均能贯彻对流量分析结果的应用，量化评价各设计方案对交通的分析效果（见图 5）。

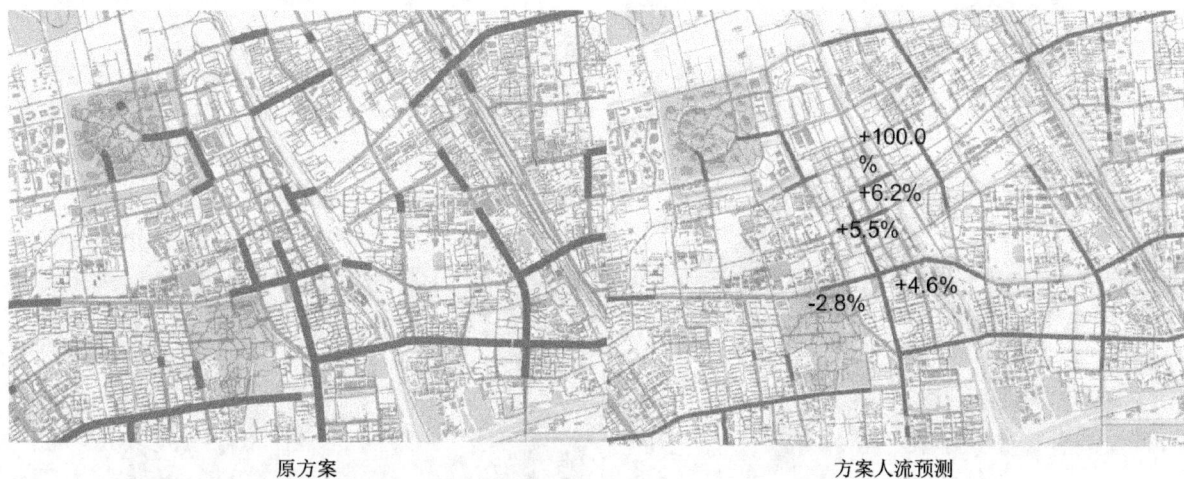

原方案　　　　　　　　　　　　　　　　　　　方案人流预测

图 5　C 组对其中一个优化方案与原方案的人流量预测对比

然而，对功能的分析虽然与设计关系更为直接，但却由于目前标尺均匀化的处理方法没有实现自动化，过程比较烦琐，且即便找到了良好的量化关系，但在应用于设计时不如流量类数据来得简单直接，故各组应用的非常有限。

然而，由于数据游骑兵的工作方法打破了地域的限制，个别组尝试在设计概念中融入对国外案例的调研分析。图 6 展示的城市设计方案针对上地地区码农聚集、男女比例失调、缺乏活力的城市问题，从几部爱情电影出发，选取电影中的城市片段，提取男女主人公在城市公共空间中偶遇、在相似的兴趣空间中相识相知、进而相爱约会甚至发生矛盾的空间序列等套路化的故事链。基于谷歌地图中的街景，该组将这些电影中的真实城市空间对应的片区还原，进而对该片区（具体包括五个片区）进行空间句法分析，发现各类功能（约会空间）分布的大致空间逻辑（1.5 千米穿行度高值区）。

在设计阶段，该组将上述 5 个片段来源的城市肌理进行拼贴，植入本设计基地中，并应用数据化的空间句法模型进行方案的评价和优化，同时按样本城市中功能分布的规律设置相应的城市商业服务业功能（见图 7）。

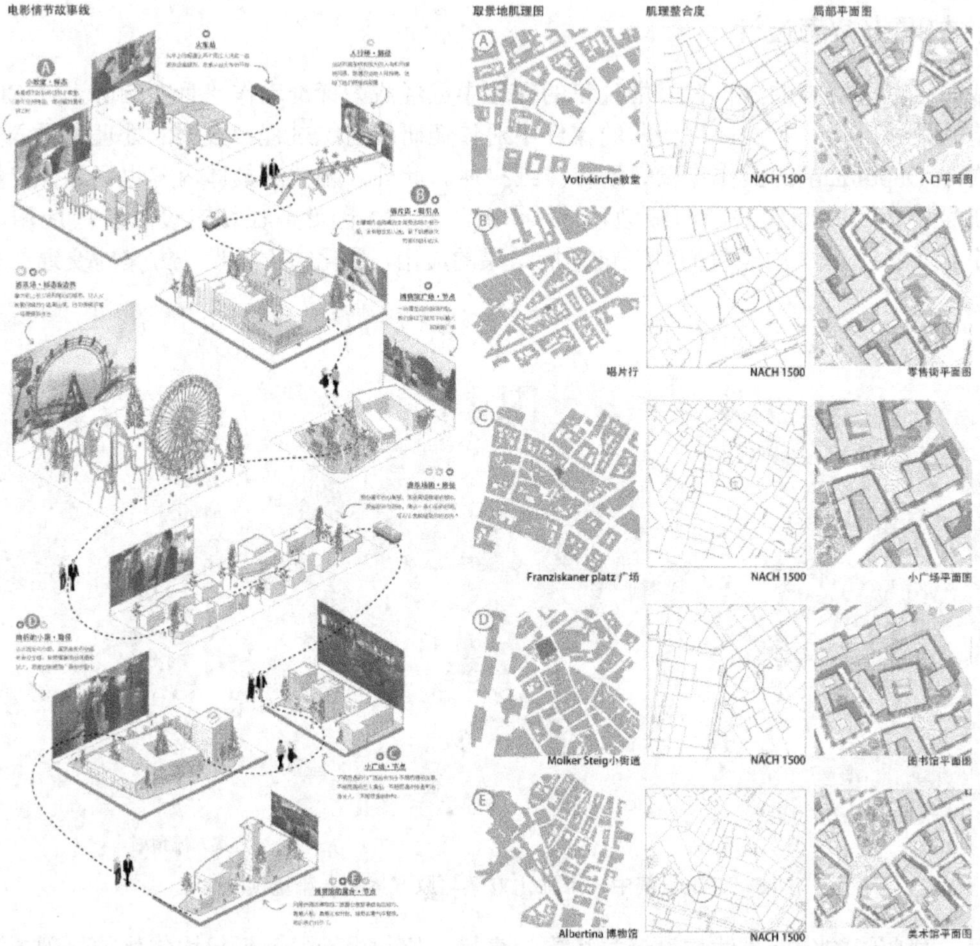

图6　城市设计阶段基于电影故事情节中各城市样本进行的功能分布分析（田媛、绳彤组）

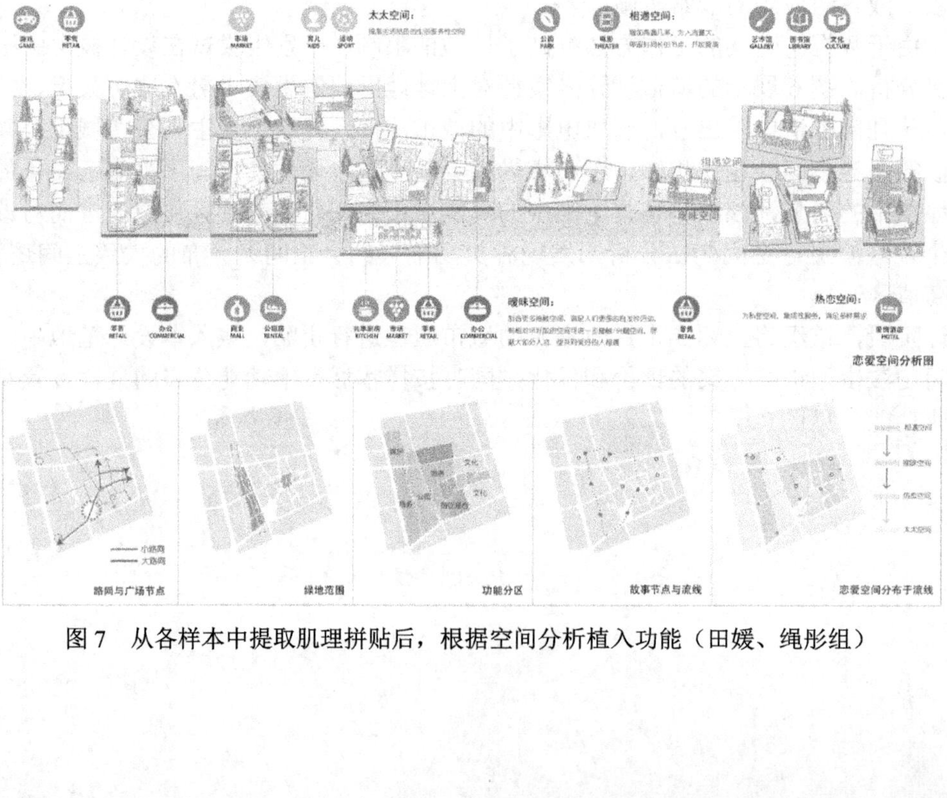

图7　从各样本中提取肌理拼贴后，根据空间分析植入功能（田媛、绳彤组）

五、结论与讨论：网络开放数据支持下的数据化城市设计

经历了四年的教改探索，数据化城市设计摸索出了一套随着基础研究深化不断改进升级的教学方式。在现阶段，受益于大量的基础流量数据积累，对各类交通数据的分析与设计应用已经常态化，而随着街景等网络开放数据的广泛应用。数据化城市设计课程将逐渐摆脱实地调研的限制，逐步走向对数据游骑兵技术的深入探索和应用。而对于学生培养来说，这种转型将进一步普及对数据支撑的设计方法。未来对功能的空间分析，甚至是对不同业态功能的高精度空间分析将成为本课程探索的主要方向，这也必将大幅提升数据化城市设计的实用价值和适用性。

参考文献

[1] 盛强，卞洪滨. 形态、流量与空间盈利能力：数据化设计初探［J］，中国建筑教育，2015（4）：74-78.

[2] 盛强."数据游骑兵"实用战术解析 空间句法在短期城市设计工作营设计教学中的应用［J］. 时代建筑，2016，（2）：140-145.

[3] 盛强，杨振盛，路安华，等. 网络开放数据在城市商业活力空间句法分析中的应用［J］，新建筑，2018（6）：9-14.

无线通信方向研究生课程体系建设的分析与思考

吴 昊

（北京交通大学电信工程学院，北京 100044）

摘 要：研究生课程体系建设与学生科研能力培养息息相关，并直接关系到培养目标的最终实现。本文通过分析美国麻省理工学院、斯坦福大学及北京邮电大学无线通信方向相关专业的研究生课程设置，总结其课程体系的鲜明特点，并在此基础上，从科研能力导向、个性化、跨学科、激发创造力等方面提出了我校构建信息与通信工程专业无线通信方向研究生一流课程体系的建设思路。

关键词：无线通信 课程体系 研究生课程改革

一、概述

无线通信技术的创新促进了人们生活方式、工作方式、沟通方式、管理方式的重大改变，极大地提升了人们的生活质量。当前，5G 应用市场备受瞩目，物联感知、云计算、人工智能等先进技术的引入使无线通信得到了更大的发展空间[1-2]。在此背景下，做好信息与通信工程专业无线通信方向人才培养工作，对于攻克重点核心技术，完善信息产业生态体系，服务国家管理和社会治理具有重要意义。本文在对国内外一流大学信息与通信工程无线通信方向研究生课程体系和培养模式进行调研分析的基础上，查找自身差距与不足，优化本校无线通信方向研究生课程体系，以先进的理论指导教学改革，重点发挥教学的积极作用，培养面向应用的高素质无线通信专业人才。

二、国内外一流大学无线通信方向课程体系分析

（一）麻省理工学院（MIT）

美国麻省理工学院素以世界顶尖的工程学和计算机科学而享誉世界，位列 2015—2016 年世界大学学术排名（ARWU）工程学世界第一、计算机科学世界第二。麻省理工学院（MIT）的教育方式是召集跨学科的专家探索新的知识前沿并解决重要的社会问题，以让各种各样的人才共同承担重大问题为培养目标。其通信专业研究生课程内容的覆盖范围广泛，包括目前国内研究生专业目录中的人工智能、信号与系统、电路、计算机科学等多学科的范围，因此该校研究生课程涉及的知识面广、课程数量多。

它的课程体系设置紧密围绕培养目标展开。根据 MIT 网站公开的课程体系介绍，其通信专业无线通信方向的研究生专业课程共有 18 门，如表 1 所示。

表 1 MIT 通信专业无线通信方向的研究生课程

课程代码	开课学期	课程名称	课时安排
6.419/6.439	秋季	统计、计算和应用	3－1－8

续表

课程代码	开课学期	课程名称	课时安排
6.431A	春季/秋季	概率简介 I	2-0-4
6.431B	春季/秋季	概率介绍 II	2-0-4
6.434	秋季	工程科学统计	3-0-9
6.435	春季	贝叶斯建模与推理	3-0-9
6.436	秋季	概率基础	4-0-8
6.437	春季	推理和信息	4-0-8
6.438	秋季	推理算法	4-0-8
6.440	春季	基本编码理论	3-0-9
6.441	春季	信息论	3-0-9
6.442	春季	光网络	3-0-9
6.443	春季	量子信息科学	3-0-9
6.450	秋季	数字通信原理	3-0-9
6.452	秋季	无线通信原理	3-0-9
6.453	秋季	量子光通信	3-0-9
6.454	秋季	研究生研讨会	2-0-4
6.456	秋季	阵列处理	3-2-7

分析上表，MIT 将概率学和统计学作为通信专业课的重要先导知识，同时将随机过程看作非常重要的数学工具，这是因为通信系统中的信号与噪声都具有一定的随机性，需要用随机过程进行描述。在专业领域，MIT 的课程设置涵盖了光网络、编码理论、无线通信、数字通信等科目，侧重拓宽学生的前沿领域视野，培养具有先进理念的研究生。在合作与研讨方面，MIT 于秋季安排了研究生研讨会作为交流课程，引导并支持不同学院、不同方向的学生进行探讨和辩论。观察 MIT 的课程设置，该校不仅注重理论学习、系统设计和工程应用能力的培养，也侧重关注对未来企业的管理能力，努力培养未来能解决企业实际技术问题的专家以及企业管理的工程领导者。

MIT 的研究生能力培养方案采取了模块化的课程设置，这主要是为了培养学生的国际化视野，同时有效引导学生探索如何做研究、写论文，以及从事教学。需要指出的是，MIT 的学分设置方式与国内有所不同，该校的一个学分（UNITS）大约包含 14 个学时，共由三部分组成：一是课堂授课时间，二是进行实习、实验和课程设计的时间，三是课下学生自己进行学习的时间。以表 1 中课程代码为 6.456 的"阵列处理"课程为例，其课时安排为 3-2-7，这意味着老师仅授课 3 学时，实验与课程设计安排 2 学时，而学生则需自己课堂外自学 7 学时。课程设置非常注重课外自主学习以及实验和实践环节，这与国内仍以课堂授课教学方式为主的现状有很大的不同。

另外，MIT 有多名世界级大师进行授课，且编著了多部著名教材，这些都为学生学习提供了有利条件。同时，MIT 的网络课程系统也非常完善，所存储的海量资源面向全世界开放，是网络课程平台共享的佼佼者，用户只需访问网址：http://ocw.mit.edu，即可观看世界级专家讲解的几十门系统性的通信专业的公开课，非常有利于学生主动式学习和研究。完全开放式的课程资源共享同时也帮助基础较薄弱的学生课下进行查漏补缺，而且即使是 MIT 之外的学生和研究人员，也可以充分利用这些网络资源提高自身能力。

（二）斯坦福大学

斯坦福大学建立于 1891 年，地处美国旧金山，是诺贝尔奖得主最多的前十所世界名校之一。据 2018 年 USNEWS 美国大学排名公布的内容，该校的通信专业排名世界第二位，是享誉世界的特色专业。

1. 课程设置特色

斯坦福大学通信学科的研究生教育旨在激发学生的创新与实践能力，培养学生的技术知识、设计技能、交往能力以及职业能力。在技术知识方面，斯坦福大学通信学科的研究生专业课程涉及的知识面广、课程数量多，共涵盖电路科学、软件与硬件系统、通信与网络、物理技术和科学及信号处理五个课程模块，且每个课程模块都包含由浅入深的系列课程。模块化的课程设置方式不仅能够帮助学生更好地实现认识目标和操作目标，而且有助于提高课程内容的组织效率。

在具体课程模块中，编号越大的课程则难度越高，斯坦福大学对研究生课程难度系数共划分为 200、300 和 400 三个等级，其中 200 级的适合于高年级本科生或低年级研究生进行学习，高年级硕士生则应选择难度系数更高的课程进行学习。因此，在每学期的选课环节就要求学生在多个方案比较上下足功夫，在充分评估自身学习能力的基础上合理安排本学期所需学习的课程。对于基础较好及学有所长的学生，模块化的课程设置也方便他们发展兴趣与特长，对自己擅长的科学内容进行深入研究与学习。斯坦福大学对通信专业的研究生课程体系设置建议如图 1 所示。

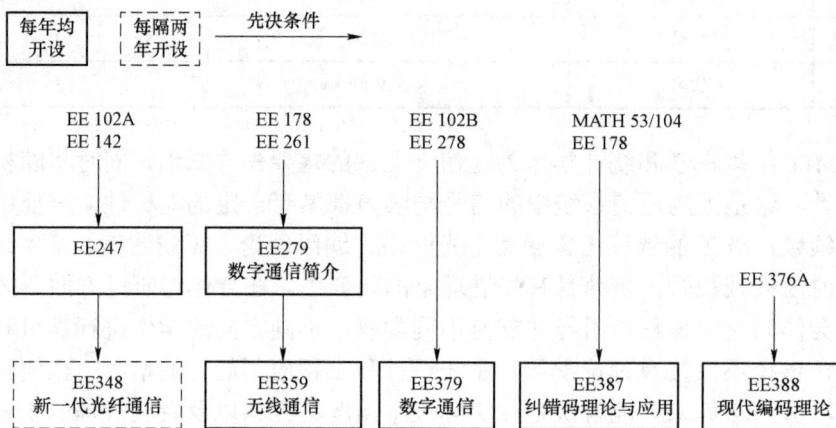

图 1　斯坦福大学通信专业研究生课程体系设置

在选修课的课程设置方面，斯坦福大学不仅关注专业基础知识，也开设适应社会需求的热点课程，兼顾学生兴趣、职业能力和创造能力的培养。目前电气工程学院教师共参与开设了三十余门附加课程，这些课程在院系划分上并不属于电气工程学院，但却基本覆盖了目前通信、计算机和互联网领域最热点的研究课题：大数据分析与应用、并行计算、机器学习、嵌入式系统、统计理论等相关课程可谓应有尽有，学生可根据自身兴趣及未来职业规划进行选择。这些课程的学习虽并不计入学分，却在学生中广受欢迎。表 2 中是斯坦福大学电气学院的部分附加课程。

表 2　斯坦福大学电气学院部分附加课程

课程编号	课程名称
CS 102	大数据分析与应用
CS 140E	操作系统设计与应用
CS 142	Web 应用程序

续表

课程编号	课程名称
CS 149	并行计算
CS 155	计算机与网络安全
CS 221	人工智能：原理与技术
CS 244B	分布式系统
CS 333	安全和交互式机器人
CS 3549D	云计算技术
MS&E 130	信息网络和服务
STATS 101	数据科学
STATS 375	图形模型推理

此外，斯坦福大学强烈建议研究生新生在第一学期积极适应新的学习环境和研究生工作状态，不要安排过于繁重的学术课程，一般选择三门常规课程（完成8～10个学分）即可满足工作量要求。

2. 教学和管理方式

在教学及管理上，斯坦福大学为学生提供了非常宽松的自由发展空间。在选课的自由度方面，本科生与研究生的课程本质上并没有明确的界线，原则上可以互选，只需修完学校规定难度级别的课程即可。一些较早立志于攻读通信专业研究生的学生，在本科阶段即可多选一些专业课，甚至是研究生课程，尽早丰富自己的知识储备，需要注意的是斯坦福大学并不接受本科阶段到硕士阶段的学分转换。对于打算毕业后到 IT 企业工作的学生，则可多选择一些系统类和管理类课程，丰富自己的职业素养。与灵活的教学管理方式相对应的是对学生成绩的严格要求，研究生必须保证不低于 3.0 的累积 GPA，方可保持良好的学术状态并顺利获得硕士学位。

同时，斯坦福大学的所有成员均致力于创新研究。该校拥有丰富的研究资源，超过 950 万册的图书储备和 18 个独立实验室及众多的研究中心，为全体成员创新能力的培养提供了有力支撑。学校及学院均鼓励研究生进行个人项目的研究，也支持组建或参与研究团队，进行跨学科的学术交流与科研合作。

随着通信技术与物联网、大数据、云计算等技术的融合，通信专业学生的就业面越来越广。学生的就业兴趣可能是成为高新技术企业的经理、专攻软件保护的律师，甚至是通晓计算机的商业专家，也有可能转攻计算机相关专业博士或电气相关专业博士。这正是斯坦福大学在培养方案和教学管理上，尊重学生个性发展的内在原因。

（三）北京邮电大学

北京邮电大学（简称北邮）作为国家首批"双一流"世界一流学科建设高校，是一所以信息科技为特色的全国重点大学，致力于探索无线通信技术的最前沿，不仅拥有多个国家级、省部级科研平台，而且承担了大量国家级、省部级重点重大科研项目和国际合作交流项目，其信息与通信工程一级学科在全国学科评估中位居第一。

该校通信专业课程体系主要划分为学位课、非学位选修课和必修环节三大类别。其中，学位课和必修环节按照培养方案中的课程设置要求执行，选修课则应在导师指导下进行选择。

在课程设置要求方面，将所要求的全部课程进一步实现小组的划分，共分为公共必修课—政治、公共必修课—硕士英语、专业基础课—基础理论课、专业基础课—基础专业课、专业基础课—基础实验课、专业方向选修课、人文及职业素养选修课、必修环节和学位论文共九个组别，而具体到每个分组，方案中都明确标注了选择的下限。

值得关注的是，该校研究生培养对学生的英语能力提出了较高的要求，主要表现在对英语科目的学习划分了单独的课程小组，并要求学生至少选择四门课程进行学习。课程设置的内容涵盖了英文写作、演讲、职场交流与文化交流等多个方面，既包含与专业学科密切结合的学术英语，也涉及了与就业有关的职业英语，同时能帮助学生了解西方生活习惯和思维方式，有助于培养跨文化交际能力[3]。针对英语能力侧重点的不同，课程采取的授课形式也多种多样，但采取的教学模式多数为"课堂面授+自主学习"，同时引导学生借助网络教学平台开展自主学习。具体英语课程的设置情况见表3。

表3　北京邮电大学学术型硕士研究生英语课程设置

类别	分组情况	课程编号	课程名称	学时	学分
学位课程	至少选4门（公共必修课—硕士英语）	2031101160	研究生英语写作	18	1
		3311100933	研究生英语科技写作	18	1
		3311100934	研究生英语职场交流	18	1
		3311100935	研究生英语国际会议交流	18	1
		3311100936	研究生英语公共演讲	18	1
		3311100937	研究生英语跨文化交流	18	1
		3311100938	研究生英语视听说	18	1

实践与创新能力是中国当代人才培养的主要目标。对于理工科研究生而言，基础实验课程内容丰富，且与研究方向密切相关，为学生提供了在实践中发现问题、分析问题和解决问题，以及团队合作的机会[4-5]。在此背景下，北邮通信系为硕士研究生开设了多样化的基础实验课程，具体涵盖了硬件设计和软件开发内容，也包含C++、Java等主流编程语言的学习与应用，学生应至少任选一门进行学习。它们分别采用不同的授课方式，设置不同的难度级别，安排不同的上课及实验时间，为不同编程基础的学生提供了具有针对性的课程设计，方便学生根据自己的兴趣和特长来选择适合自己的课程。基础实验课的课程设置情况见表4。

表4　北京邮电大学无线通信方向学术型硕士研究生基础实验课课程设置

类别	分组情况	课程编号	课程名称	学时	学分
学位课程	至少选1门（专业基础课、基础实验课）	2031101012	通信系统综合实验	36	2
		3111100465	通信系统仿真技术	36	2
		3111100834	硬件综合实验	36	2
		3111100943	C++程序设计实践	36	2
		3111100944	Java程序设计实践	36	2
		3111101072	嵌入式操作系统编程实践	36	2
		3111101073	ARM嵌入式系统开发实验	36	2
		3111101096	海量信息处理技术与实践	36	2
		3111101125	无线通信测试与测量	36	2
		3111101146	智能开源硬件的设计与开发	36	2
		3721100187	光纤通信测量	36	2

在培养环节当中，安排了学术活动和科研诚信与学术规范（MOOC）两个必修环节，其中学术活动鼓励硕士研究生参与学术报告、学术沙龙、学术论坛、国际学术会议等多种形式的学术交流活动[6-7]。而科研诚信与学术规范作为紧贴研究生学习与生活的道德准则，是研究生科研需遵守的应有之义。在鼓励研究生自主创新、锐意进取的同时警醒他们坚守学思并进、诚信为本的原则。

三、我校无线通信方向研究生课程体系的建设思路

（一）打造学科精品课程，满足人才个性化发展需求

在课程建设方面，一方面要加强基础课程和通识课程建设，另一方面建议整合师资力量，充分发挥学科优势，开展个性化的精品课程建设。无线通信方向的课程体系应系统化，与时俱进，完善课程模块化划分，提高学生学习的系统性。适当调整必修课与选修课的比例，放宽对培养课程的硬性要求，适当拓展学生选课范围，允许相近学科间基础课程的互选，同时适当增加人文社科课程的数量，扩大学生视野。注重学生个性，给予学生更多时间进行思考和探索，防止应试教育造成的囫囵吞枣，同时还应注重学科的网络化建设，以学科特色为名片，向世界展示我校的风采。

（二）重视实践能力培养，优化课程内容

实践教学一直都是无线通信教学的重点，也是难点。如何合理调度实验设备及资源，妥善规划课程要求，恰当安排课程难度，兼顾基础性与创新性，并在实践、实验过程中尽量关注每一位学生的表现，及时给予引导和创新，都是实践教学中亟待解决的关键问题。我校无线通信方向研究生培养过程中仅设置了少数实践课程，且内容更新周期过长，没有对学生实践能力的培养引起足够的重视，建议进行课程内容的优化和培养环节的更新。

（三）支持跨学科研究，扩大学生自由发展空间

国际一流大学设有多个独立实验室、研究中心和研究所，支持学校间与学科间的交叉学习。这些跨学科研究所符合大学跨越界限解决问题的优良传统，让教师和学生充分参与团队创新合作。这些跨学科研究非常适应目前科研环境与商业市场的应用需求，对学生能力的提高和产学研一体化建设具有重要的启示意义。我校对跨学科教学与研究的建设经验仍比较少，目前也面临着比较大的人才缺口。积极借鉴国外高校的培养模式和研究方法，培养无线通信与计算机学科相融合的高水平应用型人才是无线通信方向研究生教育改革的重要目标之一。

（四）开展广泛交流与合作，拓宽学生视野

目前，我国无线通信事业蒸蒸日上，通信学科教育也迅速发展，大多数重点高校和众多普通高校都注重信息化建设和通信专业建设，但不可否认我校与国外一流高校的教育方式和方法仍存在一定差距。开展广泛的交流与合作，坚定不移地汲取国外先进的教育经验，对适应国际科研环境与商业市场的应用需求，提高学生能力，构建产学研一体化发展具有重要的启示意义。

（五）注重科研诚信与学术道德的培养

诚信，被常年工作在科研一线的人员看作是科学研究的"生命线"，也是科技创新的基石。研究生最基础、最重要的品质也是诚实守信，建议学校营造良好的学术氛围，对学生学术诚信潜移默化，此外，还应重点设置"科研诚信与学术规范"课程，作为课程体系中的必修环节，将学术诚信问题提升到更高的层面上，督促每位学生时刻谨记：树立诚信学风，坚守科研道德。

参考文献

[1] 肖凌风. 无线通信技术动态发展的前景和展望 [J]. 中国新通信，2018（4）：1.

[2] 王熠. 无线通信技术的发展趋势分析 [J]. 中国新通信，2018（4）：20.

[3] 甘玲玲. 论非英语专业研究生学术英语能力的培养 [J]. 海外英语，2018（1）：3-4.

[4] 王晓君，安国臣，张秀清，等."信号检测与估计"研究生课程教学的建设 [J]. 高教学刊，2018（12）：85-87.

[5] 王冠，王瑞尧."通信原理"课程建设的探索与思考 [J]. 科技创新导报，2018，15（3）：219-220.

[6] 张德伟. 学术文化活动视角下，工科类研究生学术能力提升路径研究与探索 [J]. 教育现代化，2018，5（17）：12-14.

[7] 张帆，陈兵. 以学术沙龙为平台浅谈研究生素质能力的培养：以 S 大学生学术沙龙活动为例 [J]. 价值工程，2018（7）：157-158.

"大数据处理与深度学习"课程建设的几点思考

张顺利

（北京交通大学软件学院，北京 100044）

摘　要：近年来，作为人工智能的主要实现技术手段之一，深度学习受到越来越多高等院校、研究机构和各大互联网企业的重视。因此，越来越多的高校将深度学习纳入课程规划。然而，深度学习与以往的课程存在较大区别。本文试图对大数据与深度学习课程建设进行思考，从课程的实施和存在的问题方面等进行探讨，以更好地开展深度学习的教学。

关键词：深度学习　对分课堂　项目实践

一、概述

大数据与深度学习是当前互联网科技的前沿技术，并已成为人工智能的最重要的实现手段之一。当前，人工智能已成为国家战略之一，并且开始深刻改变人们的生活，因此深度学习技术受到各大互联网企业、高校、研究所等的重视。然而，作为一项前沿技术，当前开设深度学习课程的高校数量较少，培养的研究生缺少这一方面的知识储备和技能，难以满足当前社会的需求。基于深度学习在人工智能领域的重要地位，越来越多的高校开始将深度学习纳入教学规划。然而，与传统课程相比，深度学习由于其自身技术的前沿性，技术发展更新速度相当快，在其教学内容和教学手段上需要与时俱进。本文将对深度学习的教学内容和教学形式与手段进行探讨；并且针对教学过程中存在的问题提出几点思考。

二、教学实施

在教学实施方面，本文分别就教学内容和教学方式与手段方面对深度学习课程的教学进行探讨。

（一）教学内容

大数据处理与深度学习方向的教学内容涉及不同的层次。本文将深度学习的教学分为三个部分。

第一部分，涉及深度学习的前置课程基础。深度学习隶属于计算机科学和人工智能学科，是一个具有广泛交叉性质的学科。深度学习的前置基础课程包括两个方面：数学相关课程和机器学习相关课程。首先，深度学习需要具备较好的数学基础，其模型的训练、模型公示推导、新模型的设计、原理分析等，涉及的数学课程非常广泛。对于研究生来讲，其最基础的数学知识要求包括微积分、线性代数和概率统计等相关内容。这也是绝大部分学生在本科学习阶段接触的数学知识。然而，虽然部分学生在本科阶段或者考研阶段对相关的数学知识进行了学习，但是并没有与深度模型进行结合，缺少对数学应用方面的学习。因此，需要在深度学习讲授过程中，首先对相关的数学知识进行进一步的复习和普及，为系统性地掌握深度学习内容提供基础。如果学生在研究生课程学习中选修部分最优化技术、数值优化、泛函分析、矩阵理论等课程进行学习，会对后面深度学习内容的学习提供更好的基础。其次，深度学习属于机器学习的一个子领域，因此在学习这门课程之前首先进行机器学习相关课程的学习，对深度学习的掌握具有很大的帮助。其中涉及的很多概念均来源于机器学习。机器学习可以作为深度学习的前置课程，在深度学习的课程中，主要对最核心的深度学习概念与原理进行回顾。

第二部分，主要涉及深度网络的现代实践部分。当前，深度学习的成功不仅仅体现于理论上的创新，也体现在实际工程中的成功实践。因此，深度学习是一门与实际紧密联系的课程。深度学习课程的讲授需要体现当前最为成功的深度学习技术，介绍相关的深度模型细节。通过这一部分的学习，学生应该能够应用深度学习解决当前存在的一些实际问题。这一部分的教学内容可以分为以下几个方面：深度前馈网络模型、卷积网络模型、循环网络模型、模型的优化、深度学习的正则化技术等。此外，在这一部分，也需要向学生介绍当前流行的深度学习平台，包括TensorFlow[1]、Pytorch[2]、Caffe、MXNet等深度学习平台。通过这些成熟的学习平台，可以提高学生的学习效率，避免一开始就陷入网络的具体实现细节中去。

第三部分，主要涉及深度学习研究。由于教学面向的对象主要是研究生，因此课程内容应具备一定的研究性。这一部分内容可以分为两个方面。第一，面向当前已有经典教科书提出的开放性问题，具体包括：线性因子模型分析、自编码器原理与应用、表示学习、概率图模型、深度生成模型等内容。第二，针对人工智能的具体应用方向（计算机视觉、语音处理与识别、自然语言处理等），选择顶级国际学术会议发表的学术论文，作为课堂讲解或者报告所用的材料。

此外，由于深度学习中的模型往往需要编程进行实现，因此，对进行深度学习课程学习的研究生和高年级本科生还要求具备较好的编程基础，能够熟练应用一种或多种编程语言。由于编程的学习和能力培养主要通过本科阶段实现，这里不再赘述。

（二）教学方式与手段

深度学习与传统的课程相比，具有自己鲜明的特点。根据深度学习的课程学习要求，可以采用多种教学方式和手段结合的方式进行教学。

1. 课堂讲授

课堂讲授仍然是深度学习课程讲授的基本手段。深度学习课程不仅涉及较为广泛的数学基础和机器学习基础，而且在现代实践部分涉及大量的新概念、新技术，通过引入国际最新教材，对新的机器学习原理、模型训练与测试、深度模型原理、模块作用等方面进行课堂讲授，可以提高学生的学习效率，为学生后续的自主学习打下良好的基础。

2. 对分课堂[3]

由于深度学习涉及当前最新的技术，而且与现实生活中的实际问题有密切的联系，因此，可以通过对分课堂的形式，提高学生的学习兴趣与主动学习能力。对分课堂部分，将通过学生对学术论文进行讲解，然后由老师和其他同学提出问题，并进行点评。由于每个研究生都有自己的研究方向，因此，学生在对学术论文进行选择时，可以从自己的研究方向出发，结合自己的研究课题进行确定。通过这种方式，一方面可以提高学生对自己研究方向前沿的理解，另一方面可以促使学生尽快进入自己的科研课题。另外，对于研究论文的来源，应主要从相关领域的顶级国际学术会议进行选择，例如 International Conference on Computer Vision and Pattern Recognition，AAAI Conference on Artificial Intelligence，Annual Conference on Neural Information Processing Systems 等。

3. 项目实践

深度学习技术直接面向应用，因此通过工程项目锻炼学生的动手操作能力十分必要。深度学习的项目设计可以分为两类。第一类，相对小的项目实验，主要用于练习和测试学生对于单个深度学习算法的掌握，建议以个人为单位完成；第二类，相对大的工程项目，主要以工程实际项目和科研前沿项目为主，主要用于学生对深度学习结合具体问题的实际应用，培养学生解决实际问题和创新性解决问题的能力，建议以 4～5 人组成的小组为单位完成。同时，这一部分需要学生在完成之后进行答辩，培养相关的表达能力和技巧，考查学生完成情况。

三、可能存在的问题

由于深度学习技术的前瞻性与特殊性，在研究生阶段对深度学习课程进行讲授，可能还存在一些问题，这里一并进行探讨。

第一，教学内容的前沿性。深度学习的研究涉及当前人工智能领域的最前沿。因此，当前每时每刻可能都有新的技术出现，或者技术上的突破。另一方面，深度学习应用涉及的领域也极为广泛，如何控制学生的项目实践问题的难度也是一个问题。这就对授课教师提出了较高的要求，需要教师时刻跟踪科技前沿，从内容和项目实践上对教学进行控制和把关。

第二，学生基础的差异性。由于学生的来源不同，学生的基础水平差距也相对较大。例如，有的学生数学基础较为薄弱，有的学生编程能力偏弱，而有的同学可能已经具备了较好的机器学习基础。因此，在教学时需要充分考虑学生基础的差异性，使得讲授的课程能够满足大多数学生的需要，并且布置的任务难度应具备一定的差异性。对于有特殊需要的同学，应适当提高或者降低要求，并安排助教协助。

第三，计算资源的限制。大数据和深度学习的项目实施往往需要较大的计算资源。当前，深度学习的成功应用，离不开计算机硬件的飞速发展。特别是 GPU 计算单元的应用，大大提高了深度学习的计算效率，其计算速度往往可以达到仅用 CPU 计算的几十甚至上百倍。然而，很多学生的个人计算机可能并不具备 GPU 单元，导致项目实施困难。与大型互联网企业相比，学校由于资金、成本等限制，在硬件计算资源上处于劣势。如何充分利用现有资源，提供一定的实验保证，是深度学习教学中可能存在的重要问题，还需要学校、学院提供各个方面的帮助。

四、结语

作为新兴学科对应的课程，深度学习技术日新月异，当前国内各大高校以及国际知名高校对"大数据处理与深度学习"课程均还没有形成成熟的教学方式。本文从当前学校和社会需求以及学生学习的必要性角度出发，对深度学习课程建设中的教学内容以及教学形式和手段提出了几点思考，供各位同行、专家思考，希望能在深度学习课程的教学和普及方面提供一些有益的建议。

参考文献

[1] 郑泽宇，梁博文，顾思宇. TensorFlow：实战 Google 深度学习框架 [M]. 2 版. 北京：电子工业出版社，2018.

[2] 邢梦来，王硕，孙洋洋. 深度学习框架 PyTorch 快速开发与实战 [M]. 北京：电子工业出版社，2018.

[3] 张学新. 对分课堂：大学课堂教学改革的新探索. 复旦教育论坛，2014，12（5）：5−10.

研究生教学模式改革

融合"高冷"与"有趣"，自主研究使古典"高等光学"焕发活力

张　斌　李家琨　冯其波　高　瞻　邵双运

（北京交通大学理学院，北京 100044）

摘　要：围绕学生科研能力和创新能力培养目标，针对研究生学位课"高等光学"理论性强的特点，紧密贴合北京交通大学光学专业优势与特色，建立了经典光学基础理论与现代科技前沿相融合、教学与科研相融合、"高冷"与"有趣"相融合，以问题为导向，以研究性案例突出自主研究的"高等光学"课程体系、教学内容与教学模式。

关键词：高等光学　以问题为导向　自主研究　案例教学

高等光学是现代光学和光电子学的理论基础，是从光的电磁理论出发所建立起的从经典光学到现代光学系统理论的构架。"高等光学"课程是各高校光学工程、光学、光电子技术等专业研究生重要的理论基础课[1-3]。通过该课程的学习，学生能够灵活运用高等光学知识，解决后续科学研究以及工作中涉及光学的相关问题。

"高等光学"是北京交通大学光学和光学工程专业硕士研究生必修的基础学位课。在课程建设的过程中发现以下问题。

（1）硕士研究生来自不同学校，不同专业，具备的光学基础知识参差不齐，进入研究生阶段即将从事的研究方向也是五花八门，关注点和兴趣点不尽相同。因此，如何在浩瀚的光学知识海洋中选择最能反映光学研究方法的教学内容，并做到"统筹兼顾，有的放矢"是至关重要的；

（2）"高等光学"是一门经典的方法性课程，知识体系严谨、系统性强、理论性强，公式推导繁多，学生称之为"高冷"。若照本宣科，把复杂的理论和公式直接灌输给学生，学生势必感到枯燥无味，最后就是不理推导，强记公式，不明白公式背后的物理含义和分析方法，无法举一反三，学以致用。

因此，学院开展了"有的放矢"、融合"高冷"与"有趣"、"自主研究"的"高等光学"课程教育改革，以沉淀理论，夯实基础，同时更能激发学生的学习热情作为改革重点，取得较好成效。

一、紧贴专业优势与特色，优化教学内容与环节

高等光学的内涵十分广泛，从古典到现代，从基础理论到各种延伸的光学新技术、新应用，包罗万象。同时，硕士研究生来自不同学校、不同专业，即将从事的研究方向也不同，如何在有限的学时内有所为，在繁杂的光学知识中筛选出适合并有特色的教学内容至关重要。

因此，紧密贴合我校"光学工程"与"光学"的优势专业，即光电检测、光纤通信、发光及光电子材料与器件，在光的电磁理论基础之上，选择干涉与部分相干理论、标量衍射理论、光的偏振、晶体光学以及光波调制这些内容作为研究生课程主体，增加成像光学内容，并将相关专业方向的科研成果引入课程，设置了 40 学时课堂讲解、20 学时课堂研讨以及 8 学时实验设计与研

讨的教学环节，如图 1 所示。其中 40 学时的教师课堂教学主要以问题为导向展开；20 学时的课堂研讨主要由学生讲解所布置的研讨式论题、学生间相互提问、教师点评、学生互评四个环节组成。研讨课上学生们积极发言，而且要面对同学质疑和教师提问，最后由所有同学对其表现给出成绩，这些成绩在期末时将被统计作为其总成绩中非常重要的研究性学习成绩；8 学时的实验设计与研讨不是单纯地做实验，而是要完成虚实结合的综合性系列实验研究选题，实验本身是一种手段，学生要通过实验完成对相关选题的研究并进行讨论。课堂研讨过程具有挑战性，深受学生欢迎并能认真对待。在这个过程中学生们能够对高光基础理论有更加深入的理解，主动学习能力、动手能力、思辨能力、创新能力、写作能力以及表达展示等综合素质得到进一步提升。

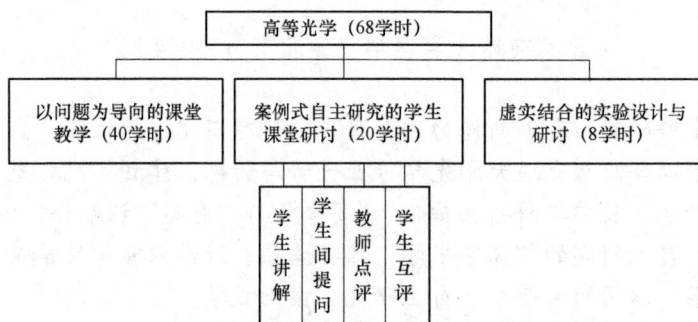

图 1 "高等光学" 课程教学环节

二、理论与实践相结合的研讨式案例教学突出"自主研究"特色

不同于本科的"光学"课程，"高等光学"是一门理论性更强的课程，有着通篇的理论和大量的数学推导。在教学方法上进行改革，采取具有自主研究特色的研讨式案例教学模式[4-5]，即保持了高光的"高冷"，即塌下心来，认真推导公式，明确物理图像，探求物理思想，又增添了"有趣"和"挑战"，即不能让学生被公式吓到，要使得他们愿意深入其中，找到这些基础理论带给他们解决问题的乐趣与成就。同时，尽管该课程理论性强，但是很多内容和思想若没有具体的实践，学生对于问题的理解是片面和皮毛的，因此开展了理论与实践相结合的教学模式，建设虚实结合的实验类研讨案例，提高了学生利用实验手段分析问题、解决问题的能力。学生在主动探索、主动思考、主动实践的研究学习中，科研素质得到提升。

（1）将传统经典的光学基础理论与现代科技前沿相融合，将教学与科研相结合，找到高等光学基础理论与科技前沿的结合点，利用不同专业方向学生对自身专业方向的研究兴趣，设置多种多样的研究式案例，引导学生乐于进行数学推导、期待通过公式推导帮助自己解决问题，享受问题解决后对高等光学基础理论更加深入理解的成就。例如，让学生们根据自己的专业方向，找到一篇文献，从中找出所运用的光学理论和相应数学关系式，明确解决了哪些实际应用问题等。在课堂研讨过程中，要能够讲出数学公式导出过程的关键环节、理论与公式之间的内在逻辑关系以及物理内涵，通过学生间相互交流，使得他们在拓展知识的基础上找到了科学研究的方法，克服了之前查阅文献时一遇到大段公式就头疼，最后不了了之的困难。再例如，学习部分相干理论内容时，教师将其作为审稿人所审过的一篇英文相关论文交给学生，让学生作为"审稿人"，给出英文审稿意见并进行 PPT 讲解与大家分享，同时统计意见结果，并最终公布期刊编辑部的终审结果。学生们在这个过程中被激发了强烈的兴趣及挑战的愿望，不仅夯实了基础，还能灵活地运用所学知识。

（2）规划综合性系列实验类研讨案例，使得学生在开展实践的过程中，深入理解高等光学的基础理论。学生不仅仅是做实验，记录数据，更重要的是通过实验手段完成案例所要求的分析、对比和讨论,教学过程撰写研究报告并讲解。例如在"相干与干涉"章节中,开设了迈克尔逊综合性实验研究,包括激光干涉、白光干涉、钠光干涉、法布里–玻罗干涉的一系列实验,学生要对比在同一迈克尔逊干涉仪上,使用不同光源所观察到的不同现象,要分析这些现象的成因,要找到其理论依据,从而理解和掌握相干与光源性质、干涉条纹定域等问题;学生要对比用迈克尔逊干涉仪测量钠光灯双线波长差和用法布里–玻罗干涉仪测量钠光灯双线波长差,通过从调节过程所观察到的现象到最终测量时所依据的现象,再到波长差测量的理论基础,理解双光束干涉和多光束干涉的基础知识,掌握多光束干涉的优点所在。完成了这些内容,才是真正做到了理论与实践相结合。

(3)将计算机数值模拟和仿真引入教学,利用光学设计软件 Zemax、通用类软件 MATLAB 等,建设模拟仿真类研究型案例,构建高等光学仿真实验平台,不仅加深了学生对关键结论的认识,更加能够锻炼学生对于现代信息化手段的运用,提高他们的科研能力和水平。例如利用 MATLAB 仿真研究光波在两种介质分界面上发生反射和折射,学生们自行学习 Matlab,并数值模拟光从光疏介质入射到光密介质、从光密介质入射到光疏介质两种情况下反射波和透射波的振幅透过率、相位变化以及一些特殊情况等性质,撰写研讨论文,深入理解菲涅尔公式。再例如,利用光学设计软件 Zemax 仿真研究角锥棱镜后向反射器特性,学生通过 Zemax 建模角锥棱镜,研究其角度误差和面型误差对出射光线的影响,研究角锥棱镜的近场和远场衍射,得到了一些对工程有益的结论,学习效果显著。

三、基于知识逻辑结构,以问题为导向引导教学活动优质高效运行

高等光学理论性强,若采用传统教学模式,老师在黑板上大段地推导公式,按部就班地理论讲解,带来的弊端就是学生感到枯燥乏味,课堂关注度低、维持时间短,掌握的知识离散,学习效果差。因此,围绕知识逻辑结构、以问题为导向开展课堂教学活动,营造活跃的课堂氛围,使学生从"要我学"到"我要学",对学习积极性的提高具有极大的促进作用。

以问题为导向的教学模式[6-7],其关键是设计问题,而设置问题的出发点是知识点。因此,我们将"高等光学"各章节知识点凝练成一条条逻辑主线,从基础到拓展,绘制了知识结构图。例如对于成像光学中的"像差理论"一章,绘制了如图2所示的知识结构图,其中成像光学系统各种像差从产生,到现象,到如何度量,再到如何校正,并拓展到利用计算机辅助设计软件 Zemax 来分析和评价成像质量,知识内容一清二楚,学生在学习过程中沿着这样的逻辑线,对于知识的掌握就不再是离散的,而是整体的,系统的。

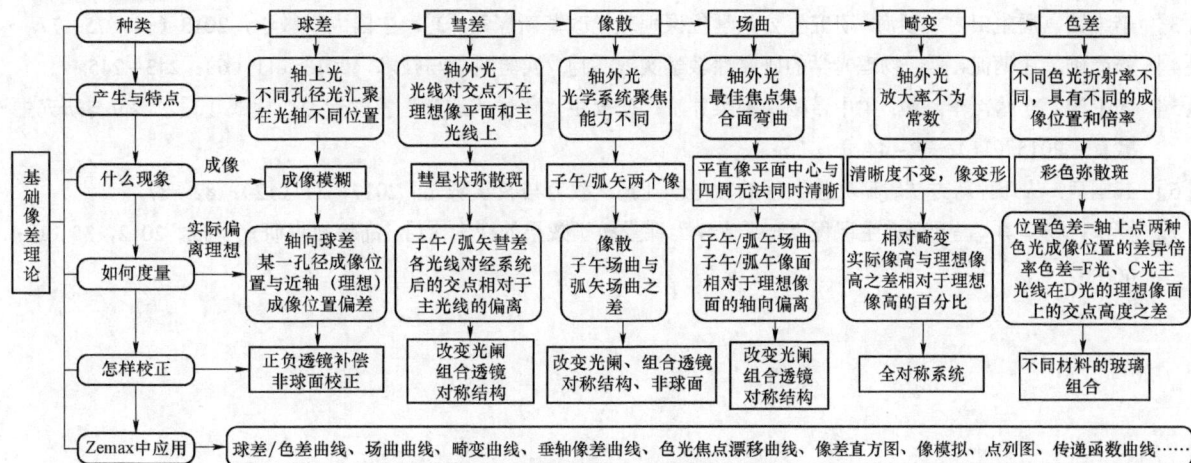

图 2   基础像差理论知识结构图

　　问题的设置要从知识点出发，将知识点融入问题中，寻找与教育教学和社会生活密切相关的，可以激发学生学习兴趣的材料，设置各种问题。整个教学内容围绕知识结构图，由环环相扣、由浅及深的问题组成，以问题引导学习、吸引并维持学习兴趣、激活知识，并在引导过程中不断挖掘学生潜能，鼓励学生进行问题探究，积极寻找解决方法，最大限度地调动师生双方的积极性，营造互动式课堂讨论氛围，引导教学活动优质、高效地运行。更为重要的是，在这个过程中，培养了学生从提出提问、分析问题到解决问题的科研思维。例如，在"相干与干涉理论"章节中，首先通过提问为什么光盘上有彩色花纹，肥皂泡为什么是彩色的，引出光的干涉现象；然后演示两个白炽灯灯光重叠和激光双孔叠加现象，引出干涉条件，引导学生数学推导，得出理想相干光源是单色点光源的结论。接下来，通过提问在点光源前加上毛玻璃可能产生的现象，并演示，引导学生思考实际有一定宽度的光源所带来的空间相干性问题，并做数学推导，得出空间相干性反比关系；通过提问白光干涉可能产生的现象，并演示，引导学生思考复合光源带来的时间相干性问题，并得出时间相干性反比关系。一系列的问题和课堂实验演示，以及相应的数学关系的导出，牢牢地抓住了学生的关注点，使得学生对完全相干以及两类相干性问题最终有了清晰的物理图像。

四、结语

　　围绕学生科研能力和创新能力培养目标，北京交通大学研究生学位课"高等光学"突出"自主研究"与"有趣挑战"的特点，贴合专业优势与特色，将经典光学基础理论与现代科技前沿相融合、教学与科研相融合，采取问题式、案例研讨式与传统教学模式相结合，调动学生学习热情，将"高冷"与"有趣"相融合，使学生从"要我学"到"我要学"，夯实了理论基础，增强了学生独立思考能力和创新意识，综合科研素质得到极大提升，为后续的进一步学习、深造打下坚实基础。

参考文献

[1] 耿涛，孙伟民，张涛，等. 研究生教学中高等物理光学授课模式的探索与实践 [J]. 佳木斯教育学院学报，2014（1）：147-149.

[2] 季家镕，冯向华，曾学文. "高等光学"精品课程建设的实践探索 [J]. 高等教育研究学报，2009，32（2）：60-62.

[3] 李维国，周生田，刘新海. 研究生公共学位课程教学改革新探索 [J]. 中国大学教学，2013（3）：75-77.

[4] 张尚剑，唐炳促，等. 物理光学的研究性教学实践 [J]. 实验科学与技术，2013，11（6）：243-245.

[5] 张卫国，李婧，李剑敏. 柔中带刚、刚柔并济：研究生"研讨式课堂"教学管理新模式 [J]. 学位与研究生教育，2015（11）：39-44.

[6] 薛国凤. 从几种新方法看研究生课程的教与学 [J]. 教育与教学研究，2017，31（12）：82-87.

[7] 罗洪，杨华勇. 提升研究生课程"光纤光学"课堂教学效果的探索 [J]，高等教育研究学报，2012，35（1）：66-67.

"7P" 研究生教学模式思考

——交通信息工程及控制类专业研究生专业课程教学研究

上官伟　蔡伯根　王　剑　付　瑶　盛　昭　刘　江

（北京交通大学电子信息工程学院，北京 100044）

摘　要：传统研究生教学依旧延续本科生的教学方式，即教师课上传授课程知识，研究生课下复习，最终考试成绩占据了课程考核的绝大部分，但研究生教学旨在培养有国家使命感和社会责任感的综合型人才，传统的教学模式已经不适应当前高素质复合型人才的培养。本文创新性地提出了"7P"研究生教学模式，以"交通系统建模、仿真与测试技术"等交通信息工程及控制类专业课程教学为例，针对高校当前研究生教学中存在的问题，通过培养研究生撰写论文、参与项目研究、完成工程实践等方面的能力，并结合几门典型课程的实际案例实施情况，验证了"7P"研究生教学模式的实用性，为研究生教学改革提供了新思路，是对新时代交通信息工程及控制专业研究生教学模式的全新探索，具有重要的教学改革参考意义和教学模式优化价值。

关键词：交通信息工程及控制类专业　大数据与人工智能　教学改革　"7P"研究生教学模式　综合能力

一、引言

人工智能与大数据时代的到来，对交通信息工程及控制类专业人才的培养，既是挑战，也是机遇，研究生课程教学内容和教学模式的改革与创新刻不容缓。目前研究生专业课程的授课形式以课堂讲授为主，研究生往往处于被动接受的角色。传统研究生课程教学往往忽视了实践教学环节与研究生科研素养的提高，尤其是对于培养计划只有两年的专业型硕士，短时间内提高他们的科研能力和学术水平非常困难。因此，为保证课程内容与时俱进，提高研究生利用基础理论解决实际问题的能力与科研、学术等方面的综合能力，研究生课程需要从教材内容体系优化和教学资源建设方面展开进一步的教学研究，特别是在专业课堂教学中进行教学模式的创新和优化。

当前高等学校的研究生教育受到越来越多的重视，并取得了一些教学成果，这些教学改革与研究主要是教学方式的创新及新教学理念的融入。为培养全日制硕士研究生的创新创业与实践能力，卢霞秉承着"1—3—1"研究生培养理念，在文献[1]中提出了基于双导师制的培养机制，提高研究生校内外专业实践能力；在文献[2]中，裴惠琴全面分析了当前自动化专业的实践教学，文中提出相应的改革措施，旨在培养自动化专业研究生的创新精神，提高研究生的实践能力；文献[3]则对建筑信息模型（BIM）课程教学改革的现状及出现的问题进行了深度分析，同时也为 BIM 人才分层次的培养提出了新方法；在文献[4]中，翁文婷引入课前多媒体等教学方式，对药物分析实验的教学改革进行了探讨；文献［5］针对古代文学教学中存在的问题，提出混合式教学模式，为古代文学教学贡献新思路；文献［6］从提高研究生教学质量、创新能力培养、生源规范管理入手，同时注重师资队伍建设，旨在培养创新型研究生。以上文献中的教学改革与实践均取得了一定的成果，但是针对硕士研究生科研水平的提升与综合素质的提高，未提出有效的改革措施。因此，本文针对研究生综合能力参差不齐、教学内容陈旧以及实践教学缺乏等教学中出现的问题，创新性地提出并应用"7P"教学模式，融合前沿科技让研究生们能够学以致用，与时代深度接轨。

二、"7P"教学模式概述

当前绝大多数的教学改革模式出发点都是教师，忽视了学生综合能力和素养的提高。本文以提升研究生七方面的综合能力素养为出发点与落脚点，创新地提出了基于"7P"的研究生教学模式。

"7P"教学模式，从 PLAN（计划制定）、PAPER（论文发表）、PROPOSAL（项目申请）、PROJECT（工程实践）、PATENT（专利申请）、PRESENTATION（学术报告）、PASSION（工作热情）七个不同维度展开，对研究生的科研、学习提出合理化建议，从研究生自身出发全面提升研究生综合能力与素质，真正做到教学相长。

（一）PLAN（计划制定）

中国有句古话，"凡事预则立，不预则废"。意思是任何事情，事前有准备就可以成功，没有准备就会失败。学习和科研也是同样的道理，在读研之前务必明确攻读研究生的目的与意义。在研究生生涯开始的时候，应该尽早明确自己的研究方向，然后在这个方向上深入研究。与此同时，也要保持与导师及时沟通，为自己未来制定一个计划，或读博士或毕业工作，然后通过不断的努力向自己的目标靠拢。在课程学习中，不仅要弄清楚课程内容，更重要的是要清楚自己学习的知识以后在所选的科研方向上有什么应用，有侧重有目的地学习研究生课程。

（二）PAPER（论文发表）

当前，许多高校对学术型硕士提出了新的标准，比如规定其在毕业之前在核心期刊至少发表一篇学术论文，这一举措无疑对研究生培养的质量提高有所帮助，但也给研究生学位获取设置了更高的要求。论文与科研息息相关，论文是学生在近阶段研究成果的总结，或者是对某一领域知识的深刻见解，并将结果系统化规范化保存与分享的一种体现方式。科研和学习目的不在于论文的数量，论文的撰写仅仅是为了与大家共同分享自己的科研成果与见解，通过这种资源共享的方式人类才能不断地进步，不断地创新创造。学习和科研就是一个所思、所想、所成的过程，PAPER即是最后一部分所成，将思考的结果总结归纳。所以，从研究生学习开始，就要培养良好的意识，在思考学习的过程中将所学成果系统化保存下来，并有目的性的归纳总结，在不断地探索分析中，最终完成高水平论文的撰写和发表。

（三）PROPOSAL（项目申请）

在科研道路上，研究生需要经常参与导师科研项目申请工作，项目申请是对当前所思所想的进一步凝练，并要与工程实践紧密结合，解决某些工程应用的具体问题。人的一生能做好一件事情就已经非常了不起了，对于很多从事科研工作的优秀的学者来说，一个科研项目可能将会伴随着他们整个的学术科研生涯。研究生作为科研工作者中的重要组成部分，是青年科学家和工程师的主要储备力量，承担着不可推卸的民族责任与社会责任，要树立有信念、有梦想、有奋斗、有奉献的人生理想。在科研生活中，研究生指导教师也有责任将研究生培养成为一个个有理想、有抱负的青年英才。因此，参与基础理论、工程实践、产业应用等不同级别科研项目的申请和研究过程，必将成为研究生培养和综合素质提高的重要一环。

（四）PROJECT（工程实践）

工程实践是将所思所想具体化为一个实际工程项目，是对所思所想的应用，在工程实践中也要不断创新、深化所思所想。研究生在读研期间一个比较重要的目的就是要提高科研能力，这种能力的提高很大程度上依赖于所做的科学研究项目。以项目为主导，对科研方向的不断探究，可以培养研究生独立思考的能力、独立自主学习的能力以及团队协作的能力。在科研项目开展的进程中，研究生一定会遇到自己所学范围之外的知识，此时就需要他们独立快速地学习一些新知识，建立自己的知识结构。在做好自己工作的同时，也要与项目中其他人员及时沟通交流，了解其他人员所做所为。

（五）PATENT（专利申请）

专利是专利权的简称，是国家依法授予发明创造或者其所属单位对其完成的发明创造在一定时期内的一种独占权。在科研过程中，可以通过申请专利的方式在一定程度上保护自己的科研成果，保护知识产权。近年来，国家开始逐渐加强对知识产权保护意识的培养，作为科研工作的参与者，研究生必须在知识产权保护方面加深认识，并积极参与撰写发明专利和软件著作权等知识产权，加深对自主知识产权的保护力度。

（六）PRESENTATION（学术报告）

学术报告就是一种将所学所思所想的内容，与公众分享，共同学习、共同进步的过程。让研究生们做学术报告，主要出于三个方面的考虑：①提出自己的想法，将所学所做所得能够很好地展示和分享；②向他人提出自己的想法之后，要善于听取别人的不同意见与建议，纳善如流；③针对学术报告中自己发现的问题以及他人的建议与意见，对所做的内容进行改进、优化、提升。研究生认真学习，具备扎实的理论知识与实践能力非常重要，但同时还要拥有良好的表述能力。研究生阶段对工科生的培养往往忽略了这一点，这种表达与展示的能力在工科生中普遍的欠缺，以至于有很多研究生虽然完成工作量充足，成果显著，但是不擅长交流分享，导致毕业答辩时未能展现出自己应有的能力与水平。所以在教学过程中，必须要实时注意培养研究生的展示与表达能力。

（七）PASSION（工作热情）

研究过程中，研究生和教师，常常工作到深夜，以至于项目或课程开展过程中，很多人都非常疲劳，但从没有人为此抱怨过。研究团队每个人都凭着自己对生活和科研的那份热爱与执着，心甘情愿地默默付出，在保证健康的前提下，拿出最大的热情与激情对待工作与学习。因此，培养积极向上的工作热情与激情，也是科研素质培养的重要一环，往往可以通过团建、体育运动等方式培养团队和个人的工作热情。

基于"7P"的理想能力分布如图1所示，PAPER（论文发表）、PROPOSAL（项目申请）、PROJECT（工程实践）、PATENT（专利申请）、PRESENTATION（学术报告）、PASSION（工作热情）每个能力占比均匀，PLAN（制定计划）能力所占比重相对多一点。但由于个体差异与个人能力不同，无法做到让每个学生能力分布均匀合理，只能有侧重地提高其综合能力，缩小能力之间的差距，全面发展。

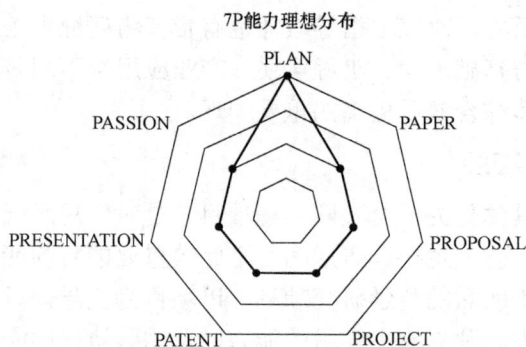

图1　理想状态下 7P 能力分布图

三、如何应用"7P"教学模式

（一）紧密结合前沿技术，加强研究生创新能力

随着大数据、云计算、虚拟现实等相关技术的发展，交通信息工程及控制类专业课程的研究对象将不仅限于传统的公路、铁路等交通系统，还将拓宽至更多的应用领域。现代计算机技术等前沿技术发展迅速，涉及的方法、手段日新月异，研究生只有增强了对前沿相关技术的敏感度，才能更好地将所学知识与时代相结合，把握住专业方向，提升 PLAN、PROPOSAL 方面的水平。这就要求在教学过程中重点培养研究生的创新能力与增强对先进技术的敏感度。一方面要提升研究生的创新应用能力，将所学的交通建模、仿真及测试等基础理论知识创新应用在其他领域，拓展交通建模的应用范畴；另一方面要加强研究生对当前先进技术的敏感度，将大数据、人工智能、虚拟现实等相关技术与交通系统紧密联系、深度结合，不断优化研究方法与应用途径。

（二）完善网络教学资源，实现师生在线探讨

互联网特别是移动互联网作为一项新技术、新工具被引入教学领域，给传统交通类专业课程的教学带来了新的途径和方法，搭建线上教学平台成为当前网络教学的主流方向。作为线上教学平台的一个主要组成部分，师生线上交流探讨模块能使教师及时有效地解决研究生在交通系统课程学习中的问题。研究生的专业课程普遍难度深、内容多，如，"交通系统建模、仿真及测试技术"这门课程涉及交通系统建模、交通系统仿真、交通系统测试等三个方面的知识，比同类专业课程学习任务更加艰巨。研究生们在学习此门课程中遇到的问题与疑惑也会很多，这就要求必须要创新教学模式，搭建课程网络平台，完善线上教学资源，方便研究生温故知新，同时还要增加师生在线交流探讨模块，保证教师可以及时为研究生们答疑解惑，提高研究生们对课程与科研的 PASSION。

（三）增设实验教学环节，提高研究生实践能力

研究生专业课程注重实践，实践教学可以作为理论教学的补充与发展，将为交通信息工程及控制类专业课程建设提供有力的支撑。近些年，在不断地摸索、探究、改革、实施和总结的过程中，交通信息工程及控制类课程实践教学取得了明显的进步和成效。课堂教学的重点在理论层面，讲授的是建模手段、仿真方法及测试方式，而实验实践教学则强调研究生们对理论知识的应用能力，与理论教学相辅相成。这要求在注重理论知识传授的同时，加强研究生实践能力。一方面，要求研究生掌握理论知识并以实验的方式进行实践，提高分析问题和解决问题的能力，提升 PAPER 与 PATENT 的水平；另一方面，通过课外教学实践，让研究生以小组的形式了解课本理论

知识在实际交通系统中的应用,培养其开发能力、设计能力、分析能力、管理能力及综合性人才素质,提升 PRESENTATION 的能力。

四、"7P"模式在教学实践中的反馈

(一)教学中存在的问题

从近年来硕、博士研究生核心专业课程的教学经验中,可以看出研究生课程教学过程中普遍存在以下几个方面的问题:①研究生的能力参差不齐,各个学校本科课程的设置与侧重点不尽相同,造成研究生阶段研究生对交通类专业课程的掌握各有差异,其中数学能力也是参差不齐;②部分课程的教学内容较为陈旧,未能跟随当前热门技术与应用的发展;③实践教学环节比重小,未能将理论知识及时应用于实际实践,很多研究生学会了知识点但不能很好地应用于工程实际。研究生专业核心课程的教学非常重视基础理论,基础理论与工程实践相辅相成、不可分离,在注重理论的同时,要引导研究生在工程实践中应用基础理论解决实际问题。只有理论与实践紧密结合,才能让研究生切身地感受专业课程在实际复杂交通系统中的应用,综合全面提升研究生的能力。

(二)基于"7P"教学模式的改革案例实施

1. 在研究生课程"交通系统建模、仿真与测试技术"教学改革案例实施情况

在教育资源方面,广泛调研国内外"交通系统建模、仿真与测试技术"相关课程培养方案,把握课程前沿内容发展方向。交通系统建模、仿真及测试技术课程的教学将大数据、智能控制、机器学习和云计算在交通领域的应用纳入课程范围,增加这些前沿技术在实际建模应用中的示范举例。在现有课程资源的基础上继续完善课程专用教学课件,不断扩充课程内容,保证教材内容的时效性和前瞻性。

在基础理论教学的基础上,开展实验教学。基于常用建模、仿真专用软件,结合当前新兴技术扩充基础理论方法,提出新技术的探究、应用问题,开展小组讨论活动,以 PPT 展示及报告的形式验收研究成果,并进行针对性指导,最终形成新的课程内容体系,解决课程与热点方向的时效导向结合问题。提高交通系统建模实践能力和水平的主要途径如下。

(1)举例式教学。举例式教学是针对具体的一个交通系统如车路协同系统,对其进行深入剖析,对交通建模、仿真及测试具体方式进行举例。让学生可以了解整个交通系统分析建模的流程,对所学知识的应用和 PROJECT 有清晰直观的认识。

(2)翻转课堂式教学。对一个具体系统进行建模分析,课后让研究生以小组的形式自选一个交通系统进行建模分析,最终以学术报告的形式进行小组展示。在展示过程中,教师对其进行针对性指导和点评,小组之间以此形式互相学习借鉴。这种翻转课堂的方式不仅锻炼学生团队协作的能力,还为其提供了自我展示及交流学习的平台,同时能进一步培养和提升学生的 PASSION 素养及 PRESENTATION 能力。

(3)提升软件操作水平。目前专用交通建模软件很多,各有特点,在人工智能与大数据时代,要积极鼓励研究生在掌握一般建模软件的操作之外,进一步锻炼提升对数据的分析处理能力。

2. 研究生课程"智能交通系统"教学改革案例实施情况

在大数据时代,可以在教学中采用一些现代科技手段辅助教学。例如,在授课前后教师可以采用微课、慕课的形式让研究生利用网络资源进行预习和复习;利用网络交流群组织课后的智能交通系统的答疑及辅导;直接在课堂上利用计算机进行即时的辅助教学。在教学过程中,采用多元化的教学方式,结合车路协同仿真平台,在课堂上实景展示车路协同、百度/谷歌无人车应用场景。要求研究生以头脑风暴形势对技术难点展开讨论,总结发现兴趣点,课后自主进行文献查找

及整理学习，并与学生进行深度交流探讨。如以异构交通主体群体决策智能控制方式为主题进行交流讨论，一方提出智能车构建自组织网络，分布式计算方式；另一方提出异构车辆划区域组群，设立局域中心进行计算的方式。双方在讨论交流中相互学习，共同提高 PRESENTATION、PROJECT 和 PROPOSAL 等方面的能力素养和技术水平。

与此同时，利用最新的网站资源，在实验室网站平台上开放教学网络资源，实现智能交通系统教学内容的在线更新和推广。研究生可实时登录实验室平台，下载并查看 PPT、教学视频等教学资源。运用网络新媒体技术，帮助师生在线互动交流学习，研究生有问题可在网站上特定讨论区展开讨论，或直接向教师提问，保证师生之间的及时沟通与实时答疑解惑。

3. 工程硕士课程"工程伦理"教学改革案例实施情况

随着人工智能技术、大数据技术以及新技术的出现，工程研究中的伦理问题开始逐渐产生。如何在学习工作中，成为一名具有良知的工程师，是新时代提出的新要求。在日常学习中，注重培养研究生对知识产权的维护意识，合理有效地保护自己及团队的科研成果，将"7P"教学思想深度融入工程伦理的课堂，认识与实践相结合，同时提高学生 PAPER、PATENT 等方面的能力。教师应结合交通信息工程及控制类专业课程特点，转变教学思路，加强研究生的工程伦理意识。引导研究生阅读相关文献，探讨热点问题，如针对自动驾驶车辆产生事故时的问责问题，开展讨论，进一步明确科学技术是服务人类的基本思想，培养研究生对整个行业的正确伦理价值观和全局观。定期组织课堂辩论，在提升研究生综合素质的前提下注重研究生的个性发展，如在课堂上授课教师针对基因编辑婴儿事件，设计工程伦理辩论赛，让学生进行深度交流，在辩论中深化思想，取长补短。

（三）基于"7P"教学模式的课程考核结果

7P 教学模式目前已经应用在"交通系统建模、仿真及测试技术""智能交通系统""工程伦理"等研究生专业课程教学中。以课程中 A 同学为例，在课程开始时首先对其进行一系列测评与自评，得到 A 同学的 7P 分布图。这个过程看似复杂烦冗，实则可以让 A 同学全面剖析、认识自我，更有针对性地提高自身能力。根据 A 同学的课前 7P 分布图与理想分布的差异，需要给 A 同学提供科研学习的思路与针对性建议，有侧重地提高 A 同学的 PAPER 与 PATENT 能力。

经过一个学期的课程学习后，进行了第二次测评，包括 A 同学在内 96% 的同学在 7P 能力上得到了提高，分布也趋于平均化。图 2（a）为课程学习前全体同学 7P 能力平均分布，图 2（b）为课程学习后全体同学 7P 能力平均分布，可以看出，学生的综合素质趋向更合理、更平均、更稳定的方向发展，与理想情况基本吻合。

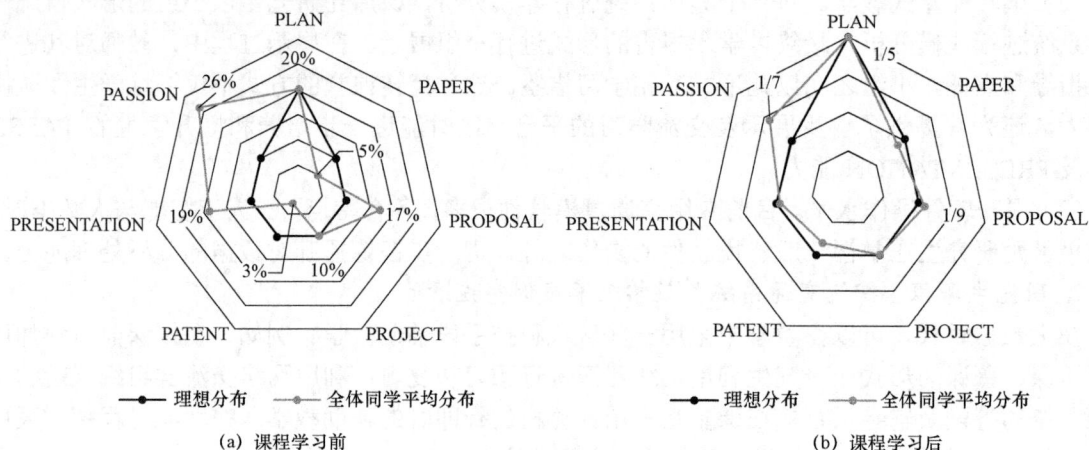

（a）课程学习前   （b）课程学习后

图 2　研究生课程授课前后 7P 能力平均分布

五、结语

本文创新性地提出了一种基于"7P"模式的教学方式，将科研工作中研究生需要具备的多种素养，以"7P"为表征，并结合交通控制类课程的教学全过程，进行了教学模式改革试验，并对其效果进行了分析。具体来说，包括以下方面的内容：①对当前我国针对高等学校的研究生教育改革方式进行了系统调研，总结归纳了当前比较热门的改革方法与培养方式；②结合前沿技术针对研究生能力参差不齐、教学内容陈旧、研究生缺乏实践能力等教学过程中的问题，合理提出结合前沿技术、完善教学资源、增设实验环节的教学改革措施；③创新性地提出"7P"培养模式，将其应用于交通系统建模仿真与测试技术、智能交通系统、工程伦理课程，全面提升研究生科研学习能力与综合素质。

"7P"教学模式首次应用于"交通系统建模、仿真及测试技术"等课程教学中便取得了显著的效果，学生对"7P"教学模式也是十分支持与配合。但"7P"教学模式还有待完善，需不断地增加"7P"教学模式与当前研究生专业课程的适应度，在以后的课程教学与科研中还要不断地扩大"P"的范围，更加合理地分配"P"的比重。"7P"教学模式的提出，将为教育工作者提供新的思路，不断丰富研究生教学模式，为国家培养更出色的高水平创新型科技人才提供方法与案例支撑。

参考文献

[1] 卢霞，焦明连，周立，等. 全日制专业学位研究生创新创业与实践能力培养 [J]. 教育教学论坛，2018（44）：17-19.

[2] 裴惠琴，赖强，陈世明."双一流"建设高校背景下自动化实践教学改[J]. 教育教学论坛，2018（44）：108-109.

[3] 陈凡. BIM应用技术基础课程的教学改革 [J]. 新乡学院学报，2018，35（9）：65-68.

[4] 翁文婷，雷健，谢晓兰，等. 多媒体结合课题式教学模式在药物分析实验中的改革初探 [J]，商丘师范学院学报，2018，34（12）：97-99.

[5] 张小侠. 混合式教学模式在古代文学教学中的应用研究 [J]. 高教学刊，2018（21）：89-91.

[6] 尤晓光，文丽君. 目前研究生培养中出现的问题：浅谈创新型人才培养 [J]. 科技资讯，2018，16（10）：225-256.

基于行业案例的轨道交通系统安全
基础示范教学

燕飞　牛儒　刘超　唐涛

（北京交通大学电子信息工程学院，北京 100044）

摘　要：安全是轨道交通的生命线，轨道交通系统安全基础是依托交通信息工程及控制学科新设立的研究生课程，通过与英国伯明翰、约克大学开展国际交流，学习他们的铁路风险与安全管理硕士课程体系，引入我国轨道交通最先进的地铁全自动运行系统案例，加快课程平台的建设和提升，为国内轨道交通领域培养一批掌握先进系统安全理论和方法并具有较强动手实践能力的专业人才，为服务"一带一路"建设和中国高铁"走出去"战略所需的轨道交通领域高端人才培养提供可能性，也为建设成为轨道交通世界一流学科奠定基础。
关键词：系统安全　运行控制系统　风险分析

一、课程设立的背景

从国家和教育部对于研究生课程创新教育的要求来看，需要广大高校教师深入研究新形势下研究生教育规律，借鉴和引进国外先进的研究生教育理念和经验，探索符合中国国情的研究生培养新模式。要在研究生培养体制、培养目标、课程设置、教学内容和教学方法、教材教案、培养方式、科研训练、社会实践、导师指导方式、学位论文标准、管理与运行机制等方面加强创新研究，产生一批示范性研究生培养方案和新型培养模式[1]。

北京交通大学交通信息工程及控制学科的安全方向，是以轨道交通安全保障为核心，研究在确保载运工具（以陆路交通为主）安全运行的前提下，实现高速、重载、高密度运行的系统安全设计、验证、评估及事故预防方法技术，是控制、通信、计算机、微电子及信息等技术在交通领域的交叉集成应用。

北京交通大学与英国伯明翰大学和约克大学在轨道交通和系统安全领域有着近十年的合作交流，并建有轨道交通安全研究中心。从 2016 年起，北京交通大学在控制工程专业硕士设立系统安全方向，三校设立轨道交通安全联合培养试点班，成绩优异的研究生可以获得劳氏基金会的奖学金赴英国伯明翰大学和约克大学进行 1+1 培养，即第一年在本校培养，第二年在伯明翰或是约克大学培养，双方分别授予学位和毕业证书。

通过这个研究生项目合作，能够适应轨道交通安全运营发展需要，提升相关专业研究生培养质量，通过加强课程群建设提升研究生动手能力、研究能力、对外科研交流能力，培养和造就一批安全分析、设计和评估方面的高级专门人才。

轨道交通系统安全基础是北京交通大学设立的 6 门试点课程之首，重点介绍了系统安全理论方法和原则、安全文化、典型的风险分析和安全设计技术。

二、课程体系的对标

（一）伯明翰大学"铁路风险与安全管理"课程体系

1. 系统安全思维基础（foundations of system safety thinking）

这是一个介绍性的模块，它概述了系统安全的原则，包括风险、基本术语和主要类型的风险和安全评价技术。它将通过远程学习来实现。这个模块由英国约克大学的 HISE 团队主办。

2. 铁路运行与控制系统设计（railway operations and control systems design）

此模块涵盖了相互依赖的技术领域的铁路运营和控制系统。覆盖的领域包括复杂性管理、货运和客运列车的安全运行服务、人力资源管理和环境问题，以及铁路行业所涉及的运营管理和经济学问题。铁路控制的设计和信号系统需要对与制动性能、闭塞操作、路线设置、故障保护原理和装置建立软件安全设计的数学理论相关原则的详细了解。内容涵盖了连锁设计、自动列车控制（ATP 和 ATO）和移动闭塞，与新的欧洲列车控制系统（ERTMS）。地铁和轻轨操作的特殊要求与信号和 EMC 问题结合在一起考虑。通过讲座和实践活动介绍了信号系统的建模和简单铁路网的仿真。这个模块由伯明翰大学的 BCRRE 团队与许多来自铁路行业演讲者主办。

3. 系统工程安全性（systems engineering for safety）

可靠性定义为可靠性可接受水平，可获得性和安全性的结合，通常用于评估服务性能。系统工程模块包括两大领域：系统工程和工程过程的管理，包括项目风险、风险控制和可靠性工程。讲座包括硬件系统和软件系统，系统工程工具，案例研究和安全管理问题。

4. 系统研发过程中的安全与风险管理（safety and risk management in the system development processes）

该模块重点讲授在系统发展过程中的风险识别、风险分析技术应用与安全相关的管理和风险跟踪。它也涵盖了古典系统安全分析技术，如故障树（FTA）、失效模式和影响分析（FMEA）。这个模块由英国约克大学的 HISE 团队主办。

5. 铁路中的商务管理策略（strategic business management for railways）

此模块对铁路技术元素的选择、技术路线的匹配、操作要求和立法进行了讲解。论述了未来防护的选择、备用系统和新兴技术。它涵盖了如报废管理、文件编制和制造管理的容差范围等问题。也涵盖了质量控制的内容。该模块也对设计流程、供应链、风险和变数的管理进行了讲解。教学中辅以案例研究的系统应用程序和相关的项目。这个模块由伯明翰大学 BCRRE 团队主办。

6. 机车与基础设施系统的相互作用（rolling stock and infrasture systems interactions）

这个模块的基础设施部分目的是让学生深入了解车辆和基础设施系统的技术知识，了解如何设计和维护它们使得风险最小化、安全最大化。对铁路排列设计、测量和维护问题，与轮轨滚动接触的接口和铁路车辆动力学，包括车轮的转向等相关问题也进行了详细讨论。空气动力学、车身外壳设计和耐撞性问题、材料选择、车辆维护和悬浮体的设计和性能都包含在一些细节当中。还对车站设计、站系统和基础设施电源组件等主题进行了讲解。模块由伯明翰大学的 BCRRE 团队与来自铁路行业的许多演讲者主办。

7. 铁路牵引系统与牵引电力（railway traction systems and traction suppliers）

这个模块涵盖动力的所有方面。课程旨在解决基本物理牵引、摩擦制动和电动制动系统、直流和交流电动机设计和动力供应、电力转换器和列车检测等问题。课程对站设计、站系统和基础设施电源组件等问题进行了说明。该模块由伯明翰大学的 BCRRE 团队主办。

8. 苛求系统的计算机与安全性（computers and safety in critical systems）

这个模块介绍了使用计算机时，在安全准则或安全相关应用上必须考虑的问题。强调的都是安全工程师所关心的问题。紧随其后的是对一个更深入的检查需求规范的软件开发过程的研究，尤其是对计算机安全原则下应用关键的设计和分析方面的特殊需求。也考虑了软件安全情况下，构建软件安全案例和收集的证据。这个模块由英国约克大学主办。

9. 生命周期安全性（through life safety）

这个模块说明系统部署后出现的安全问题，包括安全操作系统的管理；当出现维护或修改需求时，维护安全系统的过程；安全监控和先进的安全监测技术。这个模块由英国约克大学 HISE 团队主办。

（二）我们对于课程体系的理解和重构

我们在伯明翰大学"铁路风险与安全管理"课程体系的基础上，结合交通信息工程及控制学科的特点，开发了自己的课程体系。该课程体系包括 6 门课程，共 192 课时。按照课程内容的承接关系可以分为三大类：基础知识、安全设计技术和安全风险管理与评估，如表 1 所示。

表 1 交通信息工程及控制学课轨道交通系统安全课程体系

类别	课程名称	开课学期
基础知识	轨道交通系统安全基础	秋季前 8 周
	科技写作与交流	秋季前 8 周
安全设计技术	轨道交通苛求系统的计算机与安全性	秋季后 8 周
	轨道交通运行控制系统设计	春季前 8 周
安全风险管理与评估	轨道交通系统安全与风险管理	秋季后 8 周
	轨道交通系统安全评估技术	春季前 8 周

1. 基础知识类

"轨道交通系统安全基础"对应伯明翰大学课程体系的"系统安全思维基础"课程，主要介绍基本概念、国际标准、安全分析方法等基础知识。与约克 HISE 研究所讲解方式不同，本课程聚焦在轨道交通行业。通过典型轨道交通事故案例的分析和讲解，让学生理解系统安全的基本原理，掌握基本概念和方法在轨道交通领域的应用。

"科技写作与交流"是另一门基础知识类课程，该课程的目的是训练学生的英文科技论文写作与学术交流能力。该课程在伯明翰大学课程体系中没有对应课程。一方面，该课程的设立主要是考虑到我国的轨道交通系统安全研究目前落后于西方发达国家，该课程体系大多使用英文教材，需要学生独立阅读大量的英文文献，因此要求学生具有较好的英文科技论文阅读能力。另一方面，考虑到 1+1 联合培养的需要，帮助学生针对性地提升英文写作和表达能力，缩短在国外学习的适应期，减轻学生学习压力。

2. 安全设计技术类

"轨道交通苛求系统的计算机与安全性"和"轨道交通运行控制系统设计"是介绍轨道交通的安全设计技术的课程，分别对应伯明翰大学课程体系的"苛求系统的计算机与安全"和"铁路运行与控制系统设计"两门课程。

"轨道交通苛求系统的计算机与安全性"讲解计算机软件和硬件的安全设计技术。面向轨道交通行业，针对性地介绍常用技术和设计方案。并且在此基础上，加入实验环节。给予学生充分的动手实践机会，以巩固理论知识。

"轨道交通运行控制系统设计"是从系统层面讲解运行控制系统安全原理的课程。与伯明翰大学课程体系对应课程不同，该课程将关注点由整个铁路聚焦到运行控制系统。课程内容也随之由铁路运营管理转化到安全设计，更加适合交通信息工程及控制专业的学生特点。

3. 安全风险管理与评估类

"轨道交通系统安全与风险管理"主要介绍工程项目中对产品安全风险的估计与把控，主要对应伯明翰大学课程体系的"系统研发过程中的安全与风险管理"课程，也涵盖"系统工程安全"和"生命周期安全"课程的部分内容。课程以轨道交通教学案例为引导，介绍轨道交通安全产品开发过程中从安全目标的确定，到安全需求的分解和追踪，再到验证确认的闭环风险控制。为了使课程更加贴近行业实际情况，设置了业界专家授课环节。邀请轨道交通行业资深专家进行专题讲座、学生作业点评，以增加学生的学习兴趣、扩宽视野。

"轨道交通系统安全评估技术"是另一门有别于伯明翰大学课程体系的新增课程。这门课主要介绍轨道交通系统安全标准一致性说明、安全证据的类型、安全证据的获取途径、安全论证技术等内容。新增这门课程主要是从我国轨道交通行业的发展现状与前景考虑。随着相关国际标准的采标，我国轨道交通领域正在逐步推行安全评估制度。不论是被安全评估的设备供应商、开展评估的独立第三方机构，还是设定安全目标接收评估结果的运营单位，都十分缺乏掌握安全评估概念和技术的专业人才。因此，我们增强了安全评估技术方面的内容，不仅增强毕业生的综合竞争能力，同时也为轨道交通行业安全评估进程做出贡献。

三、课程与案例的结合

（一）第一轮课程的收获和体会

为在国外学习打基础，明确轨道交通系统遇到的安全可靠性相关问题，给出目前常规性的解决方法和手段以及案例，指出不足之处，给出安全科学基础研究方法和手段，为学生自主学习和开展研究提供建议和方向。强调系统安全 STAMP 方法后，传统方法如何摆位置，如何帮助学生区分传统可靠性和安全方法以及系统安全方法的应用范围，安全性需要以说明论证的方式进行、很难被验证的问题难以讲解，案例分析的设计和精确度有待加强，从学生出发设计授课讲义和过程。

安全学科对于背景知识和综合能力有要求，有些学生专业基础较差，对于较深的概念和方法很难理解掌握。有些学生英文基础较差，对于阅读大量文献的要求难以适应。针对这些问题，提出以下措施。

①以学生为中心，设定培养目标，层层分解知识点，制定教案。

②明确讲义、教案和授课内容、知识点和考核点之间的对应关系。

③加大实践环节和能力培养环节，加强学生的交流沟通和动手能力，注重讲授学生确实能学习到的内容。

④优化课程授课顺序，明确各自重点，形成体系。

⑤开始增加英语直接授课的比例，力争建设"一带一路"高铁和城轨培训的精品课程。

（二）案例教学探索

把行业好的项目案例进行凝练引入课堂，转化为学生能够理解的知识点和能力提升点，比如把地铁 CBTC 系统安全保证和第三方评估项目案例引入课堂地，兼顾学生的基础，使得学生能够接触到实际项目中的问题，熟悉一般性的解决方案，建设性采用多样化的理论方法解决实际问题，提升学生实际动手能力和应对困难工作的能力[2]。

我们将北京轨道交通燕房线 FAO 系统安全保障与评估项目的完整过程进行了深度剪裁,形成了覆盖全生命周期关键里程碑的安全保障活动教学案例,贯穿教学的全过程,能够让学生在教学实践的较短时间内尽快掌握实际工程 2~3 年执行过程中所涵盖的安全工程原则(见图1)。

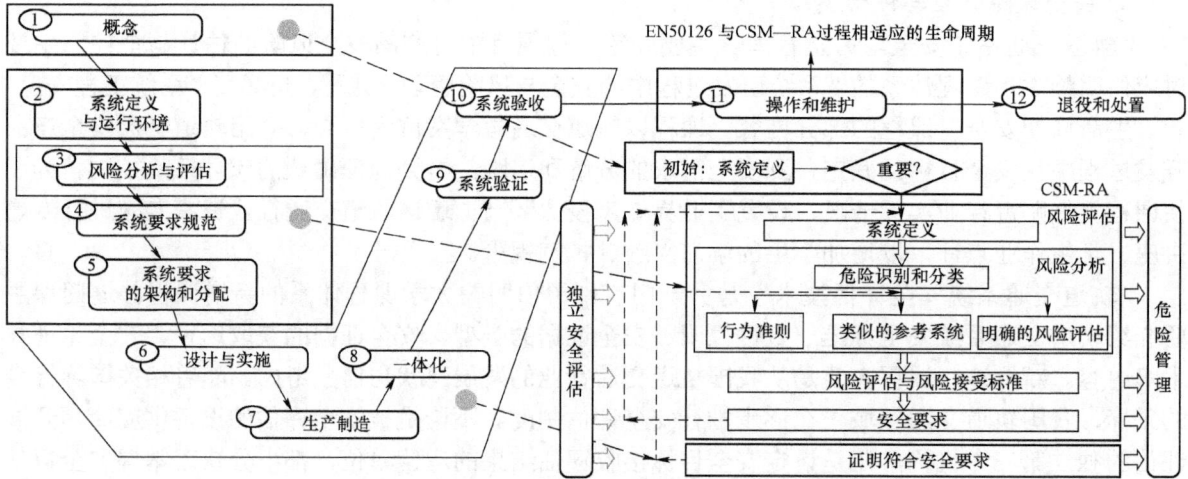

图1　安全生命周期与风险控制模型之间的关系

我们提出了中英对译讲授、实际工程假设纳入简化理论模型、邀请从业专家进课堂相结合的轨道交通信号系统安全设计与保障教学讲授方案。

形成开放形考核方式,设计了能够贯穿课程群的课程案例设计与考核方式。课程案例按照课程群设置阶段性任务,鼓励学生以小组形式进行头脑风暴式研讨,以最终方案答辩的方式进行对比考核[3](见图2)。

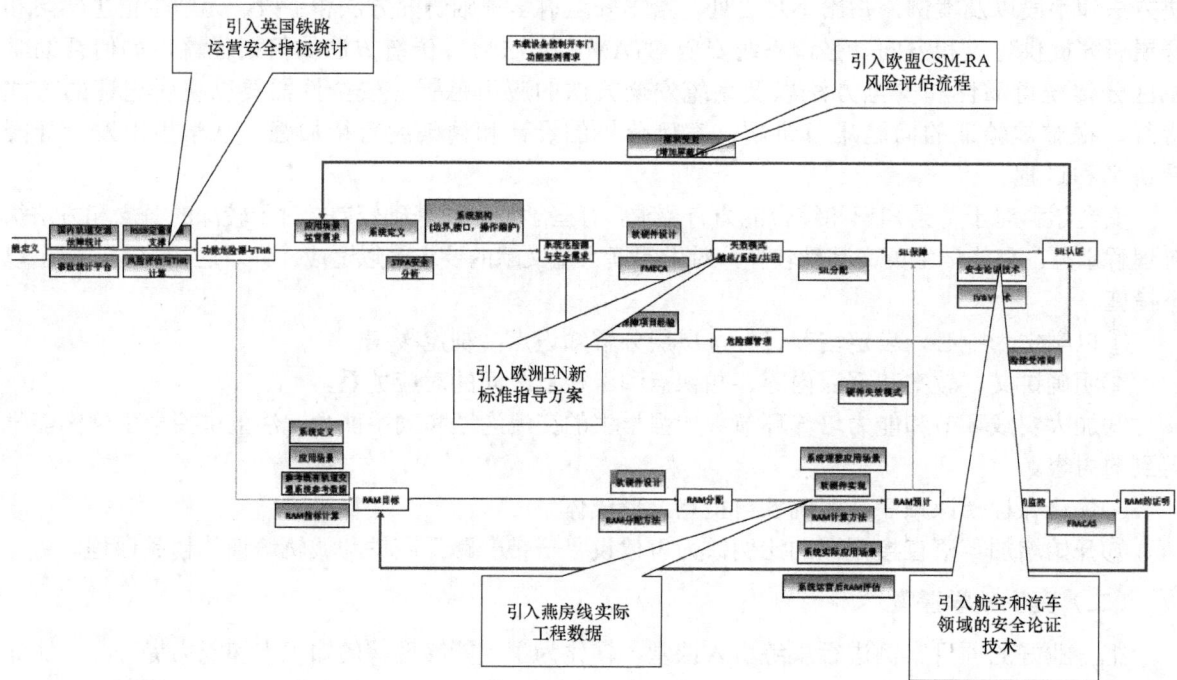

图2　教学知识点引入工程案例示意图

（三）教学效果统计及分析

通过考试成绩和调查问卷的形式对教学效果进行评价，并与传统式基于知识点教学方法进行对比，总结行业案例式教学在本课堂使用时的优势和劣势。

结合现有教学大纲所规定的教学内容、教学难点和重点，参照实际工程过程梳理不同章节知识点之间的关联关系。从实际轨道交通事故和信号系统安全保障项目中，搜集整理研究性案例，明确案例所覆盖或希望突出的知识点，设计讨论题目（见图3）。

➤ 2017年，伯明翰大学和约克大学派出授课团队来我校进行联合授课，并参与课程建设
➤ 2018年我校将派出授课教师代表前往伯明翰大学进行课程反馈和案例开发工作
➤ 自2016年7月签订联合培养项目以来，累计派出联合培养研究生10名、讲师1名，独得劳氏基金会资助奖学金累计10万英镑；
➤ 参与联合培养学生的反馈说明课程体系和行业案例有助于对他们适应英方铁路工业培训方式。

图3　中英联合培养项目示意图

四、结论和展望

北京交通大学的"交通信息工程及控制"学科围绕国家轨道交通产业和行业重大需求，瞄准国际学术前沿，轨道交通信号系统安全分析与设计方向围绕国家轨道交通产业和行业重大需求，形成了系统可靠及安全理论及应用、系统安全设计验证、系统安全评估、轨道交通运营安全、事故致因与预防、轨道交通信息安全及人因安全工程等轨道交通特色及优势研究方向。

参考文献

[1] 教育部. 教育部关于实施研究生创新计划加强研究生创新能力培养　进一步提高培养质量的若干意见 [Z], 2005 - 01 - 21.

[2] 鲁洁. 超越与创新 [M]. 北京：人民教育出版社，2001.

[3] 安江，邢花，郭莹，等. 研究生教育的一般规律研究 [J]. 研究生教育研究，2016（1）：27 - 30.

研究生软件工程类课程协同教学模式研究

张大林 [1,2]   李红辉 [1]   张骏温 [1]

（1   北京交通大学计算机与信息技术学院，北京 100044；
2   北京交通大学国家轨道交通安全评估研究中心，北京 100044）

摘　要： 基于网络的软件开发环境已经成为当今软件开发的趋势，并进一步发展和丰富了软件工程的内涵，推进软件工程教育的改革。本文以研究生软件测试课程为例，提出了一个网络环境下研究生软件工程类课程协同教学模式，该模式以群体协同、资源分享为课程演化动力，在基于网络的软件开发环境下将项目导向、任务驱动、案例教学、群体协同、资源共享有机整合，对同类研究生课程教学具有一定的借鉴意义。

关键词： 网络环境　软件工程　群体协同　资源分享　教学模式

一、研究背景

研究生阶段软件工程领域核心课程既有一般软件工程学科所具备的典型的理论性和实践性特点，又蕴含着前沿性和创新性等丰富内涵。不同于本科阶段教学，研究生课程具有较高的理论深度和技术前瞻性。特别是对于重点高校的研究生软件工程专业，工业界和学术界对其研究生的专业能力、专业水平、综合素质等方面都有更高的期望。

在网络化和智能化时代，软件工程技术发展日新月异，软件的运行环境和开发方法发生了重大变化，传统的静态和封闭的软件工程方法学体系已经难以适应网络环境下的开放、动态、个性化、持续迭代等诸多特点[1]。在进行软件工程专业研究生课程教学时，只有将先进的软件工程技术和行之有效的课程教学模式相融合，才能提升学生的专业水平和工程实践能力。因此，将先进的软件工程技术和教学模式应用到软件工程专业课程教学中是十分必要的。

本文以软件工程专业研究生"软件测试"课程为背景，研究如何在研究生课程教学中将先进的软件协同开发环境与软件工程课程教学相整合，提出一个网络环境下研究生软件工程类课程协同教学模式。该模式以群体协同、资源分享为课程演化动力，在基于网络的软件开发环境下将项目导向、任务驱动、案例教学、群体协同、资源共享有机整合，对同类研究生课程教学具有一定的借鉴意义。

二、研究生软件工程类课程教学模式现状

软件工程课程具有较强的理论性和实践性，历来是教学的难点。根据软件工程课程的特点，教育界提出了不少有效的教学方法。软件工程专业研究生不仅应熟悉理论知识，更重要的是将前沿的软件工程理论付诸实践，进而培养研究生应用理论解决问题的能力。

教学模式可概括性地划分为理论教学和实践教学两种。理论教学一般以教师为主导，从某一学科的概念、范畴与基本原理出发，由简到繁，由浅入深，循序渐进，强调知识的逻辑关系，学生则根据教师的讲解，理解识记知识体系。实践教学则以学生为主体，以教师为指导，学生处于

主动参与的地位，通过高度投入、创造性的实践活动，理解知识、发展技能、提升能力。两类教学模式都不同程度地影响了研究生软件工程类课程教学模式设计。

目前，国内软件工程教育者将理论和实践教学整合已经成为一种趋势。哈尔滨工程大学夏松竹通过应用以实践为主体的教学平台，提高了学生的自主学习能力与实践创新能力，加深了学生对理论知识的理解[2]。北京科技大学孙昌爱教授针对我国计算机专业研究生创新能力不足问题，从课程教学的角度探讨高质量、创新型计算机专业人才的培养，通过在博士生和研究生两门软件工程类课程教学中引入专题报告的初步尝试，引导学生进行"自主学习"与"研究性学习"，培养了研究生将来从事科学研究所需要的各种素质与技能[3]。屈婉玲等人基于北京大学软件与微电子学院的教学实践，对软件工程专业硕士研究生算法课程的教学改革进行了总结，提出了以素质和能力培养为目标，构建面向不同教学要求的模块化的知识框架，并注重理论联系实际，在软件系统建模和分析中强化应用[4]。陕西工商职业学院张耀民等人提出了在软件工程教学中采用"项目驱动＋案例教学"模式，实践证明该模式能体现软件工程课程的特点，适合培养经济建设一线的高等技术应用型、技能型人才[5]。中国石油大学（华东）张培颖等人将 CDIO 工程教育模式应用在软件工程专业核心课程教学中，该模式以培养学生工程实践能力为目标，以真实项目案例为载体，以"基于项目的立体化教学"为中心，跨越从学业到就业、产业的鸿沟[6]。

进入网络时代，软件技术和应用的发展呈现出"人本"和"演化"的鲜明特征，从而影响了我们对软件开发活动的认识。目前基于网络的软件开发环境已经普遍应用于工业界和学术界领域。如图 1 所示，基于网络的软件协同开发环境旨在系统地将互联网大规模协同机理引入软件工业化生产活动，建立以群体协同、资源分享、运行监控的软件开发服务环境，实现软件创作与生产深度协同、软件资源的充分分享，以支持软件的群体化协同开发和演化[7]。

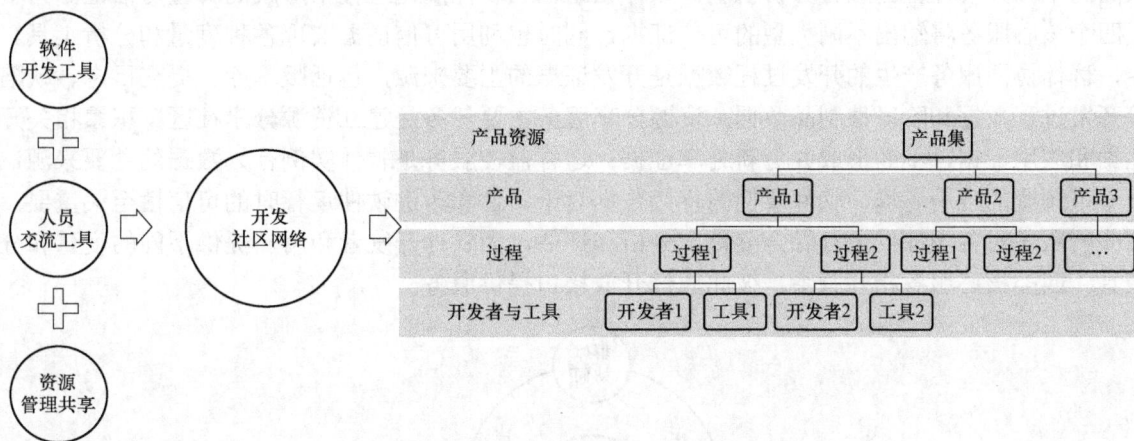

图 1　基于网络的软件协同开发环境模型

软件工程理论与技术的进步必然影响软件工程教育的发展。基于网络的软件工程教育已逐步融入软件工程课程的教学过程中。为了迎接超大型软件应用对传统软件工程的挑战，必须对当前的软件工程教育体系进行研究，从目标定位、教学内容、教学方式、实践环节等方面进行改革，为网络时代大型应用软件研发人才的培养做好准备。基于网络的软件工程将面对规模庞大、软件密集，包括人、策略、科学、技术、文化、经济和安全组成的网络社会生态系统。网络环境下超大规模的软件理念将从传统的以技术为中心转变为以人、组织、社会为中心，并系统地考虑环境感知、设计规则、管理策略等因素。

上述分析发现，目前的研究生软件工程类课程教学可以概括为主要是在传统的以教师为主导或以学生为主体的基础上，将工程领域的"项目导向""任务驱动""案例教学"等教育理念引入研究生软件工程类课程教学中。但是，基于项目导向、任务驱动和案例教学的软件工程类课程教学模式很难进行群体协同和资源分享，很难支持现代软件的群体化协同开发和演化理念，学习者很难从协作中汲取学习和研究的动力，进而也很难促进群体性研究和探索。

本文以软件工程专业"软件测试"课程为例，将先进的基于 Web 的软件协同开发环境引入软件工程类课程教学中，实现项目导向、任务驱动、案例教学、群体协同、资源共享有机整合，进而实现学生学习与创作深度协同、学习资源的充分分享，从而形成网络环境下的协同教学模式。

三、协同教学模式

（一）软件协同开发环境

基于网络的软件协同开发与演化开发环境是一种基于网络的基础软件，支持软件的协同开发，支持软件在各个阶段数据的形成、采集、分享和利用，加速软件的演化，以提高软件的开发效率和软件质量。目前，国内外支持协同的软件开发环境很多，例如 SourceForge、GitHub、IBMRationalJazz、Trustie 等[8-9]。

以国防科学技术大学研发的 Trustie 平台为例，该平台通过群体协同、资源分享、运行监控和可信分析四类服务实现[8]。如图 2 所示，群体协同服务提供大规模群体创作、生产以及两类活动的融合与转化机制；资源分享服务提供实体分享和证据分享等机制，实现软件的快速分发和应用反馈；运行监控服务提供软件实例运行时行为数据采集、汇聚和分析服务；可信分析则能够对群体协同服务、资源分享服务和运行监控服务中获得的数据进行综合度量和关联分析，为开发群体提供面向不同开发任务的综合分析机制。该体系结构以软件演化过程中形成的海量可信证据为基础，四个核心服务将输出不同类型的可信证据，同时也利用可信证据实现各种度量和分析工具。其中，群体协同服务产生的开发过程数据是开发证据的主要来源，包括版本库、提交日志、缺陷库等开发过程数据和阶段性制品数据；资源分享服务主要任务是建立资源分享社区，积累相关开发证据和应用证据，不断形成并更新分享证据；运行监控服务是软件实例行为数据的主要来源，对于不可预测的应用环境，软件实例的行为数据对于评估和改进软件运行时的可信性至关重要；可信分析服务对各类证据进行综合度量、分析和评估，为软件开发者和用户提供不同的度量和分析工具。四类核心服务相互联系，彼此通过开放接口提供服务。

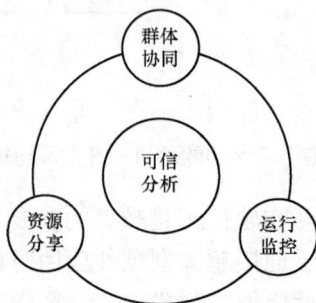

图 2 Trustie 基于网络的软件开发与演化体系结构

（二）网络环境下的协同教学模式

1. 教学模式

教学模式是规范的教学技巧，用以帮助学生深切了解特定形式的知识，教学模式奠基于学习理论，有研究结果作为佐证，并且涵盖了多样的步骤，协助学生达成特定的学习目标。教学模式提供了教学的大致流程，以及每一段流程中所施行的活动。

日本早稻田大学平井孝志认为："所谓模式，是打造出现象的结构，亦即构成要素之间的相互关系，所谓从模式思考，就是进行这种简单、抽象化、图像式的发想。"因此设计教学模式时必须先找出教学过程的构成要素，把它们图像化，并定义彼此之间的关系。

与传统的以教师为主导的讲授式教学模式和以学生为主体的探究式教学模式不同，基于网络开发环境下的协同教学模式更关注于教学参与者的协同过程，从协同中汲取演化动力，在协同过程中将项目导向、任务驱动、案例教学、资源共享等教学策略有机整合，进而完成学习任务。在协同教学模式下，师生之间的关系不再是知识的传授者与被传授者，学生之间也不再是竞争者，所有教学参与者都成为协作者、资源共享者和资源评价者。下面以研究生软件测试课程为例，基于三层式学习活动架构描述本文所提出的协同教学模式。

2. 协同教学模式的结构

图 3 为网络环境下研究生软件工程类课程协同教学模式的结构。其整体由两部分组成，上部是三层式学习活动架构，底部为基于 Web 的软件协同开发环境。三层式学习活动架构将学习活动的设计分成学习流程、学习情节和学习片段三个阶层。该模式将某一学习模块视为一个项目，进而实现真正意义的项目导向，项目的管理由协同开发环境完成。一个学习项目由若干任务流程组成，任务流程可以是线性的，也可以是非线性的。每一个任务都具有相对独立性，进而实现真正的任务驱动。任务的管理也由协同开发环境完成。每一个任务则是由若干学习情节完成。针对每一个学习情节，采用案例教学。软件工程领域的案例是广泛存在的，部分案例需要教师有针对性的准备和分享，更多的案例来源于学习者的收集和分享。学习片段是一个学习活动的基础单位，它由参与者、行动和内容组成。例如学习片段中的"内容"可以是代码、测试用例、评价内容、讨论内容、数据、文献、电子文档等。"参与者"是老师和学生。在协同教学模式中，老师的角色是项目的协同者和引导者。"行动"覆盖了所有参与者在开发环境下的活动，如"提交文本""点评用例""检测""运行"等。传统的课堂教学的演化动力来源于教师的精心备课和组织，基于Web 的协同教学模式的演化动力更多的是来源于群体的协同，通过协同分享共同推进项目的学习进程。

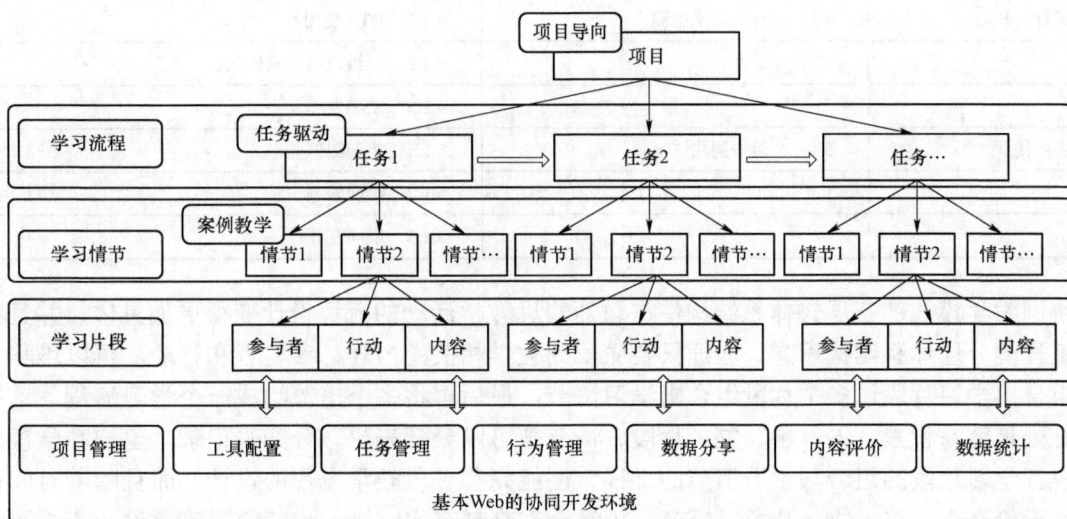

图 3　网络环境下研究生软件工程类课程协同教学模式结构

3. 协同教学模式下的评价

传统教学模式下，学习者的评价过程由教师按照一定的评价标准完成。在基于 Web 的协同教学模式下，评价过程也是一个高度协同的过程。每个评价由所有协同者给出。评价结果不仅仅是对学习者学习效果的反馈，更是学习分享的依据，更高的评价可以获得更快速的资源分享，进而推动学习进程快速演化。与传统教学模式相比，协同教学模式下评价对象也发生了巨大变化。评价对象多样性是协同教学模式的一个显著特点。学习者的学习过程、练习过程、效率、资源贡献、社区交流、内容质量、内容数量等都是评价的重要内容。

4. 协同教学模式的应用

以研究生软件工程类课程"软件测试"教学为例，下面简要介绍基于网构化 Trustie Educoder 平台（https://educoder.trustie.net/）实践协同教学模式的过程。Educoder 平台具有创建课堂、分组作业、实训作业、实训挑战、成员管理、发帖管理等多个功能模块，Educoder 平台底层支持多种编程语言编译、版本管理、测试、发布、工具配置、各类统计等协同开发环境。教师在 Educoder 上创建"软件测试课程"，并进行学生分组。基于协同教学模式理念，"静态软件缺陷检测"一节内容的简要教学设计如表 1 所示。

表 1　静态软件缺陷检测

课程名称：高级软件测试

章　　节：3.2 静态软件缺陷检测

任务	情节	片段
1. 缺陷基本概念	1.1　软件缺陷、分类方法	教师 PPT 演示
	1.2　小组闯关	小组在线闯关
2. 编码规范	2.1　编码规范检查实训	2.1.1　分组在线人工编码规范审查
		2.1.2　小组在线互评
3. 安全缺陷	3.1　软件安全缺陷测试	3.1.1　Findbug 使用
		3.1.2　小组协同缺陷确认
		3.1.3　缺陷发布及小组互评
4. 运行时缺陷	4.1　运行时缺陷检测	4.1.1　DTS 使用
		4.1.2　小组协同缺陷确认
		4.1.3　缺陷发布及小组互评
5. 协同作业	5.1　小组协同测试	5.1.1　协同测试
		5.1.2　协同编制
		5.1.3　组间互评

协同教学模式的三层式体系结构使得教师构思教学活动的流程设计变得更加具体，并且符合软件工程的分层体系结构思想。教师只要先罗列教学相关的内容、参与者和行动，再以堆积木的方式组合出学习片段，多个片段组合出学习情节，最后再将多个情节组成一个学习流程。这样构思的好处是容易积累，人、事、物、片段、情节都可以分开来想、分开来记录，建构教学模式时只要进行学习片段的组合与学习情节的堆栈，便能完善一段教学流程的设计，而且随着时间日积月累，无论是人、事、物、片段、情节，内涵会越来越充实，进一步使学习流程设计变得更为简便，对教学经验积累形成正向滚动的效果。

  协同教学模式在不同课程中的应用也具有良好的灵活性。针对不同的软件工程课程和不同的学习主题，教师可以采用涵盖"教学片段"的完整的"细节化教学模式"，也可以采用仅涵盖"学习流程"、"学习情节"的"结构式教学模式"。

四、总结

  网络环境下的研究生软件工程类课程协同教学模式的特点可以进一步概括为如下几个方面。

  （1）基于先进的软件协同开发环境。学习环境即开发环境，学生熟练掌握开发环境和工具，可为其后续的开发和研究奠定基础。

  （2）有效地将项目导向、任务驱动、案例教学、群体协同、资源共享有机整合。

  （3）该模式既支持理论学习，又支持实践学习，并能较好地将二者整合。

  （4）基于三层式体系结构，符合软件工程的分层设计思想，以方便项目实施。

  （5）通过群体协同、资源共享、群体评价共同推进学习进程。

  （6）教师角色转变为教学设计者和项目参与者。

  （7）评价对象、方法和过程多样，评价过程以数据为支撑。

  （8）全过程学习数据收集[10]，支持进一步的学习行为挖掘与大数据分析，为教学设计优化和学习者支持提供帮助。

参考文献

［1］齐治昌，谭庆平，宁洪，等. 软件工程教育：迎接网络时代超大系统的挑战［J］. 中国大学教学，2009（3）：23-25。

［2］夏松竹. 浅析研究生软件工程课程教学模式的改革与实践［J］. 工业和信息化教育，2014（8）：52-55.

［3］孙昌爱. 创新型计算机专业研究生培养课程教学改革与探索［J］. 计算机教育，2010（21）：37-40.

［4］屈婉玲，王捍贫，段莉华. 面向软件工程学科的算法课程建设［J］. 中国大学教学，2012（12）：55-57.

［5］张耀民. "项目驱动+案例教学"模式在软件工程教学中的应用［J］. 中国职业技术教育，2012（8）：57-60.

［6］张培颖，郑秋梅，宫法明，等. CDIO工程教育模式在软件工程核心课程教学中的应用［J］. 教育探索，2014（12）：21-22.

［7］王怀民，尹刚，谢冰，等. 基于网络的可信软件大规模协同开发与演化［J］. 中国科学：信息科学，2014，44（1）：1-19.

［8］ZHANG W, MEI H. Software development based on collective intelligence on the Internet：feasibility, state-of-the-practice, and challenges［J］. SCIENTIA SINICA Informationis, 2017, 47（12）：1601-1622.

［9］杨芙清，吕建，梅宏. 网构软件技术体系：一种以体系结构为中心的途径［J］. 中国科学（E辑：信息科学），2008（6）：818-828.

［10］尹刚，王涛，刘冰珣，等. 面向开源生态的软件数据挖掘技术研究综述. 软件学报，2018，29（8）：2258-2271.

研究生教学改革应立足于
教书育人与科学研究

段志鹏

（北京交通大学机械与电子控制工程学院，北京 100044）

摘　要：针对目前研究生群体中普遍存在的问题，如：基础不够扎实、知识面不够广、专业面不够宽，动手、创造能力不够强、外语水平不够高等，从三个方面阐述了自己作为教师和研究生导师在教育、培养研究生方面的方法，一是培养学生科研兴趣和自学能力，带领学生进入科研殿堂；二是改革教学方法，充分发挥学生的主观能动性；三是提高学生的语言表达能力和科研写作能力。身为一名教师，上好课、教好书是首要任务，但是"授人以鱼不如授人以渔"，教给学生知识不如教给学生学习和科学研究的方法，让他们充分发挥自己的创造能力，提出问题并解决问题；同时跟踪关心学生科研生活，帮助他们解决科研道路上的困难。

关键词：研究生　培养　改革　科研

研究生作为时代的新人，学术研究的中坚力量，既是优秀传统学术文化的继承者、弘扬者，也是新时代优秀学术文化的创造者、开拓者。研究生的学术成长关系着高端人才的输出和供给侧改革，对国家的科技，经济发展产生重大影响，研究生是实现科技兴国，教育强国以及实现中华民族伟大复兴中国梦的主力军[1]。因此，研究生的教学研究和改革日益引起广大高校的重视。

一、培养学生科研兴趣和自学能力，带领研究生进入科学殿堂

研究生顾名思义就是以科学研究作为自己基本工作的群体，如果研究的方向并非自己的兴趣所在，那他们将产生厌烦情绪，无法深入进行论文研究，当与他人对比发现自己所收获的知识相当匮乏时，最终会对自己的学术研究失去信心和耐心，从而很难在科研方面有所成就，浪费宝贵的青春和精力。"兴趣是人生最好的老师"，良好的开端是成功的一半，选择研究生兴趣所在的课题能帮助他们被兴趣牵引进行深入科学研究，往往能达到事半功倍的效果。作为研究生导师，应该在课题介绍方面做足准备，认真琢磨，充分激发所有研究生的好奇心，将学生的注意力牢牢地吸引住，唤起学生的求知欲。此外，加强对学生的提问，这有利于激发学生思维，能够帮助学生打开思路，加深对课题的理解[2]，并且有利于他们提出有建设性的问题，简而言之，抓出他们兴趣所在的课题，由此带领研究生进入科研殿堂。在研究生探索研究过程中，根据学生对课题的理解程度，有针对地对其进行引导和鼓励，努力做到去伪存真、去粗存精，帮助他们形成合理的思维结构和框架，不断提高其分析问题和解决问题的能力。

传统教学基本方式是理论教学，晦涩难懂的概念容易导致学生因理解困难而丧失兴趣，所以引领研究生回归传统试验方式，这样既节约时间、成本，又极大程度地提升了学生的兴趣与自信，从而锻炼学生的实践能力和创新能力[3]。在这类实验中，学生利用 ICEM 和 FLUENT 仿真软件进

行设计，划分网格及仿真，然后再到实验台完成进一步实物操作，通过对比仿真结果和实际实验的结果，分析两者间的差别，这为学生提供了发现问题的途径，通过学生的自主探究找到问题的答案，从而使学生对相关知识取得更深入的理解，达到灵活运用的目的。通过实验验证所学的理论不仅能帮助学生理解所学概念，也能激发学生探索的兴趣，在实验过程中更容易迸发灵感的火花，这非常有益于科研创新。

信息时代的今天，研究生不论学习还是做事都有些浮躁，作为导师应告诫他们要戒骄戒躁，踏踏实实，搞科研要耐得住寂寞，才能有所收获。关于研究生的知识和技能培养，首先要引导课题组研究生打好基础，推荐他们阅读经典的中英文专业教材，以此来夯实基础。导师对专业领域方向研究生的培养方案应该非常熟悉，可以鼓励研究生在学有余力的情况下选修除培养方案外的其他跨学科的课程以及与研究课题相关的课程，根据自己的情况逐步阅读国际专业期刊。

了解国际学术前沿，认识到实践中存在的实际问题，并且熟悉专业知识领域的多种研究方法。研究生教育最重要的是培养研究生的自学和独立研究能力，平常鼓励他们发现问题，并勇敢地提出问题。发现问题、分析问题、解决问题是一个连贯的过程，研究生只有提高自己发现问题的能力，掌握分析问题的方法，才能解决问题，得出结论，当然学生在解决问题时，单纯依靠他个人的知识水平及查阅资料的能力，可能很难理解文献中用到的相关实验或分析的方法，所以导师应该抓住所有可以利用的时间，与研究生讨论科研中遇到的问题，及时发现并解决问题，尤其应该利用好节假日、周末等宝贵的时间，每天十分钟的交流是十分必要的。

二、改革教学方法，充分发挥学生的主观能动性

高校中教育者与被教育者是一对主要矛盾，是矛盾的两个方面。毛泽东曾提出："矛盾着的双方，依据一定的条件，各向着相反的方面转化。"[4]这说明教育主客体矛盾具有同一性。实践证明：传统的"教师单向灌输""学生被动接受"不再是研究生阶段的主要矛盾。老师单向灌输，学生在课堂上只是听取老师对知识的理解，也能收获部分知识，但缺乏自己对知识的深入理解和探究，容易走进一个误区：单纯地认为能够理解老师所传授的内容，那么知识就是自己的了。学习新知识要经过以下过程：获取知识，理解知识，消化吸收知识，将知识应用于生产实践当中。老师单向灌输，学生容易停滞在获取知识和理解知识阶段，但是想要有所突破，进入到后面两个阶段就相对较难。知识只有经过整合和应用，才能属于自己，也才能应用于生产实践中。实践是检验真理的唯一标准，同时真理也必须通过实践来实现应用，所以研究生必须践行"知行"合一，加深对知识更深层次的认识与理解。

（一）整合教育资源，智慧教育推动师生交流

技术改变了教育的模式，在传统教学的基础上构建了一个数字空间，让个性化教学成为发展趋势。智慧教育给学习者带来了在线学习和虚拟实践体验等新的学习方式，创客、STEAM 教育、以大数据为基础的适应性学习、以移动终端为媒介的个性化教学，打破了传统教学的藩篱，让学习形式更加多样化。相比于传统的教学方式，这种智能化教育方式让学生足不出户就能接受老师的课堂教学，打破了时间和空间的界限，让学生能够利用更多琐碎的时间获取知识，解决疑难问题。目前许多高校已经开展了基于智慧教室的翻转课堂，通过新形势下的实施方案探索、教学环节设计、课程资源的设计与开发、题库的完善等，针对课程内容采用分层次教学的方法，将进一步提升课程的教学效果。通过翻转课堂这种教学方式的改革，改变了过去教师单向灌输知识的情况，让学生作为课堂的主人公，充分发挥了其主观能动性。

主动性的学习活动成就真实的学习成效。寓身认知心理学视阈下的活动也是学习的重要组成

部分。在整个学习过程中，活动可以提供一切人类认知的体验基础。皮亚杰曾说："智慧起源于活动，思维不过是内化了的动作，是在头脑中进行的具有可逆性和整体结构的代替活动。"[5]这说明只有参与活动的个体才能获得真正的知识。在翻转课堂中学生与老师角色互换，学生通过查找资料上台讲述自己对某一主题的理解，而老师起引导作用。这样的模式有三大优点：一是促进学生主动学习，只有充分阅读书籍期刊，搜集相关资料，才能展示有关知识；二是让学生成为课堂的主人，他们站上讲台讲课，而不是坐在下面听课，角色发生了很大的转变，有利于增强他们的主人翁意识，责任意识，提高把控课堂、组织教学的能力，同时他们通过这次经历也能体会到老师的辛苦，今后更加尊重教师的劳动；三是提高了学生搜集资料、整理资料和总结归纳的能力，与此同时学生的口头表达能力也得到锻炼。

（二）理论联系实际，产学研助力学生创新

研究生教育不但是高层次创新型人才和高水平科学研究的关键支撑，更是"科技第一生产力、人才第一资源、创新第一动力的重要结合点"。[6]所以研究生教育要与时俱进。通过与公司建立产学研联合教学，研究生能够将自己学到的知识更好地应用于实践，实现理论与实践的完美融合。同时，对于之前在课本上学到的晦涩难懂的理论，学生可以通过与公司技术人员的交流实现真正理解，从而在理解的基础上有所创新。众所周知，国内教育的现状就是理论知识丰富，基础比较牢固，但是缺少应用知识的生产实践现场，这次与公司合作的产学研在解决工程科技问题的举措给研究生提供了一个将理论知识充分应用于工程实践的平台，让研究生成为工程实践的主体，有利于研究生增强对理论概念的理解，也有利于研究生与公司中的技术人员交流探索，查漏补缺，促进其综合能力的提升。这充分响应了国家新课改"以人为本"的宗旨。例如，在北京市教委《北京市教育委员会关于深入推进北京高校产学研及国内外联合研究生培养基地建设的意见》的指导下，协助基地负责人申请产学研联合研究生培养基地建设项目"列管式氟塑料烟气-烟气换热器的研发"，并作为主要导师参与联合培养基地建设。与北京市某高新技术企业产学研联合解决工程科技问题，提高烟囱排烟的扩散能力和排放高度，消除工业常见的石膏雨和白烟现象。未来研究生教育的发展趋势是校企双方共同建设研究生联合培养基地，培养适应社会需求的工程技术人员，提高人才培养效果、提升企业技术人员的理论水平和校内导师的工程实践能力，为未来校企的更深度合作奠定良好的基础。

教书育人现如今已经不是传统的老师单向灌输式教育，学生做主体的课堂才是现阶段致力于发展建设的课堂。知行合一要求学生先要知，即求知，然后是行，即践行，所以产学研三位一体的科研模式有利于研究生的快速成长。科研之路道漫长，研究生必须要有为科研而减少休闲娱乐时间的准备，我们所坚持的科研之路就如同撒哈拉沙漠中的漫长之旅，必须一步一个脚印地、坚持不懈地、目标明确地前进才能最终找到属于自己的绿洲。

三、增强学生的语言表达能力和科研写作能力

（一）定期组织学术例会

提高科研写作能力是发表高水平论文的前提条件，语言表达能力是理工科学生的共同弱势。高水平论文的撰写需要博采众长，交流讨论，所以课题组每周应该组织学术例会。在研究主题确定后，研究生开始查阅大量中外文文献，来了解学科发展的前沿，并提出自己的具体研究目标和研究方法，着重突出其创新点。严格考查学生的工作进度，要求他们在每次例会中汇报研究工作的进展，并说明下一步的工作计划及主要困难。研究生可以通过交流探讨获取针对自身研究内容的意见和建议，以便及时调整、修改和完善研究内容，借助集体的智慧攻克课题研究难点。集体

的交流讨论有利于研究生找到自己研究的盲点，克服自己研究的难点，并且有可能取他人所长，从别人的只言片语中迸发灵感的火花，让研究取得突破性的进展。课题组定期的学术例会交流，一方面督促导师自己关注研究生的进度，另一方面也引导研究生养成阶段总结的良好习惯。课题组学术例会是导师和课题组研究生相互交流的平台，便于增进师生之间学术研究以及情感交流，也加强了研究生之间的交流。

一般课题组有多个研究方向，不同的研究方向之间存在较大差别。由于研究生的学术积淀有限，其毕业论文及研究兴趣只可能关注其中的某一个研究方向。通过课题组学术例会，有利于贯彻"百花齐放，百家争鸣"的方针，创造了研究生能发表不同学术观点、见解的宽松环境[7]，同时能了解本团队其他同学的研究工作，进而了解课题组的主要研究内容，开拓学生的学术视野，提升了团队成员的科研水平，同时锻炼了研究生的表达能力。

理工科学生的语言表达能力相对弱势，而表达能力也是其创新能力的重要组成部分，学术会议、毕业答辩等均要求在有限的时间内，结合 PPT 将自己的研究工作和结果，以口头形式进行讲述。经常有研究生在学术会议或报告上因紧张导致逻辑不清甚至不能在规定时间内完成汇报，因此加强锻炼研究生的表达能力很有必要。每周的例会汇报都是一次锻炼机会，有利于提高研究生的表达能力，进而提高研究生毕业时的答辩水平。例会汇报有利于督促研究生按时进行科研文献阅读，同时需要他们对自己所阅读的文献进行归纳总结，这大大提高了研究生的文献整合和总结能力，也在无形中增强了研究生的文献积累，对他们今后学术论文的撰写具有重大意义。

（二）鼓励参加学术交流会议

参加各种学术交流会议有助于增强研究生的语言表达能力，增长研究生的见识。课题组所有成员于 2017 年 10 月 27 日至 29 日在苏州参加了 2017 年中国工程热物理学会传热传质学术会议暨国家自然科学基金传热领域项目进展交流会议，在此次会议上，以展报的形式展示了本课题组国家自然科学基金项目的进展情况，并与多位国家自然科学基金项目负责人进行交流，研究进展得到了广大同行的好评。紧接着于 2018 年 8 月 10 日至 15 日，课题组参加了第 16 届国际传热大会，在此次会议上，宣读并展示了其最新研究成果，并与海内外学者进行了讨论和交流，展示了北京交通大学在传热领域的研究进展，扩大了北京交通大学在国际上的影响。通过多次参与交流会议，研究生开阔了视野，增长了见识，锻炼了沟通交流能力，坚定了科研的信心，同时也提升了北京交通大学的知名度。研究生作为国家培养的高学历人才，需要突破偏重理论知识培养而忽视其他能力的瓶颈，要培养出德智体美全面发展的高能力人才。

（三）鼓励学生解决科学问题

针对科研写作能力，每一篇论文的撰写都需要阅读大量文献，积累大量资料，厚积薄发才能收获高水平论文。科研的道路是漫长且孤独的，有付出才能有收获，科研道路上既不能急于求成，也不能停滞不前，要用一种求知若渴的心态去追求真理，同时臻于实践，最终将自己的科研成果以高水平论文的形式展示给大家。

在学术研究方面，通过组会的交流与循序渐进的指导，研究生在硕士期间也取得了一定的成果，均发表了 SCI 论文，其中一位硕士生在国际著名杂志 Micromachines 上发表的论文在国外全文阅读下载量达到了 800 余次，有效提升了我校在国际上的学术影响。此外，为了让研究生更好地开展自己的科研创新项目，导师鼓励研究生申请研究生创新项目，一名 14 级硕士研究生申请到一项研究生创新项目。在此项目经费资助下该研究生得以很好地开展研究，并撰写了一篇 SCI 论文，已在 *Engineering Computations* 期刊上发表。

（四）鼓励出国交流

为深入实施科教兴国和人才强国战略，加快建设创新型国家，培养一批具有国际视野、通晓国际规则、能够参与国际事务和竞争的拔尖人才，国家留学基金委于 2006 年设立了"国家建设高水平大学公派研究生项目"，根据国家建设需要选拔优秀人才出国深造，导师应鼓励博士生出国进行联合培养。能够参与国家公派出国联合培养博士生项目，可以提升研究生的能力、开拓其视野，同时这是一份宝贵的人生经历，还可以为课题组与国外实验室之间的学术交流搭建一个桥梁。中外双方在共享资源的同时，以博士生培养为纽带，双方导师之间、课题组之间、实验室之间交流将更加频繁。在此基础上，双方之间还可以开展更多的科研合作，例如联合申报课题、联合发表论文等。

研究生出国参加联合培养是一种难得的学习机会，课题组导师会指导研究生准备申请材料，参加雅思、托福考试，筛选国外高校及导师，推荐他们去往美国、加拿大及欧洲等著名高校进行交流学习。切实推进国内外高校交流与合作，不断提升学校学术声誉和学术影响。

四、总结

研究生教育必须从学生思想、教学方式、科研写作及语言表达能力培养这三个方面进行深度改革。身教胜于言教，所以导师要以身作则，热忱于科研，为科学研究奉献时间和精力，并且用自己坚定的理想信念、自律自强的为人之道，弘扬和传播正能量，身体力行地从多方面影响学生。此外，除了科研，更应教导学生做一个有社会责任感的人，能有担当，积极向上，坚持以建设社会主义富强民主的中国为己任。在此基础上，本着严谨治学的原则，攀登世界科学高峰，努力发表更多高水平论文。

参考文献

[1] 顾明远. 高等教育评估中几个值得探讨的问题 [J]. 高教发展与评估，2006，22（3）：1-3.

[2] 夏田，王志军，缑建文，等. 研究生教育教学改革探索与实践 [J]. 新西部，2014（5）：140-140.

[3] 尚凤军. 以战略性新兴信息产业发展为导向的互联网卓越人才培养体系研究与实践 [J]. 物联网技术，2015，5（10）：101-103.

[4] 毛泽东. 毛泽东选集：第一卷 [M]. 北京：人民出版社，1991：327.

[5] 李煜婕. 寓身认知视阈下研究生学习沙龙建设创新模式研究 [J]. 新闻研究导刊，2018，9（6）：8-10.

[6] 教育部，国务院学位委员会. 教育部　国务院学位委员会关于印发《学位与研究生教育发展"十三五"规划》的通知 [Z]，2017-01-20.

[7] 赵鹏大. 加强研究生教育改革促进多学科交叉复合型人才的培养[J]. 学位与研究生教育，1996（5）：12-14.

旅游管理专业研究型教学模式的探索与实践

王学峰

（北京交通大学经济管理学院，北京 100044）

摘　要：旅游管理专业旨在培养具有较高的管理素质、良好的知识结构、独立从事研究工作能力和较强的创新能力的高级专门人才，引入研究型教学模式可以使学生能够运用所学专业基础理论知识，对实践问题进行批判分析与妥善处理。本文首先阐述了现阶段旅游管理专业教学存在的不足，然后分析了研究型教学的优势，并就如何在旅游管理专业教学中引入案例教学方法进行了探讨。

关键词：研究型教学　旅游管理专业　教学模式　案例教学

随着旅游业的快速发展，对专业型人才的需求也日益旺盛，但是，与行业的发展迅猛相比，旅游教育人才的培养远远滞后，尽管高校旅游专业众多，依然存在供需错位的现象，旅游教育目前依旧无法满足日益增长的旅游业快速发展的人才需求[1]。这些问题的存在使我们必须重新审视旅游管理专业人才的培养目标、办学定位、课程体系、教学模式等问题，本文就是以高校旅游管理专业学术研究生培养为例，探讨新形势下如何将研究型教学模式引入教学之中，以期适应目前市场对旅游专业人才的需求。

一、旅游管理专业学术型研究生课程教学存在的问题

旅游管理专业硕士研究生培养方案专业课程内容丰富，涉及经济、文化、地理、规划等各个领域，涵盖内容较多，对授课专业教师的知识储备提出了较高的要求，而旅游学科理论的建设远远滞后于实践的发展，因此，很多专业课程的开发建设存在诸多短板，在平时的日常教学中如何发挥教师和学生双方面的积极性与主动性，共同促进教学质量的提升，对任课老师来说是一个很大的挑战。

（一）课程体系亟待优化

我国高等教育的一个重要思想转变就是加强基础，拓宽专业，总体而言，这一指导思想是正确的，学校也深入贯彻"通识教育、按类教学、倡导探索"的教育理念，实现"宽口径、厚基础、有特色、重个性、强能力、求创新"的目标要求，进一步探索教育教学模式改革。但是对旅游管理这个新兴学科专业来说，现有专业培养目标还是追求通识教育的大而全，缺乏准确的"市场定位"，从而导致毕业生的行业就业率不高，通识教育模式无法被就业市场所接受。因此，对于旅游管理专业而言，需要在强调基础教育和强化专业教育之间找到一个平衡点，针对自身的专业特色，正确处理好培养目标与市场需求之间，基础教育与专业特色之间的关系[2]。

此外，与发展速度非常迅猛的旅游行业相比，旅游管理专业课程体系的内容设计显得非常滞后，虽然培养方案进行四年一次的不断优化与修订，但是依然跟不上时代发展的步伐，这些短板需要教师在具体讲授课程中通过教学设计去弥补，强调使用研究法、发现法等教学方法，根据不

同的教学内容实现多种教学方法的组合，尽可能地满足日益发展的市场对人才的需求。

（二）教材建设滞后严重

相当部分的旅游管理专业教材质量不高，大部分都是将相关学科理论应用于旅游管理专业，缺乏基于自身专业特点的深入思考和沉淀，原创的研究性成果匮乏。更有部分课程试图包罗万象，内容浅尝辄止，给学生的感觉就是旅游管理专业课程是个大杂烩，什么都学了一点，但又似乎什么都没有学到，长此以往，学生失去学习的好奇心和成长的动力。此外，专业教师师资力量单薄，师资结构单调，且大部分教师缺乏行业实践经验，在一定程度上制约了教学质量。目前旅游院校在教学过程中很少聘请行业业界人士作为兼职教师给学生上课，大部分院校对校企合作办学重视程度不够。

（三）教学方法明显不足

在授课过程中，教师往往以固定的模式单向地向学生传授知识，强调的是教师为主体，注重"教"而非"学"，学生主体意识缺失，基本上都是以被动地接受状态为主，缺乏学习的主动性和积极性，因此传统教学方法很难达到教与学共鸣、共振效果，从而影响了课程教学质量。因此，要改变过去"填鸭式"的教学方法和理念，以学生为主体，在授课过程中多采用启发式教学方法，剖析知识形成和发展过程中所运用的研究方法和思维方法。引导学生去探索知识，学习知识，培养学生自主学习和创新能力。

二、旅游管理专业学术型研究生课程教学改革的路径思考

1. 创新教学方法

学术型研究生的教学必须要引入新的模式，不仅仅传授专业知识，更要注重学生学习能力和学习方法的培养，采取多种形式与学生进行互动交流，以促进教学相长[3]。

授课教师可以采取案例教学、专题研究等多种形式，着重培养学生自主学习、提出问题、分析问题以及解决问题的能力。可以以某个具体的实际问题为例，组织学生以小组的形式进行充分讨论，大家集思广益，共同寻求解决方案，让学生在论证中互相学习，取长补短，消化相关专业知识，共同进步。

2. 教材体系内容的优化

为应对旅游教育快速发展的需要，旅游管理专业教材建设的步伐尽管很快，出现了"南开版""旅教版""中旅版"等多个版本教材，呈现出数量的繁荣，但是在教材质量方面依然差强人意，教材建设依然饱受诟病，无法满足办学实际需要。以笔者所讲授的"旅游产业组织与运行"课程为例，市面基本没有这方面的教材，相关的教材也很少，建议可以组织包括经济学、管理学等学科经验丰富的教学团队，对课程内容体系、案例引入、作业习题等进行优化组合，形成全新的自编教材或"旅游产业组织与运行"讲义，尽量吸收国外的先进研究成果，但绝不能照搬。为契合我国旅游业对专门人才的需要，在实际教学中要因地制宜，根据教学内容安排不断对讲义进行增删，密切注意旅游产业发展动态，随时吸收旅游科学研究的最新成果。

3. 师资队伍的建设

旅游管理专业实践发展速度较快，任课教师需要时刻关注业内形势发展变化，主动适应行业发展需要，不断学习，主动融入行业；学校要加强与企业层面的深化合作，大力推进产教融合，从旅游企业吸收有丰富实践经验的高级人才，充实教学师资队伍。着力强化师资队伍建设，建立人才培训基地，支持旅游类专业骨干教师到旅游企业兼职，畅通人才双向流动渠道，提高人才培养质量。[4]

三、旅游管理专业引入研究型教学的对策与建议

（一）研究型教学的优势

研究型教学强调教师以传授知识为前提和基础，培养学生分析、解决实际问题的能力和创新能力。[5]因而，研究型教学具有以下优势。

1. 强调学生的主体地位

研究型教学强调以学生为主导，在教学的关系上正确处理"教师主导"与"学生主体"的辩证关系，充分发挥教师和学生双方的主动性，并强调学生的主体地位，充分调动学生的主动性，提高学生的实践能力。这种学习模式不仅可以激发学生自主学习的兴趣，而且可以调动学生积极主动地全身心地投入到知识的获得和运用的实践活动中，让"学"与"做"达到了知行合一。

2. 培养学生的创造能力

研究型教学在教学方法上主张应用建构主义教学理论，强调使用研究法、发现法等教学方法。并根据不同的教学内容和教学目标，实现多种教学方法的优化组合。研究型教学注重教学内容与教学活动的精心设计，通过引导学生进行深入思考与探究来将相关理论知识与实践问题有机结合，以此培养学生的创造性、挖掘学生的潜在能力。

3. 激发学生的思考热情

研究型教学倡导师生之间以及学生之间在课程教学活动的不同阶段以不同的目的展开激烈的讨论，在轻松愉快的氛围中，激发学生的思考热情，主动地发现问题、分析问题和解决问题，有利于师生之间、学生之间从不同角度感受对方的思维方式，活跃了学生的思维，激发了学生的主动性。

（二）研究型教学的引入

案例教学法是研究型教学常用的方法，它是指课堂教学中运用典型案例，对案例信息和问题进行分析研究、提出见解、做出判断和决策，以此达到提高学生分析问题、解决问题能力的一种互动式教学方法。案例教学法有利于调动教师和学生的积极性，培养其创新意识及能力，达到教学相长，互促共进。[6]旅游管理课程特别适合采用案例教学，作为理论教学的有益补充，可以在合适的章节内容安排上，采取课堂集中研讨的方式，有助于对理论的理解和消化。

1. 提高案例教学能力

旅游实践发展迅速，行业动态发展使得案例教学成为可能，对教师也提出了更高的要求，在实际教学中普及案例教学法，一方面要求教师要时刻关注行业发展前沿，不断提升专业理论水平，另一方面鼓励教师走出去，通过挂职锻炼和参加各类培训等方式积累实际经验，提高案例教学水平。

2. 重视案例教学过程

在实施案例教学过程中，教师的组织和引导至关重要，课前要做好大量的准备工作，案例导入（了解案例事实）、案例分析（分析问题）、分组讨论（引导学生解决问题）、案例总结（点评）的具体过程需要教师的精心组织与合理安排。每一个鲜活的案例都离不开学生的积极参与，让学生能够完成在不同的角色扮演中切换自如，才能让案例教学取得更好的效果，授课教师要做系统的总结，同时对每一个学生的发言进行点评，还要不断反思案例教学中存在的诸多问题，并努力找出原因加以改进优化，不断提升案例教学的效果，促进教学水平。

3. 鼓励教师参与教学案例库的建设

制定相应政策鼓励教师撰写案例，可以通过教改立项、奖励等方式鼓励授课教师采用案例教学法，对进行案例教学的课堂采取科学评级，建立相应的激励机制，鼓励专任教师积极参与教学

案例库的建设，建立和完善相关制度，保证课堂案例教学的顺利实施。

四、结论

21 世纪人才的核心竞争力就是创新能力，在新时代教育背景下，对传统的教学模式进行重新思考，探索研究型教学新模式成为刻不容缓的使命。在现代教育思想指导下，以能力培养为重，在教学中引导学生主动、自觉、积极地投入学习，形成积极主动探索知识的意识和基本能力，形成创造性素质，这是素质教育的迫切需要，也是大学功能的基本内涵。

因此，有必要对旅游专业课程教学进行大刀阔斧的改革，引入旅游管理专业研究型教学模式，从教学理念、教学目标、教学内容、教学方法、考核方式等方面入手，加强专业师资队伍建设，完善考核激励机制，鼓励教师采用案例型教学[7]。

引入研究型案例教学法倡导主动学习，开展课堂讨论，这不仅可以增进互动、活跃气氛，而且有助于学生理论联系实践，激发学生学习的兴趣，开阔眼界、拓宽思路，提高学生认识问题、分析问题和解决问题的能力。总之，实施研究型教学，提高教学质量，培养学生的创新能力和自主学习能力，任重而道远。

参考文献

[1] 李夏. 英国旅游管理硕士培养模式的特色与启示 [J]. 黑龙江教育：高教研究与评估，2010，（11）：49－50.

[2] 邓爱民，黄鑫. 旅游管理专业硕士培养模式初探 [J]. 科教导刊，2011，（34）：51－53.

[3] 俞嘉，吴英山. 参与式教学的理论与实践初探 [J]. 宁夏教育科研，2008（1）：28－30.

[4] 贾鸿雁. 从澳大利亚的经验看旅游管理专业研究型教学的实施 [J]. 青岛酒店管理职业技术学院学报，2011，（1）：56－59.

[5] 樊宏霞. 研究型教学在高校旅游管理专业课程教学中的引入 [J]. 知识经济，2015，（21）：104－105.

[6] 胡朝举，高雪，胡朝炳，高等院校旅游经济学课程教学改革的路径思考 [J]. 经济研究导刊，2011（35）：292－293.

[7] 王红宝，白翠玲. 旅游管理专业立体化研究型创新教学模式探索 [J]. 产业与科技论坛，2014，（16）：147－148.

以科研项目促进教学，激发研究生科研潜力*

——新闻传播学学科研究性教学模式的新探索

闻　学　张梓轩　文卫华　张　杰　苏林森

（北京交通大学语言与传播学院，北京 100044）

摘　要： 为培养高质量的专业人才，满足互联网社会对于复合型融通型人才的需求，北京交通大学新闻传播学科研究生教学形式推行一系列改革举措。具体探索如下：以改革教学形式培养研究生的思维能力；以合作发表论文培养研究生的学术自信；以科研项目研究提高研究生的学术水平；以与媒体实践结合提升研究生的专业水准，在教学模式方面为深化教育改革培养人才进行了积极探索和革新。

关键词： 新闻传播学科　科学研究　研究生教育　人才培养机制　教学模式改革

一、新闻传播学一级学科简介

（一）本学科特色和优势

北京交通大学新闻传播本科专业创办于 2005 年，2011 年获新闻传播学一级学科硕士授权，建立起完善的本－硕人才培养体系。截至 2018 年底，传播学系共培养本科生超过 550 人，现有本科班级 8 个，在校生 200 多人，硕士生 3 个班，在校研究生人数 38 人。2017 年，新闻传播学科获批"网络与新媒体"本科专业，并于 2018 年招生，并与校内计算机学院、软件学院、建艺学院大力开展跨学科合作，共同培育交叉课程，实施科研项目合作，发挥我校理工科专业特点，争取在新闻传播学领域打造具有核心技术优势的新工科特色专业。为拓展学科培养人才层次及满足社会需求，本学科 2017 年成功申报新闻与传播学专业硕士学位授权点，于 2019 年招收专业硕士研究生 10 多人。至此本学科学位点提前完成"十三五"学科专业建设规划任务。

本学科建设另一着力点是充分借助所在学院的多语种外语优势，强化传播学系"国际传播"特色方向，力争在人才培养、科学研究、平台建设三个方面具备较强核心竞争优势；不断增强传播学专业综合竞争能力，为创造一流学科而努力。

（二）新闻传播学学科具体建设方案及实施情况

"十三五"期间本学科要坚持与时俱进，紧紧抓住新媒体的发展良机和北京交通大学的工科优势，加强既有的新媒体方向优势和成果，进一步加强新媒体方向的聚焦。

（1）目前已与建筑与北京交通大学艺术学院合作开设"数字媒体视觉设计""创意造型"等两门课程；与计算机学院合作开设"大数据技术""移动应用开发""工程与社会讲座""Web 应用基础""信息安全概论""人工智能""机器学习""数据库系统原理""计算机网络原理"等课程。

---

* 本文获 2016 年北京交通大学优秀教学成果二等奖。

（2）建设 2～3 门校级优质课程，如"新媒体概论""融合媒体编辑""数据挖掘""跨文化传播"等；录制并上线 1～2 门 MOOC 课程，如"新媒体素养""融合媒体编辑""健康传播""数据可视化""社会网络分析"等。

（3）建立仿真实验室（如 VR 实验室），积极申报国家级新工科研究与实践项目；开发 1～2 门实验类课程，主要为计算传播学方向，提高学生的社会科学研究能力。

（4）建设一个应用传播学研究中心（媒介经济与文化产业研究所、影视传播研究所、科技传播研究所、跨文化传播研究所）和新媒体实验教学平台。

二、新闻传播学一级学科的人才培养

（一）本学科的人才培养机制

本学科主要培养具有创新意识和开拓精神的新闻传播学高层次专门人才，要求学生系统掌握本学科的基础理论，熟悉本学科学术前沿，具有深厚的传播学理论素养和较强的媒体应用能力，成为既具备从事传播学研究和教学的能力，又可以在媒体、政府及企事业相关专业或涉外岗位自由择业的复合型专门人才。

本学科学术硕士研究生培养方案将原有方案的基础课、专业基础课、专业课、专业选修课上修订为基础课、专业课和选修课三大块，体现出史论、方法、应用等学科基础体系的完整性和融合性。"传播学理论""传播学研究方法""传播学史论研究""网络传播"作为专业基础课开设，能够较好地体现厚基础宽口径的学科培养人才理念，与此同时把"文化创意产业研究"和"媒体产业研究"作为专业必修课，可以更好地适应并引领传播学学科的特色方向和前沿发展领域。选修课设置体现出传播学专业研究领域的多样性和前瞻性。在原有基础上增加了"商业传播研究""融合文化""新媒体数据分析""融合媒体编辑""社会化网络分析"等课程，能够培养和造就学术型研究生一定的理论水准和学术素养及应用能力。

在研究生管理方面，培养方案既体现出对于本专业的重视，要求对本科非本专业的研究生，应补修两门本专业本科生专业基础课程（不计入学分），又体现出学科交叉的必要性，允许跨学院跨学科选课，但要求对于跨学院选课的课程原则上不超过一门课程（计入 2 学分）。

（二）本学科发展面临的机遇与挑战

从 2016 年第四轮新闻传播学一级学科评估结果数据分析来看，本学科科学研究水平一级指标的位次（排名 38）优于学科整体水平，其中，科研成果位次 28，排名较靠前；师资队伍、培养过程质量、在校生质量、毕业生质量、社会服务、学科声誉等 6 个二级指标的位置与学科整体水平基本持平，与同授权类型（硕士授权学科）高校平均分比较，尚有差距，我们仍需努力追赶，力争超越第四轮评估 10 余个位次以上。

从全国范围来看，传播学人才培养面临着两个突出问题：一是新媒体兴起带来的就业转型；二是学界培养标准与业界严重脱节。随着学科发展的不断成熟，本学科已经在有计划有步骤地调整专业方向及培养方案。

本学科发展面临的机遇主要包括：第一，以移动、智能和社交媒体为代表的新媒体的蓬勃发展，为以媒体为研究对象的传播学发展提供了得天独厚的发展机遇；第二，国家和学校"双一流"建设、国家高铁大发展、"一带一路"、中国高铁"走出去"等发展战略，为新闻传播学科的发展提供了良好的政策、资金和人才保障，提供了良好的外部环境和出口；第三，北京交通大学理工科大学的优势学科，必将为新闻传播学科的发展提供良好的内部环境和交叉学科的融合。

今后我们面临着较大的挑战，主要表现在：第一，北京交通大学语言传播学院新闻传播学科历史短、底子薄，人才队伍较小，缺少学科积累；第二，兄弟院校纷纷革新教学形式、上马网络新媒体等新专业，对本学科形成一定的竞争压力。正因如此，退无可退才能绝地蜕变，寻求生机。

（三）本学科发展对策与具体举措

本学科建设的远景目标为：达到具有鲜明特色的国内一流，并且力争在国际上具备较强竞争优势。到 2030 年，新设本科专业增加到 3 个，师资队伍达到 30 人以上，硕士点达到 3 个，达到一级学科博士点建设水平。2050 年，力争成为具有一定国际声誉的国内知名优势学科。

学科建设思路采取稳定强化现有专业，不断与学校重点学科、学院定位相结合，加强学科特色建设。学科发展对策和具体举措如下。

第一，凝聚新媒体方向。"十三五"期间本学科的进一步发展，有赖于结合本学科、本校的特点，实现弯道超车。与中国人民大学、中国传媒大学等高校相比，我校发展传统的传播学教育（如纸媒、广电新闻）不具优势，而在快速发展的新媒体面前，各大学机会是平等的，而我们还有理工科大学的学科优势。新媒体的快速发展，冲击最大的人文社科专业就是新闻传播学，因为包括新媒体在内的新闻媒体正是传播学研究的主要对象。2014 年 8 月中央全面深化改革委员会审议通过《关于推动传统媒体和新兴媒体融合发展的指导意见》，2015 年 3 月《政府工作报告》首次提出制定"互联网+"行动计划，"十三五"期间，以社交媒体为代表的新兴互联网硬件和软件必将迎来新的更快的发展。在其他兄弟院系新闻传播学科纷纷瞄准新媒体的情况下，"十三五"可以说是本学科能抓住此发展机遇的最佳时期，如果能抓住此牛鼻子，配合全国"一带一路"大发展和高校"双一流"建设，本学科将迈入新的台阶，迎来崭新的发展机遇。

第二，本学科的"网络与新媒体"本科专业和新闻传播学专业硕士学位点申报成功，打破了一直以来"传播学"专业的单一兵种的惯例。

第三，加强队伍建设。本学科需要加强自己培养和引进人才相结合的措施，提高人才队伍的数量和质量。目前，本学科应提高高级职称人才占比，根据发展方向，有针对性地引进优秀博士，尤其是海外优秀博士，引进具有较大学科影响力的领军人才，在"十三五"末，力争使本学科专任教师达到 25 人左右。

三、本学科研究性教学模式的新探索

（一）改革教学形式培养研究生的思维能力

张杰老师承担了"传播学理论"和"广播电视专题研究"两门课程。张杰老师以对接教学目标为原则，结合在研的省部级、国家级科研项目，努力创新课程教学方式方法，力图使课程的讲授紧密结合师生的科研实践，使学生既能学到知识又能提高科研能力，同时在师生的密切合作中，科研项目也在有条不紊地进行。具体措施如下。

第一，结合研究方向以及课程、学生情况，制定不同形式的考试要求。"传播学理论"是一门基础理论课，开设于研究生一年级第一学期，考虑到新生科研基础比较薄弱的现实情况，在这门课程中，张杰老师结合主持的课题的研究主题，以结课论文的形式要求学生对前人的理论文献进行学术综述。这对于学生来说是入门性质的学术训练。而导师在研的科研项目一般来说又是学界研究的热点问题，学生们的参与也使他们对于学术研究有了更深刻的了解。"广播电视专题研究"开设于研究生二年级，彼时学生们已经积累了一定的科研经验，张杰老师结合自己主持的相关项目中的研究主题，要求学生们以完整的论文形式提交结课作业。

第二，在教学方法上采用讲授型、辩论式、研讨式、启发式、任务驱动型等丰富多彩的教学设计，替代了以往常见的"满堂灌""一言堂"式课堂，课堂上的师生互动明显增多，以学生为主体的研究型教学方式逐步建立。具体体现在以下教学环节的设计：在学期一开始针对本人的科研项目并结合传媒实践热点设置若干研究主题，并占用一定时间组织学生进行辩论和探讨，启发学生思考研究问题的合理性；分析科研可行性以及容易遇到的研究困难等。鼓励学生在明确研究任务的前提下从论文的文献综述、再到理论工具的选择、研究方法的确定、文章逻辑思路的框架确定等几个方面与老师积极互动，推动思维能力的提升。

（二）以合作发表论文提升研究生的学术自信

长江学者陈韬文教授在接受《传播与社会学刊》采访时曾经指出："优秀的学者都有较好的基本理论和方法学方面的训练。""首先是打好学术研究的基础……所谓基础，主要是指对研究方法、逻辑和传播理论的掌握。"文卫华老师在担任硕导以来，紧跟传播学热点问题，注重学生学术训练，与指导的研究生在 CSSCI 来源期刊，北大核心期刊，《光明日报》上共发表论文 10 多篇。

文卫华老师结合自身的学习经历、体会，以及指导研究生论文写作的经验，她认为：选题、逻辑结构、语言表达是学术论文写作中的三大重点和难点。同时，对研究文献的阅读和掌握，包括泛读和精读，是攻克这三个重难点的前提条件和有效途径。只有进行了大量优质高效的输入，才可能有较高质量的输出，质变是以量变为前提和基础的。

对于刚迈入学术研究门槛的研究生来说，学术论文的写作始于对优秀论文的研究和模仿。在指导研究生时，首先要求学生对近三年来新闻传播学领域 CSSCI 来源期刊上发表的论文进行梳理，重点把握选题和所运用的研究方法。然后从中选择与自己的研究方向、研究兴趣相近的论文进行精读。要求每周至少精读一篇论文。在精读时，重点把握论文的研究视角、理论框架、关键概念、研究方法、创新之处；梳理整篇论文的逻辑结构；揣摩、体会论文的语言表达，摘录精彩的语句。经过大概三个月的文献阅读和研究，初步建立起学术研究的感觉之后，再和学生讨论并确定论文写作的主题。通过选题的训练，培养学生的学术敏感，尽量选择前沿、热点的问题和现象进行研究。确定选题之后，要求学生围绕该选题进行充分的资料收集与整理工作。之后再搭建论文的框架。对于初次写作学术论文的研究生来说，通常会先要求其撰写其中的某一部分。初稿完成之后，还要对文字进行反复的修改、打磨。一般而言，一篇论文需要修改三到四稿。

在学术论文的写作、投稿过程中，除了要研读高水平的论文之外，还需要认真研究拟投稿的期刊，包括期刊的栏目设置、发表论文的主题，以及期刊对于稿件长度、格式的要求，只有这样才能使投稿更加有的放矢，提升被期刊录用的可能性。在投稿期刊的选择上，如果是学生独立完成的论文，鼓励优先选择北大核心期刊进行投稿。

"好准备不如烂开始"，这是苏林森老师在指导论文写作开始阶段不断重复的一句话。苏老师给研究生开设研究方法（定量）课程，大部分研究生在本科期间从未对研究方法有过系统的学习，更没有发表过相关的学术论文，他建议学生在上课前系统复习本科阶段的研究方法和应用统计（如没学过，则推荐他们参加辅导班或看书）。虽然如此，学生写论文前总是有各种畏难情绪，通常迟迟不动笔，究其原因，他们总是觉得自己没准备好，因此，他经常告诉学生们没有所谓的"准备好"的时候，先"烂"开始而不是追求"好"开始甚至是"完美"的开始，否则你永远写不出论文。研一开学，他就鼓励杨智芳同学用学到的方法去写文章，这个阶段，选择一个有意义、有趣且重要的研究议题就很重要，然后告诉学生写作的逻辑、思路和框架，这个阶段是最需要导师指导的地方，导师一定要多和学生交流，苏老师基本每周都会和学生交流过去一周的写作进展和本周的写作计划及各种资料和数据以及论文思路，让学生开始动手自己写，写作的时候建议学生不要从开头写，因为论文开头比较难写，定量论文部分比较好写，就从好写的部分开始写起。第一学期包括寒假她完成"烂"开始，写出两到三篇文章，但正是因为有了这些"烂"开始，研一下学期她终于写出了几篇可以继续打磨的文章。

"好的论文是改出来的"。从选题开始到写作一直到被期刊社接受，论文需要来回修改十几遍甚至几十遍。在选题的时候，老师们不断给学生提供一些想法，但是学生应该要做到的不是简单地复述老师的思路，而是通过自己去查文献查资料进行深化、创新、延伸，要形成自己的逻辑框架，并在对导师思路的理解下建立自己的论文提纲，然后再去跟导师交流碰撞最后写出初稿。导师在审时会指出文章中的错别字、文章逻辑、摘要、格式等方面的问题，这时学生要沉下心耐心地修改。

"做好文章有99%可能被拒的准备"。投递出去的论文，会面临被期刊社接受或拒稿的命运，苏老师提醒学生要做好论文被期刊拒稿的心理准备。好的论文期刊对文章质量要求严格。投稿前导师会指导学生如何选择与写作内容相关的期刊。

与指导的研究生合作发表论文，是老师传承师风、训练学生学术思维的有效途径，也是一个对学生磨练的过程。在新闻传播学学科研究性教学模式的新探索中，这是以学术研究促进教学，激发研究生科研潜力的重要环节。通过认真、精心指导研究生完成学术论文写作，使学生掌握学术论文写作的要求、要点，了解论文从选题到写作、投稿、发表的整个流程。通过合作发表论文，提升了研究生的学术自信。

（三）以科研项目研究提高研究生的学术水平

以科研项目为导向的研究生培养方式，是新闻传播学科的导师们普遍的指导方式。导师将自己的科研项目、开设的教学课程及对学生的研究指导有机地结合在一起，使各方面都达到良好的效果。

例如，国际传播领域是我国媒体及文化领域相关事业的重要使命之一，讲述中国故事、传播中国声音、塑造中国形象等是其主要内容。张梓轩老师的科研方向集中在这一领域，做了大量与纪录片国际传播、电影国际传播等有关的科研工作，她在这一领域内不断吸收、跟踪前沿的理论，并且收集大量中国对外传播的鲜活案例，这些前沿理论与鲜活案例，一方面促使教师不断推出新的研究方向，丰富我国对外传播的研究成果，为行业带来富有学理依据的借鉴，同时，还反哺了课堂，令课堂教学与时俱进，使得学生接触到前沿的理论与一线的实践，打下扎实的研究基础与从业基础。更重要的是，张梓轩老师在尊重学生研究兴趣的前提下，课堂上把这个领域的理论以及案例作为学生的课程论文、毕业论文的宝贵选题与研究对象。到目前为止，张梓轩老师所指导的研究生围绕国家社科基金及教育部人文社科基金等青年项目范围选题，在中外合拍纪录片的受众分析、中美合拍电影的历史演变与国外接受、中国出口纪录片的编码解码分析、中国从事出口业务的文化机构其产业发展规律等各个具体的领域，都得到了成体系地、综合地、深入地学术训练。导师与研究生的研究成果（论文及项目结题），一方面充实了我们国家在"走出去"的大背景下国际传播方面急需的研究成果，另一方面研究生在这一过程中有了明确的问题意识、熟练使用了包含深度访谈、文本分析、数据分析等在内的各类研究方法，并且有的学生还采用了最新的基于大数据的数据挖掘分析，做出了独特的研究发现，毕业之后很快成为加盟国家级媒体的骨干力量。在明确的科研方向的贯穿下，通过科研、教学、学生培养三位一体，研究生们在直面国家与社会时代需求的前提下，使得自身在科研过程中也得到了成长。

在当前互联网蓬勃发展的大背景下，互联网渗透到各行各行，媒体领域也不例外，传统媒体纷纷探索与互联网的融合发展之路，实现媒体深度融合转型，把握新时代舆论引导的话语权。开展以媒介融合为方向的课程和研究既体现了时代的迫切需要，也可以为学生了解当前媒体发展现状提供独特的视角，为他们以后走上工作岗位奠定一定的理论和实践基础。

张梓轩指导的 2016 级研究生李倩的科研方向就集中在这个领域，参加到张梓轩老师的国家社会科学基金项目："党报在移动智能终端上的传播效果研究"中，研究生三年，她一直在导师的精心指导和课题的逐步推进中从事大量与媒介融合相关的科研工作，在深耕该领域的过程中积累的案例成为她课程论文和毕业论文的选题来源，学习的理论为她开展研究提供了必不可少的指导。

在课题中，李倩同学主要负责调研前期媒体信息的收集、部分调研的参与以及后期调研资料的整理汇编，总计收集文字资料近 15 万字。调研媒体涵盖中央级、省级和地市级等各个层次，包括央视、光明日报、浙江日报、南方日报、南京日报、山西日报等。在研究过程中她将定性和定量方法相结合，综合运用深度访谈和统计分析等研究方法。来自业界一线、不同层次媒体的融合案例大大拓展了她研究的视野，同时也加深了研究的深度，在这一过程中，她培养了问题意识，对我国当前微博、微信、直播和短视频等移动传播平台和报业集团的融合转型案例进行了深入的思考，并将这种积累和思考进行了创新性转化，以第一、二或三作者身份参与撰写 12 篇学术论文。

（四）以与媒体实践结合提升研究生的专业水准

近年来，研究生课程教学始终与国家级媒体如《人民日报》等同步合作，并延续至课程结束后，提交重大主题报道策划案，自 2014 年至 2018 年，包括全国两会、十九大、国家公祭日、长征胜利八十周年等一系列重大主题报道，授课教师均带领学生进行了实际参与。2017 年，课程组拓展合作机构与合作领域，与慈文影视、新朗略等机构同步合作，并延续至课程结束后，用课堂所学为实践所用，为十九大献礼剧、湖南卫视金鹰独播剧场《特勤精英》创作新媒体传播策划案，并在该片播出期进行全程编辑执行。

此外，导师们积极推荐研究生到人民日报、光明日报、解放军报、新华社等中央级主流媒体进行专业实习，在重大主题报道中与业界老师联合指导学生的策划、撰稿，学生在实习期间参与了一系列重大主题的报道活动。

如 2016 级研究生李倩为了更加真切地感受传统媒体的日常新闻生产实践和融合转型机理，感受新闻一线的热度、温度和深度，在实践中检验和完善研究发现，主动投身到新闻实践当中，从 2017 年 9 月到 2017 年 12 月他在《光明日报》文艺部实习，参与了各种形式的文化艺术活动，采访专家学者，撰写消息、通讯和评论稿件，在光明日报发表文章 8 篇，在光明日报客户端和光明网发表文章 31 篇。文章被央视网、新华网、搜狐网、凤凰网、中华网等知名媒体转载；与此同时根据文化热点策划选题；协助版面编辑完成组版和校对工作，出版报纸 8 期，校对文章约 40 篇。

四、结语

截至 2018 年年底，本学科毕业研究生已逾四届，达 30 余人，入职单位有新华社、光明日报、中央电视台、中央人民广播电台、解放军报等国家级媒体；有国家网信办、国家粮食和物资储备局、外交部等国家政府机关，北京市及各省政府机关部门等；有进出口银行总部、中国农业银行总部、联通等国企，有互联网民营企业等。本学科的毕业生正在运用专业理论和知识传播着国家政策和中华文化，承担着公司管理及产品运营的职责，受到用人单位的重用，已成长为政府机关、传统媒体、新媒体及企事业单位各部门的中坚力量。

新形势下信号与信息处理学科课程体系建设探讨

韦世奎　赵　耀　赵宏伟

（北京交通大学计算机与信息技术学院，北京 100044）

摘　要： 随着信号与信息处理理论与技术的发展，信号与信息处理已经远远超越了传统信号和信息处理的研究范畴，已经渗透到计算机视觉、机器智能、媒体安全、智能控制、智能通信、智慧交通、智慧医疗等领域。然而，目前该学科的课程设计相对陈旧、基础理论授课重叠度比较高，已经和学科主流研究方向不相适应，迫切需要梳理该学科研究生课程体系。为此，本文试图从教学内容、教学方式等方面探讨新形势下信号与信息处理学科课程体系建设的思路。

关键词： 信号与信息处理　课程体系建设　学科　教学内容

一、信号与信息学科课程体系建设的背景

研究生作为学科发展的生力军，为学科的发展提供了原始动力。如何培养出具有开拓创新精神和较强实践动手能力的研究生，是学科发展的关键。作为研究生培养的一个关键环节，研究生课程体系建设是研究生培养和学科建设的重中之重。2013 年，教育部、国家发展改革委员会、财政部联合下发了《教育部　国家发展改革委　财政部关于深化研究生教育改革的意见》，就进一步提高研究生教育质量、深化研究生教育改革提出一系列意见。为了落实《教育部　国家发展改革委　财政部关于深化研究生教育改革的意见》要求，教育部于 2014 年颁布了《教育部关于改进和加强研究生课程建设的意见》，在课程建设责任、课程体系的系统设计和整体优化、课程审查机制等方面提出明确要求。同时，各研究生培养单位以及专家学者就研究生课程体系建设开展了一系列的探索。汪霞等指出课程体系建设要处理好科研工作与课程学习的关系，要推进课程国际化，并完善评价和管理体系[1]。王战军对中国研究生教育的现状进行了统计和分析，认为研究生教育本身的研究还很薄弱，具有中国特色的研究成果较少[2]。翟亚军等分析了我国研究生教学中存在的问题和原因，并建议从研究生培养理念、课程设置、课程管理和研究生教师队伍建设等几方面进行改进，并提出了相应改进对策[3]。杨超就教师参与学科治理的困境及路径进行了研究，并从利益相关的角度讨论了教师参与学科治理的现实困境，建议"构建教师参与学科治理的"情—利—权—责"一体化激励机制以及完善和创新以教授为主体的学术委员会等学科组织结构"[4]。李庆丰从引导和评价的角度，建议"强顶层设计，以目标为导向，以评价为引领，推动课程体系建设。"[5]同样，李海生等也提出课程设置应以培养目标为导向，加大经费投入，完善激励机制，强化评估制度，深化内在改革。[6]除了具有普适意义的课程体系改革探索，一些针对特定学科、特定培养单位的课程体系建设探索研究成果也被提出。比如，仇鹏飞等就南京大学学术学位硕士研究生课程改革进行了探索与实践。[7]陈花玲等就西安交通大学研究生院在研究生课程教学的一系列改革实践进行了阐述。[8]杨鹏针对"计算机网络"课程体系建

设进行了探索。[9]

二、信号与信息处理学科的课程体系建设问题

（一）课程体系建设的背景

信号与信息处理学科主要探索图、文、声、光、电等信号的表示、分析、合成、识别、存储和呈现方法，研究从信号中提取有价值信息的基本理论和方法。随着信号与信息处理理论与技术的发展，信号与信息处理已经远远超越了传统信号和信息处理的研究范畴，已经渗透到计算机视觉、机器智能、数据科学、媒体安全、智能控制、智能通信、智慧交通、智慧医疗等研究领域，其与计算机科学与技术、控制科学与工程、仪器科学与技术等学科的研究领域密切相关。近年来，信号与信息处理学科作为人工智能和智能信息处理的核心学科，正经历着飞速的发展，无论是在基础理论还是在应用实践方面，其内容在飞速更新和扩展。

和信号与信息处理学科的飞速发展相比，该学科研究生课程体系建设相对滞后，课程设置、教学内容相对陈旧，教学方式亟待改革。通过对信号与信息处理大类学科教师和在校研究生的问卷调查，老师和学生均对当前学科的课程内容、教学效果很不满意。问题的根源在于，课程体系设置过于陈旧，教学内容过于理论化、原则化和概念化，课程本身缺少吸引学生的元素，不能和当前学科前沿接轨，导致教学与研究脱节、教学与实践脱节。比如，通过分析 64 份学生的有效问卷调查报告，教师的授课效果不太理想。如图 1 所示，学生完全掌握授课内容的比例很低，并且部分掌握的比例很高，说明教师授课方式有待提高。

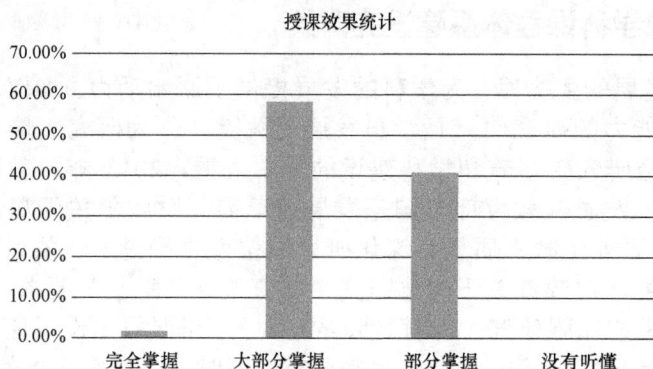

图 1　授课效果统计直方图

另外，通过分析学生的选课情况，也反映出目前课程设置和实践脱节。如图 2 所示，该图对 34 门可选课程（35 代表其他）的选课情况进行了统计。可以看出，学生选课大部分集中在部分课程，大部分的课程选课人数很少或为 0。为了进一步直观地展示这一情况，我们画出了课程比例和选课比例的关系图，如图 3 所示。可以看出，大部分的课程被学生选择的比例很低。虽然，这个比例包含学生"趋利避害"的因素，但也能部分反映课程本身存在吸引力不足的问题。

因此，迫切需要研究该学科新的课程体系。为了适应学科的发展，提升该学科研究生培养质量，保持信号与信息处理学科在国内外的领先地位，迫切需要重新梳理该学科研究生课程体系，更新教学内容、改革教学方式。

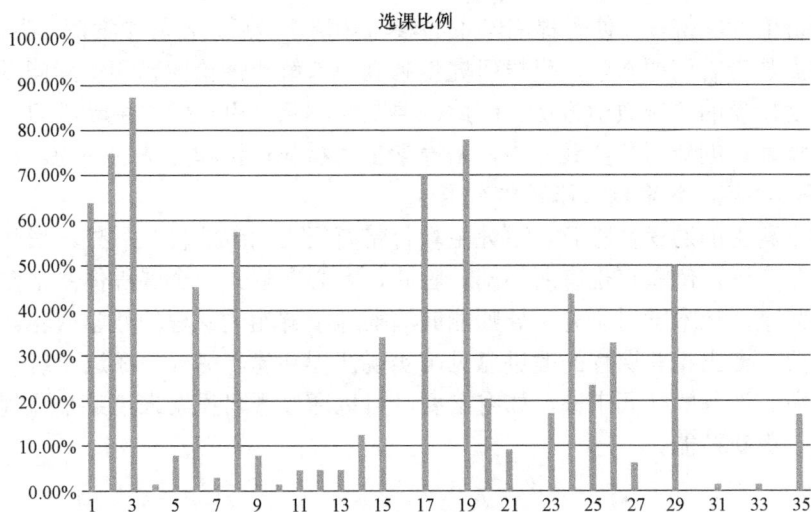

图2 选课比例统计直方图（34门课程+其他，64份有效问卷）

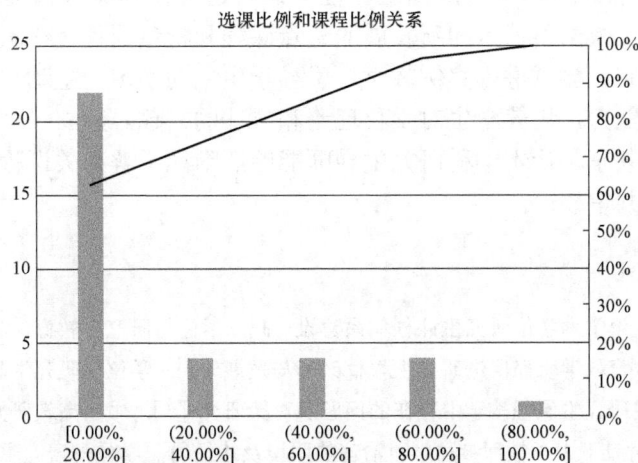

图3 选课比例与课程比例统计直方图（34门课程+其他，64份有效问卷）

（二）信号与信息处理学科的课程体系思考和建议

1. 梳理信号与信息处理学科的课程体系

作为人工智能和智能信息处理的核心学科，信号与信息处理学科为智能无人系统、军事智能系统、物联网应用以及各类信息处理技术提供基础理论、基本方法、实用算法和实现方案。在当前人工智能大发展的时代，研究各类信号的采集、传输、安全认证、智能分析、智能识别、机器学习等最新技术，均属于信号与信息处理学科的范畴，这些是人工智能的基础学科。因此，要在人工智能大发展的新形势下，调研国内外一流大学的课程体系，重新梳理信号与信息处理学科的研究生课程体系，通过重建原有课程和新开特色课程的形式，重点建设5～6门反映学科特点和新发展的重点课程和特色课程。

2. 引导教师更新教学理念和内容

在教学手段上，引导教师更新教学理念和教学内容，尝试进行案例教学。首先，要更新教学内容，使之对接当前学科前沿。研究生是科学研究的生力军，是学科前沿研究的主体。因此，研究生教学的内容不能过于陈旧，应该与时俱进，结合经典理论和最新学科研究成果进行教学，使教学与科研接轨。其次，要精选案例，渲染情景。案例要能清晰地反映理论与实践的结合，要选择具有明显应用价值的案例，以便于提高学生的参与热情。最后，要紧扣案例，尝试研究性教学。研究生教学的特点是带着问题教学，引导研究生独立思考解决理论问题和实际问题，从而改变教师传授、学生被动接受的传统教学方法。因此，要围绕案例，引导学生主动学习、主动思考，激发学生的学习自觉性、创新力和实践能力，培养学生对学科理论和方法的兴趣。

3. 建立共享、共建、共审核的课程体系平台

区别于大学本科生的通识性教育，研究生教育带有很强的专业性。另外，信号与信息处理学科的研究方向十分广泛，侧重点也有所不同。因此，有必要建立一个课程体系平台，实现教学课件、教学方案的共享，让本学科研究生导师能够清晰地了解相关课程的教学内容。这样，所有老师都可以根据需要，提出相关课程的改进意见，实现课程共建。另外，在这个统一平台上，可以实现所有老师对所有课程的共同审核，如有必要，可以通过匿名投票来给某个课程打分，倒逼相关老师更新课程，更新技能。

三、总结

重新梳理信号与信息处理学科的研究生课程体系，通过重建原有课程和新开特色课程的形式，重点建设 5~6 门反映学科特点和新发展的重点课程和特色课程。在教学手段上，引导教师更新教学理念和教学内容，尝试进行案例教学。引导学生主动学习、主动思考，激发学生的学习自觉性、创新力和实践能力，培养学生对学科理论和方法的兴趣。建立一个课程体系平台，实现教学课件、教学方案的共享，让本学科研究生导师能够清晰地了解相关课程的教学内容，实现课程建设的共享、共建、共审核。

参考文献

[1] 汪霞，卞清，孙俊华. 论学术学位研究生课程体系建设 [J]. 学位与研究生教育，2015（10）：30-34.

[2] 王战军. 加强研究生教育科学研究促进研究生教育改革与发展 [J]. 学位与研究生教育，2014（8）：1-5.

[3] 翟亚军，哈明虎. 反观研究生课程教学中存在的问题及对策研究 [J]. 中国高教研究，2004（6）：39-41.

[4] 杨超. "双一流"建设背景下大学教师参与学科治理的困境及路径[J]. 学位与研究生教育，2018（9）：39-45.

[5] 李庆丰. 强化导向和评价推动课程体系建设 [J]. 中国高等教育，2014（9）：35-37.

[6] 李海生，范国睿. 硕士研究生课程设置存在的问题及思考 [J]. 学位与研究生教育，2010（7）：59-63.

[7] 仇鹏飞，吴俊，卞清，等. "双一流"背景下的研究生课程体系建设：南京大学学术学位硕士研究生课程改革的探索与实践 [J]. 学位与研究生教育，2019（9）：16-22.

[8] 陈花玲，仇国芳，王俐，等. 改革研究生课程体系 培养研究生创新能力 [J]. 学位与研究生教育，2005（6）：26-29.

[9] 杨鹏. 计算机网络课程体系建设 [J]. 自动化与仪器仪表，2015（3）：204-205.

面向轨道交通行业的研究生课程案例式考核探索与建设

刘月明

（北京交通大学机械与电子控制工程学院，北京 100044）

摘　要： "先进加工技术"系机械工程学科的专业核心课程，现代的加工技术早已突破简单的、独立的磨削\切削的传统范畴。结合轨道交通中钢轨修磨的具体应用背景，开发建设课程讲授中的典型教学案例，并以此延伸至实践现场训练、教学素材积累、教学模式改革、考核环节探索等方面；同时，尝试建设"技术应用讲解案例""典型知识点微型 PPT"等独立教学素材，以多种方式支撑过程教学的培养模式，始终围绕学生能力提升开展课程建设。

关键词： 教学案例　过程培养　培养模式

一、引言

研究生培养是一个复杂的、系统的工程。随着科技和社会经济的迅猛发展，专业学位研究生教育被提出了更新、更高的要求，即要求培养出具有高素质、拥有较强创新实践能力的专业学位研究生，增加其社会乃至国际竞争力，更好地适应社会。美国的专业学位研究生培养模式以硕士教育为主，是为了满足社会经济发展对多样化、高层次专门人才的需要而发展起来的，特别强调培养学位获得者的职业理论和职业技能能力，将培养合格的从业人员作为人才培养的基本目标。课程设置针对性强，教学模式多样，实践课程主要以应用研究训练的职业实践为主，教学模式上采用以学生为主体的案例式教学，以锻炼学生对新知识的自我发现能力[1]。美国推广普及案例教学已经历经 40 多年，哥伦比亚大学用 50%的课时教授理论课，50%的课时进行案例教学和模拟教学，纽约大学用 85%的课时教授理论课，15%的课时进行案例教学[2]。英国的修课式研究生在研究生教育中占有重要地位，教学方式主要采用上课、讨论会、课后作业等形式，十分重视课程学习，注重知识的获得与运用，研究处于次要地位，改变了研究式研究生以完成论文为主要任务的教学模式，评估方式也相应地随之变化。美英两国的培养方式已明显不同于传统的研究型学位的培养方式，具有非常明显的职业性、应用性和实践性特征。上述研究生培养模式对我国当前专业学位研究生教育课程教学改革具有深刻的启示意义。

我国的专业学位研究生教育方式还不能完全摆脱传统教育模式和教育观念的影响。课堂知识教学多，课外实践环节少，理论分析多，联系实际少。福州大学以改善专业学位研究生培养质量为目的，建立了专业公共创新实践平台，在多门课程讲授过程中保障研究生的实验技能、综合分析和解决问题的能力[3]。东华大学依据机械工程学科专业学位研究生的课程特点，设计符合研究生培养方案的"机构设计—机械制造—机电控制—产品改良设计"课程链，将案例教学有机融入机械工程专业学位研究生的培养过程，以工程问题为导向，构思并设计代表性典型案例，让学生结合生产实际的工艺需求进行机构设计，加强学生对知识的掌握，将教师实际科研项目中的创新成果融入案例编写，形成基于案例教学的课程讲义，进行关键知识点的传授，让学生结合生产实际的需求进行机构设计、零件加工、策略控制[4]。天津工业大学以"微机控制系统及其应用"课程建设为例，对专业学位研究生的教学方法进行了研究，构建了"机械系统的微机控制案例库及实践教学平台"，论证了案例教学对专业学位研究生培养的重要作用[5]。

案例教学系各国培养高级专业人才的一种重要教学形式，典型案例的价值就在于它既能有效地验证理论，又可以成为可资借鉴的直观实例，专业型硕士研究生教育的培养目标，决定了必须努力使学员实现从理论到实际工作技能的转化，而案例教学正是这种转化的有效方式，"先进加工技术"课程以案例教学为载体，为提高专业学位研究生的实践能力提供平台。

二、课程建设内容

在"先进加工技术"课程建设过程中，充分借助已有的教学资源以及教学过程中学生的反馈意见，同时考虑教学大纲涵盖范围及课程属性，多层次搜集、制作专门化的教学资源库，尝试改革课程的考核环节。通过为期一年的课程建设，课程教学、考核已基本形成规范化体系，具体的建设内容如下。

（一）突出课程教学特色，探索建设现场教学实践的演示环节

研究生教学缺少专业型的实验室提供实训实践环节，通常授课教师会结合自身的科研项目进行讲解，而这种课堂式的实践随着科研项目的推进而变化，很难形成固定的实践环节。

课程组结合学校在轨道交通方面的行业优势，考虑本课程的知识点架构与轨道交通的关联性，利用校内的实验条件及授课教师科研项目作为支撑，以"钢轨打磨技术"为对象建设教学案例课，与传统教学案例不同，本课程专门利用两学时进行讲解，将课程涉及的磨具研发、装备研发、工艺规划、质量检测等关键知识点在案例中贯穿为一体，加深研究生对磨削加工等专业知识的理解程度。同时，开放钢轨打磨实验室用于开展实操训练场所，鉴于班级选课人数较多而实验室场地有限，采用实践操作与环节考核相统一的方式开展实验课程，即报名参与实验的研究生承担本实践环节的课上讲解工作，在背景需求、操作事项、实践体会等方面分享心得，取得了较好的预期效果。学生的参与程度极高，然而受条件和时间限制，实践课程覆盖面有限，后续将继续探索可操作、覆盖面较大的实践环节实施形式。

（二）建设课程教学资源，形成与知识点紧密关联的专门化资源

教学资源系课程建设的源泉，由于"先进加工技术"课程创建较晚，尚未积累形成丰富的教学资源，在教学过程中，临时搜集的图片、视频与课程知识点的讲解存在一定差异，但课程讲授过程确实涉及各种先进的加工工艺与设备，又无法将各种设备移至教学现场。通过运用计算机技术，结合课程讲授典型知识点，制成专门化的知识点教学PPT，可为后续探索教学模式改革奠定基础。

关键知识点集中体现了课程教学的重点内容，在课程PPT中有所涉及，但为了突出重点，并创建学生自学素材，特选取高速磨削、磨具研发、刀具磨损、精密抛光等4个关键知识点，制作微型PPT，上述知识结合了加工领域的最新研究成果，系相关知识的拓展再利用，微型PPT中的图片、视频及其他教学资源经过专门化制作，形成了规范化的教学PPT。以此作为牵引，持续开展课程建设，最终形成一套专门化并突出特色的教学资源库。现阶段，上述知识点的微型PPT仍由教师讲解，随着课程建设的推进，后续将探索学生自学典型知识点的教学模式，以期提高学生主动学习与思考的能力。

（三）完善课程教学环节，实施专门案例与过程考核相结合的教学模式

过程培养一直是本课程所坚持的教学理念，即注重在课程教学环节中培养学生对知识的掌握运用及能力提升。传统的教学方式无法满足上述要求，其在教学设计方面也未考虑过程培养的需求。因此，为了改善学生的培养质量，首先要激发学生主动参与课程学习的兴趣，特别注重教学设计，引导学生主动参与教学问题的思考与讨论。因此，教学设计是过程培养的重中之重。

在前期教学探索形成的经验基础上，首先，建立了适用于本课程研究性专题专门化实施方式，由教师负责提出研究性专题题目库，学生四人一组完成感兴趣的专题，并对 PPT 制作、专题讲解、问题设置、回答讨论等环节设定了相应规则与时间限制，增加研究性研讨课的学时比重与考核占比，极大地调动了学生参与的积极性。其次，创建了两课时的知识运用专题，本专题以"钢轨打磨技术"为主题背景，充分考虑了磨削知识点，案例素材间横向、纵向的关联性，研究了知识点在案例教学中的展现形式及考核方式，形成了以知识点串行讲解的教学模式，既提高了应用知识解决实际问题的能力，又可以拓展学生对轨道交通行业的认知深度与广度，并同实践环节一并列入了考核环节。前期的教学设计已取得了一定成效，学生反馈教学效果较好，后续将继续设计教学环节来改进过程培养的效果。

（四）改革课程考核方式，尝试继续加大课程教学过程考核的占比

考核方式是课程培养的检验手段，某种程度上也是学生参与课程的指挥棒，然而传统的一张试卷确定成绩的方式无疑已无法反映出学生的能力，亦对课程教学的效果检测存在一定偏失。在前面提及过程培养的教学环节中，考核方式也是学生参与积极性的激励措施，为此，确立合理规范的考核方式直接影响到课程的教学过程。

结合历年的考核方式与学生的反馈建议，已基本形成符合本课程的考核方式，与前面的过程培养环节相对应，逐步增加过程培养环节的考核所占比重，减小期终考试的分数占比，可以避免学生突击复习获取高分而能力缺失的弊端，一定程度上可将学生的注意力牵引至平时学习过程中，提高学生参与过程教学环节的热情与积极性。经过前期的探索实践，已基本形成合理的分数划分比例，将平时教学环节的成绩占比提高至 50%。从问卷调查结果看，学生的反馈效果较好，后期将持续探索并尝试无结课考试的示范方式，提供可选择多种考核方式，不断完善课程考核方式。

三、课程建设成果

在课程原有素材积累基础上，结合所开展的课程建设任务，形成了以下的建设成果，按照任务书分项进行如下说明。

（1）建设了一个现场教学的实训案例。立足授课教师的科研项目与实验条件，充分考虑开展演示实验的可行性，并评估实验的可操作性，利用 2 学时开展实际操作的训练，以培养学生工程实践意识和主动思考能力。鉴于课程容量较大，以自愿报名方式选择三组（12 名）学生开展实操实验，涉及实验规划、实施、检测等多方面，同时制定了相应的激励措施，实训项目与研究性专题同等分数，择一实施即可。参与实验项目的学生将实验过程制成 PPT 进行分享讲解，也多方面锻炼了学生独立实施项目及总结能力，后续将尝试拓展实验操作覆盖更多的学生。

（2）构建了 4 个知识点教学规范案例。以高速磨削、磨具研发、刀具磨损、精密抛光四个关键知识点为对象，分别制作 4 套专门化微型 PPT 进行知识点讲解，所选择的知识点具有

代表意义，既可以联系传统的课程知识讲解，又可以覆盖专业知识点的前沿部分。涉及的规范案例中文字、图片、动画、视频等素材全部自行制作，并涵盖知识点的原理介绍、应用现状、发展趋势等内容，使其独立成节。在完成知识点讲解 PPT 构建的基础上，后期将尝试学生自学典型知识点的形式以提高学生学习能力，并结合实施效果辅之相应的考核措施，多渠道提高课程教学质量。

（3）设计了一讲的技术应用讲解案例。考虑学校在轨道交通领域的优势，依据课程知识点架构的分布特征，以钢轨打磨养护技术为对象设计了一讲的应用讲解案例。梳理有关先进磨削加工的知识点分布，将磨具特征、材料去除、磨削热与质量等相关知识点进行串联，充分结合钢轨打磨养护的背景需求、作业过程、打磨质量等知识的专业运用，该案例教学在讲授完磨削知识后进行，并据此完成课程的平时作业，即撰写不限格式（文字、图表、框图）的个人对钢轨打磨技术的理解展望，在考核环节中占有一定比例，以考查学生对知识运用的掌握程度，同时也起到对本案例学习的督促作用。

（4）形成了一套标准化教学课件与电子资源。加强教学资源库建设，制作出具有课程特色的高质量教学课件，合理运用计算机技术，结合课程讲授特点，在教学课件中嵌入专门的演示视频，采用网络下载、现场录制、资源购置、专门制作等多种方式获取视频资源，将新工艺、新技术以多种媒体形式作用于教学过程，进行全方位、多视角及多层次的演示，加深研究生对现代化加工方式的认识和理解，逐步完善教学资源库建设，最终形成一套包括要求内容的标准化教学课件，提高课程的教学效果，并可以此为基础长期建设该课程。

四、课程建设评价与持续建设探索

"先进加工技术"已由教学资源相对缺失的新课程成为以过程培养考核为主体的优质课程，年均 50 余名研究生选择本课程进行学习，选课学生几乎涵盖了学院所有学位点。在课程教学资源方面，已经具备了相对完整的教学素材和资料，且开始尝试让学生实际操作实验并撰写报告，取得了较好的教学效果。同时，课程还建设了"技术应用讲解案例""典型知识点微型 PPT"等独立的教学素材，为进一步改进教学模式，并持续开展课程建设奠定基础。

在历次结课考试中，以开放题型不设置分数的形式调查学生对课程教学改进的建议，这一举措也取得了很好的效果，获知了学生对本门课程教学环节的认同程度，所提建议也对课程的持续改进提供了积极促进作用。学生普遍反馈研究性专题的形式和考核方式较好，调动了小组学生的积极性，培养了团队协作、PPT 制作、个人讲解的能力。学生的积极反馈更为有力地促进了课程建设，为课程教学模式改革提供了更多的意见输入渠道，后续可在充分考虑学生建议的基础上，继续助力过程培养教学模式。

利用所构建的资源素材，结合前期的课程建设成效，将继续开展以下几个方向的教学改革尝试：①灵活运用课程教学时间，合理安排课程实训课时，争取将实验训练覆盖到所有选课研究生，提升学生的实操技能和主动学习思维方式；②尝试探索关键知识点的小组自学模式，继续开拓培养团队协作精神的教学方法，将已成形的四个知识点微型 PPT 由学生自学并当堂讲授；③继续探索过程考核的可行与有效方式，不断提升平时考核环节的分数占比，并以小组形式试行无考试结课的实施途径。

尽管课程建设与教学改革存有多个渠道和方法，然仍涉及学校制度、课程容量、实验场地、考核公平等多方面因素，冒进式改革必然导致新的问题出现。但是，只要课程建设始终围绕学生能力培养开展，所达到的预期成效与获取的多方认可亦是必然的。

参考文献

［1］　中国学位与研究生教育信息分析课题组. 中国学位与研究生教育信息分析报告［M］. 北京：中国人民大学出版社，2008.

［2］　刘芳. 美国 MBA 教育研究［D］. 保定：河北大学，2005.

［3］　陈绍春. 以强化工程实践为导向的专业学位硕士研究生培养［J］. 中国高校科技，2016（1）：70－73.

［4］　徐洋，孙志宏，王庆霞，等. 基于案例教学的机械工程专业学位研究生培养探索和实践［J］. 当代教育实践与教学研究，2017（12）：174+160.

［5］　隋修武，张宏杰，桑宏强，等. 机械工程领域专业学位研究生案例教学方法研究［J］. 才智，2017（21）：144.

基于启发式案例的研究生培养与课程建设方法

——功率开关器件的健康度管理方向

王　磊　刘志刚　刁利军　张　钢　陈　杰

（北京交通大学电气工程学院，北京 100044）

摘　要：功率开关器件的健康度管理方向的研究生培养工作以及相关的课程建设工作周期长，难度大。本教研组在多年从事与该领域相关的研究生培养与课程教学的经验基础上，采用启发式案例教学法，结合一定的交互性教学手段，提高了研究生培养与教学效果。文中给出了该领域启发式案例教学的基本指导思想和具体实现步骤，并通过对照组的统计结果突出了应用启发式案例教学方法时较之于传统教学方法的优越性。

关键词：健康度管理　启发式案例　交互性　研究生培养　课程建设

一、引言

传统的研究生培养与课程建设方法过多强调导师、教师的引导作用[1]，将研究生的主动学习过程放在较为被动的地位之上，不符合研究生的学习与科研过程较为明显的过渡性、偶发性、被动性特征。功率开关器件的健康度管理技术需要掌握研究对象的精细化疲劳模型和老化规律，需要建立复杂的分析评估模型，需要结合概率论、数理统计、泛函分析等较为高级的数学工具开展工作[2]，知识基础过于庞大。在日常的研究生培养、课程教学过程中按照传统方法培养时，如果过多忽视研究生的交互性学习过程，就会导致教学与培养过程中学生积极性不高、难以围绕所学知识进行开放性思索等问题。

案例化教学过程侧重知识学习的动态交互过程[3-4]，由教师选择特定的教学内容并以经典案例的形式呈现给学生，继而由教师通过交互式手段引导学生参与对案例的分析和讨论过程，最后引导学生得出相关案例的最优解决方案。

教研组通过积极的探索，逐渐摸索出一条以学术方向为引领、以技术分支为框架、以实验过程为启发的案例化教学方法体系。本文将基于案例化的健康度管理技术方向研究生培养与教学的实施过程进行阐述。

二、启发式案例教学方法的必要性

健康度管理方向解决的主要问题，是基于功率开关器件（MOSFET、IGBT、二极管）的疲劳敏感参数，采用直接测量、间接评估的方式获取其老化水平，从而完成对功率开关器件的焊料层开裂、键合线脱落、绝缘氧化层击穿、PN 结破坏等故障的辨识，或是对相关故障发生的可能性进行预测。这是国内电力电子领域一个较新、较活跃的学术分支。健康度管理早期源自军工、航天等领域的应用需求，能够较好地解决复杂机电系统可用性、故障率与维护成本之间的固有矛盾。近年来，在国内外技术专家以及诸如北京交通大学、重庆大学等高校的努力下，健康度管理技术逐渐进入电力电子领域，最直接的体现就是面向功率开关器件的健康度管理技术方面的研究工作的逐渐开展。功率开关器件的健康度管理作为一个新兴交叉学科，其主要的理论基础仍不完善、重要的规律性内容仍在不断总结凝练的过程中。这意味着学生在接受相关知识的过程中可能会就同一个问题得到差别较大的答案，也意味着学生的某些问题在既有研究成果中找不到答案，或者一些思维活跃的学生可能从自己的既有科研经历出发，基于既有科研经验提出自己的答案。

研究生的学习与科研过程呈现较为明显的过渡性、偶发性、被动性特征。所谓的过渡性特征，指的是研究生是一个承上启下的科研群体，一方面他们初步接受了较为完善的本科阶段的基础知识培养，另一方面又逐渐深入导师、课题组的项目研究工作之中，处于一个由基本理论向具体技术、由普适性理论向局部实用性理论应用的过渡期；所谓的偶发性特征，指的是研究生经过本科阶段的学习、研究生入学的过关斩将，势必在心中建立起一定的学术自信心，从而一定程度上认为自身已经具有了一定的独立思考实际问题、解决实际问题的能力。但是当他们实际面对亟待解决的问题时，自身知识量、能力的不足往往会对他们造成巨大冲击，继而导致不少学生要么手足无措，要么病急乱投医；所谓被动性特征，其一定程度上源自偶发性特征，指的是学生在自身能力确实的情况下，容易陷入悲观、被动的状态，甚至放弃自主学习的过程而完全依赖外部的知识传授。

案例教学法具有对话性、启发性、讨论性等三种不同的操作方法分支，其最早应用于哈佛大学法学院的法律基础教学过程之中，为法学院院长兰德尔所创建，继而成为英美法系教学的主要手段，并逐渐推广至经济学、医学的教学过程之中。通过案例教学法的应用，能够培养学生自发思考、在既有案例指导下提出解决方案的能力，同时加深学生的基础知识掌握程度[5]，提高学生将基础理论知识应用于实践并指导实践的能力[6-7]。案例化教学虽源自法律过程，但其一定程度上与功率开关器件的健康度管理方向的理论与技术培养教学活动十分类似，都具有一定意义上的强交叉性、被动性、对先验知识的严重依赖性，因而案例教学法应用于功率开关器件的健康度管理方向的研究生培养与教学活动中具有天然优势。但是，案例教学中对话、讨论两种方法客观上并不适用于功率开关器件的健康度管理方面的教学与培养过程，这主要是由于本领域所需知识与法律领域并不相同，后者单纯依赖学生的既有生活经验或处事阅历即可进行一定程度上的评估与分析，而本领域依赖于对数学基础、工程学基础的掌握程度，因而启发式的诱导教学过程更贴近本领域的最终培养目标。

在早期的教学与培养过程中，课题组首先采用的方式是循序渐进地首先分别介绍相关基础知识，继而讲解典型的实验结果与老化规律模型。任课教师基于与研究生交流、沟通以及问卷调查的结果，发现这种经典的循序渐进式教学方法在解决多学科多领域交叉的教学内容时，授课效果与学生领受程度都受到一定的影响。通过课题组教师的不断研讨与探索，最终采取了基于启发式案例的互动教学手段，明显提高了教学与培养的效果。

三、启发式案例教学方法的具体实施步骤

功率开关器件的健康度管理领域由于其理论发展水平、技术应用现状的局限性，导致理论教学培养与实践应用之间的脱节、学生既有基础与培养所需基础知识之间的脱节和实验教学手段与培养目的之间的脱节。通过基于实际工程方案的案例化引导教学过程，能够一定程度上弥补上述脱节现象，但这要求教师在课程准备或培养方案制定、具体讲述方式、效果验收与评估方法上进行一定的改进，以满足案例化、启发式的教学要求。

这里以"IGBT 器件的老化规律建模以及试验测试方法"一章为例，介绍启发式案例教学的具体实施步骤。IGBT 器件的老化规律建模以及试验测试方法一直是教学与培养过程中的难点。

其中涉及随机变量概率分布理论中的指数分布与 Weibull 分布、传热学中热阻与热传导的概念、可靠性分析中的失效率与寿命、信号与系统分析中的卷积与复频域变换、半导体领域的 PN 结、半导体加工技术等多学科、多领域的交叉知识。

（一）启发式案例教学的准备阶段

启发式案例教学的准备阶段，主要分为建立工作框架、选取典型案例、规划教学场景三个方面的内容。

1. 围绕实际工程场景下的应用案例建立工作框架

基于案例化教学的基本思想，课题组预先选取城轨列车牵引变流器与柔性直流输电的 MMC 级联变换器为主要应用背景，构建了两种典型的应用场景，以建立面向两种场景下的 IGBT 老化模型、提出对应的老化特征数据测试方法为典型案例建立工作框架。

2. 选取一种典型案例，提出应用案例的既有解决方案，围绕教学目标在其中预设一定的设计缺陷

选取的两个典型案例中，选取城轨列车牵引变流器背景下的开关器件老化规律建模为典型案例，同时作为课堂讲解的对象，在教案中体现城轨列车牵引变流器中开关器件的等效拟合模型。在模型中，N_f 为开关器件达到疲劳极限前能够耐受的列车牵引－惰行－制动工作循环数量，I_{eq} 为开关器件电流有效值，T_{amb} 为环境温度。

以启发为目的，有指向性地去除 T_{amb} 与 I_{eq} 在老化规律中的作用效果，选取 I_{eq} 为定值 1 500A、T_{amb} 为定值 25℃时的 N_f 值 316 835 及其 Weibull 分布规律为例进行教学。由于老化教学设施配套困难，学生无法开展大规模的实验活动，因而讲授过程中直接给出老化实验的结果。

（二）启发式案例教学的实施阶段

1. 教学过程中引导学生认识到既有案例的设计缺陷，继而引发学生具有明确指向性的独立思考，对学生提出的思考成果进行归纳总结

首先介绍城轨列车牵引－惰行－制动的工况循环基本情况，从车速与列车功率的变化引出牵引变流器输出电流在列车运行过程中呈现持续的变化趋势，继而引出开关器件电流有效值呈现不断的变化，诱发学生的独立思考，得出"引起开关器件老化的电流不应是定值"的结论，继而向学生讲授 1200A、900A 等电流下的实验结果曲线；此外，从列车运行环境因素的分析出发，引导学生思索，得出"开关器件老化过程中的环境温度呈现不断的变化趋势"的结论，继而向学生讲授 37℃的实验结果曲线。最终基于曲线的结果讲授完整的老化模型。

2. 在理论上加以扩展补充与提升

对开关器件 IGBT 的内部结构（诸如芯片 Die、键合引线、焊料层、DBC 层、基底）进行详述；对 IGBT 各分层之间 CTE（热膨胀系数）差异以及热传导过程之间的相互作用导致的疲劳效果进行详述；对为何选取 1 500A、1 200A、900A、37℃、25℃等实验条件进行讲解；对 Weibull 分布及其特例指数分布在可靠性领域中描述链式系统疲劳规律的特性进行扩展性讲解，对如何获得双向老化测试数据进行详述；对累积损伤度的概念进行扩展讲述。

3. 引导学生解决另一典型案例中的实际应用问题

至此，城轨列车牵引变流器背景下的开关器件老化规律的讲授内容业已完成，学生通过交互式启发与独立思考，从给出的典型案例的角度基本掌握了特定背景下 IGBT 老化规律的测试、实验结果分析、实验条件选取、特定条件下老化规律模型、等效拟合模型建立等一系列基础知识。在此基础上，以"设计应用于柔性直流输电的 MMC 级联变换器背景下的 IGBT 老化建模过程"为例布置课后思考作业，提高学生将已掌握的知识应用于未知案例、基于先验知识解决未知问题

的能力。

四、启发式案例教学方法的效果评估

为评估采用启发式案例方法后的教学培养成果，教研组通过对话调查的方式各选取一定数量的研究生形成两个对照组，分别采用传统教学法与启发式案例法后得到的培养效果统计结果如图 1 所示。

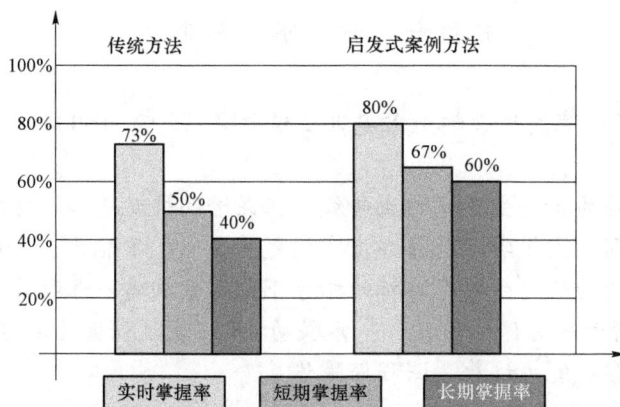

图 1　不同环境温度下的开关器件损伤度变化情况及其疲劳寿命

从图 1 来看采用传统方法的对照组，在讲授后立即调研，可得实时掌握率为 73%，继而三天后的短期掌握率仅为 50%，一个月后的长期掌握率仅为 40%；采用启发式案例法的对照组，从实时掌握率、短期掌握率以及长期掌握率方面都有较为明显的提高。

此外，从图 1 中的对比统计结果不难发现，采用传统方法的对照组，长期掌握率占实时掌握率和短期掌握率的比重（68%，80%）均不及采用启发式案例方法的对照组（75%，89%），客观上说明采用启发式案例方法后，学生在一定时间内能够更好地保持相当的理解与掌握水平。

五、结论

在针对功率开关器件的健康度管理方向的研究生培养与教学过程中，教研组采用启发式案例教学方法，从特定背景下的典型案例入手，以启发式的递进教学方式提出了一种较为有效的培养体系。通过对照组的统计分析结果，采用案例化的启发式互动教学，能够在一定程度上提高学生对疲劳机理、老化模型等需要高交叉度、高先验知识掌握水平的理论知识的掌握程度，具有更好的长期持续效果。

参考文献

[1] 方岱宁. "双一流"背景下研究生教育改革的创新探索 [J]. 北京教育：高教版，2018（1）：43－45.

[2] 李亚萍，周雒维，孙鹏菊. IGBT 功率模块加速老化方法综述 [J]. 电源学报，2016（6）：122－135.

[3] 韩颖，张飞燕，段振伟. 翻转课堂：角色互换：启发式案例教学研究 [J]. 黑龙江教育（高教研究与评估），2018（1）：32－34.

[4] 唐海. 启发式案例教学在"凿岩爆破"课程中的应用 [J]. 教育教学论坛，2017（8）：152－154.

[5] 吴月红. C 语言的启发式案例教学方法研究 [J]. 信息与电脑（理论版），2016（6）：238+241.

[6] 钱晓亮，曾黎，张焕龙，等. 理论和实践一体化的启发式案例教学法 [J]. 科教文汇，2016（29）：69－70，73.

[7] 骆新，陶义存，王烨，等. 药理学教学中启发式案例教学模式的应用与问卷调查 [J]. 中国医药科学，2014，4（15）：116－117.

基于能力培养目标的研究生课程保障体系研究

——以北京交通大学土木工程专业为例

张鑫超　韩　冰　郝建芳

（北京交通大学土木建筑工程学院，北京 100044）

摘　要： 教学质量作为研究生教育的生命线，在促进高校发展和人才培养方面发挥了重要作用，但现阶段研究生教学环节存在诸多问题。在以学习能力、科研能力、工程问题解决能力和创新能力为研究生培养目标的指导下，探索构建以课程建设为中心、以师资力量为抓手、以监督管理为保障的三位一体联动机制，实现研究生教学质量的全面提高。

关键词： 研究生教学　能力培养　课程保障体系

人才培养质量是高校教育的生命线，教学质量是保障人才培养质量的关键。研究生教育作为培养高层次科研人才、助推国家科技创新和成果转化的生力军，在教学设置中具有区别于本科教学的特殊性。但是由于生源结构、教师评聘体系、资源配置和研究生群体特点等原因导致研究生教学成为高校人才培养的相对薄弱环节。因此构建以学生为中心、以能力培养为目标的研究生课程保障体系，对建设双一流学科和大学具有十分重要的意义。

一、加强研究生课程建设的必要性

在人才培养层面，课程学习是我国学位和研究生教育制度的重要特征，是保障研究生培养质量的必要环节，在研究生成长成才中具有综合和基础性作用。《教育部关于改进和加强研究生课程建设的意见》（教研〔2014〕5 号）明确指出"重视课程学习，加强课程建设，提高课程质量，是当前深化研究生教育改革的重要和紧迫任务。"

在学科建设层面，课程教学作为提高研究生培养过程质量的重要环节，是评价学科建设的重要指标。根据全国第四轮学科评估指标，"人才培养质量"作为一级指标，共包含三个二级指标：培养过程质量、在校生质量和毕业生质量。而课程学习作为培养过程的重要环节具有很高的体现度，以北京交通大学土木工程学科为例，按"人才培养质量"分段统计标准，在 134 个参评单位中位列第 3 段；按照分类统计标准，得分 82.1。但是根据"人才培养质量"二级指标统计，土木工程专业"培养过程质量"得分 67.7，位列 54 名，明显落后于学科整体水平，成为影响学科发展的限制因素。

在教学改革方面，加强课程建设有助于推动和促进教学改革。学校以课程建设为纽带，强力推进教学研究与改革向纵深发展，推动实验室、实习基地以及现代教学设备的建设，特别是优质课程的建设将带动教学方法和人才培养模式改革。

二、影响教学质量的主要问题

第一，教师评聘体系导致教师对研究生教学重视力度不够。目前研究型高校普遍存在重科研、轻教学的情况，教学在评聘系统中所占比重过小，且对教学质量、学生评价等方面无考量，侧重点主要为授课学时、选课人数、工作量等可量化标准，缺少效果评价。重视力度不够导致出现不良课堂行为甚至教学事故，根据北京交通大学土木工程专业的课堂质量调研情况，授课教师易在课堂上出现的问题主要为接打电话，迟到、早退、拖堂，谈论与课程无关内容，课件与所讲内容不匹配，与学生交流过少，仪表、谈吐不当等六大类。具体情况如图 1 所示。

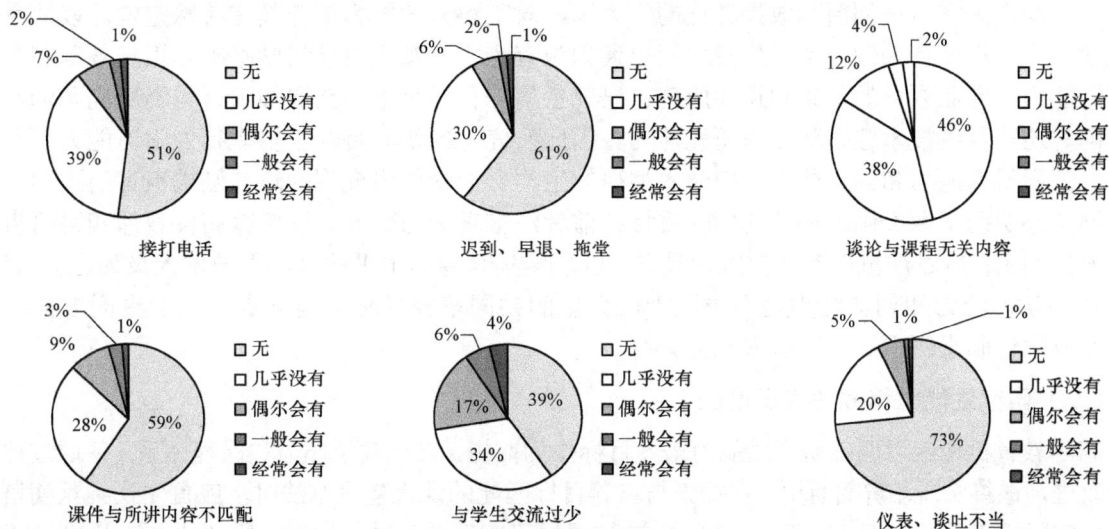

图 1　任课教师在课堂中出现的问题

第二，授课方式与培养目标错节，授课方法单一。土木工程专业作为典型工科学科，工程问题解决能力应是学生培养重点，但目前授课方式主要是知识传授型，实践环节欠缺，与培养目标错节。同时对学生科研方法训练不足，科研能力是研究生阶段重要的培养能力之一，也是区别于本科教学的重要一点，以教促研是研究生教学目标之一，应鼓励教师在教学中融入前沿科研知识及方法训练，做到教研相长，寓研于教。

第三，生源差异较大，加大了研究生课堂教学有效实施的难度。研究生招生考试制度改革以来，生源结构发生了很大变化，不少专业基础较差的学生被录取。一个课堂中几十名学生，有些有着良好的基础知识与专业功底，有些则是跨专业而来，授课内容深浅难以把握，无疑加大了教学难度。

第四，教学硬件设备老化，制约研究生多元授课模式的开展。根据全国第四轮学科评估及 2017年学位授权点合格评估结果，目前制约北京交通大学土木工程学科发展的主要因素之一是办学硬件条件不足。在教学方面主要体现为现代化教学设备覆盖面窄、实验室设备陈旧、智能教室不足等，尤其是老化的实验设备和实验条件严重制约了实验类课程的授课效果。

笔者认为，出现以上影响教学质量的主要原因是教育目的不清晰或偏离教育目的。根据国家对高校职能的定位，高校肩负着人才培养、科学研究、社会服务、文化传承与创新、国际交流五大职能，而人才培养作为首要职能，应该是高校发展之本、立校之源。研究生教育应该从"以教师为中心"向"以学生为中心"转变，切实将提高学生能力、培养高水平学生放在办学的首要位置，研究生课程体系也应该从"单一知识型传授"向"以知识和技能并重的能力培养"转变[1]。

三、研究生能力培养目标及实现途径

（一）研究生能力培养目标

根据哈佛大学教授大卫·麦克利兰（David McClelland）创建的能力素质（冰山）模型，个人能力素质包含 6 个层次：知识、技能、社会角色、自我概念、特质和动机。其中知识和技能属于"冰山以上"部分，为显性能力，可以通过训练来改变和发展；其他 4 个层次则属于"冰山以下"部分，为隐性能力素质，不容易被外界影响改变。所以本文所探讨的能力培养主要是指知识和技能，即显性能力素质。

能力的培养具有阶段性特征，不同的教育阶段有不同的侧重和要求。研究生教育作为培养专业人才、助推国家科技创新和成果转化的生力军，对工科人才能力培养具有特殊定位。以北京交通大学土木工程专业为例，本科阶段主要以通识教育为主，掌握自然科学基础知识、外语和计算机应用能力、专业领域的基础知识和原理；研究生培养目标是培养获取知识、科学研究和创新能力，同时还需具备技术鉴别和工程研究能力。因此研究生的培养目标主要概括为学习能力、科研能力、工程研究能力和创新能力。但学术型研究生与专业学位研究生的培养侧重点有所不同，国务院学位办明确了两类硕士类型的培养目标：前者注重理论与研究，以培养高校教师和科研机构研究人员为主；后者注重以专业实践为导向，以培养具有专业水平的高层次技术人员为主。因此，笔者认为学习能力和创新能力是两类硕士研究生的共同培养目标，但学术型硕士更侧重科研能力，专业学位硕士侧重于工程研究能力。

（二）研究生能力培养的实现途径

高等教育机构应以明确研究生能力培养目标作为前提，设计教学环节和课程体系，并通过评估进行改进，最终实现培养目标[2]。在探索与培养目标匹配的课程建设方法时，应首先找到预期培养目标与实际培养目标之间的差距，即"目标差"。根据研究生教育过程的三阶段评估办法[1]，明确"目标差"需要包括三个阶段：能力培养目标评估、教学环节和实际能力评估、教学环节分析评估。其中第二阶段的评估即确定预期和现实之间存在的差距；第三阶段的目标是找到存在差距的具体原因。例如，工程科研能力是预期培养目标，需要通过教学环节设计来实现，而真正可以达到的效果与预期效果之间存在一定差距。因此如何最大可能地减少预期目标与实际目标之间的差距，则需要对教学环节进行把控和评估，并细化各个环节与要素。具体实现途径模型如图 2 所示。

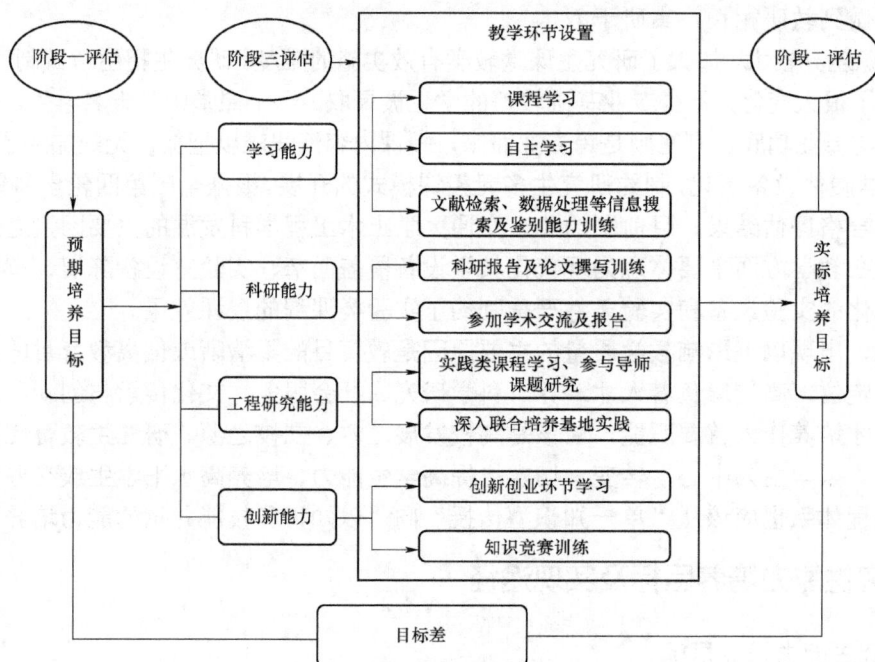

图 2　研究生培养目标实现途径模型

在基于能力培养的研究生教育体系中，能力目标是主要焦点[3]。课堂教学作为人才培养的重要方式，是进行能力训练的主战场，在教学环节中，应针对目标设置课程安排、教学计划、考核方式和评估标准等，构建一套侧重培养学生学习能力、科研能力、工程实践能力和创新能力的教学保障体系。根据研究生教学中出现的问题及培养目标实现途径可知保障体系的三要素是课程、师资力量和监督考核。因此笔者提出通过构建一套以课程建设为中心、以师资力量为抓手、以监督管理为保障的三位一体联动机制，全面提高教学质量和研究生能力。

四、三位一体教学保障体系的构建

（一）课程建设是保障体系的核心要务

第一，制订符合学科特点和人才培养目标的培养方案。培养方案是开展教学活动的根本，规定了人才培养的过程及各环节应达到的具体要求。根据研究生能力培养目标优化培养方案，将培养目标的内在要求和人才培养所需的知识结构有机结合，是进行课程建设的首要环节。在现行的课程体系中，课程设置主要以专业知识分类为基础，课程体系结构有明显的学科属性[4]，鲜有学科间交叉。在以能力培养目标为导向的课程体系中，应突破学科属性的限制，将四种目标能力和标准融入教学中，并进行相应的课程设置，即新的课程体系需满足两个维度需求：学科需求和能力需求。

第二，重视实践环节设置，加强学生创新创业能力培养。2018年国务院学位办对工程专业学位类别进行了调整，并进一步明确了工程类专业硕士的培养定位和目标。在此背景下，加强实践能力和工程技术能力成为专业硕士课程设置的侧重点。学院通过开展知识竞赛、研究生论坛、基地培养等形式增强学生知识应用能力，强化创新意识。

第三，优化课程结构，丰富课程层次和类型，保障知识结构的完整性。土木工程一级学科下包含桥梁工程、隧道工程等6个二级方向，各二级方向之间专业跨度较大，为保障基础理论知识和专业知识的完整合理，以各方向为单位设定课程结构，每个方向设定 2~3 门专业核心课，作为学生必修课程，以此建立类型多样、层次分明、科学合理的课程体系，通过模块化架构优化知识体系。

第四，建设示范性课程，探索多元、互动的良性授课模式。土木工程类专业课主要分为三类：基础性课程、应用性课程、基础应用性课程。针对不同类型的课程，分批次、有重点地建设示范性课程，探讨不同类型课程的授课规律和授课方式，并充分发挥"实验土力学""土木工程 BIM 技术应用与开发"等此类应用型课程在培养学生职业能力和工程问题解决能力方面的作用。

（二）师资力量是保障体系的主要抓手

研究生师资力量的构建主要包括两方面：授课师资力量和导师队伍。授课师资作为研究生教学环节的直接参与者，对教学质量起着决定性作用，因此提高授课师资的整体水平是保障教学质量的重要举措。以北京交通大学土木建筑工程学院为例，2017－2018 学年授课教师中，教授占48.5%，副教授占44.5%，讲师占7%。师资人员比例合理，副教授及以上职称占比90%以上（见图 3）。此外，实行课程群负责人及课程负责人"双负责制"，即根据专业特点，每个课程群，通常以学科为单位，确定开课课程及授课教师团队，教师团队在对国内外研究现状调研的基础上，通过集体研讨确定课程大纲、授课方式及学时学分等课程设置。一门课程的授课团队由多位教师组成，这些教师来自不同的专业，一方面确保了知识覆盖的全面性和准确性，另一方面也体现了专业特色。

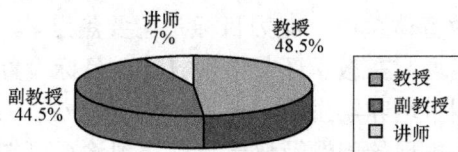

图 3　师资力量职称分布图

导师作为研究生培养阶段的第一负责人，对学生学科前沿指导、科研方法训练和学术规范教导等方面有直接影响。第一，发挥导师在学生选课和知识结构构建过程中的指导作用，入学初为学生制定培养计划，并依据培养计划制定学习方案；第二，依托导师研究课题，实现科研与教学、知识与实践、课堂与实训的有机结合，在课题研究中加深对专业知识的理解和应用；第三，发挥导师的学术熏陶作用，营造良好的学风、学术道德及工程伦理氛围。

（三）监督管理是保障体系的重要措施

行之有效的监督管理机制是教学环节顺利开展的重要保障。一套科学合理的管理机制需要遵循发展性、全程性和适应性的原则[5]。发展性，即教学活动的开展要不断地与时俱进，监督管理办法也需随之不断调整；全程性，即监督管理体系需覆盖教学活动的各个方面，包括课程设置、授课方式、考察方式、课堂效果等，且需遵循以学生为中心、以能力培养为目的的初衷；适应性，监督管理体系必须要结合硕士研究生教学的需求和特点，并且明确人才的培养目标，结合教学质量保障的目标，合理地对教学过程的实施活动进行管理和预测，科学有效地做好教学规划。

第一，构建监督管理体系。完整的监督管理体系应当具有完善的教学管理系统、质量监督系统、反馈系统以及教学运行系统几个部分，确保各教学环节的顺利开展。教学管理系统主要负责对学校教学工作的管理，制定相关教学质量保障的目标、对日常教学活动进行有序的监督和检查，并制定相关的教学管理制度[6]；质量监督系统通过科学的应用激励、监督、诊断与导向的功能，对校内教学活动的质量进行科学的评价；反馈系统配合监督系统共同开展质量保障工作，通过评估和反馈，对于教学活动中的不足进行发现和解决，并且更加科学、有效地提高对教学活动的管控能力；教学运行系统落实教学管理制度，对不同的教学环节进行综合调控与管理，保障整体教学活动的有效开展。

第二，建立科学的评价标准。目前对教学质量的评价标准是研究生教学中的相对薄弱环节，北京交通大学的本科教学已经启用华盛顿条约，围绕授课目标进行课程达成度分析，有一套健全、成熟的评价标准。但是由于研究生培养目标、课程设置、科研实习等具有个性化特点，且导师对学生的成长具有较大的影响，导致弱化课程学习及效果评价，因此建立一套科学合理、普适性强的评价标准是学院办学的重要任务之一。

北京交通大学土木建筑工程学院设立了"五教"评价标准，即包括教学能力、教学内容、教学方法、教学态度和教学效果的五项评价标准，从师资能力到授课效果进行全面追踪，通过考核等方法提高任课教师对研究生课程的重视度和投入精力。同时，为增强评价结果的可靠性与客观性，构建包括学生评估、课程群负责人评估和管理人员评估等多元化评估主体，逐渐实现由单纯考核教学工作量向考核教学质量转变的评价体系（见图4）。

第三，合理运用评价结果。根据评价标准对课程质量进行客观评判，并建立信息反馈机制。在运用评价结果时，应采取激励措施为主、提示警告为辅的手段，通过正面宣传提升教师改进授课质量的积极性，对个别违反教学规定情况，进行谈话提醒。对于教学秩序和教师请假调课等客观情况进行定期非实名公布；树立优质课程典范，发挥模范带头作用，在教师中形成重视授课质量的良好风气；评选"我最喜欢的课程"，引导学生关注课程学习，并激励老师上好研究生课。

通过多种途径，合理有效地利用评价结果和反馈机制，实现教学环节中及时发现问题、评估问题、反馈问题并解决问题的连贯机制，提高研究生培养质量。

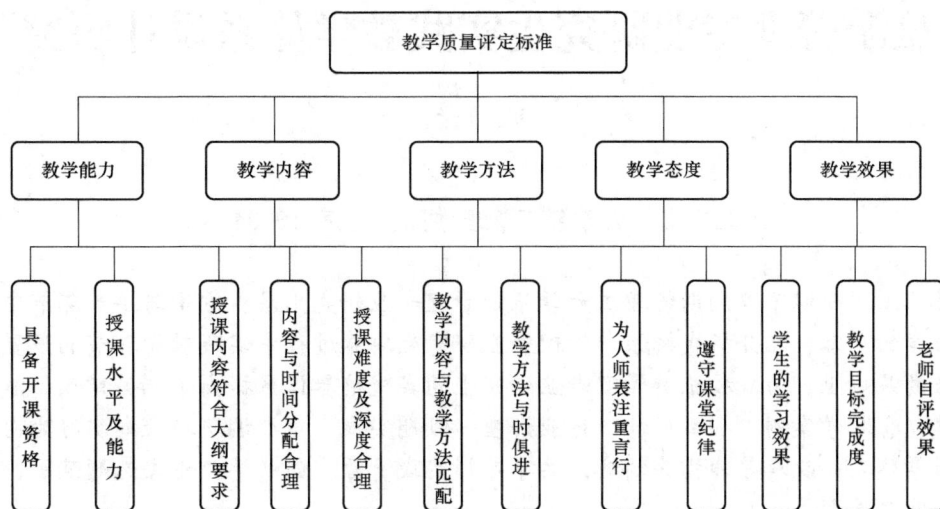

图4 "五教"评价标准

参考文献

[1] 汪文生. 能力本位的研究生教育过程分析与评估 [J]. 教育探索，2015（12）：77-79

[2] 朱永东，张振刚. 美国公立研究型大学学位项目评估的探索与实践：以田纳西大学为例 [J]. 学位与研究生教育，2015（1）：64-68.

[3] 罗黎敏，叶荟，唐慧丽. 基于人才能力培养导向的研究生课程体系优化研究：以浙江农林大学为例 [J]. 黑龙江畜牧兽医，2018（11）：242-244.

[4] 熊玲，李忠. 全日制专业学位硕士研究生教学质量保障体系的构建 [J]. 学位与研究生教育，2010（8）：4-8.

[5] 张杰，刘晶，王家华. 全日制专业学位硕士研究生教学质量保障体系研究 [J]. 金融教育研究，2014，27（6）：77-80.

[6] 秦秀娟，唐永福，郭文峰. 科教结合提高研究生课程教学质量的探索 [J]. 黑龙江教育（高教研究与评估），2018（9）：60-61.

旅游管理专业研究生实践教学体系设计研究

殷 平

（北京交通大学经济管理学院，北京 100044）

摘 要：本文研究了罗切斯特理工大学旅游管理专业研究生培养方案与培养环节中有关实践教学的内容，在分析我校旅游管理专业研究生培养过程中实践教学环节的设置与执行现状的基础上，为我校旅游管理专业研究生的实践培养体系提出了相关建议。建议包括构建包含教学案例、项目设计、行业讲座、假期实践、短期调研与长期实习为内容的实践教学体系；改革导师指导制度，共享导师实践资源；创新毕业论文选题范围，鼓励案例研究类选题等。

关键词：旅游管理 实践教学 创新人才培养

我校于 2001 年开设旅游管理专业至今已有十八年历史。其间虽然历经辗转，但始终坚持以学生为中心的培养理念，迄今已发展成为全国少有的旅游管理专业本科、硕士、博士培养流程齐全的高校之一，并在《2018—2019 中国大学及学科专业评价报告》中被列为我校的五星专业。近二十年来，我校旅游管理专业在旅游规划、目的地管理、旅游教育等领域培养了大量优秀的人才。然而，在已经取得的成绩面前旅游管理专业的培养方案、培养理念和方法仍有隐忧，这其中教学方法和培养方案与实践的脱节问题急需给予重视与解决。本文基于作者 2018 年国外访学经历及与对经管学院其他专业培养流程的观察，总结归纳旅游管理专业培养中实践教学理念与环节设计的经验，对我校旅游管理专业实践培养现状分析基础上，为今后实践教学体系提出改进与提升建议。

一、国家创新驱动战略下的研究生实践教学理念与方法

（一）国家创新战略为研究生实践教学提出要求

我国确立了创新驱动为国家发展战略，中共中央、国务院发布于 2016 年 5 月发布了《国家创新驱动发展战略纲要》，指出要明确各类创新主体在创新链不同环节的功能定位，激发主体活力，系统提升各类主体创新能力，夯实创新发展的基础。要系统提升人才培养、学科建设、科技研发三位一体创新水平。为了实现这一目标，院校专业培养中就要时刻以"创新"为题，在尊重教学规律的前提下追踪社会、经济对人才需求的变化，改革培养方案，创新培养方法。研究生教育作为教育的最高层次，在培养创新人才中具有决定意义[1]。研究生的创新培养计划，尤其要加强科研与实践环节。提高研究生的创新能力和实践能力是研究生教育内涵式、高质量发展的重要任务。为了完成这一首要任务，培养方案的更新与教学方法的创新尤为重要。

（二）实践教学方法与途径需要创新

实践教学，是相对于理论教学的各种教学活动的总称，主要包括旨在培养学生实践活动的能力的各种教学活动，如实验以及各种实践活动等[2]。从定义中可以看出，实践教学环节是教学体系中的重要组成部分之一，它是培养学生将理论知识融入实践操作的重要手段。实践教学与

理论教学相辅相成，是教学系统的两面。正如理论与实践的关系一样，理论教学是教师在课堂上铺垫知识、原理、方法的基础，实践教学着重学生在活动中应用知识、原理与方法；教师在实践教学中感知理论的新需求，引导学生在理论课堂上进行知识的再生产。因此可以理解，理论教学是实践教学的基石，为实践活动中产生的现象带来正确合理的理论及依据；从另一个角度来看，学生与教师在实践的过程中应更加深刻地理解理论依据，同时使其在理论创新活动中拥有经验素材。

尽管理论教学与实践教学的重要性与相互关系已经被广泛认知，但实践教学的方案与路径的创新仍比较欠缺。尤其是在新的理论与实践发展背景下，实践教学的内容与方法应该发生变化，特别是对于旅游管理这种人文社科类的专业，传统理工科的实验室类实践活动很少，实践环境中的调研、实习等活动又由于各种各样的原因内容并不丰富、执行也具有相当的难度。因此在创新人才教育背景下，应积极探索实验之外的、符合教学规律的、种类丰富、方法灵活、富有吸引力和成效的实践教学活动，形成对理论教学有力的补充。根据培养流程的全生命周期的梳理，在旅游管理专业特征分析结论的基础上，本文提出旅游管理专业实践教学体系与实施方案。

二、RIT 旅游管理专业实践教学方案研究

作者于 2017 年 12 月来到罗切斯特理工大学旅游与接待业管理系交流访学，相对完整观察、体验了两个学期的研究生教学环节安排，并深度参与了一门研究生课程 Strategic Planning And Development for Hospitality And Tourism Industry 教学。从暑假初与合作教授讨论该课程的内容安排，参与课程内容的安排、课程案例的选择、实地调研的设计、讲座内容的筛选以及考核形式的确定。在此过程中全面了解了该校旅游管理专业在课堂教学内、课堂教学外的实践教学体系。该校的实践教学主要分为以下几个环节。

（一）课堂教学中的实践教学：案例教学

在美国高校中的旅游管理专业，案例教学贯穿始终。当然案例教学方法本来就起源于美国，100 多年前哈佛商学院所发起的案例研究法，首先应用于法学院的各科教学中。随后商学院开始使用真实的商业实践故事来指导学生。在课堂上，学生在苏格拉底对话模式中（5～10 人的小组针对同一材料询问并寻找问题的答案）详细分析商业问题的细节。这种方法后来被称作案例教学法，并在法律、公共政策和商业的研究生教学中普遍采用，随后案例教学法风靡全球。

RIT 旅游管理专业的研究生课程全程采用案例教学法。教师在开课前将有关教学详细安排的文件、需要学生购买的教材和文件包都在教务系统上告知学生，并给出完整的案例讨论作业的安排。在这门"旅游与接待业战略规划与发展"课上，授课教师在哈佛商学院的案例库中筛选了 3 篇案例和 4 篇经典文献让学生阅读。案例的讨论穿插在课程内容之中。例如"澳大利亚昆士兰州的营销规划"，放置于营销内容讲授完之后随课讨论。在讲授"纪念品设计"内容时组织学生讨论旅游纪念品的文献阅读心得。

（二）课程考核的实践教学：项目设计

该课程考核方式非常综合，注重过程管理和平时表现。总分 860 分，包含内容非常丰富。主要有考勤、课堂参与度、作业与交流、阅读心得与总结、平时测验、项目商演，以及项目设计。分值分布如表 1 所示。

表 1　课程分值分布

内容	满分
简历	10×1 = 10
案例讨论与交流	50×3=150
文献阅读与总结	50×4 = 200
平时测验	100×2= 200
项目商演	150×1= 150
项目设计	150×1 =150
总分	860

从上表可知，该课程的考核基本分散在平时工作中，并不会以最后一篇论文或一个设计来论成绩。平时测验与讨论为 350 分，占总考核成绩的 40.1%，是考核比重中的最高一项；随后即是项目设计，项目商演与项目设计两项相加为 300 分，占总考核比重的 34.9%；书本知识的测试所占比重非常小，仅占总分数的 23.3%。

课程内容安排中的项目商演与项目设计为一个贯穿于课程始终的工程。任课教师在学校所在的城市选择了一个研究对象 Sonnenberg Gardens，所有的学生在课程中的某一天共同前往该景区，由任课教师与景区管理方带领学生进行参观与实地调研。项目设计与商演即围绕该景区，运用课程所讲授的知识体系，为该景区的发展做出规划报告。但值得学习的是，任课教师在项目设计的考核方式上并不是仅仅只在课程最后的一节课上由学生讲解规划方案，而是增加了一个商演环节，即以规划方案最终实现的一个场景，由学生制作文件在全校范围进行宣传。宣传文件可以是影片，也可以是 ppt，或者其他形式。在一周之内获得最多投票数的方案将得到最高分。在最终规划方案的考核中，并不是由任课教师一人评价，而是邀请景区管理方、景区所在地旅游管理部门参加，共同组成考核方，由学生组成的设计小组汇报方案后进入答辩环节，最终给出不同小组的分数。

因此，从课程安排上来看，尽管最终的设计考核是在课堂上进行，但由于有了实地调研、景区管理方和行政管理方的参与，以及全校师生（可以看作是市场）的检验，项目设计与实践中的规划项目流程非常相似。学生们通过一门课程中实践教学的设计与参与，实现了课堂中的实践教学。

（三）毕业考核项目的多样性与实践性

RIT 旅游管理专业研究生的毕业要求非常灵活，且注重与实践相结合。学生可以根据自己的基础与就业偏好选择三种方案中的一种。三种方案的学分都是 30 学分，修满 30 个学分后可申请硕士学位。这三种方案分别是：项目设计、研究论文与实习。三种方案在第一学期有部分相同的课程与学分要求，也有个性化的要求。具体培养方案设计如表 2 所示。

表 2　培养方案设计

学期	课程	学分	项目设计方案	研究论文方案	实习方案
第一学期	研究方法	3	√	√	√
	沟通原理	3	√	√	
	服务业设计基础	3	√	√	√
	旅游业战略规划与发展	3	√	√	√
	旅游业经济绩效分析	3	√	√	√
	旅游业过程与评价	3	√	√	√

续表

学期	课程	学分	项目设计方案	研究论文方案	实习方案
第一学期	选修课 1	3	√	√	
	选修课 2	3	√	√	
	项目设计	3	√		
第二学期	综合考试	0			√
	选修课 3	3	√		
	实习	15			√
	论文	6		√	
	合计		30	30	30

来源：根据 RIT 旅游管理专业培养方案整理。

从表 2 可以看出，该校旅游管理专业研究生的培养目标非常明确，且方案实施性很强。对于有志于继续研究的学生可以选择学位论文方案，对于取得学位后就业的学生可以根据自己的情况选择实习或项目设计两个方案。

实习延续一个学期，学生可以通过学校的实习与就业办公室获得实习单位的信息，可以请系里教师推荐，可以通过院系组织的校友交流活动获得往届校友的推荐，更可以自己寻找实习单位。根据教学要求，需要撰写实习日志、实习报告，需要提供实习单位出具的证明。项目设计持续一个学期，学生自己选题或参加指导教师的选题，根据要求完成某个项目的设计。由于 RIT 对创新创业的重视，因此项目设计非常鼓励学生自己创业，旅游管理专业的研究生不仅可以选择本专业的教授作为设计指导老师，而是可以在全校范围内寻找指导教师。项目设计小组的成员也不一定局限于本专业，可以与其他专业、甚至其他院系的学生一起组队。项目设计后需要公开答辩，并制作海报和展板在校内展出。2016 级旅游管理专业研究生 Xu 与商学院几个同学一起设计了一个珍珠奶茶店的商业企划，顺利通过毕业设计，并成功拿到了学校西蒙创业中心的资助，最终在罗切斯特开了两家奶茶店。学生在设计项目的过程中，不仅实践了所学到的知识，更通过组队、做方案、答辩等环节拓展了人脉关系，提升了沟通能力，培养了商业智慧。该专业还曾有学生在 3D 技术的基础上设计虚拟旅游项目，获得过景区 2 000 美元的资助。

（四）短期实习、参观考察的高频次安排

RIT 旅游管理系非常重视缩短课堂与产业实践的距离，因此设计了多样化的实践活动，包括不定期地参观考察校友企业、当地景区、旅游营销机构开展短期实习、访问等活动。作者在旅游管理系访问的一个学年里，经历的短期实习与参观考察活动如表 3 所示。

表 3 旅游管理系短期实习与参观考察活动

序号	活动	持续时间
1	纽约饭店管理协会交流	2 天
2	尼亚加拉大瀑布市场调研	1 天
3	卡南代瓜印第安博物馆冬季节庆产品考察	1.5 天
4	我爱纽约营销组织访问	1 天
5	克罗地亚旅游旺季问题调研	暑假 2 周
6	纽约饭店业考察	1 周
7	罗切斯特旅游联合会调研	0.5 天

在一个学年内，旅游管理系为研究生提供了形式多样的短期实践活动。这些实践活动时间有

长有短，涉及内容包含酒店管理、市场认知、产品设计、营销方案、行业管理等，内容丰富，涵盖了讲授课程的所有内容。学生通过讲座、参观、实地调研、亲身参与服务等形式，深度了解接待业与旅游业的实务，对理论知识有了更深刻的理解，也从中察觉到更多行业的问题，有助于促成培养目标的达成和提高培养质量。旅游管理系有能力与所在城市、周边城市和相关景区达成联络，一方面说明旅游管理系的社交能力，另一方面也体现了各城市与景区对教学单位的支持力度。

三、我校旅游管理专业实践教学体系设计

（一）实践教学现状评价

我校旅游管理专业研究生培养非常规范，严格执行国家、学校有关研究生培养教育的各项规定。一届研究生培养周期为 3 年，培养环节包括课程学习与论文撰写两大模块。同时，研究生需要完成系列讲座。在我校研究生导师负责制的背景下，研究生也大量参加指导教师的科研课题。课程、论文、讲座、课题等四个环节的教学内容，为我校旅游管理专业研究生夯实了理论基础，更竭尽所能地为他们提供实践的机会。

然而在实践教学的环节，与国外旅游管理专业成体系、制度化的实践教学安排相比，我校旅游管理专业实践教学方面仍有很大的提升空间。就讲座而言，截止 2018 年，2018 年旅游管理专业联络、开放的讲座为 5 场，均为学术类讲座，且 4 场讲座来自同一位教授；产业实践仅有 1 次，2018 年暑假进行学校暑期社会实践活动，学生们在老师的带领下前往贵州参加调研。由此可见，当前旅游管理专业的实践教学为学生提供接触实践的机会太少，且没有形成制度。

鉴于此现状，在国家创新型人才培养的要求下，在旅游业蓬勃发展的产业背景下，在经管学院"引领中国产业发展的商学院"的愿景下引导下，旅游管理专业急需用创新的理念设计更符合产业人才需求的培养方案。尤其是旅游产业实践性非常强，实践教学体系更应成为培养方案的重要组成部分。

（二）实践教学体系建议

1. 构建实践教学体系，丰富实践内容

借鉴国外旅游管理专业实践教学体系以及经管学院其他专业实践教学环节，笔者认为旅游管理专业应建立起包含案例教学、项目设计、行业讲座、假期社会实践、短期调研与专业实习等为内容的实践教学体系。其构成如图 1 所示。

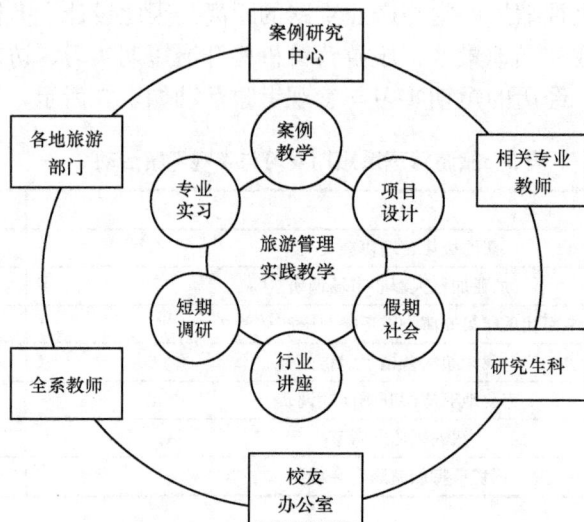

图 1　旅游管理专业实践教学内容体系及支持系统

首先应该在学院案例研究中心的支持下，鼓励全系教师参与到案例教学的规范研究中来，积极编写教学案例并应用于研究生教学实践中；其次，课程考核方式多样化，鼓励任课教师采取项目设计、方案设计方式作为考核方式；再次，鼓励学生积极参加学校、学院开展的暑假、寒假社会实践活动，运用学校和学院搭建的平台加深对行业的理解；最后，举全系之力，在校友办公室的协助下对校友资源进行梳理，争取校友的支持与帮助，并与各地旅游行政主管部门取得联络，建立起旅游管理专业的实践教育基地，用于开展学生的短期调研和专业实习。要充分重视实践教育基地的建设，不仅是因为实践教学基地是实践育人的重要载体[3]，更重要的是因为教育基地是联络校友、联络产业的重要纽带。

2. 改革导师负责制，共享实践资源

研究生目前实行的导师负责制在执行时采取的是入校即分导师的方法。这种方法其实并不利于导师和学生的互相选择，因为仅仅凭借面试时短时的接触并不能达到相互了解的目的。可以在借鉴国外的硕士研究生管理制度的基础上，改革当前的研究生导师指导制度，变为第一年不分导师，第二年双向选择，第三年跟导师做论文。这种导师指导制度有利于学生享用全系教师的指导资源，也有助于双方在充分了解的前提下作出选择。

3. 创新毕业论文范围，重视实践类选题

由于当前旅游管理专业的研究生属于学术型研究生，因此不能采取国外研究生培养中的实习毕业的方式。但可以创新毕业论文的选题要求，适当地鼓励学生选择与实践贴合度更高的选题，尝试以案例研究作为毕业论文的方式。采取以案例研究作为毕业论文，可以进一步鼓励学生了解产业实践的前沿问题，更为深化理论知识提供了途径。

四、结论与展望

本文在分析我校旅游管理专业研究生培养过程中实践教学环节的设置与执行现状的基础上，结合罗切斯特理工大学旅游管理专业研究生培养方案的经验，为我校旅游管理专业研究生的实践培养体系提出了相关建议，主要包括构建包含案例教学、项目设计、行业讲座、假期社会实践、短期调研与专业实习为内容的实践教学体系；改革导师指导制度，共享导师实践资源；创新毕业论文选题范围，鼓励案例研究类选题等。实践教学已经被证明是至关重要的教学内容和方法，尤其是以旅游管理为代表的应用性很强的专业，应当重视实践教学，为培养创新型旅游管理人才提供方案保障。

参考文献

[1] 陈至立. 增强创新能力为核心 提高研究生教育质量 [EB/OL]. (2008-01-15). http://www. gov. cn/ldhd2008-01/15/ content_858894. htm.

[2] 顾明远. 教育大辞典（增订合卷本）[M]. 上海：上海教育出版社，1998.

[3] 刘碧强. 协同实践育人视角行政管理专业实践教学基地建设探究 [J]. 实验室研究与探索，2018，37（5）：256-261.

"高级操作系统"课程研究型教学探索

许宏丽

（北京交通大学计算机与信息技术学院，北京 100044）

摘　要："高级操作系统"课程是一门理论与实践兼备的课程。自 2009 年开始课程教学改革以来，教学内容在理论和实践方面不断完善，同时开展了以研究型教学模式为主的改革。针对研究型实践项目如何适应计算机领域新进展的需求问题，重新构建了实践项目内容，建立起任务驱动、教师指导、学生团队协作、自评与互评结合的教学模式。教学考核数据验证了这种改革的可行性，考核成绩也表明了教学质量获得稳步提高。

关键词：高级操作系统　教学模式　研究型教学　任务驱动

"高级操作系统"课程作为计算机专业的硕士学位选修课程，多年来得到各大学计算机学院的重视。如清华大学、上海交通大学、国防科技大学等大学针对这门课程构建了实验和网络学习平台以完善教学内容和教学模式。我校计算机与信息技术学院研究生学位选修课程"高级操作系统"教学在总结前任教授教学经验的基础上，在教学方法和教学内容上做了相应的改革，贯彻研究性教学的思想，采用任务驱动的方法，结合自编的案例进行基本理论的讲解，同时给出完成作业所需要阅读的资料以及具体操作环境，由学生课下编程实现。课程考核形式由结课一张卷改为实验作业和理论考核相结合的模式。同时增加了专题讲座模块，每学期聘请行业专家进行专题讲座，使学生充分了解课程内容在国际、国内不同行业的应用现状和应用水平，打开学生视野，了解未来行业发展方向，为学生未来进行专业研究或者投入技术开发工作打下基础。

一、"强基础、塑能力、求创新"的课程体系

"高级操作系统"是在本科教学课程"操作系统原理"基础上的进一步深化，教学内容以 UNIX 操作系统架构为基础，以 Linux 系统为操作系统实验平台，讲解操作系统设计和实现的基本原理和方法，教学目标是通过操作系统内核源代码的分析和设计来掌握现代操作系统的实现技术。本课程针对研究生教学的特点和"高级操作系统"课程自身的特点，围绕教学目标精心选取教学内容，在学习借鉴国内、外研究生教育的理论和相关课程实践经验的基础上，充分利用计算机与信息技术学院在本课程教学中所积累的经验，重点研究如何构建实践教学体系，使学生在系统地了解操作系统设计与实现的理论基础上，掌握具体实现的一般技术和方法，同时培养学生的创新能力、自学能力、实践能力，努力将其培养成社会需要的实用型、创新型、应用型人才。

结合课程理论与实践需要，"高级操作系统"课程整体教学方案包括以 UNIX 操作系统为基础的理论教学内容、以 Linux 操作系统为基础的实验应用环境、以专业应用为方向的专题讲座三个教学模块，三个教学模块分别以打下坚实的理论基础、培养独立研究与开发软件的技能和了解前沿技术与应用为目标，充分体现研究生教学特点，为培养具有较高专业素养的人才打下坚实基础。"高级操作交流"课程体系如图 1 所示。

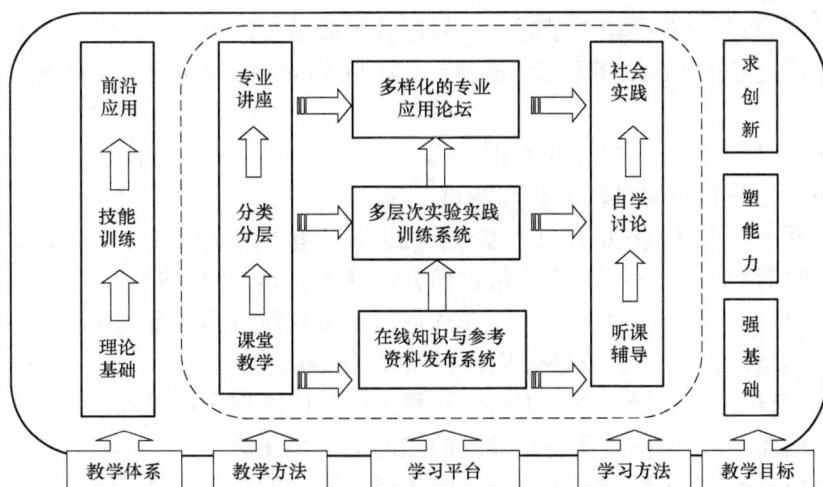

图 1 "高级操作系统"课程体系

二、理论与实践相结合的教学内容

课程以 UNIX 操作系统为基础的理论教学内容，分为四个单元模块。

单元 1　操作系统概述

UNIX 操作系统自 20 世纪 70 年代诞生以来，经历了数十年的风风雨雨，以它日臻完善的系统管理、调度技术、功能强大的命令系统和各种实用的编辑工具，以及系统运行的可靠性和稳定性，成为大中小型计算机和工作站各类计算机系统中的一个重要的操作系统。本单元强调从不同角度理解操作系统概念，掌握 UNIX 操作系统的基本概念和命令。

单元 2　UNIX 进程管理

进程管理是操作系统的核心，进程有其生存期，即进程有一个创建、活动以及消亡的过程。进程创建后就存在于系统中，此后可能占用处理机运行，也可能因等待某种事件而被封锁，有可能因该等待某种事件发生而解除封锁。最后，进程因完成任务失去存在意义而消亡。进程的所有这些活动都是在操作系统的管理下进行的，本单元将以分析操作系统内核的数据结构和实现代码为基础，学习 UNIX 操作系统的进程管理。

单元 3　UNIX 文件管理系统

UNIX 系统之所以能够被成功地推广和应用，其独特的文件管理系统起到相当大的作用。与其他操作系统的文件管理系统相比，UNIX 的文件管理系统具有结构清晰、管理规范、使用灵活的特点。本单元将对 UNIX 系统中文件管理系统的基本概念、文件管理系统的构成、文件管理系统的内部管理技术以及用户接口技术做详细的介绍，并分析 ext2 文件管理系统代码结构，文件管理系统的挂载、卸载、修改，以及简单文件管理系统的设计与实现。

单元 4　UNIX 设备管理

设备管理是操作系统对计算机系统中除 CPU 和内存之外的外部设备进行管理以及对数据传输进行控制的模块，是操作系统资源管理中最复杂、最多样化的部分。操作系统设备管理中，提高设备利用率的关键是实现设备的并行操作。操作系统的设备管理模块要在硬件提供的通道和中断机制以及设备提供的物理性能的支持下，实现多任务、多进程共享多种外部设备，高效地完成数据传输工作。本单元将以 UNIX 操作系统的设备管理数据结构为基础，学习设备驱动程序的编写，掌握字符设备驱动程序的设计与实现。

在总结近三年的教学改革经验的基础上，对原教学成果中的 10 个实验项目进行更新和融合，结合目前 AI 领域广泛使用 Linux 的现状，重新设计了以 Linux 操作系统为实验环境的三个研究型实验项目。

实验一　Linux 认识、使用与 shell 编程

实验二　Linux 进程调度算法的分析与测试

实验三　（1）类 ex2 文件系统的设计与实现；（2）云环境下的文件管理（Hadoop）分析与测试。其中实验三包括两个实验项目供学生根据研究兴趣选择其一完成即可。

实验一的设计目标是基本技能的掌握。具体内容包括目前市场流行的 Linux 各个版本的内核性能和结构，服务器级的 Linux 的安装使用，以及 shell 编程。

实验二的设计目标是理解操作系统内核设计思想，阅读进程管理代码，掌握进程调度的实现（模块和系统调用的编程），编程实现进程调度的性能测试和评价。

实验三的设计目标融合了目前云平台应用的需要，设计了两个项目，满足不同研究领域学生的需要。

改进的研究项目设计大大促进了学生的学习热情，满足了学生们所在实验室的研究项目以及服务器设置需要，进一步提高了教学质量。

三、研究型教学的实施

研究型教学模式以培养学生创造性分析解决问题的能力为目的，激励学生主动参与教学过程，使学生在协作式研究学习中，主动探索、主动思考、主动实践，吸收知识、应用知识、解决问题。研究过程能够使学生深入思考问题，透彻理解学科知识体系，提升学生自主运用知识解决问题的能力[1-2]。学生在研究过程中运用专业知识的精深程度远超过一般理论教学和实践教学的要求，有助于学生形成其所需的专业性特长。根据研究型教学改革思路，课程从内容、时间、实践、自评等方面，开展以学生学习为主体的讨论式、启发式、参与式的教学。

（一）内容安排

研究型教学在课程内容在安排上具有开放性和包容性。"高级操作系统"是计算机科学与技术专业研究生的学位课，学生在研习完这门课程后会对计算机体系有一个很好的理解，并且能够从中培养学生的专业素养和软件系统开发能力。课程选择的教材和阅读文章具有标志性、经典性和范本性，同时反映该学科发展的理论经典和主要前沿问题。阅读文章通过课程平台发布给学生，满足学生课前预习课后复习，以及拓展知识的需要。

（二）时间安排

研究型教学法要求以开放、独立的精神规划课内时间和学生的课外时间。就课内时间计划 4 个单元在 24 个学时内研习完毕；而对于学生的课外时间，以阅读和实践研究任务来推动，要求学生每周至少要有 4 小时用于课程相关内容的阅读、思考和实践；针对综合实践设置课堂研究讨论 4 个学时，为学生提供教学平台；安排两个单元 4 个学时的专题讲座，开阔学生视野，了解学科前信息。

（三）教学准备

与传统众多教学方法只要求教师准备、学生被动倾听不同，研究型教学法要求教师和学生都得积极为教学做准备。就教师来说，教师除了认真备好课以外，还要为每位学生准备相应的学习资料，并提前在教学平台发布。另外，教师还要就每个单元为学生搜寻相应实践指导，供学生课后参考阅

读。对学生来讲，研习相关内容，运用科学求证精神，探寻理论源头，积极思考所阅读的文章中反映问题的虚幻性、现实性以及理论和现实意义的大小，并写出读书笔记和评论，以备课堂讨论。

（四）课堂教学

研究型教学法要求在师生协同的教学氛围中，以汇报讨论的形式研习教学内容。课堂上，教师只就教学主题阐述基本背景，如在研习"操作系统概述"这一单元时，教师只向学生介绍大量事件和不同成果，学生则需要做两项工作：一是从学术视角阐述对操作系统概念的认识；二是指出这一主题的国内外主要研究者及其研究成果之间的关联。所以，研究型教学法的课堂是汇报讨论型的课堂。

（五）课后实践

研究型教学法以提升学生和教师的研究能力为导向布置作业。布置三个综合实验项目，由学生自组团队完成。实验要求学生完成从资料阅读、环境搭建、内核代码阅读、算法修改、内核重新编译和安装、系统的设计实现，到整个过程的文档记录和研究报告的书写。

实验报告的内容包括：研究综述要求涉及用英文与中文发表的有影响力和具有标志意义的成果；研究设计要求学生按照研究的基本要求对所从事的研究项目进行具体设计，报告记录下学生讨论内容、疑难问题、解决方案、成果软件。讨论则应对本研究获得的可以借鉴的地方和不足之处进行交流，并参照其他著名学者的研究结论，展开学术对话。

（六）成绩评定

我们对学生的成绩评定采用课堂与实验报告相结合的办法，在具体评分的权重上，课堂成绩占40%，实验报告为60%。课堂是基本线，如果没有过基本线，不考虑实验报告。对实验报告的评定严格按照学术研究的路径和标准进行，采用自评与教师评分相结合的方法。2013级计算机与信息技术学院朱帅军、李龙、李军伟小组在完成文件系统综合实验后，给出的自我评价，如图2所示。

自主评价(每位同学给出本实验的成绩、不足以及最后成绩)	
姓名	评价
朱帅军	在本次实验要求我们通过模拟 EXT2 系统，设计一个简化的文件系统，在本次实验中，了解了文件系统的工作机理、文件系统的主要的数据结构，查看资料后，并设计了文件系统的主要数据结构，通过这些工作，学会了较为复杂的 Linux 下的编程，对文件系统的理解更深一步。其中超级块，索引节点，目录结构以及目录项结构是主要的文件系统的数据结构，初始化过程中将这些的基本信息读入到超级块中，便于后续工作的进行，后续工作每次进行完操作，需要将信息重新写入，保证一致。 给自己打 85 分。
李龙	通过这次实验我了解到了如何将文件系统挂载到 linux 系统中，并使用它，同时了解了磁盘组织、文件系统的内部组织结构、主要的结构体和方法。 给自己打 90 分。
李军伟	本次实验完成了下列工作： 编译 linux 内核，添加系统调用；了解 ext2 格式磁盘的结构，编程实现 ext2 格式磁盘内容的读取；添加了 myext2 文件系统，与李龙同学的大致相同，有细节不完全一样，正好做比对学习； 不足之处： 内核代码中调用关系、及编译内核时的依赖关系比较复杂，只能靠复制 ext2 的源文件来构造 myext2，未能独立自主的添加一个全新的文件系统。 模拟程序只实现了 ext2 磁盘的读取，时间有限，未能完成写入操作； 给自己打 85 分。

图2　学生综合实验自我评价

四、教学改革探索成果

本课程在获得 2016 年教学成果奖之后，进一步改进教学模式，开发整合研究项目将学生从被动的接受性的学习中解脱出来，实现主动地探求性学习；创建适合研究生学习的资源和环境，提高教学的质量和效率。

教学改革的具体效果通过学生实验报告中的收获与体会得以体现。

2016 级学生的研究项目二的自我评价如表 1 所示。

姓名	收获和体会（字数不限）	自评成绩
牛子健	1. 通过对进程调度方面的编程了解了 fork（），进程创建函数的原理。 2. 通过对软中断和有名通道和无名通道以及 IPC 消息队列机制的学习，我理解了进程间的通信原理。 3. 在对公平进程调度策略相关资料的查询中，我查阅到非常多的进程调度的知识，了解了各种调度算法的优劣，使我对 Linux 系统进程的概念有了充分的认识	90
刘杰	在这次实验前，一直不敢去读内核源码，一个是没时间，另外一个也没有充足的勇气去读，因为太长了。经过这次实验，我认真阅读了 Linux 内核源码中关于进程调度的源代码，虽然理解上还不是很透彻，但是收获还是很多的。我对进程调度的流程以及相应的数据结构有了一定的认识	95
刘庆猛	这次实验确实有一定的难度，在完成的时候遇到不少问题，主要原因是对 Linux 太陌生，需要查阅不少资料后才对要完成的任务有一定了解。 1. 本次实验最大的收获就是对进程有了真正深刻的认识与理解，之前由父进程子进程的概念知道父子进程的关系，但是通过这次实验才真正认识到进程更加深刻的含义。 2. 通过这次实验我了解并掌握了 Linux 下的几种调度算法，并对它们分别进行了测试，从中学习了很多原来没有接触过的东西，并且培养了自己的动手能力。 3. 通过 pipe 管道实验和软中断了解操作系统中进程通信的基本原理。 4. 再次熟悉了 Linux 中的常用命令，对于脚本的编写更加熟练，和小组同学分享时，掌握了更多 Linux 深层的知识，如进程争用资源和进程互斥，内核编译等	90

2017 级学生的在课程结束后写下的收获与体会如表 2 所示。

姓名	收获和体会（字数不限）
李灵枝	总结一下三次高级操作系统的实验，对我来说这些内容真不是一件容易的事，实验过程可以说是非常坎坷的，好在以小组形式的实验，提高了实验的可完成性，努力做下来后收获很大，所以有时候理论知识的掌握并不代表实践同样也可以实现，实验的重要性就体现在这里了吧。最后感谢小组成员鲍贺贺、陈国荣的帮助，感谢自己的努力，也感谢许老师的传道授业解惑
陈国荣	每次实验都是我们组三个人齐心协力合作完成，都是我们不断讨论、不断总结的成果。每天都会在我们三个人的群里发各自搜集到的资料，相互学习，并对自己负责的部分多加交流，不断找到问题的解决办法。这才是高效率学习的保障，很幸运能和李灵枝、鲍贺贺一起组队，一起成长，这是第三次实验课，也是最后一次，好舍不得。回想三次实验，虽然一次比一次难，但是一次比一次让我们更有激情。感谢老师对课程授课方式的设计，让我们既学习到理论知识，也提高了动手能力。在以后的学习中，一定把这种方法继续用到其他学科，做一个合格的计算机行业人士
鲍贺贺	三次高级操作系统实验，让我们对操作系统的理解更加深入，了解了操作系统的安装启动，进程调度，文件管理系统的原理，内核编译过程。通过这几次课程的学习，虽然收获颇丰，但是对于操作系统整个知识体系来说，只是冰山一角，虽然课程即将结束，却也是我们对操作系统及其相关知识学习研究的开始，本次课程的学习，为我们打开了相关知识的大门，有待我们继续学习、探索

五、总结

研究型教学模式克服了传统教学只注重教而忽视学的不足，重视学生的自主活动，实现了学习方式的变革，采用研究型教学法对课程进行教学改革，使学生从"被动、个体和接受式学习"转变为"自主、协作、研究型学习"，有效弥补了现有教学模式中的不足。

近十年的高级操作系统研究型教学改革，随着改革的深入不仅教学内容、实验项目不断完善，新型教学模式也受到学生们的认同，并在教学相长过程中，学生与老师相互促进、共同成长。

参考文献

[1] 刘建清，李克武. 研究型教学：探索与实践 [M]. 武汉：华中师范大学出版社，2012.

[2] 孙莱祥. 研究型大学的课程改革与教育创新 [M]. 北京：高等教育出版社，2005.

人工智能方向研究生课程教学改革思考

岑翼刚　　赵宏伟

（北京交通大学计算机与信息技术学院，北京　100044）

摘　要：目前，各大院校对研究生的课程教育均极大地加强人工智能方向专业课程的建设。人工智能是一门交叉性极强的学科，要想取得好的教学效果，需要在课程设置、教材建设、教学模式上开展综合性的调研和深入思考。本文提出完善的课程设置，以培养理论与实践一体化的人才；加强人工智能方向教材建设，突出专业特色；创新教学模式，改变课堂知识灌输的单向性。希望通过对这三方面的探讨，提高人工智能方向研究生教学及学科建设的质量和水平。

关键词：创新教育　人工智能　研究生教学

目前，人工智能技术成为全球最火热的研究问题，它是研究、开发用于模拟、延伸和扩展人的智能的理论、方法、技术及应用系统的一门新的技术科学。其目的是企图了解智能的实质，并生产出一种新的能与人类智能相似的方式做出反应的智能机器。因此，如何使得机器具有人类的智能是近年来信息领域的研究热点，需要通过理论与算法、硬件的研究发展且相互协同来实现。要想使得机器具有智能，其必须像人一样对新事物进行学习，需要在经验学习中改善具体算法的性能，通过数据或以往的经验，以此优化计算机程序的性能标准。如何使得机器能够更加高效地进行学习即是机器智能中的学习问题。机器智能技术是一个多领域交叉学科，涉及概率论、统计学、逼近论、凸分析、算法复杂度理论等多门学科。迄今已经成为可以拉动多学科发展，并不断产生新思想、新技术和新经济生长点的重要领域。同时，与实际应用紧密衔接，可向不同领域辐射，对各行业运行质量和效率具有积极的推动作用。

一、人工智能专业情况

2018 年 3 月 5 日，国务院总理李克强做政府工作报告时提出，2018 年要加强新一代人工智能研发应用。人工智能连续两次被写进政府工作报告，标志着中国的人工智能时代已经到来。据《全球 AI 领域人才报告》显示，截至 2017 年一季度，基于领英平台的全球 AI（人工智能）领域技术人才数量为 190 万人，其中美国相关人才总数为 85 万人，高居榜首，而中国的相关人才总数只有 5 万人，位居全球第七。因此，加强我国人工智能人才培养和储备已经成为各个高校、科研院所在人才培养和技术储备方面的热点。我国人工智能本科教育正处于兴起阶段，根据教育部公示的 2018 年全国高校申报专业名单，到 2019 年全国各相关专业数量为：智能科学与技术专业：155 个；人工智能专业：38 个；数据科学与大数据技术专业：509 个；机器人工程专业：194 个。对于研究生教育而言，人工智能也是各大院校目前最为火热的研究方向，因此研究生专业中虽然暂时还没有人工智能专业，但是传统的模式识别、信号与信息处理、人机交互、控制理论与控制工程等专业均设立了人工智能方向。由于人工智能是一个多领域交叉学科，要想达到优质的教学质量，必须要求学生有宽广的知识面。研究生经过了本科阶段的学习，基本已具有一定的理论基础、动手能力和较好的英语水平，具备进一步深入学习人工智能相关知识的基础。研究生教学课堂规模小，师生能有充分的交流机会，课程内容针对性强，这为突出培养学生创新能力、增强学生创新意识奠定了良好的基础。但是目前在信息类研究生课程设计中，基本还是延续了传统与机器学习、人工智能相关的课程，在课程设置、教材建设等方面还没有系统化统一的标准。如何让学生在课堂学习中打下扎实的基础，培养学生发现问题、解决问题的能力，并与产业界人工智能的实际需求相结合是急需思考的问题[1-2]。在以往的教学改革中，基于问题的教学方法、Seminar教学模式、翻转课堂等[3-5]，在研究生教学中得到了大量的应用，并取得了很好的教学效果，然而，对于学科交叉性极强的人工智能专业，与传统的学科建设具有明显的区别，不能完全照搬传统学科的课程教学方法。本文将从教材建设、课堂教学改革及课程设置三个方面阐述笔者对人工智能方向研究生教学的思考。

二、完善课程设置，培养理论与实践一体化人才

研究生培养目的是培养具有创新能力、具备一定深度的理论知识和较强的实践应用能力的专业人才。而人工智能这一宽广的科学研究领域，更要求现代专业人才必须身怀多种绝技。在传统的课程设置中，并没有专门针对人工智能这一新兴学科的课程设置，而人工智能专业的课程设置不能仅仅把已有信息技术各个专业的相关课程简单地拼凑，需要深入探索各个学科课程设置之间的联系，搭建桥梁，将不同学科专业的课程交叉融合到一起，打破学科之间的壁垒，从而有助于学生开拓思维、培养创新能力和创新意识。学科的交叉融合，以及知识面的广度会更加有助于开拓学生思维和创新能力，让学生在掌握自身优势学科的理论和工具之后，可以举一反三，将核心的知识技能运用到各行各业。

例如在人工智能中，机器的学习是其中最重要的核心部分，通过不断地有监督或无监督学习，才能使计算机认识现实世界，并进一步具有逻辑推理、判断能力。因此如何设计课程教学内容和形式，使学生掌握机器智能中学习问题的基本理论、技术、方法，并从典型人工智能应用研发的角度，综合选择、运用合适的相关技术，具有解决、设计、实现一般机器学习系统的专业技能，对于提高学生综合运用知识的能力和未来在相关行业从事创新性工作等方面均具有积极推动作用。在这方面，应该实践"学生主体、教师主导"的教学思想，以应用为导向，通过实际的应用背景引导学生在有监督、弱监督、无监督学习方面学习相关的基础理论知识，然后给学生提供人工智能技术在相关信号处理、视频图像处理、语音处理、自动驾驶、水印技术等各个方面的应用案例，促使学生参与其中一些应用点的研究及功能，使其了解机器学习是如何在各个领域运用实现的。理论联系实际，才能进一步加强学生的学习效果。

另外，加强理工科研究生人文教育，开设有助于培养创新意识的人文课程，例如哲学课、科学史等。人类的任何发明创造都离不开哲学的指导，而西方哲学着重事实与理论逻辑之间的对应关系，其求知、观察、追问、推论，最终发展到形式逻辑的一系列思维过程也正是科学探索的过程。因此，这样的人文课程能让学生从另外一个角度和更高的层次来审视和理解所学专业和课程，高屋建瓴，增强学生对所学专业的全局观，也将会十分有助于其深入开拓创新。

最后，课程设置必须紧跟人工智能发展的前沿。目前在全世界人工智能的浪潮中，相关的理论、算法、手段日新月异，进步十分迅猛。这对任课教师就提出了更高的要求，要求教师必须紧紧把握住学科前沿热点新理论、新方法、新问题，及时对教学内容进行调整，帮助学生在林林种种的科研领域内树立自身的科研方向和目标。学生有了合理的知识结构、智力结构、能力结构，再加上坚持不懈的努力和创新能力培养，必将成为博学多才的复合型现代人才。

三、加强人工智能方向教材建设，突出专业特色

由于人工智能是一个综合性很强的学科交叉融合领域，相关学科人员需要掌握各个相关学科领域的前沿知识，而在有限的课堂教学中，无法做到面面俱全，任课教师也无法精通各个学科领域，因此，在课程设置上，应做到广而专，广是指具有一定的广度，对于人工智能涉及的各个方面应进行导论性质的概述，然后结合自身专业优势，在某一方面实现教学的"专"与"深"。人工智能专业同时涉及深度的理论学习以及多变的实践应用，扎实的理论基础是研究生必须具备的发展基础；而企业界新兴的各类人工智能应用则更应该成为研究生培养的风向标。教材的建设应当注重理论和实践相结合能力的培养，以问题为导向，以实际需求为出发点，诱发学生实践兴趣，指导学生实践和操作，并启发学生在实践中发现和提出问题，提高创新能力。例如在机器智能中，对现有样本的学习是其中的一个关键，而针对于不同的应用对象（例如图像、视频、语音、水印、信号等），其学习的过程、优化模型、方式均不一样，因此必须首先将机器智能中核心的学习、优化模型予以讲授，让学生理解建模的一般性过程与核心问题，然后针对不同的应用对象进行创新应用，最终实现以不变应万变。这就要求在教材内容建设中，抛开千变万化的实际应用问题，对机器智能的核心问题和解决方法的理论加以凝炼，减少重复，运用新的成果对经典内容进行创新处理，强化学生抽象建模、理论推导、编程能力，将机器智能中学习、优化、迁移等核心内容贯穿始终。

在视频、图像相关机器学习、人工智能的科研工作中，由于摄像头的低成本、灵活性、适用范围广泛，相比于传统针对某一指标的特定传感器（例如温度、速度等传感器），摄像头拍摄的视频或图像能涵盖更加完整的目标特征，因此，基于采集的视频进行视频内容理解，期望从人类的角度来分析视频内容受到了各个行业的大力追捧，例如人脸识别、基于高速相机的高铁、地铁检修、基于视频的暴恐分析预警、疑犯跟踪、目标重识别、基于图像的工业产品缺陷检测，公共交通人员计数、越界报警等，各行业均希望能通过视频图像来直观地分析对应的场景。而我们通过相关科研发现，在这些林林总总的应用中，其中的核心问题在于目标检测与分类，而各种千变万化的应用均可以是目标检测和分类在特定场景下的迁移学习和应用。因此在对研究生进行教学时，应着重于讲解传统、以及目前基于深度学习的目标检测和分类理论问题，让学生在理论上对该问题有深入透彻的认识，然后结合教师个人科研中的实际问题，提出来让学生思考相关实际场景的特殊性，并根据所学理论知识进行算法设计、编程实现，突出培养学生的联想和创新能力。

四、创新教学模式，改变课堂知识灌输的单向性

目前在绝大部分的研究生课堂中，仍然延用中国传统教育模式：上课记笔记、考试背笔记、考完扔笔记，甚至很多学生只是把上课作为课程学习的过程，最终就是复制、粘贴、拼凑一篇结课论文即可通过考核。这是因为传统教学模式是知识单向传输，要改变这样的教学模式，必须以问题为导向，促使学生结合课堂所学理论知识对实际具体问题进行思考，针对实际的问题提出有创新性的想法。要实现这一目标，需要进一步改革教学方式，增加以问题为导向的课堂讨论，鼓励创新性思维，提升学生学习的主动性，通过问题引导学生阅读大量课外资料，主动学习基础理论和算法，解决实际问题。

自由放松的思想和开放活泼的思维是创新的理想条件。在传统的教学活动中，学生单向被动地接收老师讲授的知识，没有自我思考、沉淀的过程，也没有创新思考的习惯。目前国际上流行两种教学方法——基于问题的教学方法（problem-based learning，PBL）和讨论式教学方法（seminar）[6]。其中 PBL 是把研究生学习设置到复杂的、有意义的问题情境中，通过让学生间互

相合作解决真实的问题，从而学习隐含于问题背后的科学知识，形成解决问题的技能和自主学习的能力。PBL 强调以解决问题为中心，多种学习途径相结合，重视学习者之间的交流合作，强调外部支持与引导在探索学习中的作用等。而 Seminar 模式的教学方法起源于 18 世纪近代德国，19 世纪 20 年代起，这种方式逐渐成为美国大学的一种重要教学模式。其强调以教师和学生为共同的教学主体，以学术交流的形式相互启发、相互激励和促进，从而教学相长。具体模式包括教师概要的讲述和专题研究两大部分，首先由教师以导论课的形式概要介绍本学科以及本课程的历史发展，展示学科发展的前沿，让学生了解该领域的主要问题和解决方法。然后将各个主题分派给学生，由学生自行进行学习研究并在课堂上与老师进行讨论，学生根据自己的研究方向和学习兴趣，为课程内容做出充分的准备和研究。

由于人工智能涉及的学科、知识点很多，因此传统以教师向学生单向传输知识点的教学模式无法适应实际应用的需要，在教学中，应当将 PBL 和 Seminar 两种方式相结合，首先由教师概述本门课程在人工智能中的历史、作用、主要的理论和方法手段，让学生了解到本门课程的核心理论知识。然后将各个主题分配给学生进行课下自学，并将自学的结果在课堂上进行讨论，要求学生不仅要自己学懂该知识点，还应在课堂上教会其他同学。在分配主题的时候，借鉴 PBL 模式，对相应的主题设置一个特殊的实际应用问题，学生针对该应用问题以及相关主题进行融合，提出特定的解决方案。这样以问题为导向、结合课堂讨论的方式，可以激发学生的学习热情，让学生在深入理解相关主题的理论、算法的同时，针对应用问题能够联想相关的理论和算法，创新结合以用于处理特定的问题，达到深入理解和学习的目的。

五、结论

本文就笔者在进行学科建设过程中，对人工智能方向研究生教学的一些问题的思考进行了阐述。希望通过对教材建设、教学手段、课程设置三方面的改革，提升人工智能相关专业研究生培养质量，使得学生不再是为了拿学分而学习，全面提升学生专业知识的深度和广度，培养学生发现问题、解决问题的能力，增强其创新意识和创造力。

参考文献

[1] 华卫红，马东堂. 研究生教学改革的几点思考 [J]. 高等教育研究学报，2000，23（4）：60-62.

[2] 陈美红. 研究生教学改革思想之探析 [J]. 中国成人教育，2013（18）：135-137.

[3] 赵毅，崔良乐. 翻转课堂与研究生教学改革研究 [J]. 教育教学论坛，2016（7）：132-133.

[4] 周守军. 研究生教学改革：面向不确定性知识 [J]. 学位与研究生教育，2010（6）：53-57.

[5] 王生毅，薛文鹏. 研究生教学改革的思考 [J]. 中国农业教育，2005（2）：15-16.

[6] 杨茜，王兴举. Seminar 教学模式对研究生教学改革的启示 [J]. 新课程研究（中旬刊），2015（2）：7-9.

工程管理硕士"工程伦理"课程教学设计与实践

郭婧娟

（北京交通大学经济管理学院，北京 100044）

摘　要：为培养工程管理人才建立工程伦理意识，遵从伦理道德，提高解决伦理问题的能力，在"工程伦理"课程教学中形成"体系建构，案例导向，思辨驱动，能力提升"的培养理念，树立"意识—规范—辨识—决策"四位一体的教学目标，构建了"通识+专论"的教学知识体系，引入"案例引导+思辨驱动"的教学模式，聚集"多样化+国内外"教学资源，尝试"学习表现+伦理观测试+案例分析报告撰写"的考核与评价方式，成为"工程伦理"课程教学设计与实践的初步尝试。

关键词：工程伦理　课程建设　教学设计与实践

一、引言

工程活动在人类社会发展历程中始终发挥着重要作用，工程行为不可避免地涉及人与自然、人与社会、人与人的关系，多重价值追求、不同利益诉求也会导致工程行为选择上的困境和冲突，并引发对工程行为意义与正当性的判断和反思。工程实践中遇到安全伦理、环境伦理、文化与技术伦理以及技术人员的职业伦理等一系列伦理问题，直接关系到人类社会的进步和可持续发展。对工程人才只注重专业能力的培养而忽视伦理道德的培养，会造成工程人才工程伦理意识的淡漠、缺失甚至错误，使工程建设丧失原有意义[1]。因而，对工程人才的教育要从知识传授、能力培养到价值塑造出发，培养其社会责任感和对其职业道德提出较高要求，使其能够更好地创新，更好地造福社会，工程类人才培养过程中迫切需要加强工程伦理教育。

教育部学位办《关于制订工程类硕士专业学位研究生培养方案的指导意见》（学位办〔2018〕14）指出，为更好地适应国家经济社会发展对高层次应用型人才的新需求，全面贯彻党的教育方针，落实立德树人的根本任务，对工程类硕士专业学位研究生要培养"服务国家和人民的高度社会责任感、良好的职业道德和创业精神、科学严谨和求真务实的学习态度和工作作风"，强调了社会责任与职业素养的重要性，并要求将"工程伦理"纳入公共必修课。

工程管理硕士是我校重要的专业学位研究生教育项目之一，顺应工程教育发展趋势，我校将"工程伦理"设定为工程管理硕士的必修课程，在"工程伦理"课程建设过程中，我们结合学生的特点，形成了特定的课程教学内容和方式。本文以我校工程管理硕士"工程伦理"课程为对象，介绍课程建设中培养理念的形成，以及具体的教学设计及实践内容。

二、国内外工程伦理教育发展

20 世纪 70 年代以来，美国、法国、德国、日本、英国等发达国家相继开展工程伦理教育[1]。20 世纪 90 年代之后，加强工程伦理教育，提高工程师和其他工程实践者的社会责任，成为工程教育的重要方面。自 1994 年起，美国工程教育协会（ASEE）和美国国家科学基金会（NSF）等分别发表了关于工程教育改革的相关报告，呼吁针对工程师面临的伦理问题，要加强工程伦理方面的教育。1996 年开始，美国注册工程师考试将工程伦理纳入"工程基础"考试范围。从而使工程伦理教育被纳入教育认证、工程认证的制度体系之中。美国的工程伦理教育以案例教育为主要方式，注重培养学生的一般工程精神。德国非常重视社会继续教育对工程师的影响作用，主要借助社会继续教育推进工程技术和工程伦理教育的相互融合，工程伦理教育以技术规范和评估为重点。日本已经构建了比较完善的工程伦理教育教学体系，将社会学、伦理学等课程贯穿于整个大学和研究生阶段，非常重视跨学科、跨专业的素养教育，强调多学科之间的交叉与融合培养。加拿大的工程伦理教育主要是面向全校工科生开设公选课。从美国的工程伦理学研究历史来看，经历了从强调忠诚于雇主到强调普遍责任，再到强调对社会以及自然环境的责任的发展过程；经历了从研究微观伦理到研究宏观伦理的过程；经历了从理论研究到关注案例教学的实践研究转向[2]。

在我国 20 世纪下半叶，台湾的清华大学、中原大学、新竹交通大学等开设了"工程伦理学"课程。进入 21 世纪之后，工程伦理教育更受到工程界、教育界和政府相关部门的高度关注，必须在工程教育中全面推进工程伦理教育也成为人们的共识。20 世纪 90 年代后期，清华大学、大连理工大学、北京理工大学、西安交通大学等理工科院校开始开设工程法规和案例分析相关课程[3]。在 2015 年国际工程教育论坛上，南开大学龚克校长就提出工程教育要培养年轻工程师的社会责任感，要对工程师的职业道德提出较高的要求，要培养工程师能够更好地创新，更好地造福社会。众多院校，开始开设"工程伦理"课程。目前，工程伦理教育在我国仍处于初级阶段，各界对工程伦理教育范畴理解的广度和深度还不统一，尚未形成较为完整的教育体系，缺乏规范的教学大纲。在教学方法上，尝试案例分析、研讨、情境实践等方法为多[4-5]。

三、"工程伦理"课程的培养理念

本课程的教学对象是北京交通大学工程管理硕士，学生主要来自工程建设、信息技术和交通领域，具有 2 年以上工作经验，大部分学生是在职学习。面对不同学科背景的学生，一门仅有 1 学分的公共课程，应达到什么样的学习目标？如何设计教学内容和教学方法，让所学内容留给学生深刻印象，甚至影响其工程实践，对其职业生涯有帮助，并通过这门课程所影响到的学生在工程伦理相关层面的"持久的好转变化，间接地让更广泛的社会环境发生好的变化"？这些是本课程建设时面临的难题[6]。

经过多年教学改革实践，不断总结凝练，我们形成了"体系建构，案例引导，思辨驱动，能力提升"的培养理念。体系建构是指以工程伦理核心知识形成结构化的人才培养基础知识；案例引导是指将案例作为工程伦理知识学习和分析的载体；思辨驱动是指将思维碰撞作为培养和提升能力的主要方式；能力提升是指将能力提升作为"工程伦理"课程培养的目标。

四、"工程伦理"课程建设内容

（一）树立"意识—规范—辨识—决策"四位一体的教学目标

美国工程伦理学家戴维斯（M. Davids）曾将大学工程伦理教育目标设定为 4 个方面：提高学生的道德敏感性；增加学生对执业行为标准的了解；改进学生的伦理判断力；增强学生的伦理意志力。这种观点强调伦理意识和伦理规范认知两个方面，这是工程师解决工程伦理问题所需要具备的基本素质。由于现代工程活动的复杂性，工程师还需要培养良好的工程决策能力。李正风教授等在《工程伦理》中提出了"意识—规范—能力"三位一体的培养目标。基于上述观点，笔者认为工程伦理观念在我校的工程教育中尚属起步阶段，学生对工程实践中有哪些伦理问题，不太容易辨识，所以，该课程的培养目标应该增强对伦理问题的辨识，因而，形成"意识—规范—辨识—决策"四位一体的目标结构体系：

①理解工程伦理基本概念和理论，培养工程伦理意识；

②掌握工程伦理的基本准则和具体工程领域的伦理规范，恪守伦理道德；

③熟悉工程伦理的基本内容，辨识工程实践中的伦理问题；

④提高伦理决策能力，能够解决工程实践中的复杂伦理问题。

通过上述目标的设置，并没有期望通过 16 学时能让学生全面掌握伦理及工程伦理的系统理论和知识架构，重点是加深学生对伦理问题的感性认识，唤起其文化自觉和责任意识，寄希望于这门课程的影响能够让学生在未来职业生涯中面对自己熟知的事物，动摇原有的认知，对熟知事物感到陌生，激发学生用全新的伦理观点看待问题，面对相关选择时，帮助他们做出合乎公众利益的决策，树立伦理价值观。

（二）构建"通识+专论"的教学知识体系

在教学目标指引下，逐渐摸索、改进，从系统庞杂的伦理知识体系中，选择了符合学时要求和教学目标的教学内容，将课程内容分为四个单元：工程伦理概述、现代工程伦理观与价值选择、工程师的职业伦理以及专业工程伦理，具体内容如表 1 所示。

表 1 "工程伦理"课程教学内容

序号	知识单元		知识点	要求
1	工程伦理概述		如何理解工程	了解
			如何理解伦理	理解
			工程实践中的伦理问题	掌握
			如何处理工程实践中的伦理问题	掌握
2	现代工程伦理观与价值选择	工程中的风险、安全与责任	工程风险的来源与防范	了解
			工程风险的伦理评估	理解
			工程风险中的伦理责任	掌握
		工程中的价值、利益与公正	工程的价值及其特点	了解
			工程服务的对象及可及性	理解
			工程实践中的有关方与社会成本承担	掌握
			公正原则在工程中的实现	理解
		工程活动中的环境伦理	工程活动中环境伦理观念的确立	理解
			工程活动中的环境价值与伦理原则	理解
			工程师的环境伦理	掌握
3	工程师的职业伦理		工程职业	了解
			工程职业伦理	理解
			工程师的职业伦理规范	掌握
4	专业工程伦理		专业工程中的伦理问题	理解
			专业工程人员的职业伦理职责	掌握

本课程不但面向工程管理硕士开设，同时，也向物流工程和工业工程领域工程硕士开设，为了区分不同的学生群体，总体上将课程内容分为通论和分论两个部分：通论主要包括工程伦理的

基本概念、基本理论问题及工程实践中要面对的共性问题；分论是针对具体专业领域的工程实践，提出土木工程领域、物流工程领域、工业工程领域面对的特殊伦理问题和伦理规范。

在工程伦理概述单元，主要帮助学生理解工程伦理，分析工程实践中的伦理问题，学习处理工程实践中伦理问题的基本思路；现代工程伦理观和价值选择单元是核心教学内容，主要围绕工程伦理中普遍存在的风险、安全与责任；价值、利益与公正；环境伦理等展开，帮助学生分析在复杂的冲突环境中，如何从不同角度判断工程实践的负面影响，坚定众多利益交叉下应坚持的立场，以及从伦理角度正确评估和进行决策，处理复杂问题。在工程师的职业伦理部分，主要介绍工程师的职业伦理规范，树立学生正确的职业规范。在专业工程伦理单元，对于工程管理硕士，主要针对土木工程建设和信息技术领域的伦理问题，帮助学生进行伦理问题识别，树立工程人员的职业伦理职责[5]。

（三）引入"案例引导+思辨驱动"的教学模式

对工程管理硕士而言，"工程伦理"课程既涉及大量理论，夹杂一些哲学思辨，同时，又和工程实践密切相关，具有很强的应用性。因此在教学方法选择上，在运用以问题为导向的研究性教学方法的基础上，运用启发式、探究式、研讨式教学设计，通过案例等研究性教学载体，引导学生主动参与并积极讨论，通过思想碰撞加深对工程伦理的认识并固化到个人思维中[3]。

每个教学模块的展开，都用一个案例为引导，要求学生提前熟悉案例内容，并提出案例中需要大家思考的问题，让学生能带着案例事件对思维的冲击、带着问题，以求知的心态对待进入到将要学到的工程伦理知识中去。在单元知识讲述完成后，由大家分组对案例中的问题进行讨论，讨论的焦点围绕着案例中存在的伦理问题识别，以及利益冲突下的伦理困境分析展开，学生可以从不同立场提出不同的观点，在小组之间展开激烈辩论，让学生在具体的、复杂的情境中，建立面临健康、安全和环保等重大问题时的伦理敏感度。

除了每个教学单元的主导案例，几乎对所有伦理问题的提出，都采用案例的方式，一方面，有助于学生对复杂伦理问题、哲学问题在现实层面的理解；另一方面，也能够将工程实践中常见的或不易识别的伦理问题直接展示给学生，这部分案例主要伴随着知识的讲解进行分析，同时，也会采用提问的方式由学生表述观点。例如，播放著名的电车困境案例视频，在每个选择的节点，让学生自由发言并举手表决，随着视频案例的推进，很多学生开始沉默，有的开始推翻自己之前的选择，伦理的意识已经在敲击学生的内心。最后，播放了哈佛大学最受欢迎公开课——迈克尔桑德尔教授法学系列课程"公正：该如何做是好？"的相关片段，通过知名教授的讲解，使这个问题深入人心[4]。

课程中讨论的环节占据了 50%的学时。另外，在课下，也有案例的阅读、资料查找和小组讨论环节，所以，整个课程最大限度地调动了学生的积极性。在所有的讨论环节，教师都不预设判断，而是通过不断追问促进学生互相探讨；教师总结也主要侧重于启发学生进一步思考。在这样一种开放、启发和参与式的课堂氛围中，师生作为双主体，对案例进行深度探讨增进学生伦理思辨能力。

（四）聚集"多样化+国内外"教学资源

教学模式是在大量信息资源基础之上进行的，所以必须在学习情景中嵌入大量的信息。在工程伦理教学中，提供给学生的学习资源包括指定教材和辅助教材、课件、大量的案例、教学视频、网络新闻、电影、纪实文学作品、新闻评论资源等。

案例是本门课程的核心资源，在教学案例选取方面，既包括国内项目，也包括知名的国际项目；既包括工程建设、房地产开发项目，也包括信息技术开发项目和其他类型的项目；既包括简单项目，也包括复杂项目案例；既包括成功项目，也包括失败项目，大大地充实了教学素材。对于普遍性的伦理问题，选用学生普遍感兴趣的时事热点或典型案例，比如可以选取反面案例：由于政治、市场等外在因素造成的时间压力可能迫使工程师做出的工程决策损害工程的质量和安全，酿成悲剧性后果，像美国"挑战者"号航天飞机事故、我国很多"献礼"工程质量不达标等；也可展示正面案例，对学生进行正面引导：成功的"模范工程"揭示出工程师高尚的执业操守，高度负责的伦理精神和道德意识[6]。

除此之外，为引导大家从现实生活中发现身边的伦理问题，提供了很多新闻及评论资料，如凤凰评论中对热点事件的回顾分析等，也引导大家通过各种贴吧关注社会公众对这类事件的看法。视频教学素材也是非常有效的资源，对于重要的案例，都配合有视频资料，包括网易公开课的视频、新闻视频、纪实观察视频、民间环保组织拍摄的视频等。有时候，对于一个案例，需要用不同类型的视频来帮助大家建立情境，加深理解。还为学生们推荐了一些反映社会伦理和环境伦理等的经典电影和纪实小说，作为大家课后学习的素材，将深刻的伦理观融入大家喜欢的娱乐项目中去接受。

（五）尝试"学习表现+伦理观测试+案例分析报告撰写"的考核与评价方式

"工程伦理"课程的考评分三个方面，具体如表 2 所示。

1. 平时和伦理观测试成绩

首先，是学生在课堂上的学习表现，包括考勤、平时发言次数、参与案例讨论的次数等。将学生平时在课堂上的发言次数、回答问题的质量和水平都计入考试成绩，以此来调动学生平时学习的积极性。其次，是对学生伦理观的测试，采用台湾高校研发的一个伦理测试小程序，按照学生对伦理问题的判断和回答，由软件给出相应成绩。测试的目的是加深大家对伦理问题的敏感度和对课程内容的记忆。这两部分各占 20 分成绩。

2. 案例分析成绩

主要考查学生运用所学知识分析实际案例伦理问题的能力，成绩主要来自于各教学单元中引导案例的讨论情况，侧重于对讨论质量的评判。工程伦理案例教学指向工程实践中的伦理问题，在案例教学过程中直接反映学生的学习效果，因此，对工程伦理案例教学中学生学习效果的测评，应体现发展性与综合性，采取针对学生知识、经验、能力、思维和态度等变化的发展性评价，强调学生参与和民主协商、评价内容与方式多元化的新型评价，有助于启发和提高学生的主体意识，激发学生的思维能动性。这部分占 30 分成绩。

3. 案例分析报告撰写

案例分析报告撰写是学生自主完成的结课作业，要求学生撰写专业领域的工程伦理案例 1 篇，主要考查学生对实际案例的理解和在具体工作中进行工程伦理分析的能力。从分析评价案例选取的合适度、案例使用的有效度、学习资源利用的充分有效度、思维的清晰性与创新性、伦理准则与方法技术运用的科学性、表述方式的恰当性及导出结果的合理性与逻辑性等方面进行综合评价。重点关注学生对工程伦理问题的界定、分析、评判、决策等多方面的能力是否得到了有效锻炼，以促进学习目标的实现。这部分占 50 分成绩。

表 2 "工程伦理"课程成绩构成

成绩构成	分值	采分点
平时和伦理观测试成绩	20	（1）考核出勤与课堂表现； （2）工程伦理观测试
案例分析成绩	30	（1）主要考查学生运用所学知识分析实际案例伦理问题的能力； （2）指定案例的问题分析； （3）教师根据案例研讨发言的具体表现评分。
案例分析报告撰写	50	（1）主要考查学生对实际案例的理解和在具体工作中进行工程伦理分析的能力； （2）撰写专业领域的工程伦理案例 1 篇； （3）教师根据案例分析报告的撰写情况评分

五、结语

当代工程伦理教育受到高度关注，伦理问题涉及对工程行为正当性的思考和价值判断，往往需要在价值冲突中做出正确的价值选择。我校"工程伦理"课程的建设，尚处于探索阶段，不论是教学内容还是教学模式方面，都需要通过反复在检验中改进，才能达到一个理想的状态。我们寄希望于这门课程的影响能印记在学生的价值观深处，在未来职业生涯中面对相关选择时，帮助他们做出合乎公众利益、合乎科技健康发展和个人健康成长需要的判断。

参考文献

[1] 李高扬. 工程类人才培养中工程伦理教育教学研究 [J]. 当代经济，2016，8（23）：92－93.

[2] 罗欣，范春萍. 中外工程伦理教育研究述评：基于 CNKI 和 WOS 数据库文献 [J]. 中国科技论坛，2018，2（2）：169－179.

[3] 张亚莉，杨丹彤，贾瑞昌，等. 华南农业大学工程类学科工程伦理学教育研究与实践 [J]. 现代农业装备，2018（1）：63－66.

[4] 陈雯. 工程伦理教育中案例教学的必要性与改革研究 [J]. 福建工程学院学报，2018，4（16）：183－186.

[5] 陈兴文，张丹，刘燕. 工科大学生工程伦理教育模式及实现途径 [J]. 黑龙江教育（高教研究与评估），2015，（10）：50－52.

[6] 范春萍，江洋，张君. 研究生"科技与工程伦理"类课程实践探索：以北京理工大学"科学道德和学术诚信"课程为例 [J]. 学位与研究生教育，2018（4）：26－30.

全过程案例教学在MBA "会计学" 课程教学中的实施

李远慧　崔永梅　郭雪萌　孙　敏

（北京交通大学经济管理学院，北京 100044）

摘　要：本文研究了全过程案例教学在MBA "会计学"课程教学中的实施，以确认、计量、披露为主线围绕会计学的六大要素模块进行案例的设计、选择和匹配，基于问题—解答—问题—解答这样循环往复的过程实践全过程案例教学，实现教师和学生之间的交互过程，学生和学生之间相互交流、相互学习的过程。教师确保学生之间相互学习、相互交流，引导学生积极参与，从而保证了案例教学的效果和价值最大化，取得了较好的授课效果。

关键词：MBA　案例教学　全过程

一、引言

在 2018 年度全国 MBA 培养学校管理学院院长联席会议上，吴启迪主任委员对我国 MBA 教育未来发展提出三点意见：不忘初心、找准定位；规范管理、提高质量；勇于创新、改革发展。要求各培养院校回顾并总结各自 MBA 办学经验、办学初衷和目标定位，充分结合当前社会需求和各自院校特色对 MBA 教育进行调整和发展。规范管理，既要严格查找办学过程中存在的不足，及时完善；也要总结办学过程中的优良经验，继承发扬。结合社会前沿需求，勇于创新和改革，不必拘泥于国外的办学方式，应当积极探索中国特色的办学经验，真正办出有中国特色和中国气派的 MBA 教育。

MBA 教育属应用型硕士研究生层面的教育，尤其强调学生应用能力的提高[1]。案例教学能够构建起无限接近社会与企业的真实管理情境，在案例课堂中教师引导学员与情境进行反复碰撞，让他们亲历企业家和企业管理者的决策过程，对所涉及的管理问题进行深层次思考，最终形成科学的、行之有效的思维方式和行为能力，完成知识和能力的自我建构，这使得案例教学法成为目前被国内外商学院广泛接受的一种教学方式[2]。

案例教学法是指教学过程中通过情景式教学引导学生去考虑企业管理的一些实际问题，通过自己的思考解决问题，来掌握管理的一些理论和使用方法。案例教学打破了传统教学中教师占主导、学生被动接受知识的教学模式，使学生能在真实复杂的企业管理情境中增强自己发现问题、思考问题、解决问题的综合管理能力[3]。

MBA 案例教学的目的有两个方面，一方面培养学员的问题识别能力、分析能力和问题处理能力；另一方面通过案例教学，巩固基本理论与基本方法，增强理论联系实际，提高学员的学习兴趣和积极性[1]。案例教学的方式也应以学生主导式教学为主，教师则多将角色定位于：倾听者、激励者和启发者[4]。

在实践过程中，MBA 专业学位研究生专业课程案例教学大多沿袭了传统"现成二手案例课堂研讨案例教学模式"[5]，案例教学的方法缺乏创新，如讨论法、穿插法、组织专题辩论及组织专题讲座是目前比较主流的案例教学方法。这些方法从某种程度上缺乏新意，不利于提升学生参与的积极性。同时学生在案例教学的小组讨论中容易出现偷懒的现象，有些学生较少参与或不参与主动发言，同学间互动比较少。因此 MBA 案例教学质量控制也有待加强[6]。

目前我国 MBA 院校虽然广泛地开展案例教学，但所使用的教学案例中，往往是列举的课堂小案例，而不是真正综合式的教学案例；或者多使用国外企业背景的案例，较少地使用本土化的案例。而我国企业在快速发展的市场经济中遭遇的管理问题和先进经验的优秀案例又没能得到很好的总结和采编，不能对我国 MBA 教育案例教学的发展提供充足的案例库资源，以致无法满足案例教学的需要[7]。

美国耶鲁大学管理学院所推崇的原案例教学法为学生架构了"原案例网站"，针对原案例以问题为导向检索信息的过程，塑造了学生不同的思考方式，在最大限度地再现现实决策环境的同时默默地改变着学习者的决策思维方式和技术互动能力[8]，为教师引导学生在问题与解决的过程中能动地系统性分析问题和解决问题提供了新思路。

"会计学"是北京交通大学 MBA 教学体系中的核心课程，通过在会计学教学中探索全过程案例教学，让学生身临其境地感受不同商业环境下的会计决策；在观察、讨论和提出解决方案的过程中，培养学生对财务会计问题的分析、判断和决策能力；从实践中总结和学习更多的会计理论和知识。案例教学法的全过程实施对提升我校 MBA 教育质量，提升学生对现实会计问题的分析和解决能力非常有意义，也为经济管理学院商学院 EQUIS 和 AACSB 认证打下坚实的基础。

二、全过程案例教学在 MBA "会计学" 课程的实施过程

（一）课堂案例教学——全过程案例教学的基础

首先以确认、计量、披露为主线围绕会计学的六大要素模块资产、负债、所有者权益、收入、费用、利润进行案例的设计、选择和匹配，力争做到重要问题的案例全覆盖，具体案例选择和教学目标参见表 1。在教学过程中基于问题—解答—问题—解答这样循环往复的过程实践全过程案例教学，实现教师和学生之间的交互过程，学生和学生之间相互交流、相互学习的过程。通过课程案例讨论过程，引导学生将"现在的学习和情境"与"过去的学习和情境"联系在一起，进一步发现新的案例议题。

案例教学过程中，通过具体生动的情景和问题的分析过程，使学生对寻找出来的理论和分析方法记忆深刻。更看重理论知识在实际问题中的应用能力，而非只是简单地记忆。通过案例教学，学生参与讨论的主动性被大大激发，教学的重点在于针对实际问题的分析，重在情景与角色，学生的独立思考能力和解决实际问题的能力得到提高。

表 1　课程案例教学的全案例覆盖

	案例名称	教学目标
1	《泰囧》的盈利囧不囧？——光线传媒公司的损益分析	（1）学习如何查找、搜集和利用各种数据资源，进行财务预测与分析； （2）掌握利润表的基本结构和编制方法，以及相关的账务处理方法； （3）理解权责发生制原则下的盈余管理空间，以及会计信息制度性失真； （4）了解电影制片企业的业务模式、税费和成本
2	雅戈尔集团股权投资分类计量的财务影响	企业会计准则将股权投资大致分为以下几类：交易性金融资产；可供出售金融资产；对联营、合营企业的投资；对非联营、合营企业的投资，且其在活跃市场中没有报价，公允价值不能可靠计量；对子公司的投资。其中前两类属于金融资产类别，后三类属于长期股权投资。通过案例讨论，使学生深刻理解股权投资的不同分类方法以及长期股权投资不同核算方法的选择对企业财务状况的影响

续表

	案例名称	教学目标
3	宏大公司的资产核算——债权包的风波	（1）理解资产的定义和经济内涵。熟知在资产负债表观下，资产要素信息的重要作用； （2）了解资产初始确认计量和后续确认计量的基本方法； （3）以资产信息质量为例，理解会计信息质量特征； （4）理解资产核算方式与企业资产管理之间的关系，初步了解与资产有关的企业内部控制； （5）理解会计政策选择对资产核算的影响，了解不同会计政策的经济后果
4	智远公司的退股事件——三个创业股东的股权转让价格之争案例说明	（1）了解我国《公司法》关于企业设立时资本金注册、股东退股、股权转让的法律规定； （2）掌握资本金核算、所有者权益的构成、资本溢价、股东权益价值的内涵、股权转让价格的确定等财务会计知识； （3）思考有限责任公司股东退股的合理性，以及创业企业通过股权管理、避免退股纷争的具体途径
5	瑞科公司的收入确认——"背靠背条款"引发的风波	（1）理解收入的定义以及收入要素的特征，熟练掌握收入确认的五个基本条件； （2）了解采用"完工百分比法"确认收入的具体条件和基本步骤； （3）理解收入的确认必须结合交易实质、企业的商业模式和市场地位进行综合判断，针对不同交易的特点，分析交易的实质，正确判断每项交易中所有权上的主要风险和报酬实质上是否已经转移是正确确认收入的关键； （4）理解收入的确认和计量会涉及企业损益的计算，影响部门和整个企业的绩效考核，最终影响各利益集团的决策
6	绿地会计信息造假事件透视	使学生对会计信息质量特征的内涵及其对保护投资者合法权益的重要性有更深层次的认识。本案例有助于增强学生在分析财经事件时的广度和深度，培养其联系行业特征分析企业优劣，从治理机制的有效性及制度建设的视角探寻财经事件背后的根源并提出解决方案的能力，从而提高其财务报表分析水平，以期能够逐步识别公司潜在风险，做到未雨绸缪，防微杜渐

在案例教学的过程中，教师要扮演导游、牧羊人的角色，成为案例教学的组织者、引导者和总结者；而学生的角色则是操作者、探索者和学习者。表2具体诠释了优秀的案例教学过程中教师和学生需要扮演的角色，双方只有充分把握好角色分工，充分配合，才能保证高质量案例教学的落地，真正实现以课堂案例教学为培养活动的基础，实现知识的学习与分享。

表2　优秀案例教学过程中教师角色和学生角色的诠释

教师的角色	组织者	确定程序，提出要求，组织实施，对各种不同"特质"的学生要善于针对问题来安排教学，避免冷场
	引导者	提出问题引导学生讨论，严格限制讨论范围，不无限扩展，必要时要将学生"拉回来"，把握讨论的火候、争议的分寸
	总结者	呈现、梳理、归纳学生的各种观点和意见，然后提炼出共识和分歧
学生的角色	操作者	按授课教师要求完成案例分析讨论的全部动作
	探索者	针对案例提出的问题，寻找案例材料，进行相应思考和讨论，提出相应的解决方案
	学习者	在案例讨论中学习分析、解决实施问题的方法，在交流讨论中吸取群体智慧，在教师总结点评中加强对理论知识点的理解

（二）案例开发——全过程案例教学的中心

将案例教学与案例开发相互融合，引导学生参与设计案例选题、参与企业访谈、参与案例撰写。通过案例开发这个阶段的实践，学生可以了解到知识在具体经济活动中存在形式和经济活动的关联性、复杂性，使学生对知识的概念体系及其他知识的管理有全面的理解。案例开发首先要注重知识点逻辑关系图的构建，分析过程强调知识线和故事线的融合。

表3列示了指导MBA学生完成案例开发的部分优秀选题，在案例开发过程中对学生进行过程指导，指导他们围绕知识点的逻辑关系进行知识线和故事线的深度交融，案例作品初稿完成后，选择较为优秀的案例作品进行课堂讨论和研讨，通过头脑风暴收集反馈意见，进行进一步修订的

落实。案例开发过程成为培养活动的中心，实现了知识的分享与诠释。

表 3　指导 MBA 学生进行案例开发的部分优秀选题

	案例开发选题	知识点
1	从金山软件有限公司年报看金融工具会计准则和报告准则的应用	金融工具
2	巨头无锡尚德破产重整，光伏巨头轰然倒下	债务重组
3	某建筑业央企内部重组案例债权债务简析	债务重组
4	该不该并购一个处于"寒冬期"的供热企业？	债务重组
5	A 公司航天成本工程和降本增效案例分析	成本费用
6	王府井百货营运资金管理案例分析	现金管理
7	重组二人转还是白条资本	股权
8	"43 号文"及相关文件对地方政府融资担保业务的影响分析	债务
9	林川重机：是否真是伪高新？	研发费用
10	振远公司决策失误引发的债务处理及增资引入新股东后的争论	负债及股权
11	万福生科财务造假案例研究	盈余管理
12	"14 乌国投债"事件引发的思考	负债
13	巴新公路项目里程碑付款案例分析	收入确认
14	通过新网互联公司数据探讨互联网服务类企业财务特点	互联网会计
15	海南航空股权交易盈利预测（对赌协议）补偿问题研究	利润管理
16	獐子岛"绝收"事件的影响——递延所得税资产的确认	所得税
17	财务报表分析在投资尽职调查中的应用	财务报表分析
18	中国铁建 8.37 亿招待费"招待"了谁？	管理费用
19	盛大十年沉浮 ——基于同行盛大游戏私有化的会计分析	所有者权益
20	獐子岛巨额亏损事件	存货
21	吉达公司股权转让中的纠纷	股权
22	江苏泰州三洋纸业借助融资租赁获得裂变式发展分析	融资租赁
23	酒鬼酒亿元存款神秘失踪案例透视	货币资金
24	互联网金融众筹模式的会计风险分析	股权
25	敬业钢铁有限公司售后回租业务可行性研究报告	售后回租

（三）案例论文——全过程案例教学的高级阶段

对具有开发价值的选题，鼓励学生在前面案例开发的基础上进一步通过案例论文的撰写挖掘理论价值和范式效应，提升整个案例研究的价值。通过案例论文这个高级阶段的实践，学生将"现在的学习和情境"与"将来的学习和情境"联系在一起，对知识进行系统的总结和发掘。案例论文的撰写成为培养活动的高级阶段，实现了知识的诠释与发现。

三、全过程案例教学在 MBA"会计学"课程中的创新模式

图 1 展示了全过程案例教学在 MBA"会计学"课程中的创新模式。

（一）以课堂案例教学为培养活动的基础，实现知识的学习与分享

首先以确认、计量、披露为主线围绕会计学的六大要素模块资产、负债、所有者权益、收入、

费用、利润进行案例的设计、选择和匹配，力争做到重要问题的案例全覆盖。在教学过程中基于问题—解答—问题—解答这样循环往复的过程实践全过程案例教学，实现教师和学生之间的交互过程，学生和学生之间相互交流、相互学习的过程。通过课程案例讨论过程，引导学生将"现在的学习和情境"与"过去的学习和情境"联系在一起，进一步发现新的案例议题。

（二）以案例开发为培养活动的中心，实现知识的分享与诠释

将案例教学与案例开发相互融合，引导学生参与设计案例选题、参与企业访谈、参与案例撰写。通过案例开发这个阶段的实践，学生可以了解到知识在具体经济活动中的存在形式和经济活动的关联性、复杂性，学生对知识的概念体系及其他知识的管理有了全面的理解。案例分析过程强调知识线和故事线的融合。

（三）以案例论文为培养活动的高级阶段，实现知识的诠释与发现

对具有开发价值的选题，鼓励学生在前面案例开发的基础上进一步通过案例论文的撰写挖掘其理论价值和范式效应，提升整个案例研究的价值。通过案例论文撰写这个高级阶段的实践，学生将"现在的学习和情境"与"将来的学习和情境"联系在一起，对知识进行系统的总结和发掘。

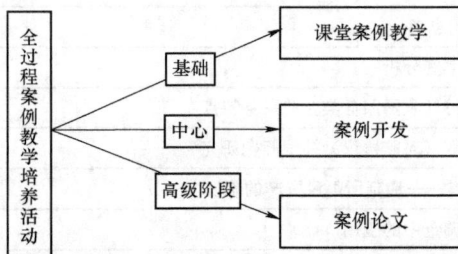

图 1　全过程案例教学在 MBA "会计学" 课程中的创新模式

四、全过程案例教学在 MBA "会计学" 课程中的实施效果

（一）建立了 MBA 教学体系

通过构建会计学案例教学内容体系，形成了高质量的教学案例和问题导向的讨论式学习，充分调动学生发言的积极性，互动式学习得到有效运用，学生参与度大大提升。

（二）改善了 MBA 教学效果

通过三届 MBA 学生在 "会计学" 课程全过程案例教学中的实践，得到了学生的一致好评，教学效果得到了有效提升。

（三）培养了 MBA 优秀学生

多位 MBA 学生积极参与案例开发、案例大赛，荣获 "全国百篇优秀管理案例" 案例大赛优秀学员，为后续的案例论文写作打下了坚实的基础，部分 MBA 学生的案例论文荣获优秀毕业论文。

参考文献

[1] 杨桂元. 在教学过程中培养 MBA 学员的创新能力和应用能力 [J]. 教育现代化，2016，3（31）：1-3.

[2] 王淑娟，胡芬. MBA 教育中的案例特色培养模式探索 [J]. 学位与研究生教育，2014（4）：33-37.

[3] 欧丽慧. 整合式工商管理专业硕士（MBA）案例教学模式研究 [D]. 上海：华东师范大学，2018.

[4] 黄璐，金茂竹. 新加坡商学院 MBA 案例教学模式与运行模式探讨 [J]. 经营与管理，2014（9）：156-159.

［5］ 潘成云."六位一体"研究性案例教学模式探讨：基于 MPA、MBA 有关课程教学实践的思考［J］. 扬州大学学报（高教研究版），2018，22（1）：76-81.

［6］ 汪莹，王亚楠，黄海珠，等. MBA 案例教学改进对策研究：以中国矿业大学（北京）为例［J］. 学位与研究生教育，2017（3）：55-59.

［7］ 王刚. 基于一体化模式的我国 MBA 教育案例教学研究［J］. 内蒙古财经大学学报，2016，14（4）：112-116.

［8］ 何艳，林刚. 以系统思维培养为导向的互联网时代 MBA 案例教学法：耶鲁管理学院原案例教学法探析［J］. 学位与研究生教育，2016（9）：60-64.

"雨课堂"在研究生课堂教学建设中的探索

熊志华

（北京交通大学交通运输学院，北京 100044）

摘　要：随着计算机、多媒体以及信息网络的快速发展，翻转式教学模式已给课堂教学带来了崭新的面貌。本文结合研究生教学特点，阐述雨课堂的教学理念及手段，从提高课堂教学效果出发，探索研究生课堂教学建设。

关键词：雨课堂　课堂教学　参与度

一、引言

研究生教学以专业教育和学术研究为主，现阶段研究生教学模式主要有两种，第一种以听讲为主的教学模式。学生听老师讲课，老师是主体，课程的进度和内容由教师决定。这种模式能够快速、大量地促进学生掌握所学专业的基本知识。对于以听为主的教学模式，需要学生课堂上精力高度集中，课后需要巩固。第二种就是"互联网+"的教学模式，比如翻转式教学。随着教学方式改进的不断完善，研究生课堂教学形式越来越多样化，比如，老师在课前会提供一些讨论课题供学生选择，学生自由结成小组，自己查阅相关文献，总结成果进行课堂展示，老师给出评价。

研究生教学已在传统的老师讲学生听为主的形式上，增加了学生讨论、老师辅导或者老师点评的环节，课堂模式灵活多变，但是所占比例仍然较低。同时，布置讨论课题时，缺乏指导，容易造成学生只对自己的课题了解，对其他课题仍不清楚，没有达到通过讨论，共同深入掌握的目标。翻转式课堂，需要学生在课外花大量的时间自主学习，也需要教师付出与传统课堂相比更多的时间精力，这对学生和教师都是极大的挑战。

本文回归课堂教学效果，从提高课堂教学效率的角度出发，结合现有"互联网+"技术，阐述其在研究生课堂教学中的应用。

二、雨课堂教学的意义

"互联网+"技术的快速发展，为课堂教学带来了新机遇，也提出了新挑战。以往利用黑板、粉笔、PPT、视频教学等方式，越来越不能吸引学生的注意力，课堂上学生玩手机的现象屡见不鲜。根据黑龙江科技大学大学生问卷调查显示[1]，学校大学生手机持有率接近100%，有的学生甚至有多部手机，有近95%的学生在上课时手机处于开机的状态，一大节课90分钟，5%的学生使用手机时间超过50分钟，15%的学生使用手机时间超过30分钟，40%的学生使用手机时间超过10分钟。越来越多的教学改革重视手机对课堂教学的冲击，将手机使用引入传统课堂，结合"互联网+"技术，可以发挥手机的优势，鼓励学生利用手机来学习，构建个性化教学模式。

另据调查显示[2]，学生上课能集中精力听课的时间在30分钟以下的学生占78%，虽然有22%的学生能保证30分钟以上的时间集中精力听课，但是只有10%的学生感觉100%听懂了上课内容，而听懂知识80%以下的学生比例高达82%。这说明，20～30分钟的精力集中极限是客观存在的。

由于课堂内容的吸引程度、老师的讲授水平等因素，会使学生精力集中时限发生波动。另外，课堂上想要听懂知识，耳听、眼看、手记、脑转、心想，一样也不能少，高度集中精力的时间通常为 15 分钟。想要提高课堂教学效果，就要根据人的生理特征，适时地使用一些工具，提高学生的注意力，增强课堂吸引力。

雨课堂就是利用手机、微信和互联网功能，颠覆"我讲、你听"的传统授课模式，改变学生的学习习惯，课堂上可以通过实时互动与反馈活跃课堂气氛，提高学生课堂注意力和参与度，从而提高课堂教学的效率。

三、雨课堂的主要功能[3-9]

雨课堂是一款免费教学软件，使用简单，学生端只需要手机、微信，教师端额外安装电脑插件，联网后即可使用。雨课堂提供课前推送预习内容，课中运用弹幕讨论知识点，学生课后可利于教师所发资料移动学习，教师获得反馈等功能。在课堂教学过程中，其主要功能体现在以下方面。

（一）学生反馈同步

开启雨课堂授课模式后，学生手机端都会有老师讲授的 PPT，便于学生保存课件并课后复习。同时，课上每一个学生可以自主观看 PPT，同时对不懂的 PPT 进行标注，老师会在后台得到反馈，及时接收到学生学习状态的信息。针对多数学生难以理解的知识点，可以重新讲授，及时调整教学进度，巩固教学内容。

（二）课堂测试

利用雨课堂可以在制作 PPT 时添加测试题，课堂授课时，直接发布试题，考查学生对知识的掌握程度。在线试题形式多样，有单选、多选、投票、主观题，大大丰富了学生在课堂上的学习过程和学习体验。学生在规定的时间内通过手机微信中的界面答题。这种方式不仅可以巩固教学内容，通过穿插测试，还可以提高学生的注意力。同时，教师在答题过程中可以给答题快又好的学生发"课堂红包"，有利于活跃课堂气氛，提高学生课堂注意力和参与度。雨课堂能更好地调动课堂的气氛和学生的反馈，通过实时给学生们发送习题和问卷，了解学生们对知识的掌握程度。

（三）互动讨论

雨课堂中采用弹幕方式实现互动。开启课堂弹幕，学生可以表达自己的想法，老师可以和学生们实时沟通。雨课堂的弹幕是"后台实名制"[10]，能促使同学们积极参与课堂和陈述自己的观点。雨课堂可以实现多人并行讨论，有助于活跃课堂氛围，提高学生参与度。

四、雨课堂在研究生课堂教学中的应用

现阶段研究生教育发展迅速，根据教育部数据统计[11]，从入学前的背景来看，报考研究生的应届毕业生比例超过 50%。2018 年考研报考人数中应届毕业生占 55%，2017 年占 56.2%。有一定社会工作经历的学生报考比例增长较快。对于直接读研的学生来说，由于缺乏实际工作经验，不了解实际需求，学习时往往没有针对性，甚至脱离实际。而对于有工作经验的学生来说，除了本身业务学习之外，更希望通过所学知识，解决工作中遇到的问题，更倾向于实践能力的培养。

雨课堂是对传统课堂的补充，全程记录学生课前、课中、课后的学习情况，并进行相关统计，为教师提供学生学习过程中的数据，从而让教学逐步实现从"经验驱动"到"数据驱动"的转变[3-4]。教师可以通过反馈和互动，掌握研究生的实际需求，完善教学中实践能力的培养。

雨课堂的课堂教学建设可分为两部分。

（一）同步学习阶段

教师在课堂讲授时，PPT 会同步到学生手机终端。如果学生有不懂的，或者想结合实际。可以通过雨课堂的不懂按钮给教师反馈信息，老师及时掌握课堂学生学习情况，改变教学进度，对学生有问题的地方重新进行讲解。

利用雨课堂中的在线习题功能，检验学生的学习效果及掌握情况。或者围绕某个知识点或教学环节，弹幕互动，让学生阐述自己的实际经验、需求或者感想，用于结合需求调整和解答学生的实际问题。

（二）讨论展示

通过讨论展示，学生自己分析问题、动手搜集资料解决问题，既提高了学生的专业素养，又锻炼了他们团队合作的能力。同时，课程的考核通常是多种形式的，包括课堂的表现、作业讨论、期末测试等，通过平时课堂展示，避免期末考试压力集中，降低学生的课业负担，使学生心理上感觉课程更容易。学生分组讨论展示，教师可以提前推送相关研究资料，提供有针对性的指导。课堂对各个小组给予及时的点评，同时，根据所讨论的知识点，补充讲解一些重点和疑难问题，引导学生进一步整理碎片化知识，有助于拓展专业知识，理论与实践融合。

雨课堂能够引导师生以更加灵活多变的方式来完成课堂教学和学习，今后，教学改革会为研究生教学提供更多便捷、丰富、智慧的学习工具。

参考文献

[1] 于克强，孙桂兰. 手机在"工程图学"课程教学中的应用 [J]. 科技创新导，2018（4）：202-203.

[2] 教育网. 课堂听课存在严重漏洞　八成学生当堂消化不良 [Z/OL]［2009-05-14］http://www.51test.net/show/702231.html.

[3] 黄丽琼，王园园. 基于微课和雨课堂的线性代数课程改革初探 [J]. 高教学刊，2018（22）：127-128，131.

[4] 张晓云，郑辉昌. 基于雨课堂教学平台的高校智慧教学活动组织之探究 [J]. 高教论坛，2018（10）：48-51.

[5] 张航. 智能手机在大学课程教学改革中的应用探讨：FCM 解决大学生课堂玩手机问题为例 [J]. 闽南师范大学学报（自然科学版），2018，100（2）：112-116.

[6] 廉侃超. 基于"雨课堂"的"Visual Basic 程序设计"课程在线混合式教学改革 [J]. 现代计算机，2018（4）：49-53.

[7] 李玲. 慧教室模式下的高校教师教学技能提高策略 [J]. 高教学刊，2018（15）：102-104.

[8] 方荣新. 中美研究生教学模式比较及对卫星导航专业教学的思考 [J]. 教育教学论坛，2018（39）：1-3.

[9] 贾继山. 高校智慧教室信息化建设探索 [J]. 产业与科技论坛，2018，17（16）：228-229.

[10] 宋丽. 移动互联网与大数据背景下的雨课堂 [J]. 课程教育研究，2018（36）：26.

[11] 读研网. 为什么应届生考研比例涨幅平稳，往届生读研比例增幅明显？[Z/OL]［2018-08-03］. http://www.duyan.cn/cjwt/21157.html.

立足前沿理论与行业需求的研究性教学方法实践

——以"计算智能"课程为例

郭建媛[1]　秦　勇[2]　贾利民[2]

（1. 北京交通大学交通运输学院，北京 100044）
（2. 北京交通大学轨道交通控制与安全国家重点实验室，北京 100044）

摘　要： 本文以硕士研究生"计算智能"课程为例，立足前沿理论与行业需求进行研究性教学方法设计与实践。提出了基础知识与前沿理论兼顾、经典理论与行业问题紧密结合、教师以实际科研经历引导学生的指导思路；设计了涵盖基础知识与经典理论、行业问题与科研案例、前沿动态与发展趋势的教学内容；并结合多媒体、雨课堂、实验、研讨等多种形式开展教学实践，实践过程中注重师生互动与学生互助。经 5 年的教学实践，取得了良好的教学效果。

关键词： 研究性教学　研究生　计算智能　前沿理论　行业需求

一、引言

"研究性教学"是创新性人才培养的重要手段[1]，是通过教学过程的研究性，引导学生进行"研究性学习"，从而让学生掌握知识、培养研究和创新能力的一种教育新理念[2]。研究性教学着眼于培养学生的探索精神和创造性，构建以培养学生的创新精神和创新能力为基本价值取向的教学内容和教学方法体系[3]。研究性教学近年来越来越受到重视，被引入到专业建设、课程建设和课程改革中[4-16]。

研究性教学过程中通过学术引导[14]、实践引导[12]、教学案例改进[11]等方式激发学生的学习兴趣，教授学生发现问题、解决问题的研究过程与方法，通过教学提高学生的创造能力与创新精神。在研究性教学中，教师的教学方法是触发的手段，学生对教学的反馈和学习过程是教学的重要环节，对学生的研究方法和研究精神的培养是教学的目标。研究性教学需要教学内容手段能够与学生的兴趣点、能力相结合，进而达到教和学的统一，取得教学的最终目标。

"计算智能"课程面向交通运输学院硕士研究生开设，是安全科学与工程专业基础课，交通运输工程、控制科学与工程等多个专业的选修课程。本文以此课程为例，说明综合前沿理论与行业需求的研究性教学方法，激发学生研究兴趣，训练学生研究能力，提高学生创新能力 。

二、研究性教学方法指导思路

研究性教学以激发学生兴趣，发挥学生能动性为出发点。学生的学习动力集中于掌握行业前沿知识、提高行业竞争力，所以立足前沿理论与行业需求，能够极大地激发学生学习的热情。在理论发展过程中，往往以现实需求为导向，而又超前于实际应用，具有前瞻性；行业需求的更替推动了理论的发展，又引发的新需求问题。结合行业需求谈理论，结合理论发展谈需求，能够激发学生的兴趣，发挥学生学习的能动性，不但使学生掌握从事专业研究的知识，更使学生具备针对专业问题的研究能力。

以"计算智能"课程为例，该课程面向的是未来就业于交通运输行业的学生，而计算智能本身又代表了新兴的技术与理论，它的发展以应用为推进动力，很适合使用前沿理论与行业需求相结合的教学方法。

结合研究性教学特点，在教学思路中，需要把握以下几点。

（一）基础知识与前沿理论兼顾

研究性教学中，教师不仅介绍知识内容，也介绍知识的发现过程，通过授课向学生展示科学研究发展的实际过程，培养学生发现问题，解决问题的能力[9]。一门课程的基础知识，在提出该知识的时代也曾经是前沿理论。教学过程中，以学生能够接受的虚拟场景，不断提出理论，从基础知识不断过渡到前沿理论。

（二）经典理论与行业问题紧密结合

在研究性教学过程中，为了充分地发挥研究的作用，需要将教学重点集中到有限的几个问题，从理论问题的发现、解决、应用、改进，使学生理解和学习研究的过程和方法。所以在教学的过程中，需要选择经典理论，从理论的提出、发展，以及对行业问题解决的贡献，到目前发展的程度、今后发展的方向，都需要一体化地进行讲授。

（三）教师以实际科研经历引导学生研究

在研究性教学中，教师除了讲授知识和传统课堂组织管理的角色外，还需要引导和指导学生的研究过程，所以需要教师具备与课程相匹配的科研经历。而科研本身也有理论、应用或方法的侧重，所以具备不同科研特长的教师共同建设课程会使得课程内容设置更加合理。在教学过程中，教学从实际科研经历出发，对比不同方法在解决行业问题时的效果，不但更加客观，也更加具有说服力。

三、研究性教学内容设计

教学内容设计是教学指导思路的第一步落实，也是教学实施的基础，下面以该课程为例，说明研究性教学内容的设计。

（一）讲授内容设计

1. 基础知识与经典理论

课堂讲授神经网络、模糊计算、进化计算及群智能的基本知识，并利用经典的 TSP 问题、车辆多路径配送问题贯穿多种理论与算法，有利于对知识的理解，以及对算法思想与适应性的掌握。

2. 行业问题与科研案例

在模型算法讲解时，注意引入行业的经典问题，如列车调整问题、交通拥挤问题、交通流预测及组织优化问题，并结合实际科研的需求与数据，展开建模和求解的案例讲解，使学生能够有的放矢。

3. 前沿动态与发展趋势

在理论与案例讲解基础上，结合前沿科技文献，讲解计算智能最新的理论与技术研究成果，并总结与判断技术与理论的发展趋势，为学生课后的研究提供有力的参考。

（二）作业设计

作业是课堂讲授的有利补充，课程从基础理论推导、实践建模实验和前沿文献阅读等几个方面设计作业。

1. 基础理论推导

要求学生对基础理论的核心公式能够掌握，对神经网络、遗传算法、粒子群算法等，能够使用简单的算例进行手工的步骤推演。

2. 实践建模实验

要求学生能够应用所学，选取实际的科研案例，进行模型设计、算法改进或实现，利用实际数据或开源的案例数据，进行模型的实验，以及性能和适应程度的对比分析。

3. 前沿文献阅读

要求学生选择感兴趣的某种算法或理论，自行检索高水平科技论文，在获得老师认可的情况下，进行阅读和分析总结。

四、研究性教学组织实施

（一）教学方式的多样化

1. 多媒体教学

以多媒体教学为主，并且配合适当的传统教学手段，用板书补充说明。

2. 雨课堂在线教学

雨课堂作为一种新兴的在线教学工具，通过投票、选择的方式，有利于提高学生的参与程度，并且能够及时获得学生对知识的掌握程度，及时调整授课内容与进度，优化教学。

3. 实验实践

实验部分分为课堂指导与课下练习，课堂指导从实验例题入手进行讲解，并且在学生课下练习出现共性问题时，在课堂给予正确方法的说明与指导。

4. 课堂研讨

根据教学内容的不同特征，进行不同的研讨设计，包括知识点讨论、算法讨论和应用讨论等。对所学知识点的特点、不同知识点之间的联系与区别进行讨论；对算法的优缺点和适应性进行讨论；对模型算法的应用范围、应用案例与技巧进行讨论。

（二）教学的互动与互助性

教学实施过程中，注重师生互动和学生间的互助，以促进教学计划的顺利推进，并增加学生的参与程度，调动学生的主动性。

1. 师生间互动

教师通过启发式问题，引导学生主动思考，有利于学生对知识点的理解；通过在线互动，调动学生积极性，并第一时间掌握学生的学习进度；通过总结回顾的形式，进行隔堂研讨，使学生消化吸收所学习的知识。同时，在师生互动的过程中，鼓励学生通过提问发起与老师的互动，教师对此给予合理的反馈与引导。

2. 学生间互助

根据教学环节不同，对学生进行灵活分组，如课堂研讨、雨课堂对分、实践实验、文献阅读，都可以采用分组形式进行学习。学生在学习的过程中，互相协作、帮助，有利于学生在协作过程中克服困难、激发灵感，不但完成学习计划，并且能够同步提高解决问题的能力。

五、结论

本论文以"计算智能"课程为例，阐述了立足前沿理论与行业需求的研究性教学方法。该课程在实践过程中对教师实际科研的前沿问题进行细化，对学生的科研文献阅读水平、科研问题解决能力、科研论文撰写水平起到提升的作用。有部分学生使用课堂讲授的理论方法解决正在从事的科研问题，效果得到明显提升；还有部分同学将课程作业的建模求解内容进行完善，撰写和发表了高水平的科研论文。通过 5 年的教学实践，提升了交通运输学院安全科学与工程，交通运输工程、控制科学与工程等多个专业学生的研究能力，并培养了学生的探索精神与创新能力，为学生研究生阶段学习和未来更好地服务于行业打下良好基础。

参考文献

[1] 赵新平. 研究性教学中教师角色的重塑 [J]. 教育理论与实践，2011（1）：61–62.

[2] 王立欣，吕超，张继梅. 基于研究性教学的电子创新基地建设与教学实践 [J]. 中国大学教学，2010（4）：73–74.

[3] 夏锦文，程晓樵. 研究性教学的理论内涵与实践要求 [J]. 中国大学教学，2009（12）：25–28.

[4] 刘敦文，杨光. 安全工程专业实验课研究性教学与创新型人才培养 [J]. 中国安全科学学报，2010（5）：159–163.

[5] 赵洪. 研究性教学与大学教学方法改革 [J]. 高等教育研究，2006，27（2）：71–75.

[6] 赖绍聪，华洪，王震亮，等. 研究性教学改革与创新型人才培养 [J]. 中国大学教学，2007（8）：12–14

[7] 陈佑清，吴琼. 为促进学生探究而讲授：大学研究性教学中的课堂讲授变革 [J]. 高等教育研究，2011，32（10）：94–99.

[8] 吴冬梅. 融入研究性教学模式的"数字图像处理"课程教学改革 [J]. 武汉大学学报（理学版），2012，58（s2）：160–162.

[9] 张睿，王祖源，王治国. 从案例出发在工科物理教学中对研究性教学开展探索 [J]. 中国大学教学，2013（9）：63–64.

[10] 柴干. 交通信息工程及控制专业硕士生课程的研究性教学实践 [J]. 东南大学学报（哲学社会科学版），2013（s1）：146–148.

[11] 万安华. 高等数学课程教学方法的优化及其案例 [J]. 大学数学，2018（2）：111–115.

[12] 田东亮. 物理化学实验研究型教学改革与实践 [J]. 大学化学，2018，33（3）：17–20.

[13] 潘丽敏，罗森林，张笈，等. 网络空间安全学科专业研究型教学框架及基础认知 [J]. 信息安全研究，2018（3）：261–269

[14] 张建辉. 学术驱动研究生教学方法探讨 [J]. 计算机教育，2017（7）：114–117.

[15] 吴瑞林，王建中. 研究性教学与研究生创新能力培养 [J]. 学位与研究生教育，2013（3）：10–15.

[16] 赵新平. 研究性教学中有效教学行为的生成 [J]. 教育理论与实践，2015（19）：62–64.

基于课程平台的研究生综合能力培养探索

蔡红建　刘慧敏　王　震

（北京交通大学马克思主义学院，北京 100044）

摘　要： 招生数量的快速增加、考研目的功利化、人文素质不高而导致的研究生综合能力不强，直接影响着其在校期间的学业、今后就业以及未来的职业发展。根据校友信息反馈和就业质量报告显示，马克思主义学院通过修订培养方案，开设综合实践能力训练系列课程，全面提升研究生的社会担当能力、读书学习能力、社会调研能力、科研创新能力、文字写作能力、语言表达能力、沟通交往能力、社会工作能力，围绕研究生的成长发展，对其综合素质能力的提高，取得了预期的效果。

关键词： 研究生　综合能力　培养

新时代新形势下，对研究生的教育和学习提出了新的更高要求。马克思主义学院从 2013 年开设"研究生综合实践能力培养"课程，结合学生特点，围绕社会需求，创新人才培养方法，积极探索会学习、会工作的研究生课程培养模式，促进学生全面发展。

一、马克思主义理论学科研究生教育现状

随着我国经济社会的快速发展，高等教育和研究生规模的迅猛发展，特别是就业压力的增加，社会对研究生的综合素质要求越来越高。硕士研究生毕业以后很多人不再从事专门的"研究"工作，特别是作为理工科学校培养的马克思主义理论专业的硕士毕业生，继续从事马克思主义理论教学研究工作的人更是少数，多数人都在各级党政机关和国有企事业单位的管理部门从事管理工作。在此背景下，如何提高我校马克思主义理论专业、马克思主义哲学专业、科技哲学专业硕士研究生的综合素质和实践能力，增强和提升就业能力就显得十分重要。

马克思主义理论作为一级学科，建立于 2005 年，学科规范正在逐步建立和完善，各校研究生培养方案差别也比较大。我校招生人数不多，时间不长。近年来，随着招生人数的逐步增加和毕业生就业去向的多元，我们深感生源素质与培养目标的差距与压力越来越大，加强研究生的综合素质和实践能力的培养迫在眉睫。

近年来，据不完全统计，我校马克思主义学院硕士毕业生 80%在各级党政机关和国有企事业单位从事理论宣传、组织建设、新闻报道、文秘、工会等工作，或在学校、部队从事学生辅导员工作、共青团工作，以及部队思想政治工作，有个别硕士毕业生从事马克思主义理论研究和教学工作。上述这些岗位和职业对毕业生的语言与文字表达能力、组织协调与管理能力、人际沟通与社会交往能力等都有比较高的要求，这既是用人单位的岗位基本胜任能力，也是我院硕士研究生培养方案中培养目标的重要内容，更是学生今后职业发展成长所应具备的素质。无论是硕士生，还是博士生，其最终都要走到工作岗位上。然而，由于种种原因，马克思主义学院生源大多来自专科学校、三本院校，考研究生的主要目的是为了就业提升学历，综合素质普遍不高，距离职业高标准的要求有着较大的差距。

根据我国现代化建设对人才的需求和马克思主义理论人才培养规律，为提高人才培养质量，学院在 2013 年对马克思主义理论专业、马克思主义哲学专业、科技哲学专业硕士研究生培养方案进行了重新修订，力图加大对研究生综合实践能力的培养力度，立足社会需求，把就业作为重要目标，以"研究生综合实践能力培养与管理机制研究"为题立项研究，综合施策。

新培养方案的实施，需要我们去研究内在规律和方法，建立与之相配套的具体培养方式和管理机制。从 2013 年开始，我们以研究生综合素质和就业能力提升为导向，主要从培养和管理两个方面，探索我校马克思主义理论专业和马克思主义哲学、科技哲学专业硕士研究生实践能力培养、提升的途径与方式，探索和建立有利于硕士研究生综合实践能力培养的管理机制。

二、多模块创新构建实践能力理论培养模式

学院针对目前马克思主义理论专业、马克思主义哲学专业、科技哲学专业硕士研究生的现状，围绕三个专业培养方案中的人才培养目标要求，结合就业质量报告对学院毕业生调研信息数据反馈，把"研究生综合实践能力培养"作为指定的必选课程，列入培养方案，从 2013 级首次开设以来，已连续开展 6 年。

课程采取课堂讲授与实际训练相结合的方式，重在加强研究生面对未来就业方向所需要的语言文字表达能力、调查研究与科研创新能力、社会工作与组织协调管理能力、人际沟通与社会交往能力等，共安排了 8 次独立的课程，每次 2 学时，以讲座的授课形式为主。

第一讲，社会担当能力培养。每年都由学院党委书记蔡红建主讲。主要是帮助学生了解世情、国情、党情、社情，了解党和国家最新的路线方针政策，了解在全面深化改革的大背景下，对自身职业道德、职业能力的要求，了解实现中华民族伟大复兴中国梦自己所肩负的历史责任，加强理想信念教育和爱国主义教育。通过讲座，增强广大学生坚定不移走中国特色社会主义的道路自信、理论自信、制度自信、文化自信和责任自觉、历史自觉、行动自觉，当好中国特色社会主义理论和社会主义核心观的宣讲者、传播者、践行者。

第二讲，读书学习能力培养。每年都由杨蔚老师主讲。主要是在学科交叉、知识爆炸、科学技术飞速发展的时代，帮助同学们树立终身学习的理念，在浩如烟海的书山、期刊中找到自己需要的知识，把网络世界中碎片化的知识系统化，掌握学习的能力。帮助每个学生根据自己不同专业的特点，通过阅读，广泛涉猎政治学、经济学、历史学、社会学、教育学、管理学、心理学、法学、艺术学、语言学等哲学社会科学方面的知识，扩展知识面。

第三讲，文字与写作能力培养。每年都由学校党委常委、宣传部部长蓝晓霞主讲。主要是根据学科特点和求职就业及今后工作需求，讲授常见通知、报告、计划、总结等党政机关常用公文、会议文书、日常事务文书的写作方法，以及宣传报道等新闻的写作方法。

第四讲，语言表达能力培养。先后由党委书记蔡红建和我校文化教育中心主任颜吾芟两位老师主讲。主要是让学生了解语言表达的重要性，汉语言的特点，不同场合语言表达的不同要求。

第五讲，信息获取与社会调查能力培养。每年都由学院从事社会学教学的张瑞霖老师主讲。主要是培养学生独立、创造性地发现并提出问题、独立思考问题、解决问题的能力，自主获取知识的能力、获取运用信息的能力和分析问题综合问题的能力，了解并掌握社会调查方法以及对调研数据分析判断整理的能力。

第六讲，科学研究与创新能力培养。每次都由学院二级教授路日亮老师主讲。主要是帮助学生熟悉社科文献检索的一般方法；从立项选题到研究设计与实施、资料收集与整理、成果总结与解题等社会科学研究的一般方法；社科学术论文的写作方法。帮助学生学会查找和阅读与本学科相关的中外文图书资料和学术刊物，了解本学科和相关学科领域的学术发展动态以及研究前沿的

重大课题，提升学生的创新意识和创新能力，以及跨学科合作能力。

第七讲，社会工作能力培养。大多数都由学院党委书记蔡红建主讲。主要是让学生了解社会工作的概念与作用，社会工作能力锻炼的主要内容和培养途径。

第八讲，人际沟通与社会交往能力。先后由学院党委书记蔡红建、学校心理素质教育中心张弛两位老师主讲。主要是帮助学生明确业务能力是人们立足于社会的能力，而沟通能力（交际能力）则是人们可持续发展的能力。通过本讲学习，使学生了解人际沟通的要素和技巧方法、社会交往能力提升方法。

课程主要有以下特点：参与性——能做到人人参与，人人有收获；自主性——教师引导下，学生自主完成活动设计、操作等环节；研究性——鼓励学生在活动中进行研究学习，培养学生研究意识；综合性——注重学科间的整合，培养学生的综合素质；创新性——在活动中，培养学生的创新意识与能力；系列性——围绕主题，开展系列活动，形成较完整的体系。我院 2013 级、2014 级、2015 级、2016 级、2017 级的每一届学生都能够通过系统选修这门课程。教师每次上课考勤，基本上很少有学生缺席，学生每次都能够根据课堂要求完成布置的作业。但是，从完成作业情况来看，水平参差不齐。有的同学比较认真，花了很大的工夫；也有个别同学没有交作业，或者从网上直接下载。在学生提交的调研报告作业中，不少学生是针对我院的研究生培养、发展党员等问题。这既是学生的作业，也可以说是学生帮助我们对相关情况进行了摸底调查，比较真实可信，对于我们改进教学工作有很大的借鉴参考价值。

三、多平台创新实践能力理论培养模式的实操实训

围绕提升综合素质这一目标，我们加强第二课堂的实际训练，进行实践。让研究生亲自参与、主动实践，在实践中综合运用所学知识解决各种实际问题，提高解决实际问题的能力。通过引导，让研究生能够发现问题、提出问题、解决问题。特别是研究生在面对生活世界里的各种现实问题时能够综合运用所学知识，主动地去探索、发现、体验、重演、交往、亲力亲为，获得解决现实问题的实践经验，提高实践能力。研究生综合实践活动课，着眼于研究生创新意识、创新精神、创新能力的培养，为研究生创新能力素质的形成提供了更为宽松、自由的空间。

在培养学生的社会担当能力方面，我们把党支部建设作为关键，把党支部作为班级建设的核心，根据学生入党愿望强烈和这几年发展学生党员方面的实际情况，委派骨干教师担任一年级研究生党支部书记。通过每年上半年举办入党积极分子培训班、下半年举办研究生"先锋"培训班，加强对发展学生党员的管理，制订了细致可操作的《马克思主义学院发展学生党员规范》。把到参观国家博物馆"复兴之路"和到中央编译局参观"马克思主义传播史展览"作为新生入学第一课，通过观看电视剧《历史转折中的邓小平》《百年潮·中国梦》《绝对忠诚》《信仰》等，增强学生的社会责任感。

在培养学生读书学习能力方面，要求每个学生要根据自己不同专业的特点，阅读名人传记、励志类图书、公文写作类图书、管理类图书、成功学书刊、口才学书刊、卡耐基沟通的艺术、社交礼仪类书刊、学院党委编发的每一期《学习通讯》、导师指定书目等，并且每月向导师汇报一次本月的读书情况；同时，举办了每月阅读会，给出参考书目和读书的最低数量，培养学生的自学能力、独立思考能力和创造性与批判性思维。在此基础上，要求学生提交读书报告，并至少参加一次学院组织的读书交流报告会。

在培养学生的文字与写作能力方面，要求每个学生结合中国梦，或者社会主义核心价值观撰写一篇学术论文，在一年内至少公开发表一篇文章；根据在校期间担任助教、助管、研究生会和班级干部等实际情况至少撰写两篇公文。公文的主要题目是，学院关于加强学生党支部建设、研

究生党员发展工作、增强研究生综合能力素质、就业指导工作、改进学院机关作风、师德建设、学风建设等内容，让学生结合自身的实际撰写公文，同时也是给学院加强和改进研究生培养工作提供参考意见。

在培养学生的语言表达能力方面，要求每个同学都要参加校院研究生会或班级自己组织的辩论赛、演讲比赛、论坛，或到本科生班级和社区宣讲党的路线方针政策，或就某一问题在研究生沙龙做主题发言。委托学院研究生会举办了"学思辨行"演讲与辩论赛，选修这门课程的绝大多数学生都参加了辩论赛，或者演讲比赛。研究生会的同学进行了认真的策划，分别以"以法治国与以德治国""知易行难与知难行易""中国人失去契约精神了吗"等为题进行辩论比赛，多数学生参加了演讲比赛，效果显著。

在培养学生的信息获取与社会调查能力方面，要求学生要能够主动参加本专业学术会议或学术活动，根据自己实际情况安排时间，通过亲身参加社会实践、社会调查，结合所学专业，完成一篇高质量的社会调查报告。在学生提交的调研报告作业中，不少学生的调研报告内容是针对我院的研究生培养、发展党员等问题进行的。此外，我们还布置了"北京交通大学马克思主义学院教师职业发展能力提升研究"问卷设计、"北京交通大学马克思主义学院研究生综合能力提升研究"问卷设计等题目，这既是学生的作业，也可以说是学生对相关情况进行了摸底调查，数据比较真实可信，对于我们改进工作有很大的借鉴参考和帮助价值。

在培养学生的科学研究与创新能力方面，要求学生能够独立地查找和阅读与本学科相关的中外文图书资料和学术刊物，了解本学科和相关学科领域的学术发展动态以及研究前沿的重大课题，提升学生的创新意识和创新能力，以及跨学科合作能力。根据当年国家社科基金、或教育部、或北京市、或学校发布的课题指南，按照标准格式，根据课堂上给出的与本专业相关的课题指南（给了7类不同层次的200多个题目），写一份课题申报书，或者写一篇高质量的论文综述；或根据所学专业，完成一篇学术前沿研究报告。

在培养学生的社会工作能力方面，要求学生在读期间，至少要担任一年以上的助教、助管、班级、学院、学校的社会工作，或本科学生班主任、辅导员，或挂职锻炼，或志愿服务等，认真履职，提升自己的实际工作能力和水平，在工作中锻炼自己的能力。同时，学院给一年级的研究生都提供了相应的助管岗位，给每一个二年级的研究生都安排了助教的岗位。

在培养学生的人际沟通与社会交往能力方面，要求学生在日常生活、工作和学习过程中自觉实践，了解掌握如何学会尊重别人和交际中的诸多忌讳，掌握交际礼仪知识等，提升自己适应环境的能力和在人际交往中的魅力，增强团队合作的能力。学生也能够在日常的工作中，比如班级活动、研究生会的活动、社会实践的组织等方面自觉地加强这方面的意识，学院相关领导、老师对于学生做的不恰当的地方及时给予指导。

综合能力训练是一门综合性、经验性、实践性课程，集中反映了研究生教育所倡导的基本理念，突出学生主体地位，引导学生主动发展，从学生的实际出发，发挥学生在活动过程中的主动性和积极性。面向学生完整的生活领域，为学生提供开放的个性发展空间，注重学生的亲身体验和积极实践，发展创新精神和实践能力。

四、加强管理，通过制度措施综合施策

为了加强研究生的综合能力培养，学院制定了一系列的管理规范文件，把学生的自我要求和学院的培养目标结合起来。

第一是领导重视。学院党政领导把提升研究生的综合能力作为一项重要工作，党政联席会多次研究讨论，学位委员会多次研究方案，主管研究生工作的党委副书记、副院长杨蔚挂帅，党委

书记蔡红建教授亲自抓落实，亲自执笔撰写"研究生综合能力训练"课程教学大纲和实施方案、亲自主持安排每一节课程、每一次作业；亲自联系、协调每一位授课教师，主持每一次的讲座；亲自布置、审阅每一次的作业、每一个作业题目；在每一届学生课程结束以后，本人亲自撰写教学工作总结；亲自组织安排开展毕业 5 年研究生追踪调查，及时将"研究生综合能力训练"课程教学情况总结和毕业校友调查问卷统计情况发给各位研究生导师，给各位研究生指导教师提供参考帮助。根据课程实训要求设置，学院领导都分别指导研究生会和学生党支部组织开展辩论赛、演讲比赛，研究设置辩题，并到场参加研究生的活动。

第二是积极探索马克思主义理论专业和哲学专业研究生综合实践能力培养的具体方案，探索出行之有效的研究生综合实践能力培养实践方式（课程培养和课后实践），探索和建立有助于研究生综合实践能力提升的管理机制和制度；设立"研究生综合实践能力培养"的专门课程，通过初步尝试，建立完善的课程教学体系（教学大纲、教学内容、实践环节、教师队伍等），建立《马克思主义学院研究生综合实践能力培养的管理制度与规范》。

第三是充分发挥群团组织的作用，成立了马克思主义学院学生青马研究生理论与实践社团、马克思主义学院研究生宣讲团、读书会等组织，使学生做到互相学习、互相帮助、互相提高。同时，学院各位领导、学位点负责人、研究生导师、辅导员、班主任等参加学生组织的相应活动，现场点评，对宣讲进行指导和点评。

五、效果反馈与进一步的探索

从马克思主义学院大多数毕业生的从业去向上看，岗位和职业对其思想政治素质、语言与文字表达能力、组织协调与管理能力、人际沟通与社会交往能力等都有着比较高的要求。这些要求，既是用人单位的岗位基本胜任能力，也是我院研究生培养目标的重要内容，是学生今后职业发展成长所应具备的素质，这三者的目标是一致的。本项目立足马克思主义学院研究生培养工作的实际需求，从生源素质实际出发，顶层设计，把提升学生的综合素质作为目标，充分体现立德树人的根本要求。

五年来，马克思主义学院致力于提高研究生的综合素质，培养社会需要的高素质人才，由党委书记蔡红建教授牵头，积极探索马克思主义理论专业和哲学专业研究生综合实践能力培养的具体方案，以开设"研究生综合能力训练"课程为依托，协调课堂内外，把课堂教学与课外实训相结合，全面加强培养研究生的政治素养、担当能力、读书学习能力、语言文字表达能力、信息获取与社会调查能力、科研创新能力、人际沟通与交往能力、社会工作能力，取得了较为明显的成果。第一次将研究生综合能力的提升列入培养方案、第一次开设"研究生综合能力训练"课程，克服困难将一门课程由若干不同方面领域的专家分别讲授、每一次课后布置的作业紧密结合能力提升的实际需求，做到了培养方案创新、课程设置创新、讲课方法创新、实训方法创新。研究生综合能力训练全面应用于马克思主义理论和马克思主义哲学、科技哲学 2013 级、2014 级、2015 级、2016 级、2017 级等五届硕士研究生的培养过程。从对学生产生的实际效果来看：一是社会责任感有了比较明显的提升，学生入党愿望强烈，政治素质普遍增强，学习自觉性提高；二是在撰写硕、博学位论文过程中，相比之前，更加注重实际调研，数据分析更加科学、规范；三是能够积极参与科研活动，积极参与教师的科研项目，积极发表论文，参加征文活动等；四是积极担任助教、助管，工作责任心普遍增强；五是在参加学校或者学院组织开展的各项工作中，组织、管理、沟通、协调水平和能力明显提高。

目前，我国高等教育毛入学率已超过 46%，毕业生数量每年都在刷新着纪录。学生读研的目的，一方面为了提升自己学术水平层次，另一方面今后能找一份更好的工作，毕业生能否顺利就业、就业质量的高低以及今后在社会上的成就，是学校、学院、导师培养质量的重要体现。研究生综合能力的提高不是一朝一夕的事情，需要各方面共同努力。一方面，从学院的角度，在加强本门课程的实训方面进行改进，协调各方面的力量，推动第一课堂与第二课堂的结合，紧紧围绕学生的成长成才下功夫，特别是对于学生提出来的加强实践能力环节的力度，在社会实践基地建设和实践锻炼岗位方面给予加强，根据学生的求职择业意向提前安排；另一方面，从学生个人角度需要加强学生对未来职业能力胜任方面的教育，在帮助学生做好职业生涯规划的同时，加强从业能力训练。

在高等教育普及化、硕士生大规模增加的大背景下，作为马克思主义理论专业的硕士研究生，既不同于理工科学生，也有别于其他的财经、文史、法律等文科类研究生，特别对于一些综合素质先天不足的学生，培养其综合素质能力就显得更为重要。我们的研究实践只是一个开始，项目真正的实际效果还要通过若干年以后学生在工作实际中的成绩来体现，研究计划以及内容还需要我们进一步的对学生进行追踪并不断加以改进。

参考文献

［1］ 习近平. 决胜全面建成小康社会　夺取新时代中国特色社会主义伟大胜利［M］. 北京：人民出版社，2017.

［2］ 习近平. 坚持中国特色社会主义教育发展道路　培养德智体美劳全面发展的社会主义建设者和接班人［N］. 人民日报，2018－09－10.

"翻转课堂"在翻译理论教学中的应用研究*

——以"高级翻译理论与实践"课程为例

乔澄澈

（北京交通大学语言与传播学院，北京 100044）

摘　要： 本文尝试将翻转课堂应用于翻译理论教学，将西方翻译理论与翻译实践经验结合，形成了能够有效指导翻译实践的翻译理论教学模式。翻转课堂框架下的"高级翻译理论与实践"课程将翻译学科的四个方面即翻译理论、翻译历史、翻译实践、翻译批评有机地结合起来，提高了学生从事翻译研究和翻译实践的能力，有助于培养学生的译者素养，增强学生的创新能力。

关键词： 翻转课堂　翻译理论教学　译者素养　创新能力

近十几年来，翻译理论教学和人才培养模式成为研究的热点，国内学界试图把语言学、翻译学、社会学和交际学等学科的最新成果引入到翻译教学中。较为成功的模式有计算机辅助教学、数据驱动学习模式、认知图式理论、任务型教学、翻译工作坊等。

但是，这些研究或旨在建构过于宏观的指导原则或聚焦于具体某个翻译理论对于教学的指导效用，没能考虑翻译人才培养的实践转向以及社会及行业的实际需求。如何更有效地开展翻译理论教学，培养新时期的"应用型、复合型、技能型"人才成为英语语言文学硕士教学中亟待解决的问题。

一、"高级翻译理论与实践"的课程特征

"高级翻译理论与实践"为英语语言文学的硕士必修课程。教师需要解决的问题是如何让学生提高学习翻译理论的兴趣，增强学生的学习动机，从而在毕业后迅速适应各类复杂的翻译局面，高质量地完成各项翻译工作。本研究旨在通过改革翻译教学模式，突破传统的人才培养瓶颈，使培养的翻译人才具备一定的宏观翻译视野，知晓翻译理论，主动适应国家战略和行业发展的需要。

不少学者都强调了翻译理论的重要性。廖七一指出翻译理论既是翻译实践的指导，又是译员能力的重要组成部分[1]。庄智象强调英语专业的研究生需要了解"翻译研究方法、翻译思想嬗变、翻译流派的关系"[2]等。本研究改进翻译课程编排模式，全面提高翻译教学质量，增加翻译理论的系统讲授，指导学生按照理论进行翻译实践。在教学中重视引导学生采用宏观视角，关注文本中的文化、语用等层面，通过对语篇的类型、语域、风格等进行分析，决定具体的翻译策略。在翻译教学中，增加篇章翻译、各类文体翻译、英汉对比翻译、成语与翻译、文化与翻译、修辞与

---

* 基金项目：本文系北京交通大学语言与传播学院 2017 年度研究生教改项目"双一流"视角下翻译理论深度实践化教学研究的阶段研究成果。

翻译、摘译、编译和译述、佳译欣赏等内容。在课堂教学中，加强翻译理论、英汉对比和各类型文本翻译的教学工作。

将翻译课堂延伸至真实语言场景，通过分析翻译实例帮助学生寻求并实现翻译"目的"。系统地引导学生认识汉英两种语言的差异，重视翻译理论的学习和翻译技巧的习得，并将翻译理论应用在他们的翻译实践中去。通过学习，学生语言知识渊博，知识结构综合化，具备较强跨文化交际能力。

二、翻转课堂及其发展

翻转课堂（flipped classroom）是近年来教育界关注的焦点。这一理念可以追溯到美国科罗拉多州落基山林地公园高中的两位教师：Bergmann 和 Sams。他们将 PPT 演示文稿和实时讲解的视频上传到网络，学生在课前观看视频，课堂上教师主要为学生答疑解惑[3]。基于他们的实践，贝克（W. J. Baker）提出"翻转课堂模型"（model of classroom flipping），即课下教师借助网络进行在线教学并呈现学习材料，课堂上教师与学生进行互动，开展深入协作[4]。李颖指出，翻转课堂对教师提出了更高的要求，教师成为学生自主学习的引导者和促进者，这就要求教师要更好地传达教学目的并根据学生的知识需求，实时调整教学内容[5]。Stipek 指出课堂学习这个大环境会在很大程度上影响学生的学习过程。教师的很多决定比如"布置何种任务，如何评价学生表现，如何奖励学生，学生拥有多大的自主权"都会对学生的学习过程产生重大影响[6]。

翻译教学界近几年开始把翻转课堂引入翻译教学。董洪学、初胜华、张坤媛研究了 MTI 翻转课堂项目式教学模式[7]。赵玉闪将翻转课堂应用于翻译教学中[8]。姜倩将翻转课堂模式具体应用于"翻译概论"课教学中[9]。高华丽构建了互动式翻转课堂翻译教学模式[10]。通过以上文献综述发现，还没有将翻转课堂应用到英语语言文学硕士必修课程"高级翻译理论与实践"的研究。本研究希望能为今后的翻译理论教学提供新的视野和路径。

三、基于翻转课堂的"高级翻译理论与实践"教学设计

依据上述的翻转课堂框架，笔者分析了学生学习的特点，最大限度地结合翻译学和教育学的理论基础，进行有效的课堂设计。笔者以北京交通大学 2017 级英语语言文学硕士的"高级翻译理论与实践"课程为例，探讨翻转课堂模式在翻译理论课堂中的应用。该课程授课时间为一学期，共授课 16 周，每周 2 学时，总计 32 学时。

（一）教学内容

在一学期的授课过程中，笔者带领学生梳理和研读了 20 世纪以来的西方翻译理论，探究了从卡特福德到韦努蒂的翻译理论。结合所学的翻译理论，学生需要完成课后作业，包括翻译各种类型和题材的文本。如表 1 所示。

表 1 "高级翻译理论与实践"教学内容及安排

教学周次	内容	讲述人	作业
1	翻译理论概述	教师	
2	译者的身份和地位	教师	
3	翻译产业发展	教师	
4	卡特福德翻译理论	小组 1	公示语翻译（$C-E$）

教学周次	内容	讲述人	作业
5	豪斯翻译理论	小组2	学术类文本翻译（$E-C$）
6	对等与翻译	小组3	科技类文本翻译（$C-E$）
7	功能学派翻译理论	小组4	旅游类文本翻译（$E-C$）
8	多元系统理论	小组5	广告翻译（$E-C$）+（$C-E$）
9	描述翻译研究	小组6	文学类文本翻译（$E-C$）
10	韦努蒂：归化和异化	小组7	新闻类文本翻译（$C-E$）
11	汉译外专题讲座（诗歌翻译）	教师	
12	汉译外专题讲座（小说翻译）	教师	
13	翻译标准讨论	教师+学生	
14	翻译批评讲座	教师	
15	熟悉翻译流程、学会翻译项目管理	教师+学生	
16	翻译项目汇报展示	学生	

由于教学对象为研究生，学生们在本科阶段都学习过翻译课。研究生阶段旨在提高学生的实际翻译能力，并讲解对翻译实践有较大帮助和指导作用的翻译理论。在课程的一开始，为学生概要地介绍了西方翻译理论。通过梳理二千多年的中西翻译史，阐述了译者的身份和地位，同时介绍了翻译产业的发展与沿革。笔者精选了七类翻译理论，分别为：卡特福德翻译理论、豪斯翻译理论、对等与翻译、功能翻译学派、多元系统理论、描述翻译研究、韦努蒂的归化和异化策略。学生需以小组为单位，完成翻译作业。作业内容囊括了各种类型的文本，具体包括：公示语类文本、学术类文本、科技类文本、广告类文本、旅游类文本、文学类文本、新闻类文本等。在学期的后半段，采取教师专题讲座和学生讨论汇报穿插的方式，切实提高学生的理论储备和实践水平。专题讲座包括两次汉译外专题讲座，一次为诗歌英译，一次为《红楼梦》英译，通过比较不同译本，让学生明白具体译本所采取的不同翻译策略。在译本比较的基础上，引导学生进行翻译批评。向学生介绍翻译流程以及翻译项目管理的注意事项和具体方法，旨在帮助学生在毕业后成为合格的翻译项目管理者。引导学生讨论了翻译标准，最后学生进行了翻译项目汇报展示。

（二）教学设计

硕士研究生具有很强的内在学习动力，他们深刻地意识到翻译理论的重要性，迫切想要熟练掌握翻译技巧、提高翻译技能，希望成长为具有国际视野、了解中西文化并精通英语的翻译人才。教师选择和讲授的课堂内容除了能够增加他们的新知识外，还应该能够有效地梳理和盘活学生已掌握的知识点。

笔者以第7周教学内容"功能学派翻译理论"为例，阐述如何运用翻转课堂开展翻译理论教学。笔者通过录课软件，录制了 20 分钟的关于功能学派翻译理论的视频，通过校内邮箱和微信群，在上课前一周将视频发送给学生。视频包括了功能翻译学派的 4 位代表人物：赖斯（Katharina Reiss）的文本类型理论、弗密尔（Hans J. Vermeer）的目的论、霍茨－曼塔里（JustaHolz－Manttari）的翻译行为论、诺德（Christiane Nord）的文本分析模式。教师通过电子邮件、微信等方式和学生及时沟通，随时解答学生在学习过程中遇到的问题。

在课堂上，要求学生以小组为单位，完成 *Concierge on Call*（428 字）一文的翻译任务。*Concierge on Call* 节选自路易威登城市指南系列——《伦敦旅游指南》一书，目标读者为去伦敦旅游的外国游客。在学生翻译之前，教师向学生讲明了"翻译委托书"（translation brief）的内容。翻译发起人希望译文读来较为通顺，文体不艰涩浮夸，符合大众审美，类似《世界博览》或时尚杂志风格。

根据诺德的文本分析框架，在学生翻译之前，老师和学生一起分析了该篇文章：①文章主题属于旅游类文本；②衔接手段为关键词重复以及使用代词；③文章预设读者对旅游业及伦敦有一定背景知识；④文本构成为四个段落；⑤非文本元素包括一幅插图，即国际金钥匙组织的认证标志；⑥文章的词汇特征为词汇较为正式，包括法语等外来词；⑦文章的句子结构较为复杂，多为长句。通过翻译这篇文章，学生明白了原文本分析的重要性，对于贴身管家服务也有了较为深入的了解。

在课堂上，不同小组的学生都必须提交本次作业的译文。每次作业由一个小组汇总，对所有小组的译本进行评分，整合出接受度较高的版本，并向全班同学汇报。

（三）教学成效

通过学习翻译理论，学生对于理论知识有了更为直观的认识，理论不再是遥不可及的深奥著作，而是变成了能指导具体实践的操作指南。通过完成所布置的任务，学生有效地提高了翻译水平。由于是以小组为单位完成译文，学生通过合作、讨论，互相学习，完善译文，在译名、语域和语言风格方面都达到了统一。完成小组翻译作业成为协同合作解决问题的实践，成为提升翻译能力的有效机制。学生通过一稿、二稿、三稿的切磋改进，理解了各种翻译技巧的具体应用，明白了翻译的取舍与得失，明白了制约具体翻译策略的社会文化和语境因素。通过学习诺德的"功能加忠诚"理论，学生理解了翻译不仅要对译文和原文负责，而且要对翻译发起人和目标读者负责。在翻译过程中，学生应牢记翻译发起人"翻译委托书"中提出的翻译要求。由于原文为旅游指南，以图文并茂的形式印刷，译文不能长篇累牍，必须用词简练精当，符合原文排版的格式需求。考虑到文体要求，学生的译文具有一定文学水平且较为文雅。对于专有名词的翻译，除了全球连锁店有中文译名以外，其他店铺名均保留原文，地铁站等地址信息也保留原文，保留英文名字对于去往伦敦的旅游者更为方便。

李瑞林提出翻译人才培养的最终目标是培养译者素养，强调发挥学习者的主体性进行探究式学习是提高译者素养的重要手段[11]。翻译理论学习和翻译实践演练也提高了学生的翻译批评能力，学生能够自主进行探究式学习。学生在理论关照下对名家译者的翻译进行了批评。

现列出两例有代表性的学生所进行的翻译批评。一名学生关注英译汉；另一名学生关注汉译英。一名学生以奈达（Eugene A. Nida）的功能对理论等作为理论基础，评价了郑振铎翻译的《飞鸟集》译本和冯唐翻译的《飞鸟集》译本。泰戈尔作为第一位获得诺贝尔文学奖的亚洲人，他的作品在中国有很多译本。学生选取了经典译本——郑振铎译的《飞鸟集》和新近译本——冯唐翻译的《飞鸟集》。尤其是郑振铎是北京交通大学的校友，学生在追求学术的同时也培养了热爱母校的情操。学生以泰戈尔《飞鸟集》第二篇为切入点，考察两个译本。

例1： It is the tears of the earth that keep her smiles in bloom.

是大地的泪点，使她的微笑保持着青春不谢。（郑振铎译）

大地的眼泪让笑脸常开不败如花如她（冯唐译）

学生从词汇对等、句法对等、篇章对等、文体对等四个方面比较了这两个译本，指出郑振铎《飞鸟集》译本更好地再现了原文的内容和风格，是更加忠实、通顺的翻译。

另一名学生以格特（Earnst-August Gutt）的关联翻译理论为基础，评价了英国翻译家弗莱彻（W. J. B. Flecther）和美国翻译家宾纳（Witter Bynner）翻译的唐诗。该学生评价了杜甫的古诗作品《兵车行》。弗莱彻于 1918 年翻译了《英译唐诗选》，是西方世界最早的英译唐诗专门译作。宾纳于 1929 年翻译了《群玉山头——唐诗三百首英译本》。学生选取这两个唐诗英译历史上的里程碑式的译本进行评价，对于他们今后自己的汉译英实践具有很大的指导意义。

例 2：君不闻，汉家山东二百州，千村万落生荆杞。

Have you not heard–in Shangtong there two hundred districts lie

All overgrown with briar and weed and wasted utterly？（Flecther 译）

Do you know that，east of China's mountains，in two hundred districts

And in thousands of villages，nothing grows but weeds.（Bynner 译）

"山东"在古代中国和现代中国并不是指同一个地方。弗莱彻把"山东"译成 "Shangtong"，容易让读者理解成当今中国的山东省。宾纳则把"山东"译成"east of China's mountains"，避免了语境引起的误译。从这个意义上来讲，宾纳的《兵车行》译文和原文达到了最佳关联。

张生祥、张春丽认为社会对译者的要求主要是语言素养、人文素养、翻译能力以及创新能力等四个方面[12]。翻转课堂框架下的"高级翻译理论与实践"通过向学生介绍丰富的翻译、写作、文本编辑技巧，解决了源语文献的实效性，及时更新学生的知识储备，有的放矢地丰富了学生的翻译技巧，有效地培养了学生的语言素养、人文素养、翻译能力。探究式的翻译批评极大地提高了学生的创新能力，对翻译人才进行了全方位、立体化的培养。

四、总结

长期以来，翻译教学中存在翻译理论和实践脱节的情况。有人认为翻译无理论，也有人持"翻译理论无用"说。在翻译教学中存在两个极端：一种是案例式教学，一种是纯粹的理论教学。案例式教学缺乏对于语言以外因素的考量，理论教学则无法指导翻译实践。当前翻译教学主要以引进和介绍西方翻译理论为主，而这些理论难以指导具体的外译汉或汉译外翻译实践工作。因此，本研究通过翻转课堂模式将翻译理论引入到课堂教学中，并将西方翻译理论与翻译实践经验相结合，形成了能够有效指导翻译实践的翻译理论教学模式。

翻转课堂框架下的"高级翻译理论与实践"将翻译学科的四个方面即翻译理论、翻译历史、翻译实践、翻译批评有机地结合起来。通过系统了解和掌握有关翻译及翻译研究的基本概念和主要翻译理论，学生提高了从事翻译研究和翻译实践的能力，养成了严谨负责的翻译态度和习惯。学生得以深刻理解翻译本质、认识翻译过程、区分翻译目的、辨析翻译功能。通过各类文本的翻译练习与实践，学生树立了正确的翻译观，熟悉了翻译的流程，形成了理性的思维习惯，掌握了分析问题和解决问题的方法。学生得以了解影响翻译的诸多因素，能够做出合理的权衡和取舍；有能力承担和高质量地完成实际翻译任务，一走出课堂就能自信地进入职场，胜任各行各业的翻译工作。

参考文献

[1] 廖七一. MTI 中的翻译理论教学 [J]. 中国翻译，2011，6（3）：26.

[2] 庄智象. 我国翻译专业建设：问题与对策 [M]. 上海：上海外语教育出版社，2007.

[3] BERGMANN J., SAMS A. Flip your classroom：reach every student in every class every day [M]. Eugene：International Society for Technology in Education，2012.

[4] BAKER J W. The classroom Flip：using web course management tools to become the guide by the side [C] // CHAMBERS J A. Selected papers from the 11th international conference college teaching and learning, 2000：9–17.

［5］ 李颖. 高校外语翻转课堂中的教师教学能力研究［J］. 中国外语，2015，12（6）：19－26.

［6］ STIPEK D J. Motivation and instruction［C］. //Berliner D C and Calfee R C（eds.）Handbook Educational Psychology. New York：Macmillan，1996：85－113.

［7］ 董洪学，初胜华，张坤媛. 基于 MTI 职业翻译能力培养的翻转课堂项目式教学模式研究［J］. 外语电化教学，2017，8（4）：49－55.

［8］ 赵玉闪. 翻转课堂在翻译教学中的应用［J］. 中国教育学刊，2018，2（1）：110－112.

［9］ 姜倩."翻转课堂"在 MTI 翻译理论教学中的应用与效果分析：以 MTI"翻译概论"课教学为例［J］. 外语教学，2018，9（5）：70－74.

［10］ 高华丽. 构建认知互动的翻译教学翻转课堂［J］. 外国语文，2018，3（2）：152－156.

［11］ 李瑞林. 从翻译能力到译者素养：翻译教学的目标转向［J］. 中国翻译，2011，2（1）：46－51.

［12］ 张生祥、张春丽. 翻译人才素养的社会需求分析与培养模式探索［J］. 上海翻译，2017，12（6）：53－62.

研究生课程"翻转提问"与批判精神的养成

曲海波　郭　盛

（北京交通大学机械与电子控制工程学院，北京 100044）

摘　要：本文提出使用"翻转提问"的方式进行研究生课程的项目汇报，以期形成独特的课堂批判精神。首先，明确了"翻转提问"对形成课堂批判精神的重要性。并指出需要对课程项目进行预设。然后，指出了"翻转提问"具有一个不断变化的演化过程，分为：强制提问、过渡环节、有效课堂讨论和课堂批判精神四个阶段。最后，以一门研究生课程为例，分析了"翻转提问"方法的使用对形成有效课堂讨论和批判精神的影响。

关键词：课堂教学　翻转提问　批判精神

一、引言

研究生教育是我国国民教育的最高层次。在教育目标上，《中华人民共和国学位条例》中第五条规定：硕士学位获得者应具有从事科学研究工作或独立担负专门技术工作的能力[1-2]。要实现硕士研究生的培养目标，则需要研究生具备批判精神。除了考虑研究生导师在研究生指导方面的作用外，我们更应该关注研究生课堂教学对培养目标的重要支撑。

根据《学位与研究生教育》做的调查显示：2018 年北京交通大学研究生对课程满意度为 65.3%，低于全国研究生对课程满意度的平均值 69%。以北京交通大学 2018 年招收硕士研究生人数 4 049 人为基数，则有 1 405 位研究生对现有的研究生课程教学是不满意的。

现有的很多研究生课堂教学，主要还是以传授相关专业知识为主，通过学生分组撰写项目报告进行结课。若有学生汇报环节，则任课老师基于自己的专业特点进行点评。当然，为了改进研究生课程教学，许多教师也提出了自己的见解，较多的是从"翻转课堂"或者"项目引导"角度进行了阐述[3-5]。

在课程项目汇报中，存在一个容易被忽略的问题：学生只关注本小组的汇报内容，对其他小组的研究内容，只是泛泛听听，没有形成积极有效的问题讨论。这样的课堂上，也就没有形成一种科学问题的批判精神。

针对课堂批判精神的养成问题，本文提出在研究生课程项目汇报时，利用"翻转提问"的方式形成课堂的有效问题讨论。首先，针对项目汇报做出"翻转提问"的要求：当某一个小组进行汇报时，其他未汇报的学生必须针对汇报的项目提出自己的问题。然后，借助契合项目的提问，引导学生针对某一特定的话题展开讨论，逐渐弱化对"翻转提问"的强制性。最后，形成自发提问的课堂风气，由强制提问变为自愿提问讨论，养成一种针对科学问题的批判精神。

二、课程项目的预设

为了课程项目汇报中"翻转提问"的顺利实施，我们需要对课程项目进行预设。在课程的开始，就告诉学生课程项目的要求：需要完成的内容和报告格式要求，以及课程项目的重点研究方向。这将有助于学生完成课程项目报告，并做出有成效和创新的工作汇报。

以北京交通大学"柔性机构动力学"这门研究生课程为例，授课目的就是让学生掌握柔性机构设计与分析的相关理论与方法。其讲授的内容主要包括：柔性与变形、失效预防、伪刚体模型、机构建模、伪刚体机构分析与设计、柔性机构综合、连续模型的优化综合、柔性常力机构和双稳态机构分析与设计等内容。

因此，"柔性机构动力学"这门课程的项目预设要求，在课程开始就会提出。具体要求如下：基于课堂讲授的设计和分析方法，设计一种全新的柔性机构构型，指出其潜在的应用，并对其完成相关分析；按照《机械工程学报》的稿件模板，完成课程项目报告；做出项目汇报答辩的课件，进行项目汇报讨论。项目重点要求柔性机构的构型创新。

三、"翻转提问"与课堂批判精神的养成

课堂批判精神应该是一种对科学问题的主动参与式探讨。这种批判精神的存在比课堂讲授的理论知识更为重要，对学生的影响也更为长久。当学生具备了这种批判精神之后，即使碰到一个全新的问题，也会敢于亮出自己的观点，能够主动自愿地参与到讨论环节之中，而不是保持沉默。

"翻转提问"对课堂批判精神的形成尤为重要。本文所提出的"翻转提问"具有一个不断变化的演化过程，可以分为以下四个阶段。

（1）强制提问。无论提问的问题如何，都必须对演示的课程项目发表一下自己的看法或意见。

（2）过渡环节。这个阶段由强制提问阶段过渡而来，并没有特定明显的区分。此阶段由授课教师灵活掌控，此时已经逐渐形成提问的自觉性，对提问就不再做强制要求。

（3）有效课堂讨论。学生能够自觉自愿地提出问题，参与到项目汇报的讨论中。部分学生与项目汇报人之间，形成了有效的互动讨论。授课教师此时需要做适当的引导。

（4）课堂批判精神的形成和保持。此时，学生已经能够对所要汇报的项目，自发的形成有效的课堂讨论和互动，教师干预度降低。最后，授课教师应该指出，这种自觉自愿的有效的课堂讨论和互动，就是一种课堂批判精神。这种批判精神是课堂授课中最重要的组成部分，需要保持。

下面以研究生"柔性机构动力学"的课程项目汇报为例进行说明。2017 年未使用"翻转提问"时，每个项目组汇报结束后，一般由授课教师进行项目点评，每个项目一般点评 3～4 个主要问题，而其他项目组的学生则很少有提问的。2018 年使用"翻转提问"这一方法后，每个人都对汇报的项目提出了自己的问题，学生和授课教师一起，全面参与到课程项目的点评中，形成了独特的课堂批判精神。

2018 年"柔性机构动力学"这门课共有 15 名学生，分为 7 组。对比是否使用"翻转提问"这种方法，汇报项目的提问数目趋势见图 1。

图 1 中需要注意以下问题。

（1）图 1 中纵横坐标的刻度并不一致。

（2）图 1 中 2017 年的提问多为教师对汇报项目的点评问题。

（3）图 1 中 2018 年的提问则多为学生对汇报项目的提问和讨论。

（4）在项目汇报初期为强制提问阶段，此阶段教师需要强调"强制提问"这一要求。

（5）在项目汇报中期会出现学生提问爆发期，这一阶段学生已经不受制于"强制提问"这一要求，会提出各种问题。此阶段教师不再提"强制提问"这一要求。

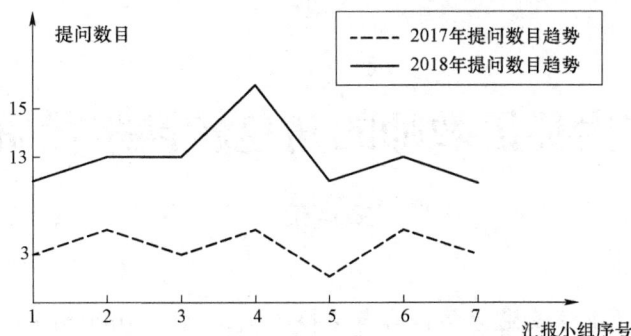

图1 "柔性机构动力学"2017和2018年项目汇报的提问数目趋势

（6）在项目汇报后期，提问数目趋于平缓，形成了一种自发提问批判的课堂风气。

另外，这种课堂的点评，相当于每一个课程项目，都接受了多位学生评审人的意见，这对项目报告的改进提高是十分有益的。多个小组撰写的项目报告，具备了发表刊出的学术水平。

四、结论

研究生的课堂不仅要传授学生专业知识，更应该让学生形成特有的课堂批判精神。课堂批判精神是一种对科学问题的主动参与式探讨。这种批判精神的存在比课堂讲授的理论知识更为重要，对学生的影响也更为长久。

研究生课堂的"翻转提问"是一种促使学生主动参与讨论，形成课堂批判精神的重要方法。这种"翻转提问"方法的使用，不仅能够丰富课堂的授课环节，更能够培养学生的情怀，勇于亮出自己的观点。这种课堂批判精神与课堂专业知识的讲授是相辅相成的。

参考文献

[1] 战强，王东月."机器人学"课程教学改革探讨[J].北京航空航天大学学报（社会科学版），2010，23（2）：117-120.

[2] 汪思源，孙畅，王文标，等.从"学"到"研"：研究生课程教学中的模仿创新[J]，航海教育研究，2018，35（3）：38-41.

[3] 教育部.中华人民共和国学位条例[Z]，2004-08-28.

[4] 王要强，谢海霞.基于项目引导的工科研究生教育研究与探索[J].创新科技，2016，199（1）：53-54.

[5] 陈晓菲.翻转课堂教学模式的研究[D].武汉：华中师范大学硕士学位论文，2014.

研究生英语教师的角色转换路径研究

王建荣

（北京交通大学语言与传播学院，北京 100044）

摘　要：非英语专业研究生英语教学方式随着时代和任务的变迁在经历着不可停顿的变革，相应的教学模式调整不断地对教师角色转换提出新的要求。其中，教师对教学改革的理解态度、顺应能力及参与方式对教师实现角色转换和克服路径依赖起着至关重要的作用。为此，有必要从战略、机制、管理、技术和业务等五个层面着手，深入探索和综合构建教师角色的转变路径。

关键词：研究生英语教师　教学改革　角色转换　管理学　路径研究

时代的发展给教育带来了许多新的理念、特征和变化，教师在教育教学实践中要不断转变角色去适应这些变化。[1] 研究生英语教学正经历着一场前所未有的深刻变革。具体操作过程中，教学目标的调整修正，教材的淘汰与选择，课堂教学模式的不断变化，令人目不暇接。学生、教师、教材、课堂、实践、需求、考核、反馈等种种教学元素所面临的问题和挑战突显出来，层出不穷。但实质上，英语教师始终是各个教学元素有效调动的核心，而各种问题的根源及相应的解决办法在很大程度上仍可从英语教师的自我角色转换中找到答案。探索科学的构建教师角色转换路径是保证教学改革成效的关键。

一、角色转换的必要性

（一）网络时代的要求

在网络搜索信息的单向行为已经被互动的关系网络所取代的今天，云交流平台可提供各种信息服务，有效推动科学、教育和社会的进步。传统教育中教师作为知识拥有者的权威地位发生了改变，英语教师过去所积累的学科知识随时可能成为迟滞的信息，而借助网络所获取的互动更新的内容则是"活"的，是可能更好地满足研究生学习需求的。有研究显示，网络学习环境下，高校学生对教师作为心理情感支持者、资源利用促进者和学习策略培训者的角色最为期待。[2] 互联网+时代的新常态在敦促英语教师不断适应，不断学习，转换自身角色。

（二）教育改革的要求

《教育部关于改进和加强研究生课程建设的意见》强调，要高度重视课程学习在研究生培养中的重要作用，把培养目标和学位要求作为课程体系设计的根本依据，提供丰富、优质的课程资源。对于非英语专业研究生英语课程，完整贯彻综合语言应用能力和专业交流素质的培养，必须依托课程体系的系统设计和整体优化，拓宽语言、学术知识基础，培育人文素养，加强阶段性课程的整合、衔接，重视与学生专业研究和学术课程的有机衔接，增加研究方法类、研讨类和实践类等课程。教师自然是上述变革工作的承担人。

（三）教学对象发展变化的要求

随着我国大学英语教学水平及大学生的英语综合应用能力的不断提高，研究生公共英语教学的对象发生着变化，学生英语整体水平不断提升，但是听说能力差距拉大，容易出现强者愈强弱者愈弱的两极分化倾向。研究生因年龄、阅历等因素使自身学习动机得到强化，基于学业完成要求和就业取向原因，英语学习目的明确，对英语学习普遍比较重视。英语教师已经无法继续把课堂打造为唯一的语言知识的集散地。

二、角色转换的认同障碍

认同是个体行动的指南，是构建自己和他人身份的关键，有助于定义自我的统一性及连续性，在情感上与价值观上认知所属社会角色。[3] 对绝大多数教学工作难点的成因综合分析后可归结为教师角色转换困难症候。这些典型的教师角色转换中的认同障碍具体表现为在理念认同、目标认同、角色认同三个方面的工作紊乱和缺失。

（一）理念认同失衡

现象一，任课教师对翻转课堂的抵触。提出并实施翻转课堂的初始阶段，不少教师会产生严重的课程失落情绪，认为翻转课堂是在增加学生课余的学习负担，课堂活动模式是浪费学生的学习时间，抑制师生交流，网络模式是僵化的技术，会削弱学生的学习效率。教师在不得已放弃传统角色的同时未能按照新的理念确立新的角色，对课堂讲解权和操控权留恋不舍。

现象二，学生对课程活动的抗议。研究生阶段的学生普遍具备了强烈的表达欲望和反抗能力，学生对课程改革的抵触情绪可借助校园信息平台得到放大。反馈至教学团队，教师可能产生严重的集体自我怀疑倾向。表面看来，这是学生学习适应性和学习能力欠佳的表现，而实质上反映出教师没有成功地调动学生主动学习的积极性。研究生扩招带来的生源质量问题固然堪忧，深层次的矛盾仍然集中于传统理念与新观念的较量，教师不能跟上时代变革的脚步，累及学生的思想更新。

（二）目标认同混乱

现象一，被迫裹挟于潮流化态势的课程教学改革中。由于对课程教学改革目标的设定缺乏系统科学的研究，在实际操作初期阶段往往出现盲目追随其他学校或其他学科的改革范例，对自己学生的特点研究不足，有一哄而上的嫌疑，表现为急于推进学术化、专业化、唯学生中心化，翻转课堂的操作有流于形式之弊端。

现象二，评价过程过于主观。评价体系的设定只注重过程性而忽略针对性，评价标准未得到合理的、系统的界定。主观性突出，容易对整个课程目的造成颠覆性逆转，学生的学习动机会遭受重创。

（三）角色认同缺位

现象一，教师被动或消极参与课程改革。由于主动性和主导性的缺失，课程讨论和课程设计动力不足，个别教师甚至认为课堂交给学生后，教师已经不再是教学活动的关键因素，可有可无，导致课堂干预方案和手段严重滞后，教学效果不理想。

现象二，教学改革方案的研究制定者及管理方与一线教学队伍脱钩。由此产生的主要问题是改革方案不能很好地兼顾教师队伍的特点，如硬性开设英语教师不可能把握的理工科专业课程，出现教师实际能力与改革目标差距悬殊的情况，打击教师对教改的参与积极性。

三、角色转换的路径探索

扫清研究生英语教师的角色转换认同障碍必须打破路径依赖。道格拉斯·诺斯著名的"路径依赖"理论指出："今天和明天的选择是由过去决定的。"[4] 历史上形成的一些规则和规范能够降低人际关系成本，正如惯性的力量，这些制度不断自我强化、变迁的路径几乎被锁定。刘丽群认为，教师角色转变困难的深层次原因在于教师自身对其传统角色所产生的路径依赖，是历史的惯性、文化的锁定和利益的博弈使得教师角色的转变陷入了锁定的、低效甚至无效的状态。[5] 跳出路径依赖，实现路径创新才是教师角色转变的真正突破口。在课程改革进程中，可借鉴管理学理论框架，探索从战略、机制、管理、技术和业务等五个层面的路径综合突破，真正做到以人为本，服务研究生英语教师的角色转变。

（一）战略层面

在战略层面，提高教师自我发展能力，尤其是提高其科研能力、增加进修机会、开展行动研究，有利于支持他们的职业发展，帮助他们摆脱角色转换压力。通过定期培训、进修、研讨等形式，引导教师不闷头站讲台，鼓励教师放下传统思想抱着开放的心态学习先进的教学理论，品评优秀的翻转课堂和慕课建设案例，更新教学理念，建设符合本校学科特色和研究生特点的与时俱进的英语研究生教学课程和教学团队。组织全体任课教师展开研讨，编写修订非英语专业研究生课程教学大纲，针对本校研究生特点、教师队伍特点及专业学科特点，加强英语教师团队建设，规划建设课程人才梯队，保证教师个体发展与团队建设的战略性、系统性、协调性，促进教师作为设计者、研究者的角色功能的成长和壮大。

（二）机制层面

在机制层面，打开教学、研究、管理协同渠道，加强激励机制，鼓励教师兼任不同的教学改革环节主持人，统筹研究和设计工作。探究真理是大学的使命，教师因此获得管理大学的权力，英语教师也不应成为例外。例如，可建设相对固定的教学小组负责不同的课程模块和实践平台，强化单个教师在整个课程建设中的主导作用和支撑作用。加强协调校园资源配置，保证英语教师得到相关行政部门的有力支持和细致服务，真正获得调动校园资源的能力，更好地创造条件实现学生英语语言应用能力的提升。例如，研究生英语教师团队只有得到了相关部门和学院的人力、资金、场地、设备等方面的支持，才有可能成功打造成校园英语文化品牌项目，极大地调动学生英语实践的积极性。

目前高校都在强调对研究生英语学术能力的培养，而英语教师应努力搭建与专业学科联动联络的网格化平台，以期在学术英语课程模块能够有效地实现与专业学院的培养方向和现有项目的联动机制，保证学生阅读的英语学术论文能展示相关学科的前沿技术，学生用英语展示的科研动态能与导师主持参与的项目实现关联，学生用英语写作的学期论文得到导师的指点，达到可以在相关领域英文期刊发表的水平。在成体系的机制激励、引导下，英语教师可以顺利实现从被动的执行者到学校教学真正的主导者的转变，回归学校结构的本源。

（三）管理层面

在管理层面，推进教学过程及评估模式的系统化、平台化、智能化、个性化、精细化。以课程教学大纲为师生协议行动纲领，鼓励教师根据班级专业特点及班容量，对教学过程、评价考核体系和评价反馈等环节实施精细化管理，为学生明确课程学习目标，有序推进学习进程，掌握先进的学习方法，养成良好的自主学习习惯等方面提供科学、稳定、合理的指导和服务。

依托研究生英语课程模块，教学团队可通过集体备课，制订统一的课程教学日历和教学计划，对教学内容、教学进度、过程性评估标准、综合评估方法等做出标准化规定，同时教师依据班级和课堂特点及个人风格自行实施微调，制订个性化管理方案。管理实施内容可涉及学生分组、课前预习、课堂展示、课后实践；模块设计、进度安排、完成标准、改进反馈等。管理实施方法综合教师团队研讨、教师个体探索、师生沟通协商。通过细化管理过程，教师的角色功能自动导向计划、组织、训练、控制、调整等维度。

课程教学日历和教学计划做到学生人手一册，保证目标导向，供学生在整个学期中随时参照，尤其对课程评价体系的完备了解可保证学生的学习投入指向预定的学习效果。强调考核的过程性和针对性，强化研究生语言实践优先的英语学习态度。实时监控课程教学过程，对学生完成学习内容、演示内容、课后实践的情况给予检查、监督、建议和协调。

（四）技术层面

在技术层面，通过培训、互助等形式，鼓励教师紧随技术变革的脚步，努力提高新科技教育工具的使用技能，建设开放共享的英语学习资源库，搭建在线化模式和同步化模式的网络交互平台，打破正式学习和非正式学习之间的界限，创造更多的协作学习与合作学习的新渠道。

研究生英语教学信息化影响越来越深，基于信息化环境建构的研究生英语教师身份特征及教师信息素养及媒介素养的提高日益重要。以工科院校为例，学科特点使得学生普遍具有较好的计算机软硬件知识和网络应用技能，同时学生英语学习主动性明显增强。落后的教学辅助手段，一成不变的教学内容，非但不能成为英语学习的推手，甚至可能沦为学生进步的绊脚石。结合学校学生水平和特点，建设研究生英语课程平台，制作特色课程学习课件，完成相应的课程公开课视频，在校园论坛建设研究生英语学习资源库，开辟课程学习交流群，与优秀的社会英语学习网站合作开展写作和翻译的作业及竞赛活动等，建设英语班级电子邮箱和微信群，加强师生实时交流等。只有承担学习协作者和技术创新者的新角色，努力缩小英语教师与学生间可能存在的信息鸿沟，为学生提供优秀的、先进的学习资源和实践平台，才能顺应当下的学习新态势，从技术层面辅助学生提升学习效果。

（五）业务层面

在业务层面，引入促进教师专业素质提升与个人发展相结合的机制，鼓励教师养成教、学并进的学习与发展观。

首先，"英语语言与文化"是大学英语课程的核心领域[6]，研究生英语课程更要兼顾语言能力与人文素养，强调课程的文化性，营造浓厚的人文氛围。例如，教师对英语国家及地区的政治文化、经济文化及风俗习惯等领域的不间断深入学习，不但可以在现有课程中灵活渗透，兼具就某一领域开办文化讲座或开设文化选修课的能力。其次，我们所处的信息时代要求英语教学内容不断更新，跟得上时代的变迁。英语教师的知识储备要避免老旧化和程式化，如不断发生的新闻事件，新获奖的英美影视作品，新的科技发展动态，都可以用来提升英语教学内容的时代性和开放性，能更好地调动学生的学习兴趣。再次，针对研究生必须具备的科学精神和学术能力、应用能力、创新能力等培养目标[7]，英语教师的个人发展目标也不再局限于语言领域，追求业务素质的专业性发展成为大势所趋。虽然不必追求精通某一专科课程，依然可以学习掌握其整体架构和专业中英文语汇，做学生的合作者、协助者，在专业英语及学术英语的教学过程中，提供优质的文献阅读与论文写作指导。基于该方面能力的培养，教师还可以开设相关学科的专业英语选修课，不失为终身教育的一种理性选择。此外，既然要培养有科研能力和创新能力的研究生，教师的科研水平也要自觉提升，所以英语教师同时应做好研究者的角色，把教学与科研相结合，运用语言学、应用语言学、教育学、心理学等理论指导教学，做到科研与教学的良性互动。

四、教师角色与课程结构的调适整合

对英语教学改革的认同构成英语教师角色转换的基础，而认同程度则决定角色开发的程度。在角色拓展开发的同时，还要着手理顺角色关系，实现多重角色的有效整合。稳定、简洁的研究生英语课程结构凭借其明晰的关系路线和良好的可操作性，有助于教师理顺角色关系，规避角色混乱可能造成的心理负担。

大部分高校的研究生英语包括综合英语和学术英语两个课程模块，以此为例，可搭建复合型教学平台，如教材网络化学习平台、课堂活动平台、综合语言实践平台、学术英语实践平台、个性化互动平台等。在教材网络化学习平台上，教师发挥创作者、设计者的功能，制作电子课件、课程视频，丰富学习材料，供学生在课前做好自主学习。在课程活动平台上，教师则承担指导者、培训师、评判员等角色，对学生的课堂展示、主题讨论、自由发言等环节给予支持、建议、训练、评估。在综合语言实践平台，教师及教师团队发挥协调员的作用，调动校内或校外资源，为学生语言实践创造丰富的条件。例如与相关部门沟通协作创建英语志愿者团队，为造访学校的外国专家、学生提供校园英语导游服务，或承担学校、学院、系部的对外新闻与通知的英文翻译工作。在学术英语实践平台，教师及教师团队则要发挥合作者、学习者的角色，与相关学院研究生科及专业课教师甚至研究生导师建立联系，邀请他们开列相关学科的必读英文文献，供英语教师及学生开展合作学习和探究。学期英语论文的写作或翻译过程中，英语教师可与专业导师合作分工，分别给予学生专业上的指导和论文结构与语言表达方面的指导。在个性化互动平台上，教师扮演的是非正式英语学习模式中的交流者，成为学生线上的、实时的，甚至朋友式的英语交际的互动者。教师也可以结合个人专长及爱好，发布个性化的教学材料，随笔式的学习建议，吸引不同兴趣爱好的学生参与。

总之，研究生英语课程改革的关键因素是教师，教师的角色转换则是枢纽式的具体行动策略，而系统的角色转化路径有助于提升教学改革的成效。在改革实践中，教师角色转换主要障碍依然表现为学校管理部门的行政束缚和思想固化。一线教师真正参与教学发展战略制订的水平依然受限，协调、调动学校部门资源的能力无法得到制度化的保证，整个英语课程的地位仍承受着管理部门、专业教学队伍、甚至学生的轻视。如何激励英语教师整合多重角色，调动变革积极性，始终保有对英语教学的热爱，仍然值得研究生英语教学改革的研究者和实践者们继续探索。

参考文献

[1] 吴耀武. 当代教师角色转换的困境及其出路 [J]. 陕西师范大学学报，2016（1）：173-176.

[2] 钟琳，张青，张云清. 网络自主学习环境下大学英语教师的角色定位：基于学生视角的实证研究 [J]. 江西师范大学学报（哲学社会科学版），2016，（4）：133-139.

[3] 林晓兰. 都市白领身份认同的理论进路 [J]. 华东理工大学学报，2015（4）：40-46.

[4] 诺斯. 制度、制度变迁与经济绩效 [M]. 刘守英，译. 上海：上海三联书店，1994.

[5] 刘丽群，欧阳志. 路径依赖：教师角色转变的深层困境 [J]. 教育学术月刊，2012（6）：74-77.

[6] 邓联健. 大学英语课程的核心竞争力 [J]. 现代大学教育，2015（6）：80-83.

[7] 许硕. 理工科研究生培养中的四项基本能力 [J]. 社会科学家，2012（12）：122-124.

研究生英语知识课堂到智慧课堂的翻转

周红红　　王建荣

（北京交通大学语言与传播学院，北京 100044）

摘　要： 我校研究生英语教学在服务学校"双一流"建设中，以"产出导向法"为研究生英语培养目标，积极探索翻转课堂教学模式在研究生英语课堂教学中的运用，研发出卓有成效的课堂活动模式，成功实现研究生英语教学从知识课堂到智慧课堂的翻转。

关键词： "产出导向法"　翻转课堂　研究生英语教学

"产出导向法"是我校研究生英语教学服务学校"双一流"建设的研究生英语培养目标，"既要求实现学生英语综合运用能力，又要实现高等教育的人文性目标，例如提高学生的思辨能力、自主学习能力和综合文化素养等"。

"翻转课堂"教学理念最早产生于西方，主要指将课内课外的学习时间重新调整，学生掌握学习的主动权和自主权。通过调整，课堂学习时间将得到更有效的利用，学生更能专注学习和解决问题，加深对所学知识的理解和掌握。然而"翻转课堂"教学理念在国内本土化的过程中虽然也出现了一些研究成果，教学实验也收到了一定的效果，但也遇到了诸如"学生自主学习能力较弱""思辨能力跟不上"等各种不适症[1]。

本研究基于"产出导向法"理论体系，以"学习者为中心"，探索翻转课堂在研究生英语教学中的设计思路和实践效果，努力解决其本土化过程中普遍存在的一些问题。

一、研究背景

翻转课堂译自 Flipped Classroom 或 Inverted Classroom，也可译为"颠倒课堂"，是指重新调整课堂内外的时间，将学习的决定权从教师转移给学生[2]。在这种教学模式下，课堂内的宝贵时间，可以让渡给学生进行更多的语言实践活动和就课外学习中产生的问题进行交流，从而获得更高层次的理解、训练和掌握。教师不再占用课堂的时间来讲授知识，这些知识需要学生在课前完成自主学习，他们可以在数字平台上看讲课视频和 PPT 课件、听课外朗读、做作业并进行自我测试。学生能自主规划学习内容、学习节奏、风格和呈现知识的方式，教师则采用讲授法和协作法来满足学生的需要和促成他们的个性化学习，其目标是为了让学生通过实践获得更真实的学习。翻转课堂模式是大教育运动的一部分，它与混合式学习、探究性学习和其他教学方法和工具在含义上有所重叠，都是为了让学习更加灵活、主动，让学生的参与度更强。互联网尤其是移动互联网催生"翻转课堂式"教学模式。"翻转课堂式"是对基于印刷术的传统课堂教学结构与教学流程的彻底颠覆，由此将引发教师角色、课程模式、管理模式等一系列变革[3]。

二、翻转课堂的内容

课堂翻转后上课做什么？学生活动和问答讨论，真正实现以学生为中心。成功的活动模式是有准备的小组活动，首先是必须有准备才能保证活动的质量和训练量，其次，由于我们班级的规模都在 40 人上下，必须分组活动才能保证课堂活动效率的最大化。每学期的第一次课是最重要的，在这次课上，教师需要明确说明一个学期的教学目标和实现目标的手段，课程使用的教材和平台的使用方法及要求，给学生分组和小组活动的内容和顺序及基本要求，课程考核方式及最后成绩的构成等，这是整个学期唯一的一次规划蓝图的教师主讲课程，之后的课程都以学生活动为主。近几年来我们尝试了各种活动，以下这些活动比较成功。

（一）新闻播报

活动小组可以确定主题或者无主题，小组成员每人下载一条 2～3 分钟的英文新闻视频在班上播放并做简短的点评，全组的新闻播报完成后全班同学可以对这些新闻和播报员进行点评，最后大家评选出最佳新闻。

（二）我是演说家

活动小组可以确定主题或者无主题，小组成员每人准备 PPT 并做一场不超过 3 分钟的简短英语演讲，教师需要事先对演讲和 PPT 做出明确的要求。在演讲环节，我们会以乔布斯的产品推广演讲为例，告诉大家如何选题，如何开场，如何拓展，如何结束以及如何排练，在 PPT 环节，对 PPT 的内容、色彩对比、字号大小等都有明确规定，其中最基本的要求是演讲必须脱稿，演讲的同时用自己的手机录像，录像就像一面镜子，让大家看到自己演讲的样子，重听演讲的内容，能迅速发现自己的问题和需要改进之处。录像之后学生们的第二次演讲都有较大的进步。

（三）配音模仿秀

配音模仿秀可以分小组活动和个人活动。学生们自己寻找喜欢的音视频片段，截取其中的精彩部分，个人可以做 1 分钟模仿秀，小组模仿可以 2～3 分钟，基本要求是脱稿，高级水平要求语音语调、动作表情都惟妙惟肖，上课的表演都用手机录像，给自己留下一点回忆。

（四）课文朗读

非英语专业的学生普遍没有朗读课文的习惯，他们学英语多半靠硬生生地记住单词的拼写和意思，却忽略单词的发音，结果是见到单词知道意思，但是听不懂说不出，表现出来就是阅读能力强，听说能力弱。解决这个问题最有效的途径不是李阳先生的疯狂英语，而是跟读课文，在多次反复跟读中，学生能习得准确的语音、语调、语速、停顿处等，为提升听力和口语水平打下坚实的基础。每次上课铃声过后，一人读一句话，既检查了他们跟读的质量（教师可以打分）又点了名，还吸引了他们的注意力，此乃一举多得之策，学生们连迟到都不能了，更不能关注手机，因为多瞄一眼就接不上茬了。

（五）提问与讨论

翻转课堂的初衷就是把教师讲课的内容让学生们利用学习平台在课下独立完成，把课堂时间腾挪出来用于答疑解惑，把握好提问与讨论环节，把传统的知识传输型课堂转化为智慧领悟型课堂。下面以我们使用的教材《研究生英语阅读教程》为例进行说明。

第一课，"漏油经济学：低估的风险"。有同学问，这篇文章讲英国石油公司的钻井平台事故和美国的政策问题，与我们有何相干？很尖锐的问题，不是吗？我们倡导的培养批判性思维就是应该鼓励学生思考和提问，应该积极鼓励与倡导这样的提问。至于答案，老师也不必太担心被将了一军，可以组织大家讨论，鼓励各抒己见。很快就有同学提出，本课的题目是 Spillonomics: Underestimating Risk，作者的重点在后半部，即提醒世人不要因为发生的概率很低就麻皮大意。英国石油公司的原油泄漏事故只是一个例子而已。等同学们都认同了这个观点之后，对课文最后一段的理解就迎刃而解了。之后可以请同学们想想自己的生活中是不是也有这样的例子：因为发生的概率很低，大家就觉得不会发生，就没有防范或者做好应对的准备？同学们脑洞大开，有人说不会用灭火器或家里不准备灭火器，有人说开车不系安全带，也有人说觉得自己不会得肺癌，抽点烟没事……那节课，我们超越了语言。

第四课："比尔·克林顿"，这是希拉里写的回忆录，描写她与克林顿如何坠入爱河。第三段是两人初次见面的生动描述：希拉里在阅览室看书，克林顿站在远处与人交谈，目光却穿越过来瞧她……讲到这里，我会问女生，"如果你遇上这种情况，你怎么办？"通常的回答是"不理他或者躲开"，学习课文之后同学们对希拉里直接迎上去做自我介绍的做法相当认可，因此告诫女同学，人生要尽早规划，先想好心目中的白马王子的基本特质，一旦碰到合适的就不要矜持，否则很容易修成剩女。第九段描写克林顿的口才，"他能用词语把思想编织起来并表达得像音乐一般美妙动听，我对此至今仍然感到十分吃惊。"这句话是翻译的拆分法的很好的例子，讲完翻译后不妨点评一下口才多么重要。最后一段也很有意思，描写希拉里把克林顿领回家，克林顿是如何得到未来的岳母的赏识的。这一定要问问男生，答案很简单，帮忙洗碗并讨论哲学问题，大家哈哈笑着，但是都笑得若有所思；如何得到希拉里的兄弟们的喜欢？课文中只有一个词：attention，这是很值得讨论的，同学们很容易就提到，大家不能面对面却只关注手机。最后还可以问问女生们从希拉里那里学到了什么？比如有了男朋友不要藏着掖着，尽早带给家人和朋友们看看，当局者迷旁观者清。

第七课"圣诞布道：祈求和平"第三段：Now let me suggest first that if we are to have peace on earth, our loyalties must become ecumenical rather than sectional.在理解和翻译了后半句话"……我们要忠于芸芸众生而不是惠泽一隅"之后，讨论什么叫作忠于芸芸众生，怎么做是惠泽一隅？同学们很容易联想到当今局势，目前美国总统特朗普所推行的美国优先政策就是"惠泽一隅"，他们要获得最大利益，在全世界争夺"lion's share"，这必将导致战乱和苦难，比如流离失所的叙利亚难民，比如千疮百孔的伊拉克和利比亚；而中国的"一带一路"倡议才真正是"忠于芸芸众生"，能为全世界带来互惠互利、和平发展的福祉。20世纪中期的布道和当今现实联系起来，同学们不仅透彻理解了课文，而且更清楚地领悟了当今世界局势和中国方案。

第九课"月出的魅力"，第二段中有这么一句话：In the hush of dark I share the cheerfulness of crickets and the confidence of owls.有位同学问为什么猫头鹰是自信的，这样的问题在课堂上会把老师也问蒙了的，但是等课下询问查找得出答案之后，这个问题成为我们的保留节目，每次到此都可以问问同学们为什么猫头鹰是自信的，大家的回答都充满了想象力，比如因为猫头鹰站得高，因为它是夜间捕食，因为它眼睛大……最后可以问大家是否见过猫头鹰带着博士帽的图片？好多同学点头，大家似乎突然间恍然大悟：它的眼睛周围的那圈羽毛看起来好像戴着眼镜，于是人们联想它是有知识的，知识有可能形成智慧，智慧能带来自信，突然间大家似乎更加明白北京交通大学的校训"知行"的含义。

这样的例子几乎每课都有，课堂用英语就这样的问题进行讨论和交流是一件极其快乐的事，不仅是学生，老师也能从学生的讨论和思考中学到许多或受到启发。

三、翻转课堂的保障

俗话说"考考考老师的法宝，分分分学生的命根"，翻转课堂的有效实施还需要一个重要的保障，形成性评价体系。

与靠期末考试或期中期末几次考试决定学生成绩的终结性评价体系不同，形成性评价关注学生们的整个学习过程，是指对学习者学习过程的全面测评。教育的实质在于强调对学习者的培养，强调对学习者良好学习能力的培养，最终得到一定的知识积累和技能。"冰冻三尺非一日之寒"，需要经过一定的学习过程才能实现，绝非"一蹴而就"，通过规定和实施形成性考核可以达到对教学过程的有效监控。在形成性评价体系中，学生们的每次上课，完成的每个任务，每个提问或每次参与讨论，课后的每次作业，当然也包括学期测验和学科竞赛及课外活动，所有的参与和活动都计入分数系统中，或者说学生们期末成绩的每一分都是可以回溯来源的。

四、结语

"互联网+"时代强调互联网的普遍性、移动性，信息技术的发展使人们可以利用智能终端（智能手机、平板电脑等）随时随地访问互联网，改变了人们获取知识、获取信息的方式和手段的同时，也改变了英语学习者的学习观念和学习方式。[4]移动互联网技术的迅猛发展，打破了学生学习的时空限制，也要求教师重新思考和定位自己在英语课堂教学中的角色。教师只有充分利用现代信息技术采用任务式、合作式、项目式、探究式等教学方法，实现"教"与"学"的转变，形成以教师引导和启发、学生积极主动参与的翻转课堂为主要特征的教学。在这个互联网+"的时代，师生们都应该积极主动地使用数字教学平台，努力探索与平台学习相结合的课堂教学模式和教学方法，鼓励和引导学生自主学习、主动学习、合作学习和个性化学习，使我们的教学合上时代发展的步伐，使我们的学生素质符合时代的需求。

参考文献

[1] 文秋芳. 构建"产出导向法"理论体系 [J]. 外语教学与研究，2015，47（4）：547–558.

[2] 胡杰辉，伍忠杰. 基于 MOOC 的大学英语翻转课堂教学模式研究 [J]. 外语电化教学，2014（6）：40–44.

[3] 吕婷婷，王娜. 基于 SPOC+数字化教学资源平台的翻转课堂教学模式研究：以大学英语为例 [J]. 中国电化教育，2016（5）：85–90+131.

[4] 王素敏，张立新. 大学英语学习者对翻转课堂接受度的调查研究 [J]. 现代教育技术，2014，24（3）：71–78.

扩大阅读量，改进比较行政法的"教"与"学"

栾志红

（北京交通大学法学院，北京 100044）

摘 要：本课程的教学目标是，扩大阅读量，通晓和掌握不同国家和地区行政法的历史发展和主要内容。教学内容主要包括：课堂教学内容与课外阅读内容并重、将课外阅读内容纳入考试范围。从多年教学实践来看，专题比较法更适合我们的学生，案例教学法效果好，但案源难以查找，有待加强。

关键词：教学目标 课外阅读 专题比较法 案例教学法

我于 2014 年 2 月开始给法学院宪法与行政法专业的研究生讲授比较行政法，至今已经完成四届学生的教学任务，即将进行第五届学生的教学工作。几年来，凭着对教学工作和课程内容的热爱，我花费了大量时间探讨教学意义、教学目标和教学方法的改进，并付诸实践，取得了比较好的效果。现将具体做法介绍如下。

一、教学目标

所谓教学目标是指教师的教学活动想要达到的标准。它是在制定教学规划阶段就应该完成的一项工作，并随着教学工作的展开，逐步完善。无论在法学教育的过去还是现在，明确的教学目标都是改进教学工作的前提和基础。因为教师的教学行为是在目标的指引下进行的，只有制定了清晰明白的教学目标，才能有全新的教学内容和教学方法。

通过几年教学经验的总结，我将比较行政法课程的教学目标由最初的"着重于通晓和掌握发达国家和地区的行政法原理和知识"发展为"扩大阅读量，通晓和掌握不同国家和地区行政法的历史发展和主要内容"。理由如下。

（一）比较行政法自身的特点决定的

比较行政法内容庞杂，体系庞大，既涉及实体问题，也涉及程序问题；既有行政法总论的问题，也涉及警察行政、环境保护行政、证券监管等行政法分类的问题。从比较行政法的视野来看，不仅要与民法等其他学科相比较，还要与其他发达国家和地区的行政法相比较[1]，此外，除了关注中央层面行政机关的运作之外，还要重视研究地方行政法、国际行政法。因此，比较行政法这门课程真的是问题复杂，体系繁杂；还与其他学科有着"剪不断，理还乱"的复杂关系，因而要学好这本课程，需要有扎实的中国行政法和外国行政法基础知识[2]。

从授课来看，比较行政法学是一门较难讲授与学习的课程。从发达国家和地区的行政法学来看，不仅体系架构存在着区别，而且教学内容也存在着分歧，产生了关于实体与程序、总论与分论、教义与政策、行政实践与司法审查等问题的争议点，这些课题均是我们在教学与研究中必须面对与应对的。而对于学生来说，了解这些差异和争议点也必须以扎实的中国行政法和外国行政法知识为前提。[3]

（二）学生们对知识体系的需求所致

但是，我在教学中发现，尽管学生们在本科阶段都经过了系统的中国行政法学习，在研究生阶段也设置有中国行政法的课程，但涉及与域外行政法的比较时，他们表现得一头雾水，不知所措，需要教师不断地在课堂上提示与域外行政法相对应的中国行政法的有关部分和原理。同时，他们的外国行政法知识很匮乏。这种情况的出现，与中国行政法的体系庞大和内容烦琐、本科阶段没有涉及外国行政法课程有关，也与学生们对这些知识掌握得不扎实有关，急需改善。

二、教学内容

为了实现上述目标，首先应该对教学内容进行调整。特别是考虑到比较行政法只有 32 学时的特点和课堂授课内容受到限制的基本情况，我认为增加和重视课外阅读是提高比较行政法教学水平和教学效果的关键。

（一）课堂教学内容与课外阅读内容并重

传统上，我们将课堂授课内容作为教学内容的主要组成部分，教师的"教"与学生的"学"围绕着教师指定的教材展开，期末考试也离不开这部分。课外阅读是学生自由发挥的空间，除非通过布置作业，否则不能计入考试成绩。实际上，学生的大部分时间都处在课外阅读阶段。有学者做过统计，61%的学生主张教材占课堂教授内容的一半，而且从我国在校大学生不同专业的学习任务来看，法学专业学生的学习任务和必需的阅读量相对来说是较少的。[4] 这为我们从"课堂授课为主"发展为"课堂授课内容与课外阅读内容并重"留下了一定的空间。

课堂教学内容与课外阅读内容并重是指要求学生进行适量的课外学习，教师采取适当方法将课外学习与课堂讲授联系起来，目的在于扩大学生的阅读量和知识面，使有限的课堂教学得到自然延伸。

课堂教学内容与课外阅读内容的划分如下。

课堂教学内容主要包括：行政组织法的比较、行政行为法的比较、行政程序法的比较和行政诉讼法的比较。

课外阅读内容主要如下。

（1）作为本课程学习基础的中国行政法基本原理、主要内容和教材中出现的所有案例。姜明安老师主编、高等教育出版社出版的《行政法与行政诉讼法》是目前应用最广泛、最权威的教材，我要求学生们掌握这本教材所有重要原理、将教材中出现但只有简单阐述的案例原文查找出来，汇编成文档。每节课我会用十分钟时间考查学生学习的效果，并对学生的疑难问题进行解答。两个星期以后，成效就开始显现出来，同学们不仅掌握了学习的方法，而且学会了在比较中重新认识中国行政法。

（2）阅读外国行政法名著。我通过向其他高校同行购买、和学生一起自己制作等方式，完成了 20 部外国行政法经典书目的 PDF 文本。每讲到一个章节，我会将相对应的课外阅读书目有关部分布置、发送给学生。阅读之后，课上我会用 20 分钟到 1 小时的时间抽查学生回答我提出的问题以此检阅学生们的阅读情况。有的学生做得非常好，不仅有电子版笔记，还有书面笔记。

（二）将课外阅读内容纳入考试范围

将课外阅读内容纳入考试范围的主要做法是改变试题类型，增加可选择性的主观试题。所谓可选择性的主观试题是指考生可以选择主观试题的一个或几个部分进行回答，就能得到满分。例如，"论述题：选择下面的一道题进行回答：

（1）你能否列举出 2 名比较行政法学研究的学者或者两本比较行政法著作，并简述他们的研究成就或研究的主要内容。

（2）请列举出一条法律规范，根据这条法律规范阐述行政裁量和判断余地理论的含义和不同点。

（3）台湾学者李建良提出了分析行政法案例的关键一步是确定行政机关的行为是否合法。他给出了分析问题的四个步骤：

第一步：找出案例事实中的行政行为；

第二步：给行政行为定性（例如，行政立法、具体行政行为、行政指导、行政合同、行政事实行为）（实体与程序混合）；

第三步：给行政行为划分阶段（行政决定的作成，又称基础规范阶段与行政行为的执行）；

第四步：是否合法（形式合法与实质合法）（行政法的渊源）。

请列举出一个案例，然后按照这个四步法逐一分析，解剖案例。"

上述 3 个问题都是学生的课外阅读内容，当时的要求是：每人至少选取一项作为学习重点。因此，只要是认真进行课外阅读的学生都可以轻松地选择自己感兴趣和印象深刻的部分给出答案。此类试题比重一般不低于试题分值的 20%，加上平时作业占总成绩的 20%，这样，课外阅读内容约占总成绩的 40%。让我意想不到的是，这种考试做法，非常受学生们欢迎。一方面，减轻了学生学习的压力，避免死记硬背；另一方面，他们从选择中感受到了阅读的乐趣和重要性。

三、教学方法

（一）专题比较法更适合我们的学生

从已有的比较行政法教材和教学实践来看，比较行政法的教学方法主要有两种。一是以国别为单位，把不同国家的行政法作为一个整体，分别阐述。我称之为"国别比较法"。比如先讲法国行政法、德国行政法、日本行政法，然后再讲英国行政法、美国行政法。章节上一般表述为：第一章 法国行政法；第二章 德国行政法……这种教学方法的优势是，学生对单个国家的行政法有一个总括的整体印象，便于对该国行政法所有理论、实践、历史发展和演变的掌握。其不足是，由于把各个国家行政法分开讲解，而每个国家行政法的历史发展进程和基本理论之间存在差异，所以现实往往是，在讲一个新的国家的行政法时，学生已经或多或少忘记了前面的内容，需要教师反复重复之前的授课重点，效率低，也难以进行有效的比较。[5]

比较行政法教学的另一种方法是，以行政法各个部分为单位，利用知识点将不同国家行政法的同一部分串联起来。我称之为"专题笔记比较法"。例如，行政法一般划分为行政组织法、行政行为法、行政程序法和行政救济法四大部分。这种方法的章节安排表述如下：第一章 行政组织法，具体内容包括法国行政组织法、德国行政组织法等；第二章 行政行为法，具体内容包括法国行政行为法、德国行政行为法、日本行政行为法等，以此类推。这种方法的优势是，这种体例安排与中国行政法教科书的安排相一致，所以学生很容易接受。因此，也方便学生基于已有的中国行政法理论基础和实践，把同一行政法概念，例如行政行为中的行政处罚，放在不同法律制度背景下进行比较，然后自己得出结论。其不足是，学生难以对一个国家的整体行政法结构和理论形成总括性的认知，另外对教师的备课也提出了更高的要求。因为教师必须事先对每一个行政法概念、每一种行政法制度在不同国家的不同含义和应用十分熟悉。

从我多年从事比较行政法教学的实践来看，后一种方法更受学生欢迎。以行政行为法中的"行政处罚"为例，我国行政处罚的分类有警告、罚款、没收违法所得、责令停产停业、吊销许可证、行政拘留等。但在德国，行政处罚仅有罚款，且罚款数额受到法律的严格限制。学生学到此，有一种恍然大悟的感觉。学生们写文章也是以专题、而不是国别的方式进行的，这种方法不但顺应了他们的思维习惯，也有助于他们从事科学研究。[6]

（二）案例教学法效果好，但案源难以查找

案例教学法起源于美国，如今也为我国学者普遍倡导。对比较行政法来说，将其运用于学习有关行政处罚、行政强制、行政许可、行政组织等有关的行政诉讼问题，是再合适不过的了。我的主要做法如下。

1. 依托于教材，查找案例原文

这是案例教学法的准备工作。中国行政法部分的案例多，我主要运用了姜明安老师主编的教材涉及的案例，学生会按照我的指令循着教材的线索查找案例原文，并熟读。

外国行政法案例较少，已有的教材可能是限于价格的因素，案例部分往往很简单，不能直接拿来运用。所以，目前的比较行政法案例都是我从比较行政法、外国行政法的著作、教材中选取出来，然后拍成照片，或者制作成文档，发送给学生。

2. 由学生在课堂上概括案情，教师组织案例分析

通过课后阅读，学生将案例内容用简洁语言在课堂上概括出来。一来可以锻炼语言表达能力，二来学生自己在陈述时可以发现不足和需要补充的地方，从而将课前查阅的内容作一个总结，以形成总体印象，为案例分析做好准备。

教师的作用是创造一个民主、轻松的课堂氛围，使学生敢于发言、争着发言。在此基础上，教师将根据案例涉及的问题和学生提出的问题，逐一进行分析，引领学生进行深入思考。

四、改进的意义

（一）极大地提高了学习实效，增强了学习自信

由于阅读量增加了，学生们不仅了解到行政法的基本原理，而且通过阅读也了解到这些原理的由来以及在不同国家的发展历史，记忆这些基本原理也变得容易起来，从而极大地提高了学习实效。

刚开始的时候，学生对扩大阅读量的教学并不接受，他们就像应付一次课外作业那样，把网上随便复制的东西粘贴下来当作课堂上的发言提纲。学生们参与课堂讨论的热情也不高。有时候，没有一个学生发言或每次都是那一个人发言。学生之间经常三三两两坐在一起，很少充分交流。于是我给学生们划分了课外学习小组，特意将不同宿舍、不同性别、不同班级的学生分在一组，以加强学生之间的联系和交流。到学期期末，许多同学争先恐后发言。在发言时，他们表现出充分的自信。

（二）激发教师在教学相长的路上不断前行

改进教学内容和教学方法后，教师的工作量明显增加了。除了掌握课堂教学内容和传统教学方法需要掌握的信息之外，教师需要富有创新的热情、意识和知识，才能将这种方式贯彻下去。另外，在教学过程中，也有一些不尽完善的地方。例如，有的同学参与热情不高、外国行政法案例难以查找，需要在英文数据库的利用上下功夫等。这些问题都将是本课程以后改进的重点。

参考文献

[1] 叶必丰. 行政法学 [M]. 武汉：武汉大学出版社，1996.

［2］ 崔卓兰，鲁鹏宇. 比较行政法教材建设与教学改革［J］. 高教研究与实践，2006（1）：36－38.

［3］ 关保英. 比较行政法学若干问题探讨［J］. 法学研究，2001（2）：60－76.

［4］ 肖永平. 法律的教与学之革命：利用多媒体开展国际私法教学的理念、模式和方法［J］. 法学评论，2003（3）：153－160.

［5］ 李洪雷. 中国比较行政法研究的前瞻［J］. 法学研究，2012（4）：30－33.

［6］ 黄涛涛. 中国近代比较行政法研究考［J］. 云南行政学院学报，2013（3）：165－168.

模拟仲裁庭在"国际争端解决"课程建设中的运用

夏晓红

（北京交通大学法学院，北京 100044）

摘　要：模拟法庭或模拟仲裁庭是国内外法学教育中经常采用的有益教学方式。在北京交通大学法学院的研究生课程"国际争端解决"中，该方式已于今年被正式引入到教学活动中，并取得显著成效。

关键词：国际争端解决　课程建设　模拟仲裁庭

模拟法庭或模拟仲裁庭是国内外法学教育中经常使用的教学方式[1]，这种方式的优点在于强化学生的综合素质与能力，使学生在走向工作岗位之前就能得到模拟真实工作情境的训练。在北京交通大学法学院的研究生课程"国际争端解决"的建设中，该方式于今年被正式引入到教学活动中，并已取得明显效果。

一、背景与意义

以前的"国际争端解决"课程主要集中于国际经济贸易争端解决领域，包括国际商事仲裁、投资仲裁等，还涉及世界贸易组织争端解决机制、国际知识产权争端解决机制以及国际公法上的争端解决机制。该课程为 32 学时，学生在英语能力、思维方式、知识面等方面有较大提高，但解决实际问题的能力还有待加强。

在 2017 年，"国际争端解决"课程建设在北京交通大学研究生院正式立项。同年，主讲教师引入了欧洲国际争端解决教材[2]并在教学中使用。这套教材以一个模拟案例为主线，阐释了争端解决的全过程。但在教学过程中发现，这套教材与"国际争端解决"课程的教学目标并不吻合。其一，模拟案例反映了欧洲国际商务实践，某些内容对中国并不适用，学生的学习意愿不够强烈。其二，本课程采用英文教学，但英语对学生和老师都是第二语言，学习进度较慢，该套教材的内容无法全部展开。其三，讨论的内容多，实战模拟的环节少。例如，教材的作者已将案情分析和模拟谈判及模拟仲裁展示出来，而不是留给读者自由发挥，读者只是学习作者的成果，得不到充分的锻炼。课程结束后，发给全部学生的问卷调查显示：学生们希望能增加训练的强度。总之，这套教材不能达到在 32 学时内大幅提升学生解决实际问题的能力的目的。为此，2018 年秋季学期，"国际争端解决"课程正式引入已有 26 年历史的 Willem C. Vis Moot 国际商事仲裁竞赛（以下简称 Vis Moot），并通过不断地调整与调适，使该竞赛的内容与课程的内容基本吻合。

二、研究目标及其实现

"国际争端解决"课程建设项目的研究目标如下。目标一，修订课程教学大纲、教材、教案、考核与评价标准等。目标二，明确课程定位，完善课程内容，形成课程特色，获得课程评价。目标三，形成课堂内教学与课堂外教学结合机制、课程学生与非课程学生交流机制。目标四，根据需要，从学院层面协调课程建设的配套机制。目标五，争取将特色课程打造成为品牌课程。其中部分目标已经实现，下面将分别加以介绍。

（一）目标一

新的教学内容、教学计划、考核评价标准已初步形成，新的教学资源齐备。教学内容包括上一年的 Vis Moot 赛题，以及当年的 Vis Moot 赛题。每年的 Vis Moot 赛题大约在十月上旬公布。赛题公布前，将利用上一年赛题学习一些基本的争端解决技巧，并进行若干环节的训练。赛题公布后，会着重攻克当年的赛题，撰写完整的申请人、被申请人书状，以及进行口头庭辩。在 32 课时内，完成全套的模拟仲裁训练，对于一名学生而言还是有些吃力，所以，课堂中会形成若干团队，每个团队有具体的工作目标，每名学生可能负责实现工作目标所需的一部分工作任务。但是，各名学生的工作是密不可分的，共同形成一个整体。

例 1：2018 年完成的教学计划。

Syllabus of International Dispute Resolution

Fall 2018

Beijing Jiaotong University

周	1	9 月 7 日	8 月 15 日至 9 月 15 日预报名	basic knowledge about international commercial arbitration and skills for CITECT CUP competition	
	2	9 月 14 日		analysis of the 25th Prob. and research，written advocacy	
	3	9 月 21 日		written advocacy practice，oral advocacy	
	4	9 月 28 日		oral advocacy practice	
	n	10 月 5 日	release of the Problem	homework-questions	
	5	10 月 12 日		analysis of the 26h Prob. and research，Memoranda	［国际争端解决］11 次课。
	6	10 月 19 日		complete the drafts	
	7	10 月 26 日	11 月 26 日上传申请人书状	final drafts submitted	
	8	11 月 2 日		questions preparation	
	9	11 月 9 日	11 月 12 日上传被申请人书状	oral advocacy，questions preparation	
	10	11 月 16 日	11 月 19 日至 11 月 23 日比赛	oral advocacy practice	
	11	11 月 23 日		Mock Arbitration Competition	
	n	11 月 23 日		期末考试 1 小时	
				other alternatives"国际争端解决"基本理论，国际法院，WTO，ICSID，其他（知识产权，海洋法，国际刑事法院，人权）（协商，调解）（磋商，调停，斡旋，调解，仲裁）…（be prepared to give your lecture in English？）	

Evaluation:

Attendance（20%）

In Class Performance（20%）:

Mock Arbitration – Moot Court（20%）

Other Contents – Homework/Research（20%）

Final Exam – closed book（20%）

例 2：课堂模拟仲裁庭分工及课后任务。

2018－09－07

List of Students

序号	学号	姓名	The Problem of 25th Vis Moot（September）	The Problem of 26th Vis Moot（October and November）	专业	备注
1		郝啸天	RESPONDENT	both sides	国际法	
2		秦淑敏	CLAIMANT	both sides	国际法	
3		宋波	RESPONDENT	both sides	国际法	
4		斌巴	CLAIMANT	both sides	国际法	
5		施韵	RESPONDENT	both sides	国际法	
		聂真璇子	CLAIMANT	both sides	民商法	旁听
		曹启	RESPONDENT	both sides	18 级法硕	旁听
		秦瑞阳	CLAIMANT	both sides	15 级本科	旁听
		徐慧颜	RESPONDENT	both sides	16 级本科	旁听
		崔鹤琼	CLAIMANT	both sides	17 级本科	旁听
		申钟文	CLAIMANT	both sides	16 级本科	旁听

2018－09－14

Assignments:

1. Learn UNCITRAL Model Law（international commercial arbitration）and CISG（international sales of goods）

2. Read the Problem of 25th Vis Moot

3. Prepare your own Memorandum as CLAIMANT or RESPONDENT

Requirements：

（1）see the above table to find which side you represent

（2）no length limitation

（3）submit your Memorandum before class

（4）all 4 issues included

4. List all the resources which may be useful

Share your list of resources in the Wechat group before class

5. Think about the strategies to improve your Memorandum

（二）目标二

"国际争端解决"课程在研究生培养方案中属于国际法专业必修课，非国际法专业选修课，定位略高于基础课程。在该课程中，会用到国际公法、国际私法、国际经济法的部分内容，但是不会系统讲授这些内容。知识有欠缺的学生可以课后自行弥补。如遇一些疑点难点，确有需要的，老师会在课堂上讲授。该课程使用的语言为英语，但 2018 年授课时已经放弃了之前的全英文授课模式，辅之以中文授课。该年度的学生英语基础普遍较好，也有较强的主动使用英语的意识，因此，在课堂上弱化了语言因素，增强了专业深度，为提高学生掌握知识的效率，部分使用中文进行授课。因本学期课程尚未结束，课程评价暂无法获得。但是本学期有大量旁听学生，从学生们的到课情况看，课程受到欢迎。

此外，目前该课程与"贸仲杯"模拟仲裁庭竞赛相辅相成。感兴趣的学生在申请加入"贸仲杯"模拟仲裁庭辩论队时将被优先考虑。

图片为学生们在课堂上的情景和参加"贸仲杯"模拟仲裁庭竞赛时的情景如图1所示。

图1

（三）目标三

课堂内教学与课堂外教学结合机制、课程学生与非课程学生交流机制已经形成。今年课程的最大变化是把授课时间改到周五的晚上，因为预测周五晚上学生的其他活动会安排较少。事实印证了之前的预测，有大量感兴趣的同学可以来旁听这门课程，并从始至终地坚持下来。课程学生（选课的学生）与非课程学生（旁听学生）在同一个教室共同学习，并达到了较好的交流效果。2018年的旁听学生包括其他专业的研究生及两名本科高年级的学生。学期初曾有一名本科低年级学生参与学习，但中途退出。为方便学习，本课程建立了微信群学习平台和QQ群学习平台，大量的学习环节通过网络通信手段完成。本课程的书状撰写和口头辩论环节也需要学生在课堂外完成大量的工作。从目前的情况来看，学生们完成度较好。

该课程的一大特色在于：有意愿参加"贸仲杯"的学生，将在课后得到更多线上或线下培训，不参加"贸仲杯"的学生，也在课堂上获得学习，提升争端解决所需的应用能力和技巧。学生们之间形成了良好的互动，既是一个课堂，又有专门的学习小组。

例3："贸仲杯"模拟仲裁庭竞赛团队分工。

分工

每名队员在完成自己的任务的同时，还需负责以下事项。

A组-实体组		B组-程序组	
秦瑞阳（副队长）	A组负责人 A组第一庭辩人	施韵（队长）	总负责人，总统稿人 B组负责人 B组第一庭辩人
		曹启	B组第二庭辩人
申钟文	A组统稿助手	徐慧颜	B组统稿助手
秦淑敏	A组队员	郝啸天	B组队员
聂真璇子	行政专员 A组队员	宋波	文献专员 B组队员
任才（教练）	前任队长	任才（教练）	前任队长

正式队员要求：

1. 在 10 月 5 日之前具备国际商事仲裁和国际货物买卖的基本知识，较强的研究能力（熟悉各种资源及其使用方法），良好的英语写作能力。

2. 从 10 月 5 日至比赛结束（将不晚于 11 月 23 日）能保证平均每天至少 2～3 小时投入。如不能保证者请提前申请退出。

（四）目标四

学校及学院层面大力支持该课程建设。学院曾多次推荐英语和专业基础较好的学生加入学习团队，大力鼓励学生参加中国国际经济贸易仲裁委员会主办的"贸仲杯"国际商事仲裁辩论赛，提供便利条件让主讲教师获得普通法系法学及英语培训，支持老师与学生参加各项相关讲座与会议。该课程建设的顺利进行与学校及学院的大力支持是分不开的。

突出成果体现在：专职教师夏晓红参加了 2018 年美国天普大学法学院暑期"庭辩"课程培训，法学院聘请专门从事国际民商事争议解决实务的安杰律师事务所合伙人王秀娟律师担任兼职硕士生导师等。这将大大提升该课程的教学水平和效果，有利于课程建设目标的实现。

（五）目标五

今年课堂上的学生（包括选课学生和旁听学生）除一名学生外，均已成功入选 "贸仲杯"国际商事仲裁辩论赛北京交通大学代表队。这势必增加本课程在院内和校内的影响力。在准备比赛的过程中，学生们表示课程学习带来的收获很大。在后面的课程建设过程中，项目团队将进一步打造课程特色与品牌。

三、问题与不足

"国际争端解决"课程建设目前仍存在以下问题与不足。

第一，在最初的建设方案中，并没有提出建设中外文文献书目和图书资料库。在本学期的教学过程中，为了锻炼学生的研究技能，主讲教师并未提供给学生全部所需文献，而是要求他们自行搜集资料。反馈的结果是，学生们由于平时缺乏在这方面的培训和训练，不能在有限的时间内找到有效的足够数量和质量的文献。因此，考虑接下来是否建设文献基本篇目目录和基本库。另外，考虑到学生们的上述特点，考虑是否制定文献检索培训手册以便有需要的同学使用。

第二，选课学生生源的不确定性仍未解决。由于并不能够预测到每年录取的国际法专业研究生的生源情况，而总人数又很少，所以课程教学的平均水平仍具有较大的不确定性。这门课程开设在研究生二年级，是否考虑确定一个相应的标准，以便基础较弱的学生在一年级的时候可以提升自己以便达到教学所需的标准？

第三，如何培养本科低年级学生的兴趣仍是个需要解决的问题。

参考文献

[1] 马乐. 国际贸易争端解决模拟竞赛课程化建设研究 [J]. 法学教育研究，2013，8（1）：238－245.

[2] BERGER K P. Private dispute resolution in international business: negotiation, mediation, arbitration [M]. 3rd ed. Hague: Kluwer Law International，2015.

混合式教学在宏观调控法课程中的应用*

郑 翔 高 婕

（北京交通大学法学院，北京 100044）

摘 要：通过分析宏观调控法本身的特征及其与混合式教学的契合点，从理论层面论证了混合式教学在宏观调控法课程中应用的可行性。在运用大数据分析的背景下，以MOOC和SPOC为支撑平台，构建线上和线下相融合的混合式教学模式，实现以学生为主体，老师为引导的翻转课堂。但是在混合式教学过程中，建立稳定的支撑平台以及如何转变传统的课堂教学模式，培养学生的自主学习能力是值得我们深思的问题。
关键词：宏观调控法教学 翻转课堂 混合式教学 大数据分析

在社会主义市场经济发展过程中，政府如何提高宏观调控能力、规范宏观调控中经济权力的行使，是我国经济体制改革中的一项重要议题。当前，在宏观调控实践中，出现了一些新的经济现象和新的经济问题，产生了许多新的法律需求和法律制度。因此，在宏观调控法课程教学中必须考虑宏观调控法律制度本身发展的现状和基本规律，其教学目标应该确立为：对我国宏观调控法律制度进行清晰的阐述，运用混合式教学模式帮助学生更好地掌握宏观调控法的基本发展规律，并了解宏观调控法律制度前沿问题。

一、宏观调控法课程的教学现状

（一）宏观调控法的特征

宏观调控法学是经济法专业学生的核心课程，宏观调控法作为经济法体系中的重要组成部分，具有以下特征。

1. 兼具经济性和行政性

宏观调控法一方面具有经济性，表现为宏观调控法对经济领域所产生的作用，即为了整合经济，促进市场良性竞争和保障市场秩序，要兼顾各方利益的公平实现，同时保证社会总体经济利益优先。另一方面，宏观调控法具有行政性，是政府运用国家权力作用于经济领域的行政行为，由于行政自由裁量权要遵循合理性和合法性的原则，宏观调控的内容要适度、必要，符合理性和宏观经济发展规律。在教学过程中，需要学生深入思考的问题是政府和市场的关系，政府权力的管制边界以及政府对经济管制的效率。

2. 价值和目标的宏观性

宏观调控的价值目标是经济增长、充分就业、稳定物价和总量平衡，其实现路径是对于公平和效率的整合。具体而言，宏观调控法以宏观经济政策为基础，对于经济发展过程中产生的社会效益和经济效益的冲突进行整合，实现经济的平稳增长和协调运行。对宏观调控法这一特征的把握，需要引导学生思考公平和效率这两个基本的法律价值目标在宏观调控法中的具体体现，理解

* 本文由北京交通大学研究生优质核心课程建设项目资助。

经济总量的基本平衡对宏观调控法的基本立法需求等问题。

3. 形式和内容的多样性

宏观调控的措施和方法具有广泛性和多样性，两者具有密切的内在联系，是一个系统化的有机整体。其内容包括但不限于经济层面的财政政策、经济计划，法律层面的经济立法、司法活动，以及行政层面的强制性命令、指示等对经济活动进行宏观调控。[1]宏观调控法形式和内容的多样性是学生学习中的难点，需要其对国家经济现实情况有所了解，也需要对实际经济问题进行深入分析。

从宏观调控法的上述特征可以看出，学习宏观调控法需要学生拓展法学的基本知识，深入关切国家宏观经济发展的现实问题，还需要对经济学、社会学等学科的基本理论有所了解。对一些宏观调控法必须思考的基本问题，例如政府与市场的关系，公平与效率的关系，并不是简单的是与非的问题，而是需要从经济学、社会学等多个角度出发进行深层次的解释。这对宏观调控法的教学工作提出了非常高的要求，也形成了宏观调控法教学的基本特点。

（二）宏观调控法教学特点与混合式教学的契合

1. 宏观调控法学的教学特点

（1）理论性。从宏观调控法的基本特征看出，宏观调控法的理论基础是非常广博的，既有基本的法理，也有经济学理论作为背景。因此，作为研究生经济法专业的核心课程，宏观调控法课程内容应在本科知识基础上加深理论探讨。讲重点、讲难点、讲思路、讲方法、讲学科前沿，努力做到少、精、宽、新。

（2）前沿性。随着市场经济的不断发展和我国经济体制改革的进一步深化，宏观调控法律制度不断更新，宏观调控法律现象出现新的形态。这就要求宏观调控法在教学内容、教学方式、教学评价体系的等方面，必须不断与时俱进，注重教学知识的时效性，增加对宏观调控法前沿问题的思考和讨论。

（3）学科交叉性，宏观调控法学是一门综合性学科，涉及经济法的其他部门以及民法、行政法和国际经济法等学科的内容，例如在金融调控内容中，既需要明确政府监管的规则和措施，也要明确金融主体之间的权利和义务，更需要了解金融活动的基本规律和社会价值，还需要了解国际金融新秩序，符合国际规则。理解金融调控相关内容中，隐含的行政效率、民事主体法律地位平等、合法权益应该得到保护、社会福利增加、金融秩序稳定协调等多个学科的基本理念，需要理解复杂法律关系中法律规范的制衡和互动。因此，在宏观调控法教学工作中，教师在教学内容上要重视学科间的融会贯通。

2. 宏观调控法课程与混合式教学的契合

由于宏观调控法的理论性和前沿性，在有限的课堂时间内不可能做到全面讲授，这就要求教师在课上选取学生需要了解和掌握的专门领域的知识进行深入讲解。由于宏观调控法的学科交叉性和实践性较强的教学特点，单纯的课堂理论教学远远不能实现宏观调控法的教学目标，这就要求授课教师结合本人科研项目阐述各学派观点，有理有据，学生能理解并可开放性接受。坚持启发式、参与式教学，以知识为载体，培养学生注重解决问题的思维方式和方法，逐渐使课程从讲授型向研究型转变。因此混合式教学模式显得尤为重要，以学生为中心，利用"互联网+"形成的网络在线平台与传统课堂教学相结合，既保证实现学生的共性需求，又关注到学生的个性化需求，促进了线上、线下多样化教学模式的融合。[2]

二、混合式教学具体操作

混合式教学模式的概念是 21 世纪随着互联网的普及和 E-Learning 的发展而被提出的，其最初的定义为："应用多种教学方式、以优化学习效果和提高教育资源利用效率为目的的学习程序。"[3] 混合式教学模式可以运用翻转课堂形式，使得学生成为课堂的中心，而教师的作用是引导和仲裁。学生在课前学习课程内容，而课堂时间留出来致力于讨论和解决问题，学生参与到以学生为中心的学习活动中，教师应实施以问题为导向的探究式教学策略。[4] 由此可知，实施翻转课堂的重点环节是课前的教学资源和课堂的教学策略。

（一）利用"MOOC+SPOC"平台翻转课堂

MOOC（massive open online course）平台拥有国内外高校的教学资源，是针对大众群体的在线课堂，具有内容广泛、获得便利的特点。MOOC 平台单向发布课程，虽然满足了学习主动性较强学生的一般学习需求，但忽视了每个学生的个性化需求。

SPOC（small private online course）（小规模限制性在线课程）平台的出现对于 MOOC 平台的不足具有补充作用，SPOC 平台是后 MOOC 时代应运而生的，与 MOOC 平台和传统校园课堂相融合的产物。与 MOOC 相比，SPOC 平台的受众群体范围更加集中分布，主要是校内学生，学生可以在线进行小组研讨和师生交流，更加强调赋予学生全方位、多层次、个性化的学习体验。另外，SPOC 平台在大数据技术的支持下，利用统计学、机器学习和数据挖掘等方法来分析教与学过程中所产生的数据，对学生进行更加客观和科学的认证和评估，实现以问题为导向的翻转课堂新模式。

（二）线下实践活动与线上教学活动相融合

宏观调控法的教学设计分为课前、课中和课后三阶段。教师的作用是组织者和引导者，学生是学习的主体，要积极主动参与到学习活动中。经过课前—课中—课后三阶段，学生获得知识的初步学习—内化—提升的效果。

课前阶段是学生对知识的了解阶段，教师的角色是为学生拟定学习任务，定制 MOOC 平台有关宏观调控法的教学资源，以及统计学生的预习情况，对学生的问题进行线上帮助。学生的任务是在线学习视频课程，然后完成练习测试，对于重点或疑难问题发起线上师生讨论，整理讨论结果，以备于课上的重点研讨。

课中阶段是翻转课堂的重要体现，教师要组织课堂活动，引导问题的探究，对同学们的讨论做出评价和个性化指导。学生承担起课堂的大部分讲解，根据自身前期预习后的问题反馈，和其他同学一起进行质疑、讨论，教师最后做出点评指导，以此实现协作学习，内化知识的目的。[5]

课后阶段是学生对知识的巩固阶段，PBL（project based learning）可承担翻转课堂的延伸平台，人大芸窗数字平台（www.rdyc.com）作为 PBL 延伸平台，将教学内容分解为十个单元，学生随着课堂学习的推进，逐步完成各个单元的测试，完成对课堂内容的巩固提升。可以借鉴此项教学设计，内容扩展为前沿问题研究、案例分析、相关文献阅读等。[6]

（三）运用大数据系统设计教学和评估考核

在大数据的时代背景下，如何把大数据技术应用于教学领域是值得深思的问题。它的应用原理是：以大量数据的采集和分析为中心环节，利用多种技术和方法全面收集学生在线学习的数据样本，在此基础上针对每个学生的特点建立学习档案，进行量化、分析和建模。同时根据大数据系统具有可预测性的核心特征，教师可通过分析学生的学习行为和错题难题来不断优化课堂设计，充分发挥混合式教学的优势。[7]

在具体操作流程方面，数据的来源主要有以下三类。

第一类是基本信息的采集，包括学生的简单个人信息，对于宏观调控法课程的期待和设想，有利于教师在课前了解学生的基本情况，根据学生的知识基础和课堂诉求有针对性地开展教学活动。

第二类是个性化数据，包括学习能力的评估、学习方向的分析、个人兴趣偏好等，教师可依据此数据在 SPOC 平台因材施教，在共性学习的基础上，给予每个学生个性化的任务分配，比如学习能力较强的学生进行课堂知识的拔高研究，学习能力一般的学生注重知识的巩固的迁移利用；对于学术研究更感兴趣的学生可以选取有研究价值的观点深入讨论，对于法律实务更感兴趣的学生可以选取大量案例进行分析。

第三类是行为数据，包括视频浏览统计，网页浏览轨迹，互动讨论的参与度等，教师可以根据行为数据判断学生的学习主动性，在最终成绩评价中，线下考试和线上数据评估同时是最终成绩的组成部分。

在"互联网+"的支持下，此项技术对教师的教学改革有很大的促进作用，集中体现在提升教学质量和效率方面，即教师能够充分了解学生的学习过程，根据学生的疑难问题探索合适的教学方式。同时还可以针对不同特点的学生采用个性化教学策略，并能及时发现问题，进行有效干预和做出全面正确的评价。

三、宏观调控法混合式教学的效果和改进思考

（一）宏观调控法混合式教学的效果

宏观调控法混合式教学在融合传统线下教学和线上网络学习的基础上，能够满足学生多样化的学习需求，实现学生的主体作用和教师的引导作用，和以往传统的课堂教学情况相比，混合式教学取得了较好的教学效果。

第一，学生的课堂参与程度明显提高：学生在课前在线学习视频课程并完成练习测试，对于课堂讲授内容产生了一定的思考。学生在课堂上的讨论时间会充分表达自己的看法，与教师探讨交流疑难问题，达到了调动学生的积极性、参与度和活跃课堂气氛的效果。

第二，师生之间的关系更加密切：通过网络教学平台，学生有任何问题可以得到教师的及时解答，还可以自行组成小组讨论；教师可以及时了解学生的学习进度和存在的问题，以便于针对每位学生给予个性化的指导。

第三，学生对知识的掌握更加扎实：课前在线预习、翻转课堂和课后巩固等方式使学生参与和教师指导贯穿于整个宏观调控法的学习过程。MOOC 和 SPOC 让学生随时学习、随时测试、随时答疑，学校法学院建立的"法研法语"公众号平台定期推送文献导读和经典案例推荐，都是重要的平台支撑。运用大数据系统的考核评价方式既有效督促学生的学习，更满足了学生个性化的学习需求。

（二）宏观调控法混合式教学的改进思考

影响混合式教学效果的关键性因素包括混合式教学的平台支持和课程设计。从系统层面看，在推行混合式教学过程中，极为重要的因素是基础设施建设的完善和课程安排。

在设施方面，根据学生的反馈，MOOC 和 SPOC 平台的运行操作中存在打开网页出错和提交在线测试产生空白页面等问题。根据教师的反馈，教师利用 MOOC 和 SPOC 平台进行数据挖掘时，出现后台数据更新速度较慢和数据分析的算法亟待更新等问题。[8]

改进建议是负责平台建设的相关部门需要继续投入人员、软件和硬件设施，维护、管理和更新平台的运营，保证平台的稳定性和操作的流畅性。因为 MOOC 和 SPOC 平台的维护是推动混合式教学发展的关键支撑，线上平台的稳定性直接关系到学生对混合式教学的体验和接受程度。

在课程安排上，存在的问题是课前预习阶段的学习任务量较大、难度系数较大。出现此现象的原因可能是混合式教学虽然给予了学生大部分时间进行自主学习，提出问题和分析问题，但是部分学生已经习惯教师课堂填鸭式教学，自主学习能力不足，未能合理安排学习时间和进度。

改进建议是教师应由先前课堂的管理者变为学生的引导者，通过积极的师生互动来培养学生自主学习的能力，主要分为线上和线下两个方面：教师对线上教学平台的留言板、讨论区中学生的问题给予适时解答，在线上以一对一或者一对多的方式与学生共同探讨，充分调动学生的积极性和参与度。同时，教师可在线下讨论开始前进行重点难点知识的梳理和问题征集，将教师的有效引导与学生的自主学习有机结合，实现以学生为主体，教师为引导的混合式教学模式。

四、结论

混合式教学，在整合传统教学与网络教学各自优势的基础上，能够满足学生多样化和个性化的学习需求，实现教师的教学行为与学生的学习行为的深度整合。它既可以发挥教师的主导作用，又可以发挥学生的主体作用。宏观调控法课程内容的广泛性、课程理论的复杂性，决定了学生在学习过程中，不能仅限于课本和被动的学习过程，[8]而是要培养学生国际化的视野和自主学习的能力，利用全球先进的法学教学资源，通过给学生提供法律专业网站、教学公开课程网站、教学App 等资源链接，指导学生去搜寻相关课程资源，随时关注法学研究前沿动态，理解宏观调控法课程的经济学、社会学、哲学等相关理论背景。具体来说，学生课下利用 MOOC 平台学习知名法学院校的宏观调控法课程，利用多个数据平台搜索国内外的典型案例，课上学生承担起课堂的大部分讲解，和其他同学一起进行质疑、讨论，教师最后做出点评指导，实现了学生自主思考、合作学习、内化知识的目的。

参考文献

[1] 洪治纲，汪鑫. 论宏观调控法的概念和特征 [J]. 法学杂志，2002（1）：37−40.

[2] 汤勃，孔建益，曾良才，等. "互联网+" 混合式教学研究 [J]. 高教发展与评估，2018（34）：90−99.

[3] 郑翔，丁琪，李佩. 经济法课程教学中的问题与混合式教学模式的运用 [J]. 吉林省教育学院学报（上旬），2015，31（3）：76−78.

[4] 赵丹. 高校教师教育构建 Blended Learning 模式的实践探索：以"教育学"课程为例 [J]. 科技信息，2012（32）：116−118.

[5] 马红亮，自雪梅，张立国. 翻转课堂在中国面临的问题与应对之道 [J]. 现代远程教育，2016（4）：3−9.

[6] 郑洁，吴桂峰，李生权. 基于 SPOC 的翻转课堂+PBL 的混合式教学的实践 [J]. 电气电子教学学报，2018，40（1）：108−111.

[7] 冯晓英，王瑞雪，吴怡君. 国内外混合式教学研究现状述评：基于混合式教学的分析框架 [J]. 远程教育杂志，2018，36（3）：13−24.

[8] 余燕芳. 基于移动学习的 O2O 翻转课堂设计与应用研究 [J]. 中国电化教育，2015（10）：47−52+67.

工程硕士"知识产权法"思维导图教学法的适用研究

马 宁

（北京交通大学法学院，北京 100044）

摘 要： 为落实"创新推动发展"的知识产权战略，普通高校将"知识产权法"设置为工程硕士学位的公共课，面对学习者缺乏先修课程训练，以及知识产权制度本身内容庞杂、体系性弱的双重困境，新教学法将思维导图引入知识产权基础教学、案例分析以及课后考核各个环节，增强教学的可视性和逻辑性，使学习者在有效掌握知识产权法基本内容的同时，提高案例分析的能力，并在此基础上利用思维导图与本专业知识对接，通过发散性思维的统合，促使学习者参与知识产权前沿问题的讨论。

关键词： 工程硕士 思维导图 知识产权教学法

知识经济时代，知识产权作为一个企业乃至国家提高核心竞争力的战略资源，其重要性得以凸显。党的十八大所提出的"加强知识产权保护"的重大命题，明确了知识产权保护与激励创新发展的关系，有力地推动了知识产权立法、司法、行政等相关工作的开展并取得了显著的成绩。各高等院校自觉回应上述工作对知识产权人才需求，为不同层次的非法学专业学生提供"知识产权法"课程，我校长期为全校不同专业的工程硕士学位学生开设"知识产权法"公共课，即是上述课程中的一门。但是，知识产权课程内容繁杂、体系性差，不易学习，针对零基础的非法学专业学习者尤其如此。思维导图与知识产权教学结合，能够将思维可视化，帮助非法学专业学习者高效掌握知识产权制度基本规则，激发其学习兴趣和探索精神，优化教学效果。

一、工程硕士"知识产权法"课程的特点与难点

知识产权属于民事权利的一种，逻辑上讲需要学习者以民法总则和物权法作为先修课程。由于知识产权规则是通过"拟物"的逻辑加以设立，因此通过对民事法律一般规则以及有体财产权规则的学习，不仅可以使学习者掌握民事权利的原则和基本规定，更重要的是通过这一训练过程，学生可以习得有体财产权利规则设定的规律和掌握相应的学习方法，这些都是知识产权法学习的必要理论训练和准备。但现实状况是，工程硕士知识产权课程的教学对象多为理工科背景，上述相关的知识准备基本处于空白状态。正因为如此，非法学专业的"知识产权法"课堂需要补充民法总则和物权法的基础知识，而这使得原本庞杂的授课内容进一步增多，教学时间更为紧张，教学难度随之增加。此外，知识产权课程主要包括总论、著作权法、专利法和商标法四部分，各部分之间虽有相通之处，但各自为政，彼此之间无详略之分；各部门法内部则大致遵循权利和权利限制两根主线展开，前者又包括权利主体、保护对象以及权利内容，上述三点内容构成完整的知识产权法律关系，均须在授课中完整清晰地加以解释，由此可见三大部门法内部的知识点也很难分出主次。内容上的详略主次难分意味着授课内容难以压缩以确保知识点的完整性。

概括而言，为非法学专业工程硕士设置的知识产权课程，由于其目标设定在于培养非法学专业学生的知识产权权利意识，使其能够在其专业岗位上了解知识产权的一般规定，利用上述规定

保护管理知识产权，并能够解决简单纠纷。相应地需要教学者将知识产权制度内容丰富、零散的众多知识点以及部分民法总则、物权法的知识点在同一时间加以讲解——这些内容本来是应当分阶段顺序地进行讲解——并通过案例分析即时适用。教与学所面临的现实困境表现为，学生无法记忆并理解众多规定，或者是虽然掌握了规定的基本内容但在具体案例分析中却不知所措，不能有效适用法律规定并解决问题。因此，如何将上述知识点一方面能够层次分明地集中掌握，同时又能够在解决问题的时候发散地适用，这是教与学试图达到的目标。

二、思维导图在工程硕士"知识产权法"教学中应用的可行性

上述教学难题的解决离不开两个关键点，即知识点的记忆和提取。而这两者均可以通过思维导图这一工具加以实现。思维导图是由英国著名心理学家东尼·博赞创立的思维工具，强调将大脑的发散思维以形象的图形工具有效表达的一种方法。[1] 博赞思维导图突出了自由联想和发散性功能，但缺乏对逻辑性的强调。因此，实践中人们在博赞思维导图的基础上开发出功能更为强大的思维导图，以同时实现思维可视化、思维激发以及思维整理三项功能，而这三点均与工程硕士"知识产权法"教学的需求相吻合。

首先，思维可视化意味着通过思维导图可以将知识可视化以及思考的过程可视化，可视化的过程等于将相应的知识点以一种逻辑的顺序逐步展开。认知心理学里的"认知负荷理论"认为当工作记忆的负荷最小并有利于促进工作记忆向长久记忆转化时，学习最为高效。思维导图通过可视化的方式表征知识间的相互关系，减少冗余信息，降低了工作记忆的负荷。[2] 如前文所述，在工程硕士中开设的"知识产权法"课堂上，基本知识点以及穿插其间的民法和物权法的基本知识本应当以其在历史上出现的顺序逐渐展开，但实际上后两者是在知识产权法律规定的解释中作为补充的常识和知识点零散添加进去的，这必然会打乱知识点原有的逻辑顺序，造成的后果就是教学者不得不随时强调知识点之间的前后联系以及理论之间的承继关系，这种强调十分必要但实践中却容易导致课程的主要内容即知识产权法部分被人为打断，影响教与学的连贯性。可视化的思维导图可以通过图形之间的关联标注将上述关系予以固定，教学者可以专注于具体内容的讲解，而有关"关系"的部分则可以通过思维图加以展示和强调。不仅如此，对于知识产权案例分析而言，思维导图也同样能够有效地降低教与学的难度。知识产权案例分析是对前述知识产权法基本知识掌握程度的全面检验，需要灵活地抽取相应部分的知识并与具体的案例相对应，由于知识产权法律规则体系化较弱，初学者容易为众多的信息所混淆，而利用思维导图的方式可以首先将案例中的信息充分提炼排除无意义信息的干扰，继而归纳出对应问题，再从上述问题出发寻找对应知识点，引导学习者有效适用相关立法。

其次，思维导图所实现的思维激发和思维整理功能，同样有助于有效记忆，从而降低教与学的难度，对于工程硕士的"知识产权法"课程而言尤其如此。知识产权法律制度和技术的发展关系密切，每一项新技术的出现或者革新都可能对原有的法律关系带来冲击，如何确定和分配这些利益，可能需要重新审视原有的规则，工程硕士"知识产权法"课堂学习者的非法学背景恰恰能为这些开放的问题带来多角度的分析，思维导图能够帮助学习者梳理学科背景和知识产权制度本身的规则，整理和剪辑发散性的思考成果，与知识产权案例所需要解决的具体问题形成对接，激发学习者参与这些开放性问题的讨论，而这些拓展思维和联想的训练能提升学习者的创造力。[3] 创造力令学习者脱颖而出，反过来不仅能够加深对基础知识的记忆效果，也增强了学习的兴趣和解决具体知识产权问题的能力。

三、思维导图教学法的设计

思维导图的上述效果决定了其可适用于工程硕士知识产权课堂教学以及课后任务的各个环节。

首先，课堂教学环节的应用。教师可以通过思维导图设计课程，讲解知识产权制度的基本原理和我国立法的相关规定，将零散知识点加以体系化和可视化，降低记忆难度。特别是对于非法学专业背景，思维导图既可以在必要的知识点上有效地引申介绍民法总论和物权法的基本内容，也可以在案例分析中总结案件事实提炼争议焦点，找出相关法律规定。对于案例所反映的法律存在的漏洞和问题，学习者可以自己的学科背景和兴趣爱好为基础进行头脑风暴，并利用思维导图的方式整合各种观点，以达到启发心智提高兴趣的目的。

其次，课后环节的应用。教师可以通过介绍有争议的知识产权案例或者有针对性的设计相应案例用于课后讨论。这些案例应当具有前沿性，或者需要对现行法律规定进行进一步的解释方能适用，或者其判决的结果仍然有讨论的余地。学生需要利用思维导图的方式对案情进行深度解读或者对判决结果进行分析，并据此结合自身的学科或知识储备进行评论，提出相应解决方案。

再次，对于课后作业或者学期考核题目的设置，可以增加思维导图的考核部分，具体而言就是在论述类题目或者案例分析类问题部分，要求答题者回答是与非的同时，通过思维导图的方式表达其对案例分析的思维过程或者对特定问题展开论述的思维过程。这类题目的设置不仅要求答题者知其然并且知其所以然，增加了难度，避免了答题者背诵和猜测答案的情况，而且过程追踪能够为教学者提供更有效的教学效果反馈，实现教学相长。

参考文献

[1]　韩布伟. 耶鲁大学超具人气的思维课 [M]. 北京：中国铁道出版社，2016.

[2]　赵国庆. 别说你懂思维导图 [M]. 北京：人民邮电出版社，2015.

[3]　博赞. 创新思维技巧 [M]. 北京：化学工业出版社，2017.

面向物联网工程应用的非全日制硕士研究生实验教学探索[*]

陈　茜[1]　余贶琭[2]　刘美琴[1]　胡绍海[1]　赵宏伟[1]

（1. 北京交通大学计算机与信息技术学院，北京 100044；
2. 现代信息科学与网络技术北京市重点实验室，北京 100044）

摘　要：随着物联网本科专业近年来的建设和发展，以及非全日制硕士研究生培养改革，物联网专业本科生走上工作岗位后继续深造，逐步进入人才培养、专业发展的研讨范畴，而其中的实验教学，又是培养实践能力和创新能力的关键点。文章以北京交通大学计算机与信息技术学院为例，介绍了面向物联网工程应用的实验平台和课程体系建设，对研究方向为物联网工程应用的非全日制硕士研究生的实验教学进行探索，注重综合素质提高和应用创新能力的培养。

关键词：物联网工程应用　实验平台　课程体系　非全日制硕士研究生培养

一、引言

物联网被称为继计算机、互联网之后世界信息产业的第三次浪潮，物联网上升为国家战略，称为 IT 产业的新兴热点[1]。《国务院关于加快培育和发展战略性新兴产业的决定》将以物联网为代表的新一代信息技术列为重点培育和发展的战略性新兴产业，《国民经济和社会发展第十二个五年规划纲要》对培育发展以物联网代表的新一代信息技术战略性新兴产业做了全面部署[2]。

物联网作为多交叉的新兴学科，近年来受到国家和高校、研究机构的重视，北京交通大学从设立物联网工程专业至今已培养 4 届本科毕业生。随着越来越多本科毕业生走向物联网行业的工作岗位，为了更好地适应公司岗位要求，提升专业技能、提高业务能力，部分毕业生一边工作一边选择在职学习的方式，即非全日制研究生培养模式进行深造。这种学习方式不仅需要学习大量的理论知识，更需要在实验教学中培养实践和创新能力，鼓励学生积极思考并动手实践，是提高培养质量、实践能力和创新能力的重要途径，因此，相关实验教学平台的建设和改造显得尤为重要。

北京交通大学计算机与信息技术学院在多年的研究生教育培养实践中，强化培养过程管理及质量保障体系建设，确保非全日制硕士研究生培养质量。并基于重点建设的物联网本科专业实验平台，结合物联网整体发展情况及专业课程体系，提升实验平台和课程体系的专业性，不断探索适合非全日制硕士研究生的人才培养模式，培养适应社会发展的技术应用型人才。

---

* 基金项目：北京交通大学研究生院项目"面向信号与信息处理和物联网应用方向的全日制工程硕士实验教学培养探索与实践"，编号：134577522。

二、目前面临的问题和挑战

（一）偏重理论知识学习，专业能力培养不足

目前的培养模式偏重理论学习而缺少实践。对教师而言，任课教师授课偏重理论教学，未将课堂教学与实践较好融合。对学生而言，非全日制硕士研究生生源不同于全日制硕士研究生，学生多数为在职学习，有的已离校多年，专业知识薄弱，对他们来说，学习新课程接受难、消化难。而在学习过程中，学生们往往按部就班地应付考试，很难做到深入系统地学习。非全日制硕士研究生的课堂教学如何开展，如何更好地将理论知识与实际应用相结合是值得探索的问题[3]。

（二）教学实验方式以传统教师讲授为主，学生动手实践少

在教学方面，非全日制硕士研究生采取周末或晚上集中授课形式。在教学方式上依然沿袭本科生教育的以教师课堂讲授为主，实验教学学时不足，且多数为教师先演示，再由学生模仿的形式，而启发式、引导式、创新性教学方式运用得不足。传统的教学方式造成学生的学习效率低下，学习兴趣不浓，以拿毕业证为目的，与教师互动不多，缺少创造性和自主性。

（三）实验案例匮乏，前沿性不足

国外的硕士教学内容注重实际案例、实验教学与知识的结合，课堂教学内容包含大量的经典论文和新论文，同时教师精心选择与之相关的实验内容，实验与课堂理论教学相辅相成。而在国内教学中，主要以教材为教学内容，偏重理论知识，相对缺少丰富的应用实例，配合的实验教学较少。原版教材翻译和出版的滞后性，也导致不能及时更新学术前沿知识和体现教师学术成果，跟不上社会和科技的发展。

三、目前面临的问题和挑战

（一）建设原则

结合我校实际情况，以物联网教学创新实验平台为基础，提出了"成果导向、探索发展"的建设思路，注重基础知识的学习和实践能力的培养，针对"软件工程"和"计算机技术"两个非全日制专业中具体研究方向为物联网工程应用的非全日制硕士研究生，实行研究成果导向，注重创新实践能力的提升，以培养适应社会需求、知行合一的工程创新型复合人才。

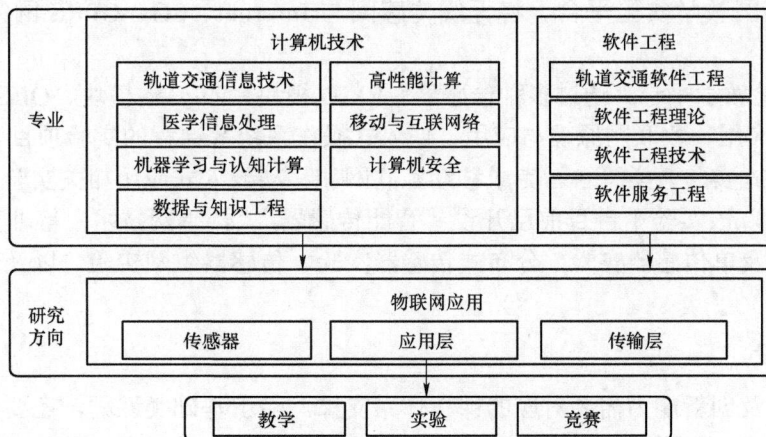

图1　研究方向为物联网工程应用的非全日制硕士研究生体系

　　根据两个专业的课程设置，对于非全日制硕士研究生的培养主要集中在计算理论、程序算法设计等方面，而有关工程的实验和应用的内容较少，且暂无设置相关教学实验平台的计划，计算机学院通过鼓励社会实践，尤其是创新创业（含科技竞赛）等活动引导非全日制硕士研究生进行实践和创新活动。物联网实验平台恰恰可作为教学和竞赛平台，为非全日制硕士研究生提供先进的技术平台和信息来源。但目前该平台设计针对本科生使用，然而，其硬件完全可以支持培养非全日制/全日制硕士研究生实验教学（如图 1 所示）。例如，对于轨道交通信息技术、医学信息处理、轨道交通软件工程等研究方向，可以提供采集原始传感信息，提供教学实践平台和传感信息来源。因而可以在成果导向的理念支持下，设计一些适合非全日制硕士研究生探索的创新型实验。

（二）实验平台建设

　　图 2 所示为物联网实验教学体系平台，实验平台除了各类电学传感器及电学组网方式，如 RFID、Zigbee、Bluetooth、LTE 等，还创新性地将光纤等先进传感器和传感技术以及高速光通信组网方案等加入物联网传感层实验教学中。使得物联网组网方式更加丰富完整，既可利用传统无线方式，也可以采用先进兼容性较好的光纤组网方式与云端应用层对接，为应用层（即为轨道交通控制、生物医学信息处理）提供数据执行控制命令，具有较强的技术先进性以及较好的网络层兼容性。

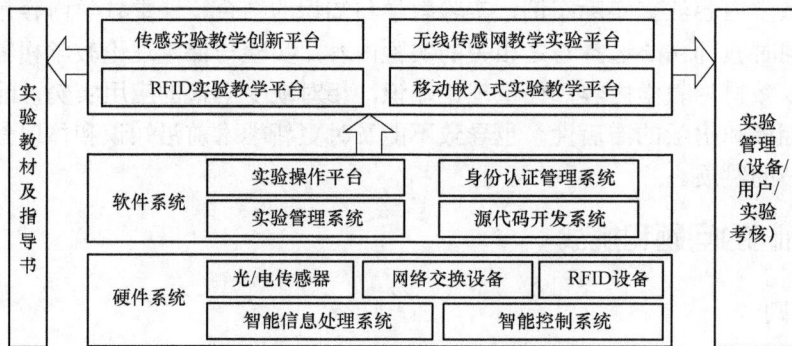

图2　物联网实验教学体系平台

　　经过建设，已建成四大实验平台。

　　（1）传感实验教学创新平台。覆盖传感层教学、实验及创新研究，其面对较为先进的传感技术。该平台主要包括两个模块，其一为单点式传感器，其二为分布式传感器。

　　（2）无线传感网教学实验平台。将无线传感网与 Internet、3G、GPRS 网络进行无缝连接和通信。

　　（3）RFID 实验教学平台。通过多种传感器、RFID 模块、ZigBee 模块、OLED 显示模块等，完成 RFID 原理及应用、物联网原理与应用、嵌入式操作系统等课程的实验项目。

　　（4）移动嵌入式实验教学平台。完成移动互联网和移动嵌入式应用相关实验项目。

　　经过一期建设，该实验平台目前已开设"智能传感器""传感网技术"等非全日制硕士研究生课程和实验，涉及单传感器实验、分布式传感器实验、传感器组网实验，以及光纤信息与光通信实验等。

（三）课程建设

　　专业培养目标及创新能力需要对应的课程体系支撑。除了基础类课程，还要学习计算机网络原理、数字信号处理、物联网架构与技术、嵌入式系统设计与应用、无线传感网、无线网络与通信技术、智能信息处理等专业主干课程，主要专业课程有物联网组网技术、物联网安全技术、RFID技术、硬件系统课程设计等。

我校非全日制硕士最低学分为 32 学分，在人才培养中，可在铁路行车安全、智能铁路、智能医疗、穿戴式设备及智能建筑物等工程研究领域进行实验支持，主要支撑专业课"传感网技术"、选修课"创新创业实践"等，并为"图像分析与理解""铁路信息系统集成"等课程提供传感信息来源。

根据非全日制硕士研究生课程框架，课程设计要充分体现基础性、专业性、应用性的融合（见表 1）。这类课程的学习过程更加注重将所学理论方法与实际相结合，解决或优化企业操作和运营中的实际问题，除了对考试分数的要求外，还需完成具有实用价值的课程设计，达到由"泛"入"精"、将理论用于实践、用实践指导理论的目标[4-9]。

表 1　课程体系及学分占比

课程类型		所占比例
基础类课程	公共课	10.26%
	基础课	11.97%
专业类课程	专业必修课	29.06%
	专业选修课	34.19%
实践教学环节	方法技能课程	6.84%
	实习实践	2.56%
	毕业设计（论文）	5.13%

三、非全日制硕士研究生实验教学培养模式探索

（一）注重能力的培养

物联网实验平台不仅要满足课程实验和科研开发的需求，更要着重培养实践能力和创新能力（如图 3 所示）。

实验平台立足于计算机专业类知识培养体系，注重学生基础知识掌握、综合素质的提高和应用创新能力培养，突出以成果为导向的理念，实施产出导向型教育、注重工程实践与应用创新能力培养等两大特色。本实验平台的搭建，可以支撑我校研究生创新工程人才培养以下相关的能力：①运用工程知识的能力；②问题分析的能力；③设计/开发解决方案的能力；④创新研究的能力；⑤使用现代工具的能力；⑥团队协作和沟通的能力；⑦自主学习和终身学习的能力。

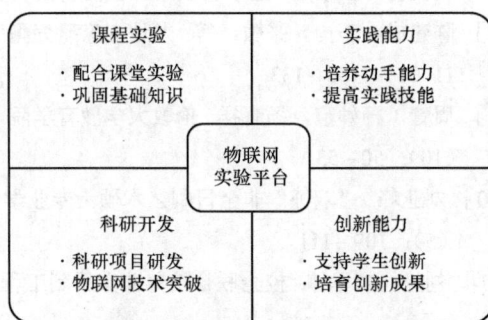

图 3　物联网实验平台目标

（二）取得成绩

在物联网实验平台的保障下，充分地调动了非全日制硕士研究生的主观能动性，更有力地依托学校和企业的不同环境及教育资源，充分地进行校内学习与实际工作的有机结合。对 2017 届非全日制研究生的成绩进行分析得出，学生所选择的所有课程考试合格率达到 96.49%，缺考率为 0.65%，

挂科率为2.86%。专业类课程和实践教学环节的平均分数较高，基本达到实验教学的培养目的。

非全日硕士研究生在老师的指导下，协助本科生及全日制研究生参加科研项目和国家、省、学校及学院四级的创新项目和学生竞赛，如物联网专业竞赛、电子设计大赛、博创杯大赛等，协助发表各类学术论文二十余篇。

同时，部分学生工作后继续深造，考取非全日制研究生的在职学生在工作单位也获得了一定的成就，在不同企业获得十佳工作者、优秀员工、优秀团队等各类荣誉称号，受到工作单位的表彰。随着培养模式的成熟，必会为企业输送大量掌握基础理论知识和专业技能、具有较强的解决实际问题的能力、能够承担专业技术或管理工作、具有良好的职业素养的高层次应用型人才。

四、结语

随着科技的发展和时代的进步，非全日制硕士研究生的培养规模不断壮大，建设面向物联网工程应用的非全日制硕士研究生实验教学模式，是培养具有实践能力和创新能力的物联网高端人才的基础。在今后的建设中，还将着重培养学生扎实的专业基础知识、团队协作能力和创新思维，为社会输送更多的专业人才[10-11]。

参考文献

[1] 黄玉兰. 物联网概论［M］. 北京：人民邮电出版社，2011.

[2] 安健，桂小林，杨麦顺. 物联网工程专业实验教学初探［J］. 实验室研究与探索，2014，33（10）：151-155.

[3] 王帅，陈苏婷. 在职工程硕士研究生培养过程中的问题及对策［J］. 大学教育，2016（4）：53-54.

[4] 吴薇薇，高强，刘钟佳文. 非全日制工程硕士培养指标体系的构建［J］. 黑龙江教育（高教研究与评估），2017（11）：37-38.

[5] 安健，桂小林，杨麦顺. 工程实践与科技创新的物联网开放实验室建设［J］. 实验技术与管理，2016，33（10）：245-248.

[6] 任倩倩，郭亚红. 物联网工程专业项目驱动实验教学改革探索［J］. 黑龙江教育（高教研究与评估），2013（2）：19-20.

[7] 樊俊青，王改芳. 基于物联网工程的新工科实践平台建设［J］. 实验技术与管理，2017，34（12）：179-182.

[8] 陈建成，李勇，张敬，等. 发达国家研究型大学创新人才培养模式的特征与启示［J］. 科技与管理，2009，11（1）：130-133.

[9] 周青，杨妙霞，杨辉祥. 伦敦大学教育学院非全日制研究生培养体系及启示［J］. 学位与研究生教育，2005（10）：50-53.

[10] 刘业峰. "双证"非全日制艺术硕士专业学位研究生培养方案设计研究［J］. 兰州教育学院学报，2017，33（5）：109-111.

[11] 刘静，刘军伟. 校企联合培养非全日制工程硕士模式重构研究［J］. 研究生教育研究，2015（3）：77-81.

"中级产业经济学"课程的教学难点和设计[*]

周耀东

（北京交通大学经济管理学院，北京 100044）

摘　要：论文在梳理应用经济学学术型硕士专业课程"中级产业经济学"基本现状和问题、国外相关的教学经验基础上，围绕培养学生的研究基础和研究素质，提出了该课程改革的教学目标、教学体系、教学内容和教学考核等思路和设计。

关键词：中级产业经济学　课程教学　课程设计

一、课程现状和问题

"中级产业经济学"是产业经济学专业的研究生核心课程。对于培养研究生研究兴趣，提高其产业经济学理论基础和方法，锻炼研究生学术素养具有重要意义。作为专业核心课程，目前课程为 32 学时，秋季开课（一年级下学期），近三年来课程容量 40～60 人，并逐步有所增加，上课对象不仅包括产业经济学专业必修学生，还有部分国际贸易、技术经济和管理、企业管理、劳动经济等其他专业的选修的学术型研究生。

课程以讲授为主，以诺贝尔经济学获奖得者法国著名经济学家 Tirole 的《产业组织理论》作为教材，这本教材也是国内外关于产业组织方面最为经典的教材。为鼓励学生掌握理论模型的知识，课程考核强调以闭卷考试为主，但也涉及作业和研究性作业的两种形式，比例分别为 10% 和 30%。总体上听课效果较好，学生到课率较高，学习热情高涨。

目前课程在教学和管理过程仍面临一些问题，尤其针对学生研究素养培养还不够充分。大部分学生在本科阶段有一定的经济学基础和产业经济的概念，也具备了初步的计量经济学的工具分析能力，但缺乏对文献的研究和模型的积累。现有的课程教学尽管提供了理解和梳理产业经济学理论模型的思路，但从假设到模型的数学化过程比较抽象，适合于真正致力于产业经济学研究学术素养的培养，对于计量应用、实证分析等应用型分析，目前课程教学是不充分的。

二、课程中的学术训练国际经验

从国外高等教育学校关于产业经济学的课程教学经验来看，多数课程没有指定的教科书，会有几本指定的参考教材，如表 1 所示。Tirole 的《产业组织理论》仍是重要参考书目。

---

[*]　本文系 2018 北京交通大学研究生优质核心课程"中级专业经济学"建设阶段成果。

表 1 中级产业经济学教学参考书

序号	作者	书名	评价
1	Lynne Pepall, Dan Richards, George Norman[1]	Industrial Organization: Contemporary Theory and Empirical Applications, 2014, Wiley, Fifth Edition	与其他有关数量化方法的教材相比,本教材对每一个主题都有较为详细的建模思路,是对 Triole 教材的有益补充
2	Jeffrey Church and Roger Ware	Industrial Organization: A Strategic Approach, 2000	哈佛研究生使用的教材,教材内容较多,且非常详细
3	Jean Tirole[2]	The Theory of Industrial Organization, MIT, 1987	最为经典的教材,是深入研究 IO 的基础
4	Paul Belleflamme and Martin Peitz	Industrial Organization: Markets and Strategies, Cambridge University Press, 2010	继 Tirole 之后最好的一本研究生使用的教材,它对 Tirole 之后产业组织理论和模型的发展进行了跟踪
5	Cabral, Luis	Industrial Organization: An Introduction, 2000, MIT Press	指引性教材,数学内容较少,有很好的主题,是一本概念性较好的教材
6	Carlton, Dennis and Jeffrey Perloff	Industrial Organization, 4th edition, 2005	案例和制度比较出色

在课时安排上,多数课堂采取的是 2~3 小时一次课/周,16 周,有的高达 60 学时。除了参考书以外,教师均安排了大量的文献阅读,阅读量大约是 20~30 篇,安排了专题的阅读课,并对阅读结果进行评价。从内容来看,文献基本上与课程内容和主题相关,包括纯建模、建模加计量和纯计量的多种文献类型。有些课程要求根据这些文献,学生提交一篇详细的写作提纲（见表 2）。

在成绩安排上,多数课堂采取了考试,平时成绩,阅读成绩（写作成绩）多种考查方式结合的评价方法。其中有些学校的考试采取期中与期末两阶段测试,考试成绩占 50%~60%。

表 2 国外部分学校产业经济学课时（硕士）安排

序号	学校	课时	成绩安排
1	杜克	48	考试（60%）+文献整理（25%）+课堂讲演（15%）
2	USCD	60	同上
3	威斯康星麦迪逊	48	同上
4	马里兰	60	考试（50%）+实证论文（15%）+文献报告（35%）
5	明尼苏达双城	48	考试（60%）+作业和课堂讨论（40%）

三、课程设计的难点和目标

针对学术型研究生的学术培养目标,课程致力于学生的建模和实证分析两个方面的培养,与国外高等教育学校的同类课程相比,面临的难点在于:①课时不充分,32 学时课程仅仅满足于课上的教学内容,无法针对实证和文献阅读做出跟踪培养;②无法展开细节化的研究性教学,实证研究,包括文献阅读和跟踪,文献写作和实证分析提纲等,需要学生在课外花费相当长的时间用于阅读和写作。目前采取的论文式的考核方式,并不能解决细节问题。

根据这些问题,结合各个学校的教学经验[3],我们认为"中级产业经济学"的课程改革首先要理清三个概念性框架。

（一）理清本科阶段和硕士阶段的产业经济学教学内容

本科阶段的产业经济学的学习主要是一些概念性框架、案例和制度的研究。如果能清晰地表述产业经济学的案例及相关的制度构架，就很好地完成了相关的教学要求，当然也可以考虑针对有一定计量基础和数学基础的学生，培养其实证分析能力。研究生阶段应更强调其建模思维，而不是仅仅停留在案例和事件分析的基础上，要将事件逐步抽象为模型化的表达思路，同时要逐步掌握文献的研究方法，包括建模和实证分析的思维，逐步学习论文的写作思路。博士生的课程应更加接近前沿，接近文献研究、文献写作和主题写作等学习过程。

（二）理清产业经济学建模和实证两个部分的教学内容

产业经济学建模是以数学最优化为导向，以组织安排、福利比较为目标的一系列不完全市场竞争中的企业行为研究，包括垄断、多产品和差异化、定价及策略、一体化、研究开发和网络化等。其建模学习是针对不同情景条件下的问题识别、因素提取、最优化设计和解析以及结果分析等。建模学习是实证分析的基础，也是课程的主要内容之一。实证分析包括案例研究和计量研究两个层次，前者是结合产业经济学相关的理论知识，对事件进行具有产业经济学思维的分析，包括概念框架、因素识别、事件逻辑和形成、结果和趋势预判等。计量分析是结合建模思维和计量工具，以数据为样本，包括问题识别、因素识别和指标选择、实证模型、计量工具选择和结果分析等，是一种对建模和计量工具的应用。

（三）理清课内学习和课外延伸学习两个部分的内容

产业经济学的课内学习由于时间有限无法给学生自我表达和自主学习的空间，主要以内容学习为主，但并不意味着学生仅仅围绕着课程内容进行课上学习，应培养学生课外学习的能力，包括规定文献阅读的数量，采取适当的方式针对文献阅读状况给予检查。

针对这些问题和想法，以及学生的实际情况，我们认为中级产业经济学作为专业核心课或者必修课程，应当首先承担的是培养学生的建模思维，而不是实证分析能力。如果没有建模思维，实证分析的研究也就成了"无源之水"，但也应有一定的实证研究培养，如果不进行实证研究的培养，学生可能还不能完成从理论到实证，从知识到能力的有序转换。在这个基础上，我们认为中级产业经济学的课程目标应当有两个：首先是实现建模思维的培养，培养学生在产业经济学中数理建模的研究能力和素质，这是课程学习的主要目标；其次是培养学生实证研究的能力和技巧，这是课程学习的次要目标。完整的实证分析能力培养可以考虑通过开设新课，包括"实证的产业经济学"或者通过专题（seminar）来解决后续问题。

四、课程设计的主要思路

1. 教材选用

考虑到学生还处于对产业经济学理论进一步认知的阶段，课程仍然以讲授为基础，选用国际上最新的教学用书，作为课程主要讲授的对象。Pepall 教授等在 2010 年和 2014 年分别出版了《现代产业组织：数量化方法》和《产业组织：现代理论和经验应用》两本书。前一本更偏向实证分析，后一本对产业组织理论模型进行更加细致的表述，是 Tirole 教授《产业组织理论》的很好补充。课程将《产业组织：现代理论和经验应用》作为教学用书，并将 Tirole 教授的《产业组织理论》作为参考用书。

2. 教学安排

考虑到 32 学时的教学时数，结合学生基础，选用《产业组织：现代理论和经验应用》内容作为主要教学内容，包括垄断、寡头、市场势力、博弈、进入、价格竞争、契约关系、广告、研究开发、专利等部分作为讲解内容。主要课时安排如表 3 所示。

表 3 "中级产业经济学"的课程安排

课时安排	章节	主要内容（关键知识点）	对应章节
1	foundations	Industrial organization induction	P1
		Market structure and market power	P2，3
2	monopoly power	Price discrimination and monopoly	P5，P6
3		Product variety and quality	P7
4	basic oligopoly models	Cournot competition	P9
5		Oligopolistic price competition	P10
7		Dynamic games	P11
8	anticompetitive behavior	Entry deterrence and predation	P12
9		Price fixing and repeated games	P14
10	contractual relations	Horizontal mergers	P15
11		Vertical and conglomerate mergers	P16
12		Vertical price restraints	P17
13		Non-price vertical restraints	P18
14	non-price competition	advertising	P19
15		Research and development	P20
16		Patents and patent policy	P21
	network and auction	Network issues	P22
		auction	P23

3. 学生自主学习

课程将文献阅读作为学生自主学习的主要内容，课程根据相关内容，精选 24 篇国外文献和 20 篇国内文献，提供给学生作为课后阅读资料，以提高其文献理解能力和实证分析能力。由于课程时间约束，课堂上不可能进一步对文献展开阅读讨论，因此在检查学生阅读文献的程度时，采用了文献考试方式，每次抽取 10 篇论文，以检查学生文献的阅读情况。条件成熟之后，拟进一步开展实证产业组织讨论课，对相关文献展开进一步讨论。

课程暂不考虑让学生提交研究性论文。2014—2017 年课程曾经尝试采用考核多种类型论文的方式，包括文献综述、案例、论文写作提要等，但效果均不理想，有的作业重复率超过了 50%～60%。原因一方面是多数课程都有这方面的要求，导致学生难以各个顾及；另一个方面学生还没有自己独立的研究兴趣、问题和方法，无法提供自己独立写作的课程论文。因此，采用文献阅读的方式，让学生扎根到文献之中，理解和学习文献的逻辑、结构、方法等各个细节是培养学生研究素养的重要方法。这也是国外相关课程采用的类似方法。

4. 课程考核

课程采用考试方式为主，其中期末闭卷考试占 60%，文献阅读考试（开卷）占 20%，课后作业占 20%。

五、新课程设计的特点

与以前的课程相比，新课程设计具有以下几个特点。

1. 更好地建立了从初级产业经济学到高级产业经济学的桥梁

由于新教材在模型推导和逻辑表达上比 Tirole 教授的《产业组织理论》更为清晰，因此许多《产业组织理论》难以理解的部分在这本教材中能够得到较好的理解和掌握。

2. 追踪前沿

新的教学体系以新产业组织理论为中心，不仅讨论了新产业组织理论的基础部分，包括博弈和产业组织中的各种行为，还涉及理论研究的最新进展。帮助学生尽快地进入前沿领域。

3. 研究性素养培养更加扎实

新的教学体系提供了与课程内容配套的文献，这些文献多数是建立在教材相关概念和基础模型下的实证研究。通过文献阅读，学生能够逐步理解从模型到实证分析的路径、方式和方法。

因此，我们认为对"中级产业经济学"课程的重新设计，有利于学生提高理论基础和对模型的理解能力，也有利于改善学生从模型到实证分析过程的研究素质，对于培养学生的研究能力、研究素养、研究方法均具有积极的意义。

参考文献

［1］ PEPALL L，RICHARDS D，NORMAN G. Industrial organization: contemporary theory and empirical applications ［M］. 5th ed. NJ: John Wiley & Sons, Inc.，2014.

［2］ TIROLE J J. The theory of industrial organization. Massachuse：MIT Press，1988.

［3］ 闫二旺，周京，梁姗姗.产业经济学立体化教学的创新探索［J］.黑龙江教育（高教研究与评估），2017（6）：3－5.

知识掌握与论文写作双重导向的教学模式

——依托"交通安全统计模型与数据分析方法"课程的几点思考

马　路　何亚雯

（北京交通大学交通运输学院，北京　100044）

摘　要：研究生教学模式探索是研究生培养过程中的一个很重要环节。本文依托"交通安全统计模型与数据分析方法"课程，通过归纳分析，从讲解论文写作方式方法的专业知识、结合实验课程中的软件教学与专业知识、通过紧密结合教学内容来检验学生学习效果等方面进行教学方式改革；从理论剖析、数据支持与实战操作、联系论文等方面进行教学内容改革，探索论文写作与知识掌握双重导向的研究生教学模式。最后，通过实际课程验证改革实践成效。

关键词：研究生　教学模式探索　论文写作　知识掌握　双重导向

一、引言

研究生教学在注重基础知识掌握的同时，更应该注意思维发散和深度挖掘。论文写作与知识掌握双重导向主要是剖析基础理论，并以论文为依托，具体介绍相关模型或分析方法的应用，不仅可以借鉴优秀论文的写作思路，还可以让抽象难懂的知识形象化。"交通安全统计模型与数据分析方法"作为交通运输类专业的课程，在相关的专业课程体系中具有十分重要的地位。该课程主要围绕交通安全中常见的数据分析问题，介绍相关的基础理论、统计模型与分析方法，并结合R语言引入实例来说明如何应用统计方法解决和分析交通安全问题。以往的教学方式多采用课堂教学为主，通过习题加深理解，以考试来评价学生知识掌握的水平，这种教学方式较为稳健，但对于研究生教学而言却过于死板，很难激发学生的学习动力和兴趣。

二、教学现状分析

研究生教学是研究生培养中的关键环节，科学合理的研究生课程教学模式对于提高研究生培养质量具有深远意义。研究生教学不同于本科生教学，不应只停留在传授知识，还应注重培养研究生的科研能力和论文写作能力[1-4]。

目前，研究生扩招、师生比例失调、教育资源有限等问题迫使研究生教学趋于本科教学化，致使研究生培养目标很难完成[4]。

通过结合实际案例与查阅文献对目前研究生教学现状进行梳理，主要表现为以下几个方面。

（一）双重导向型教学方式缺乏

研究生培养的目标是培养复合型人才，为学生提供双重导向的教学方式已迫在眉睫，但目前我们对于这一方面的实践还不够。

（二）教学方式单一

研究生班级人数一般为几十人到几百人不等，很多研究生课堂上依旧停留在本科生时期以教师传授为主的教学方式，同时也借助移动教学平台、网络平台等方式辅助教学。

（三）教学考核缺乏过程性

对于研究生教学评价方面，主要以课程小论文或者期末考试成绩作为最终评价依据[4]，但往往对教学过程缺乏考量，不能对学生进行全面的评价。因此，过程评价也应当被重视起来。

（四）教学内容未及时跟进前沿发展

大多数研究生教学以该学科的基础知识为主，研究生学习基本以固定教材和参考书目为主，教学上很少涉及前沿知识。在科技高速发展的今天，过去的理论知识已经很难满足研究生对于创新和学习的需求[5]，对于研究生进行科研也是一种羁绊。

（五）教学内容与实际应用脱节

研究生教学课堂多数只注重理论知识的讲授，没有很好地把理论和应用结合起来，忽略了对于研究生实际应用能力的培养，教师在教学过程中不能及时有效地调动研究生主动学习的积极性，研究生缺乏学习的动力[6]，导致研究生将来走上工作岗位不能很快地投入到工作中，影响其职业发展。

三、教学方式的改革

在教学方式上采用"老师引导，学生自主思考"的教学模式，培养和鼓励学生形成独立思考和创新的习惯和思维，为学生提供一个能够发挥自身优势，了解自身不足的学习平台。教师的引导作用主要体现为：提出问题，并给出大致方向，学生是思考和解决问题的主体。具体的教学改革方式如下。

（一）论文写作方法与专业知识相结合

在授课时充分考虑硕士研究生的特点和需求，不再以简单的理论知识灌输作为课程主体，而更加注重培养学生的独立思考能力、创新能力和论文写作能力。同时，不同于以讲解概念开头的教学方式，本课程以具体的交通安全问题为切入点，结合论文的写作思路和技巧，由浅入深，使学生逐步加深对交通安全的理解，引导学生思考，锻炼学生发现问题的能力。

（二）设置针对性实验课程，将软件教学与专业知识相结合

在引导学生发现问题后，引入 R 语言软件教学，为学生提供解决问题的方法和手段。并且每节课后的实践内容是整个结课论文的一部分，以便检验学生的整个学习过程，并设置课后针对性的实验课程，引导学生自己动手解决问题，锻炼学生动手能力。

（三）考核紧密结合教学内容，检验学生学习效果

本课程采用课程论文的方式结课。平时的课后作业是结课论文的一部分，结课论文要求学生以真实的交通事故数据，或其他交通调查数据为基础，结合具体的交通场景使用 R 语言进行数据处理和分析。考核学生对交通专业知识的理论认知、论文撰写能力和 R 语言实际应用能力。同时作为对整个学习过程的考核。

四、教学内容的改革

（一）理论剖析，夯实基础

所有课程最难的地方在于基础部分的理解，传统教学方式大都依赖书本，对于书本表述的理解往往会因学生理解程度和书本内容而产生差异，而且书本偏向于学术化，很多简单的知识可能也晦涩难懂。论文写作与知识掌握双重导向的一个侧重点在于知识掌握，主要是对交通安全统计模型的基础理论进行剖析，然后再对公式进行详细的推导，起到一个思维带入的作用，以此来夯实基础。

（二）数据支持，实战操作

以现有的数据为基础结合 R 语言进行数据分析，通过实例可以更清楚地介绍各模型适合分析什么类型的数据，而且通过 R 语言的实战操作，可以更快地引导学生对 R 语言从认识到掌握，从简单的绘图操作到复杂的模型应用。这样代入式的教学可以提高学生对于新知识的接受程度。

（三）联系论文，不断升华

论文写作与知识掌握双重导向的另一个侧重点在于论文写作，以优秀的论文为依托进行更为具体的讲解，使学生可以更好地了解论文写作的结构框架，同时还可以借鉴别人的写作思路和数据分析方法，对学生日后的论文撰写有很大的提升作用。

五、改革实践成效

按照上述教学方式和教学内容的改革，通过"交通安全统计模型与数据分析方法"这门课的具体实践，学生普遍认为通过这种综合的上课模式和考核方式，提高了自己发现问题、解决问题的能力，并且通过真实的数据分析与论文撰写相结合，不仅掌握了基础理论知识，还能在这个过程中总结论文撰写经验，为他们接下来的论文撰写提供了很大的帮助，真正做到学以致用，得到了较好的反馈。

教师在指导学生的过程中，以论文写作与知识掌握双重导向的这种上课模式，与学生有更多的互动，引发学生的积极参与和思考，与传统教学理论学习的过程相比，更能让学生把注意力放在理解与应用上，而不是简单地学习枯燥的公式与理论。其次，教师根据每节课的学习内容，安排课后实践，每节课的课后实践是整个结课作业的一部分，将整个学习内容形成一个体系，一方面能让学生有更多的精力去独立完成，避免了结课时临时应付考试的现象发生，同时也避免了许多简单机械的重复劳动和相互抄袭；另一方面，也能帮助学生掌握整个理论知识体系，更好地将所学的知识联系起来并用于实践。

六、结论

交通安全是交通领域的一个重要分支，本课程结合在校研究生的知识体系和学习需求，以论文写作与知识掌握双重导向的授课模式，将专业知识讲解、论文撰写、软件应用有机结合，构成了较为完整的课程教学体系。实践表明，紧凑的课程进度安排、精选的课程案例和共同学习共同探讨的教学氛围提升了学生学习的兴趣，培养和提高了学生提出问题、分析问题和解决问题的综合能力，达到了良好的教学效果。

参考文献

[1] 郝明君. 研究生教学模式改革的理论与实践探究 [J]. 重庆师范大学学报（哲学社会科学版），2009（3）：115－118.

[2] 裴明涛. 面向应用的学术型研究生培养 [J]. 计算机教育，2017（2）：88－90.

[3] 刘峻峰，孙作达，李冬梅，等. 研究生综合实验课教学模式研究 [J]. 教育现代化，2016，3（39）：31-32，92.

[4] 张秀芬，朱明新，蔚刚，等. 研究生教学模式现状分析与策略研究 [J]. 教育现代化，2017，4（40）：7-9.

[5] 唐益群，赵化，王建秀，等. 硕士研究生课程教学模式改革的探索 [J]. 教学研究，2012，35（1）：36-38.

[6] 王丽萍，李康. 环境工程专业学位研究生课程教学模式改革探索 [J]. 煤炭高等教育，2018，36（2）：94-97.

工程伦理视野中的交通可持续发展议题[*]

刘智丽　于向阳

（北京交通大学交通运输学院，北京 100044）

摘　要：交通可持续发展是当今乃至今后的交通发展的重点领域之一，交通运输工程伦理旨在培养负责任的工程师，对交通可持续健康发展具有重要意义。本文首先提出交通可持续发展的概念，然后分别介绍了轨道交通、公共交通、小汽车等方面的可持续发展成果，最后针对信息化、智能化和环境保护的新形势；提出了未来主流的几种交通发展模式及其优势，以期在交通学科领域帮助工程师们明确社会责任，培养社会意识和社会道德感。

关键词：交通　发展　可持续性　工程伦理

一、交通可持续发展

工程伦理学是论证和解决工程活动中道德判断，帮助工程师应当用以指导工程实践的道德价值准则的学科。交通学科工程伦理的培养目标是培养负责任的工程师。帮助那些将要面对规划、设计、建设和运营的人们建立起明确的社会责任意识、社会价值眼光和对工程综合效应的道德敏感，以使他们在职业活动中能够清醒地面对各种利益与价值的矛盾，做出符合人类共同利益和可持续发展要求的判断和抉择，并以严谨的科学态度与踏实的敬业精神为社会创造优质的产品和服务。

（一）可持续发展思想的历程

发展是人类社会不断延续的前提。第二次世界大战结束后，全球进入了"发展"的高潮。国际自然资源保护同盟、联合国环境规划署和世界野生生物基金会于 1980 年共同出版了《世界自然保护战略：为可持续发展的生存资源保护》第一次提出"可持续发展"的概念。1980 年联合国向全世界发出呼吁："必须研究自然的、社会的、生态的、经济的以及利用自然资源过程中的基本关系，确保全球持续发展。"

1983 年 11 月，联合国成立了世界环境与发展委员会（WCED）。1987 年该委员会在提交的报告《我们共同的未来》中明确指出：环境问题产生的根本原因在于人类的发展方式和发展道路，人类要想继续生存和发展，就必须改变目前的发展方式，走可持续发展的道路。

在 1987 年出版的《我们共同的未来》中，将"可持续发展"定义为："既满足当代人的需要，又不对后代人满足其需要的能力构成危害的发展。"

人类要对我们所利用的自然进行恢复性补偿，使其能够持续提供可利用的价值。1992 年在巴西里约热内卢召开的联合国环境与发展大会上，《里约宣言》的公布，标志着人们对环境问题的认识提高到一个新的境界。环境问题是人类自然观和发展观等基本观念所影响的行为的必

---

* 本文获得北京交通大学研究生优质核心课程建设项目支持，编号：134615522。

然结果。

1992 年联合国环境与发展大会通过的《21 世纪议程》指出："地球所面临的最严重的问题之一，就是不适当的消费和生产模式，导致环境恶化、贫困加剧和各国的发展失衡。""应当发展富裕和繁荣的新概念，这一概念的中心思想是，通过生活方式的改变达到较高水准的生活，生活方式的改变指的是更少地依赖地球上有限的资源，更多地与地球的承载能力达到协调。"

2012 年世界可持续发展首脑会议在里约召开，会议上指出可持续性发展从经济、社会、环境、治理四个底线拓展。

中国于 1994 年 7 月制定了"中国 21 世纪议程优先项目计划"，用实际行动推进可持续发展战略的实施。1995 年 9 月，江泽民在中共十四届五中全会上正式提出把可持续发展作为我国的重大发展战略；1997 年在中共十五大上，我国把可持续发展战略确定为 "现代化建设中必须实施"的战略；2002 年中共十六大把"可持续发展能力不断增强"作为全面建设小康社会的目标之一[1]。

（二）交通可持续发展

1. 交通可持续发展的意义

当前来看，可持续性发展是全世界共同面对的话题。交通可持续性发展作为可持续性发展体系的重要组成部分，实现交通领域可持续性发展对整个世界的发展具有重要意义。中国自改革开放以来，交通取得了巨大的成就，但是伴随而来的问题也日益突出。交通领域面临的主要矛盾是：交通之间供需平衡的矛盾、交通基建与需求增长之间的矛盾、交通环境的矛盾和交通能源消耗的矛盾[2]。而要想从根本上缓解交通发展面临的问题，就要把可持续性引入交通发展行业中来，提出可持续发展要求下的交通行业发展新模式，协调交通行业发展与资源、环境、经济之间的统一[3]。以可持续发展思想指导交通运输行业发展对推动整个社会可持续性发展具有重要意义。

2. 交通可持续发展的内涵

交通可持续发展的概念可以理解为：在大力发展交通运输业的同时，既要满足运输需求，又要符合区域经济发展要求，同时保证对环境和资源的保护，其目标应该是保证社会、经济、环境三者相互协调有机统一。交通可持续发展需要将可持续性渗透到交通发展的每一步中去。不仅要求在社会中能够提高整个交通服务水平，改善出行条件；也要在经济中体现其作为区域经济发展的重要组成部分；在环境中，一是要尽可能地减少交通出行对环境产生的污染，二是要尽可能地提高资源的有效利用，注重实现区域内经济社会和环境的协调统一。

3. 交通可持续发展的政策

美国 1990 年通过的《多模式地面运输效率的法案》，标志着美国交通运输由支持国防与经济发展为主要目标，转入以可持续发展为目标的综合运输发展阶段。在 1998 年制定的《美国 21 世纪运输平等法案》中指出，只有充分发挥公路、铁路、水运与管道等多种运输方式各自的优势，并建立各种运输方式之间的联运机制，大力发展公共交通系统，应用高科技提高现有交通运输系统效率，才能使交通运输发展走上可持续发展之路。加拿大政府于 1995 年、2004 年分别制定了《审计总长法案修正案》和《加拿大交通运输部可持续发展战略（2004—2006）》，对可持续发展的概念进行了精确定义。欧盟委员会于 2001 年 9 月 12 日通过了《2010 年欧洲运输政策白皮书》，制订了欧洲交通运输发展行动计划，确立了未来欧洲交通运输发展的重点。英国在 2000 年 7 月提出了《英国 2000—2010 年交通运输发展战略：10 年运输规划》旨在保持更长时期内的可持续发展。中国于 2012 年 6 月对外正式发布《中华人民共和国可持续发展国家报告》。[4]

二、全球交通可持续发展成果

（一）公共交通

公共交通可持续性体现在引导更多人选择公共交通出行。不同国家和地区公共交通可持续性发展成果不尽相同，但是基本都是从政策、基础设施建设和票价改革等方面来实现公共交通可持续发展。

新加坡在 2008 年出版了《陆路交通总体规划》，确定了优先发展公共交通、有效管理道路使用、满足不同群体需求的三大关键策略。目前新加坡已经建成了以轨道交通为骨干，常规公交为支撑，轨道交通与常规交通无缝隙衔接的公共交通系统。

首尔通过建立新的公交管理模式、制定全新的收费系统、重新规划公交线路及专用车道、引入智能化技术运用、提高服务水平等措施，极大地提升了公交运营的效率，公交竞争能力明显增强，促进了居民绿色出行，在节能减排上取得了明显的效果。通过公交改革，首尔市的公交分担率达到了 75%，公交的交通事故减少了 26.9%。

英国政府同样积极地发展公共交通。以人为本在英国公共交通中的体现十分充分，主要体现在其便利性和舒适度两方面。在公共交通体系中，城市任意地点的居民均可以在 500 m 范围内找到公共交通站点，地铁、轻轨、公交站点和自行车交通等的无缝对接做得十分到位，人们可以便捷地换乘和更改出行方式。

库里蒂巴公共交通线路累计 390 余条、公共交通专用道累计 60 余 km，覆盖了库里蒂巴市 1 100 km 的道路，形成了便捷、高效的公共交通系统，吸引了大量的私家车出行者向公共交通转移，使得库里蒂巴 75%的通勤出行方式为公共交通。

我国在 2012 年召开的国务院常务会议中确定了优先发展公共交通的八项重点任务，提出必须树立公共交通优先发展的理念，将公共交通放在城市交通发展的首要位置。此外，北京大力发展电动公交。北京公交集团根据《北京市清洁空气行动计划》的要求制定出，到 2020 年北京纯电动公交车的比重将由现在的 10%提升到约 60%的目标。香港构建多元的公共交通体系。香港公共交通包括轨道、专营巴士、山顶缆车、轨道接驳巴士、居民巴士、渡轮、电车、的士及公共小巴等多种方式，满足居民多样化出行需求。设置公交专用道保障公交路权，各方式在轨道站、巴士站和交汇处组织高效的接驳交通。杭州建设高品质的慢行交通网络。为解决公交"最后一公里问题"，杭州利用自身优良的自然人文环境，建立了由廊道、集散道、连通道、休闲道组成的四层次非机动车网络系统，并在城市客运廊道上建设完善的非机动车廊道网络系统。

（二）轨道交通

轨道交通可持续性主要体现在客运量、能耗方面。

城市轨道交通能够减少汽车旅行。研究表明，在美国每个轨道交通客座英里可以减少 3～6 个汽车行驶里程。在具有城市轨道的大型城市里，人均拥有汽车 0.68 辆，而在只有巴士的城市里人均拥有汽车 0.8 辆。在成本回收方面，对于城市轨道交通系统，运输成本回收率平均为 38%，高于公共巴士系统的 21%回收率。并且在一定程度上，轨道代替汽车旅行，减少了道路和停车场设施成本。在人均公交出行里程方面，城市轨道交通每年人均客运里程为 589 km，而公共巴士系统只有 118 km。在能耗方面，美国轨道交通比起汽车旅行，其每客座英里能耗仅是其能耗的五分之一。

日本的城市轨道交通是最重要的交通组织部分，其中高峰期 90%的客流量是由城市轨道交通承担。在能源消耗上，每个轨道交通乘客需要消耗 209 J/（人·km），然而使用小汽车的每公里人均能耗是轨道交通的 12 倍，公交巴士系统乘客单耗是轨道交通的 3 倍多一些[5]。在空气污染排放方面，小汽车单位释放量是轨道交通的 26.7 倍。在死亡率方面，轨道交通的死亡率是 0.053 人/（10 亿人·km），而汽车的死亡率却高达 11.2 人/（10 亿人·km）。从土地资源角度来看轨道交通单位宽度线路的运能远远大于汽车运输。

据不完全统计，中国城轨交通 2017 年全年累计客运量 184.8 亿人次，累计完成客运周转量 1 513.6 亿人 km[6]。平均人千米能耗为 0.166kW·h，平均车 km 能耗为 4.16kW·h，同比上年有超过 40%的城市轨道交通总能耗和牵引能耗有所下降。

（三）小汽车

美国于 1992 年 12 月制定了《综合地面交通效率法》，构建了限制小汽车使用和鼓励公共交通的必要框架。从 2010 年至 2015 年，耗油量 25 英里每加仑的运动型多用途汽车（SUV）车型数量翻了一番，而 40 英里每加仑的车型数量达到了 5 年前的 7 倍。越来越多的电动汽车和混合动力汽车行驶在道路上。

新加坡通过多种经济调控手段控制以私人小汽车为主体的私人交通的增长，从而鼓励公共交通的发展。主要采取的措施是实行私人小汽车拥车证制；征收车辆注册费与附加注册费、关税、汽油税、路税、停车费等税费；安装电子公路收费系统。新加坡规定私人小汽车拥车证是合法行驶私人小汽车的必备证件，实行一车一证制，由政府根据社会的需求程度以竞价的方式公开限量发放，可以转让，使用期为十年。所征收的各项税费，如车辆注册与附加注册费、关税等是在购车时一次性征收，而汽油税、路税、停车费等则在车辆的使用过程中不断征收，并根据汽车排气量的不同，征收不同额度的路费与汽油税。

"以旧换新"策略在全球开展。美国于 2009 年 7 月开始推行"以旧换新"计划，消费者可以用不高于规定燃油经济水平的旧车换购必须达到燃油经济性要求的新车，同时可以获得 3 500～4 500 美元的补贴。德国政府于 2009 年 1 月 14 日开始实施"以旧换新"的汽车补贴政策，购车者如果报废行驶 9 年以上的旧车，可以在购买新车时最多抵扣 2 500 欧元购车款，用以鼓励人们淘汰排放量大的汽车。日本在 2009 年 4 月通过"政府补贴促进汽车更新换代"的议案，政策规定汽车报废年限为 13 年，如果旧车未满 13 年，且购置新车为环保节能车，政府也会提供每台最高 10 万日元的新车补助，用以鼓励人们购买新能源汽车。中国在 2017 年发布新的《机动车强制报废标准规定》，规定中明确写清楚了各类车型的报废年限，不同车型补贴不同，逐渐淘汰国三等排放量较大的车型。

网约车的兴起不仅提高了人们的出行效率，也提高了小汽车的使用效率。据滴滴出行发布的《2016 企业公民报告》显示，滴滴出行每一天为一线城市（北上广深）市民累计节省 37.4 万 h。具体到北京，滴滴让北京小汽车使用率提高 12.1%。在节能减排上，2016 年滴滴顺风车和专快车（含拼车）全年直接和间接减少了 144.3 万 t 二氧化碳排放。在出行里程上，滴滴平台 2017 年第二季度拼车节约了小汽车出行近 1 亿 km。目前滴滴平台有超过 26 万新能源汽车，按 1.5 万 km/（车/a）的保守计算，每年将减少 123.3 万 t 碳排放；按 200 km/（车/d）计算，每年将减少约 600 万 t 碳排放[7]。

（四）自行车

哥本哈根建设了 350 km 自行车专用道，在中心区设立了大量的步行街和步行区。据调查，多达 34%的市民选择骑自行车通勤；距离轨道车站 1km 范围内，到达中心区车站的交通方式中选择步行的占 38%；但在距离 1～1.5km 范围内，选择自行车出行的约占 40%。

荷兰在目前已经形成了总长超过 3.5 万 km 的自行车专用道路，占荷兰全国道路总长度的

30.6%。而荷兰拥有 1 670 万左右的人口，却有约 1 800 万辆自行车，人均拥有约 1.1 辆自行车，荷兰首都阿姆斯特丹的自行车出行比例达到了 32%。

共享单车的兴起缓解了城市最后一公里出行难题。最具代表性的应属摩拜，摩拜单车在 2016 年 4 月 22 日正式推出智能共享单车服务，并先后进入中国、新加坡、英国、意大利、日本、泰国、马来西亚、美国、韩国等 9 个国家超过 180 个城市，运营着超过 700 万辆摩拜单车，为全球超过 2 亿用户提供着智能出行服务，日订单量超过 3 000 万辆。摩拜在所到的城市中掀起了骑行的热潮，推动了自行车回归城市，为更多人的出行带来方便，也给城市倡导绿色出行提供了可持续发展的智能解决方案。自正式运营以来，摩拜用户累计骑行超过 56 亿 km，节约碳排放量超过 126 万 t，相当于减少了 35 万辆小汽车一年来行驶的碳排放量。

三、新时期交通可持续发展的议题

（一）新型轨道交通系统与可持续发展

虽然地铁仍在城市轨道交通制式结构中占有绝对的优势，但近年来很多城市已经开始研究和实践适用于自己城市空间环境和客流特征的新型中低运量的城市轨道交通系统，如有轨电车、单轨、磁浮、APM。制式多样化、发展规模化、结构网络化、装备智能化和技术自主化将会是未来发展的趋势。

比亚迪云轨，是比亚迪公司针对自主研发的跨座式单轨列车系统的别称，它具有爬坡能力强、转弯半径小、适应多种地形、噪声小、综合建设技术要求、总体造价成本低以及施工周期较短等优点，是物美价廉的交通工具。且"云轨"配备了能量回馈系统，可在制动时实现能量回收，降低能耗。"云轨"采用全球领先的列控技术，可真正实现无人驾驶。

磁悬浮列车的原理由德国工程师提出，并申请了专利。目前德国、日本、美国等国家相继开展了磁悬浮运输系统的研发。磁悬浮列车具有快速、低耗、环保、安全等优点，因此前景十分广阔，但是安全和高造价也是阻碍其顺利推广的重要原因。

（二）新型汽车与可持续发展

在能源日益紧张的今天，新型小汽车设计必定要符合可持续发展的思想，因此新型能源车将会是未来主流。燃料电池与氢电池电动汽车将会是未来小汽车的主旋律。混合动力车将会是其过渡形式[8]。未来新型汽车无论是产品还是生产流程都将伴随着可持续性理念。生产链中的环境保护活动和法规将会使未来汽车更具绿色。

无人驾驶汽车是智能汽车的一种，也称为轮式移动机器人。车辆无人驾驶技术的优点是使出行更安全（因为去除了人为失误因素）、缓解交通压力，并减少环境污染。

随着"共享经济"概念的迅速普及，共享汽车也将是未来汽车的发展趋势。这种方式不仅可以节约成本，还有助于缓解交通堵塞、降低公路的磨损、减少空气污染和降低对能量的依赖性，发展前景极为广阔。

新能源汽车还包括纯电动汽车、增程式电动汽车、混合动力汽车、燃料电池电动汽车、氢发动机汽车、其他新能源汽车等。新能源汽车油耗低、污染少，纯电动汽车可实现零排放。但是因为电池技术和充电技术的原因，完全推行所面临的问题依然严峻。

（三）新型公交与可持续发展

定制公交，也称商务班车，是从小区到单位和从单位到小区的一站直达式班车。市民们可以通过专门的网站提交自己的需求，公交集团根据需求和客流情况设计公交线路。定制公交班车旨在倡导绿色出行，节能减排。

预约巴士是用户可通过网上来呼叫的巴士。巴士会计算乘客上车点和下车点，乘客选择确认后，通知用户在指定的时间到指定的地点乘坐。预约巴士用以解决城市主干道之外的最后三千米出行需求，能有效地降低路面行驶车辆，改善城市交通环境。

参考文献

［1］ 可持续发展［DB/OL］. https://baike.baidu.com/item/%E5%8F%AF%E6%8C%81%E7%BB%AD%E5%8F%91%E5%B1%95/360491?fr=aladdin.2018-09-30.

［2］ 申金升，徐一飞.城市交通可持续发展若干问题的思考［J］. 中国软科学，1997（7）：113-119.

［3］ 涂颖菲，韩斌，蒲琪.我国城市轨道交通可持续发展的内涵解析［J］. 中国人口资源与环境，2013（S2）：197-200.

［4］ 中国政府网.中华人民共和国可持续发展国家报告［EB/OL］. http://www.gov.cn/gzdt/2012-06-04/content_2152296.htm.2012-06-04/2018-09-30.

［5］ 冈田宏.东京城市轨道交通系统的规划、建设和管理［J］. 城市轨道交通研究，2003，6（3）：1-7.

［6］ 中国城市轨道交通协会.城市轨道交通2017年度统计和分析报告［J］. 城市轨道交通，2018，26（4）：8-27.

［7］ 网上汽车.滴滴快车司机收入状况 207 万司机日收入超 160 元［EB/OL］. http://www.wsche.com/news/1701/68712_1.html.2017-01-17/2018-09-30.

［8］ NIEUWENHUIS P，VERGRAGT P，WELLS P，et al. 未来的交通：交通产业的可持续发展［M］. 王云鹏，等译. 北京：机械工业出版社，2012.

提高"机械故障诊断学"课程教学质量的思考与探索

万里冰

（北京交通大学机械与电子控制工程学院，北京 100044）

摘　要："机械故障诊断学"是机械工程专业硕士研究生的一门重要专业课。为进一步提高教学质量和学生学习效果，本文在分析了课程教学过程中存在的问题的基础上，提出了优化课程内容、丰富教学方法和手段以及改进课程考核方式的改进措施。实践证明，改进后的教学有效地激发了学生的学习兴趣和热情，促使学生积极思考和主动参与课堂教学过程，锻炼了学生综合运用所学知识解决实际工程问题的能力。

关键词：机械故障诊断学　课程质量　教学方法

一、引言

机械故障诊断是一种了解和掌握机器在运行过程中的状态，确定其整体或局部正常或异常，早期发现故障及其原因，并能预报故障发展趋势的技术。故障诊断技术对保障生产安全、提高生产率和设备管理水平具有重要的意义，在电力、化工、冶金等大型企业得到高度重视和广泛应用[1]。"机械故障诊断学"是学习机械故障诊断技术的专门课程，涉及机械、力学、振动、检测技术、信号处理、模式识别以及人工智能等知识，内容十分丰富。本课程是我校机械工程专业学术型硕士研究生的专业选修课，课程的主要任务是使学生了解机械故障诊断学的发展概况以及最新发展动态，掌握设备故障诊断技术的基础理论、诊断方法和手段，能够综合运用所学知识解决某些诊断问题，为开展机械故障诊断研究和推广机械故障诊断技术奠定基础。"机械故障诊断学"课程具有工程背景强、知识体系复杂、理论性强、实践性强等特点，对课程的讲授要求较高[1-3]。本文结合专业和课程的特点，以锻炼学生综合能力，提高学生学习效果为目标，思考和总结了课程的教学现状与存在的问题，从教学内容、教学方法和成绩考核三个方面提出了改进和提升教学质量的措施，并在最近两次的教学过程中进行了实践探索。

二、课程存在的问题

（一）课程内容理论性、综合性强

"机械故障诊断学"是一门理论性与工程实践性均非常强的课程，授课时我校采用东南大学钟秉林主编的《机械故障诊断学》为学生的参考教材，该教材主要包括机械故障诊断基本原理、状态信号的采集与分析、故障特征的提取、故障识别原理及工程应用等内容。目前选修该课程的学生主要来自机械工程学科的机械设计及理论、机械制造及其自动化以及机械电子工程三个研究方向。由于学生大多来自不同高校的机械类专业，很多学生本科阶段并未学过传感器原理、计算机测试技术、信号与系统等先修课程，因此在实际教学中教师不得不花费一定时间讲解故障诊断技术中与这些课程内容相关的基础知识和理论。又因课程学时限制，相关基础知识和理论庞杂且具有一定难度，课堂上无法系统讲授，导致一些学生感到学习困难，进而减弱了学习的兴趣和积极性，学习效果欠佳。

（二）教学方法欠丰富

由于课程内容多且理论性强，目前本课程主要采用教师课堂讲授的教学方法，虽然在一定程度上能完成知识的传授任务，但不利于学生创造性思维的培养，难以满足对研究生工程实践能力和创新能力的培养要求。教师讲授为主的课堂教学模式，使学生处于被动接受的地位，讲述故障信号处理、故障特征提取等理论性较强的内容时，抽象和枯燥的理论知识很容易使学生上课注意力分散，跟不上教师思路，出现"溜号"等现象。在课堂授课过程中，虽然也穿插了提问、讨论等师生互动的教学手段，但总体上学生积极性不高，参与度较低，教学过程变成了学生被动听讲的纯教师行为，教学内容落不到实处，无法达到课程预期的教学目标。另外，教师在讲授过程中，也存在重视理论讲解，与工程实践结合不紧密的问题。一些章节缺少实际工程案例的引入，一些章节有工程案例但应用背景和特点交代得也不够清楚，不便于学生对不同案例进行比较和分析，无法做到理论与实践的有机结合。

（三）考核方式简单

考核方式直接影响学生对课程的重视程度以及学习效果，科学、严谨、严格的考核和评价方式，能有效促进学生学习的主动性和积极性，提高教学的质量。课程考核的目的是检验学生的学习情况，帮助教师发现教学中存在的问题，进而优化教学内容，改进教学方法，提高教学质量[4]。本课程目前的成绩评定方法包含的元素较少，总成绩包括平时成绩和课程结业考试两部分。平时成绩主要根据学生平常的作业、出勤以及课堂提问表现给出，由于学生这几方面平时表现得差异不大，使得总成绩主要依赖最后的课程结业考试。课程结业考试采取开卷的方式，机械故障诊断技术理论性、工程性强的特点使得一次开卷考试难以全面反映学生对故障诊断知识的理解和掌握程度，无法完成对学生学习效果的准确有效评价。

三、提高课程教学质量的措施

为了有效提高课程的教学质量，实现课程教学目标，在对前述课程存在的问题进行仔细思考和总结后，基于课程的知识体系复杂、理论性强、实践性强的特点，并结合选修本课程学生的本科专业背景、知识基础和学习能力，任课教师提出了优化课程内容、进一步丰富教学方法和手段以及改进课程考核方式的措施，并在近两次课程教学过程中进行了实践探索。

（一）优化课堂教学内容

为了在有限的学时内使学生系统学习和掌握机械故障诊断的基本理论和知识，必须根据课程的特点和学生的本科专业背景与学习能力，重新梳理课程知识体系，优化教学内容。在研究多本国内外关于机械故障诊断技术的教材基础上，以故障诊断知识的系统性为前提，重新确定了课程内容。总体上将课程内容分为四大部分，第一部分介绍机械系统状态信号的采集，主要包括检测系统的静态和动态特性及如何采集振动信号；第二部分介绍故障信号的特征分析方法，主要内容包括故障信号的时域分析和频谱分析以及特征提取方法；第三部分介绍故障识别的基本原理和方法，主要包括对比分析法、贝叶斯模式识别分类法、模糊诊断法、故障树诊断法以及神经网络、专家系统等近些年得到发展和应用的人工智能理论和方法。第四部分介绍故障诊断技术的工程应用，主要内容包括旋转机械的故障诊断方法以及工程实际中具体的状态监测与诊断系统。

为保证学生能较全面和系统地了解机械故障诊断技术，上述课程内容依然较多。但教师在进行课堂讲授时，应对课程内容有所取舍，讲解时有所侧重。选修本课程的学生大多数在本科时虽然没有系统地学习过测试技术相关课程，但对传感器、计算机检测等知识有所接触和了解，因此在课上只对该部分重点内容进行讲解，其余内容则安排学生课下自学。课程的第二部分内容主要是介绍对采集到的信号如何进行多角度的观察以提取和故障相关的特征，其实质是信号处理技术，该部分内容理论性强，需要学生具有较好的数学基础。这部分内容占用了较多课堂学时，但前些年的实际教学效果并不好。由于硕士生专业课"工程信号处理"与本课程开设在同一学期，因此建议学生选修或者旁听该课程，在本课程的讲授中则只介绍其中的重要知识点，这样既能让学生系统地学习信号处理知识和理论，又减少了本课程该部分内容占用的学时，为详细讲授后续课程重点知识和故障诊断技术的最新应用进展奠定了基础。

在实际的课堂教学中，以故障特征提取、故障识别原理与方法以及实际工程应用中的计算机故障诊断系统作为整个课程的教学主线，通过一根主线把零散内容条理化、系统化，引导学生在掌握故障诊断基本知识和理论后思考如何将其具体应用于工程实践中。教师讲授的知识体系层次清晰，重点突出，逻辑关系分明，使学生能更深刻地理解和接受机械故障诊断技术。为了便于学生学习，推荐东南大学出版社的《机械故障诊断学》作为课程参考教材，但教师授课内容并不局限于此书，增补的内容能使学生建立查阅参考书和参考资料观念，同时也能锻炼学生搜索和检索科技文献的能力。

（二）丰富教学方法和手段

为了让学生能够更好地掌握故障诊断技术，除了优化课程教学内容外，更要注重课堂教学方法的有效性。课堂讲授是大学知识传播的重要环节，但传统的"满堂灌"教学方法难以激发学生的学习兴趣和热情。实践表明，学习并掌握知识的最好方法是主动学习[5]。为有效地提高课堂教学质量，促使学生在课堂中积极思考并能参与到教学过程中，结合课程工程实践性强的特点，在课堂教学过程中首先着重加强了"案例教学"这一教学方法的运用。例如，在讲授故障识别的"专家系统"方法时，为了使学生快速理解什么是专家系统以及专家系统的构成，教师先以一个帮助普通消费者购买计算机的完整、实际的专家系统作为案例，详细介绍了专家系统的构成、应用特点以及和一般计算机程序的差异。由于案例贴近学生日常生活，在对此专家系统的演示操作过程中，使学生较深刻地理解了专家系统的功能和作用。

在进行案例教学过程中，可结合课堂讨论、提问等教学方法，使工程故障案例分析与基础理论知识更紧密结合，促使学生进行积极思考，提高学习的积极性与主动性。结合典型的机械设备故障案例分析完成相关的知识点讲授后，可根据教学内容布置工程故障实例分析作业，让学生在查阅相关文献资料后，运用所学理论知识完成故障诊断与识别的任务。课上的工程案例分析、讨论和课下的工程案例分析作业，很好地帮助学生将理论知识与解决实际问题结合在一起，使学生积极地参与教学过程，培养了学生独立且较深入研究问题的能力。实践表明，工程故障案例分析和课堂讨论、提问的有机结合，能显著地活跃课堂气氛，促进同学间的交流，提高学生的课堂注意力，学生的学习积极性和效率明显提高，学习效果良好。

在课程讲授过程中除了加强案例分析与讨论教学方法外，在故障识别原理部分还增设了专题研究的环节。在完成对故障识别理论与方法的讲授后，要求每名学生自己选择其中一种故障识别方法进行深入研究。经过查找、阅读和学习相关博士或者硕士学位论文后，要求学生针对具体的机械系统故障采用自己所选择的识别方法进行分析。专题研究安排在课外时间完成后提交研究报告并在课堂上以 PPT 形式进行演示和答辩，演示过程中教师和学生均可以提问。实践证明，专题研究使学生对自己选择的故障识别方法理解得更为深刻，更为全面地了解了机械故障诊断的整个过程。研究专题环节的设立，锻炼了学生总结归纳、理论联系实际的能力，促进了学生对课堂基础知识的吸收和运用，同时使学生充分地意识到利用网络资源和信息技术的重要性，培养了学生借助互联网相关资源解决问题的习惯。

（三）改进课程考核方式

案例教学及讨论的加强、案例分析作业以及研究专题的设立，为改进课程的考核方式以准确评估教学质量和学生学习效果奠定了基础。课程考核改进的基本原则是在总成绩中增加平时成绩的权重，平时成绩组成除包括作业和考勤成绩外，增加案例分析讨论表现、专题研究答辩表现和研究报告撰写质量三个要素。专题研究答辩成绩主要根据学生演示时讲述熟练程度、回答问题情况以及 PPT 制作质量给出，研究报告成绩则主要基于文献资料查阅与总结情况、报告的完整性以及撰写的规范性给出。在增加了平时成绩考核要素后，新的成绩评定方法重新分配了课程结业考试（50%）和平时成绩（50%）在总成绩中的占比。实践表明，改进后的考核方式在整个课程学习过程中都给学生施加了一定的压力，促使学生在不同环节都需要积极投入。从最近两年的教学过程看，在案例分析讨论以及专题研究答辩环节，学生参与性更高，对问题理解得也更加深入和全面；在专题研究报告和笔试环节，学生成绩整体上也呈上升趋势。教学方法和考核方式的改进，促使学生积极思考和主动参与课堂教学过程，锻炼了学生综合运用所学知识解决实际工程问题的能力。

四、结论

在建设"双一流"研究型大学过程中，提高理论与实践相结合能力已成为研究生课程教学中的重要任务。通过对"机械故障诊断学"课程课堂教学内容的优化、教学方法的丰富以及考核方式的改进，加强了课程基础知识与工程实践的结合，激发了学生的学习兴趣和热情，提高了学生主动思考的积极性，锻炼了学生综合运用所学知识解决实际工程问题的能力，提升了课程教学质量和学生学习效果。

参考文献

[1] 周昌静，李强. 机械设备故障诊断课程教学改革与实践［J］. 化工高等教育，2014（6）：49-51.

[2] 苏祖强，熊英."机械故障诊断"研究生教学课程改革探讨［J］. 教学教育论坛，2017（41）：242-243.

[3] 冷军发，荆双喜. 机械故障诊断课程教学改革探析［J］. 中国现代教育装备，2011（11）：88-90.

[4] 周邵萍.面向能力培养的状态监测与故障诊断课堂教学实践［J］. 化工高等教育，2013（1）：71-74.

[5] 巩晓赟. 机械故障诊断课程的教学研究与实践［J］. 中国轻工教育，2015（5）：74-76.

贯通与综合：研究生数据分析课程建设思考*

孔令波　　魏小涛

（北京交通大学软件学院，北京 100044）

摘　要： 数据分析已经成为本科生和研究生必须深入掌握的课程。相比于本科生的课程，研究生课程有更高的要求，体现在三个方面，即课程的组织和讲授要兼顾理论的贯通性、帮助研究生了解研究的方法论，以及促使研究生掌握一些重要的研发代码。本文对此给出了思考：①在保障理论知识的贯通方面，坚持从优化论入手展示相关研究问题和已有的算法，而不是局限于一本书的内容；②在研究方法论上，选取熟悉的研究问题展示如何提出问题和思考解决方案；③在研发代码方面，预先录制相关研发代码的视频，并选取有关的论文要求学生自主学习和复现，甚至是鼓励学生提出自己的新方法并进行验证。

关键词： 线性代数　优化论　机器学习　数据挖掘　神经网络　深度学习　Docker　Python

大数据已成为当前创新、竞争和生产力的下一个前沿[1]，也促成了人们对围绕大数据的数据分析的广受关注。围绕数据分析的课程也成为本科生和研究生的必修内容。相较于本科课程，研究生数据分析课程需要更深入的梳理。

本文第一节给出了研究生数据分析课程所需要面对的问题，并列举了所需要讲解的相关技术专题。第二节给出了本人提出的解决思路，以及该课程建设的具体实施方案，涉及内容的梳理和讲授的技巧。最后是本文的总结。

一、引言

本节在简述了此课程建设的背景后，对此课程内容组织和讲授的建设思路做了简述。

（一）背景

随着以机器学习和深度学习为代表的人工智能的再度火热，上到政府下到大专院校和培训机构都在力推设立相关的应用、研究和课程。2017 年政府报告中将"人工智能"（机器学习是其中的核心部分之一，也是数据分析的一部分）首次写入了全国政府工作报告[2]。为了落实这一规划，教育部于 2018 年 4 月 2 日颁布《高等学校人工智能创新行动计划》，提出"支持高校在计算机科学与技术学科设置人工智能学科方向，推进人工智能领域一级学科建设，完善人工智能基础理论、计算机视觉与模式识别、数据分析与机器学习、自然语言处理、知识工程、智能系统等相关方向建设"[3-4]。

自此，冠之以人工智能的学院纷纷设立，包括中国科学院大学[5]，上海交通大学，南京大学[6]，哈尔滨工业大学，南开大学[6]，杭州电子科技大学，西安电子科技大学[7]和重庆邮电大学等。这背后，是我国人工智能产业人才供不应求的现实：业内人士表示，人工智能技术门槛较高，因此

---

* 本文得到了北京交通大学研究生教育改革项目"数据挖掘与数据分析"课程建设的支持。

研发能力及实践经验兼备的人才成为企业争抢的目标，估计人才数量缺口在百万级别[8]。

2018 年度，借学科评估的机会，软件学院对本科和研究生课程都做了调整，设立或强化了以数据分析为目标的相关课程，也鼓励教师对这些课程的建设进行大胆尝试。在此背景下，对研究生数据分析课程的内容组织和讲授做了深入的思考。

（二）课程要求

不过，这种火热也引起许多学者的思考，"虽然高校有学科和专业设置自主权，但如果没有数学、计算机科学等学科的良好基础，缺乏交叉协作环境，人工智能学科的发展就无法获得坚实支撑[8]"。这段描述提醒我们认真思考如何建设好这门数据分析课程。

与传统专注于理论的讲授[9-13]的相关课程不同，具体到此课程的建设，提出了兼顾三个方面的要求，即课程的组织和讲授要兼顾理论的贯通性、帮助研究生了解研究的方法论，以及促使研究生掌握一些重要的研发代码。

1. 课程的组织和讲授要兼顾理论的贯通性

优化论（主要是凸优化——线性优化/规划问题是之外的问题）是理解相关数据分析算法的不二选择①，最突出的教材就是斯坦福大学 Boyd 教授的凸优化。但是，不管是教材本身，还是网上能够找到的教学视频，都延续了严谨推导的数学风格[14-17]，入门门槛非常高。这就需要教师妥善梳理，挑战是艰巨的。

除了优化论，相关的数据分析算法也需要精心提炼，比如一些传统上统计学中的问题也需要介绍，包括回归问题，PCA（主成分分析）；还要包含机器学习中的经典算法，如 SVM（支持向量机），强化学习（reinforcement learning）和深度学习等。如何以优化论的思维串讲这些算法，是需要授课教师妥善思考的问题。

2. 帮助研究生了解研究的方法论

此要求应该是题中应有之义——毕竟面向的是研究生。可是，实际授课时往往专注于（算法）知识的讲授，而对此有所忽略。而帮助研究生对研究有所了解，不管他们最后是否有志于研究都是有益的：即便是参加工作，也都会有被交代完成不熟悉领域的任务，仍然需要钻研的精神和研究的方法。

3. 掌握一些重要的研发代码

感谢众多学者的分享精神，很多时候都能找到相关研究论文的公开代码，甚至有许多专门的公开代码框架以便利后续学者的研究（如 SVM，深度学习的一些框架——Torch、TensorFlow 和 Keras 等），所以，了解和掌握这类代码，会大大便利自己的研发效率。网上倒是有很多关于上述代码的视频可供参考，不过，也还是需要授课老师自己都得熟悉一遍，甚至是重新梳理方可。

（三）挑战

本课程的核心挑战是内容与时间的矛盾：按照学院教学改革的宗旨，全部理论课程都是 32 学时，而涉及的内容包括优化论、机器学习算法，以及研发代码的使用。

1. 理论的贯通性所面对的挑战

区别于本科数据分析课程的知其然，研究生课程还是要求知其所以然。所以，虽然会弱化优化论中的理论推导，仍然需要对优化论知识框架进行细致的提炼。

概括地说，（凸）优化论的基础就是微积分中的极值问题，进而按照约束形式分为三个等级：

---

① 要澄清的是，并非所有的机器学习算法都能够由凸优化来串讲，如决策树和强化学习等，但是，对于学术研究而言，优化论有着广泛的应用，是非常值得深入学习的。

无约束问题、等式约束问题和含有不等式约束的问题。对于无约束的优化问题，可直接对其求导，并使其为 0，这样便能得到最终的最优解；对于等式约束问题，主要通过拉格朗日乘数法之转换成为无约束优化问题求解；对于含有不等式约束的优化问题，主要通过 KKT 条件（Karush－Kuhn－Tucker Condition）将其转化成无约束优化问题求解。

2. 研究方法论的挑战

作为研究生，研究有关的事务是应该了解的，而最佳的途径就是带领学生去实际实践。为此，就需要妥善选取合适的题目来展示：既能很好地与数据分析方法相联系，又能体现最新的研究进展。这样一来，就需要老师精心筛选。

而在实际实施过程中，也可以尝试学生选题的方式，不过，很难保证学生的选题是老师熟悉的领域，也就难以保证选题的难度以及代表性，对老师也是挑战。

3. 研发代码的难度

如前所述，现在的研究者（尤其是国外的学者）往往乐于分享他们的研究进展，以及实现的代码；甚至有些研究机构和团体提供了很好的封装包（如 TensorFlow，Keras 等）。这体现了研究界良好的交流传统。

不过，在研究中如何复现相关论文的实现，也是非常耗费研究者精力的事情：提供的代码往往因为调试环境的不同而不能顺利运行。所以，理解论文的内容并复现其算法，是研究的必要过程，是值得研究生实践和体会的。

二、课程建设思路

为实现上述目标，也就意味着不管是对学生还是教师，都提出了更高的要求，尤其是需要在 32 学时内完成，挑战是显著的。为此，需要妥当设计相关的教学环节。

（一）预先录制视频

前面提到要求研究生学习使用有关的研发代码，这部分设想是要求他们自主学习的。不过，预先准备相关的教学视频，方便他们的学习也是非常有需要的，这样一来可以节省他们的搜寻的时间。

虽然网上有价值的视频也很多[18-21]，但是往往内容较为松散——毕竟每个老师的课程内容设计思路是不同的。也就仍然需要教师按照本课程的具体教学设计制作符合自己要求的视频资料。

除了相关研发代码和工具（例如 SVM，Deep Learning 的 TensorFlow 和 Keras 等）的视频，并发编程（concurrent programming）的有关编程技巧也是非常需要的，在当前大数据背景下，如何处理"大规模"数据问题，首先应该是分散存储和并发编程。掌握并发编程的技术，对于提升研究生的就业竞争力甚至是研究素质是有帮助的。

（二）以选定的论文为目标任务促使学生了解研究

作为研究生，一定的研究素养是必要的——不管以后其中是否有人继续深造博士学位。为此，在本课程一开始就鼓励学生按照自己的兴趣选择一篇前沿的论文，如果学生还没有确定的目标，则由教师筛选出有关的论文并作介绍后由学生（组团）选择。

要求学生在此课程中围绕此篇文章来了解所学理论在研究中的应用，复现论文的算法，甚至是鼓励学生提出相关的改进并验证之。这样，可以促使研究生大致了解所谓的研究是如何实施的。

（三）以优化论为导引串接有关的数据分析算法

对于理解相关的机器学习算法，优化论是必不可少的环节。与本科生以商务视角学习数据分析的课程不同，研究生的课程对优化论需要更深入的介绍。

虽然本课程不崇尚严谨的数学推导，但是，仍然有必要向研究生展示必要的数学证明，以提醒他们研究所需要具备的素质。此外，除了理论部分，有关优化问题的数值求解算法也需要学生掌握，例如二次规划（quadratic programming）的求解算法——这不仅是优化论中的一个重要优化问题，而且也是理解 SVM 的重要环节。

（四）鼓励研究生尝试算法的分布式实现

大数据已成为当前创新、竞争和生产力的下一个前沿，是数据分析的更高层次，其首先要解决的是如何处理大规模数据，为此就需要大数据的分布式存储和数据分析的并发编程实现（并行或分布式），也就意味着那些机器学习的算法需要考虑如何进行分布式实现。

不过，在准备必要的视频和参考资料之后，这部分的内容主要依赖学生去自学。

（五）以项目报告的形式实践互助学习

如前所述，本课程介绍的内容很多需要研究生分组去学习和实践，那么，在最后要求他们将一学期的研究成果面向全班做一下总结，学生们相互交流，是非常有益于扩展他们彼此的眼界的，也能够促使他们尝试内容的提炼和如何做好报告陈述，这也是研究素质的一部分。

三、总结

在大数据的背景下，不论是本科生还是研究生，都需要提升对数据分析的技能。相较于本科生的课程，本课程一方面注重内容的提升，而且也更要兼顾培养研究生对研究的理解。面对挑战，本文总结了对此课程的几点思考，并提出了相应的课程建设思路。

最后，表 1 列出了本课程涉及的主要内容，并简单罗列了存在的挑战。

表 1　课程内容梳理与挑战概览

专题	知识点简介	挑　战
理论	● 优化论：非线性优化问题和求解	● 对偶问题和 KKT 条件的阐述及证明； ● 数值算法的设计与实现，如二项式规划，LASSO（least absolute shrinkage and selection operator，最小绝对值收敛和选择算子算法，或套索算法）等
	● 机器学习算法： 降维（PCA，压缩感知），聚类，分类（SVM，DL），强化学习等	● 部分算法本身就具有挑战性，如 SVM； ● 相关算法的分布式设计：借助 MapReduce 甚或 CUDA/GPU
研究论文	● 暂定计算机视觉，自然语言处理等领域； ● 期待学生选取不同的领域	● 论文研读本身就是挑战； ● 不同研究问题的理解也是挑战，图像去模糊化，图像分类中的 SVM，Person ReID（2018 年 CVPR 有多篇国内此方面的论文被录用）很有趣
研发代码	● 开发环境搭建： Linux +Docker +Python	● 分布式开发环境的搭建和调试，如 CUDA/GPU，以及 MapReduce 等
	● 已有代码框架：PyTorch/TensorFlow/Keras，SVM 等 ● 所选论文算法的复现甚或创新	● 课程理论部分涉及算法的分布式实现； ● 论文代码的复现

参考文献

［1］ 麦肯锡（McKinsey Global Institute）．Big data：The next frontier for innovation，competition，and productivity

［R/OL］．（2011-5）．https://bigdatawg.nist.gov/pdf/MGI_big_data_full_report.pdf．

［2］ 李克强. 2017 年政府工作报告（全文）［R/OL］．（2017-03-16）．http://lianghui.people.com.cn/2017/n1/2017/0316/c410899-29150065.html.

［3］ 徐昊，秦玥，黄岚. 面向通识教育的数据科学课程建设［J］. 计算机教育. 2016，260（8）：158-162.

［4］ 谭红叶，李茹，吕国英. 数据科学与工程特色的计算机科学与技术人才培养模式构建［J］. 计算机教育，2018，278（2）：14-17.

［5］ 张楠. 中国科学院大学率先成立人工智能技术学院［EB/OL］．（2018-09-12）．http://ai.ucas.ac.cn/index.php/zh-cn/xyxw/6027-2018-2．

［6］ 南京大学成立人工智能学院［EB/OL］．（2018-03-06）．https://cs.nju.edu.cn/a2/6d/c1654a238189/page.htm.

［7］ 西安电子科技大学人工智能学院［EB/OL］．（2017-12-21）．http://sai.xidian.edu.cn/xygk.htm．

［8］ 晓凡. 人工智能学院如"雨后春笋"教什么？怎么教？［N/OL］．（2018-08-15）．http://ai.51cto.com/art/201808/581236.htm．

［9］ 蔡自兴，肖晓明，蒙祖强，等.树立精品意识搞好人工智能课程建设［J］. 中国大学教学，2004（1）：28-29.

［10］ 张廷，杨国胜."人工智能"课程教学的实践与探索［J］. 计算机教育，2009，95（11）：133-134+60.

［11］ 谭月辉，王红胜，齐剑锋，等.研究生人工智能原理优质课建设与实践［J］. 计算机教育，2012，174（18）：35-37.

［12］ 蔡自兴，王万森.把握智能科学技术学科及教育的正确发展方向［J］. 计算机教育，2016，262（10）：7-10.

［13］ 桂劲松，张祖平，郭克华.新工科背景下高校新专业建设思路探索与实践：以数据科学与大数据技术专业为例［J］. 计算机教育，2018，283（7）：27-31.

［14］ BOYDS，VANDENBERGHE L. Convex optimization［M］. Cambridge: Cambridge University Press，2004.

［15］ TIBSHIRANI R. 凸优化：2016 年秋（Convex Optimization Fall 2016）［Z/OL］，Machine Learning 10-725/Statistics 36-725. http://www.stat.cmu.edu/~ryantibs/convexopt/.

［16］ 凌青. 最优化理论. 中国科学技术大学网络课堂［Z/OL］．（2019-09-01）http://222.195.70.22：8008/video/detail_1_515.htm.

［17］ 文再文. 凸优化［Z/OL］．（2018-09-01）．http://bicmr.pku.edu.cn/~wenzw/opt-2018-fall.html.

［18］ STRANG G. Introduction to Linear Algebra［Z/OL］．（2018-03-02）．https://ocw.mit.edu/ courses/ mathematics/18-06-linear-algebra-spring-2010/

［19］ 陆吾生. 最优化课程［Z/OL］．（2016-07-19）．https://www.bilibili. com/ video/av5400941/.

［20］ 方述诚（Shu-Cherng Fang）线性规划［Z/OL］，国立交大的公开课视频. http://ocw.nctu.edu.tw/course_detail.php?bgid=3&gid=0&nid=245.

［21］ 方述诚（Shu-Cherng Fang）. 非线性规划［Z/OL］，国立交大的公开课视频. http://ocw.nctu.edu.tw/course_detail.php?bgid=3&gid=0&nid=358.

教育哲学视野下的"色彩学"课程教学设计研究发凡

杨梦婉

（北京交通大学建筑与艺术学院，北京 100044）

摘　要： 在教育哲学理论视野下思考艺术学科研究生教学诸问题是解决研究生课程教学困惑的可操作性路径之一。本文以一线教师课程教学的视角阐发，进行教学设计目标及其分析论发凡。提出当下艺术学科研究生教学设计要关注的两个根本目标，一是建立起一个能够沟通学习理论与教育教学实践知识的链条。二是注重教学设计与教学技术学的密切关系。寻求在该目标下研究生综合实践课程的教学论分析要在意向—课题—方法与媒介—条件四个因素上寻求开发依据。罗列了"取向选题式"双轨教学实验产生的课题研究成果，以及教学内容设计对应的色彩学学科论、学理论、学术论"三维结构论"框架。

关键词： 艺术学科研究生教学　教学设计目标　综合实践课程　教学论分析

在中国社会的深度转型中，艺术学科的研究生教育逐渐成为热议的话题。近几年，无论是从各级各类的高校与研究部门举办的关于艺术学科研究生教育教学的学术会议数量的持续增长来看，还是对于艺术学科硕士研究生类型培养的区分标准制定，抑或对于绘画实践博士学位培养类型是否取消的热议，或是在艺术学科研究生人才的选拔标准、培养过程以及毕业环节的质量监测上的制度性规范化管理，甚至是对艺术学科创新创业人才的培养扶持计划的出台，都体现了国家对艺术学科研究生在教育起点、过程与结果上的高度重视。

每个学科的研究生教育都是学科精深发展与传承的核心，而研究生教学则是核心中的核心。在早期教育学研究中，将课程与教学论作为一个专门领域进行研究。而在学科划分日益精细的社会大语境的影响下，课程论和教学论作为两个并行的独立研究领域，在以成文性课程教学（课表中体现的课程）与非成文性课程教学（导师在不同情境下的非课程传授）综合培养的研究生教学中，是有独特价值与意义的。

作为一线教师，如何以实际的教学实践对教育过程产生良性推动，是每一位专职教师都要时刻反思的问题。在笔者所担任的北京交通大学建筑与艺术学院三年来的硕士研究生学位课程"色彩学"的教学实践中，笔者分别做了关于该门课程的内容框架与教学方式建设的实证研究以及关于课程评价与结果的分析论纲目、关于课程教学法的特色阐发与实践几个教学实验研究，本课程也在2017年获得了北京交通大学研究生优质核心课程建设项目专项基金资助。本文拟从教育哲学思想的视角深挖艺术学科研究生教学设计的理论基础与实践空间，以实现更加优质的教育教学效能。

一、聚焦应用社会哲学视角的艺术学科研究生教学设计目标

现有的教学设计过多地强调系统科学的理论观念和方法论，即完成管理要求的教学目标及大

---

① 基金项目：本论文为 2017 年北京交通大学研究生优质核心课程建设项目"《色彩学》公共基础课程建设研究"（项目批准号：134538522）阶段成果之一。

纲的填写规定。这些文本其实对于教学本身以及对具体学科教学设计具有直接指导意义的研究相对薄弱。究其因，一是教师在教学设计时，对教学的前提条件分析不足。无法找出诊断性解决方案；二是静态单一的教学设计无法适应研究生学习的师生互动、生生互动的灵活情境变更；三是教学模型的设计不被管理者悦纳。为什么拥有最新教育教学理论素养的专家学者和一线教师们，不能为我们提供出贴近教学实践的、能够指导日常教学活动的、切实具有可操作性的设计知识、技能以及教学方案呢？这是一直以来困扰在教学组织者（教师）、教育研究者与教育管理者之间的矛盾。如果按照统一的教学模式组织教学活动，势必违背了艺术学科人才培养的特性。但，不是每一位专职教师都有明晰的或是有特色的教学设计模式。为了解决一线教师针对研究生课程的自行模式开发出特色教学设计，笔者以"色彩学"课程为例，尝试厘清教育哲学视野下的教学设计要旨。

（一）教学设计研究范式的三次转向

广义的教学设计，是指包括课程设置计划、课堂教学过程、媒体教学材料的选用等，把这些看作教学系统的不同内容层次所进行的系统设计。它的具体产物是通过验证的教学系统实施方案，包括教学目标及其实现所需的教学资源（如教材或 PPT、学习指导手册、试题等）和对所有教与学活动和教学过程中所需的辅助工具做出具体说明的教学实施计划。狭义的教学设计，是指对某一门课程的教学大纲或实施方案或某一个学年（学期）、教学单元、某项培训等这些较小教学系统的设计。它的具体产物是教学设计的模型或模式。本文中所采用的教学设计概念指的是狭义教学设计的概念。

教学设计的产生是将心理学和教学技术整合的尝试，是把学习理论运用于教学设计实践最初的尝试。1958 年，德国当代著名的教育家克拉夫基在《德国学校》杂志上发表题为《教学论分析作为备课的核心》（Didaktische Analyse als Kern der Unterrichtsvorberettung 的论文，他首次提出了"教学论分析"的思想。并系统论述了具体备课的步骤及其需要注意的问题，标志着现代教学设计思想的缘起。

在对教与学活动的早期研究中，学者把关注的重点放在探讨学习机制与教学机制上，注重理性推理和知识获得过程中的经验。到了 19 世纪与 20 世纪交替之时，在行为主义学习理论的影响下，讨论强调学习与行为的关联，对教学过程、师生关系、教学内容、教学方法等各要素之间的关系进行了大量研究与探讨。到了 20 世纪 20 年代，行为主义作为一种思想，在教育心理学领域为人们科学而客观地观察教与学的本质、进行教学规划、构建教学设计理论与学科，为教育技术学发展派生出的教学设计学科做出了基础性的贡献。从 20 世纪 20 年代到 90 年代的七十年中，欧洲和北美的学术界都在认知理论与建构主义理论转型的基础上，建立了学科教学设计的理论研究与实践活动。也就是说，对于教学的认识，经历了从"以个体日常为基点的研究范式"[1]，转变为"心理学的理论选择和界定所探讨的教育学与其关系"[2]，再到"建构主义强调'情境'对意义建构的重要作用，认为学习是一个与情境联系紧密的自主的操作活动"[3]三次转向。

这一定位强调了学习过程的主动性、建构性和境脉性特点，使得教学设计进入一个注重创建优化的学习环境、注重学习者的参与、重视学习现象的社会性、注重挖掘学习者潜力的时代，当下对艺术学科教学设计的研究要注重教学的整体性（学习者与教学媒体、教学情境的结合；学习内容是知识与技能的整合体），因此，教学设计的内容应该是与特定教学情境相联系的学生整体知识的获得与运用、能力的培养以及情感、态度和价值观的形成。

（二）艺术学科研究生教学设计要关注的两个根本目标

任何一个人的发展都离不开国家与社会的政治、文化、经济、科学技术，以及哲学传统的差异和历史惯性思维的多种因素的影响。到了高等教育程度较高的社会化时期，研究生群体开始对社会和人生问题产生高度关注。这虽然是一个作为社会人生存于此需要讨论的抽象基本问题，但对于教学设计如何更好地渗入课程中引导学生的认知、思维、态度、情感与价值观，仍是一个永恒的命题，这个命题其实将伴随着高校艺术教育的始终。20 世纪 50 年代美国教育家费尔教授在谈到教育哲学的性质时指出："教育哲学是一门特别关注选择课程和教学方法诸问题的应用社会哲学"[4]，这正是笔者作为一线教师，苦苦思索的如何将对学生价值观形成的抽象问题深入到教学设计的课程结构中去的思想基础。

因此，在不断回顾与反思教学的过程中，笔者认为，在当下艺术学科研究生教学设计的阶段，必须树立起以下两个目标。

其一，建立起一个能够沟通学习理论（行为学习理论、认知学习理论、建构主义学习理论等）与教育教学实践知识的链条。学习理论与教育教学实践知识链条的搭建，需要教师认识以下几点。①学习是学习者主动形成认知结构的复杂过程。个体通过感知、领悟和推理对知识进行分类，有效学习只有在具有结构性的情境下才能发生。影响学生学习的首要因素是他的先备知识，学习的实质是利用已有的知识对新知识进行重组而形成的认知结构。因此，教学设计的侧重点在于掌握和分析学习者的原始材料，以及开发新的学习材料。②学习是由已有的认知和情感结构共同决定的，是学生自己建构知识的过程，教师应该是教学环境的设计者、学生学习的组织者和指导者、课程的开发者、意义建构的合作者和促进者、知识的管理者，以及学生的学术顾问，以此来更新认知结构、解释模式、现实建构以及问题解决策略。③教学是一个社会过程，必须通过对话、沟通的方式，大家提出不同的看法去刺激个体思考与反省，在交互质疑辩证的过程中，以不同的方法解决问题，以一种知识的社会协商，让每一位学生都发出自己的声音，允许多元价值的存在并分享，即产生学习者共同体。因此，促进学生的学习成效，不仅是单一维度的知识的输出，特别是高等艺术教育的研究生阶段，单纯的职业训练是对学院课程的一种误用。研究高等教育哲学的美国学者布鲁贝克直截了当地解释了这种现象："住在高等学府中愿意把他们的学习看作是工作的学生——有许多人的确如此——是对他们的教育的不幸的误解。不是发现自己的学习是自我报答性的，而是认为它对某种外在目的——分数、文凭和工作——是有价值的这种看法就是不成熟的证明"[5]。学习的成效不单单是对知识或者课题的摄入，更是对自我价值的判断力获得与学科及人生价值观的形成。

其二，注重教学设计与教学技术学的密切关系。即怎样教才能实现优质教学，使获得基础知识与基本技能的过程同时成为学会学习和形成正确价值观的过程。如果说其一是学生主体的反思建构，那么这里将是教师引导的空间所在。"迄今为止，教育学在教育制度、课程、教材、教学方法、考试等方面积累了许多知识，但由于严重缺乏人的知识和对教育与人的关系的深入思考……学校功利主义气息浓厚，人文主义气息淡薄。……逐渐地堕落为一个没有教育性'教学'机构、一种纯粹的职业预备或培训机构"[6]。艺术学科在大人文学科方向的功能与价值是显而易见，如何有效地将关乎人文教育涉及的诸如"重塑教育知识中人的形象""师生双方认同的课程内容性质与教学伦理""后现代课程的改革（开发本土课程、注重'大科学课程'[7]、加强人文课程、反对知识霸权）""教学的理性基础（意向性与价值理性、双边性与交往理性、中介性与工具理性、伦理性与实践理性）""现代国家的艺术教育期待""从教学自由到教学艺术再到教学风格""艺术教育之于现代公民品质培养的价值"等此类的教育哲学命题，利用教育技术融入教学设计实践中，是当下艺术学科研究生教学设计需要树立的第二个目标。

北京师范大学艺术学博士生导师梁玖教授在给他的研究生的专门入学课程以及多门设计课程中，均不断地引导学生们认知"以作为求生存，以学术求发展""好好爱自己""出场一次，精彩一次""有心情就有阳光""我的学生只能自然的老死""师生在泽园（学生以导师的'润泽'

教育命名）共同构建学术共同体"等这些人文色彩浓厚、原创性的教育思想，在课程知识的互动中，自然地以范例或故事的方式将这些人生命题融入教学之中。经过几年的修业，学生在这样的"教学场"中，非常自然地将学术、责任、生活、专业、学科人（自然人、社会人、理性人、劳动人等）这些经过长期的教育活动才能根植的抽象概念融入自己的认知与行为当中，有的学生通过长期的修习实践提出了"学术生活化，生活学术化"这样的理念。通过长期有效的师生互动，梁玖教授与他的泽园学术共同体还每年针对不同的学术训练开展不同的实践活动。比如一年一度汇报师生最新学术动态的"泽园学术报告年会"；每年创作作品的"泽园师生创作联展"；一月一次的"泽园袭明纳读书分享会"。可以说，梁玖教授首次按提出的"润泽"教育观发展到当下的泽园学术共同体，已经完全形成了一种特色型的教育模式。这种教育模式的成功，正是厘清了教学设计与教学技术学的关系，在不间断的实验教学中形成的。

二、寻求教育哲学视野下艺术学科研究生综合实践课程的教学设计开发

笔者所带的"色彩学"课程，是一门由教师主体研发的综合实践课程，它的教学论分析思想的核心是以学科素养为主导、以课题内容为导向，运用"取向选题式"双轨教学方式，注重学习者的主体性，同时强调师生互动与生生互动的教学设计。根据几年来的教学实验，笔者认为艺术学科综合实践课程教学论分析要在意向—课题—方法与媒介—条件四个因素上寻求开发依据（见图1）。

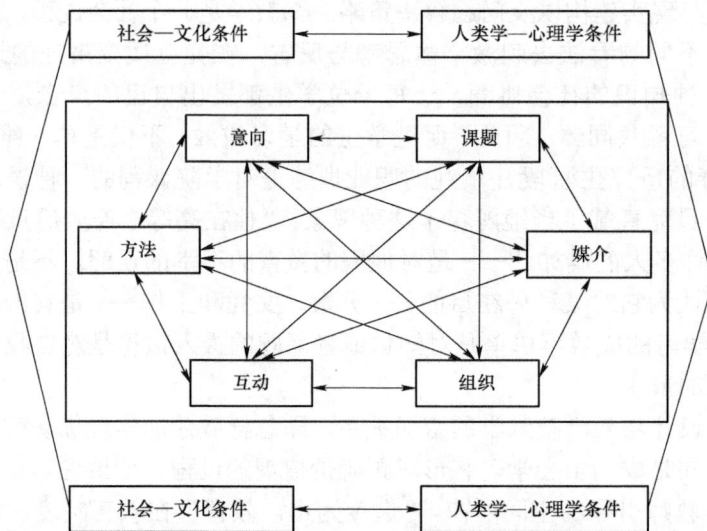

图1 艺术学科研究生综合实践课程教学设计因素图

（一）意向：分析课程内容要阐明什么样的原理性问题

艺术学科研究生的综合实践课程教学论分析的第一要素是"意向"，也就是教师要明晰课程内容是要阐明什么样的学科原理性问题，是带有普遍意义的框架体系。对它的探讨可以使学生在本学科其他课程中范例性地掌握哪些基本现象和普遍性问题，比如规律、标准、方法、技能或态度等。

其中，需要统摄的问题有两个：一是，如何将作为一门学科的色彩知识，有效地传播给来自不同学科和专业背景的学生，在摄入色彩知识的同时，深入地理解作为学科的色彩学框架、作为学理的色彩阐释系统，以及作为学术研究的色彩谱系应用问题[8]；二是，如何让每一位学生都能够形成自己的生态性色彩研究主题，掌握研究性学习的特点与方法。鉴于此，笔者在"色彩学导

论"（色彩本体论）课程中，一方面，导入理解作为学科、学理与学术研究三个维度的"色彩学"框架。强调"色彩学"课程之"学"的特点，区分于本科阶段习得的设计色彩、色彩构成等知识。另一方面，植入研究生阶段的交叉学科与专项研究领域的前沿理念，提出用设计社会学取向研究色彩学的基本思想。讨论该取向的色彩学学科框架是从艺术学、社会学、设计学、美术学、教育学、心理学、文化研究等多学科交叉视角，进行色彩科学道理的系统学问的探索与构建。以此明晰硕士研究生阶段以探索交叉学科与专项研究领域为目的的能力训练。

在研究生初入学阶段，学生一般都对带有"学"的学科、学理、学术这些基本概念发问，对于课堂上许多连自己将来要获得"艺术学硕士学位"都不清楚的学生来说，把这些概念放在色彩学科的谱系中去讲，关键是要帮助学生厘清艺术学门类下，自己的学科与专业位置，比如笔者所在院校选修这门课的学生来自设计学、美术学两个一级学科，以及下设的视觉传达、环境艺术、数字媒体艺术、书画艺术、工业设计（工程）、公共艺术六个专业方向的学术型硕士研究生与艺术硕士（MFA）。厘清了学科门类、专业方向、学制培养差异，学生就理解了"学"的内涵。然后再往下设的知识门类中的"学"去引导，比如作为学科的色彩学，以及专项学术研究领域的设计社会学具体是什么，层层剖开去讲。导论课的目的就是要让学生明晰这门课程师生将以怎样的形式共同去完成，整门课程作为一个持续建设的大课题，将帮助学生获得作为整体知识或者认识、观念、价值观、方法等各个成分与今后教学的作用和联系。

（二）课题：课程关涉课题的特性及其难点

艺术学科研究生阶段的课程讨论课题，一般具有范例性、原创性、交叉性、跨学科以及持续研究性等特点。其一，课题的范例性强调课程的结构内容要具有举一反三的典型特点，学生能够根据自身的先备知识以及学术背景开展建构性的课题研究；其二，课题的原创性是研究生修业的重点也是难点。要在教师进行学术路径引领的基础上，学生能够在某些研究的基础上有所创新或突破。这对于研究生学习的"研究性"是一个难点，需要师生持续推动；其三，课题的交叉性在于教授有效的研究方法或有特色的研究方式，帮助学生能够融合不同的知识生产新的研究框架；其四，课题的跨学科特点。跨学科特点要求学生有比较深厚的其他亲缘学科背景，如果将行之有效的学习内容与研究方式融入课题研究中，将会产生原创性较强的研究选题。这需要教师在入学时做好"师生互动"准备（详见"条件"中的内容）；其五，课题的可持续研究性。有的学生在课程中产生的课题后来被运用到自己的学位论文的选题以及研究方法的使用中，在研究范畴或者研究深度上有所进益。

在该课程中，教师从色彩科学本体论、社会制度中的色彩、社会环境与变迁中的色彩、社会文化中的色彩、社会性别色彩、色彩比较论、多学科色彩研究七个维度进行建构（见图2），将研究对象厘定为：中国当下艺术行为在社会语境中的本质作用及其互动关系以及在设计产品等设计现象中的色彩观念变迁历程、等级色彩使用规律、色彩设计思想与实验、色彩文化资源选择与生态构建、古文物色彩修复原理等课题。研究对象的厘清，与课程的基本框架内容与不断产生的小课题的深层交互，将探讨渗透在每个维度的讲解与互动中，让师生在同一个语境中，持续推动色彩学研究的建设，同时，依据每位学生不同的先备知识与能力特点，教师参与其中进行学术引导。

（三）方法与媒介：分析教学方式的互动效能

分析教学方式是要厘清课程选择的教学方式能否帮助学生获得认知、技能与技巧以及学科素养，明确学生是否在兴趣与动力上与这种教学方式产生有效互动。该课程使用"取向选题式"双轨教学，即是保证课程主题的讨论取向于一个专项研究领域，通过对这个专项研究领域研究对象、研究方法、研究范畴以及前人研究梳理，找到与该门课程主题的互动点，学生将这些互动点拟成

色彩科学本体论

主要讨论色彩科学技术的变迁与动态发展，如人眼的光视觉影响研究、应用视觉与色彩评价研究等，涵盖了光和照明领域标准化；电视、印刷、轻纺、家电、材料、化工、信号、军事、摄影器材等现代科学技术发展应用；计算机配色、彩色图像处理、互联网真实颜色信息传递等现涉及物理光学、视觉生理学、视觉心理学、心理物理学等领域的综合研究。

社会环境与变迁中的色彩

主要讨论在人类生存及活动范围内的社会物质、与精神条件中色彩变迁的动因与形态：如西方长达200年的"蓝色"之争如何导致了代尔夫特（Delft）蓝的产生，中国城市屋顶色彩影响的城市文化变迁等，涵盖了人口与生态范畴、城市化与城市生活范畴、社会运动与文化变迁范畴等领域的色彩课题。

社会性别色彩

主要讨论社会文化判识的男女两性差异及其互动关系的社会属性中的色彩使用权力差异，以及使用规则背后的两性权力差异。如中世纪挂毯色彩反映出的社会性别不平等问题，当代中国不同社会阶层的服饰色彩观研究，孤儿院社会色彩研究，涵盖了社会阶层与不平等、种族与少数民族群体、社会中的年龄与健康问题、社会控制、性别分层、社会角色等领域的色彩课题。

色彩比较论 变迁研究、形态研究、交叉研究、互释研究：
1. 艺术门类下一级学科间的学科交叉研究。
2. 艺术门类与其他学科门类的跨学科研究。

多学科色彩研究

社会制度中的色彩

主要讨论在相对稳定历史时期里社会规范体系里的中西方色彩的规定使用范畴。如早期民俗色彩禁忌中的"五行五色"考，儒学的"色彩等级论"，西方礼拜仪式色彩，限制奢侈法与服装法中的色彩等，涵盖了社会历史研究领域；社会理论研究领域；色彩设计应用基础研究领域等方向的色彩课题。

社会文化中的色彩

主要讨论由社会意识形态构成的观念体系中色彩的基本结构：包含了交通工具、服饰、日常用品等显性社会文化中的，以及生活制度、家庭制度、社会制度与思维方式、宗教信仰、审美情操等隐性社会文化中的关涉宗教、信仰、风俗习操、学术思想、艺术文化、语言符号、科学技术等多维度的色彩研究内容。如西方社会意识形态影响下的婴童服饰色彩变迁探因研究，专项运动服饰与环境的安全色彩研究，涵盖了社会互动与社会网络、社会化、社会分层、社会群体与组织等领域的色彩课题。

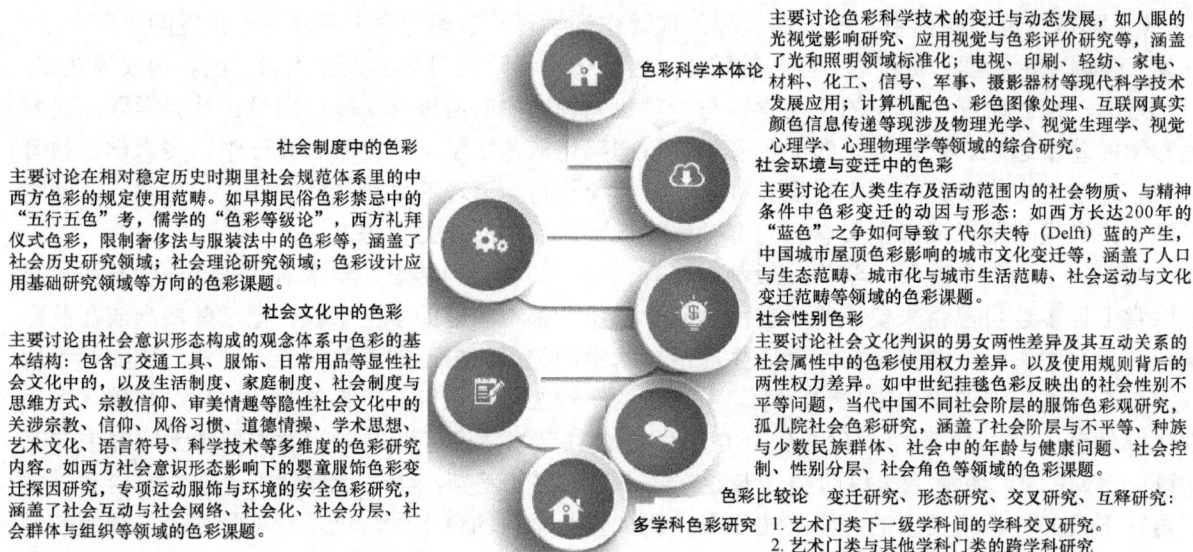

图2 "色彩学"课程体系内涵结构图

一个个选题，在同教师一次次的互动讨论后，确定一个能够持续研究的选题，最终形成文本研究。因此，"取向选题式"双轨教学旨在知识系统输出与学术研究能力的双轨训练方式下培植学生的学科素养。

课程采用学科论、学理论、学术论"三维结构论构建论纲"，从课程结果来看，师生的课题研究成果也有效地形成三维结构框架（以下罗列成果为2017年度课程产生）。

其一，在学科论－设计社会学取向的色彩学研究成果中，①杨梦婉的《设计社会学取向的色彩学分析论纲》，依据设计社会学理论基础，建构了学科论、学理论、学术论三维结构的色彩学科研究分析论纲。学科论设计社会学取向的色彩学辨析了该领域的研究对象、研究方法与研究范畴，强调以艺术学的学科视野、艺术学一级学科研究生基础课程的功能、艺术学科内外多学科研究的路径，以及设计社会学与色彩学两个新兴学科互为能动知识体系的构建。在几年的教学实践中，师生互动研究成果，也与该论纲体系形成了论证模式。②易琼的《堪舆色彩学论纲建构研究》运用堪舆学的相关视角来探析中国传统色彩，运用交叉学科的方法，构建了堪舆色彩本体论、社会制度中的堪舆色彩、社会文化中的堪舆色彩、堪舆色彩比较论的学理结构，填补色彩学中的堪舆研究空白。

其二，在学理论－设计社会学取向的色彩学研究成果中，①王竞旎的《中国非物质文化遗产中的民间造物色彩取向研究》，从色彩意向、色彩选择条件、色彩语言规律三方构建中国非物质文化遗产中民间造物的色彩取向体系，结合民艺学的相关研究系统完善民间设色理论。②王迪的《设计学视野下的中国古代色彩研究表示法——以隋唐帔帛色彩表示为例》，构建与分析设计学视野下的中国当代色彩表现设计原则，重新审视研究中国古代传统色彩表示法的相关理念与方法。结合运用主角色彩和融合色彩的使用原则，重新呈现出区别于当下西方工业色彩表示法的隋唐帔帛色彩的表示法。③陈新如的《礼仪制度视角下的蒙古族女性头饰色彩等级研究》，从蒙古族礼仪制度的相关文献中分析蒙古族女性头饰色彩使用的等级规则，探寻色彩与社会制度的互动关系。④钱浩的《藏传佛教坛城的建筑色彩研究》，通过对坛城建筑以及建筑装饰的实地考察与色彩分析了解了实体坛城与沙画坛城、唐卡坛城之间的转换规律，构建了坛城的五方五色五佛的色彩应用体系。⑤马景浩的《道教色彩观研究》，通过对道教服饰、建筑、宗教仪式色彩的多维度考察，从宗教文化的角度反思道教使用色彩的观念及其行为。⑥王梦雅的《五行五色观视野下的元杂剧鬼魂角色色彩取向研究》，通过对现有 70 余例元杂剧涉鬼戏目的总结，归纳和梳理出一套相对成型的涉鬼元杂剧的色彩学术语系统，统摄元杂剧鬼魂角色的五大种类，构建出"五行五色五鬼五相"的元杂剧鬼魂角色色彩取向体系，并剖析其色彩取向形成的内在驱动力。⑦阿丽雅（蒙古）的《蒙古传统服装色彩研究》，以蒙古留学生的本土视角，分析蒙古传统服装色彩的使用偏爱、色彩符号与象征意义的社会文化层面进行色彩研究。⑧董安琪的《民间枕具色彩体系研究》，探索民间枕具的保健价值与传统五行五色观的相互作用关系，建立传统五行五色观下的民间枕具色彩体系范畴。⑨张雅娇的《清朝官员朝服的纹样色彩等级研究》，通过对清朝官员朝服的研究，总结出纹样色彩的精神文化内涵，以及通过对"五色观"的研究，系统地构建清朝官员朝服的纹样色彩等级体系。⑩朱姹姣的《清朝轿子社会色彩研究》，通过对清朝轿子社会色彩、礼仪制度、制式意蕴等方面的研究，揭示轿子体现的社会色彩以及等级象征。⑪的《清朝云锦的社会色彩研究》，在对清朝云锦色彩特征总结的基础上探究了其色彩搭配规律，完善了云锦色彩形成的社会环境因素，并进一步探索了云锦色彩与现代服装设计结合的方式方法。⑫刘凤梅的《清代御医社会色彩研究》，通过对古人"身体观"的理论分析，对清代御医群体的社会色彩与当今社会的中医群体的社会色彩之间的联系进行研究分析。⑬曾馨的《上古时期中埃冥界绘画图像学色彩研究》，选取中国和埃及上古时期的冥界绘画，用图像学研究方法，对比二者的色彩异同及成因。通过冥界绘画窥探两国色彩使用原则及其被赋予的色彩生死观。⑭赵博明阳的《圣－索菲亚教堂建筑色彩修复研究》，通过对索菲亚教堂建筑色彩的历史、地域文化、宗教、审美习俗、生态等多维度的研究，分析索菲亚教堂色彩在修复与保护层面的可操作行与可能的创新点。⑮孙铭晗的《屋脊兽符号色彩研究》，通过对屋脊兽材质、色彩、数量的差异构成独特的符号语言这一从属于等级制度的符号，考察其在制度变革的现代社会实现了角色和地位的转换，以及伴随时间和空间的改变，屋脊兽符号从建筑所有者身份的辨识标签转变为中国古典建筑的识别符号之一，从日常生活设施中的小碎片转换为被人们仰视的历史文化符号。⑯胡艺靓的《中国先秦陵墓随葬品色彩体系研究》，以新石器时期早期出土的陶器玉器、曾侯乙墓出土的漆器、西周墓出土的青铜器、楚墓镇墓俑等为研究内容，梳理明器色彩体系及内涵架构，从色彩学角度挖掘明器在中国葬墓艺术中的作用与意义。

其三，在学术论－设计社会学取向的色彩学研究成果中，①王佳宜的《中国古代文人群体视角的屏风色彩认同研究》，通过对屏风色彩变迁、文人色彩认同等方面的研究，总结归纳出屏风色彩的发展脉络，明确了文人群体与屏风色彩互动中的认同关系，从色彩视角深入探寻中国现代造物文化的特性。②刘惠欣的《论汉代墓室壁画中的阴阳色彩观》，通过对汉代墓室壁画色彩运用的分析，提出了"阴阳色彩观"作为一种思想与社会文化产生的互动。③宋哲宇的《符号学视野下年画色彩形象设计研究：以武强年画为例》，以武强年画为具体案例，以色彩形象为符号单元，分析年画图案色彩的设计规律。④李凌风的《宫崎骏动画电影海报色彩分析》，用图像数据的方式分析宫崎骏动画电影海报中的色彩要素。⑤李婷婷的《光污染下的城市照明应援色彩规划研究》，针对当下城市光污染问题构建城市照明色彩规划及其应用策略。⑥伊内斯（西班牙）的《红衣女子：红色在阿莫多瓦电影中的使用分析》，以西班牙留学生的本土视野，分析阿莫多瓦的4 部样本电影（Tacones lejanos（高跟鞋，1991）、Todo sobre mi madre（关于我母亲的一切，1999）、Volver（回归，2006）和 Julieta（胡丽叶塔，2016））进行分析。⑦闫迎月、王垚、徐悦然的《北京市公共交通工具社会色彩动因取向研究》，通过调研构建出北京市公交车、共享单车、出租车、地铁、高铁动车五种交通工具的色彩现状。运用调查问卷分析法，以社会性别为工具，通过对不同性别、年龄、职业的人的调查，整理出多角度社会性别视角下北京城市公共交通工具的色彩分析结论。⑧刘秋余的《"五色观"视角下中国动画色彩的国家形象认同研究》，通过"五色观"对中国动画色彩进行系统的梳理，根据中国动画色彩的色彩选取倾向，分析动画色彩对国家形象认同的研究，解读社会行为中的中国动画色彩对国家形象自身的认同，并在此基础上提出构建中国动画色彩国家形象认同的理论支撑。⑨贾维的《论油画主观色彩语言体系》，通过对画家主观情感的分析，探索本体色彩语言与其两者间的互动关系。⑩胡访华的《美国二战时期黑白电影中的黑白影调研究》，从社会学视角研究黑白电影这一独特艺术表现形式中的黑白影调，并研究其对于影片色彩的建构性作用。⑪侯璐的《唐三彩中"青"色选择的社会动因研究》，探索中国本土色彩命名"绿"与"青"背后的社会选择的多维动态因素。⑫张晓的《中国嘻哈服饰色彩与传统文化的融合互动》，通过中国嘻哈服饰色彩的发展脉络和现状，探索中国嘻哈服饰与传统文化的内在联系。⑬秦明的《中国女书法家的心理成像色彩研究》，从中国当代女书法家的艺术作品入手，分析其心理呈现的外化，其艺术作品表现出来的心理色彩。

3 年来的教学实验实证了"取向选题式"双轨教学具有其独特的实践价值。从学习者的视角看，以具体的理论引领打开研究生初级阶段学习的困境，为不同专业背景或跨专业学习的学生提供研究生专业学习的方法，同时帮助学生认知与定位研究生身份的本质特征，为学生提供一种选择学术生活路径的可能。从教育实施者的视角看，能够紧扣不同课程设计所需达到的教学目标，更加明晰研究生培养的规格与标准，更好地建构与使用具有自身特色的教学方式。从教育管理者的视角看，当这个学科的培养目标具有普遍性标准的时候，各个专业的发展特色就更加有底气，从校际、地区间，乃至国际才有可能真正生长出具有自身特色的研究生教育。

（四）条件：分析课程对于学生未来修业阶段的意义

人类学—心理学条件是指那些由教学参与者（师生）带到课堂中的那些相关因素，如学习状态、成熟状态、语言能力、学生肢体语言等。社会—文化条件是指那些来自社会的、在课堂文化流动时间里起作业的因素。例如，修业与家庭背景、年龄、性别、兴趣爱好、宗教信仰、可使用的经济与文化资源等。"这些将对教学产生影响，影响教学活动中的师生间相互交往，左右对教学目标的确定，对教学措施的效果产生作用。教师只有在教学的准备中对这些前提条件了如指掌，才能制定切实可行的教学方案"[9]。本课程在教学设计中，预先设计了提交课程学习报告的环节，在第一周所要提交的三项作业中，其中一项作业是完成"选修"色彩学"课程硕士研究生报告书"，就六个问题进行文本汇报（见图3），以便教师掌握学生的先备知识情况，也让学生提前预热进入课题的讨论分析之中。

1、完成选课报告书（字数4000）
　　选修《色彩学》课程硕士研究生报告书
一、报告人对自身成长环境的陈述与评价
二、报告人的大学教育课程与各课程的成绩
三、报告人的品质与学养和已有成就的陈述与评价
四、报告人对这门课程的学习期望与计划
五、报告阅读"色彩学研究"专栏后的理解
六、报告人初步拟定的研究课题题目

2、请阅读"北京交通大学研究生《色彩学》课程6周阅读书单"第一周书目，提交5个关于设计社会学视角下的色彩研究选题。

3、请以"社会"的语境思考与分析
• （1）观看影片《戴珍珠耳环的女孩》，观察其中的绘画色彩、电影色彩、城市色彩、造物色彩、环境色彩、服饰色彩等等。结合影片描述的事实背景，查找资料，考察自己感兴趣的色彩所代表的社会意义或文化。
• （2）观看影片《汉娜·阿伦特》，结合当时的时代与社会背景，思考"思考"的要义是什么，对于社会来说，学术研究究竟有哪些功能与价值。

图3　选修"色彩学"课程修业报告要求

比如本科与硕士研究生专业均为环境艺术设计的何艺姗，她第一周提交的五个选题分别为①《音乐艺术的社会色彩研究》、②《动物保护色的色彩设计研究》、③《室内设计与当代设计色彩的互动关系研究》、④《变态心理的社会色彩研究》、⑤《世界国旗颜色设计的社会色彩研究》。经过交流了解，她从小弹钢琴，获得业余钢琴十级的水平认证，也学习声乐，比普通人有更加专业与系统的音乐学养，她也想做关于音乐方面的研究，只是不知道音乐与色彩可以从社会学的哪些层面展开思路。由于她没有任何跨学科或多学科研究的思考或设计经验，所以第二周要求她在"音乐"话题的基础上缩小范围，同时其他领域的题也齐头并进。作为教师，这时还不能判断她是否能做音乐与视觉艺术方向的学科交叉的选题。于是在第二周她将选题缩小到《中西方古典音乐艺术的社会色彩研究》。从要求所写的关键词能够看到，她想运用比较的视角对比中西方古典音乐艺术。而其他的几个选题显然没有"音乐与色彩"这条线索走得更远。通过第二轮的讨论，她自身表现出对跨学科研究的兴趣与态度，我就让她将这一选题深化成二级目录，同时不要局限于此，就音乐与色彩的范畴再选两题并撰写二级目录，于是又有了《论当今社会下音乐界中钢琴的"霸权主义"色彩》、《论贝多芬音乐调性背后的隐性色彩》题目及二级目录，通过第三轮对目录的细致交流，发现她对《论贝多芬音乐调性背后的隐性色彩》一题把握相对深入，且题目大小范围较为合适成文。于是让她在进一步阅读并理解了社会学的个体与群体层面的研究视角后，在第四、五周最终将选题调整为《音乐调性与色彩的联觉特征研究》，这篇课程论文也成为2016年这门课程中最具有研究特色的交叉学科范式的研究。这位同学今年毕业论文在该课程论文的基础上做了《室内空间艺术与音乐节奏与韵律的联觉特征及其模式研究》一题的研究，进一步将课程对她的良性影响持续深入地发挥下去。

由这名学生的案例可以看到，艺术学科的研究生教学目标可在交叉学科维度中有所迁移，比如，关于知识的掌握能够包括真正地对事物的态度及其在事物关系中形成多视角的认识，社会的、艺术的、经济的、生态的、历史的、人类的及它们之间关系的认识，确保对已获得专业系统知识综合使用的能力；以不同的方式参与辩论和交换意见；系统思维方式的训练；有效的、目标导向的专业技术在与其他学科整合中的使用；在专业学科框架之外对一般性问题解决策略的掌握和迁移；不同专业方法和运行方式的比较；价值导向力求达到的自我和世界理解能力的拓展，对学科人共同事物关心的责任意识，以及感情投入能力与应变能力的训练。

在中文语境中，较早出现"教学"字样的文献是《尚书·兑命》中的"教学半"一句，后为《学记》一书所引用。不少学者认为"教学"并不是一个词，而是分别指称"教"与"学"这两种活动。但此处的"教"并不完全特指教师主体的引导，从甲骨文的源流看，"教"也是源于"学"，意味着敦促或促进学生"学"的活动。《礼记·王制》中将"学"阐释为"觉也，以反其质"，即学习的本质是不断地"觉悟"以回归本性（善性）的过程。在英文语境中，"教学"（teaching and learning，instruction）的意思是学习、引导展示某事物或者积累。因此，"教""学"不仅仅是指知识的传递和获得，更是引起学生积极的思想活动，以便更好地理解和实践教学思想与伦理原则。"教"的目的是要"引起学习"，而"学"是要"达到一种新的心灵状态（如新的态度、知识、技能、信念或价值观等）"。

在教育视野下思考艺术学科研究生教学设计的问题，既是每一位一线教师的终身命题，也是解决当下艺术学科研究生教学困惑的可操作性方案之一。无论是教师的教学论分析、教学方式与特色、教学环节设计，还是学生的认知式学习、发现式学习、社会性学习，教学是要培养学生的情感，使他们有能力积极参与实现有意义的活动，学会独立的认知、判断、评价和行为的能力，学会对自己的社会行为做出解释，具有对自己行为进行反思的能力，并在活动参与中了解自己与自然和社会现实的关系。要培养他们的历史意识，认清现实生活和可预见性问题，能够认清我们对这些问题所承担的责任，并随时准备去参与解决这些问题，逐步使得师生都在这些行动中，考虑行动间的影响，使自己的行动有意义和有方向，这不仅是民主教育所倡导的联合生活的方式，也是学术共同体构建的必要条件①。

参考文献

[1] 杜惠洁. 德国教学设计研究［M］. 北京：中国科学技术出版社，2008.

[2] 石中英. 教育哲学［M］. 北京：北京师范大学出版社，2007.

[3] 布鲁贝克. 高等教育哲学［M］. 郑继伟，等译，杭州：浙江教育出版社，1987.

[4] 梁玖. "艺术教育社会学"成为学的思考［J］. 艺苑，2014（1）：6－11.

[5] 杨梦婉. 设计社会学取向的"色彩学"硕士研究生课程教学实证研究［J］. 艺苑，2016（2）79－85.

[6] 乌美娜. 教学设计［M］. 北京：高等教育出版社，1994.

[7] 杜惠洁. 德国教学设计研究［M］. 北京：中国科学技术出版社，2008.

[8] 张桂春. 激进建构主义教学思想研究［M］. 大连：辽宁师范大学出版社，2002.

[9] 石中英. 教育哲学［M］. 北京：北京师范大学出版社，2007.

---

① 注：包括本文在内的于该门课程上产生的 7 篇论文均已发表在《艺苑》（2018（3）、（4））"色彩学研究"专栏上。分别为：1.《教育哲学视野下的艺术学科研究生教学设计研究发凡——以色彩学课程为例》（杨梦婉，《艺苑》（2018（3），77～83）；2.《堪舆色彩学论纲建构研究》（易琼、赵湘伟，《艺苑》（2018（3），84～89）；3.《设计学视野下的中国古代色彩研究表示法－以隋唐帔帛色彩为例》（王迪，《艺苑》（2018（3），85～90）；4.《中国古代文人群体视角的屏风色彩认同研究》（王佳宜、马强，《艺苑》（2018（4），62～68）；5.《中国非物质文化遗产中的民间造物色彩取向研究》（王竞旎，《艺苑》（2018（4），69～75）；6.《礼仪制度视角下的蒙古族女性头饰色彩等级研究》（陈新如，《艺苑》（2018（4），76～80）；7.《北京市公共交通工具社会色彩动因取向研究》（闫迎月、王垚、徐悦然，《艺苑》（2018（4），81～88）。

英语翻译硕士专业翻译课程教学改革探讨

卢明玉　　冯祥君

（北京交通大学语言与传播学院，北京 100044）

摘　要： 北京交通大学语言与传播学院自设立英语翻译硕士专业（MTI）以来，在课程建设、教学内容、方法、手段的改革以及人才培养等方面做了大量的研究与实践工作。针对翻译课理论和实践相脱节的问题，建构了翻译系统化教学模式，形成学以致用、为用而学的良性循环。针对翻译课教师一言堂、经验谈的问题，建构了批判性思维训练模式，培养了学生了独立研究能力，促进了师生的互动和教学相长。针对翻译课偏向学术性抑或偏向趣味性的两极分化问题，建构了翻译课学术性与趣味性相结合的教学模式。针对翻译学科画地为牢的局限性问题，建构了翻译与听说读写和其他学科相结合的教学模式。建构了参与式翻译教学方法。有效利用现有师资力量，优化组合，发挥教学优势；形成教学科研互长。建构多环境教学模式，同时，建构了理论结合实践、从技能培训到素质能力培养的特色体系。

关键词： 英语翻译硕士专业　翻译课程　现存问题　教改模式　系统建构

北京交通大学语言与传播学院自设立英语翻译硕士专业（MTI）以来，在课程建设、教学内容、方法、手段以及人才培养等方面不断探索、改革，经过长期的研究与实践工作，取得了一定的效果和成绩，然而，翻译教学还普遍存在一些误区和通病，需要在继承发扬优良传统的基础上，探索出一套特色鲜明、适应新世纪翻译人才培养目标要求的课程体系和教学模式，以系统的建构和全面的改革，解决翻译课当前的系列问题。因而，首先要对翻译课现存的问题进行系统总结、归类，然后，针对这些问题，进行系统的建构，以适应新时代、新形势的要求。

一、针对翻译课理论和实践相脱节的问题，建构了翻译系统化教学模式，形成学以致用、为用而学的良性循环

翻译理论的教学和翻译技巧等实践方面的教学存在脱节的问题，学生和教师有的只注重翻译实践、翻译技巧的传授和学习，而忽视翻译理论对翻译实践的指导作用。这样，造成翻译课讲授的知识零散、缺乏理论基础、不成体系，学生很难融会贯通，形成较深的认识。

对翻译理论和实践的教学进行系统化建构，使翻译理论和翻译实践有机结合。一方面，在讲授翻译理论时，有效地结合具体翻译文本进行阐释，使学生从抽象到具体，形成理性和感性兼备的认识和体验。国外原版翻译著作中不乏相应的个案文本分析，通常选取典型的、有名的作品作为例子说明翻译理论是怎样从具体的翻译实践中总结出来以及某种理论在具体文本中的应用[1]。

另一方面，翻译教学总是将翻译赏析与翻译练习结合起来，使学生有章可循、有样可依。对翻译赏析的透彻分析可以以相应的翻译理论作为工具，选取相应的透视视角，总结出规律性的东西，使学生在之后的翻译练习中不但能够运用习得的翻译技巧、策略、方法，还能从更高的层面确定相应的翻译的目的、原则和标准，以指导具体的翻译实践。

这样，建构出来的翻译理论与应用相结合的系统化教学模式，使学生不再惧怕和讨厌理论学习，形成学以致用、为用而学的良性循环。

二、针对翻译课教师一言堂、经验谈的问题，建构了批判性思维训练模式，培养了学生独立研究能力，促进了师生的互动和教学相长

翻译曾经一度被认为是一种技艺，而不是科学[2]。这种观念影响了翻译教学对批判理性思维训练的侧重，翻译课成了教师经验谈的一言堂，学生亦步亦趋或缩手缩脚，缺乏挑战权威、直抒己见的自信和开拓思维、勇于创新的睿智。

针对这种情况，我所在教学中重视翻译理论与实践的思辨性、批判性和创新性的研究能力的培养和训练。如师生对不同翻译理论进行思辨性的、批判性的和创新性的探讨，要求每个学生发表己见，鼓励学生大胆批判、独立构建、在争辩中创新。

在翻译赏析、翻译练习等实践教学环节，打破参考译文、教师译文的权威地位，构建每个学生献计献策、争相优译的课堂气氛。进行评析训练，提高其洞察力、理解力和分析能力。

这样，建构出来的批判性思维训练模式，不仅体现在翻译理论的探究上，也表现在具体译文的精益求精上，从而培养学生的独立研究能力，促进师生的互动和教学相长。

三、针对翻译课偏向学术性抑或偏向趣味性的两极分化问题，建构了翻译课学术性与趣味性相结合的教学模式

翻译课容易走向学术性抑或趣味性的单一特征的模式。建构翻译课学术性与趣味性相结合的教学模式，可以在融入学术性的教学内容的前提下，给学生更多的选择空间和自由，让他们依照自己的兴趣，进行相应的组织和安排，尊重学生的意愿和偏爱，以调动他们主动参与的积极性。如学生自己找喜欢的文本来进行分析和汇报，如采用学生互评的评价模式，又如让学生集思广益、广泛提供文本材料，形成练习和考试的习题库，并提供多种选项，让学生择一进行翻译。还可以师生换位，让学生考老师，学生考学生，增强课堂的挑战性。

建构翻译课学术性与趣味性相结合的教学模式，保证学术性的本质不变，在教学形式上求变求新。学术性的本质体现在教学内容上，应具有一定的理论高度和难度，各个教材都讲的翻译技巧和方法就不宜照搬套用，网上能查到参考译文的翻译就不宜留作作业，教师应另辟蹊径，或自译或广罗翻译文本，提供鲜活的练习原本，另外，对翻译技巧和方法的讲解应跳出传统的知识点框框，根据个人译介经验和体会，结合翻译名家的总结，走出老生常谈、人云亦云的局限。

四、针对翻译学科画地为牢的局限性问题，建构了翻译与听说读写和其他学科相结合的教学模式

翻译实际上是和听说读写等基本技能紧密联系、相辅相成的，但实际的翻译教学往往强调翻译学科的独立性，而忽视和听说读写的融合。没有听和读的大量输入作为前提，没有说和写的输出训练作为基础，光进行翻译训练和讲解，就是无源之水、无本之木，师生都感到力不从心。因而，翻译课上以及翻译课下都应有一定的听说读写练习，使听说读写译这五项基本技能互相促进，提高语言综合能力（既包括原语，又包括译入语），尤其提升翻译水平，达到从量到质的飞跃。如翻译应与大量的听和背训练相结合，背诵英文美篇以增强丰富表达的储备。

翻译教学是一个跨学科、跨文化性质的教学，但实际的翻译课往往画地为牢，并没有和其他学科的知识融为一体。翻译教学应走出自身的局限，与广博的知识形成系统。例如，翻译中的不

同文本类型代表着不同的学科，教师应结合相应学科的特点来进行翻译的讲解，如广告、科技、商务、法律、新闻、医学、铁路等的翻译涉及各自学科的特点和基本知识。因此，要建构弹性课程设置，分文体、分类型（学术型和实践型）。教学计划中应用文体的翻译占到了很高的比例，如科技，经贸，旅游，法律等，从而增强学生就业后的适应性和竞争力。

五、针对教师一人一班的师资分配僵化问题，建构多人一班的授课模式，优化组合，发挥教学优势

翻译课没能突破传统授课模式，一门课从头到尾 16 周，只由一名教师任教。这样，就要求授课教师是多面手，不能充分发挥其专长，教师压力大，教学优势没能凸显，劣势又无法规避。假设翻译课配备五名老师，各有专长，通过优化组合，让每位老师负责 3 周课的教学，每周重复五次课，根据他们各自的研究方向，选择不同周次，这样，充分发挥每位教师的专长，既减轻了教师的备课压力，又体现了他们的教学优势，学生有了更多的新鲜感，翻译课也增强了教学实力。

六、针对教学体系死板单一的问题，建构了多元参与式教学体系

通过对传统的翻译教学模式进行反思，探索并实践了参与式翻译教学方法[3]，使学生参与到教师的学术研究中、参与到教师的课堂教学中、参与到社会实践中，使教师参与到学生的翻译实践中。总而言之，"参与"贯穿在整个翻译教学过程中，从译前、译中到译后，从课内到课外，从课堂到社会，从被动评估到主动评估，在教学过程的每一个环节都强调师生交互式参与。

（一）教材建设推陈出新

翻译课程教材建设经历了从零散到系统的过程。初期，由于条件的限制，我们先后使用的教材针对性、适用性都不强；本团队近年来编写教学讲义，一经使用，反响很好，受到学生的广泛欢迎和一致称赞。这极大地丰富了翻译课的教学内容。与此同时我们为学生精挑细选了质优量足、与教材配套的扩充性资料，供学生参考。另外，我们还选用了一些外出访学教师以及外教从国外带回的最新资料（如声像资料以及生动有趣的图片）与教材配套使用。上述扩充性资料的使用，极大地拓宽了学生的视野。值得一提的是，在此基础上，为了确保教学内容新颖、先进，我们紧跟时代步伐，立足翻译教学科研前沿，现在，该讲义已经试用几年，教学效果良好，即将替代现用教材。

（二）教学手段先进合理、教学方法科学多样

教学手段方面，传统的翻译教学多采用板书形式提供例句，而后进行解释。其最大的不足就是耽误课堂教学时间，延缓教学进度，使课堂气氛呆板，无法充分调动学生的学习积极性，不能有效地激发学生的学习潜能。为了克服这些不足，我们充分、恰当地运用现代教育技术手段（包括多媒体设备和网络资源等），将网络资源实时引入课堂，使得课堂教学时间得以充分利用，教学进度得以有效保障，学生的学习潜能得以充分激发。

在教学方法方面，我们大力推行教学改革，鼓励教师们积极探索、合理运用新的教学方法，以启发式、讨论式、发现式和研究式等多种新的教学方法来代替以教师为中心的传统教学模式。我们以学生为主体，以教师为主导，在加强基础训练的同时，结合启发式、讨论式、发现式和研究式等多种新的教学方法，充分调动学生的学习积极性，激发学生的学习动机，最大限度地让学生参与学习的全过程，使学生在运用知识的过程中培养英汉翻译能力。比如，就课程教学而言，理论与实践的关系问题长期存在，而理论界却对此一直莫衷一是[4]。我们认为，对于翻译硕士专业的翻译教学来说，过多的理论教学显然不太适合学生的理解水平，但一味地埋头于实践也不利

于提高学生分析问题、解决问题的能力，严重制约学生理论水平的提升。因此，我们紧密联系实际，对于那些较难的基本原理和方法，主要采用讲授法，用相应的例子来简明扼要地阐释翻译的基本性质、基本原理和基本方法。以此为基础，将讲授、讨论、启发等多种教学方法紧密结合，通过课堂讨论活跃学习气氛，启发学生由浅入深、循序渐进，切实领会翻译的实际操作过程，为学生创造一个建构性的学习环境，实现从"授人以鱼"向"授人以渔"转变。

（三）建构多环境教学：传统教学环境+实践教学环境+网络教学环境

一方面利用现代教育技术提高课堂信息容量，另一方面以创新的教学模式和教学方法改造传统的教学环境，同时利用网络资源作为课堂的延伸，使学生能够在多环境中得到提高。

另外，积极推进校外教学基地的建设，使学生在社会实践中锻炼提高、学以致用。组织学生参加多种翻译活动。

（四）建构从技能培训到素质能力培养的特色体系

一方面我们强调翻译理论与翻译实践教学的紧密结合，以英汉语比较的理论研究来指导翻译实践。许多高校将翻译课程定性为技能培训，以实践为主，我院的教学模式中却坚持理论思辨与实践能力并重，通过引导学生参与教师科研、组织学生参与教学和评估，使学生的研究能力和综合素质大幅度提高。

（五）建构教学科研互长的良性循环

我们强调以科研带动教学、以教学促进科研，近年来，本团队先后承担多个国家级、省部级和校级科研项目，发表有关英汉语言对比、翻译理论和翻译技巧的论文三十余篇，这些教学研究成果不断地补充到课堂中去，使学生随时都能了解到国内外翻译领域的前沿动态。可以说，英语系的翻译硕士课教学内容就是教师们多年积累的翻译教学科研成果，而教学中出现的新问题又会促使教师们萌发新的研究课题。这样，科研与教学互相带动，融为一体。

参考文献

[1] MUNDAY J. Introducing translation studies：theories and applications [M]. London：Routledge，2001.

[2] 李田心. 不存在所谓的翻译（科）学 [J]. 中国翻译，2000（5）：8－10.

[3] 韦弗，威尔丁. 参与式教学的五个维度：教师实践指导手册 [M]. 重庆：西南师范大学出版社，2016.

[4] 曾剑平. 论翻译教材编写的理论与实践结合原则 [J]. 中国科技翻译，2012（3）：50－54.

"设计表达" 课程中对拓展学生创新性思维的探索

李旭佳

（北京交通大学建筑与艺术学院，北京 100044）

摘　要： "设计表达" 这门课程通过多个实践性训练培养学生对事物的观察力、逻辑思考、换位思考以及抽象和归纳的能力。不同的课题分别涉及语言、文字、图画、音乐这些不同的思想表达方式，每一个都尽量让每位学生能学习到从多个角度思考问题，在不同程度上扩展自己的思路，看待问题的视角也变得更加多元化，从而发掘出自身更多的潜能。
关键词： 交流互动　换位思考　创新性

一、概况

在现阶段的研究生课程讲授中，很多的授课方式仍然采用传统的讲授方式，即单向讲解，教师在台上讲，学生在台下听，这种传统授课方式可以说是对高中时期教学状态的延续。输入式的教学方式对学生自身的素质要求较高，要求他们具备较为坚实的基础知识，能较好地理解和消化老师讲授的内容，并且在这种讲授方式下，学生与老师之间的互动较少，老师要了解学生对于讲授信息的掌握程度只能通过对学生提问来判断。在教师常用的教学方法里单向讲解是最常用的，但是学生的反馈意见表明，它在对学生有帮助的教学方法里排在最后。这绝不是否定传统的讲授方式，而是更关注研究生们的独立思考能力和创新能力的培养。对于研究生的培养，我们的目标是培养出有独立思考能力、有创新意识的人才。那么，如果仍然只采用传统的讲授方式，是否适应现阶段的研究生呢？

二、课程模式建构

近 10 年来，科技的高速发展使我们获得信息的渠道越来越广泛，各种信息资源充斥着我们的视觉和听觉，学生们需要的不是获取知识的途径，而是如何的选择。现在的学生并不缺乏收集资料的手段，但是他们学习和研究的方向缺少教师指导性的引领。针对已经有自己独立思维能力和组织能力的研究生来说，我们要引导他们从更多的角度来思考问题，发现问题，解决问题，而不是简单直接地告诉他们答案。在研究生的培养计划里有导师推荐的书籍，那么推荐的书籍一定是导师觉得在这个领域里有指导性和前瞻性的书目或文章，为什么是推荐书籍而不是直接讲授这一研究方向的内容，就是考虑到学生的自主思维的建立。"授人以鱼不若授人以渔"，这句话不是一堂课的教育方式，而以一种教育态度。就像幼儿学步，我们对孩子的帮助和扶持是为了让他学会自己行走，而不是扶他一辈子，让他失去行走的能力；对于学生思想上的独立性和创造性的培养更是如此，我们对研究生的教育是为了让他们更好地独立操作和研究。

在教学的过程中我发现研究生们都具备较好的设计能力，但是在语言表达和文字描述方面相对比较欠缺，因为一方面他们缺少表达自己思想的机会，一方面他们更习惯用图纸来表达思想。这种不熟悉和不熟练让学生们在语言思维上呈现出逻辑混乱、概念模糊、表达不准确、重点不突出、局部会有习惯性地重复等问题，这些都造成学生在语言表达和撰写文稿时的不自信。这门课程开设的意义就在于此。

课程的计划包含两个部分的内容，第一部分主要是通过多个实践性练习来培养学生在感知（包含视觉、听觉）、文字、语言、绘画、音乐这五者之间的思维转换和对事物的观察分析的能力，并能组织有序的语言来表达空间场所、设计思路、场景构想、综合评述等多方面的内容，提高学生在空间形态构想、语言的逻辑组织、对事物的观察力、逻辑思考、综合归纳等方面的能力。大概分为5个模块，包含空间感知与语言之间的转换，文字与图纸之间的转换，文字与绘画之间的转换，文字与音乐之间的转换，音乐与绘画之间的转换。每位学生根据自己的经验和感知呈现出不同的表达内容。第二个部分主要包含两个模块，一个是关于两人小组之间的文字与文字的交流互动，一个是产品设计。这一部分重点在训练学生的交流互动，要学会倾听，学习引导，学会换位思考以及团队合作。

三、课程训练模块

在空间感知与语言这一部分的课程中，要求学生将自己去过的感兴趣的空间场所先通过语言表达进行描述，因为人们在不同的空间中行走，对周围场景变化的感知重点有所不同，在描述时要针对其观察重点与盲点。这个过程是一个相对完整的包含时间维度的行进和感知的过程，再让其他同学通过他的描述，绘制出这一空间形态的二维或三维图纸。这一过程中其实包含着从视觉影像转化成语言，又从语言转化成图纸的一个多重元素转换过程。每一个转化过程都存在着差异，需要引导讲述的学生传达出一个相对符合大家认可的时间和空间的尺度，并且还要注意语言的引导性和艺术性。每一个学生在听取别人的陈述时都会思考其表达的合理性、空间的秩序性，反复印证准确判断，并在脑海中架构一个空间模型再将它绘制出来，这一切都必须独立完成。通过让学生对景观环境、建筑空间、室内空间等多种类型的空间场景的观察，并有效地组织自己的语言表达出空间场所环境的形态和功能，培养学生对事物的观察能力，在语言方面的逻辑组织能力以及和他人交流沟通能力，培养学生的洞察力、逻辑思考和语言表达能力。要求学生合理有效地组织语言，语言表达主从有序、层次分明、准确合理。说实话，这个过程一开始并不愉快，讲述的学生总是被打断，因为其表述的不准确或者口语化或者重复，很容易让听讲的学生忽视重要信息，通过训练，让大家认识到如何表达才能让人重视你想表达的重点，最终达到双方在理念上更加接近。思考的惯性和语言表达的惯性都容易引起误导，所以这一方面的训练尤其是要注意到自己与其他人之间的差异，行为习惯、思维习惯在设计时都需要有代入感，也就是换位思考，这样更有利于这些未来的设计师们设计出"以人为本"的作品。

实现文字与图纸的转换，则是选择一篇带有空间环境内容的文章让学生们研读，将其文字仔细梳理，解读，并转化成图纸呈现出来。学生也可以自行加强这一方面的练习，训练自己的理解和转化能力。这种训练是一个长期的过程，如何解读文字，如何将文字表达出的空间内容转化成图纸，这种训练能加强学生对于文字的掌控，让他们寻找并发现文字的魅力，让文字表达更加精准，让自己输出的信息更加专业和准确。

还有音乐与文字，音乐与图画，图画与文字三者之间的通感训练。这分别设计了三个课题，每个课题对应一项。三者之间的转换主要是为了训练学生们在艺术层面的通感，人类表达自己思想的语言主要有三种：文字，音乐，绘画。它们可以说是相通的，而设计就是追求艺术与技术的融合，相关艺术领域的对话有助于激发学生的想象力，拓展他们对艺术的理解和思考。正如同艺术教育不在于是否让学生学到绘画或唱歌的技艺，而在于艺术感觉有没有被打开，一旦打开这扇大门，能让他们更深入地体会到艺术作品带来的更多的思维上的自由，也希望他们今后在设计作品时有更多维度的思考。有些学生的作品很惊艳，这些学生平时并没有展示给其他人自己这一方面的特质，通过作品的呈现和解读，思想的输出与反馈让他们变得更自信，也更善于展示自己。

在文字与文字的交流互动过程中主要是让学生学习倾听、分析和掌控方向。现在的学生有两种倾向，一种是不善于表达和表现，一种是只按照自我的意愿表现，对周围的反馈缺少敏感度。这一环节的训练过程主要采用两个人一组，每人轮流讲一句话，一共十二句话，共同构建一个场景或故事。每个人说的句子数量经过多种尝试，调整了很多次，最终确定的六句话的数量既能够让学生保持专注力和热情，也能够较好地构建一个相对完整的场景或故事。这个训练是为了加强学生们在今后的交谈和对话中学会倾听的同时学会掌控和引导话题。这是一个优秀的设计师应该具备的能力。学会倾听让他能充分了解对方的需求，学会掌控和引导，又让他能更好地传递自己的理念。而且在这个训练中老师能比较容易地了解到每位学生的强项和弱势所在，也让他们能更好地认识自己，对自己弱势方面的训练也能有所侧重。

第二部分的产品设计和通常意义上的产品设计有所不同，这一训练更关注学生对原有的产品延伸出的功能构想或者是对一个假想课题的发散性思维。学生在充分了解了某种产品的诞生、发展的过程后，对其未来的演变进行设计，一方面有对现在衍生出来的附属功能的开发，一方面有对未来发展趋势的假设。主要是希望学生能打破常规性的思考，对设计的思考不要局限于习惯性的认知以内。

四、课程反馈

课堂的气氛相对轻松，但是却很"烧脑"，一是因为作业量比较大，二是因为每次的课程作业都需要每个学生进行展示，这是一个思考和互动的过程，学生在刚开始上课时还不是非常适应，但一般上了两次课后就会比较快地进入状态，看到大家变被动接受为主动提问，作业也越来越展示出大家在对课题进行了主动思考后的创意发挥，这都是非常明显的进步。

这门课还要求每一项作业都需要每位学生到课堂上进行展示，这一方面训练了每个人的表达能力，一方面要求大家积极提问，化被动思考为主动思考，促使他们大量尝试换位思考，打破常规的思维方式，拓展思路。因为这一课程的选课学生来自，环境艺术、视觉传达、数字媒体三个专业方向，专业的不同让他们在讨论和思考时有各自不同的视角，更容易碰撞和衍生出新的想法。

五、结语

这几年来的学生课后感中虽然对不同的课题有不同的理解，但都对这一门课程带来的新的启发感觉受益匪浅，这和我对这门课的设计相符。这门课程已经开设了六年，每年的课程内容都会有些改变，从最初的比较单一的文字与空间之间的转化到我在前文中讲到的两大模块，而这一学期我又将对身体语言的观察和解读加入到课程当中。新内容的加入使得我们对于整体的表达训练更加完整。虽然多样化的课程训练在短时间内不会出现一个立竿见影的效果，但是每一个不同的课题都尽量让每个学生学习到从多个角度思考问题，在不同程度上扩展自己的思路，学会换位思考，看待问题的视角也变得更加多元化，也能让学生们发掘出自身更多的潜能。设计的最高境界就是艺术，而艺术是相通的，我希望能通过课程训练打开这扇互通的窗，让学生能更多地激发灵感，发现美，创造美。

MPAcc学生职业能力培养

——基于"高级财务会计理论与实务"课程教学的思考

李玉菊

（北京交通大学经济管理学院，北京 100044）

摘　要： 从MPAcc核心课程"高级财务会计理论与实务"教学角度对会计专业硕士教育中职业能力培养问题进行探讨。认为会计职业能力包括实务操作与学习能力，职业判断能力，信息归纳与分析能力，解读、说服与沟通能力，建议教师根据课程目标和教学内容，采用启发—交流—互动"的开放型教学模式，运用讲授与讨论、案例设计与分析、专题研究相结合的教学方法，培养学生的职业能力并将会计职业道德教育贯穿于教学的全过程。

关键词： MPAcc　职业能力　高级财务会计理论与实务

一、问题的提出

社会对会计职业能力的要求与会计环境密切相关。经济与技术的快速发展，给会计工作带来巨大的机遇与挑战。一方面，由于信息技术的发明与推广，会计电算化极大地减轻了会计人员日常手工记账、算账及编制财务报表的工作量；另一方面，随着经济全球化的推进，公司商业模式、金融衍生品以及交易方式的不断创新，会计环境发生了巨大而深刻的变化，经济业务的会计处理需要更多的职业判断，要求会计人员不断学习新知识，更新知识储备，同时会计信息对企业经济活动的综合诊断和辅助决策功能日益增强，要求公司高层次会计人员利用会计信息参与管理层的决策，并提供决策结果的财务分析及有关解读资料，承担说服和协调沟通工作。这就要求会计人员不仅需要具有良好的实务操作能力，而且必须具备综合素质。肩负高端人才培养使命的MPAcc（会计专业硕士学位）教育应当适应会计人才的需求变化，这是每一位MPAcc任课教师应当认真思考与高度重视的问题。正如王军所论"让我们的学生更多地被社会重用……"[1]，这既是会计专业硕士教育被社会认可的重要标志，也是检验MPAcc教育质量的重要依据。而我们的MPAcc学生能否被用人单位认可与重用，最重要的前提是我们培养的学生走上工作岗位能否满足社会对会计职业的能力需求。基于此，本文主要从MPAcc重要核心课程"高级财务会计理论与实务"的教学角度，对如何培养MPAcc学生的职业能力问题进行探讨。

二、MPAcc的培养目标与人才培养现状

据全国会计专业学位研究生教育指导委员会，中国会计硕士（MPAcc）专业学位教育发展报告（2004—2014）资料显示，自2004年国务院学位办批准12个省份24所院校开展MPAcc培养工作以来，经过2007年、2010年和2014年三次新增学位授权点，目前具备MPAcc人才招生及

培养资格的院校已增至 117 所。截至目前，我国的 MPAcc 授权点已覆盖全国 30 个省份，仅有海南省尚未开展 MPAcc 人才培养工作（不包括香港、澳门、台湾）。十年来，各培养单位累计向社会输送 MPAcc 毕业生超过 2 万人，但我国会计人才仍然呈金字塔结构，在目前我国已有的 1 600 万会计从业人员中，具有研究生学历的从业人员仍不足 1%，可见我国高端会计人才仍很匮乏，培养任务仍然十分艰巨。MPAcc 是会计学专业硕士学位，与学术型研究生培养目标不同，强调分析和解决实际会计问题的应用型人才培养，其培养目标及具体要求如图 1 所示。

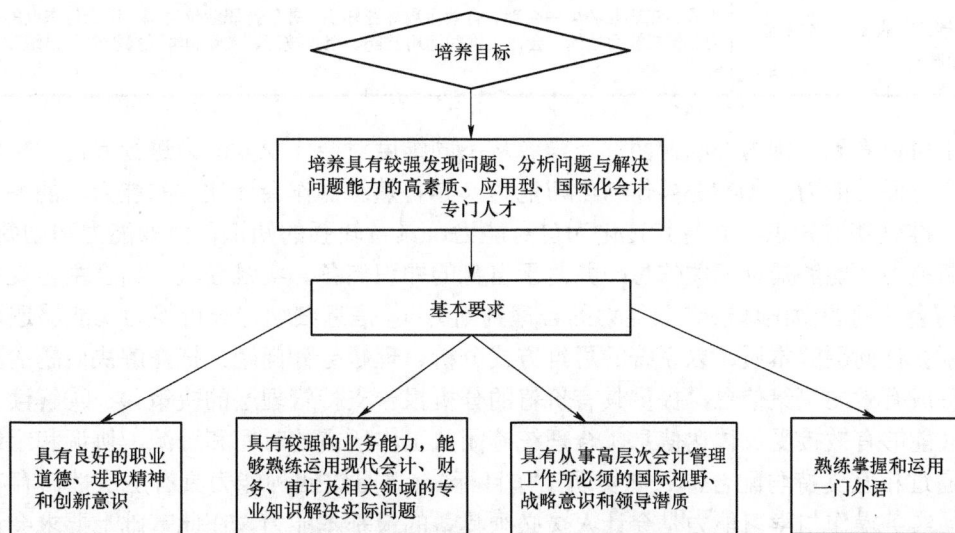

图 1　MPAcc 的培养目标与基本要求

三、会计职业团体及学术界关于会计职业能力内涵的观点

会计职业能力是用人单位检验会计人才培养质量的重要依据，因此备受学术界及实务界的广泛关注，国内外许多会计职业团体及学者对此进行过研究，并持有不同观点，如表 1 所示。

表 1　学术界及会计职业团体关于会计职业能力内涵及培养重点的观点

研究学者	关于会计职业能力内涵及培养的观点
Kavanagh& Drennan	扎实的基础知识、更为丰富的工作经验，通用商业意识、职业道德和伦理知识、跨学科工作能力和人际关系处理能力等[2]
林志军、熊筱燕	职业品行、计算机技能、外语水平、人际关系、决策能力、分析（批判）性思维、写作水平、团队合作、领导才能、语言交流能力是受访者最看重的技能[3]
许萍	职业知识、职业技能和职业价值观三个模块[4]
邵瑞庆	会计工作者除了具备传统的会计专业技术外，还需要具有多思性、多问性、开放性与综合性的思维能力[5]
孟焰、李玲	会计人员在掌握经济基础知识、企业管理、会计知识的同时，还要具备良好的职业道德、领导能力、人际交往能力、沟通能力、职业判断能力以及在不熟悉的环境下解决各种异常性问题的能力[6]
会计职业团体	关于会计职业能力内涵及培养的观点
国际会计师联合会（IFAC）	知识、技能、职业价值观
国际管理会计师协会（IMA）	计算机操作能力、运用科学技术的能力、网络应用能力、会计软件应用能力、说服和沟通能力等

续表

研究学者	关于会计职业能力内涵及培养的观点
澳大利亚注册会计师协会（CPA）和特许会计师公会（ICAA）	报告撰写、计算机素养、分析和解释数据、道德推理、调适能力、终身学习能力等
美国高等商学院联合会（AACSB）	倡导会计教育必须反映会计职业的广泛适应性，会计课程应强调基本理论、概念、原则和问题解决能力，关注书面和口头沟通能力、注重对学生批判性思维能力的训练
我国 2007 年颁布的《中国注册会计师胜任能力指南》	具备在职业环境中合理、有效运用专业知识，并保持职业价值观、道德与态度的各类职业能力，包括智力技能、会计技术和运用技能、个人技能、人际和沟通技能以及组织和企业管理技能

从表 1 可以看到，国内外职业团体及学者从不同维度对会计职业能力进行界定，总体来说包括以下四个方面的能力：①实务操作与学习能力（具备熟练操作会计软件的能力，能够以快捷、高效的方式准确获取知识，并将其转化为自身能力，具备较强的知识再获取能力和创新意识）；②职业判断能力（能够捕捉相关信息，并基于自身的知识储备、实践经验，结合主客观环境，对现实存在的会计问题做出体现专业能力的合理判断）；③信息归纳与分析能力（能够透过表面现象有效识别会计问题的本质，以系统的思维方式分析、理解会计问题，把握解决问题的基本原则和路径，形成有效的决策信息，提供具有价值的分析报告支持管理层的决策。）；④解读、说服与沟通能力（能够有效接受、传达信息，合理统筹团队工作所需的时间和资源，协调和组织团队相关工作，通过相互支持与配合，共同实现工作目标）。并且这四种能力具有层次性，存在递进关系。其中，实务操作与学习能力是会计人员必须具备的最基本能力，在此基础上要求会计人员在面临复杂经济活动时对会计业务的处理具有职业判断能力；在具备实务操作与学习能力和职业判断能力的基础上，要求会计人员对通过系统生成的会计账簿及报表信息进行归纳与分析，提供进一步提炼的管理决策信息，参与企业管理层的决策；在此基础上要求会计人员能够通过财务数据的分析处理对管理层所做出的决策进行解读，并与相关部门进行沟通协调，承担说服工作。会计职业能力的构成如图 2 所示。

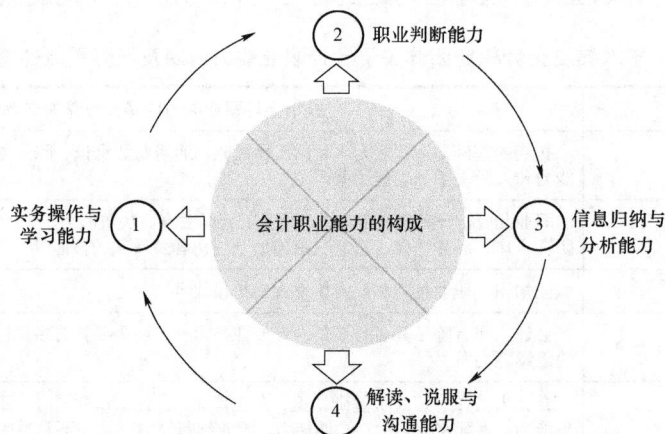

图 2　会计职业能力的构成

四、"高级财务会计理论与实务"课程对 MPAcc 学生职业能力的培养

MPAcc 核心课程由"高级财务会计理论与实务""高级管理会计理论与实务""高级审计理论与实务""高级财务管理理论与实务"四门课程构成，与其他课程相比，MPAcc 核心课程的教学

对于会计专业硕士职业能力的培养至关重要，尤其是"高级财务会计理论与实务"课程对学生实务操作能力、学习能力和职业判断能力的提升，直接影响其他能力的培养效果，应当在提升学生实务操作能力、学习能力和职业判断能力的同时，兼顾其他能力的培养。

（一）"高级财务会计理论与实务"课程对 MPAcc 学生职业能力的培养重点

"高级财务会计理论与实务"是 MPAcc 核心课程的重要组成部分，也是会计专业硕士接触的一门与会计实务操作及职业判断直接相关的会计学课程，它是在大学本科学习的"会计学原理""中级财务会计学""高级财务会计学"等相关专业课程的基础上，对财务会计理论的进一步深化与系统掌握，对实务问题的广度思考与系统分析。本课程以会计理论为基础，强调财务会计的经济后果，从资本市场对会计信息的需求出发，分析影响会计信息供给质量的因素及高质量会计信息的生成机理；分析会计信息规则性失真、行为性失真、违规性失真的深层原因及其分类治理方法；关注会计政策选择、盈余管理及其经济后果；探讨会计规则制定、执行及监管对高质量会计信息的保障作用。在此基础上探究会计概念框架存在缺陷所导致会计准则不完善对会计信息质量的影响，并对商誉会计有关理论问题进行探讨。本课程主要涉及会计报告环境、公允价值计量、公司间投资、企业合并、合并报表的基础及其复杂业务、并购日后合并报表、非控制性权益、公司内部交易、外币报表折算、金融工具会计及会计理论与实务的前沿与热点问题等。通过本课程的学习为学生学习后续相关核心课程及其他课程奠定重要的理论和方法基础。针对会计职业能力的构成，和"高级财务会计理论与实务"课程的性质与特点，对学生职业能力的培养侧重点如下。①实务操作能力与学习能力。在已有相关会计知识的基础上引导与培养学生对复杂会计实务操作规范和程序的理解与掌握，使学生掌握公司间投资及其分类、不具有重大影响的投资及在联营企业投资的会计处理，掌握企业合并的收购法、购买日后母公司单独报表中对子公司权益的会计处理，掌握企业合并中商誉和廉价收购利得的会计处理及商誉减值测试方法与会计处理；掌握公司内部存货交易、土地使用权等无形资产交易、机器设备等固定资产交易及债券交易等会计处理，掌握结构化实体的认定及报告方法、子公司优先股的合并方法、非控制性权益的合并报表、合并现金流量表的编制方法及金字塔持股、交叉持股等情况下财务报表的合并程序等复杂会计业务的账务处理。在知识点讲解中，有意识地培养学生的知识再获取能力和创新意识。②职业判断能力。通过案例教学使学生熟练掌握基本业务与复杂业务的会计处理程序和方法，分析会计政策选择或变更、公司盈余管理以及会计差错可能导致的经济后果。③信息归纳与分析能力。通过专题研究，引导学生对会计的功能与信息生成机理进行分析，掌握会计所提供信息的经济实质；通过资产负债表、利润表、现金流量表及所有者权益变动表的形成原理及数据，分析判断企业可能的发展与改进方向和空间，可能面临的问题与解决措施；同时通过对现行财务会计概念框架与各国会计准则的分析，对现行会计规则本身的缺陷进行反思，尝试提出改进与完善建议。从而培养并进一步提升学生的批判性思维能力，善于发现问题、分析问题和自主解决问题的能力。④解读、说服与沟通能力。通过以小组为单位进行案例设计与分析和专题研究训练，培养学生快速获取有效信息并对信息进行整合处理的能力，提升学生的团队合作和沟通能力、提高解读财务信息和说服能力。

（二）对 MPAcc 学生职业能力的培养方法

MPAcc 核心课程的教学方法和教学效果不仅关系对学生基本会计职业素质的培养，而且直接影响学生的就业竞争力，并且影响学生是否能快速适应用人单位的会计工作岗位要求，得到认可和重视。教师首先应当转变观念，重视用人单位对会计专业学生职业能力的需求变化，不能只单一解读准则，仅仅教会学生如何对复杂会计业务进行账务处理，在教学过程中应当有意识地培养、训练和引导学生学习，提高他们的创新能力和应变能力，提升综合素质，培养职业能力。李玉菊的研究认为应当根据会计专业的特点，注重教学内容设置的前沿性、引导性和兴趣性，教材处理的灵活性，重点与难点把握的准确性和知识点的总结提炼，尽量将复杂问题简单化，采用"启发—交流—互动"的新的开放型教学模式，拓宽学生的视野，运用案例讲授与讨论、案例设计与分析、专题研究相结合的教学方法，以问题为导向，培养学生的批判性思维和综合能力，并将会计职业道德教育贯穿于教学的全过程[7]。对于专题研究可以考虑以下方面：公允价值会计问题；会计报告问题、会计政策选择与变更问题、关联交易信息披露问题、企业并购会计问题、商誉会计问题、财务会计概念框架问题、金融工具会计问题、资产减值会计问题等。除此之外。教师可结合现实经济的热点问题，从本专业的角度引导学生参与讨论。教师应当对学生完成的案例和专题研究进行点评，并营造学生之间相互学习与讨论的氛围。

应当注重对 MPAcc 学生学习能力和创新性思维能力的培养，使学生能够以快捷、高效的方式准确获取知识，并将其转化为自身能力，具备较强的知识再获取能力和创新意识。

教师应当根据不同课程对学生的能力培养重点和目标，采取相应的教学方法和实现路径。积极关注国内外会计学的前沿问题和热点问题，认真备课，认真上好每一堂课。力图把 MPAcc 学生培养成为既具有新会计环境需求的专业素养，具备较强的学习能力、实务操作能力、战略意识、前瞻性思维能力和优良综合素质，又有具有良好职业道德的高端复合型会计人才。

五、结论

通过本文研究得出如下结论。

经济与技术的发展，商业模式和金融衍生品及交易方式的不断创新，用人单位对会计人员职业能力的需求发生了巨大变化；新会计环境下不仅要求会计人员具有良好的实务操作能力与学习能力，而且要求会计人员具有职业判断能力，信息归纳与分析能力，解读、说服与沟通能力；不同课程对学生职业能力培养的具体要求不同，因此，教师应当认真思考并重视新会计环境对会计职业能力需求的变化，根据不同课程对 MPAcc 学生的能力培养侧重点和目标，采取相应的实现路径和培养方法，把 MPAcc 学生培养成为既具有良好的实务操作能力，又具备优良综合素质的满足社会需求的高端复合型会计人才。

参考文献

[1] 王军. 让你的文章更多地被别人引用，让你的学生更多地被社会重用 [J]. 会计研究，2006（5）：3–11.

[2] KAVANAGH M H, DRENNAN L. What skills and attributes does an accounting graduate need? Evidence from student perceptions and employer expectations [J]. Accounting and finance. 2008（48）：279–300.

[3] 林志军，熊筱燕，刘明. 中国会计教育中知识及技能要素的发展 [J]. 会计研究，2004（9）：72–81.

[4] 许萍. 会计人才能力社会需求的国际比较：国内外用人单位招聘意向分析 [J]. 福州大学学报（哲学社会科学版），2006（3）：57–61.

[5] 邵瑞庆. 会计教育改革与发展 [M]. 上海：立信会计出版社，2008.

[6] 孟焰，李玲. 市场定位下的会计学专业本科课程体系改革：基于我国高校的实践调查证据 [J]. 会计研究，2007（3）：55–63+94.

[7] 王永生. 研究型大学建设本科教学改革的研究与实践：北京交通大学本科教学改革论文集 [C] //李玉菊经济与工商管理类专业"会计学原理"教学方法研究). 北京：北京交通大学出版社，2018.

MPAcc 项目全面质量提升发展模式研究与实践

——AAPEQ 认证和实践创新双驱动

李艳梅　崔永梅　张秋生　马　忠　周绍妮

（北京交通大学经济管理学院，北京 100044）

摘　要： 经过近十年的发展和持续的品牌化建设，我校 MPAcc 项目处于全国领先水平，2015 年荣获 AAPEQ 质量认证 A 级成员单位。长期以来，我校会计硕士项目教学实行以案例教学和双导师制为载体的实践创新教学协同培养模式，与毕马威、瑞华、信永中和、中天运等会计师事务所和其他企事业单位共建了会计硕士项目实践基地平台，通过校企合作，开展案例教学，组织学生实践。在 AAPEQ 质量认证和实践创新教学双驱动下，我校 MPAcc 项目实现了跨越式发展，全面质量提升效果显著。

关键词： 全面质量提升发展模式　AAPEQ 认证　实践创新

北京交通大学会计硕士专业学位（MPAcc）于 2007 年正式成为国务院学位办批准的全国第二批会计硕士专业学位授权点，在学校和学院总体长远发展目标的指导下，坚持以新思路、新视角确定 MPAcc 教育的理念与培养定位，并不断探索人才培养创新模式，全面提升项目质量，促进项目长远发展。

一、AAPEQ 认证和实践创新

AAPEQ 认证是全国会计专业学位研究生教育指导委员会对会计专业学位培养单位的会计硕士专业学位项目进行的教育质量认证。我校与中国人民大学、中央财经大学、北京国家会计学院、上海财经大学、中山大学成为首批通过 AAPEQ 认证的六所高校之一，也是唯一一所理工科院校。

MPAcc 项目在课程教学中特别注重以案例教学为主的基于 OBE 导向的 MPAcc 翻转课堂研究实践创新教学，实现了专业核心课与专业方向课程全覆盖教学改革。我校 MPAcc 项目于 2016 年 12 月被全国会计专业学位研究生教育指导委员会获批为深化会计专业学位研究生教育综合改革试点项目。实践创新教学下，我校师生取得的案例成果显著。每年平均有 5 篇教学案例成果被选入中国专业学位教学案例中心案例库，每年有 1～3 篇被选评为全国优秀教学案例。

二、MPAcc 项目全面质量提升发展模式

我校 MPAcc 项目在 AAPEQ 质量认证和实践创新教学协同促进作用下，实现了双驱动跨越式发展，形成了全面质量提升发展新模式，主要体现在以下方面。

（一）基于 OBE 理念实现培养目标

培养目标主要通过培养方案对培养目标的支撑来实现，主要通过以下几个方面。

1. 基于 OBE 反向设计培养方案支撑培养目标的实现

为了实现会计专业硕士学位的培养目标，依据 OBE 理念反向设计了培养方案，将毕业要求倒推到课程设置与具体培养环节中，以确保基于培养目标的具体教学目标的达成性。形成的培养特色主要体现在：①优化课程师资组合、校内校外合作培养；②夯实会计理论基础、培养专业判断能力；③融入导师科研成果、鼓励个性专业发展；④强化综合能力训练、提升问题分析能力；⑤立足本土会计问题、拓展国际前沿视野；⑥创新会计应用成果，严谨专业学术规范。

2. "两个融入"的培养理念支撑培养目标的实现

"两个融入"是指"将最新科研成果融入教学，将最新会计实务进展融入教学"，旨在拓展学生专业发展、国际化视野，培养专业判断与批判性思维能力。北京交通大学会计学科已经形成了学位层次与类别完整的培养体系，不仅为会计硕士专业学位提供了良好的学科培养平台，也为会计硕士专业学位培养方案的实施融入了教学师资团队的科研成果与教学改革思想。

3. "四个对接"的教学方法支撑培养目标的实现

"四个对接"的教学方法是指与会计专业硕士学位相关的具有业界声誉的事务所、投资银行、基金证券等专业机构的"研究问题对接，解决思路对接，解决方法对接，工具运用对接"，旨在培养学生解决复杂会计综合问题的能力。在借鉴国内外先进的培养模式基础上，遵循"以职业需求为导向，以产学结合为途径，以提高质量为核心"的基本培养原则。

（二）"持续优化"的教学设计支撑培养目标的实现

"持续优化"是指以 OBE 理念为指导，密切跟踪市场需求变化与反馈，结合课程达成度分析，通过培养方案的持续改进，优化课程设计，完善培养环节，实现人才培养质量的持续提升。北京交通大学会计学科持续深化会计硕士专业学位培养模式的改革，每两年更新与优化一次培养方案。

1. 课程结构设计

会计专业硕士学位设置功能完整、结构合理的课程体系，包括会计专业理论、会计应用理论、会计分析方法、学位论文写作教学功能化体系结构，同时形成了会计、审计、财务、税收、并购、资产评估等多个应用方向的课程模块，并针对双证学生与在职单证学生在培养上体现了差异化的课程结构。

2. 教学模式改革

会计专业硕士学位课程教学模式的特色主要体现在以下 4 个方面。①理论教学与学科动态并重；②案例教学与报告写作并举。会计专业硕士学位的教学特色集中体现在专业能力培养上。第一，全部课程采用案例教学。依据不同案例形式的教学功能定位，在教学中运用典型实务示例型、情景素材引导型、专业综合论证型、小微案例写作型、学术视角研究型等 5 种案例的教学与训练。第二，综合专题研究报告写作。③翻转课堂与实地教学并进。为解决授课学时有限、班级学生人数较多、提高课内讨论互动效率，通过课内教学、实地参访与翻转课堂的教学设计，实现了混合式学习的教学模式；④课程教学与专业讲座并行。会计专业硕士学位与毕马威、瑞华等事务所建立了合作培养模式。

3. 参加案例竞赛与咨询课题

培养方案体现应用型教学导向：①鼓励并组织学生参加国内外各类高水平的专业类比赛，如全国会计专业学位教学指导委员会主办的中国 MPAcc 学生案例大赛以及其他企业案例大赛、国际企业管理挑战赛等，成果经 MPAcc 中心认定后，可根据情况予以减免学分；②要求学生在读期间至少参加一项指导教师组的企业咨询类研究项目。

4. 会计实务实习

为培养学生的专业实践能力与实务工作的基本素质，首先，我校会计专业硕士学位学生在学期间必须保证不少于 6 个月的专业实习时间。专业实习作为一个培养环节，其特点主要体现在 3 个方面：①建立合作实习基地；②实行校内外双导师制；③提交 1 万字实习报告。

5. 学位论文写作

突出强调以提升与稳定会计专业硕士学位论文质量的培养环节管理导向，主要体现在 3 个方面：①设置学位论文写作方法论课程；②论文质量关键环节管理。学位论文质量控制的 6 个关键环节包括论文开题报告答辩、论文预答辩、论文相似性检测、论文双盲审、论文修改报告、论文答辩 6 个环节。③强调导师负责制。导师对每个环节负有严格要求与把关的责任。

（三）坚持"严格生源选拔、实务需求导向、追求精细培养"的高端人才招生培养体系

1. 严格生源选拔

持续品牌化的建设，吸引了大量高质量生源，遵循我校严格的招生管理规定，通过划定远高于国家线的复试线初步筛选出有资格参加复试的优秀考生，然后根据严格而全面的笔试和面试相结合的复试，最终遴选综合素质优秀的学员。

2. 实务需求导向

根据社会经济环境变化，以及财务会计类岗位需求，基于实务导向需求，全日制会计硕士培养方向主要分为：企业会计和税收方向、财务与金融管理方向、企业风险与审计方向、并购重组与资产管理方向和注册会计师方向。

根据铁路、电信、审计、电力等行业特色班特点，在职 MPAcc 班的培养方向分为交通运输与物流方向、电信会计方向、工程项目审计方向、电力会计方向。

3. 追求精细培养

根据社会经济环境变化和 MPAcc 学员的行业背景，面向财会职业，立足于行业特色，在会计硕士中心教学指导委员会的统一管理与监督下，制定并定期修订完善的合理的培养方案及课程体系设置；利用学院案例中心丰富的案例资源，如自主研发 MPAcc 专用案例，大连理工大学、毅伟和哈佛案例等，开展案例教学；实习基地建设与深化，保障扎实的专业实践教学效果。以"把课堂放到学生口袋里"的形式开展丰富的移动课堂与企业访学调研活动，2012—2016 年由 MPAcc 中心老师和授课教师带领学员深入天津滨海新区企业园、北京动车段、青岛港、郑州宇通集团、顺鑫集团、汉能控股集团、毕马威、中一资本、小鸟科技等各类型企业访学，调研企业实际情况，共同探讨企业财务管理问题；创办了"北京交通大学 MPAcc 名家讲坛"，举办了各类型行业前沿讲座和实践研讨会，自 2008 年 4 月起共计 200 期。分别邀请了财政部、铁总财务公司等相关政府部门以及中国会计协会、中国注册会计师协会、会计师事务所、跨国公司和国有大型企业的实务界知名人士为 MPAcc 学员带来最前沿的专业讲座，并与学员进行双向交流，取得良好效果。连续开展了九期 MPAcc 户外拓展营，强化班级凝聚力。"阳光心态和职业生涯规划"的主题培训与职业测评，帮助 MPAcc 学员制定适合自己的职业选择和职业发展规划，指导学员正确解决个人职业发展与现实困惑之间的矛盾问题；实行校内外教师团组授课，将专业内实务界专家请进课堂。

（四）开放性整合校内外师资资源，着力打造专业实践创新性师资团队

1. 高端师资的引进与培训

学校和学院在 MPAcc 师资建设方面做出了极大的努力和投入。2011 年，引进中国人民大学博士后段建强，主要研究成本政策与价格理论；2015 年引进中国人民大学博士高升好，主要研究

会计与财务。2017 年引进中国人民大学博士张姗姗，主要研究财务会计理论、金融会计、银行监管。以创建"重视教学，激励教学，促进卓越，推动创新"的教学文化为使命，以提升中青年教师和基础课教师业务水平和教学能力为重点，以全面提升人才培养质量为目标。在学院层面，为了不断提升会计硕士案例教学质量，学院案例中心定期举办案例沙龙、案例研讨、案例公开课等多种活动，并大力支持本院教师参加各种案例教学、开发与研究培训。另外学校和学院支持鼓励会计硕士教师积极参加国际交流、全国 MPAcc 教指委、本校和其他院校组织的各种培训及教师交流活动。

2. 合理的师资结构

MPAcc 专业课程共计 18 门，每门核心专业课程均配备两名以上的教师团组授课，参加授课的教师共计 54 人，其中教授 12 人，副教授 33 人，具有博士学位的讲师 7 人，全部专业课的授课教师中具有副高以上职称或有博士学位的教师比重达到 96.30%。MPAcc 专业课程教师全部具有实际业务部门工作经验或主持过实际业务部门的相关科研课题，拥有丰富的实践经验。

3. 外部师资库的持续建设

为了加强校内外专业领域人才的交流学习，以及将更多的外部专家引入课堂，拉近实务界专家与学生的距离，补充并丰富校内师资队伍，我们一直致力于外部师资库的持续建设，至今已入库外部师资一百余人，外部师资主要通过实务课程授课，学生论文指导，学生就业与职业生涯规划指导等方式参与学生培养。

三、成效

通过 AAPEQ 认证和实践创新双驱动，构建 MPAcc 项目全面质量提升发展模式，在实施中取得良好的效果并得到了社会的认可。

（一）学员就业竞争力强

2012 年至 2017 年各届毕业生留京比例平均为 39.67%，就业单位主要集中在党政机关和国有大型企业，占比平均为 66%。毕业生从事工作岗位基本为财务投资类岗位，与专业匹配度较高。从另一方面来看，近四分之三的毕业生就业单位为大型企业，部分外资企业等，毕业生的职业发展平台好，有利于毕业生职业生涯规划。毕业生薪资待遇及工作满意度较高。根据毕业生就行业分布，参照行业薪酬待遇比较分析，会计硕士毕业生与其他专业毕业生相比薪酬水平属于中上，毕业生对就业工作满意度普遍评价较高。

（二）行业影响力强

依托学校和本学科点的特色和学科优势，会计硕士学员在导师指导下在服务行业发展政策、地方经济建设等方面积极参与，立足行业服务社会。主要包括：在导师带领下，围绕铁路运输行业的财务、会计问题承担科研项目，参加有关办法制定工作。涉及铁路财务体制改革、铁路运输清算方案设计、具体会计准则在铁路的应用、铁路运输企业实行增值税的实际操作研究，以及铁路运输成本与价格管理等。其中："高铁经济效益及财务可持续问题研究"获中国铁道科技奖一等奖。师生研究团队多次参与审计署和中国注册会计师协会有关办法的制定工作。2013 年参与审核审计署《党政主要领导干部和国有企业领导人员经济责任审计规定实施细则》、2014 年参与审核、评审中注协《中国注册会计师协会执业质量检查人员管理办法》和《高校财务报表审计指引》。中国企业兼并重组研究中心师生团队 2014 年受国务院全面深化国有企业改革领导小组办公室委托，开展研究项目"关于国有资产的流失问题研究"，提出防止国有资产流失成败在细则、关键在透明、落实在追责等具有创新性指导意义的观点，得到了国务院领导的高度认可。

（三）高端品牌化建设获得社会高度认可

作为首期通过 AAPEQ 认证的六所高校之一，我校招生复试线一直远高于国家线，并且招录比持续走高，我校 MPAcc 项目品牌化建设在全国高校中以及社会中得到了广泛认可和充分肯定。我校代表张秋生教授曾在全国 MPAcc 教学管理工作会议中作主题发言，交流我校培养经验。应国务院学位办的邀请，我校代表崔永梅教授参加国务院学位办举办的"服务国家特殊需求人才培养项目"政策业务培训会议，并作了"我们的 MPAcc 教育体会"的主题报告。我校 MPAcc 项目品牌化建设得到了教育管理部门的认可，通过在全国各高校间的交流与学习，进一步提升我校 MPAcc 项目的质量。另外，在企业实务届，我校的 MPAcc 项目声誉口碑很好，企业的肯定，带给我们更多的校企合作机会，进一步助力项目的长远发展。

太阳能建筑设计竞赛对当代建筑教学模式的启示 *

杜晓辉

（北京交通大学建筑与艺术学院，北京 100044）

摘　要：建筑技术与建筑设计如何在教学实践中进行融合，长期以来一直是建筑专业课程改革的热点主题。随着建筑科学技术的进步，特别是对绿色建筑设计、环境节能技术的日益重视，不少高校在建筑教学模式上进行了相关改革探索。本文以指导参加的一系列太阳能建筑设计竞赛为例，介绍建筑技术与建筑设计融合的教学组织模式，这将对丰富和发展建筑设计教学体系具有重要的现实意义。

关键词：太阳能建筑竞赛　建筑技术　建筑设计　教学组织

本文已发表于《新建筑》2015 年 5 月第 162 期，刊号：ISSN 1000-3959；CN42-1155/TU：杜晓辉，太阳能建筑设计竞赛对当代建筑教学模式的启示 [J]．新建筑，2015，5（162）：108–112.

建筑学是一门技术与艺术相结合的综合学科，随着科技的进步，建筑设计中的建筑工程技术含量越来越高，很多建筑创作也以建筑技术的创新为突破点，传统建筑教学理念正在逐渐发生着变化。随着绿色建筑设计理念的日益深入人心，如何设计出节能、环保，同时又具有高度居住舒适性的建筑变得日益重要，而这离不开多种建筑技术手段的灵活运用。这就要求学生在方案设计过程中不仅仅需要具有绿色节能理念，还要对所涉及的技术方面的知识，能够理解并综合运用；这同时也涉及当今建筑学教育中的另一个热门话题：建筑技术教学内容如何融入到设计课程教学中。

太阳是人类生存的能量源泉。太阳能是取之不尽、用之不竭、没有污染的可再生能源。近年来为了推动太阳能建筑的设计与建造，推动绿色建筑技术应用，国内外举办了一系列的太阳能建筑设计竞赛，如"太阳能十项全能竞赛"[1]、"台达杯国际太阳能建筑设计竞赛"[2]等。该类竞赛强调太阳能技术与建筑的一体化设计，通过创新技术和综合可持续性设计策略，来应对零能耗太阳能住宅所面临的环境、社会和经济方面的挑战。我们自 2011 年以来，组织学生参加过各类国际太阳能建筑设计竞赛，在整个教学指导过程中，关注如何在设计课程中引导学生将建筑设计构思的源泉扩展到建筑技术层面，尝试了一种新的教学组织模式，取得了一些实践经验。

一、传统教学组织

目前，建筑学专业课程由建筑技术、建筑设计和历史理论三大板块组成，其中建筑设计是核心课程，一般安排在本科教学第 2～8 学期，按照建筑类型由简单到复杂，由易到难循序训练学生的设计能力。然而，教学中发现学生普遍存在"重设计，轻技术"的现象，在建筑技术的应用方面"知其然，不知其所以然"，尤其在进行绿色建筑设计时，很多学生仅仅是将各种绿色节能技术简单罗列，而对其是否适用却不再做思考，设计方案缺少深度。虽然建筑学教学改革中一再

---

* 2016 年北京交通大学优秀教学成果奖：建筑技术学科科教融合人才培养模式探索。

强调设计与技术的融合，但具体实行上，仅仅在教学时间安排上建立了关联，两类课程仍是平行设置关系（见图1），实际联系非常弱，甚至互相矛盾，两类课程基本处于完全脱离的状态。例如，某些建筑技术类课程会滞后于建筑设计兼课程的教学内容，以二年级设计专题"画家工作室设计"为例，其中对于画室与陈列室的光环境是有一定要求的，而此时还未开设"建筑物理"课程，学生没有这方面知识储备，这必将影响到方案创新。而建筑技术教学方面，技术类课程只强调自身的系统性和完整性，最后的成绩也是以一张考卷来评定，所学内容考完即止，理论与建筑实践脱节。

面对这种现象，仅仅增设几门技术类课程是不足以改变这种状态的，而应该从根本上改变学生的意识观念。通过合理的教学组织，首先，让学生从思想上对建筑技术类知识重视起来；其次，设计中要切实用到技术知识，并能激发学生的兴趣，通过技术思维对方案进行创新，让学生享受到这种乐趣。因此，笔者认为，在坚持以设计课程为核心的前提下，尝试打破课程间的界限，将关联的技术及其他知识融入设计课程；并让技术老师参与到设计课程中来（见图2）。笔者以指导学生参加一系列太阳能建筑设计竞赛为例，阐述这种新型教学组织模式的优势。

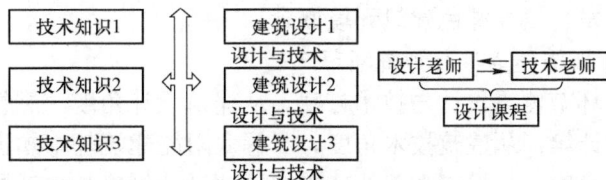

图1 传统教学组织　　　　　图2 新型教学组织概念

二、新型教学组织

（一）教学组织结构

太阳能建筑设计竞赛，因为较多涉及能源收集、太阳能产品、物理环境、结构选型、构造材料之间的相互关系，该竞赛对学生综合设计与技术知识的运用与创新能力要求较高。因此，适合建筑学四、五年级学生参与。对于教学组织模式来说，需要成熟的理论与实践才能被认可与实施。因此，在不影响传统教学体系与教学工作的情况下，根据图2所示的改进思路，尝试在高年级课程体系的教学组织中，以独立设计竞赛课程活动的形式展开，采用多项技术专题课程协助，设计老师与技术老师共同指导参与的方式，进行教学组织模式的实践与探索。

根据竞赛特点，将绿色建筑技术知识逐渐组织到教学活动中，将理论知识、实验教学、创新竞赛与专业知识有机结合。教学内容包括六个部分：理论知识、设计方案、技术方案、量化分析、实践操作与信息交流。在组织形式上对应六个教学训练环节，六个训练环节相辅相成、环环相扣、循序渐进，其中，训练环节二与训练环节三同时进行，相互穿插影响；训练环节四，是对整体方案的进一步优化；训练环节五与训练环节六，属于附加教学内容，可根据竞赛要求灵活进行（见图3）。

（二）教学训练环节

六个教学训练环节的设计力求在整个设计任务中，将技术理论与设计概念融合，既要考虑设计方案的艺术性，又要兼顾太阳能建筑舒适环境的营造。中国国际太阳能十项全能竞赛中，由于需要实际建造房屋，学生会主动去了解、熟悉有关太阳能产品及设备，分析研究太阳能利用的技术和方法，使理论与实践紧密结合，学生分析和解决实际问题的能力得到提高。

1. 训练环节一

在这一环节中，帮助学生对基础知识进行回顾与整理，围绕设计任务书与太阳能建筑的特点，

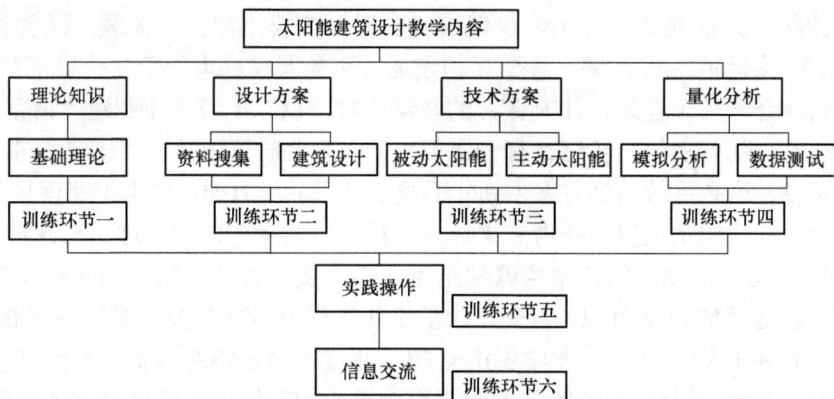

图 3　教学组织结构

介绍相应的建筑构造、建筑物理环境、建筑结构、建筑材料等技术知识，重点在被动建筑设计理念的启发，培养绿色建筑环境概念。

2. 训练环节二与训练环节三

该环节侧重设计与技术方案。从建筑设计角度，进行太阳能建筑设计构思、平面功能布局、造型设计等；从建筑技术角度，了解太阳能建筑基本知识、设计原则与技术要点。引导学生从绿色建筑角度，去思考太阳能建筑的被动设计策略与主动技术手段。训练要点、研究内容、相关知识点、教学形式如表 1 所示。

表 1　教学训练环节二与教学训练环节三

训练要点	研究内容	相关知识点	教学形式
建筑方案设计	平面布局、立面、剖面、形体	设计基础知识	方案辅导
太阳能建筑室外环境	设计中如何追求最佳环境效益，加强建筑对当地技术、材料的利用，并体现对自然环境和社会生态环境的关注和尊重	气候因素与建筑节能 建筑场地规划 建筑绿化设计	理论讲授 案例分析
太阳能建筑被动设计	研究如何根据当地太阳辐射进行建筑朝向、围护结构、单体设计，以最大限度地利用太阳能	体型系数 单体设计 功能布局	理论讲授 案例分析
太阳能建筑主动技术	研究太阳能光热、光电技术应用形式	太阳能集热原理 太阳能热储存技术 太阳能光电原理 太阳能建筑一体化设计	理论讲授 产品调研 案例参观
太阳能建筑界面设计	研究建筑界面构成、材料形式与气候因素的对应关系	界面元素尺度、比例与面积大小	案例分析 概念构思

3. 训练环节四

该环节侧重量化分析，优化方案。设计教学中引入量化分析手段，采用计算机仿真模拟辅助设计与实验数据测试的方法，打破了之前由于空间局限，而不能立体化对所设计的建筑进行全方位观察的僵局，指导学生采用定量分析技术去指导太阳能建筑整体环境设计全过程。在该环节中，由于涉及专业建筑环境模拟软件的应用，对学生来说难度较大，由于建筑环境的模拟不仅需要熟练的软件操作，还需要理解相关环境技术参数与具备较深的物理知识（如流体力学知识），因此，在教学中采用专题辅导的形式进行，由老师专门讲解软件的基本操作方法，指导学生进行建模与参数设置。对建筑方案进行最基础的计算机模拟，比较其物理环境情况，通过反馈结果，优化调整方案。当涉及个别参数设置无法判断时，指导学生做成缩小比例模型，利用物理实验室设备进行试验比较。该环节训练要点、研究内容、相关知识点、教学形式如表2所示，学生模拟分析过程如图4至图6所示。

表2　研究性教学训练环节二

训练要点	研究内容	相关知识点	教学形式
太阳能建筑热环境	研究如何通过被动设计最大限度得到太阳辐射量，并在夏季有效防热。 研究建筑全年能耗分析，与方案结合，进一步调整优化，降低冷热负荷水平	传热系数与墙体材料选用关系 遮阳系数与玻璃构造关系 专题指导：Dest 软件	理论讲授、模拟指导
太阳能建筑光环境	研究模拟整个建筑内部的光照效果，进一步思考如何调整立面窗户面积、比例与位置，优化方案。 理解照度、采光系数概念	平均照度与室内采光效果关系 亮度对比系数与清晰度 专题指导：Ecotect 软件 实验测试仪器： 人工天穹 照度计	理论讲授、模拟指导 实验指导
太阳能建筑风环境	研究如何有效组织室内自然通风。 了解自然通风舒适性评价标准	空气龄 气流速度（m/s） 专题指导：Phoenics 软件	理论讲授、模拟指导

限于篇幅，模拟分析比较的详细过程不做具体阐述。这里仅举例介绍学生如何通过量化分析优化设计的思路。

以建筑通风分析为例，利用 CFD 技术对风环境模拟时，确定合理的边界条件是保证模拟计算结果正确的一个重要环节。利用风玫瑰图，给出频率最多的风速风向情况，确定为当地平均风速，作为模拟区域的输入条件。图4 显示了夏季夜晚室内自然通风情况的对比。

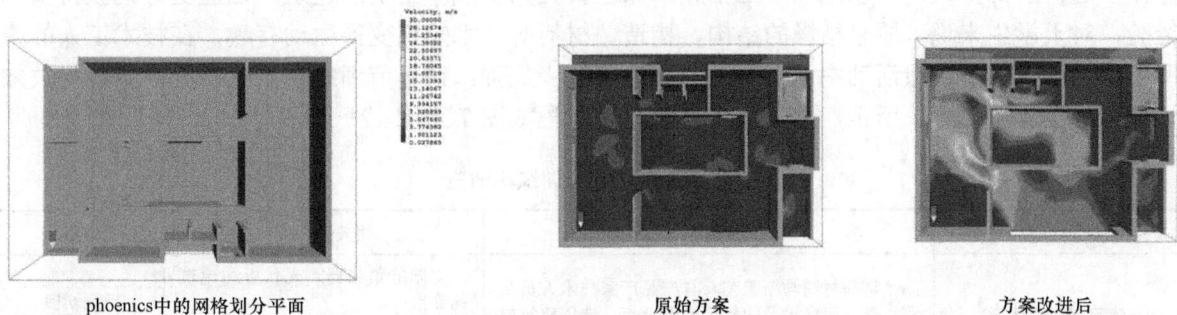

phoenics中的网格划分平面　　　　　原始方案　　　　　方案改进后

图4　室内自然通风分析

以建筑采光分析为例，利用 Ecotect 软件仿真对不同立面开窗与天窗情况下，室内天然光环境是否能满足作业要求，光环境是否舒适等。图5 显示了方案调整后采光情况的变化，北侧卫生间与西侧房间采光情况明显变好。在模拟分析中，为了增强学生对照度、采光系数的进一步理解，以更好地理解模拟中的各项参数指标，指导学生将方案做成 1:100 模型，利用实验室人工天穹进行数据比较（见图6）。

4. 训练环节五

该环节主要适用于太阳能十项全能竞赛，该竞赛要求实际建造前准备详尽的施工图，而这一部分工作主要由学生来完成。经过前面环节的指导与设计，指导学生绘制施工图，确定建筑材料与各部分构造节点，在此过程中，学生分为方案、暖通、水电、结构、智能化等若干小组，以建筑专业学生为主导，其他不同专业的学生互相配合，协同合作。在太阳能小屋的实际建造中，在厂家技术人员的协助下，教师、学生全程参与。对于教师来说，在建造过程中，一边让学生动手

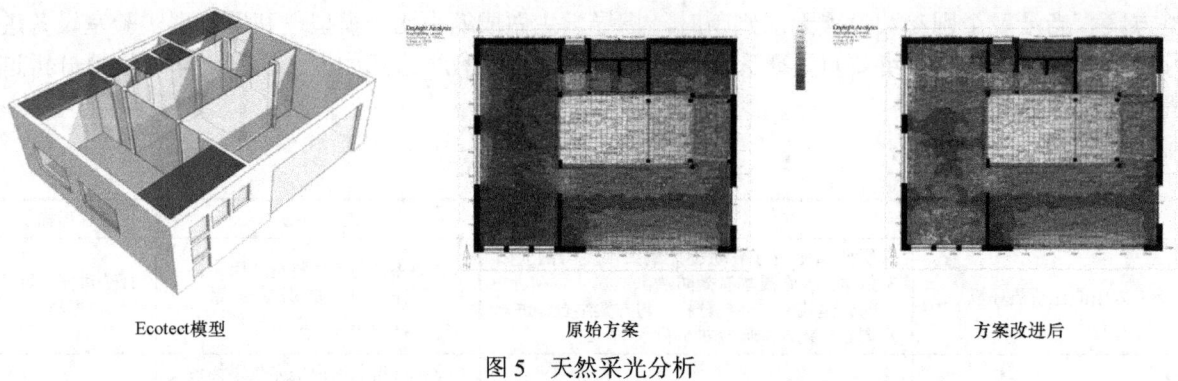

Ecotect模型　　　　　　　　原始方案　　　　　　　　方案改进后

图5　天然采光分析

图6　学生进行实验测试

操作一边讲解的方式，可以把课本上枯燥的原理转变为实践中生动的建筑，也能更好地获得实践经验；对于学生来说，原来枯燥的结构、构造、材料等技术知识变得生动有趣，在技术工人的帮助下，亲身参加到建造活动中，对知识的理解进一步加强。该环节训练要点、研究内容、相关知识点、教学形式如表3所示，学生实体房屋建造过程如图7至图12所示①。

表3　研究性教学训练环节三

训练要点	研究内容	相关知识点	教学形式
建筑材料与构造	了解新材料与新工艺，与产品厂家技术人员交流，学习研究涉及的建筑构造节点，选用建筑材料的节能环保特点	太阳能集热器、光伏板与建筑的连接； 建筑围护结构构造（含女儿墙、外墙、屋面防水等）	现场实践施工指导
建筑结构	学习轻钢结构体系的构成与受力特点	轻钢龙骨组合的立柱、楼面架、屋面架及圈梁	现场实践施工指导
建筑设备	研究建筑物内部的给排水系统、供暖系统、电气系统、通风和空调系统等设备工程与建筑物之间的关系	各类系统的原理，太阳能设备与建筑	理论讲授、模拟指导

5. 训练环节六

该环节贯穿于整个教学实践过程中，主要适用于太阳能十项全能竞赛，该竞赛周期是 2011—2013 年，建造展示与最后评比是在 2013 年 7-8 月；所以该训练环节实际是历经两年时间。在这一环节中，侧重学生的交流与沟通能力的培养。太阳能十项全能竞赛中，规则强调太阳能建筑的整体生态节能，包括土木结构、电气、自动化等方面，这需要学生了解建筑以外的专业知识，并

① 图7~12中施工现场穿工作服装的为学生、教师及部分技术工人。

与相关专业学生配合。由建筑专业来统领和组织，充分发挥各自专业特长，互相取长补短，这期间需要学生不断沟通与共同协作解决实际中出现的问题。

太阳能小屋的建设资金与材料需要通过赞助形式获得，这是一个很具体的工作，包括建筑材料、建筑设备、室内家居、建造工具、安全工具等，都需要赞助。在这个世界级的竞赛中，仅仅将房屋建成是远远达不到竞赛要求的，还需要体现创新技术。因此，要选择具有先进技术与新型建筑材料的社会商家支持。在这个过程中，纵然有老师们的一些付出，但更多的细节却是由学生来实现的。学生需要与社会商家不断沟通，例如通过制作宣传册与方案动画的形式，介绍方案，宣传方案，推荐方案，既要让商家对方案有兴趣，又要让其有信心，提供赞助。

竞赛规则强调交流与公众意识。竞赛期间，需要与邻居团队相互邀请，交流互动；同时，在太阳能小屋向社会公众展示期间，需要学生积极向公众宣传竞赛，使公众了解太阳能技术，关心太阳能技术的发展和应用，提高对清洁可再生能源的重视。训练要点、研究内容、教学形式如表4所示，学生训练过程与成果如图13至图15所示。

表4　研究性教学训练环节四

训练要点	研究内容	教学形式
团队协作与沟通能力	竞赛组织过程中，根据不同学生的特长与性格，分别设成10个小组，负责相关具体内容，从调研、撰写报告到任务协调、施工跟进等，学生在不断学习专业知识的同时，也提高了与人沟通的能力	理论指导，课题实践
宣传营销能力	与社会商家不断沟通，介绍方案，宣传方案，推荐方案，既要让商家对方案有兴趣，又要让其有信心，提供赞助	教师主导，学生配合
媒体宣传能力	制作团队网站，建立微博、微信，实时报道太阳能小屋建设情况，进行资料展示与宣传①	理论指导与实践
公众交流能力	制作宣传册、文化衫、Logo 设计、团队展示材料、太阳能小屋的技术讲解等	理论指导，课题实践
与其他参赛团队交流协作	规则要求竞赛期间邀请邻居团队组织电影之夜、Party 晚会，与各参赛团队友好交流、增进友谊	理论指导，课题实践

图 7　场地建设

---

① 参见中国太阳能十项全能竞赛。网站 http：//www.sdchina.org/tuandui.aspx？id=2. 截至 2013 年 8 月 21 日，TEAM BJTU 的独立访问量为 46 781 次，平均显示时间为 1 分 58 秒，忠实访问率为 5%。

图 8   搭建建筑基础

图 9   搭建建筑轻钢结构

图 10   建筑围护结构建设

图 11   屋顶太阳能板铺设

图 12　太阳能小屋建成后室内外景观

图 13　学生建设的网站

公众参观太阳能小屋　　　　　向公众讲解太阳能小屋设计与技术　　　　　向公众赠送太阳能小屋的宣传册

图 14　公众参观与交流

三、教学启示

通过这次教学实践尝试，我们深感学生的潜力是无限的。在教学组织过程中，如何调动学生的主观能动性，培养学生发现问题、解决问题的能力，强化技术思维，引导学生将建筑设计构思融合到建筑技术方面，是绿色建筑教学中需要深入思考的问题。

（一）在教学组织上，加强建筑技术与建筑设计的横向联系

笔者强调建筑设计与建筑技术的融合教学方法，在教学组织上，可以在保持原传统组织形式的基础上，在高年级学生中，加强两类课程的横向联系，其设计课程中融入技术专题，设计老师与技术老师共同参与。根据设计主题拟定技术专题内容，正如前文训练环节三与训练环节四所示，

图 15　参赛团队间友谊联盟活动

将所用到的各类技术知识系统化、整理化，讲授给学生，克服以往学生感到技术知识点庞杂、逻辑性不强的缺点。例如，四年级居住区规划设计中，在设计初始，结合设计任务书，讲授规划设计中涉及的建筑物理环境问题，如建筑日照与太阳能，小区风环境控制，噪声控制等问题；在设计过程中，与设计课老师共同指导学生，设计老师负责辅导学生空间、立面、功能等方面的问题；技术教师可根据学生设计中存在的环境控制与构造问题进行相应的辅导，以及开设必要的日照模拟与居住区风环境模拟专题。在学时安排上，技术课辅导学时占到总学时的 30%～40%；在作业成果方面，结合计算机模拟课程，包括建筑设计成果与技术分析成果两项，共同计入总成绩[3-4]。

（二）在教学理念上，培养学生的绿色节能意识

建筑绿色节能意识的培养不是简单开设一两门理论课程就能完成的，学生只有将其应用到设计中，为节能理念所带来的方案创新感到欣喜，才能真正从心态上逐渐接受它、运用它、发展它。教学中建构学生的绿色思维，希望学生从建筑创作的构思阶段就具备这种可持续发展的意识，并将这一思想贯穿于建筑创作的整个过程。在设计课程考核及毕业设计中，将建筑技术方面的知识纳入考核范围，引起学生足够重视，在方案设计中自觉应用绿色技术。正如竞赛中的各项要求，若想参加竞赛，并在竞赛中取得不错的成绩，必须遵守竞赛规则，认可竞赛理念，对以往的设计学习思维进行转变。因此，学生设计成果中，除了对方案的表达外，着重强调对建筑技术措施的表达，包括对自然通风、天然采光、物理热环境、节点构造等技术的分析表达与简单计算模拟过程，以有效督促与检验学生学习理解程度。同时，根据作业反馈，教师总结经验，更新教学组织内容以更好地应用于教学实践中。

（三）在教学思路上，培养学生对建筑技术的创新能力

在绿色建筑设计课程中，考虑建筑学专业培养目标，引导学生对建筑被动绿色技术进行创新应用，而不是堆砌"高大上"主动节能技术。而被动技术，不仅仅是指被动的节能技术，还有建筑围护结构构造的创新，新型材料的选择，结构体系的灵活选择等。教学中需要进行专题知识讲解，实际调研，资料整合与分析。例如在太阳能建筑设计竞赛中，要求学生在规定时间、规定空间内，结合当地太阳辐射资源、人文情况、气象条件等设计出满足要求的参赛作品。由于太阳能建筑不仅关注光热、光伏等现代科技与建筑的和谐应用，而且更加关注传统建筑理念的提升和生态设计理念的传播。因此需要学生实地调查、了解场地现状，研究能源结构，分析建筑需求。因为，太阳能建筑设计过程中，涉及集光产品①选择、构造节点、美学思考、资源优化配置等诸多细节，故要求学生在整个设计过程中，对涉及的具体技术原理彻底清楚，并对专项技术，如建筑热环境、光环境、风环境等进行深入分析，并反馈到建筑设计方案中，而不仅仅是停留在概念理解阶段；要求学生做定量分析，而不仅仅是定性分析[5]。通过综合考虑形体策略、被动式设计策略、主动式设计策略、能量收集、存储与分配、环境平衡等众多因素，实现最终的设计目的。这个过程对培养学生对建筑技术的创新能力，锻炼学生的综合实践动手能力具有重要意义[6]。

四、结语

我国从20世纪70年代以来，随着建筑科学技术的进步，特别是对绿色建筑设计、环境节能技术的日益重视，不少高校的建筑设计课程在内容和形式上都在进行改革探索，力求在有限的学时内，使学生掌握的建筑技术知识与技能与时代的发展同步。太阳能建筑设计竞赛整合了课内外实践教育教学的重要环节，对于提高大学生实践能力和创新能力具有积极的促进作用。我们在现有建筑课程教学体系的基础上，以太阳能竞赛为载体，尝试建筑技术与建筑设计融合的教学组织模式，在建筑设计教师的统领下，由建筑设计、建筑技术、建筑构造与结构实验等方面的教师组成团队，参加实践实验教学。实践证明，这对于建筑学专业学生综合素质的提高和创新能力的培养，对于我校建筑教学水平和学科建设上新台阶都具有十分重要的意义。同时，对于推动其他高校建筑设计课程体系的改革与创新，也具有积极的促进作用[7]。

参考文献

[1] 杜晓辉，太阳能建筑设计竞赛对当代建筑教学模式的启示 [J]. 新建筑，2015，5（162）：108–112.

[2] 南新军. 建筑物理课程教学法研究 [J]. 长江大学学报（自然科学版），2008（3）：343–344.

[3] 杜晓辉，易中，陈岚，建筑技术课程改进与优化思路，高水平行业特色大学拔尖创新人才培养的探索与实践 [C] //北京交通大学本科教学研究论文集. 北京：北京交通大学出版社，2012.

[4] 肖大威，黄翼，许吉航. 建筑学毕业设计教学思考 [J]. 华中建筑，2006（5）：135–138.

[5] 杜晓辉，易中. 建筑物理实验室建设与教学内容优化 [C] //中国建筑学会建筑物理分会，内蒙古工业大学建筑学院. 第十一届全国建筑物理学术会议论文集：建筑•节能与物理环境. 北京：中国建筑工业出版社，2012.

[6] 石峰，王绍森. 被动式建筑热环境调节策略分析：2013年中国国际太阳能十项全能竞赛评述 [J]. 新建筑，2014（1）：127–131.

[7] 薛一冰，马丁. 既有建筑绿色化改造的途径：以SDC2013澳大利亚队参赛作品为例 [J]. 新建筑，2015（1）：96–99.

---

① 为便于表述，将太阳能集热器与太阳能光伏电池总称为"集光产品"。

英语专业研究生批判性思维倾向调查*

——兼论其对课程教学模式的启示

王海燕　刘　伟

（北京交通大学语言与传播学院，北京 100044）

摘　要： 本调查旨在发现英语专业硕士研究生的批判性思维倾向，为教学中融入批判性思维理念提供方向性指导。调查结果表明，英语专业研究生总体呈现出较强的批判性思维倾向，特别是，他们在认知成熟度、开放思想、求知欲、分析能力及寻求真相等方面达到较高水平。但是在系统化能力和批判性思维自信心方面，英语专业硕士研究生得分较低，对于自己的判断推理能力不够自信。为此，我们建议在英语专业课程教学中引入CAER 模式。

关键词： 批判性思维倾向　研究生　英语专业

近年来，关于批判性思维的研究受到越来越多的关注。对批判性思维的关注源于两个方面的原因：一是教育学和心理学强调的自主构建和价值导入需要批判性思维，二是信息时代和知识经济时代要求人们对大量的信息和知识进行评判[1]。国内外学者认为批判性思维的培养途径有三种，包括专门设置批判性思维的课程、与所教学科相结合和设置隐性课程[2]。我们认为，在教学中融入批判性思维的理念是有效的培养研究生批判性思维的途径。为此，需要首先调查研究生批判性思维倾向的现状，以便发现问题，并针对问题设计有效的教学模式。

一、批判性思维相关概念

关于什么是批判性思维，有不少学者提出了自己的观点和看法。例如，美国哲学家和教育家约翰·杜威提出反思理论，并指出"所谓思维或反思，就是识别我们所尝试的事和所发生的结果之间的关系"[3]。在《我们是怎样思维》一书中，杜威又提出"思维的最好方式称为反思性思维"。它是就"某个问题进行反复的、认真的、不断的深思。""思维就是探究、调查、深思、探索和钻研，以求发现新事物或对已知事物有新的理解。总之，思维就是疑问。"[4]杜威提出的反思理论在很长时间内成为批判性思维的基本内容。

Facione 则认为批判性思维可以分为批判性思维倾向和技能两个部分[5]，并且牵头编写了"加利福尼亚批判性思维倾向测量表"（california critical thinking disposition inventory，CCTDI）以及"加利福尼亚批判性思维技能量表"。这两套量表已成为当前研究批判性思维的重要工具。前者主要是用于测量个体的思维习惯及人格倾向，分为 7 个维度：寻求真理（truth-seeking）、开放思想（open-mindedness）、分析能力（analyticity）、系统化能力（systematicity）、批判性思维的自信心

---

* 本文是研究生教改课题"以提升外国语言文学专业研究生批判性思维和创新性思维为导向的课程教学模式研究"阶段成果。

（critical thinking self-confidence）、求知欲（inquisitiveness）和认知成熟度（cognitive maturity）。每个维度的内涵如表 1 所示。

表 1　批判性思维倾向的 7 个维度

维度	内　涵
寻求真理	测量个体对于真理的热衷程度，拥有该特质的人乐于寻求真理，敢于质疑，即使找出的答案与个人原有的观点不相符，甚至与个人信念背驰，或影响自身利益也在所不计
开放思想	测量个体对不同的观点的态度，拥有这种特质的人能够容忍有分歧的观点，避免个人偏见
分析能力	测量个体是否能鉴定问题所在、利用推理和证据解决难题和预计后果
系统化能力	测量个体能否努力收集有关信息，有条理、有计划地解决复杂的问题
批判性思维的自信心	测量个体对自己的推理过程的信任程度。拥有该特质的人对自己的推理判断抱有信心，并相信自己能引导他人获得解决问题的合理方法
求知欲	测量个体对知识的渴望程度。拥有该特质的人对事物怀有好奇心，并乐于学习
认知成熟度	测量个体能否做出明智决定的能力。有该特质的人能审慎地作出判断，或暂不下判断，或修改已有判断

二、调查目的

本调查旨在考察英语专业硕士研究生的批判性思维倾向现状，尤其希望了解经过一学年研究生阶段的培养和学习，该专业的学生在批判性思维能力上是否有所提高。另外，希望比较英语专业硕士研究生与其他学科，比如，哲学、理学和工学学科研究生的批判性思维倾向的差异，探索批判性思维倾向的影响因素。

三、调查方法

本次调查主要通过问卷收集数据，并采用 EXCEL 进行了数据分析。统计方法包括：描述性统计分析及独立样本 t−检验等，本文提及的"$P<0.05$"或"$P>0.05$"，如无特殊说明，均表示双侧概率。

（一）调查对象

本次调查选取的对象主要是北京交通大学英语专业硕士研究生，包括英语语言文学及英语笔译专业的学生。另外，为了更好地说明英语专业研究生的批判性思维现状，我们抽取了哲学、理学及工学等学科的研究生进行对比研究。

（二）调查材料

本次调查以"批判性思维能力测量表"（Critical Thinking Disposition Inventory-Chinese Version，CTDI−CV）作为调查材料。CTDI−CV 由香港理工大学彭美慈根据 CCTDI 修订而成，信度比 CCTDI 中译版更高[6]。该量表共有 70 个项目，采用 6 分制李克特量表（Likert-scale）格式，其中正性项目 30 个，采用正向计分，即从"非常赞同"到"非常不赞同"依次计为 6 分到 1 分；负性项目 40 个，采用反向计分，总分共计 420。对照 CTDI−CV 的区间分段标准，本文采用表 2 计分标准及批判性思维倾向程度解释。

表 2　计分标准及批判性思维倾向程度表

计分类型	得分	批判性思维倾向程度
各维度得分	>=50 以上	强
	40<=得分<50	较强（正性）
	30<=得分<40	较弱（中性）
	<30	抵触
量表总分	>=350	强
	280<=得分<350	较强（正性）
	210<=得分<280	较弱（中性）
	<210	抵触

（三）调查过程

首轮调查时间为 2017 年 10 月下旬，我们向 45 名英语专业 2017 级（一年级）硕士研究生发出问卷，回收 41 份，问卷回收率 91%。第二次问卷调查在 2018 年 5 月进行，本次调查问卷通过网络填写和纸质填写两种形式，共发出 175 份问卷，回收 166 份，其中 4 份没有作答，1 份因答题一致视作无效，最终得到有效问卷 161 份，样本分布的基本情况见表 3。

表 3　样本分布情况

年级	学科门类				所占百分比/%
	英语	哲学	理学	工学	
硕士一年级	42	26	9	37	70.81
硕士二年级	12	0	6	4	13.66
硕士三年级	5	0	7	3	9.32
博士及以上	0	0	3	7	6.21
所占百分比/%	36.65	16.15	15.53	31.68	
人数小计	59	26	25	51	161/人

四、调查结果与分析

（一）总体情况

根据统计结果，161 名研究生填写的量表总分均值为 290.38，为正性的表现。得分超过 350 的有 7 人，在 280～350 之间的有 92 人，在 210～280 之间的有 62 人，无一人总分低于 210（见图 1）。从量表总分分布来看，在本次调查中，批判性思维倾向强的学生不多，大约占 4.35%；多数学生批判性思维倾向属于较强的水平，比例约为 57.14%；仍有大约 38.51% 的学生批判性思维倾向处于较弱的状态（见图2）。

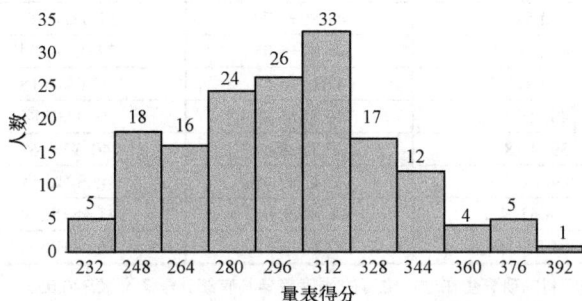

图1　161名研究生批判性思维倾向量表总分情况

另外，通过比较批判性思维倾向不同维度的得分发现（见图3），参与本次调查的研究生在批判性思维自信心、系统化能力及寻求真理三个方面的倾向程度较弱，而在求知欲、认知成熟度、开放思想和分析能力等方面的倾向性较强。

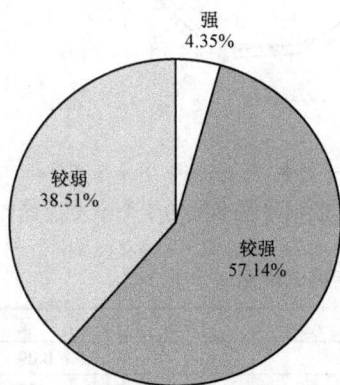

图2　161名研究生批判性思维倾向总体情况

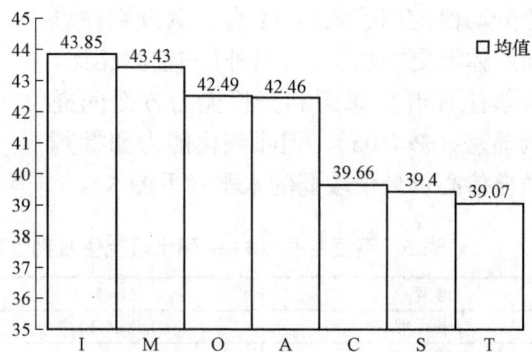

图3　批判性思维倾向不同维度的均值比较

（二）英语专业研究生与其他学科研究生在批判性思维倾向上的差异

如表4所示，英语专业研究生在此次调查中量表总分均值为304.97分，是四个学科中均值最高的。除批判性思维自信心得分低于40，英语专业研究生在其他6个维度上的倾向都呈现正性，各个维度得分均值由高到低依次是认知成熟度、开放思想、求知欲、分析能力、寻求真理、系统化能力和批判性思维自信心。如图4所示，与其他三个学科的研究生相比，英语专业研究生在认知成熟度、开放思想及分析能力得分均值最高，倾向尤为突出。

英语专业研究生与哲学专业研究生在认知成熟度上的均值差异显著，前者在该维度的均值超过后者4分多，但在其他6个维度及总分上得分较为接近。

与理学研究生相比，英语专业研究生在求知欲方面倾向较弱，但在寻求真理、开放思想及认知成熟度上表现更为突出，其均值差异也达到了显著性水平。

在本次调查中，工学研究生总分均值最低，在寻求真理、开放思想、系统化能力及认知成熟度方面都处于较弱的水平。尽管在批判性思维自信心上，该专业研究生均值高于英语专业研究生，但差异并不显著。因此，与该专业研究生相比，英语专业研究生批判性思维能力相对更强。

表 4　不同学科研究生批判性思维倾向结果比较（$\bar{x} \pm s$）

维度	英语（n=59）	哲学（n=26）	理学（n=25）	工学（n=51）
寻求真理	41.85±5.65	41.88±7.73	37.32±6.10[1)	35.29±9.00[1)
开放思想	45.54±4.71	43.77±6.06	39.92±6.03[1)	39.57±6.28[1)
分析能力	44.19±7.01	42.15±5.47	42.64±6.18	40.55±5.51[1)
系统化能力	40.75±6.82	40.35±6.95	39.32±5.84	37.41±6.42[1)
批判性思维自信心	39.68±8.23	37.77±8.61	40.08±7.69	40.41±6.35
求知欲	44.44±7.43	43.42±7.00	45.32±6.54	42.67±7.95
认知成熟度	48.53±4.9	44.50±8.91[1)	41.48±8.55[1)	37.9±9.43[1)
总分	304.97±30.78	293.84±37.33	286.08±26.38[1)	273.8±34.78[1)

注：与英语专业研究生相比，该学科的研究生在这一维度的均值差异具有统计学意义（P<0.05）。

（三）英语专业 2017 级硕士研究生批判性思维前测与后测比较

在首轮调查中，英语专业 2017 级硕士研究生问卷总分均值为 293.49（见表 5）。经过将近一学年研究生阶段的培养和学习，该专业学生的总分均值提高了大约 11 分，其批判性思维倾向整体上更加积极了。另外，与前测相比，该专业学生在开放思想和分析能力方面的提高尤为显著（P<0.05），但系统化能力和批判性思维自信心仍处于较弱的水平（见图 5）。

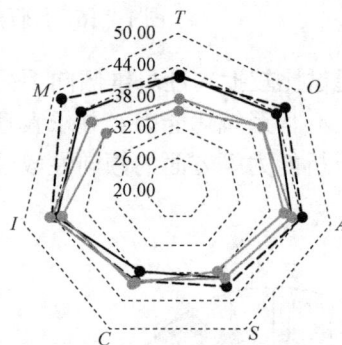

图 4　不同学科研究生批判性思维倾向 7 个维度上的比较

表 5　英语专业 2017 级硕士研究生批判性思维倾向前测与后测得分情况（$\bar{x} \pm s$）

维度	前测（n=41）	后测（n=42）	t 值	P 值
寻求真理	40.58±4.30	42.31±4.70	-1.74	0.09
开放思想	43.58±4.85	45.88±4.09	-2.33	0.022*
分析能力	41.56±5.75	44.52±6.80	-2.14	0.035*
系统化能力	40.00±5.85	39.74±6.56	0.19	0.85
批判性思维自信心	37.93±6.63	39.38±8.24	-0.88	0.38
求知欲	43.59±6.02	43.48±6.78	0.08	0.94
认知成熟度	46.24±6.37	48.67±5.15	-1.91	0.060
总分	293.49±25.84	303.98±29.42	-1.72	0.09

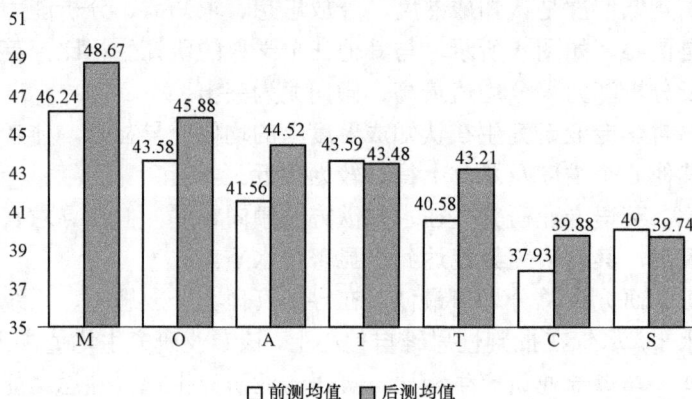

图 5　英语专业 2017 级硕士研究生批判性思维倾向前测与后测结果比较

（四）英语专业学术硕士和专业硕士批判性思维倾向比较

如表 6 所示，在本次调查中，英语专业学术硕士在批判性思维自信心方面呈现出较弱的倾向，但在其他六个维度都处于较强的水平。英语专硕则在各个维度上的均值都高于 40，可以说该群体总体呈现出较强的批判性思维倾向

如图 6 所示，英语专业学术硕士在认知成熟度及分析能力上均值略高于专业硕士，而其他五个维度及总分均值都比专业硕士低，但是差异并不显著。

表 6　英语专业学术硕士和专业硕士批判性思维倾向得分

维度	学术硕士（n=30）	专业硕士（n=29）	t 值	P 值
寻求真理	41.23±6.71	42.48±4.31	−0.85	0.40
开放思想	45.10±5.51	46.00±3.75	−0.74	0.47
分析能力	44.27±6.74	44.10±7.39	0.09	0.93
系统化能力	40.67±7.53	40.83±6.13	−0.19	0.93
批判性思维自信心	38.87±7.85	40.52±8.66	−0.76	0.45
求知欲	44.17±8.27	44.72±6.59	−0.29	0.78
认知成熟度	49.10±5.12	47.93±4.68	0.91	0.37
总分	303.40±33.03	306.59±28.75	−0.40	0.70

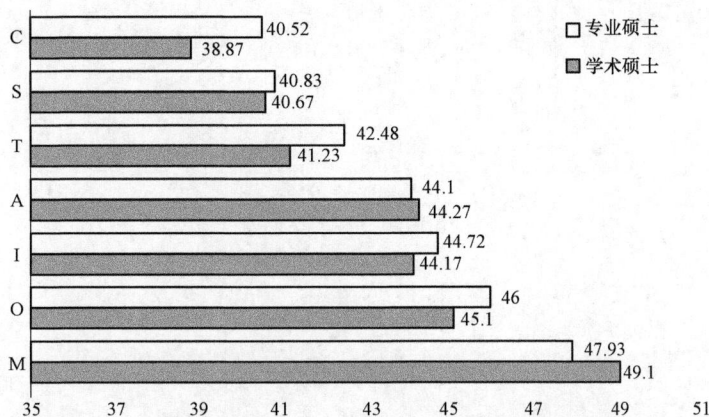

图 6　英语专业学术型硕士和专业硕士批判性思维倾向比较

（五）小结

从调查统计结果可以看出，英语专业研究生总体呈现出较强的批判性思维倾向，并且总分明显高于理学和工学研究生。另外，该专业研究生在认知成熟度、开放思想、求知欲、分析能力、寻求真理及系统化能力方面均达到较高水平。但是，这 6 个维度当中以认知成熟度的得分最高，而寻求真理和系统化能力相对较低。在批判性思维自信心上，该专业研究生得分最低，倾向不够明确。

在系统化能力和批判性思维自信心方面，不仅仅是英语专业研究生，参与本次调查的多数研究生还处于较低的水平。系统化能力方面得分普遍较低，这在某种程度上反映了学生对于复杂问题的解决能力相对较弱，对于自己的判断推理能力不够自信。

五、启示

批判性思维是素质教育的重要组成部分，英语专业研究生任课教师有责任在教学过程中注重培养学生的批判性思维能力。本次调查结果显示，英语专业研究生在系统化能力和批判性思维自信心这两个维度上需要着力提高。系统化能力和批判性思维自信心均涉及逻辑推理和判断能力。为此，我们提出，在英语专业课程教学中，可引入 CAER（concept-argumentation-evaluation-improvement）教学模式，即引导研究生清晰理解概念、提取论证结构、评价论证过程、修补论证偏误。论证与评价是批判性思维的核心内容，我们相信，CAER 教学模式会有助于英语专业研究生提高批判性思维能力。关于 CAER 教学模式的具体内涵和课堂教学实施情况，我们将另文报告。

参考文献

［1］ 刘儒德. 论批判性思维的意义和内涵［J］. 高等师范教育研究，2000（1）：56-61.

［2］ 罗清旭. 论大学生批判性思维的培养［J］. 清华大学教育研究，2000（4）：81-85.

［3］ 约翰·杜威. 民主主义与教育［M］. 王承绪，译. 2版. 北京：人民教育出版社，2001.

［4］ 约翰·杜威. 我们怎样思维：经验与教育［M］. 姜文阁，译. 北京：人民教育出版社，1991.

［5］ FACIONE P A. Critical thinking: a statement of expert consensus for purposes of educational assessment and instruction: research findings and recommendations［J］. Eric document reproduction Service，1989（11）：100.

［6］ 彭美慈，汪国成，陈基乐，等. 批判性思维能力测量表的信效度测试研究［J］. 中华护理杂志，2004（9）：644-647.